शिखर पर मिलेंगे

ज़िग ज़िग्लर

अनुवादक : राजेन्द्र चौधरी

MANJUL
मंजुल पब्लिशिंग हाउस प्राइवेट लिमिटेड

First published in India by

Manjul Publishing House Pvt. Ltd.
10, Nishat Colony, 74 Bungalows, Bhopal - 462 003, India
Ph. : +91 755 5240340 Fax : +91 755 2736919
E-mail : manjulindia@sancharnet.in

First published : 2003
Third impression : 2005

Hindi Language licensed to Manjul Publishing House Pvt. Ltd.
for sale in India

Copyright © 1976 by Zig Ziglar

First Published in United States of America by Pelican Publishing
Company Inc.

Distributed in India by

 Full Circle Publishing Pvt. Ltd., New Delhi

ISBN - 81 - 86775 - 43 -9

Designed by : Aquarius Inc., Bhopal, INDIA

Edited by : Aarti Thakurdware

Printed & bound in India by
3G Graphics, New Delhi, INDIA

शिखर पर मिलेंगे

मेरा मानना है

आप जीवन में जो चाहते हैं वह पा सकते हैं
यदि आप दूसरे लोगों की, जो कुछ वे चाहते हैं,
उसे प्राप्त कराने में पर्याप्त सहायता करते हैं।

प्रिय संगिनी को

रेड हैड जो कई अति उत्तम वर्षों से
मेरी पत्नी और मेरा जीवन रही है –
और सर्वोत्तम समय
आना अभी बाक़ी है।

मेरा मानना है

आदमी की अभिकल्पना उपलब्धि के लिए की गयी थी,
उसका निर्माण सफलता के लिए किया गया,
और उसे महानता के बीज सहायता के लिए
प्रदान किये गये।

आभार

उन बहुत से व्यक्तियों के प्रति, जिन्होंने वर्षों तक मेरी मदद की है, आभार व्यक्त करना सतह खुरचने से अधिक नहीं हो सकता। तथापि कुछ लोगों ने इतना अंशदान दिया है कि उनके नाम एक तरह से मेरे जीवन के पृष्ठों पर उछल आते हैं और मान्यता चाहते हैं। इस सूची में सबसे ऊपर मेरी "प्रिय संगिनी" है जो मेरे जीवन को आनन्ददायक व महत्वपूर्ण बनाते हुए इसे सार्थकता देती है। उसका प्यार सफलता और प्रेरणा का कारक रहा है और परिस्थितियाँ चाहे जैसी हों हमेशा मौज़ूद रहा है।

मेरी माँ ने विश्वास, साहस, सहज-बुद्धि एवं स्नेह की अपनी जीवित मिसालों से मुझे जीवन के लिए नींव और इस पुस्तक के लिए पर्याप्त सामग्री दी।

मिस्टर और मिसेज़ जॉन आर. एन्डर्सन ने मेरे जीवन में महत्वपूर्ण भूमिका निभाई है। मिस्टर एन्डर्सन मेरे लिए एक पिता के रूप में रहे तथा उन्होंने मुझसे पुत्र की तरह व्यवहार किया और अपनी मौलिक रुचि के साथ स्थिति की मांग के अनुरूप प्यार व अनुशासन का समावेश किया।

मिस्टर वाल्टन हेनिंग ने मुझे "हॉर्स सेन्स" एवं जनता के दिल में अपना स्थान बनाने के बारे में बहुत कुछ सिखाया। उसी तरह मेरे सबसे पहले सेल्स मैनेजर बिल क्रेनफोर्ड, जिनका धैर्य व व्यक्तिगत रुचि सामान्य सेल्स मैनेजर व सेल्समैन के रिश्ते से बढ़कर थे।

सिर्फ़ नाटकीय तौर पर थोड़ा सा समय जो मैंने पी.सी. मैरेल के साथ गुज़ारा वह अतुलनीय है। उसने "मुझे शुरू किया, मेरी कायापलट की और स्वयं में विश्वास करने का उपहार देकर मेरा उत्साह बढ़ाया।"

हेल क्रॉस ने मुझे अपनी कम्पनी के माध्यम से राष्ट्रीय व अन्तर्राष्ट्रीय अवस्थिति प्रदान की और मेरे लिए एक वक्ता व लेखक के रूप में रास्ता आसान किया। मंच पर मेरे साथी-कॉवेट रॉबर्ट, बॉब रिचर्ड्स, बिल गॉव, डिक गार्डनर, केन मेकफारलेण्ड एवं स्वर्गीय चार्ली कुल्लन - सभी ने उत्साहवर्धक, निर्देश व प्रेरणा के क्षेत्रों में एक महत्वपूर्ण भूमिका अदा की।

बर्नी लोफचिक, "ब्रदर बर्न" जिनकी सलाह, सहायता, प्रोत्साहन एवं मुझमें व "ज़िगमैनशिप" के सिद्धान्त में विश्वास मेरे कैरियर की प्रगति व मेरे व्यक्तिगत जीवन में अत्यन्त महत्वपूर्ण रहे।

मेरे मित्र, साथी व सह वक्ता, डेन बैलस जिनका अनुभव मूल संस्करण के प्रकाशन में अमूल्य था। कैरोल फिलिप्स, जिनकी निर्देशों के प्रति विशिष्टता व विवरण के प्रति सतर्कता ने इस संस्करण की स्पष्टता व प्रभावीपन के लिए बहुत हद तक योगदान दिया है।

पेट्टी बॉन्ड जिसने दोनों संस्करणों के लिए पृष्ठ दर पृष्ठ अविश्वसनीय गति से टाइप किया और मेरी सचिव जोरिटा सिमिंगटन जिसने पूरे समय चीज़ों को संरक्षित रखा। दोनों ही उनके द्वारा दिये गये सहयोग के लिए भूरि-भूरि प्रशंसा व हार्दिक धन्यवाद के अधिकारी हैं।

नैशविलि, टेनेसी, के. एन. एन्डर्सन, ईसा मसीह के साथ मेरी नित्यता सुनिश्चित करने के साथ-साथ पृथ्वी पर भरपूर व सम्पन्न जीवन जीने की ख़ुशी के प्रति अपनी आँखें दोबारा खोलने में मेरी सहायता करने के लिए 'विशेष' आभार के पात्र हैं।

यह मेरी कर्तव्य के प्रति असावधानी और कृतघ्नता होगी यदि मैं अपने भाईयों और बहनों द्वारा दी गई मदद के प्रति आभार व्यक्त न करूँ। हम लोगों में हमेशा गहरा प्यार और प्रोत्साहित करने की प्रबल भावना रही है। मुझे आशा है कि मेरा यह प्रयास उन सभी के लिए सार्थक होगा।

और अन्त में मेरे बच्चे। हर एक अनोखा है, भिन्न है, और उनसे विशेष ढंग में गहरा प्यार किया गया है। मेरी सबसे बड़ी बेटी सूज़न मुझसे काफ़ी स्फूर्तिदायक और प्रोत्साहित करने वाली बातचीत करती है। सिन्डी, जो कि मँझली बच्ची है चुपचाप आ-जा कर हर एक को अपनी उपस्थिति का आभास कराती है। जूली जो छोटी है हर जगह हर चीज़ करती रहती है। मेरा बेटा टॉम जो कि काफी बाद में हुआ मुझे नौजवान और आशावान रखता है। हर एक ने मुझे बेहद ख़ुशी और कभी-कभी थोड़ा सा दर्द दिया है। हर एक ईश्वर की तरफ़ से एक उपहार रहा है जिसके लिए मैं प्रतिदिन उसका आभार व्यक्त करता हूँ।

आप सबको जिनका मैंने नाम लिया है मेरा हार्दिक आभार स्वीकार हो। आप सब को जिनका मैंने नाम नहीं लिया है कृपया ज्ञात हो कि भले ही इस काम में आपका नाम न लिया गया हो परन्तु आप मेरे लिए अपरिचित नहीं हैं और जितना आप जानते हैं उससे कहीं अधिक मैं आपकी प्रशंसा करता हूँ। मैं आप सबके लिए सौभाग्य की कामना करता हूँ, आपको ईश्वर का आशीष प्राप्त हो, आपके लिए सदैव अच्छा समय रहे एवं मैं आपसे ***शिखर पर मिलूँगा।***

❑ **ज़िग ज़िग्लर**

यह सच है

जो कुछ हमारे अन्दर है उसकी तुलना में जो कुछ
हमारे पीछे है और जो हमारे आगे है वे बहुत कम
महत्व की बातें हैं।

☐ राल्फ वाल्डो इमरसन

एवं

आप ही वह एकमात्र व्यक्ति हैं जो अपनी योग्यता
का प्रयोग कर सकते हैं। यह एक बहुत बड़ी ज़िम्मेदारी
है।

प्रस्तावना

हर बार जब आप *"शिखर पर मिलेंगे"* के पृष्ठ खोलेंगे तो 'भिन्न' शब्द सम्भवतः आपके दिमाग़ में आयेगा। डस्ट जैकेट भिन्न है, तथा 'समाप्त' से शुरू करना निश्चित रूप से भिन्न है। पुस्तक, 'अनुभूति', 'विषय वस्तु' एवं 'तकनीक' में भिन्न है। उदाहरण के लिए, मैं अक्सर अपना गीयर बदलूँगा और कोई समरूपता, उदाहरण, एक लाइन वाला सन्देश, या कोई मुहावरा शामिल करूँगा ताकि आप थोड़ा रुकने व यह सुनिश्चित करने के लिए कि आपने सन्देश ग्रहण कर लिया है सम्भवतः सामग्री को पुनः पढ़ने के लिए बाध्य हों। मैं यह कह कर कि आप जीवन में जो चाहते हैं वह पा सकते हैं अगर आप दूसरे लोगों की जो कुछ वे चाहते हैं उसे प्राप्त कराने में पर्याप्त मदद करें, आज के व्यापारिक परिवेश में एक 'भिन्न' विषय पर भी ज़ोर दूँगा।

लेखक के रूप में मेरा विश्वास है कि पूरी पुस्तक ही भिन्न व प्रभावी है, परन्तु मेरा उद्देश्य ऐसी पुस्तक लिखने का नहीं था जो 'भिन्न' हो। यह भिन्नता इसलिए आयी क्योंकि मैंने पुस्तक वैसे ही लिखी है जैसे मैं बोलता हूँ। (मैं किसी क्रॉस-आइड चक्का फेंकने वाले की तरह हूँ। मैं कोई रिकार्ड क़ायम नहीं करता हूँ परन्तु भीड़ को सचेत रखता हूँ)। गत 19 वर्षों में मैंने 'बिस्किट्स, फ्लीज़ एण्ड पम्प हैन्डिल्स' पर, जो कि इस पुस्तक का मूल शीर्षक था, 3000 से अधिक बार भाषण दिया है। शुरू में सामग्री केवल 45 मिनट की प्रस्तुति की थी। समय गुज़रने के साथ साथ वह 45 मिनट की वार्ता विस्तार पाकर पूरी पुस्तक एवं "आई कैन" (मैं कर सकता हूँ) पाठ्यक्रम बन गयी जिसे स्कूलों व चर्चों में पढ़ाया जा रहा है तथा रिचर लाइफ कोर्स पूरी अमेरिका में व्यापारिक संस्थाओं में पढ़ाया जा रहा है।

मैंने *'शिखर पर मिलेंगे'* में बहुत से विषयों को शामिल किया है परन्तु मेरा प्रमुख उद्देश्य विश्वास, प्यार, आशावादिता व साहस पर अपनी भावनाओं से अवगत कराना है। यह महत्वपूर्ण हैं क्योंकि आज की दुनिया में बहुत से लोग संशय में है कि वास्तविक प्यार व वास्तविक विश्वास क्या होता है तथा वे इतने परिष्कृत हैं कि किसी भी चीज़ के लिए अपनी सच्ची भावनाओं व वास्तविक साहस का प्रदर्शन नहीं कर पाते।

प्यार के विषय में - मैं ईश्वर, अपनी पत्नी, अपने परिवार, अपने साथियों और अमेरिका को प्यार करने का अपराध स्वीकार करता हूँ।

विश्वास के विषय में - मैं नहीं जानता कि आने वाला कल क्या थामे हुए है, परन्तु मैं यह जानता हूँ कि आने वाले कल को कौन थामे हुए है। इसलिए मैं उसके पास विश्वास

और आभार के भाव ले कर जाता हूँ। मेरी बाइबल मुझे आश्वस्त करती है कि मेरा अतीत क्षमा कर दिया गया है व भुला दिया गया है। वह मेरे अतीत का ख्याल रखती है। ईसा मसीह ने कहा था, 'मैं आ गया हूँ ताकि आपको जीवन मिल सके व और अधिक प्रचुरता से मिल सके'। वह वर्तमान का ख्याल रखता है। जॉन 3:16 मुझे आश्वस्त करता है कि मेरा जीवन सनातन रहेगा। वह मेरे भविष्य का ख्याल रखता है। अपने अतीत के क्षमा कर दिये जाने के बाद, अपने वर्तमान के सुरक्षित हो जाने के बाद एवं अपने भविष्य के प्रति अटलता से आश्वस्त हो जाने के बाद, मुझे साहसपूर्वक आशावादी क्यों नहीं होना चाहिए?

'शिखर पर मिलेंगे' एक दर्शन है, परन्तु इसमें कुछ सिद्धान्त शामिल हैं। ये विचार, कार्यविधियां, एवं तकनीक एक पूरा जीवन जी लेने से आती हैं। इसमें तीस वर्ष का सेल्स व मानव विकास का अनुभव, साथ ही साथ जीवन के लगभग सभी क्षेत्रों से जुड़े विश्व के उच्च व्यावसायिक लोगों से व्यक्तिगत लगाव शामिल हैं। इस पुस्तक में विचार व तकनीकों के उपयोग का अर्थ होगा कि आप दूसरे लोगों के अनुभवों से सीख रहे हैं न कि उनके सिद्धान्तों से। विकसित होने का यही एकमात्र व्यावहारिक तरीक़ा है क्योंकि हर चीज़ को अपने व्यक्तिगत अनुभव से सीखना बहुत कुंठित करने वाला, बहुत अधिक समय लेने वाला और बहुत अधिक ख़र्चीला होता है।

मैं यह बिना संकोच और पूरे विश्वास के साथ कहता हूँ कि अगर यह पुस्तक उस समय उपलब्ध होती जब मैंने जीवन के खेल में प्रतियोगिता शुरू की थी तो मेरी प्रगति तीव्र होती और मेरे परिणाम बेहतर होते। स्पष्टरूप से, मुझे विश्वास है कि यदि आप इस दर्शन का उपयोग करेंगे जिसे शुद्ध करने में और काग़ज़ पर उतारने में मैंने 2000 घंटों से भी अधिक ख़र्च किये हैं तो आप कई मायनों में सम्पन्न व्यक्ति होंगे।

'शिखर पर मिलेंगे' पुस्तक में मैंने 800 से अधिक समरूपतायें, उदाहरण, 'एक लाईन के सन्देश', सशक्त मुहावरे, मानव रूचि की कहानियाँ तथा विनोदी घटनाओं का प्रयोग किया है। उद्देश्य आपकी रूचि को थामे रखना एवं आपको पूरे सन्देश में शामिल किये रखना है। आशा है आप भी पहली बार में छपी नौ पुस्तकों के पाठकों की तरह होंगे जो उत्साहपूर्वक ज़ोर देकर कहते हैं कि यह ऐसी पुस्तक है जिसे आप कभी ख़त्म नहीं करते। आप इसे उठाकर किसी भी पृष्ठ से खोलकर मानसिक अल्पाहार के लिए पढ़ सकते हैं, किसी अध्याय को पूरे मानसिक भोजन के लिए पढ़ सकते हैं अथवा जीवन के ढंग के लिए इसे मुखपृष्ठ से आख़िरी पृष्ठ तक पढ़ सकते हैं। फिर आप चल पड़ते हैं। आपको ईश्वर की कृपा प्राप्त हो और यदि आप इस पुस्तक के विचारों का उपयोग करेंगे तो ***'शिखर पर मिलेंगे'***।

❑ **ज़िग ज़िग्लर**

विषय सूची

पृष्ठ

खण्ड I	शिखर के लिए सोपान	14
उद्देश्य		14
समापन		15
अध्याय एक	जीवन के 'और' ढंग	17
अध्याय दो	समय अब है	29

खण्ड II	आपकी आत्म-छवि	42
उद्देश्य		42
अध्याय एक	चोर	43
अध्याय दो	ख़राब आत्म-छवि के कारण	55
अध्याय तीन	ख़राब आत्म-छवि की अभिव्यक्तियाँ	65
अध्याय चार	स्वस्थ आत्म-छवि की दिशा में पन्द्रह क़दम	75

| *ज़िग की कहानी* | | 96 |

खण्ड III	दूसरों के साथ आपका रिश्ता	104
उद्देश्य		104
अध्याय एक	आपका दूसरों को देखने का ढंग	105
अध्याय दो	अच्छा या बुरा, आप आगे बढ़ा देते हैं	121
अध्याय तीन	सबसे महत्वपूर्ण "दूसरा व्यक्ति"	137

खण्ड IV	ध्येय	150
उद्देश्य		150
अध्याय एक	क्या ध्येय वास्तव में ज़रूरी है ?	151
अध्याय दो	ध्येयों के लक्षण/गुण	163

अध्याय तीन अपने ध्येय निर्धारित करना 171

अध्याय चार अपने ध्येयों तक पहुँचना 181

खण्ड V **नज़रिया** **206**

उद्देश्य 206

अध्याय एक क्या 'सही' नज़रिया महत्वपूर्ण है ? 207

अध्याय दो अपने नज़रिये का बीमा करना..................... 231

अध्याय तीन क़दम चार - अपने मस्तिष्क को ख़ुराक दीजिये.... 249

अध्याय चार आदतें व नज़रिया 265

अध्याय पाँच बुरी आदतें छोड़ें, अच्छी आदतें शुरू करें 283

बोनस अध्याय **अवचेतन मस्तिष्क** **299**

खण्ड VI **कार्य** **310**

उद्देश्य 310

अध्याय एक कार्य करने वाले विजयी होते हैं..................... 311

अध्याय दो तैयार रहिये 325

अध्याय तीन नल में पानी डालना, नल चलाना और
पानी निकालना 331

खण्ड VII **इच्छा**.................................... **336**

उद्देश्य 336

अध्याय एक सामान्यता से महानगरीयता की ओर 337

अध्याय दो बुद्धिमान अज्ञानता................................. 343

अध्याय तीन डेविड व गोलिआथ................................. 351

अध्याय चार ख़ूबसूरत अमेरिका 361

चित्र

**16, 19, 21, 23, 26, 39, 95, 125, 136, 149, 161, 192, 196,
205, 226, 238, 239, 298, 330, 335, 360, 365, 393**

खण्ड एक

शिखर के लिए सोपान (सीढ़ी)

उद्देश्य : I. आपके दिमाग़ को खोलना, आपकी कल्पना को झकझोरना एवं आपको सोचने के लिए बाध्य करना।

II. आप जीवन में जिन चीज़ों को चाहते हैं उन्हें पहचानने एवं उन्हें पाने के लिए कार्य की रूपरेखा तैयार करना।

III. आपके अन्दर सोये हुए असाधारण योग्यता सम्पन्न व्यक्ति को जगाना।

IV. आपकी अपने हारे हुए व्यक्ति की शिथिलता को पहचानने व उस पर क़ाबू पाने में सहायता करना।

अतिरिक्त पाठ्य सामग्री

विलियम ग्लासर - *स्कूल्स विदाउट फेल्योर*

ब्रूस लार्सन - *दि वन एण्ड ओनली यू*

विलियम ग्लासर - *रिअलिटि थेरेपी*

डेविड ए. रे - *डिसकवरीज़ फॉर पीसफुल लिविंग*

सोलोमन - *ओल्ड टेस्टामेन्ट, बुक ऑफ प्रोवर्ब्स*

विलियम कुक - *सक्सेस, मोटिवेशन एण्ड दि स्क्रिप्चर्स*

केवेट रॉबर्ट - *हयुमेन इन्जिनियरिंग*

समापन

शायद किसी पुस्तक को शुरू करने का यह एक असामान्य तरीक़ा है - परन्तु यह पुस्तक 'असामान्य' है। यह पुस्तक आपके, आपके परिवार, आपके भविष्य के बारे में है और इस बारे में है कि आप उन सबमें हर एक को और अधिक देकर किस तरह उनसे और आधिक पा सकते हैं। हमारा मानना है कि यह नकारात्मक सोच, नकारात्मक कार्य, व नकारात्मक प्रतिक्रिया का समापन है या कम से कम समापन की शुरूआत है। यह समापन है पराजयवाद और निराशा का समापन है उससे कम के लिए तैयार हो जाने का जिसके आप अधिकारी हैं और जिसे पाने में आप सक्षम हैं; समापन है छोटी-छोटी नगण्य बातों के बारे में छोटे विचार रखने वाले तुच्छ मस्तिष्क के छोटे लोगों से प्रभावित हो जाने क़ा जो कि मिस्टर व मिसेज़ 'औसत' का धन्धा है। संक्षेप में, यह आपके लिए विश्व की सबसे घातक बीमारी - "नज़रिये का सख़्त हो जाना" का समापन है।

सम्पन्न जीवन के लिए आपका स्वागत है।

220
25¢
आपका वज़न एवं भाग्यफल

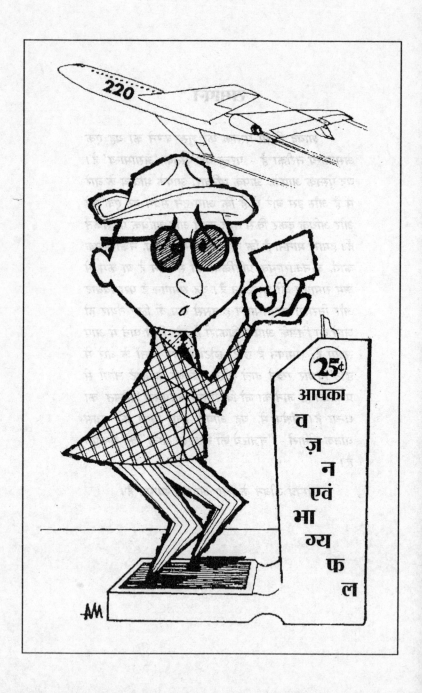

अध्याय एक

जीवन के "और" ढंग

बॉस्टन के लिए 2 बजकर 20 मिनट वाली उड़ान

जॉन जोन्स न्यूयार्क में था। उसे बॉस्टन जाना था, इसलिए वह एयरपोर्ट गया और उसने टिकट ख़रीद लिया। उसकी उड़ान में कुछ मिनटों का समय था इसलिए वह वहाँ पर रखी हुई वज़न मापने की मशीनों की तरफ़ चला गया। वह मशीन पर चढ़ा, अन्दर एक सिक्का डाला और उस मशीन के अन्दर से उसका भाग्यफल निकलकर आया: "आपका नाम जॉन जोन्स है, आपका वज़न 188 पौंड है और आप बॉस्टन के लिए 2 बजकर 20 मिनट पर जाने वाली उड़ान पकड़ने वाले हैं। वह भौंचक्का रह गया क्योंकि सारी सूचना सही थी। उसे लगा कि इसमें कुछ तिकड़म है, इसलिए वह पुनः मशीन पर चढ़ा, दूसरा सिक्का डाला और उसका भाग्यफल निकलकर आया, "आपका नाम अभी भी जॉन जोन्स है, आपका वजन अभी भी 188 पौंड है और आप अभी भी बॉस्टन के लिए 2 बजकर 20 मिनट पर जाने वाली उड़ान पकड़ने वाले हैं।" अब वह पहले से और अधिक चकित और परेशान हो गया। यह सोचकर कि इसमें कुछ चाल है वह आदमियों के प्रसाधन कक्ष में गया और उसने अपने कपड़े बदल लिये। एक बार फिर वह मशीन पर चढ़ा, उसमें सिक्का डाला और उसका भाग्यफल निकल कर आया: "आपका नाम अभी भी जॉन जोन्स है, आपका वज़न अभी भी 188 पौंड है - परन्तु आपकी बॉस्टन के लिए 2 बजकर 20 मिनट वाली उड़ान अभी-अभी छूटी है।"

यह पुस्तक उन लोगों के लिए लिखी गयी है जिनकी बॉस्टन के लिए 2 बजकर 20 मिनट वाली उड़ान छूट गयी है अथवा जिन्होंने इसके मंज़िल पर पहुँचने से पहले ही चल देने का निश्चय कर लिया। संक्षेप में, **यह पुस्तक उन लोगों के लिए है जो अच्छे जीवन का बहुत सा हिस्सा गंवाते जा रहे हैं।** यह आपको उन अतिरिक्त गुणों को पाने में मदद करने के लिए तैयार की गयी है जिन्हें पाने के लिए आपमें पात्रता है और क्षमता है।

हर शब्द को तौला गया है, हर विचार का मूल्यांकन किया गया है और हर बात पर सावधानी से विचार किया गया है। मैंने इसे एक बातचीत का रूप देने की भरपूर कोशिश की है ताकि आपको लगे कि आप और मैंने किसी प्राइवेट कॉन्फ्रेंस में आपके व आपके भविष्य के बारे में चर्चा कर रहे हैं। मुझे आशा है कि आप आशा व आशावादिता के सन्देश को व्यक्तिगत रूप से ग्रहण करेंगे क्योंकि यह पुस्तक उसी तरीक़े से लिखी गई है।

शुरूआत से ही मैं आशा, सफलता, प्रसन्नता, विश्वास और उत्साह के बीज

बोऊंगा। मैं इन बीजों को 'पानी' और 'खाद' दूँगा और इसके अतिरिक्त कुछ और भी दूँगा। पुस्तक के ख़त्म होने तक फसल कटने को तैयार हो जायेगी, उसी अनुपात व राशि में जिसमें आपने इस पुस्तक के सन्देश का उपयोग किया है। मैं इस बात पर बल देता हूँ कि यह सकारात्मक सोचने के ढंग वाली पुस्तक है परन्तु यह बहुत हद तक इससे भी कहीं अधिक है। *'शिखर पर मिलेंगे'* जीवन के एक सकारात्मक नज़रिये की किताब है। यह सकारात्मक विश्वास की शक्ति है जो सकारात्मक सोच को सकारात्मक कार्य में बदलने के लिए आवश्यक अवयव है। चूँकि मनुष्य त्रिआयामी है (भौतिक, मानसिक व आध्यात्मिक), इसलिए हम सम्पूर्ण व्यक्ति के बारे में बात करेंगे। यही एकमात्र रास्ता है सम्पूर्ण सफलता को पाने का जिसे मैं बाद में परिभाषित करूँगा।

क्या एक तस्वीर की उपयोगिता 10000 शब्दों के बराबर है ?

किसी व्यक्ति ने कहा था कि एक तस्वीर की उपयोगिता 10000 शब्दों के बराबर है। हज़ारों लोगों ने उसके शब्दों को दोहराया है और लाखों लोगों ने उसके शब्दों पर विश्वास किया है। तथापि, यह मेरी व्यक्तिगत धारणा है कि जो पुरूष या महिलायें इस कथन पर विश्वास करते हैं, उन्होंने कभी लिंकन का *गैटिसबर्ग भाषण* अथवा *बिल ऑफ राइट्स* वस्तुतः नहीं पढ़ा। ना ही उन्होंने *23वीं स्तुति* को पढ़ा है और समझा है अथवा *लॉर्ड्स प्रेयर* की प्रार्थना नहीं की है। इन रचनाओं में शब्द हैं - सिर्फ़ शब्द - परन्तु वे शब्द हैं जिन्होंने राष्ट्रों की नियति, इतिहास का पथ और करोड़ों लोगों का जीवन बदल दिया।

कुछ अन्य शब्दों का जीवन पर किस प्रकार आश्चर्यजनक असर हुआ इस बारे में आपको एक कहानी सुनाता हूँ। कई वर्षों पहले एक फिल्म, *'ए मैन कॉल्ड पीटर'* का निर्माण हुआ था। इसके एक दृश्य को मैं कभी भी नहीं भूल पाऊँगा। पीटर मार्शल का अभिनय करने वाला व्यक्ति विश्वास व आस्था पर धार्मिक सन्देश दे रहा था। जब दृश्य ख़त्म हो गया तो कैमरा घूमता रहा। फिल्म के बहुत से पात्र अभिनेता को उस शानदार अभिनय के लिए बधाई देने हेतु अपनी सीट से उठे। उन अभिनय पात्रों में से एक जो कि धार्मिक सभा की सदस्या थी, मार्जोरी रेम्बो नाम की एक अभिनेत्री थी। जब वह उस अभिनेता को बधाई देने गयी तो यह स्पष्ट था कि वह उस स्थिति में भावात्मक रूप से शामिल थी। मैं यह बताते समय साथ में यह भी जोड़ता हूँ कि यह सौभाग्य की बात थी कि कैमरा अभी भी चल रहा था क्योंकि मार्जोरी रेम्बो चल नहीं सकती थी। वह एक मोटर दुर्घटना में घायल हो गयी थी और एक साल से एक क़दम भी नहीं उठा सकती थी। परन्तु जब उसने विश्वास और उत्साह के वे शब्द सुने तो वह उन शब्दों में निहित सन्देश में पूरी तरह लीन हो गयी। इतनी लीन हो गयी कि एक तरह से उसने सन्देश पर विश्वास कर लिया और फिर वह उठी, चली, और चलती चली गयी।

मेरा कहने का मतलब यह नहीं है कि इस पुस्तक के 'शब्द' विश्व का इतिहास बदल देंगे या उनका प्रभाव मार्जोरी रैम्ब्यू की कहानी जितना आश्चर्यजनक होगा। तथापि, मैं पूरी तरह से विश्वास करता हूँ कि ये सिद्धान्त आपके लिए पर्याप्त अन्तर पैदा कर सकते हैं। जीवन के हर क्षेत्र से कई हज़ार बिना माँगे प्रमाण इस तथ्य की पुष्टि करते हैं कि 'सम्पन्न जीवन' की धारणायें आपके हित में कारग़र होंगी अगर आप उनके साथ काम करते हैं।

आइये अब एक विचारोत्तेजक आकृति पर नज़र डालें। आपको कितने वर्ग दिख रहे हैं :

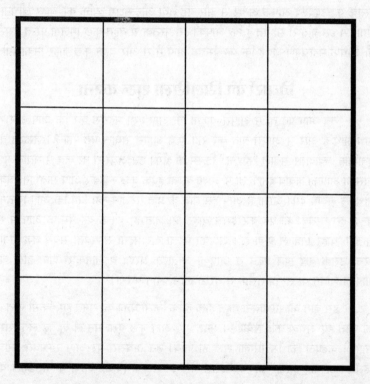

अगर आपने 16 कहा, तो आपके साथी बहुत हैं। अगर आपने 17 कहा तो आप चुनिंदा समूह में हैं, परन्तु आप अभी भी ग़लती पर हैं। इससे पहले कि आप यह देखने के लिए पृष्ठ बदलें कि कलाकार ने इन वर्गों के साथ क्या किया, आप यह देखने के लिए एक बार और नज़र क्यों नहीं डालते कि और कितने वर्ग आप ढूँढ सकते हैं। अब पृष्ठ उल्टें।

जैसा कि आप देख सकते हैं कुल 30 वर्ग हैं। क्योंकि आप किताब अपने हाथों में

पकड़े हुए थे इसलिए कोई भी अतिरिक्त वर्ग बढ़ा नहीं सकता था। मैंने सरलता से आपको यह दिखाया कि आप कहाँ पर थे। इससे दो धारणायें चित्रित होती हैं। पहली, ***सरसरी नज़र की तुलना में गहन दृष्टि कहीं अधिक दिखाती है,*** क्या ऐसा नहीं है? वर्गों के सम्बन्ध में यह सच है और आपके, आपकी क्षमता व आपके भविष्य के बारे में भी यह सच है। दूसरी, ***हममें से अधिकांश को अक्सर स्पष्ट, और उससे भी अधिक जो इतना स्पष्ट न हो, उसे बताने के लिए किसी दूसरे की ज़रूरत पड़ती है।***

क्योंकि शिक्षित करना 'बाहर खींचना' या 'बाहर निकालना' है, इसलिए इस पुस्तक का उद्देश्य आपके अन्दर से और बड़े तथा और सक्षम व्यक्ति को 'बाहर खींचना' होगा। मैं इस बात से सहमत हूँ कि आपको इस पुस्तक से बहुत कुछ मिलेगा परन्तु उससे भी अधिक महत्वपूर्ण यह है कि यह पुस्तक आप में से और बहुत कुछ बाहर निकालेगी।

विचारों का सिलसिला शुरू करना

जब आप पढ़ें तो मैं आपसे चाहूँगा कि आप ऐसा महसूस करें कि आप और मैं साथ-साथ हैं और मैं आपसे बात कर रहा हूँ व आपसे सवाल पूछ रहा हूँ। ज़रूरत के मुताबिक़, ज़्यादातर सवाल "हाँ/ना" क़िस्म के होंगे। उन अवसरों पर जब मैं सवाल पूछूँ जिसका आपको जवाब देना है तो मैं आशा करता हूँ कि कुछ रुककर आप सावधानीपूर्वक सोचकर जवाब देंगे। आशा है आप इस बात के प्रति परेशान नहीं होंगे कि आप कितनी जल्दी इस पुस्तक को पढ़ कर इससे बाहर आ जाते हैं, बल्कि यह पुस्तक आप में से कितना 'बाहर निकाल पाती है'। आपका पहली बार पढ़ना सम्भवतः सबसे तेज़ होगा, परन्तु उसके बाद फिर पढ़ने से आपको अतिरिक्त प्रेरणा व जानकारी प्राप्त होगी जो आपको जीवन के सम्पन्न तरीक़े से तुरन्त लाभ प्रदान करेगी।

इस बात की सम्भावना बहुत होती है कि किसी वक्ता को सुनते हुए, किसी पुस्तक को पढ़ते हुए अथवा कोई रिकॉर्डिंग सुनते हुए, आप कुछ ऐसा सुन लें या पढ़ लें जिससे आपकी कल्पना का सिलसिला शुरू हो जाये। उन अवसरों पर आप सम्भवतः सोचें "इससे मुझे याद आया" अथवा "इससे मेरे मन में एक विचार आया"। जो ख्याल या विचार इस समय आपके मन में इतना स्पष्ट है उसे बाद में कोशिश करने पर भी अक्सर आप याद नहीं कर पाते। क्योंकि अधिकांश आदमियों के यही लक्षण हैं, इसलिए मैं आपसे एक 'ट्रिगर पेज' नोट बुक रखने का आग्रह करता हूँ। मैं सामान्य स्टेनाग्राफिक पैड का सुझाव देता हूँ क्योंकि इसका आकार लगभग इस पुस्तक जितना होता है और इसे लेकर चलना आसान होगा। इसके पृष्ठों को जैसा हमने 'ट्रिगर पेज' के नमूने में दिखाया है उसी प्रकार बांट लें। तीर के निशान सहायक होंगे परन्तु वे आवश्यक नहीं हैं।

वर्गों की गिनती कीजिए

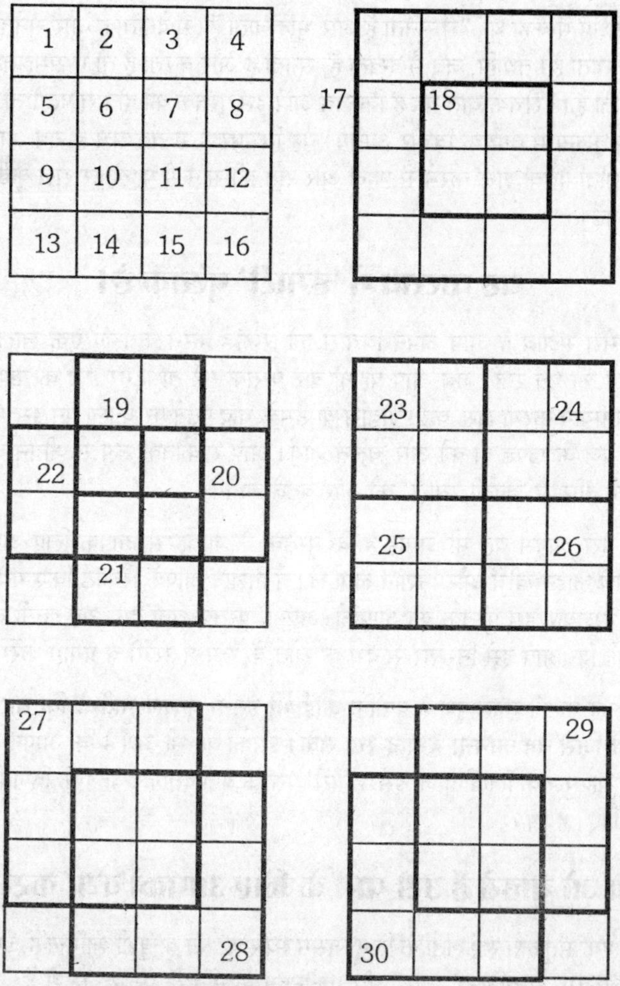

1	2	3	4
5	6	7	8
9	10	11	12
13	14	15	16

'ट्रिगर पेज' नोट बुक को *शिखर पर मिलेंगे* पुस्तक की अपनी प्रति के साथ रखें क्योंकि जब आप पुस्तक पढ़ेंगे तो इससे आपको बहुत से विचार और ख़याल आएँगे। जब भी ऐसा हो तो मेरा आपसे आग्रह है कि आप पढ़ना बंद करके ट्रिगर पेज को खोलकर

उस पर अपने प्रत्येक विचार को जैसा वह मन में आया है वैसा ही नोट कर लें। इससे आप एक सक्रिय पाठक के रूप में लगे रहेंगे, अपनी चेतना का और अधिक उपयोग करेंगे और इससे आपको और अधिक ध्यान केन्द्रित करने में मदद मिलेगी। एक कवि ने इसे और अधिक संक्षेप में कहा था, "मैं सुनता हूँ और भूल जाता हूँ। मैं देखता हूँ और सुनता हूँ तथा मुझे याद रहता है। तथापि, जब मैं देखता हूँ, सुनता हूँ और करता हूँ तो मैं समझता हूँ और सफल होता हूँ।" रोचक बात यह है कि जब आप इस पुस्तक को दोबारा पढ़ेंगे तो आपको पहले की तुलना में अधिक विचार आयेंगे। यह विशेषरूप से तब सच है जब आप अपने दिन की गतिविधियाँ शुरू करने से पहले और रात को सोने से पहले हर रोज़ कुछ मिनटों के लिए पढ़ें।

यह वास्तव में 'हमारी' पुस्तक है।

मेरा सुझाव है आप अपने विचारों को रिकॉर्ड करने के लिए एक लाल व एक काले टिप का पेन रखें। जब आप पहली बार पुस्तक पढ़ें तो ट्रिगर पेज के खण्ड दो में लाल पेन प्रयोग करना शुरू करें। दोबारा या उसके बाद पढ़ने पर काला पेन इस्तेमाल करें व ट्रिगर पेज के खण्ड दो की ओर चलते जायें। आप सांकेतिक रूप से जीवन की लाल स्याही की ओर से 'काली स्याही' की ओर बढ़ते जायेंगे।

मेरा आपसे यह भी आग्रह है कि पुस्तक के जो हिस्से आपके लिए अर्थपूर्ण हों उनके नीचे लाइन खीचें और निशान लगा लें। ये निशान आपके रिकॉर्ड किए गये विचारों के साथ मिलकर इस पुस्तक को आपकी 'अपनी' पुस्तक बना देंगे। यह इतनी व्यक्तिगत हो जायेगी कि आप इसे निरन्तर सन्दर्भ के स्रोत के रूप में रखेंगे व प्रयोग करेंगे।

यह काफ़ी महत्वपूर्ण है क्योंकि **कोई भी इतना कुशल नहीं है कि वह हर उस चीज़ को जिसे वह जानता है याद रख सके।** इसका यह भी अर्थ है कि आपने और मैंने मिलकर यह पुस्तक लिखी है जो इसे 'हमारी' पुस्तक बना देता है। यह एक विजयी पुस्तक होनी चाहिए। है ना?

आप जो चाहते हैं उसे पाने के लिए आपको क्या करना है

एक संतुलित सफलता के लिए जिसमें स्वास्थ्य, धन व ख़ुशी शामिल हैं, ईमानदारी, चरित्र, विश्वास, सत्यनिष्ठा, प्यार, और एकनिष्ठा के नींव के पत्थर ज़रूरी हैं। जैसे-जैसे आप ज़िंदगी में आगे और ऊपर बढ़ते जायेंगे तो आप पायेंगे कि अगर आपने इन सिद्धान्तों में से किसी के साथ समझौता किया तो ज़िंदगी जो कुछ आपको देने वाली है उसका एक भिखारी के बराबर अंश ही आप पा सकेंगे। अगर आप बेईमानी, कपट या जालसाज़ी का प्रयोग करते हैं तो हो सकता है आप धन हासिल कर लें, परन्तु आपके पास सच्चे दोस्त कम होंगे और मानसिक शान्ति बहुत कम होगी। वह सफलता नहीं है। (मैं उस व्यक्ति से

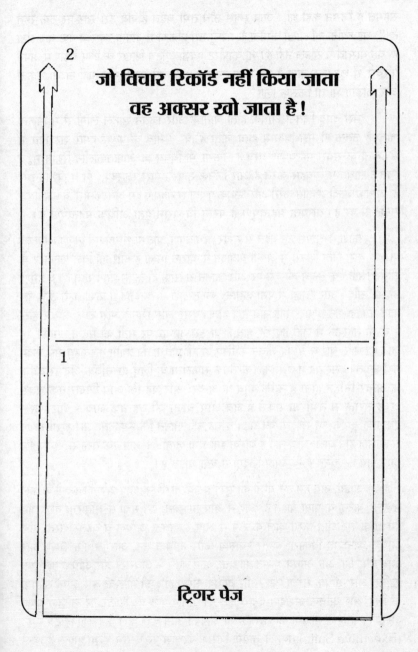

2

जो विचार रिकॉर्ड नहीं किया जाता
वह अक्सर खो जाता है !

1

ट्रिगर पेज

सहमत हूँ जिसने कहा था, "आप सबसे ऊँचे तभी चढ़ते हैं जब उस स्तर पर रुके रहते हैं।") वह व्यक्ति जो लाखों कमाता है, परन्तु उस प्रक्रिया में अपना स्वास्थ्य नष्ट कर लेता है, वह वास्तव में सफल नहीं है। जो कॉर्पोरेट एक्ज़ीक्यूटिव शिखर के लिए चढ़ाई में अपने परिवार से छूट/हट जाता है वह सफल नहीं है। वह इसे अपने साथ नहीं ले जा सकता और छोड़ेगा भी तो किसके लिए?

मेरी आयु जितनी अधिक होती जाती है और जितने सफल लोगों से मैं मिलता जाता हूँ उतना ही मुझे विश्वास होता जाता है कि ये नींव के पत्थर हमारे शस्त्रागार में सफलता के सबसे महत्वपूर्ण अस्त्र हैं। किसी भी विषम या आपातकालीन स्थिति में, वे जिनके साथ हम व्यवहार करते हैं और जिनके ऊपर हमारा स्वास्थ्य, धन व ख़ुशी निर्भर है, अधिक जल्दी से काम करेंगे और अधिक पूर्णता से सहयोग देंगे अगर हमारी विश्वसनीयता सन्देह से परे है। **योग्यता महत्वपूर्ण है परन्तु विश्वसनीयता अधिक महत्वपूर्ण है।**

काश मैं आपसे उन बहुत से सुन्दर, प्रभावपूर्ण, प्रतिभा सम्पन्न एवं निपुण लोगों का परिचय करा पाता जिनसे मैं अपनी यात्राओं के दौरान मिला हूँ और जो बिल कलेक्टर के सामने सिर्फ़ एक क़दम की दूरी पर और कानून से सिर्फ़ दो क़दम आगे रहते हैं। वे हमेशा किसी "सौदे" और "तेज़ी से पैसा कमाने" की तलाश में रहते हैं। वे कभी बहुत ऊँचे नहीं जाते क्योंकि उनके पास कोई नींव नहीं होती। दूसरे लोग जिनके पास ठीक आधार होता है वे भी तहख़ाने में जीते हुए रह जाते हैं या उस आधार पर मुर्ग़ी की मढ़ैया बनाकर रह जाते हैं। बहुत बार वे सम्पन्न जीवन के लिए अपनी प्रतिभा का प्रयोग करने हेतु सारे क़दम नहीं उठाते। दूसरे यह महसूस नहीं करते कि **सफलता के लिए वास्तविक अवसर व्यक्ति के अन्दर निहित होता है न कि कार्य के अन्दर; और यह कि आप शिखर तक सबसे अच्छे तरीक़े से तभी जा सकते हैं जब आप चीज़ों की तह तक जायें** - और फिर - एक-एक करके उन सीढ़ियों को चढ़ें। वे यह नहीं जानते कि सफलता और ख़ुशी संयोग से हासिल होने वाली चीज़ें नहीं हैं बल्कि इन्हें चुना जाता है। आप एक तरह से - जैसा कि आप पायेंगे - चुनते हैं कि आप ज़िंदगी में क्या चाहते हैं।

आइये, अब हम उन चीज़ों की सूची बनायें जो/जिन्हें आप अपनी ज़िन्दगी के कल में होना, करना या पाना चाहते हैं। बाद में आप सम्भवतः इस सूची में अतिरिक्त चीज़ें जोड़ देंगे। एक शुरूआत करने वाले के रूप में आप सम्भवतः अधिक व बेहतर दोस्त, और अधिक व्यक्तिगत विकास, बेहतर स्वास्थ्य, और अधिक धन, और अधिक ख़ुशी, और अधिक सुरक्षा, और अधिक फुर्सत का वक्त, आगे बढ़ने के अवसर, और अधिक मानसिक शान्ति, और अधिक सच्चा प्यार, और अधिक समर्थ होने की योग्यता और अपने साथियों के लिए और अधिक अंशदान देना चाहते हैं। अगले पृष्ठ पर शिखर पर ले जाने वाला आपका व्यक्तिगत सीढ़ियों का रास्ता है जो आपको आने वाले कल के एक्ज़ीक्यूटिव स्वीट (Executive Suite) तक ले जायेगा जिसके दरवाज़े पर वे सब चीज़ें अंकित हैं जिन्हें

आप चाहते हैं, अथवा जिन्हें और अधिक चाहते हैं। रास्ते पर 'बने रहने' में आपकी मदद के लिए हम इस सीढ़ियों के रास्ते का अक्सर प्रयोग करेंगे। हो सकता है आपको यह बताने की ज़रूरत न हो कि जिन चीज़ों को आप चाहते हैं उन्हें पाने के लिए आपको किन लक्षणों और गुणों की ज़रूरत है, परन्तु मेरा मानना है कि एक मनुष्य की तरह आपको भी याद दिलाने की ज़रूरत है।

संभवतः कुछ और भी चीज़ें हैं जिन्हें आप चाहते हैं परन्तु मुझे विश्वास है कि यदि आपको वे चीज़ें मिल गयीं जिन्हें हमने सूचीबद्ध किया है तो आपका जीवन सम्पन्न और परितोष पूर्ण हो जायेगा। इस बात की प्रबल सम्भावना है कि इस वक्त आपके पास वे सारी चीज़ें न हो जिन्हें आप जीवन के आने वाले कल में चाहते हैं और जिसकी अपेक्षा करते हैं।

सौभाग्य से वे सब उपलब्ध हैं और आपने जिस हद तक उनके सम्भव होने के सपने देखे थे उससे कहीं अधिक सीमा तक आप उन्हें प्राप्त कर सकते हैं। मैं उनकी उपलब्धता के बारे में दृढ़ता से कहता हूँ, परन्तु जिस तरह यदि आप एक वेटलिफ़्टर (भारोत्तोलक) होना चाहते हैं तो आपको अपनी माँसपेशियाँ विकसित करनी चाहिये उसी प्रकार जीवन की क़ीमती चीज़ों की तिजोरी को खोलने के लिए और उसमें से उन चीज़ों को निकालने के लिए जिन्हें आप चाहते हैं और जिनकी आपमें पात्रता है, आपको कुछ गुण विकसित करने होंगे।

छह पायदान (क़दम) और आप वहाँ होंगे

मुझे पूरा विश्वास है कि जिन 'अच्छी' चीज़ों का मैंने वर्णन किया है वे आपके लिए उपलब्ध हैं, परन्तु मुझे इस बारे में कहीं अधिक विश्वास है कि यदि आप वास्तव में उन चीज़ों को चाहते हैं जिन्हें हमने सूचीबद्ध किया है तो उन्हें प्राप्त करने के लिए आपको छह विशिष्ट क़दम उठाने चाहिये। यह अत्यन्त महत्वपूर्ण है कि आप इसे समझ लें क्योंकि जिस तरह से कोई बेसबॉल का खिलाड़ी खेल से 'बाहर' हो जायेगा यदि उसने सभी बेस लाइनों को न छुआ, उसी तरह यदि आप इन पायदानों में से किसी को भी छोड़ेंगे तो 'बाहर' हो जायेंगे।

मेरा एक अच्छा मित्र और एक प्रमुख सेल्स तकनीक विशेषज्ञ, डिक गार्डनर इन क़दमों को 'सापेक्ष ऊपर चढ़ने की दर' (ग्रेडिएन्टस) कहता हैः वह लड़का जो किसी नौजवान *महिला* से परिचय कराये जाने पर तुरन्त उसे चूमने की कोशिश करता है वह उस महिला के द्वारा अपने बारे में एक प्रणय करने वाले के रूप में गम्भीरता से विचार करने के अवसर को खो देगा। वह विद्यार्थी जो साधारण अंकगणित से सीधे रेखागणित की ओर बढ़ने की कोशिश करता है वह अत्यन्त निराशापूर्ण स्थिति का सामना करेगा। वह सेल्समैन जो भावी ग्राहक को अपना परिचय देता है और फौरन 'ऑर्डर लिखने' की कोशिश करता

क्या आप सीढ़ियों को देखते रहेंगे
या
सीढ़ियों पर क़दम बढ़ायेंगे ?

है वह सेल गंवा देगा, और इस प्रक्रिया में दुर्भावना पैदा करेगा। प्रणय करने वाले व्यक्ति ने, विद्यार्थी ने, और सेल्समैन ने बहुत से क़दमों या चढ़ाई की पायदानों पर छलाँग लगा दी और विफल हो गये। उनमें से हर एक की सफलता के कहीं बेहतर अवसर होते यदि उन्होंने सारी पायदानें चढ़ी होतीं। अब स्वाभाविक है कि कुछ लोग दूसरों की तुलना में जल्दी पायदान चढ़ सकते हैं, परन्तु यदि आप सारी पायदान चढ़ते हैं तो आप उन चीज़ों को पाने के बारे में कहीं अधिक निश्चित हो सकते हैं जिन्हें आप वास्तव में पाना चाहते हैं।

आपके शिखर के लिए सीढ़ियों के रास्ते के बराबर में शिखर के लिए एक एलीवेटर है। जैसा कि आप देख सकते हैं एलीवेटर पर 'ख़राब है' का साइन बोर्ड लगा हुआ है। जहाँ पर मैं खड़ा हूँ वहाँ से शिखर के लिए ले जाने वाला एलीवेटर ख़राब था, ख़राब है और 'ख़राब' रहेगा। शिखर पर पहुँचने के लिए सेल्स एक्ज़ीक्यूटिव जॉन हेमन्ड के अनुसार आपको सीढ़ियों के रास्ते से जाना होगा - और आपको उन सीढ़ियों को एक वक्त में एक-एक करके चढ़ना होगा। सौभाग्य से वे आपके बिल्कुल सामने हैं इसलिए आप जानते हैं कि वे कहाँ हैं, वे क्या हैं और शिखर पर पहुँचने से पहले आपको कितनी सीढ़ियाँ चढ़नी चाहिए।

जैसे ही आप शिखर के लिए सीढ़ी के रास्ते पर चढ़ना शुरू करते हैं तो आपकी पहली पायदान (सीढ़ी) होगी, एक स्वस्थ आत्म-छवि विकसित करना। दूसरी सीढ़ी है, दूसरे लोगों के मूल्य व योग्यता की पहचान करना और उनके साथ प्रभावकारी ढंग से रहने व काम करने की ज़रूरत को पहचानना। आपको एक मकान बनाने के लिए योजना की ज़रूरत होती है। जीवन बनाने के लिए योजना या ध्येय का होना और ज़्यादा महत्वपूर्ण है। चौथी और पाँचवीं सीढ़ी हैं कि आपका सोचने को नज़रिया 'सही' हो और आप काम करने के इच्छुक हों। ***शिखर पर मिलेंगे*** के पृष्ठों के अन्दर ही आप सीखेंगे कि मूल्य 'अदा' करने के बजाय आप वास्तव में मूल्य का 'आनन्द' लेते हैं। मैं ऐसा इसलिए कहता हूँ क्योंकि **सफलता का मूल्य असफलता के मूल्य से बहुत कम है।** यह स्पष्ट हो जाता है जब आप जीवन में असफलताओं की तुलना सफलताओं से करके देखते हैं। तथापि, गुमराह मत होइये, क्योंकि आपको काम भी करना पड़ेगा, परन्तु किसी काम के नीरस होने अथवा उल्लास पूर्ण होने में अन्तर आपकी सोच के तालमेल का है। छठी सीढ़ी है कि आपमें उत्तमता के लिए तीव्र इच्छा भी होनी चाहिए। आपके अन्दर बहुत सी 'चाह' होनी चाहिए- और आप एक मुक्त उद्यम व्यवस्था में रहने चाहिये ताकि आप अपनी नियति पर क़ाबू रख सकें।

सौभाग्यवश, **आपके पास सफलता के लिए ज़रूरी सभी गुण हैं ।** आपके पास थोड़ा चरित्र, विश्वास, सत्यनिष्ठा, ईमानदारी, प्यार व एकनिष्ठा है। आप अपने बारे में और अपने साथियों के बारे में कुछ चीज़ों को पसन्द करते हैं। आपके पास कुछ ध्येय हैं,

कुछ 'सही' सोचने का नज़रिया है, और ज़ाहिर है कि आप कुछ काम भी करते हैं और कुछ इच्छा भी है। वास्तव में, आपको बस इतना करना है कि आपके पास जो है उसका प्रयोग करें और हर एक गुण को बढ़ने का मौक़ा दें क्योंकि जो कुछ आपके पास है उसका जितना अधिक आप उपयोग करते हैं उतना ही अधिक उपयोग करने के लिए आपको मिलता है। इसके अलावा, किसी पुरूष या महिला के सफल होने में बहुत कुछ नहीं लगता - बस उस व्यक्ति या आपके पास जो कुछ है, वही सब कुछ लगता है।

दो कहानियों में निहित संदेश इस बात को स्पष्ट कर देगा। एक नौजवान दम्पत्ति ने, जो किसी देहाती सड़क पर भटक गये थे, एक बूढ़े किसान को देखा और अपनी कार रोककर उससे एक सवाल पूछा, "श्रीमान, क्या आप हमें बता सकते हैं कि यह सड़क हमें कहाँ ले जायेगी?" बिना किसी हिचकिचाहट के बूढ़े किसान ने कहा, "बेटा, यह सड़क आपको दुनिया में कहीं भी ले जायेगी जहाँ आप जाना चाहते हैं, अगर आप सही दिशा में चल रहे हैं।" (आप सही सड़क पर हो सकते हैं और फिर भी कुचले जा सकते हैं अगर आप गतिहीन खड़े हुए हैं)।

एक नौजवान एक्ज़ीक्यूटिव अगले दिन की एक महत्वपूर्ण मीटिंग के लिए कुछ कार्य पूरा करने हेतु घर ले आया। हर बार कुछ मिनटों के बाद उसका पाँच वर्षीय बेटा उसके विचारों की श्रृंखला को तोड़ देता था। ऐसी कई रुकावटों के बाद उस नौजवान एक्ज़ीक्यूटिव को शाम का अख़बार दिखाई दिया जिस पर दुनिया का नक़्शा बना हुआ था। उसने वह नक़्शा लिया, उसे कई टुकड़ों में फाड़ा और अपने बेटे से उस नक़्शे को फिर से एक साथ जोड़ने के लिए कहा। उसने सोचा कि इससे यह छोटा बच्चा लंबे समय तक के लिए व्यस्त हो जायेगा और उतनी देर में वह अपने काम को पूरा कर सकेगा। तथापि, लगभग तीन मिनटों में उस बच्चे ने रोमांचित होकर अपने पिता को बताया कि उसने वह काम ख़त्म कर लिया है। नौजवान एक्ज़ीक्यूटिव अचम्भित हो गया और उसने बच्चे से पूछा कि उसने इसे इतनी जल्दी कैसे कर लिया। छोटे बच्चे ने कहा, "उसके दूसरी ओर एक आदमी की तस्वीर थी, इसलिए मैंने बस उलट कर उस आदमी को जोड़ दिया। जब आदमी ठीक हो गया तो दुनिया ठीक हो गयी।" यह बताने की ज़रूरत नहीं है कि आप जब ख़ुद को ठीक कर लेंगे तो आपकी दुनिया भी ठीक हो जायेगी।

विचार : आपको शिखर पर पहुँचने के लिए सभी सीढ़ियाँ चढ़नी होंगी परन्तु आपको उन पर घोंसला बनाने की ज़रूरत नहीं है। जैसा कि किसी आदमी ने कहा था, "बलूत के पेड़ पर चढ़ने के दो तरीक़े हैं। आप उस पर चढ़ सकते हैं - अथवा आप बलूत के बीज पर बैठ सकते हैं।" यह पुस्तक आपको उस पर चढ़ने में मदद करने के लिए लिखी गयी है।

अध्याय दो

समय अब है

आप चतुर - और निर्धन हो सकते हैं

कई वर्षों पहले ओकलाहोमा की किसी भूमि में जो कि किसी बूढ़े भारतीय की थी तेल खोजा गया। अपनी पूरी ज़िंदगी वह बूढ़ा भारतीय ग़रीबी में रहा था, परन्तु तेल की खोज ने उसे अचानक धनवान बना दिया। उसने जो काम सबसे पहले किये उनमें अपने लिए एक बड़ी केडिलेक टूरिंग कार ख़रीदना भी था। उन दिनों टूरिंग कारों में पीछे की ओर दो अतिरिक्त टायर होते थे। तथापि, वह बूढ़ा भारतीय उस क्षेत्र में सबसे लम्बी गाड़ी चाहता था, इसलिए उसने चार और अतिरिक्त टायर जोड़े। उसने अब्राहम लिंकन जैसा एक स्टोवपाइप हैट और एक बो टाई ख़रीदी तथा अपनी वेशभूषा के सामान को एक बड़े काले सिगार के साथ पूरा किया। वह रोज़ाना नज़दीक के, गर्म, धूल भरे, छोटे से क़स्बे ओकलाहोमा में अपनी कार से जाता। वह हर किसी को देखना और दिखना चाहता था। वह मित्रवत बूढ़ा व्यक्ति था, इसलिए क़स्बे से गुज़रते हुए वह हर किसी से बात करने के लिए दायें और बायें दोनों ओर घूमता था। सच तो यह है कि वह चारों ओर घूम-घूम कर लोगों से बात करता था। रोचक बात यह है कि उसने न कभी किसी को टक्कर मारी, ना किसी के ऊपर अपनी कार चढ़ाई। उसने कभी किसी को शारीरिक क्षति या किसी की सम्पत्ति को क्षति नहीं पहुँचायी। कारण बिल्कुल स्पष्ट था। उस बड़ी ख़ूबसूरत कार के ठीक सामने दो घोड़े उसे खींच रहे होते थे।

इंजन चालू कर दो

स्थानीय मैकेनिकों ने बताया कि कार के इंजन में कोई ख़राबी नहीं थी, परन्तु उस बूढ़े भारतीय ने कभी सीखा ही नहीं कि किस तरह चाबी को लगा कर उसका इंजन चालू किया जाये। कार के अन्दर सौ घोड़े तैयार थे और चलने को उत्सुक थे परन्तु वह बूढ़ा भारतीय बाहर की ओर दो घोड़ों का इस्तेमाल कर रहा था। बहुत से लोग बाहर की ओर दो घोड़े ढूँढने की ग़लती करते हैं जबकि उन्हें अन्दर की ओर देखना चाहिए जहाँ पर उनके पास सौ से भी अधिक घोड़े हैं। मनोवैज्ञानिक बताते हैं कि हमारी उपलब्ध योग्यता और हमारे द्वारा प्रयोग की जाने वाली योग्यता की दर भी इसी प्रकार है - 2 से 5 प्रतिशत।

ओलिवर वेन्डेल होम्स ने कहा था, "अमेरिका में सबसे बड़ी त्रासदी प्राकृतिक संसाधनों की बहुत अधिक बर्बादी नहीं है, हालांकि यह दुःख भरी बात है। सबसे बड़ी त्रासदी मानव संसाधनों की बर्बादी है।" मिस्टर होम्स ने बताया कि **औसत व्यक्ति अपने संगीत को अपने अन्दर रखे हुए ही अपनी क़ब्र तक पहुँच जाता है।** इसलिए,

दुर्भाग्यवश सबकी मधुरतम संगीत रचनायें वह हैं जो बजी ही नहीं।

बहुत लम्बे समय तक मैं सोचता था कि किसी व्यक्ति के जीवन काल में सबसे दुःख भरी बात यह होगी कि जब वह मृत्यु शैय्या पर हो तब उसे पता चले कि उसकी ज़मीन में तेल का कुँआ या सोने की ख़ान है। अब मैं जानता हूँ कि व्यक्ति के अन्दर उससे भी कई गुनी पड़ी हुई दौलत को न खोज पाना उससे अनन्त गुना बद्तर है। जैसा कि मेरा एक अच्छा मित्र मेजर रूबेन सिवरलिंग कहा करता है, "एक पैसे और 20 डॉलर के सोने के टुकड़े का एक ही मूल्य है अगर वे समुद्र की तली में पड़े जंग खा रहे हैं।" मूल्य में अन्तर तभी होता है जब आप उन सिक्कों को उठाकर उनका उसी तरह प्रयोग करते हैं जैसा प्रयोग उनका होना चाहिए। आपका मूल्य वास्तविक हो जाता है जब आप अपने अन्दर पहुँचना और वहाँ पर उपलब्ध अपार संभाव्यता का उपयोग करना सीख जाते हैं। आप द्वारा इस क्षमता का और भरपूर उपयोग करने में आपकी मदद के लिए मैंने यह पुस्तक लिखी है। मुझे उम्मीद है कि इसकी सहायता से आप अपने अन्दर की उस सोने की ख़ान या तेल के कुँए को खोज पायेंगे और उसका उपयोग कर पायेंगे। **अगर आपके प्राकृतिक संसाधनों का कभी भी उपयोग नहीं किया जाता तो वे पृथ्वी ग्रह के प्राकृतिक संसाधनों के विपरीत बर्बाद व ख़त्म हो जायेंगे।** अतः मेरा उद्देश्य आपकी प्रतिभा को और अधिक काम में लगाना है ताकि आप व दूसरे लोग अन्य जो कुछ आपके पास है उसका आनन्द ले सकें। आपकी प्रतिभा के बारे में कोई सन्देह नहीं है, आपके पास यह निस्सन्देह है और अब आप इसका उपयोग करना शुरू करने जा रहे हैं ताकि निपुण व निर्धन (अगर आप निर्धन हैं) होने के बजाय आप निपुण - और समृद्ध हो सकें।

कूड़े के ढेर वाली सोच

कई वर्षों पहले मैंने एक दार्शनिक को कहते सुना था, "आप जहाँ हैं वहाँ इसलिए हैं क्योंकि वही वह जगह है जहाँ पर आप होना चाहते हैं।" मैं उस विचार से सहमत हो गया और मैंने इसे दूसरों के सामने भी दोहराया। फिर एक दिन देर रात मैं बर्मिंघम, अलाबामा में था और कार से मेरीडियन मिसिसिपी जा रहा था। अगली सुबह मेरीडियन में होना मेरे लिए महत्वपूर्ण था। क्योंकि सड़क की मरम्मत की जा रही थी, इसलिए मैं सहायता के लिए एक सर्विस स्टेशन पर रुका। परिचारक ने मुझे सर्वोत्तम रास्ता बताया और यहाँ तक कि एक नक़्शा भी बना कर दिया। उसने मुझे आश्वस्त किया कि यदि मैं नक़्शे के अनुसार चला तो मैं समय से काफ़ी पहले मेरीडियन पहुँच पाऊँगा। मैंने बिल्कुल उसके निर्देशों का पालन किया और फिर भी, एक घंटे बाद मैं उस वक्त की अपेक्षा जब उसने मुझे निर्देश दिये थे मेरीडियन से और 45 मील की दूरी पर हो गया था। ज़ाहिर है, मैं वहाँ पर इसलिए नहीं था क्योंकि मैं वहाँ पर होना चाहता था। मैं वहाँ पर इसलिए था क्योंकि किसी व्यक्ति

ने मुझे ग़लत निर्देश दे दिये थे।

मैं आपसे वही चीज़ कह सकता हूँ। यदि आप निर्धन, मायूस और निराश हैं, यदि आप अपने परिवार या कैरियर में परस्पर मेल नहीं बिठा पा रहे हैं तो मैं यह बिल्कुल विश्वास नहीं कर सकता कि इन स्थितियों या परिस्थितियों को आप वास्तव में चाहते हैं। ऐसा हो सकता है - बिल्कुल हो सकता है कि आपको ग़लत निर्देश मिल गये हों जिन्होंने आपको नकारात्मक रूप से प्रभावित कर दिया हो और ज़िनके कारण आप कूड़े-करकट वाली सोच से पीड़ित हो गये हों। (अब इस विचार के साथ इतने भी आराम में मत आ जाइये कि आपकी कोई भी या सभी समस्याएँ किसी और की गोदी में डाल दी जाएँ क्योंकि जैसा कि आप देखेंगे - अगर आपकी गुज़री हुई स्थिति के लिए किसी अन्य को दोषी करार दे भी दिया जाये - तो भी आपके भविष्य का विकास और प्रगति पूरी तरह से आपके ही कंधों पर टिकी हुई है।)

आइये, मैं इसे समझाऊँ: एक बड़े दक्षिणी शहर में एक आकर्षक नया शॉपिंग सेन्टर है जो शहर के उस स्थान पर है जहाँ पर पहले कूड़े-करकट का ढेर हुआ करता था। एक शताब्दी से भी अधिक समय तक किसी ने भी इस स्थान को 'कूड़े-करकट' के ढेर के अतिरिक्त कुछ नहीं देखा था। तथापि, लगभग पच्चीस वर्ष पहले कुछ प्रगतिशील सोच वाले नागरिकों ने इस स्थान को एक ख़ूबसूरत नये शॉपिंग सेन्टर के रूप में देखना शुरू किया। उन्होंने तुरन्त वहाँ पर कूड़ा-करकट डालना बन्द कर दिया और उन्होंने अच्छी व साफ़ मिट्टी को ढोकर उस एक शताब्दी पुराने कूड़े-करकट के ऊपर डालना शुरू किया। उन्होंने ऐसा तब तक किया जब तक कि एक दृढ़ व मज़बूत नींव तैयार नहीं हो गयी। ऐसी नींव के ऊपर उन्होंने एक आकर्षक नये शॉपिंग सेन्टर का निर्माण किया। परन्तु वास्तव में यह शॉपिंग सेन्टर कूड़े-करकट के ऊपर बना है, है ना?

मैं यह कहानी आपको इसलिए बता रहा हूँ क्योंकि इस बात की सम्भावना है कि समय गुज़रने के साथ, लोग आपके दिमाग़ में 'कूड़ा-करकट' डालते रहे हों। तथापि, जो चीज़ आपको समझनी चाहिए वह यह है कि यदि अतीत में आपके दिमाग़ में 'कूड़ा-करकट' डाल दिया गया है तो इससे वास्तव में कोई फ़र्क़ नहीं पड़ता। आप उस सारे 'कूड़े-करकट' पर क़ाबू पा सकते हैं। इसीलिए मैं आपसे कहने जा रहा हूँ, 'जन्म दिन मुबारक़ हो,' क्योंकि **आज आपके शेष जीवन का पहला दिन है।** अतीत बीत चुका है और जिस तथ्य को आपने अभी तक पढ़ा है वह बताता है कि अब आप एक महान भविष्य के लिए आधार निर्माण की प्रक्रिया में हैं।

चेतावनी! "कूड़ा-करकट" सम्भवतः आपके दिमाग़ में एक लम्बे समय तक डाला गया है। असलियत में, हमें समझना चाहिए कि कुपोषण से पीड़ित किसी व्यक्ति के पूरे शारीरिक स्वास्थ्य को केवल एक अच्छे संतुलित आहार को खिलाकर पुनः ठीक नहीं

किया जा सकता चाहे वह आहार कितना भी बड़ा और अच्छा क्यों न हो। इसलिए कृपया यह समझ लें कि फ़िलहाल जो हम कर सकते हैं वह यह है कि 'कूड़े-करकट' को सकारात्मक सोच व सही मानसिक नज़रिये की पतली सी परत से ढँक दें। इस बात की संभावना काफ़ी है कि समय-समय पर कुछ 'कूड़ा-करकट' परत के बीच में से अचानक दिखलायी पड़े और आप फिर 'घटिया सोच' से पीड़ित हो जाएँ। तथापि, पढ़ते रहें, क्योंकि हर एक अध्याय आपके द्वारा आत्मसात कर लिये जाने पर उस 'कूड़े-करकट' को गहरा व और गहरा दफन कर देगा, जब तक कि आप उस पुराने कूड़े-करकट को आख़िरकार पूरी तरह दफन न कर दें। तथापि, क्योंकि हम एक नकारात्मक समाज में रहते हैं, इसलिए हमारे साथ हमेशा रोज़ाना तौर पर कुछ नया कूड़ा-करकट हमारे दिमाग़ में डाले जाने की समस्या रहेगी। कोई मित्र, कोई परिचित अथवा कोई दूर से सुनी गयी बातचीत हमारे दिमाग़ में फुर्ती से बहुत सारा कूड़ा-करकट डाल सकते हैं। हम रेडियो या टेलिविज़न चलाते हैं और तेज़ी से कोई और हमारे दिमाग़ों में नया कूड़ा-करकट डाल देता है। अब फिर हमारे साथ 'घटिया सोच' की समस्या खड़ी हो जाती है, तो फिर अब हम क्या करें, कोच? पढ़ते रहें, इस सवाल का जवाब पूरे विस्तार के साथ दूसरे खण्ड में दिया गया है। मैं इसकी गारंटी देता हूँ।

भविष्य अब है

मनोविज्ञान का एक स्फूर्तिदायक क्षेत्र विकसित हुआ है जो अतीत के सारे पुराने कूड़े-करकट को नहीं खोदता। यह अतीत की समस्याओं को बार-बार कह कर 'लकड़ी का बुरादा' नहीं बिछाता बल्कि यह भविष्य की आशा से सम्बन्धित है। यह समस्या के प्रति सचेत नहीं बल्कि समाधान के प्रति सचेत है और इसके परिणाम बड़े उत्साहजनक रहे हैं। विलियम ग्लासर की एक रोचक पुस्तक *स्कूल्स विदाउट फ़ेल्योर* इसी मूल सिद्धांत का पालन करती है। इस पुस्तक में डॉ. ग्लासर ने कुछ कार्यक्रमों का वर्णन किया है जो उन युवाओं के मामले में कारगर हैं जिन्होंने कुंठा, पराजय, निराशा और विफलता के अलावा बाक़ी कुछ नहीं जाना। वह भविष्य की आशा के बारे में बात करता है, न कि अतीत की समस्याओं और व्यक्तित्व के बारे में। सकारात्मक रास्ता अपनाने से और विद्यार्थियों को बेहद प्रोत्साहित करने से उसके परिणाम चकित कर देने वाले रहे हैं।

असल में, यह अभी भी आदमी को 2000 वर्ष पहले धर्म प्रचारक पॉल द्वारा पवित्र बाइबल में दी गयी सलाह की तरफ़ ले जाता है जब उन्होंने कहा था, "अतीत में पड़ी हुई चीज़ों को भूलकर मैं मंज़िल की ओर अग्रसर हूँ।" पॉल ने ये शब्द रोमन जेल में लिखे थे जब वे मृत्यु के क़रीब थे। पॉल ने इस बात पर भी बल दिया कि उन्होंने जीवन की लड़ाई जीतने के लिए लड़ी। मेरा दृष्टिकोण भी यही है। मैं भी मानता हूँ कि **जीतना ही सब कुछ नहीं है, परन्तु जीतने का प्रयास करना ज़रूर है।**

पराजित व्यक्ति की शिथिलता / बेचारग़ी

जब कोई व्यक्ति कूड़े-करकट के ढेर वाली सोच का शिकार हो जाता है तो लक्षण स्वरूप वह 'पराजित व्यक्ति की कमज़ोरियों' का एक मिश्रण तैयार कर लेता है। यदि आप कभी फुटबॉल के खेल में शामिल हुए हों या आपने कभी इसे टेलिविज़न पर देखा हो तो आप जानते होंगे कि पराजित की शिथिलता क्या होती है। (संयोगवश, जब मैंने पिछली बार स्थानीय टीम को खेलते हुए देखा तो मैं समझ गया कि वे मुसीबत में फँस गये थे जब पन्टर ने सेन्टर से एक साफ़ कैच के लिए इशारा किया था।) आक्रामक खिलाड़ी रक्षात्मक खिलाड़ी के पीछे आ गया, उसने गेंद तक पहुँचकर उसे दूसरे खिलाड़ी की ओर बढ़ाया और आख़िरी क्षेत्र की ओर बढ़ गया। रक्षात्मक खिलाड़ी जल्दी से संभला और लगन के साथ उसके पीछे लग गया। जब आक्रामक खिलाड़ी आख़िरी क्षेत्र से लगभग 20 गज़ की दूरी पर था तो रक्षात्मक खिलाड़ी ने महसूस किया कि वह गेंद के साथ उस आदमी को नहीं पकड़ पायेगा। स्टैंड में बैठा हर व्यक्ति भी यह जानता था। इसलिए रक्षात्मक खिलाड़ी ने लंगड़ा कर चलना शुरू कर दिया और स्टैंड में बैठे लोगों ने कहा, "इसमें कोई ताज्जुब की बात नहीं है कि यह बेचारा खिलाड़ी को पकड़ नहीं पाया। देखो न, बेचारा लंगड़ा है।" अब, यह उसकी पराजित वाली शिथिलता थी। आपकी क्या है?

जन्मजात

आपके पास जो योग्यता है उसका उपयोग करने के लिए आपको शुरूआत अपनी पराजित व्यक्ति वाली शिथिलता से छुटकारा पाने से करनी चाहिए। पराजित व्यक्ति की एक विशेष कमज़ोरी है, "मैं कोई जन्मजात सेल्समैन, या जन्मजात डॉक्टर, वकील, कलाकार, आर्किटेक्ट, इंजीनियर आदि नहीं हूँ।" मैं इस बात पर बल देना चाहूँगा। अपनी यात्राओं के दौरान मैंने ऑस्ट्रेलिया के ग्रामीण क्षेत्रों से लेकर उत्तरी अमेरिका और यूरोप के महानगरों तक के समाचारपत्र लिये हैं। मैंने पढ़ा है कि कहाँ पर महिलाओं ने लड़कों और लड़कियों को जन्म दिया परन्तु अभी तक मैंने कभी यह नहीं पढ़ा कि कहीं पर किसी महिला ने किसी डॉक्टर, वकील, कलाकार, इन्जीनियर आदि को जन्म दिया हो। तथापि, मैंने यह ज़रूर पढ़ा है कि कोई डॉक्टर वकील, सेल्समैन आदि कहाँ पर मरे। क्योंकि वे "पैदा" नहीं हुए परन्तु "मरे" ज़रूर, जाहिर है, कि पैदा होने से मरने तक के बीच में कहीं पर, वे अपनी पसन्द या प्रशिक्षण द्वारा वह बन गये जो वे बनना चाहते थे। (क्या आप किसी "जन्मजात" डॉक्टर को बिना तैयारी के अपने पैर का ऑपरेशन करने की इजाज़त देंगे? या किसी जन्मजात वकील को कचहरी में अपनी पैरवी करने देंगे?)

सच तो यह है, मैंने यह कभी नहीं देखा कि किसी महिला ने कहीं पर सफलता या विफलता को जन्म दिया हो। वह हमेशा या तो लड़के को जन्म देती है या लड़की को। यदा-कदा, मैंने किसी आदमी को खड़े होकर यह कहते हुए देखा है, "मैं एक स्वनिर्मित

आदमी हूँ।" अभी तक मैंने असफल रहे किसी लड़के या लड़की को खड़े होकर यह कहते नहीं देखा, "मैं स्वनिर्मित असफल हूँ।" आप जानते हैं वे क्या करते हैं ? वे अपनी तर्जनी से इशारा करते हुए कहते हैं, "मैं अपने माता-पिता के कारण असफल या नाख़ुश हूँ।" कुछ कहते हैं, "मेरी पत्नी या पति मुझे नहीं समझती/समझता।" कुछ अपने अध्यापक, व्याख्याता, या बॉस को दोष देते हैं। कुछ त्वचा के रंग व धार्मिक अवधारणाओं से लेकर शिक्षा के अभाव व शारीरिक कमियों तक हर चीज़ को दोष देते हैं। कुछ कहते हैं कि उनकी आयु बहुत अधिक या बहुत कम है, वे बहुत मोटे या बहुत स्लिम हैं, बहुत लम्बे या बहुत छोटे हैं, या वे ग़लत जगह पर रहते हैं।

और भी अधिक अविश्वसनीय रूप से कुछ लोग यहाँ तक कहते हैं कि वे ग़लत महीने या ग़लत वर्ष में पैदा हुए। (व्यक्तिगत रूप से मेरा नक्षत्रों में कोई विश्वास नहीं है परन्तु जिसने नक्षत्र बनाये हैं उसमें पूर्ण विश्वास है।) मेरा यह भी मानना है कि पराजितों वाली शिथिलतायें 'कूड़ा-करकट' हैं। और जीवन में इसकी प्रचुरता चाहे जितनी हो, आप इसके ऊपर कुछ ठोस रूप से बना सकते हैं।

कुछ बल्कि उल्टे सिरे से चलते हैं और कहते हैं कि उनके साथ भेदभाव होता है क्योंकि वे अल्पसंख्यक समुदाय के सदस्य नहीं हैं अथवा महिला नहीं हैं। अभी भी लोग सारे समाज पर उँगली उठाते हैं और अपनी समस्याओं व सफलता की कमी के लिए हर एक को दोष देते हैं। अब मैं चाहता हूँ कि आप एक चीज़ पर ग़ौर करें। जब आप अपनी तर्जनी से किसी की ओर इशारा करते हैं, तो आप पायेंगे कि उससे तीन गुनी संख्या में आपकी उँगलियाँ वापिस आपकी ओर इशारा करती हैं। **आपकी सफलता और आपकी ख़ुशी आपसे शुरू होती है।** आप इस पुस्तक के सन्देश में जितने अधिक तल्लीन होते जायेंगे उतनी ही अधिक आपको यह जानकर ख़ुशी होगी कि आप अपने भविष्य पर नियन्त्रण पा सकते हैं। शायद पहली बार आपको अपनी असीम क्षमता की पहचान होगी।

उम्मीद के क़ैदी

निश्चित रूप से जीवन का सबसे दुःखद अनुभव किसी को यह कहते सुनना है, "काश, मैं उसकी तरह बात कर सकता, दौड़ सकता, गा सकता, नाच सकता, सोच सकता, एकाग्रचित्त हो सकता आदि", और आवाज़ धीरे-धीरे सन्नाटे में गुम हो जाती है। सन्देश सह है, "अगर मेरे पास किसी अन्य की योग्यता होती तो मैंने क्या-क्या नहीं कर दिया होता?" इस सवाल का जवाब, दोस्त, यही है कि किसी दूसरे की योग्यता से भी आपने कुछ नहीं किया होता अगर आप उस योग्यता का प्रयोग नहीं कर रहे हैं। जो पहले से ही आपके पास है आप अपने को बेवकूफ बना रहे हैं और यह ईमानदारी नहीं है। अगर आप सावधान नहीं हैं तो आप 'उम्मीद के क़ैदियों' में से एक हो जायेंगे जो यू.एस.ए. के हर शहर में मिलते हैं। ये उम्मीद के क़ैदी वे लोग हैं जो उम्मीद करते हैं कि किसी दिन

सड़क पर चलते हुए किसी बक्से या थैले को उनकी ठोकर लगेगी जिसमें उनका व्यक्तिगत सौभाग्य रखा होगा। वे किसी बड़े अवसर की उम्मीद लगाये रहते हैं जो उन्हें तुरन्त ख्याति और सौभाग्य दे देगा। आप उन्हें किसी समुद्र के किनारे पर भी यह उम्मीद लगाये हुए देख सकते हैं कि उनका जहाज़ रास्ते में है, परन्तु मन की गहराई में वे जानते हैं कि वह जहाज़ कभी बन्दरगाह से चला ही नहीं। हाँ, वे उम्मीद के क़ैदी हैं, और ऐसे ही वे लोग हैं जो हमेशा किसी दूसरे की योग्यता या प्रतिभा का सपना देखते रहते हैं अथवा कामना करते रहते हैं। सच्ची बात यह है कि **सफलता के लिए ज़रूरी योग्यता आपके पास पहले से ही है।** ज़िन्दगी की कहानी बार-बार आपको आश्वस्त करती है कि जो कुछ आपके पास है यदि आप उसका उपयोग करेंगे तो आपको उपयोग करने के लिए और मिलेगा। जीवन आपसे यह भी कहता है कि यदि आप इसका उपयोग नहीं करेंगे तो आप इसे गंवा देंगे।

'ख़ूबसूरत' लोग ये हैं

वे अमीर लोग जो मस्ती के लिए अक्सर दूर-दूर की यात्रा करते हैं और 'अच्छी ज़िन्दगी' के नाम पर मस्ती व खेलों को बहुत महत्व देते हुए अपनी अन्तर्राष्ट्रीय यात्राओं के दौरान संदेहास्पद नैतिक आचरणों में लिप्त रहते हैं, निश्चित रूप से 'ख़ूबसूरत लोग' नहीं हैं। मेरे दृष्टिकोण से सच में 'ख़ूबसूरत लोग' ज़िन्दगी के हर क्षेत्र में हैं और अक्सर पोलियो से लेकर पूर्ण रूप से अन्धेपन तक हर चीज़ से पीड़ित होते हैं। उन्होंने पराजितों की शिथिलता को स्वीकार करने से इन्कार किया और इस प्रक्रिया में वे बहुत सफल, ख़ुश और सुव्यवस्थित व्यक्ति हो गये। वे हर जाति, नस्ल और रंग का प्रतिनिधित्व करते हैं। उनकी शैक्षणिक पृष्ठभूमि कक्षा तीन से लेकर पी.एच.डी. तक भिन्न-भिन्न है। मैंने ऐसे लोग देखे हैं जो कई बार लगभग अविश्वसनीय विकलांगता के कारण और बहुत बार उसके बावज़ूद सफल हुए हैं। उनकी कहानियाँ हमारे लिए सबसे ख़ूबसूरत कहानियाँ हैं। बिना किसी अपवाद के ये लोग सोचते हैं कि **आदमी की अभिकल्पना उपलब्धि के लिए की गयी, उसका निर्माण सफलता के लिए किया गया और उसे महानता के बीज सहायतार्थ प्रदान किये गये।** जब आप इस धारणा को अपना लेते हैं तो आप पायेंगे कि किसी भी समस्या के लिए किसी को दोष देने की ज़रूरत नहीं रहेगी। संक्षेप में, आप अपने रास्ते पर चल पड़ेंगे क्योंकि आपने खोज लिया है कि आपको अपनी ही आस्तीन के सिरे पर हमेशा एक मददगार हाथ मिल सकता है। अपने काम में मैं अक्सर ऐसे लोगों को देखता हूँ जो सफल नहीं होते परन्तु कभी कोई ऐसा व्यक्ति नहीं दिखता जो सफल नहीं हो सकता। जो बात मैं वास्तव में आपको बता रहा हूँ, वह यह है कि आप इस तथ्य को स्वीकार कर लें कि इस क्षण के बाद, आपकी स्थिति–और आपका भविष्य–समर्थ हाथों में है–आपके अपने।

बेटा, यह आपके हाथों में है

शायद एक नीतिकथा मेरा दृष्टिकोण समझने में आपकी मदद करे। एक ऊँची पहाड़ी की चोटी पर इटली के ख़ूबसूरत नगर वेनिस को नज़रअन्दाज़ करता हुआ एक बूढ़ा आदमी रहता था जो बहुत मेधावी था। ऐसा कहा जाता था कि उससे कोई कुछ भी सवाल पूछे वह सब का जवाब दे सकता था। दो स्थानीय लड़कों ने सोचा कि उस बूढ़े को बेवकूफ बनाया जाये। इसलिए उन्होंने एक छोटी सी चिड़िया पकड़ी और वे उसके घर की ओर चल पड़े। उन लड़कों में से एक ने चिड़िया को अपनी मुट्ठी में बन्द करके बूढ़े आदमी से पूछा कि क्या चिड़िया मरी हुई है या ज़िन्दा? बिना किसी हिचकिचाहट के बूढ़े आदमी ने कहा,"बेटा, अगर मैं आपसे कहूँ कि चिड़िया जिन्दा है तो आप अपनी मुट्ठी को भींचकर उसे जान से मार दोगे। अगर मैं कहूँ कि चिड़िया मर गयी है तो आप अपने हाथ खोल दोगे और वह उड़ जायेगी। बेटा, आप अपने हाथों में जीवन और मृत्यु की शक्ति थामे हुए हो।" यही बात मैं आपसे बिना किसी प्रतिबन्ध या हिचकिचाहट के कहता हूँ। **आप अपने हाथों में विफलता के बीज - या महानता की सामर्थ्य थामे हुए हैं।** आपके हाथ समर्थ हैं परन्तु उनका प्रयोग किया जाना चाहिए - और ठीक चीज़ों के लिए - उनका फल पाने के लिए जिन्हें पाने में आप सक्षम हैं।

अब मुझे मत छोड़ो

इस पूरी पुस्तक के दौरान मैं आपको बहुत सी कहानियाँ बताऊँगा क्योंकि मेरा मानना है कि जीवन अपने आप में एक सतत् चलती रहने वाली कहानी है। मैं आपका ध्यान बनाये रखने के लिए और आपको चौकन्ना रखने के लिए हर उस विधि का प्रयोग करूँगा जो मेरे अधिकार में है।

कारण एकदम सरल है। आप सम्भवतः प्रति मिनट 200 से 400 शब्द की दर से पढ़ते हैं, परन्तु आपका मस्तिष्क प्रति मिनट 800 से 1800 शब्दों की दर से चलता है। आपके मस्तिष्क की सामान्य प्रवृत्ति उस खाली समय या जगह को हज़ार असम्बन्धित विचारों से भरने की होती है। अब इसके साथ इस तथ्य को भी जोड़ें कि आपके पढ़ने-सीखने का नज़रिया भी बदलता है जैसे कि आपके दिन का प्रकार बदलता है, और आप आसानी से समझ सकते हैं कि आपका दिमाग़ कैसे और क्यों भटकता है। दरअसल यह सम्भव है कि आप कई पृष्ठ पढ़ लें और कुछ भी आत्मसात न करें।

उदाहरण के लिए, इस पुस्तक को पढ़ते हुए आप दर्जनों बार मुझे छोड़ कर छोटी-छोटी यात्राओं पर निकल गये। आप सब जगह गये हैं और बच्चों पर नज़र रखने से लेकर कक्षा को पढ़ाने तक, कोई सेल करने तक, फुटबॉल गेम देखने या रेस्ट रूम में जाने तक

आपने सब कुछ किया है। अगर आप इस बात पर विश्वास नहीं करते तो पिछले किसी भी पृष्ठ को जिसे आप पढ़ चुके हैं फिर से ध्यानपूर्वक पढिये। आप पायेंगे कि कई शब्द और विचार आपसे पहली बार छूट गये थे। संयोगवश यह आपकी बुद्धिमत्ता का अपमान नहीं है। सच तो यह है कि अधिकांश मामलों में आप जितने अधिक बुद्धिमान हैं, इसके होने की सम्भावना रहेगी। मैं इसके साथ यह भी जोड़ सकता हूँ कि आप जितने अधिक बुद्धिमान और महत्वाकांक्षी हैं उतनी ही अधिक आप भविष्य में इसके कम होने के लिए उतनी ही अधिक मेहनत करेंगे। [इस पुस्तक के लेखक के रूप में मुझे आशा करनी है कि इस पैराग्राफ को पढ़ते समय आप उन 'यात्राओं' पर नहीं गये थे।]

यह जानने के बाद कि आप बीच-बीच में छोटी यात्राओं पर जा सकते हैं आपको मेरे द्वारा पहले दी गयी सलाह को समझना आसान हो जायेगा कि आप उन बातों को जिन्होंने आपको प्रभावित किया, पैन से रेखांकित कर लें। संयोग से, अगर आप इन विचारों को ट्रिगर पेज नोटबुक में रिकॉर्ड भी कर रहे हैं तो आप सच में एक 'निष्क्रिय' पाठक के बजाय 'सक्रिय' पाठक हो जायेंगे। यह समीक्षा के उद्देश्यों के लिए सहायक होगा। पुनः पढ़ना और इस सूचना की समीक्षा करना अत्यन्त महत्वपूर्ण है। अमेरिका के एक अग्रणी विश्वविद्यालय ने पाया कि नयी सामग्री से एक बार परिचित कराये जाने पर लोग दो हफ़्ते बाद उसका लगभग 2% ही याद रख पाएँगे। यदि वे उसी सामग्री से लगातार छह दिनों तक परिचित कराये जायें तो दो हफ़्ते बाद वे इसका 62% याद रखेंगे। परन्तु इससे भी अधिक कुछ और महत्वपूर्ण है। जितनी अधिक बार आप किसी सूचना से परिचित कराये जाते हैं उतनी ही अधिक सम्भावना है कि आप उस पर कोई कार्यवाही करें - और आपके द्वारा क्रिया करवाना ही मेरा उद्देश्य है। दरअसल, क्रिया ज्ञान की अभिव्यक्ति है। जिस प्रकार "बिना कार्य किये विश्वास मृत है," ठीक उसी प्रकार बिना क्रिया के ज्ञान कोई ज्ञान नहीं है।

उकडूँ स्थिति में बैठे न रह जाईये

बहुत बार जब मैं किसी विषय पर अपनी वार्ता में बोलना शुरू करता हूँ तो व्यक्ति अपने सिर को हिलाकर यह संकेत देते हैं कि वे इस बात को पहले से ही जानते हैं या यह उन्होंने पहले ही सुन रखी है। मुझे अक्सर रुक कर उनसे पूछने की इच्छा होती है कि इस बारे में उन्होंने क्या किया है। जो कुछ आपने सीखा है जब तक उसका आप उपयोग नहीं करते तब तक सीखना और न सीखना एक सा है। जो व्यक्ति पढ़ता नहीं है वह उस व्यक्ति से बेहतर नहीं है जो पढ़ नहीं सकता है। जो व्यक्ति जानता है परन्तु सफलता के सिद्धान्तों और सूचना का प्रयोग नहीं करता वह उस व्यक्ति से बेहतर नहीं है जो उन्हें नहीं जानता। आप 'कुछ' करना चाहते हैं, है ना? (हाँ कहिये!)

आपने क्योंकि हाँ में जवाब दिया है, तो मैं आपसे कहता हूँ, "बधाई हो, आप अब सफल हैं।" मैं ऐसा इसलिए कहता हूँ क्योंकि **सफलता कोई मंज़िल नहीं है, यह एक यात्रा है, यह वह दिशा है जिसमें आप यात्रा कर रहे हैं।** सिर्फ़ शुरूआत ही नहीं की है बल्कि आप सही दिशा में चल रहे हैं। मैं उत्साह से आपको बधाई देता हूँ आपने क्योंकि आप 'अधिकांश लोगों' जैसे नहीं हैं।

अधिकांश लोग इन्तज़ार करते हैं कि इससे पहले कि वह कोई चीज़ करें हर चीज़ बिल्कुल ठीक हो जाये। वे बाहर वृक्ष की डाल पर चलने से इन्कार कर देते हैं क्योंकि वे नहीं समझते कि फल हमेशा डाली पर लटके होते हैं। वे अपने पर दाँव लगाने से इन्कार कर देते हैं। उनके लिए ज़िन्दगी का खेल पहले ही ख़त्म हो चुका है और वे इसे हार चुके हैं। उनका समाधि लेख कुछ इस तरह पढ़ा जा सकता है, "जन्म 1942, मृत्यु 1974, अंत्येष्टि 1997," अथवा जब दिल ने अन्तिम रूप से धड़कना बन्द कर दिया। ये वे लोग हैं जो रसोइये के बिस्कुट की तरह होकर रह जाते हैं।

इस बारे में मैं आपको बताता हूँ। जब मैं याज़ू सिटी, मिसिसिपी में एक छोटा बच्चा था, तो हम कुछ अमीर लोगों के पड़ोस में रहते थे। मैं जानता हूँ कि वे अमीर थे क्योंकि उनके पास न सिर्फ़ रसोइया था बल्कि रसोइये के पास कुछ पकाने के लिए भी था। 1930 के समय में यह अमीरी की पहचान थी। मैं एक दिन वहाँ पर लंच के लिए गया जैसे कि मैं अक्सर जाने की हर रोज़ कोशिश करता था। (ग़लत न समझिये, हमारे पास अपने घर में खाने के लिए बहुत था। मैं जानता हूँ कि हमारे पास बहुत था क्योंकि अगर मैंने कभी अपनी प्लेट क्षण भर के लिए भी बढ़ा दी तो वे हमेशा कहते थे,"नहीं, तुम बहुत खा चुके हो।") उस मौक़े पर उनकी कुक बिस्कुटों का एक कटोरा लेकर आयी। क्योंकि उनकी मोटाई एक चाँदी के डॉलर से ज्यादा नहीं थी, इसलिए मैंने पूछा,"मोडी, इन बिस्कुटों को क्या हुआ?" उसने थोड़ी हमदर्दी दिखाई, हँसी और फिर कहा,"ये बिस्कुट ऊपर उठने के लिए उकड़ूँ स्थिति में बैठे थे, परन्तु वे बस उकड़ूँ बैठने की स्थिति में ही नष्ट हो गये।"

'आधा-मन बनाने वाले' और 'बस, शुरू करने वाले'

क्या आप किसी ऐसे व्यक्ति को जानते हैं जो उकड़ूँ बैठने की स्थिति में नष्ट हो गया हो? क्या आप किसी ऐसे व्यक्ति को जानते हैं जो "जैसे ही बच्चे स्कूल से बाहर से आ जायें या बच्चे स्कूल में वापस चले जायें तो वह कुछ करने वाला है?" शायद वे यह काम करेंगे "बस ज़रा सर्दी का मौसम आ जाये या सर्दी का मौसम ख़त्म हो जाये"। दूसरे बहानों की लम्बी कतार है जैसे "बस, क्रिसमस आ जाये या क्रिसमस ख़त्म हो जाये, जॉन कार ठीक कर ले, घर पेन्ट करा ले, घास काट ले आदि।" संक्षेप में, ऐसे व्यक्ति जो किसी

मैं उन बिस्कुटों के बारे में आपको बताऊँ- वे ऊपर उठने के लिये उकड़ूँ बैठे थे परन्तु वे उकड़ूँ स्थिति में ही बैठे रह गये

"आन्तरिक" कार्य को करने से पहले "बाहरी" परिवर्तनों के पूरा हो जाने की सूची बनाते हैं वे बस उकड़ूँ स्थिति में ही बैठे रह जाते हैं।

क्या आप किसी ऐसे व्यक्ति को जानते हैं जिसने कुछ वज़न कम करने के लिए, स्कूल में वापिस जाने के लिए, कोई पब्लिक स्पीकिंग कोर्स करने के लिए, लॉन को सजाने के लिए, चर्च या समुदाय के कार्यों में सक्रिय होने के लिए 'आधा मन' बना लिया हो ? दुर्भाग्यवश 'आधा मन बनाने वाले' और 'बस, शुरू करने वाले', दोनों तरह के लोग जो किसी काम को करने से पहले हर चीज़ के "बिल्कुल ठीक" हो जाने का इन्तज़ार करते हैं, उस काम को कभी भी नहीं कर पायेंगे। जो लोग अपने घर से निकलने से पहले रास्ते की

सभी ट्रेफिक लाइटों के हरे हो जाने की प्रतीक्षा करते हैं, वे घर से कभी नहीं निकल पायेंगे। वे 'आधा-मन बनाने वाले' और 'बस, शुरू करने वाले' हैं और, जैसा मैंने कहा वे उकड़ूँ स्थिति में ही बैठे रह जाते हैं।

इस बात की बहुत सम्भावना है कि कभी आपने किसी से कहा हो कि बस, जैसे ही आपको उसके लिए समय मिलेगा' आप फलाँ काम करने वाले हैं, उन्नति या विकास का कोई कोर्स शुरू करने वाले हैं, या और बहुत सी चीज़ें शुरू करने वाले हैं। क्योंकि मैं बहुत से ऐसे लोगों से मिलता हूँ जो इस स्थिति में ठीक बैठते हैं और क्योंकि मैं नहीं चाहता कि मेरी पुस्तक का पाठक 'उकड़ूँ स्थिति में ही बैठा रह जाये', इसलिए मैं कुछ ऐसी चीज़ का प्रयोग करूँगा जो बहुत प्रभावकारी है। मेरा बिज़नेस कार्ड गोल आकार का है। इसके एक तरफ़ मेरा नाम, पता व फोन नम्बर है। दूसरी तरफ बड़े अक्षरों में 'TUIT' शब्द लिखा है। क्योंकि कार्ड गोल है और TUIT है, इससे यह 'एक गोल ट्यूट' हो जाता है। बाद में इस पुस्तक में मैं आपको बताऊँगा कि एक गोल ट्यूट कैसे पाया जाये। (और मेरा दावा है कि मैं आपको यह बताने के लिए कि एक गोल ट्यूट कैसे पाया जाये, आस-पास घूमता रहूँगा, इसलिए पढ़ते रहें।) जब आपको अपना 'गोल ट्यूट मिल जाये', इसे हर समय अपने पास रखें और जब कोई आपसे कुछ करने के लिए कहे जिसे आप सामान्यतः तब करते 'जैसे ही आपको उसके लिए समय मिलता' तो आपको याद रहेगा कि आपके पास पहले से ही आपका 'गोल ट्यूट' है, अतः आप आगे बढ़ सकते हैं और उसे कर सकते हैं।

यह बिल्कुल ऐसा नहीं है

इस पूरी पुस्तक में मैं पूर्णरूपेण इस विचार का खण्डन करने वाला हूँ कि सफल होने के लिए आपको लोगों का अनुचित लाभ उठाना पड़ता है, उनसे दुर्व्यवहार करना पड़ता है और बेईमान होना पड़ता है। दरअसल मैं बिना किसी शक के यह साबित करने वाला हूँ कि अपने साथ और अपने साथियों के साथ पूरी तरह से ईमानदार रह कर ही आप जीवन के सब क्षेत्रों में वास्तविक रूप से सफल हो सकते हैं। मैं फिर यह प्रमाणित करूँगा कि **आप जीवन में जो चाहते हैं वह पा सकते हैं यदि आप दूसरे लोगों की जो कुछ वे चाहते हैं उसे प्राप्त करने में पर्याप्त मदद करते हैं।** यह सच है चाहे आप कोई सेल्समैन, डॉक्टर, पिता, माता, व्यापारी, विद्यार्थी, मन्त्री, मैकेनिक या कोई निर्वाचित सरकारी कर्मचारी हों।

यह कहानी यह समझने में आपकी मदद करेगी कि जो कुछ आपके दिमाग़ में है, सिर्फ़ वही मायने नहीं रखता।

गुब्बारे बेचने वाला

कई वर्ष पहले एक गुब्बारे बेचने वाला न्यूयार्क शहर की सड़कों पर गुब्बारे बेच रहा था। जब धन्धा थोड़ा मन्दा होता तो वह एक गुब्बारा छोड़ देता। जैसे ही वह गुब्बारा हवा में तैरता, ख़रीदने वालों की नयी भीड़ उसके चारों ओर एकत्रित हो जाती और कुछ मिनटों के लिए उसका धन्धा फिर चल पड़ता। वह बारी-बारी से अलग-अलग रंग के गुब्बारे छोड़ता था, पहले सफेद, फिर लाल और उसके बाद पीला। कुछ समय बाद एक छोटे से नीग्रो बच्चे ने उसके कोट की आस्तीन खींची, गुब्बारे बेचने वाले की आँखों मे देखा और एक पैना सवाल पूछा, "मिस्टर, अगर आप कोई काला गुब्बारे छोड़ें, तो क्या वह ऊँचा जायेगा?" गुब्बारे बेचने वाले ने उस छोटे लड़के की ओर करुणा, बुद्धिमत्ता और समझदारी के साथ देखा और कहा, "बेटा, उन गुब्बारों में जो चीज़ है उसकी वजह से वे ऊँचे/ऊपर जाते हैं।" वह छोटा बच्चा वाक़ई भाग्यशाली था कि उसे ऐसा आदमी मिला जिसने सिर्फ़ आँखों से ही नहीं देखा। ठीक आँखों से आप किसी को दौड़ते हुए या चलते हुए या काम करते हुए या खेलते हुए देख सकते हैं। जो व्यक्ति अपने दिल और अपनी आँखों से देख सकता है वह दूसरे व्यक्ति के मनोभाव तक पहुँच सकता है व उसे स्पर्श कर सकता है तथा उसके अन्दर की अच्छाई को प्रकट कर सकता है। हाँ, गुब्बारे बेचने वाला ठीक था। मैं भी 'ठीक' हूँ जब मैं आपसे कहता हूँ कि **जो कुछ आपके अन्दर है वही आपको ऊपर ले जायेगा।**

अब, दोस्तों, चाहे आप निर्णय करने की घाटी में हैं या हिचकिचाहट की पहाड़ी पर हैं, अथवा आपका कैरियर या व्यक्तिगत जीवन पहले से ही तेज़ रफ़्तार में है, मेरा आपसे अनुरोध है कि आप अपनी सीट की पेटी बाँध लें क्योंकि आप शिखर की यात्रा पर हैं। यह एक स्फूर्तिदायक यात्रा है जिसमें अल्फ्रेड हिचकॉक की रचना से कहीं ज़्यादा रोमांच है, जॉन वेन वेस्टर्न से अधिक हरक़त है, शेक्सपीयर के नाटक से कहीं अधिक ड्रामा है और तीन-छल्लों वाले सरकस से कहीं अधिक मस्ती है। यह प्यार में डूबी हुई और हँसी से भरी हुई है और किंग सोलोमन की खानों से कहीं अधिक सच्चा पुरस्कार देती है। संक्षेप में, यह पुस्तक आपके भविष्य के लिए आपकी निर्देशिका है।

यह सच है कि **आप जो चाहते हैं वह पा सकते हैं बजाये इसके कि आपके पास जो है वह चाहना पड़े।** आपके विश्वास करने के बाद सफलता आसान हो जाती है। परन्तु पहले, आपको विश्वास करना चाहिए। अतः लगे रहिये और पढ़ते रहिये। आप विश्वास करने के रास्ते पर हैं जिसका सीधा सा अर्थ है कि आप अपने रास्ते पर हैं।

खण्ड दो

आपकी आत्म-छवि

उद्देश्य : I. स्वस्थ आत्म-छवि के महत्व को दर्शाना।

II. हीन आत्म-छवि के कारणों की पहचान करना।

III. हीन आत्म-छवि की अभिव्यक्ति को ज़ाहिर करना।

IV. आपको आत्म-छवि सुधारने की पन्द्रह विधियाँ बताना।

V. आपको स्वस्थ आत्म-छवि के रास्ते को चुनने और फिर उस रास्ते पर चलते रहने के लिए प्रोत्साहित करना।

अतिरिक्त पाठ्य सामग्री

रोबर्ट शुलर	-	*सेल्फ लव*	
ब्रूस लार्सन	-	*दि वन एण्ड ओनली यू*	
जेम्स एण्ड जोंगेवार्ड	-	*बॉर्न टू विन*	
मिलड्रेड न्यूमेन बर्नार्ड बर्कोविट्ज़	-	*हाउ टु बी योर ओन बेस्ट फ्रेंड*	
डेविड डन	-	*ट्राई गिविंग योरसेल्फ अवे*	
ऑग मेन्डिनो	-	*दि ग्रेटेस्ट मिरेकिल इन दि वर्ल्ड*	
जैरी ल्यूक्स हैरी लौरेन	-	*दि मेमोरी बुक*	
जेम्स डॉब्सन	-	हाइड ऑर सीक	अगर आपके बच्चे हैं तो इन्हें दोनों पुस्तकें ज़रूर पढ़नी चाहिये।
जेम्स डॉब्सन	-	डेयर टु डिस्सिप्लिन	

अध्याय एक
चोर

असली या नक़ली

यह दृश्य आसपड़ोस के छोटे से किराना स्टोर का है और वर्ष है 1887। एक पचपन-साठ साल का विशिष्ट दिखने वाला भद्र व्यक्ति हरी शलजम ख़रीद रहा है। वह क्लर्क को बीस डॉलर देता है और बाक़ी पैसे वापस पाने का इन्तज़ार करता है। क्लर्क पैसे लेकर कैश ड्राअर में डालती है बाक़ी पैसे वापस देने के लिए गिनना शुरू करती है। तथापि, उसने देखा कि उसकी उँगलियों पर जो कि शलजम उठा कर देने के कारण अभी तक गीली थीं कुछ स्याही छूट रही थी। वह ठिठकी और यह सोचने के लिए कि क्या किया जाए, वह थोड़ा रुकी। क्षण भर के लिए समस्या से जूझने पर, उसने एक निर्णय लिया। यह व्यक्ति एमानुअल निंगर है जो काफ़ी पुराना मित्र है, पड़ोसी है और ग्राहक है। अवश्य ही वह उसे कोई ग़लत या नक़ली नोट नहीं दे सकता, अतः उसने उसे बाक़ी पैसे दे दिये और वह चला गया।

बाद में, उसे दूसरे विचार आये क्योंकि 1887 में बीस डॉलर बहुत रक़म होती थी। उसने पुलिस को सारी बात बतायी। एक पुलिसमैन को विश्वास था कि बीस डॉलर का नोट असली है। दूसरा स्याही छूटने के कारण उलझन में था। अन्ततः उनकी जिज्ञासा और फर्ज़ की ज़िम्मेदारी ने उन्हें मिस्टर निंगर के घर की तलाशी का वॉरंट प्राप्त करने के लिए बाध्य कर दिया। अटारी में उन्हें बीस डॉलर के नक़ली नोट बनाने की सामग्री मिली। उन्हें तीन तस्वीरें भी मिलीं जो एमानुअल निंगर ने पेन्ट की थीं। निंगर एक बहुत अच्छा आर्टिस्ट था। वह इतना अच्छा आर्टिस्ट था कि वह उन बीस डॉलर के नोट को हाथ से पेन्ट कर रहा था। बारीक़ी से एक-एक चीज़ में उसने कारीगरी की इतनी निपुणता लगायी थी कि वह हर किसी को बेवकूफ बनाता रहा जब तक कि किराना स्टोर की क्लर्क के गीले हाथों के रूप में भाग्य की विडम्बना उसके सामने नहीं आ गयी।

उसके गिरफ़्तार होने के बाद, उसकी बनायी हुई तस्वीरों को 16000 डॉलर में सार्वजनिक रूप से नीलाम किया गया - हर तस्वीर 5000 डॉलर से अधिक की बिकी। कहानी की विडम्बना यह है कि एमानुअल निंगर को बीस डालर का नोट पेन्ट करने में

लगभग उतना ही समय लगता था जितना कि 5000 डॉलर मूल्य की तस्वीर पेन्ट करने में। हाँ, यह कुशल और प्रतिभावान आदमी दुनिया की नज़र में एक चोर था। दुःखद बात यह है कि उसने जिस व्यक्ति से सबसे अधिक चुराया वह एमानुअल निंगर था। अगर उसने विधिसंगत रूप से अपनी योग्यता को बेचा होता तो वह न सिर्फ़ धनवान आदमी होता बल्कि वह इस प्रक्रिया में अपने साथियों के लिए भी कितनी ख़ुशी और कितने लाभ लाता। **वह भी चोरों की उस अन्तहीन सूची में से था जो जब दूसरों से चुराने की कोशिश करते हैं तो अपने आप से ही चुराते हैं।**

यह चोर दम्भी था

एक दूसरे चोर के बारे में मैं आपको बताना चाहूँगा जिसका नाम आर्थर बेरी था। वह भी एक असामान्य चोर था। वह एक ज्वैलथीफ था जो 'प्रगतिशील बीस के दशक' में रहा। बैरी ने अन्तर्राष्ट्रीय स्तर पर सम्भवतः एक सर्वकालीन निपुण ज्वैलथीफ की ख्याति पा ली थी। वह एक सफल ज्वैलथीफ ही नहीं था बल्कि कलाओं में पारंगत था। दरअसल, वह दम्भी हो गया था और हर किसी से नहीं चुराता था। उसके लिए उसके 'सम्भावित ग्राहकों' के पास धन और जवाहरात ही नहीं होने चाहिये बल्कि उनका नाम भी समाज के उच्चस्तर के लोगों की सूची में होना चाहिए था। इस 'भद्र चोर' के द्वारा किसी को लूट लिया जाना एक तरह से प्रतिष्ठा का प्रतीक बन गया था। इस भावना ने पुलिस को बहुत उलझन में डाल दिया था।

एक रात डकैती के दौरान बैरी पकड़ा गया और उस पर तीन बार गोली चलायी गयी। शरीर में गोलियों, आँखों में काँच के बुरादे, और अत्यधिक यन्त्रणाओं से पीड़ित होते हुए उसने एक वक्तव्य दिया जो बहुत अनपेक्षित नहीं था,"मैं इसके बाद यह कभी नहीं करूँगा।" चमत्कारिक रूप से वह बच गया और अगले तीन साल तक वह सुधारगृह के बाहर रहा। फिर एक ईर्ष्यालु महिला ने उसे जेल के अन्दर पहुँचा दिया और उसने 18 वर्ष की सज़ा काटी। जब उसे छोड़ा गया तो उसने अपने शब्द निभाये। वह फिर से ज्वैलथीफ की ज़िन्दगी की ओर वापिस नहीं गया। सच तो यह है कि वह न्यू इंग्लैंड के एक छोटे से क़स्बे में बस गया और एक आदर्श जीवन जीने लगा। स्थानीय नागरिकों ने उसे स्थानीय अनुभवी व्यक्तियों की एक संस्था का कमांडर बना कर सम्मानित किया।

आख़िरकार, इस बात का पता चल ही गया कि प्रसिद्ध ज्वैलथीफ आर्थर बैरी उन लोगों के बीच में था। पूरे देश से संवाददाता उस छोटे से क़स्बे में उसका साक्षात्कार लेने

आये। उन्होंने उससे बहुत से सवाल पूछे और अन्ततः एक नौजवान रिपोर्टर ने सबसे पैने सवाल के साथ यह निर्णायक बात पूछी, "मिस्टर बैरी, आपने एक चोर के रूप में अपने जीवन काल में बहुत से धनवान व्यक्तियों से चुराया, परन्तु मैं यह जानने का इच्छुक हूँ कि क्या उनमें से आपको कोई ऐसा व्यक्ति याद है जिससे आपने सबसे अधिक चुराया हो ?" बैरी ने बिना किसी हिचकिचाहट के कहा, "यह तो आसान सवाल है, जिस आदमी से मैंने सबसे अधिक चुराया वह आर्थर बैरी था। मैं एक सफल व्यापारी हो सकता था, वॉल स्ट्रीट में एक सामन्त हो सकता था और समाज में एक अंशदायी सदस्य हो सकता था परन्तु इसके बजाये मैंने एक चोर का जीवन चुना और अपनी जवानी का दो तिहाई जीवन जेल की सलाखों के पीछे काट दिया।" हाँ, आर्थर बैरी सच में ऐसा चोर था जिसने ख़ुद से ही चुराया।

आप इस चोर को जानते हैं

एक तीसरे चोर जिसके बारे में मैं बात करना चाहूँगा वह स्पष्ट रूप से आप हैं। मैं आपको एक चोर कह कर पुकारने वाला हूँ क्योंकि कोई भी वह व्यक्ति जो अपने आप में विश्वास नहीं रखता और अपनी योग्यता का पूरा उपयोग नहीं करता, वह एक तरह से अपने आप से, अपने प्रियजनों से चुरा रहा है और इस प्रक्रिया में अपनी घटी हुई उत्पादकता के कारण वह समाज से चुरा रहा है। क्योंकि कोई भी जान बूझ कर अपने आप से नहीं चुरायेगा इसलिए यह ज़ाहिर है कि जो लोग अपने आप से चुरा रहे हैं वे यह अनजाने में कर रहे हैं। तो भी, अपराध अभी भी गम्भीर है क्योंकि नुक़सान उतना ही बड़ा है जितना कि यह जानबूझ कर करने पर होता।

अतः प्रश्न स्पष्ट है : क्या आप अपने आप से चोरी करना छोड़ने को तैयार हैं ? मैं यह विश्वास करने के प्रति काफ़ी आशावादी हूँ कि आपने शिखर के लिए अपनी चढ़ाई शुरू कर दी है। आपके लिए और बहुत से दूसरे लोगों के लिए, यह पुस्तक इस रास्ते पर काफ़ी दूर तक ले जाने के लिए प्रेरणा और ज्ञान प्रदान करेगी। तथापि, मैं आपको चेतावनी दे दूँ कि इस क्षेत्र में आपकी शिक्षा इस पुस्तक को पूरा पढ़ लेने पर समाप्त नहीं हो जाती। आपके शरीर को पौष्टिक भोजन की हर रोज़ आवश्यकता पड़ती है और उसी तरह आपके दिमाग़ को मानसिक पोषण की ज़रूरत बार-बार होती है, इसलिए पढ़ते रहिये और जल्दी ही जब आप आईने में देखेंगे तो आप एक पूर्व-चोर की आँखों में देख रहे होंगे।

टेलीफोन बजता है

मैं व्यक्तिगत रूप से इस बात से सहमत हूँ कि अपने उद्देश्यों तक पहुँचने के लिए स्वस्थ आत्म-छवि शुरुआत है –पहला और सर्वाधिक महत्वपूर्ण क़दम है। **आख़िरकार, अगर। हम शुरूआत ही नहीं करेंगे तो यह निश्चित है कि हम मंज़िल तक नहीं पहुँच सकते।** शायद यह समरूपता आपको इस धारणा का महत्व समझा देगी।

आइये, क्षण भर के लिए हम एक खेल खेलें। आपका टेलीफोन बजता है और दूसरे सिरे से यह आवाज़ आती है, "दोस्त, परेशान न हों। मुझे आपसे कोई धन उधार नहीं लेना है और ना ही मुझे आपसे कोई काम है। मैंने बस सोचा कि मैं आपको फोन करूँ और बताऊँ कि मेरे विचार में आप दुनिया के सबसे अच्छे आदमियों में से हैं। आप अपने व्यवसाय के लिए उपयोगी और अपने समुदाय के लिए प्रशंसा के पात्र हैं। आप ऐसे व्यक्ति हैं जिसके साथ होना मुझे पसन्द है क्योंकि हर बार जब मैं आपके आस-पास होता हूँ तो मैं बेहतर कार्य के लिए स्वयं को प्रेरित और प्रोत्साहित महसूस करता हूँ। मेरी कामना है कि मैं आपसे हर रोज़ मिल सकूँ क्योंकि आप मुझे अपना सर्वश्रेष्ठ बनने के लिए प्रेरित करते हैं। दोस्त, बस मुझे इतना ही कहना था। मैं आपसे शीघ्र मिलने की कामना करता हूँ।" अब, अगर आपके किसी नज़दीकी मित्र ने आपको फोन करके ये बातें कही होतीं तो आपका दिन कैसा रहता? याद रखिये, आपको मालूम है कि ये शब्द ईमानदारी से कहे गये हैं क्योंकि ये एक नज़दीकी दोस्त ने कहे हैं।

अगर आप एक डॉक्टर होते, तो क्या इसके बाद आप एक बेहतर डॉक्टर होते? अगर आप एक अध्यापक होते, तो क्या बेहतर अध्यापक हो जाते? अगर आप एक सेल्समैन होते तो क्या एक बेहतर सेल्समैन हो जाते? अगर आप एक माता होतीं तो क्या बेहतर माता हो जातीं? अगर आप एक पिता होते तो क्या बेहतर पिता हो जाते? अगर आप एक कोच होते तो क्या बेहतर कोच हो जाते? अगर आप एक खिलाड़ी होते तो क्या बेहतर खिलाड़ी हो जाते? अगर आप एक विद्यार्थी होते तो क्या एक बेहतर विद्यार्थी हो जाते? क्या आप बेहतर हो जाते? आप चाहे कुछ भी हों और कुछ भी करते हों, आप अपने दिमाग़ में जानते हैं कि आप न सिर्फ़ अपने कार्य में बेहतर हो जाते, बल्कि आप पहले से अधिक ख़ुश होते, क्या नहीं होते? (हाँ कहिये।)

इस बात पर एक और सवाल उठता है। पहले के वार्तालाप के सन्दर्भ में, आप एक डॉक्टर, या एक सेल्समैन या वकील या कोच या विद्यार्थी या खिलाड़ी होने के बारे में

और कितना अधिक जान जाते? अगर आपके पास वह फोन कॉल आती तो आप और कितना अधिक जान जाते? जवाब स्वाभाविकरूप से यही है कि आप कुछ और अधिक नहीं जान जाते। फिर भी, अधिक ख़ुश होते। कारण सरल है। आपके दिमाग़ में अपनी छवि में बदलाव आ जाता। आप कहते, "मैं अपने व्यवसाय के लिए उपयोगी और अपने समुदाय के लिए प्रशंसा का पात्र हूँ। उस पुराने दोस्त ने ऐसा कहा है और वह एक समझदार व्यक्ति है।" आप उससे क्षण भर के लिए भी तर्क-वितर्क नहीं करते। आप अपने आप को एक भिन्न रोशनी में देखते। आपकी आत्म-छवि बदल जाती और उस वक्त एक रोचक बात होती। आपका विश्वास बढ़ जाता और जब आपका विश्वास बढ़ जाता है उसी वक्त आपकी दक्षता बढ़ जाती है। सरल रूप में कहें तो इसका मतलब है कि **जब आपकी छवि सुधरती है तो आपका कार्य निष्पादन सुधर जाता है।**

क्योंकि आप जानते हैं कि इस तरह की फोन कॉल से आपके साथ क्या होता तो आप किसी दूसरे के लिए यही चीज़ क्यों नहीं करते ? आप पुस्तक को नीचे रख कर टेलीफोन क्यों नहीं उठाते (जब तक कि रात के 2.00 न बजे हों या और कोई अटपटा समय न हो)। जिस व्यक्ति को आप ईमानदारी से पसन्द करते हैं और उसका सम्मान करते हैं उसे फोन कीजिए और उसे बताइये कि वह जो है और जो वह करता है, उसकी आप कितनी सराहना करते हैं और वह आपके लिए कितना मायने रखता है। जिस व्यक्ति को आप फोन करेंगे वह कृतज्ञ अनुभव करेगा और आपको अच्छा लगेगा। महत्वपूर्ण रूप से, किसी दूसरे को बेहतर बनाने में मदद करके आप अपने आप को और बेहतर पसन्द करेंगे। इस विषय पर और विवरण बाद में।

अगली कहानी जो कि सीधे ज़िन्दगी से ली गयी है - स्वस्थ आत्म-छवि के महत्व को साफ़ तौर से दर्शाती है और बताती है कि जब आपकी आत्म-छवि बदलती है तो क्या होता है।

एक आसान क़दम में 'अज्ञानी' से विद्वान

जब विक्टर सेरीब्रायकोफ पन्द्रह वर्ष का था तो उसके अध्यापक ने उससे कहा कि वह कभी स्कूल की पढ़ाई पूरी नहीं कर सकता, इसलिए उसे स्कूल छोड़ कर कोई व्यापार सीखना चाहिए। विक्टर ने सलाह मान ली और अगले सत्रह सालों तक वह इधर-उधर घूम कर छोटे-मोटे काम करता रहा। उससे कहा गया था कि वह मूर्ख और अज्ञानी है और सत्रह वर्षों तक वह वही बना रहा। जब वह 32 वर्ष का था तो एक अद्भुत

परिवर्तन हुआ। एक मूल्यांकन से पता चला कि वह विद्वान था और उसका आई.क्यू. 161 था। अनुमान लगाइये क्या हुआ होगा? आपने ठीक सोचा, उसने एक विद्वान व्यक्ति की तरह काम करना शुरू कर दिया। उसके बाद उसने पुस्तकें लिखीं, बहुत से एकस्व अधिकार (पेटेन्ट्स) हासिल किये और वह एक सफल व्यापारी हो गया। शायद पूर्व में उस स्कूल छोड़ देने वाले व्यक्ति के जीवन में सबसे महत्वपूर्ण घटना अन्तर्राष्ट्रीय मेन्सा सोसाइटी का चेयरमैन बनना थी। मैन्सा सोसाइटी की सदस्यता के लिए आई.क्यू. 140 होना ज़रूरी है।

विक्टर सेरीब्रायकोफ की कहानी आपको अचम्भित करती है कि कितने विद्वान इधर-उधर मूर्ख बने घूम रहे हैं क्योंकि किसी ने उनसे कह दिया था कि वे निपुण नहीं हैं। ज़ाहिर है, विक्टर ने अचानक इतना अतिरिक्त ज्ञान हासिल नहीं कर लिया था। हाँ, उसने अचानक गज़ब का अतिरिक्त विश्वास हासिल कर लिया था। जिसका परिणाम यह हुआ कि वह तुरन्त अधिक प्रभावकारी व अधिक उत्पादक हो गया। जब उसने ख़ुद को भिन्न रूप से देखा तो उसने भिन्न रूप से काम करना शुरू कर दिया। उसने भिन्न परिणामों की अपेक्षा करना और उन्हें प्राप्त करना शुरू कर दिया। आदमी जैसा सोचता है, वह वैसा ही होता है, यह कहावत बिल्कुल सच है।

आपकी आत्म-छवि कितनी महत्वपूर्ण है ?

मिल्ड्रेड न्यूमैन और डॉ. बर्नार्ड बर्कोविट्ज़ अपनी पुस्तक ***हाउ टु बी योर ओन बेस्ट फ्रेंड,*** में एक पैना सवाल पूछते हैं, "अगर हम ख़ुद को प्यार नहीं करते तो फिर किसी दूसरे के लिए हम अपना प्यार कहाँ से लायेंगे?" जो चीज़ आपके पास नहीं है वह आप नहीं दे सकते। बाइबल में क़हा गया है, "अपने पड़ोसी को अपनी ही तरह प्यार करें।"

क्या आत्म-छवि महत्वपूर्ण है? डोरोथी जोन्गेवार्ड और मुरियल जेम्स ने ***बोर्न टु विन*** शीर्षक से एक अद्‌भुत पुस्तक लिखी है। वे बताते हैं कि आदमी जीतने के लिए जन्मा था, परन्तु जीवन भर, अपने नकारात्मक समाज के परिणामस्वरूप वह हारने के लिए तैयार हो जाता है। वे भी इस बात पर बल देते हैं कि सफलता प्राप्त करने के लिए स्वस्थ आत्म-छवि अत्यन्त महत्वपूर्ण है।

जिस तरीक़े से आप अपने को देखते हैं उसके विपरीत ढ़ग से आप नियमित प्रदर्शन नहीं कर सकते हैं। आपकी आत्म-छवि आपको सीढ़ी के शिखर पर ले जायेगी अथवा तहखाने में ले जाने वाले एस्केलेटर पर रख देगी। अपने आपको एक योग्य व्यक्ति

के रूप में देखें और आप योग्य व्यक्ति की तरह काम करेंगे व योग्य व्यक्ति हो जायेंगे। अपने आपको अयोग्य व्यक्ति के रूप में देखें और आप वह काम नहीं कर पायेंगे। सौभाग्यवश, आपने अतीत में अपने आप को किसी भी तरह देखा हो, अब आप के पास बदलने के लिए और बेहतरी हेतु बदलने के लिए प्रेरणा, विधि और क्षमता है। हमें बनाने वाले ने हमें जितने भी उपहार दिये हैं उनमें अपनी पसन्द का रास्ता चुनने का उपहार निश्चित रूप से सबसे महान है।

जब हम आत्म-छवि के बारे में गहन अध्ययन करते हैं तो हमें याद रखना चाहिए कि **हम अपने दिमाग़ में जो भी तस्वीर डालते हैं, यह उसे पूरा कर देता है।** उदाहरण के लिए, फ़र्श पर रखे हुए एक 12" चौड़े लट्ठे पर चलना आसान है। उसी लट्ठे को दो दस मंजिले भवनों के बीच रख दीजिये और उस 'लट्ठे पर चलना' बिल्कुल भिन्न मामला हो जायेगा। आप अपने आप को फ़र्श पर रखे हुए लट्ठे पर आसानी से और सुरक्षित रूप से चलता हुआ देखते हैं। आप भवनों के बीच में बिछे हुए लट्ठे से स्वयं को गिरता हुआ देखते हैं। क्योंकि दिमाग़ उस तस्वीर को पूरा कर देता है जो आप उसमें पेन्ट करते हैं, इसलिए आपके डर काफ़ी वास्तविक हो जाते हैं। कई बार कोई गोल्फर गेंद को झील के अन्दर डाल देता है या उसके सीमा क्षेत्र से बाहर हिट कर देता है और उल्टा मुड़कर यह कहता है,"मुझे मालूम था ऐसा होगा।" उसके दिमाग़ ने एक तस्वीर बनायी और उसके शरीर ने उस कार्यवाही को पूरा कर दिया। सकारात्मक रूप से, क़ामयाब गोल्फर जानता है कि स्ट्राइक करने से पहले उसे गेंद कप में जाती 'दिखनी' चाहिए। बेस बॉल में अच्छा हिटर गेंद पर बढ़ने से पहले उसे बेस के लिए गिरता हुआ 'देख' लेता है और क़ामयाब सेल्समैन कॉल करने से पहले ग्राहक को ख़रीदता हुआ 'देख' लेता है।

तीन प्रहार

आसानी से, खेलों की दुनिया में सबसे अधिक उलझन भरी और निराश करने वाली घटना बेसबॉल में होती है जब कोई बैटर प्लेट पर चढ़ता है और गेंद फेंकने वाले खिलाड़ी (पिचर) को तीन बार गेंद फेंकने देने के लिए आगे बढ़ता है, गेंद पर एक भी कट लिये बिना। कम से कम एक रनर को आगे बढ़ाने के लिए, अपने आप बेस पर आने के लिए या वापिस हिट करने के तीन सुनहरी मौके, और वह बल्ले को अपने कांधे से कभी हटाता ही नहीं। कारण सीधा सा है। उसने ख़ुद को बाहर स्ट्राइक करते हुए या बाहर निकालते 'देखा' था। उसने 'चहलक़दमी' की उम्मीद करते हुए पहले बेस के लिए मुफ़्त की सवारी के लिए बल्ले को अपने कन्धे पर रख छोड़ा था।

ज़िन्दगी के खेल में किसी व्यक्ति को प्लेट पर चढ़ कर, और कभी भी वास्तव में गेंद पर एक भी कट न लगाते हुए देखना और भी निराशाजनक है। लैरी किम्ज़ी, एम.डी. के अनुसार वह सबसे ज़्यादा असफल व्यक्ति है - क्योंकि वह कोशिश नहीं करता। अगर आप कोशिश करते हैं और हार जाते हैं तो आप हारने से सीख सकते हैं जो काफ़ी हद तक नुक़सान को कम कर देता है। ज़ाहिर है **आप कुछ न करने से कुछ नहीं सीख सकते।** ये लोग अपने जज और जूरी ख़ुद ही हो जाते हैं और अपने आपको सामान्यता के आजीवन कारावास की सज़ा दे देते हैं। वे वास्तव में कभी भी ज़िन्दगी के खेल में उतर कर गेंद पर एक ईमानदार कट नहीं लगाते। वे अपने सबसे बुरे दुश्मन और सबसे ज़्यादा अंधे अम्पायर होते हैं। उनकी आत्म-छवि असफल होने की-गिरने की-या बाहर स्ट्राइक करने की होती है। दुर्भाग्य से, फिर उनका दिमाग़ उस तस्वीर को पूरा कर देता है और योग्यता वाला एक और व्यक्ति उस 'हो सकता था' की बेकार कतरनों के ढेर में शामिल हो जाता है। स्वर्गीय डॉ. मेक्सवैल माल्ट्ज़ जो कि अन्तर्राष्ट्रीय रूप से विख्यात प्लास्टिक सर्जन थे और एक करोड़ से भी अधिक जिनकी प्रतियाँ बिकी उन 'स्वयं सहायता' पुस्तकों के लेखक थे, कहते हैं कि यही कारण है कि किसी भी मनोचिकित्सा का ध्येय रोगी की आत्म-छवि को बदलना होता है।

आपको अपने आप में विश्वास करना होगा

सफलता और ख़ुशी दोनों के लिए शुरूआती चीज़ स्वस्थ आत्म-छवि है। सुविख्यात लेखक व मनोवैज्ञानिक डॉ. जॉयस ब्रदर्स कहते हैं, "किसी व्यक्ति की अपने बारे में धारणा उसके व्यक्तित्व का सबसे महत्वपूर्ण भाग है। यह मानव व्यवहार के हर पहलू को प्रभावित करती है : सीखने की योग्यता, बढ़ने और बदलने की क्षमता, मित्रों, साथियों और व्यवसायों का चुनाव। ऐसा कहने में कोई अतिशयोक्ति नहीं है कि एक मज़बूत सकारात्मक आत्म-छवि जीवन में सफलता की सर्वोत्तम सम्भव तैयारी है।"

इससे पहले कि आप किसी और को वास्तव में पसन्द करें अथवा इससे पहले कि आप यह तथ्य स्वीकार करें कि आप सफलता व ख़ुशी के योग्य हैं, आपको अपने आपको स्वीकार करना चाहिए। जब तक आप स्वयं को स्वीकार नहीं करते तब तक प्रेरणा, ध्येय निर्धारण, सकारात्मक सोच आदि आपके लिए कारगर नहीं होंगे। आपके पास सफलता और ख़ुशी हो उससे पहले आपको महसूस होना चाहिए कि आप इनके योग्य हैं। हीन आत्म-छवि का व्यक्ति आसानी से देख सकता है कि किस तरह सकारात्मक सोच, ध्येय निर्धारण आदि दूसरों के लिए कारगर हैं, परन्तु वह यह अपने लिए नहीं देख सकता।

मैं यह बात स्पष्ट कर दूँ कि मैं एक स्वस्थ आत्म-स्वीकृति के बारे में बात कर रहा हूँ ना कि आडम्बरपूर्ण 'मैं सबसे महान हूँ' की अहम् भावना के बारे में। आदमी की ज्ञात सभी बीमारियों में मिथ्या-अभिमान सबसे भयानक है। यह जिस व्यक्ति के पास है उसके अतिरिक्त सब को बीमार कर देता है। (दरअसल 'मैं' की समस्या वाला व्यक्ति अत्यन्त हीन आत्म-छवि से पीड़ित है।)

हिचहाइकर (लिफ़्ट माँगने वाला)

क्योंकि कितने ही आदमी इस बात को नहीं जानते कि एक अशिक्षित मस्तिष्क के अन्दर भी विशाल संभाव्यता पड़ी होती है, इसलिए इस बात को दर्शाने के लिए मैं आपके साथ एक व्यक्तिगत अनुभव बाँटता हूँ। कई वर्षों पहले मैंने लिफ़्ट माँगने वाले एक आदमी को कार में बिठा लिया। जैसे ही वह कार में बैठा, मैं जान गया कि मुझसे ग़लती हो गयी क्योंकि उसने थोड़ी शराब पी रखी थी और बातें ज़्यादा कर रहा था। जल्दी ही उसने बता दिया कि वह शराब की तस्करी के जुर्म में अट्ठारह महीने की जेल काट कर अभी छूटा है। जब मैंने पूछा कि क्या उसने जेल में कोई ज्ञान हासिल किया जिसे वह जेल से छूटने पर प्रयोग कर सकता हो, तो उसने उत्साहपूर्वक जवाब दिया कि उसने संयुक्त राज्य अमेरिका के हर राज्य की हर काउन्टी के नाम याद कर लिये हैं, यहाँ तक कि लौसियाना के अवशेषों के भी।

साफ़ तौर पर, मैंने सोचा कि वह झूठ बोल रहा था, इसलिए मैंने उसे अपने कथन को साबित करने के लिए कहा। मैंने नमूने के तौर पर दक्षिणी कैरोलिना राज्य को चुना क्योंकि मैं वहाँ लगभग 18 वर्ष रहा था। मेरी बगल में बैठे उस व्यक्ति ने जो कि बहुत कम शिक्षित था, यह दिखा दिया कि उसे उस राज्य की सभी काउन्टियों के नाम वाक़ई याद थे और वह यह भी साबित करने के लिए उत्सुक था कि उसे दूसरे राज्यों के भी नाम याद हैं। मुझे इस बारे में कोई ज्ञान नहीं है कि उसने इस विशेष प्रोजेक्ट को ही क्यों चुना और स्पष्ट रूप से इस निरर्थक सूचना को हासिल करने में इतना समय लगाया। तथापि, काम की बात यह है कि हालांकि वह शैक्षणिक तौर पर अशिक्षित था परन्तु उसका दिमाग़ सूचना की विशाल मात्रा को हासिल करने व उसे एकत्रित करने में सक्षम था। इसी तरह आपका है, परन्तु मैं आशा करता हूँ कि आप पहले सीखने पर ध्यान केन्द्रित करते हैं और फिर उपयोग करने योग्य जानकारी को रोज़ाना की ज़िन्दगी में इस्तेमाल करते हैं। दुर्भाग्यवश, बहुत से 'शिक्षित' लोग जीवन में कभी सफल नहीं होते क्योंकि वे अपने ज्ञान का उपयोग करने में अपनी कल्पना का इस्तेमाल करने के लिए 'प्रेरित' नहीं किये जाते।'

जिस बात को आपको स्पष्ट रूप से समझ लेने की ज़रूरत है वह यह है कि **शिक्षा और बुद्धिमत्ता एक ही चीज़ नहीं है।** तीन अत्यन्त बुद्धिमान और सफल व्यक्तियों ने जिन्हें मैं जानता हूँ तीसरी, पाँचवीं व आठवीं कक्षा पास की थी। फोर्ड ने 14 वर्ष की आयु में स्कूल छोड़ दिया था और आई.बी.एम. के संस्थापक थॉमस जे. वाटसन 6 डॉलर प्रति हफ़्ते की सेल्समैन की नौकरी से निदेशक मंडल के अध्यक्ष पद तक पहुँच गये थे। बहुत से सफल लोग जिनके बारे में मैंने इस पुस्तक में उल्लेख किया है इससे भी कम शिक्षित थे और फिर भी वे यह सब कुछ कर पाये - और 1970 के दशक की अत्यन्त तकनीकी दुनिया में बड़ा काम कर पाये। अतः कम शैक्षणिक योग्यता हीन आत्म-छवि रखने का कोई बहाना नहीं है और निश्चित रूप से यह इसका कारण नहीं है। स्पष्टरूप से शिक्षा महत्वपूर्ण है, परन्तु लगन उससे भी अधिक महत्वपूर्ण है। यह पुस्तक सिर्फ़ आपको 'शिक्षित करने' या जानकारी देने के लिए नहीं लिखी गयी, हालांकि मैं निश्चित रूप से अपेक्षा रखता हूँ कि आप इससे बहुत सी चीज़ें सीखें। यह आपको असफलता के बहानों से छुटकारा पाने में मदद करने, और आपसे अपनी क्षमता का पूरा उपयोग करने के लिए ख़ुद को समर्पित कर देने के आग्रह के साथ आपको सफल होने के कारण और विधियाँ बताने के लिए लिखी गयी है।

50000 डॉलर वाला असफल व्यक्ति

बहुत से मायनों में चीज़ें परस्पर संबद्ध हैं। एक आदमी जो प्रतिवर्ष 50000 डॉलर कमाता है उसे असफल करार दिया जा सकता है अगर वह इस राशि से पाँच गुना कमाने में सक्षम है। दूसरी ओर, जो व्यक्ति प्रतिवर्ष 10000 डॉलर कमाता है, वह अत्यन्त सफल व्यक्ति हो सकता है अगर वह अपनी प्रतिभा और योग्यता का अधिक हिस्सा प्रयोग कर रहा है। मैं जानता हूँ कि प्रतिभायें बदलती रहती हैं और योग्यता में हम सब बराबर नहीं बनाये गये हैं। मैं यह भी जानता हूँ कि हममें से कोई भी अपनी सारी योग्यता इस्तेमाल नहीं करता। सच तो यह है कि हममें से बहुत कम लोग ही अपनी अधिकांश योग्यता का प्रयोग करते हैं। इस पुस्तक में मेरा एक उद्देश्य आपको इस बात के लिए सहमत करना है कि आपके पास जितनी आप सोचते हैं उससे कहीं अधिक योग्यता है और फिर आपको उस योग्यता के और अधिक हिस्से को इस्तेमाल करने के लिए प्रेरित करना है।

पूर्व में, मैंने व्यक्ति की आमदनी का उसकी सफलता की पहचान के रूप में उल्लेख किया था क्योंकि प्राथमिक रूप से धन एक जाना-पहचाना पैमाना है जिसके द्वारा हम किसी अंशदान को माप सकते हैं। आपका पेशा कुछ भी हो, वहाँ पर कुछ अन्य लोग

उसी अवसर से काफ़ी कम धन कमाते होंगे और ऐसे भी होंगे जो बहुत अधिक कमाते होंगे। अन्तिम विश्लेषण में **बढ़ोतरी और सेवा का अवसर व्यक्ति पर निर्भर करता है।** लगभग बिना अपवाद के आप किसी व्यक्ति का समाज के लिए अंशदान डॉलर्स के रूप में माप सकते हैं। जितना अधिक वह अंशदान देता है उतना ही अधिक वह कमाता है।

अभी सेवा कीजिए - बाद में कमाइये

अब, इससे पहले कि आप जमीन से छह फुट ऊँचे कूद जायें, मैं जल्दी से यह बता दूँ कि मैंने 'लगभग' कहा था। मैं व्यक्तिगत रूप से कुछ अध्यापकों को जानता हूँ जो बहुत कम धन कमाते हैं और दूसरे हैं जो बहुत अधिक राशि कमाते हैं। यही बात डॉक्टरों, वकीलों, सेल्समैन, पादरियों, ट्रक ड्राइवरों, सचिवों आदि के मामलों में सच है। जैसे ही आप किसी व्यक्ति को देखते हैं, आप पाते हैं कि वे लोग जो अधिक धन कमा रहे हैं सामान्यतया अधिक अंशदान दे रहे हैं, परन्तु कुछ स्पष्ट अपवाद भी हैं।

एक समर्पित अध्यापक जो किसी दूरस्थ पहाड़ी या ग्रामीण क्षेत्र में रहता है, इसकी एक मिसाल हो सकता है। हो सकता है वह उन बहुत से बच्चों के लिए एकमात्र उम्मीद हो जो अपने परिवारों को ऊपर उठाना चाहते हैं। कोई समर्पित पादरी किसी छोटे से स्थानीय क्षेत्र में रह सकता है क्योंकि हो सकता है कि वह उत्साहपूर्वक विश्वास करता हो कि ईश्वर ने उसे उस विशेष समुदाय की सेवा के लिए चुना है। तथापि, सामान्य रूप से कहा जाये तो अच्छा वेतन पाने वाला पादरी अधिक लोगों की अधिक सेवा कर रहा है। यही बात अध्यापक, डॉक्टर, ट्रक ड्राइवर, सेल्समैन आदि के सन्दर्भ में सच है।

अक्सर दोहराया गया सिद्धान्त, **"आप जीवन में जो चाहते हैं वह पा सकते हैं अगर आप दूसरे लोगों की जो कुछ वे चाहते हैं उसे प्राप्त कराने में पर्याप्त मदद करते हैं"**, इस बात को कहने का एक दूसरा ढंग है कि यदि आप अधिक सेवा करते हैं तो अधिक कमाते हैं।

अक्सर मेरे कुछ ईसाई मित्र मुझसे पूछते हैं कि मैं अपनी ईसाई धारणाओं का धन के सम्बन्ध में अपने विचारों से किस प्रकार तालमेल बिठाता हूँ। मैं हमेशा मुस्कुराकर उनसे कहता हूँ कि ईश्वर ने हीरे अपने लोगों के लिए बनाये हैं ना कि शैतान की भीड़ के लिए। इसे सत्यापित करने के लिए आपको बस रिकॉर्ड की जांच करनी होगी। ईश्वर ने जो मलाशी 3-10, साम 1-3 व III जॉन 2, में कहा है उसे पढ़िये, और मेरा विश्वास है कि आप सहमत हो जायेंगे कि धन आध्यात्मिक रूप से ठीक है। (सोलोमन अब तक का

सबसे धनी आदमी था, अब्राहम के पास हज़ारों पहाड़ियों पर मवेशी थे।) ईश्वर हमें मात्र यह चेतावनी देता है कि हमें धन को या अन्य किसी चीज़ को अपना आराध्य नहीं बनाना चाहिए क्योंकि जब हम ऐसा करेंगे तो कभी भी ख़ुश नहीं हो पायेंगे - चाहे हमारे पास कितना भी धन हो। हम जानते हैं कि यह सच है क्योंकि पिछले दो सालों में पाँचों अरबपति मरे हैं और उनमें से पाँचों और धन कमाने की कोशिश कर रहे थे। डल्लास में किसी ने पूछा था कि हावर्ड ह्यूज कितना धन छोड़ कर मरा था और उसे जवाब मिला था; "वह सारे का सारा छोड़ गया था।" वही राशि हम सब छोड़ जायेंगे, है ना? धन कमाना और बहुत सा धन कमाना ठीक है–जब तक कि आप इसे सही तरीक़े से कमाते हैं और अपने आप को धन का ग़ुलाम नहीं बना लेते।

अधिकतर लोगों के पास धन नहीं होता क्योंकि वे इसे समझते नहीं है। वे उदास और निष्ठुर नक़दी की बात करते हैं और यह न उदास है न निष्ठुर - यह कोमल और उत्साहपूर्ण है। इससे अच्छा लगता है और इसका रंग, आप कुछ भी पहने हों उसी के साथ चलता है। मेरी रेड हैड को एक बार भी अपनी ड्रेस इसलिए नहीं बदलनी पड़ी क्योंकि जो कुछ वह पहने हुए थी उसका रंग जो कुछ मैं लिये हुए था (धन) उससे मेल नहीं खा रहा था।

कभी-कभी मैं किसी को सच्चाई के साथ यह कहते सुनता हूँ कि वे बहुत अधिक धन नहीं कमाना चाहते (मन्त्री, अध्यापक, सामाजिक कार्यकर्ता आदि) परन्तु सामान्य रूप से कहा जाये तो कोई भी अन्य व्यक्ति जो ऐसा कहता है वह दूसरी चीज़ों के बारे में भी झूठ बोलता है।

हाँ, एक अच्छा वेतन पाने वाला व्यक्ति इस पुस्तक के सिद्धान्त के साथ स्वयं को काफ़ी सहज पायेगा। उसी तरह से, सेवा कार्य में लगा व्यक्ति भी 'ज़िगमैनशिप' सिद्धान्त से काफ़ी प्रोत्साहित व सहज अनुभव करेगा। इसलिए इस वक़्त आपकी स्थिति कुछ भी हो - पढ़ते रहिये।

टिप्पणियाँ एवं विचार

अध्याय दो

ख़राब आत्म-छवि के कारण

दोष ढूँढने वाले

अगर आत्म-छवि इतनी महत्वपूर्ण है तो इतने ज़्यादा लोग हीन आत्म-छवि क्यों रखते हैं और उसके कारण क्या हैं? मैं इस बात से सहमत हूँ कि हीन आत्म-छवि की शुरूआत इस कारण से होती है क्योंकि हम एक नकारात्मक समाज में रहते हैं और निरन्तर नकारात्मक व्यक्तियों के साथ व्यवहार करते हैं। समाचारों का गहन अध्ययन इस तथ्य को प्रमाणित कर देगा। अमेरिका में औसत घर" की अजीब टिप्पणियाँ बताती हैं कि नकारात्मकता स्वीकार्य रूप से प्रचलित है। एक अधिक वज़नी व्यक्ति मेज़ पर बैठकर कहता है, "मैं जो भी खाता हूँ वह चर्बी में बदल जाता है।" एक ग्रहिणी जो गृह व्यवस्था में अकुशल है, वह सुबह उठकर सामान को बिखरा हुआ देखती है और कहती है, "यह गन्दगी मुझसे कभी साफ़ नहीं हो पायेगी।"

कोई व्यापारी अपने ऑफिस में आता है, या मज़दूर उसकी दुकान में आता है, और वह अक्सर कहता है, "यह काम आज नहीं हो पायेगा।" बच्चा स्कूल से घर आता है और कहता है, "डैड, मुझे डर है मैं उस अंकगणित की परीक्षा में पास नहीं हो पाऊँगा," और उसका पिता कह सकता है, "इसके लिए परेशान मत हो बेटा, तुमने ईमानदारी से यह बता दिया, मैं भी उसे कभी नहीं सीख पाया था।" एक माँ अपने बच्चे को स्कूल भेजती है और उसे सावधान करती है, "अब धक्का खाकर मत्त गिर जाना।" टी.वी. पर मौसम का हाल बताने वाला कहता है, कि बारिश के आसार 20% हैं या आंशिक रूप से बादल रहेंगे। वह हमें यह क्यों नहीं बताता कि 80% धूप खिली रहने के आसार हैं और मौसम अधिकांश रूप से साफ़ रहेगा। किसी औसत आदमी से पूछिये कि कैसा चल रहा है और वह कुछ इस तरह जवाब देगा, "कोई बहुत ख़राब नहीं" या "क्योंकि आज सोमवार या शुक्रवार है, मुझे अच्छा लग रहा है।" आसानी से हीन आत्म-छवि का सबसे दुःखद कारण कुछ उन उपदेशकों, चर्च, और अच्छे ईसाई लोगों का प्रभाव है जो सिर्फ़ नरक और नरक की यन्त्रणा का उपदेश देते हैं। जो सिर्फ़ ईश्वर के निर्णय के बारे में बताते हैं और ईश्वर के प्यार के बारे में बहुत कम उल्लेख करते हैं या बिल्कुल नहीं करते। वे नकारात्मक पर ज़ोर देते हैं और सकारात्मक का उल्लेख बहुत कम करते हैं। वे दण्ड पर विचार करते हैं और पुरस्कारों के बारे में भूल जाते हैं। व्यक्तिगत रूप से, अगर मैं सोचूँ कि ईश्वर मेरे विरुद्ध है तो यह निश्चित रूप से मुझे एक हीन आत्म-छवि देगा। मेरे द्वारा **कन्फैशन्स ऑफ ए**

हैप्पी क्रिस्चियन लिखे जाने का प्रमुख कारण ईश्वर के प्यार के सकारात्मक पहलुओं को उजागर करना था।

दूसरा कारण कि बहुत से लोग अपनी प्रतिभा और योग्यता के अनुपात से कहीं अधिक हीन आत्म-छवि रखते हैं सरल है। उनकी योग्यता, शक्ल और बुद्धिमत्ता की उनके माता-पिता, अध्यापकों, दोस्तों या अन्य महत्वपूर्ण लोगों द्वारा हँसी उड़ायी गयी है या उन पर सवालिया निशान लगाये गये हैं। बहुत से मामलों में, ये आघात कटाक्ष और व्यंग्यात्मक संकेत के रूप में आते हैं परन्तु वे बिल्कुल उतने ही वास्तविक और विनाशकारी होते हैं जैसे कि वे सच हों। कई बार, संयोगवश या ग़ैरइरादतन की गयी कोई टिप्पणी नकारात्मक फिसलन शुरू कर देती है जिसको फिर वास्तविक या काल्पनिक आघातों से पोषण मिलता है। नतीजा यह होता है कि हम अपने आपको दूसरों की नकारात्मक आँखों से देखने लगते हैं। अगर आपके मित्र, परिवार और साथी इस तरह से दोष ढूँढते हों मानो उसके लिए कोई ईनाम रखा हो तो आपको अपनी एक विकृत तस्वीर मिलती है। यह खण्ड आपको उस महत्वपूर्ण व्यक्ति की जो आपको शिखर पर लेकर जायेगा (आप), नयी व अधिक सच्ची तस्वीर देने के लिए लिखा गया है।

दूसरे मामलों में, बिना सोचे समझे या बढ़ा-चढ़ा कर कही गई बातें किशोरों की आत्म-छवि पर नकारात्मक प्रभाव डालती हैं। एक छोटे बच्चे से कोई चीज़ गिर जाती है और उसके माता या पिता अजीब तरह चिल्लाते हैं,"जॉनी, मैंने तुम्हारे जैसा बेढ़ँगा लड़का नहीं देखा; तुम हमेशा चीज़ें तोड़ते रहते हो।" बच्चे के लिए यह कितना भारी बोझ है। सबसे पहली बात तो यह है कि यह सच ही नहीं है। 'किसी चीज़ के गिरने' और 'हमेशा चीज़ें तोड़ते रहने' में बहुत फ़र्क़ है। किसी और समय बच्चा ग़लती करता है और माता-पिता ऐसी बेतुकी टिप्पणी करेंगे जैसे, "उससे हम और क्या उम्मीद कर सकते हैं; वह हमेशा ऐसे ही काम करता है।" बच्चा घर में आता है और अपना कोट या जूते उतारता है और माता-पिता में से कोई यह कह देता है, "जॉनी, तुम आस-पड़ोस में सबसे ख़राब बच्चे हो। तुम अपने जूतों को सबसे जल्दी बेकार कर देते हो।" बच्चा स्कूल जाने के लिए तैयार हो रहा है और उसकी कमीज़ पीछे से पैंट से बाहर निकली हुई है तो माँ झुंझलाकर कहती है, "तुम कभी ठीक नहीं दिखते हो - तुम हमेशा गड़बड़ किये रहते हो।" **यह दृष्टिकोण कितना विनाशकारी है यह साफ़ दिखाई देना चहिए परन्तु दुर्भाग्य से अक्सर यह दिखाई नहीं देता।** यह सूचना बच्चों को बड़ा करने के साथ-साथ कर्मचारियों से व्यवहार करने के सन्दर्भ में भी अत्यन्त महत्वपूर्ण है। आम तौर पर विनाशकारी डाँट-फटकारों का अर्थ होता है कि कोई व्यक्ति मूल रूप से ख़राब है ना कि वह व्यक्ति कभी-कभी ख़राब चीज़ें कर देता है। (ज़ाहिर है "ख़राब" व्यक्ति और उस व्यक्ति में जिसने कोई चीज़ ख़राब कर दी हो, बहुत फ़र्क़ होता है)

इसके साथ कुछ शारीरिक हाव-भाव, (मोटापा, ख़राब दाँत, ख़राब रंग-रूप, 'कमज़ोर' मुस्कान, कमज़ोर नज़र, बहुत ज़्यादा लम्बाई-बहुत कम लम्बाई, 'भिन्न' आवाज़, आदि) कमज़ोर आई.क्यू., या सीखने में परेशानी की स्थिति को जोड़ दें और आपके पास हीन आत्म-गौरव के सारे अवयव मौजूद हैं। बच्चा फिर सोचता है कि चूंकि वह 'बदसूरत' है, 'मूर्ख' है या 'तेज़ बुद्धि वाला नहीं है' इसलिए वह दूसरों से प्यार पाने के योग्य नहीं है। फिर यह एक तर्कसंगत क्रम का रूप ले लेता है कि अगर दूसरे उसे प्यार नहीं करते या नहीं कर सकते हैं तो वह भी ख़ुद को प्यार नहीं कर सकता - यहाँ तक कि उसे भी नहीं करना चाहिए।

समाज के शारीरिक रूप-रंग पर बल के बारे में बिल गोथार्ड युवाओं के मूल अंतर्विरोध विषय पर अपने एक सप्ताह के सेमीनार में, कहता है कि कोई भी बुद्धिमान माता-पिता शारीरिक मनोहरता को अधिक मूल्य देते हैं और यह भी कि माता-पिता महसूस करते हैं कि दूसरा बच्चा उसकी तुलना में अधिक सुन्दर और आकर्षक है, और इससे हीन-भावना पैदा होने की सम्भावना रहती है।

दूसरे बच्चे के बारे में टिप्पणी करते हुए बुद्धिमान माता-पिता कहेंगे, "वाह, क्या शिष्टाचार है," या "वह कितना ईमानदार लड़का है", या "क्या वह मददगार नहीं है?" बुद्धिमान माता-पिता उस गुण या लक्षण की प्रशंसा करेंगे जिसे वे अपने बच्चे में और अधिक विकसित हुआ देखना चाहते हैं। यह अत्यन्त महत्वपूर्ण है क्योंकि एक के बाद एक सारे सर्वेक्षण दर्शाते हैं कि अगर वे कर सकते हों तो अमेरिका के 95% युवा अपने रूप-रंग को बदल लें। हॉलीवुड में जहाँ पर शारीरिक रंग-रूप पर बल दिया जाता है इस बात के निश्चित प्रमाण हैं कि लगभग 100% 'सुन्दरियाँ' अपनी शक्ल और आकार को बदलना चाहती हैं और उनमें से बहुत सी प्लास्टिक सर्जरी के ज़रिये ऐसा करती भी हैं।

हीन आत्म-छवि जो आमतौर पर हीन-भावना के रूप में जानी जाती है, अक्सर बालिग होने पर भी ढोयी जाती है, और अगर नकारात्मक जीवन-साथी द्वारा इसे पोषित किया जाये तो समस्या और बढ़ जाती हे। यही मूल कारण है कि कोई भी बुद्धिमान पति अपनी पत्नी की उपस्थिति में किसी अन्य महिला की सुन्दरता के बारे में कभी टिप्पणी नहीं करता। इससे उसकी पत्नी ऐसा महसूस कर सकती है कि वह दूसरी महिला को उसकी तुलना में अधिक सुन्दर समझता है। इससे पहले से ही मौज़ूद नकारात्मक आत्म-छवि को और पोषण मिलता है और वैवाहिक जीवन का आधार हिलने की आशंका बढ़ जाती है। "तुम हमेशा लेट होती हो", तुम कभी भी कोई चीज़ ठीक से नहीं करतीं", "तुम कभी अच्छा भोजन नहीं पकातीं" जैसी टिप्पणियाँ भी समस्या को बढ़ा देती हैं। इन टिप्पणियों से विश्वास या प्यार पैदा नहीं होता। इसके अलावा इनमें बहुत बड़ा फ़र्क़ है कि "मैं जीवन में असफल रहा हूँ" और "मुझे तरक्क़ी नहीं मिली "या" मुझे नौकरी नहीं मिली"।

ख़राब छवि और ख़राब हो जाती है - जब पोषित की जाती है

सबसे ख़राब क़िस्म की आत्म-छवि तब पैदा होती है या बढ़ती है जब अध्यापक, विद्वान लोग या यहाँ तक कि सामान्य जन भी अल्पसुविधा प्राप्त अथवा अल्पसंख्यक नस्ल के सदस्यों से इस ढंग से पेश आते हैं कि उससे हीन-भावना पैदा होती है। उदाहरण के लिए, जब तक मैंने बिल कोस्बी द्वारा आयोजित ज़िरॉक्स सीरीज़ नहीं देखी थी, मुझे अश्वेत आदमी की छवि के नुक़सान की सीमा का पूरी तरह अनुभव नहीं था। मेरे दिमाग़ में शर्ली टेम्पिल की फिल्म का एक दृश्य उभर आया है।

दृश्य पाँच वर्षीय शर्ली की बर्थडे पार्टी का था। पार्टी लगभग ख़त्म होने जा रही थी, जब एक 14 वर्षीय अश्वेत लड़की और उसके कई नौजवान दोस्त 'मिस शर्ली' के लिए एक उपहार लेकर आये। उस पाँच साल की श्वेत लड़की द्वारा मुस्कुराकर और मित्रतापूर्वक उस 14 वर्षीय अश्वेत लड़की के उपहार को स्वीकार करना और उसे रोक कर बर्थडे केक खाने का निमन्त्रण देने से उस अश्वेत लड़की की आँखों में आँसू छलक आये। इसे जानने के लिए अधिक कल्पना की जरूरत नहीं है कि घिसे-पिटे तरीक़े से इसे दिखाने से हीन-भावना पैदा होती।

सौभाग्यवश, चरम सीमा वाला असामान्य व्यवहार बहुत हद तक ख़त्म हो चुका है। इसी का परिणाम है कि नीग्रो ने इस पीढ़ी में अन्य लोगों की तुलना में अधिक प्रगति की है। उसकी प्रगति का सीधा ताल्लुक उसकी आत्म-छवि में हुए बदलाव से रहा है। दुर्भाग्य से, कुछ पूर्वाग्रह अभी भी विद्यमान हैं, परन्तु हर रोज़ प्रगति हो रही है। सम्पूर्ण समाधान अश्वेत व श्वेत दोनों के द्वारा शिक्षा, प्यार व इस समझ से आयेगा कि त्वचा के रंग और योग्यता का परस्पर कोई सम्बन्ध नहीं है। मुझे रंग के बारे में महान ओलम्पिक धावक जैसी ओवेन्स का यह कथन पसन्द है, "अश्वेत सुन्दर नहीं है, श्वेत सुन्दर नहीं है - ये त्वचा के रंग हैं और कोई भी चीज़ जो त्वचा के रंग से आगे नहीं जाती सुन्दर नहीं है।"

हीन आत्म-छवि का तीसरा कारण किसी कार्य में असफलता को भ्रमवश जीवन में असफलता मान लेने की प्रवृत्ति है। एक बच्चा जो स्कूल में एक विषय में फेल हो जाता है, इस अकेली असफलता को जीवन में असफल हो जाना मानने की ग़लती कर बैठता है। दुःखद बात यह है कि इस भावना को कई बार अध्यापकों व माता-पिता द्वारा और बल दे दिया जाता है।

एक बार हीन आत्म-छवि की फिसलन जब शुरू होती है तो स्वाभाविक प्रवृत्ति हीन-भावना को पोषण प्रदान करने की होती है। बहुत से लोग यही करते हैं जब वे अपने आप को दंडित करते हैं क्योंकि उन्हें हर सुनी हुई चीज़ और हर मिलने वाला व्यक्ति याद

नहीं रहता। यह बात हमें चौथे कारण पर ले आती है - अप्रशिक्षित स्मृति (याददाश्त)। इस खण्ड के शुरू में मैंने एक अदभुत नई पुस्तक का नाम सूची में दिया है जिससे आपको कुछ घंटों में ही अपनी याददाश्त को आश्चर्यजनक रूप से सुधारने में मदद मिलेगी। यह जैरी ल्युकस और हैरी लॉरेन द्वारा लिखी गयी थी। आपको मानव मस्तिष्क की अपार क्षमता का संकेत देने के लिए जैरी अब पूरी बाइबल को याद करने की प्रक्रिया में है और उसने अभी एक पुस्तक पूरी की है जो आपको वही चीज़ करना सिखायेगी। जैरी, जिसे मालूम है कि वह क्या कर रहा है - और इसके बाद क्या करेगा - अत्यन्त विश्वसनीय लगता है जब वह आपसे कहता है कि कोई भी - आप भी - उसकी तकनीकों का प्रयोग करके अपनी याददाश्त में आश्चर्यजनक रूप से सुधार ला सकते हैं।

फिलहाल, ये सुखद विचार हैं जिनसे आपको बहुत सांत्वना मिलेगी। पहला, एक आदर्श याददाश्त किसी महान मस्तिष्क का एक विशाल शब्दकोश से अधिक संकेत नहीं देती और बस साहित्य के एक महान अंश का प्रतिनिधित्व करती है। दूसरा, वह व्यक्ति जो याद नहीं रख सकता उस व्यक्ति से असंख्य गुना बेहतर है जो भूल नहीं सकता। ये दोनों विचार अस्थायी रूप से तसल्ली देने वाले हैं, परन्तु उन पर रुके मत रहिये। जाइये, ***दि मैमोरी बुक*** ख़रीदिये, यह अनोखी पुस्तक है। दरअसल, **"अच्छी" याददाश्त या "बुरी" याददाश्त जैसी कोई चीज़ नहीं होती, यह या तो प्रशिक्षित होती है या अप्रशिक्षित।** यह आपकी मर्ज़ी पर है कि आप चाहें तो इसे प्रशिक्षित करें या अप्रशिक्षित छोड़ दें।

अपने प्रति - न्यायपूर्ण हों

ख़राब आत्म-छवि का पाँचवाँ कारण अनुभवों की अवास्तविक और अनुचित तुलना है। हम अक्सर अपने अनुभव की किसी दूसरे व्यक्ति के अनुभव से तुलना करने की ग़लती करते हैं। हम उनके सफल अनुभव को बढ़ा-चढ़ा कर बताते हैं और अपनी सफलता को नीचे स्तर पर रखते हैं। **अनुभव का योग्यता से कोई लेना-देना नहीं है।** (अनुभव निपुणता को बढ़ा सकता है परन्तु वह अलग विषय है।) उदाहरण के लिए, ऐसे तीस लाख आस्ट्रेलियाई हैं जो कुछ ऐसी चीज़ कर सकते हैं जिसे हममें से अधिकांश लोग नहीं कर सकते। वे हाई-वे की बायीं तरफ़ से गाड़ी निकाल सकते हैं। दूसरी ओर, अगर आप गाड़ी चला सकते हैं तो इस बात की बहुत सम्भावना है कि आप कुछ ऐसा कर सकते हैं जिसे तीस लाख आस्ट्रेलियाई सुरक्षात्मक रूप से नहीं कर सकते। आप हाई-वे के दायीं ओर से गाड़ी निकाल सकते हैं। इसका यह मतलब नहीं है कि कोई भी दूसरे की तुलना में अधिक होशियार है। इसका सीधा सा मतलब है कि आपके पास भिन्न अनुभव हैं। 21 वर्ष से कम आयु के ऐसे 20 करोड़ से अधिक चीनी व्यक्ति हैं जो कुछ ऐसी चीज़ कर सकते हैं जिसे सम्भवतः आप नहीं कर सकते। वे चीनी भाषा बोल सकते हैं। क्या इसका

मतलब यह हुआ कि वे आपसे अधिक होशियार हैं? बिल्कुल नहीं; इसका इतना ही अर्थ है कि उनका अनुभव भिन्न रहा है। यदि आप इस पुस्तक को अँग्रेज़ी भाषा में पढ़ रहे हैं तो आप कुछ ऐसा कर रहे हैं जिसे तीन बिलियन से भी ज़्यादा लोग नहीं कर सकते। ज़ाहिर है इसका मतलब यह नहीं है कि आप तीन बिलियन अन्य लोगों से अधिक होशियार हैं। हाँ इसका मतलब यह ज़रूर है कि आपके पास भिन्न अनुभव रहा है।

इस बात की काफ़ी सम्भावना है कि जब कोई योग्य डॉक्टर आपकी हालत के बारे में बताते हुए तड़-तड़ करके बड़े-बड़े शब्द बोलता है तो आप उससे रौब खा जायें। आप निस्संदेह रूप से ऐसा महसूस करते हैं कि वह सच में एक कुशल और बुद्धिमान आदमी है और हो सकता है वह ऐसा हो भी। आपका अपने बारे में क्या ख्याल है? इस बात के बहुत अधिक आसार हैं कि आपका डॉक्टर आपके काम में शुरू होकर रह जाये और उसे उतना अच्छा न कर सके जितना आप करते हैं। इस बात की भी प्रबल सम्भावनायें हैं कि अगर आपको अपनी ज़िन्दगी के पन्द्रह साल उसी तरह गुज़ारने पड़ते जैसे कि आपके डॉक्टर ने गुज़ारे थे, उन बड़े शब्दों को सीखते हुए, बीमारियों का, दवाइयों और इलाजों का अध्ययन करते हुए, तो आप ख़ुद एक एम.डी. के सफेद कोट और स्टेथस्कोप को पहन सकते थे।

भिन्न-भिन्न क्षेत्रों में सभी शिक्षित और अशिक्षित हैं

यह अनुभव स्पष्ट करेगा कि मेरे कहने का अर्थ क्या है। लगभग तीन वर्ष पहले, बहुत अधिक बारिश की वजह से हमारे घर के पीछे वाली गली से गुज़रना एक तरह से नामुमकिन हो गया था। तथापि, मुझे उस गली से अपनी गैरेज तक जाने के लिए गुज़रना था और उस प्रक्रिया में मैं अपने ड्राइव-वे के ठीक पीछे बुरी तरह से फंस गया। मैंने उस कीचड़ के गड्ढे से कार को निकालने की कोशिश में रबड़ जलाते हुए बिना किसी नतीजे के लगभग 45 मिनट लगा दिये। मैंने ईंटें, बोर्ड और जो कुछ भी मिला वह पहियों के नीचे लगाया ताकि कार खिंच जाये। यह सब कुछ व्यर्थ होने पर मैंने आख़िरकार कार खींचने वाले ट्रक को बुलाया। ट्रक के ड्राइवर ने स्थिति का अवलोकन किया और पूछा कि क्या वह कीचड़ से निकालने के लिए कार को एक बार ड्राइव करके देख सकता है। मैंने विरोध किया कि इससे कोई लाभ नहीं होगा परन्तु पूरे विश्वास के साथ उसने एक बार फिर पूछा कि 'बस एक बार कोशिश करके देखने दें।' मैंने उससे कहा कि चलो ठीक है, परन्तु साथ ही उसे आश्वस्त भी किया कि इससे कोई लाभ होने वाला नहीं है और मैं नहीं चाहता कि टायर जल जायें। वह ड्राइविंग सीट पर बैठा, थोड़े से पहिये घुमाये, कार स्टार्ट की, दो-चार बार झटके लिये और तीस सेकेन्ड के अन्दर ही धीरे-धीरे कार को कीचड़ से निकाल दिया। जब मैंने आश्चर्य व्यक्त किया तो उसने बताया कि वह पूर्वी टेक्सॉस में बड़ा हुआ

था और उसने पूरी ज़िन्दगी गाड़ियों को गड्ढे से निकालने में गुज़ारी थी। मैं इस बात से सहमत हूँ कि वह व्यक्ति मुझसे अधिक होशियार नहीं था परन्तु उसके पास एक भिन्न अनुभव था।

विडम्बना यह है कि जिन लोगों की हम उनकी निपुणताओं और उपलब्धियों के लिए प्रशंसा करते हैं उनमें से बहुत से लोग उसी चीज़ के लिए हमारी प्रशंसा करते हैं। कृपया ग़लत न समझें; मैं यह नहीं कह रहा हूँ कि कुछ लोगों के पास बहुत से कामों या व्यवसायों की क़ाबिलियत या कुशलता नहीं होती। मैं सिर्फ़ इस बात पर बल दे रहा हूँ कि आपके पास भी अनूठी निपुणता, प्रतिभा, कौशल और अनुभव है। आपको जान लेना चाहिए कि किसी भिन्न अनुभव का अर्थ यह नहीं है कि आप किसी दूसरे से कम हैं, ना ही यह अर्थ है कि वह आपसे कम है।

क्योंकि कोई दूसरा व्यक्ति वह काम कर सकता है जिसे आप नहीं कर सकते, इस कारण स्वयं को हीन समझने के बजाये आप उस काम पर ध्यान केन्द्रित क्यों नहीं करते जिसे आप कर सकते हैं और दूसरे नहीं कर सकते। दूसरों की निपुणता की प्रशंसा कीजिए परन्तु याद रखिये, अधिकतर मामलों में आप उतने ही समय में और प्रयासों का उपयोग करके अपनी निपुणता में बहुत अधिक सुधार कर सकते हैं। अक्सर अनुभव ही एकमात्र अन्तर रहता है।

चार विजेता

ख़राब आत्म-छवि का छठा कारण अपने सबसे ख़राब लक्षण की किसी दूसरे के सबसे अच्छे लक्षण से तुलना करना है। एक महिला ने ऐसा किया और 38 वर्ष की आयु में एक दरिद्र बर्तन माँजने वाली महिला होकर रह गयी। फिर उसने क्लॉड एम. ब्रिस्टल की ***दि मेजिक ऑफ बिलीविंग*** पढ़ी। उसने विश्वास करना और अपने सकारात्मक गुणों पर ग़ौर करना शुरू कर दिया, जिनमें से एक उसकी लोगों को हँसाने की क़ाबिलियत थी। उस वक्त के बाद - हालांकि वह दुनिया की सुन्दरियों से मुक़ाबला नहीं करती - फिलिस डिलर ने अकेले एक वर्ष में 10,00,000 डॉलर कमाये हैं। इलीनर रूजवेल्ट सीधी-सादी, हास्यास्पद व डरावनी आकृति का एक ख़राब संयोजन थी। जब वह बड़ी हो गयी और ज़िन्दगी के नकारात्मक रवैये उन घिसे-पिटे मुहावरों को दोहरा रहे थे कि पुराने कुत्तों को नयी तरक़ीबें नहीं सिखायी जाती, इलीनर ने एक निर्णय किया। उसने अपने गुणों का आकलन किया, अपने आपको अपने सच्चे मूल्यों के लिए देखना शुरू किया और अमेरिका की एक आकर्षक व प्रभावपूर्ण महिला हो गयी। संयोगवश, जनता के सम्मुख अपने पहले भाषण में वह बेहोश हो गयी थी - ठंडी पड़ गयी थी। जिमी दुरान्टे व हमफ्रे

बोर्गट किसी पोस्टर पर छापे जाने की योग्यता नहीं रखते थे परन्तु उन्होंने अपने रंग रूप व शक्लों का लाभ उठाया और निश्चय किया कि जो कुछ उनके पास है अगर वे उसका उपयोग करें तो ज़िन्दगी में उनके लिए भी स्थान है। इन लोगों में से किसी ने भी ख़ुद को शारीरिक रूप से अनाकर्षक नहीं 'देखा'। उन्होंने अपनी प्रतिभा और गुणों को देखा। उन्होंने अपने ख़राब लक्षणों की किसी दूसरे के अच्छे लक्षणों से तुलना नहीं की। इसके बजाये उन्होने अपने सर्वोत्तम गुण व प्रतिभा को जो कुछ वे चाहते थे उसे प्राप्त करने के लिए प्रयोग किया। मैं इस बात से पूरी तरह सहमत हूँ कि ग्लैमर की दुनिया की सैकड़ों युवतियाँ व ख्याति प्राप्त अभिनेता उस सफलता व प्रशंसा को पाना चाहेंगे जिसे इन चार लोगों ने हासिल किया था।

इसका प्रयोग करो - या इसे गंवा दो

बाइबल में प्रतिभाओं की कहानी आपको अवश्य याद होगी। एक आदमी के पास एक प्रतिभा थी, दूसरे के पास दो और एक अन्य के पास पाँच थीं। ईश्वर काफ़ी दिनों के लिए किसी दूर देश में चला गया। जब वह वापस लौटा तो उसने जिस व्यक्ति के पास पाँच प्रतिभायें थी उससे पूछा कि उसने क्या किया। उस आदमी ने उत्तर दिया कि उसने पाँचों प्रतिभाओं को काम पर लगा दिया और अब उसके पास दस प्रतिभायें हैं। ईश्वर ने उत्तर दिया, "शाबाश, तुम एक वफ़ादार सेवक हो क्योंकि तुम्हारे पास जो कुछ है उसका प्रयोग करने में तुम वफ़ादार रहे हो, मैं तुम्हें और प्रतिभायें दूँगा।" जिस आदमी को दो प्रतिभायें दी गयी थीं, उसने उन प्रतिभाओं को लेकर काम पर लगाया और उनकी संख्याओं में गुणात्मक वृद्धि की। फिर ईश्वर उस व्यक्ति के पास गया जिसके पास एक प्रतिभा थी और पूछा कि उसने क्या किया। उस आदमी ने जवाब दिया, "मालिक, आपने मुझे केवल एक प्रतिभा दी, जबकि आपने दूसरों को बहुत सी प्रतिभायें दीं। इसके अतिरिक्त, मुझे मालूम था कि आप एक सख़्त और निर्दयी स्वामी हैं। आपने जहाँ पर कुछ नहीं बोया था वहाँ पर भी फसल पायी, इसलिए मैंने उस प्रतिभा को लिया और दफ़न कर दिया।"

तब ईश्वर ने कहा, "तुम दुष्ट और आलसी सेवक हो।" (पूरी बाइबल में, जीसस क्राइस्ट इतने कठोर किसी अन्य पर नहीं हुए, इसलिए ज़ाहिर है कि वे हमसे अपनी प्रतिभा का प्रयोग करने की अपेक्षा रखते हैं।) उन्होंने फिर उस एक प्रतिभा को लिया और इसे उसको दे दिया जिसके पास दस थीं। उस समय से दुनिया के चिल्लाने वाले लोग कहते आ रहे हैं, "धनी और धनी हो जाता है तथा निर्धन और निर्धन।" बाइबल कहती है, "जिसके पास है उसे और दिया जायेगा।" सन्देश स्पष्ट है। **आपके पास जो है उसे लीजिये तथा प्रयोग कीजिये और आपकी प्रतिभा बढ़ जायेगी जो और अधिक प्रतिफल देगी।**

बहुत से लोग हीन आत्म-छवि रखते हैं क्योंकि वे सम्पूर्णता या आदर्शता के मानक निर्धारित करते हैं जो अव्यावहारिक और अप्राप्य होते हैं। यह ख़राब आत्म-छवि का सातवाँ कारण है। जब वे असफल हो जाते हैं - और उन्हें जरूर असफल होना चाहिए - तो वे अपने आप को कभी क्षमा नहीं करते। वे महसूस करते हैं कि उन्हें या तो आदर्श - सर्वश्रेष्ठ होना चाहिए - या सबसे बुरा। चूँकि वे असफल हो गये इसलिए वे सोचते हैं कि उन्हें सबसे बुरा हो जाना चाहिए। इसका जीवन के सभी क्षेत्रों पर बुरा प्रभाव पड़ता है और यह नौकरी में असंतोष, बच्चों के पालन-पोषण में अनबन, वैवाहिक रिश्ते में अप्रसन्नता आदि का एक अन्तर्निहित कारण है। आख़िरकार, अगर कोई व्यक्ति स्वयं को 'सबसे बुरा' मानता है तो निश्चित रूप से वह यह नहीं मान सकता कि वह एक अच्छी नौकरी, अच्छे जीवन साथी, अच्छे बच्चों अथवा किसी भी अच्छी या मूल्यवान चीज़ के योग्य है।

मेरे दिमाग़ में पिछले दस सालों में ख़राब आत्म-छवि का सबसे प्रमुख अकेला कारण पोर्नोग्राफी की बाढ़ के लिए द्वार खोल देना है, विशेष रूप से बाल पोर्नोग्राफी जो कि शोषण का सबसे पतित व घृणित रूप है। मैं पोर्नोग्राफी के बारे में विस्तार से बात करूँगा जब हम स्वस्थ आत्म-छवि के लिए उठाये जा सकने वाले क़दमों पर गौर करेंगे।

ऑग मेन्डिनो ने अपनी शानदार पुस्तक, ***दि ग्रेटेस्ट मिरेकल इन दि वर्ल्ड,*** में ख़राब आत्म-छवि के दो अतिरिक्त कारणों की ओर इशारा किया है। पहला, उत्पत्ति के बारे में डार्विन के 'सिद्धान्त', कि आदमी ईश्वरीय नहीं बल्कि मूल रूप से पाशविक है, ने आदमी के आत्मगौरव को गहरा धक्का पहुँचाया है। मैं ऑग से सहमत हूँ। अगर मैं सोचूँ कि मेरी उत्पत्ति एक बन्दर से हुई थी तो इससे मेरा आत्म-गौरव काफ़ी हद तक कम होता है। इस धारणा ने अप्रत्यक्ष रूप से अनुशासन सम्बन्धी समस्या पैदा करने में मदद की है। अगर हमारे नौजवान पशुओं के समान आचरण करें और हम उन्हें अनुशासित न करके इस हुक़्म को सुनाने वाले समाज का अनुसरण करें तो हम वास्तव में ख़राब आत्म-छवि को और प्रभावकारी कर देंगे क्योंकि जैसा कि डॉ. जेम्स डॉब्सन ने अपनी पुस्तक ***डेयर टु डिसिप्लिन*** में बड़ी ख़ूबसूरती से कहा है कि अनुशासन, बल्कि अनुशासन का अभाव निश्चित रूप से ख़राब आत्म-छवि का एक कारण है। उसने कहा है कि यह अनुशासन का प्यार भरा नियन्त्रण ही है जिससे माता-पिता बच्चे को व्यक्तिगत हैसियत प्रदान करते हैं। डॉ. डॉब्सन हमसे वही बात कह रहे हैं जो ईश्वर ने हमसे 2000 वर्ष पूर्व कही थी।

दूसरा कारण, सिगमंड फ्रॉयड द्वारा किया गया नुक़सान है। फ्रॉयड ने हमें एक बना-बनाया बहाना या पराजित वाली शिथिलता प्रदान कर दी जब उसने हमें बताया कि हमारे विचार या कार्य, हमारे अवचेतन मस्तिष्क में गहरे दफ़न अपने शुरू के बचपन के अनुभवों से उत्पन्न होते हैं जिन्हें हम न तो नियन्त्रित कर सकते हैं, न समझ सकते हैं और

इसलिए हम उनके लिए ज़िम्मेदार नहीं हैं।

एक वैज्ञानिक के हमें यह कहने से कि हम पशु जीवन की निम्नतम श्रेणी से आये हैं और दूसरे के द्वारा यह बताये जाने से कि हम अपने आचरण के लिए ज़िम्मेदार नहीं हैं, यह देखना आसान हो जाता है कि हम अपने आप को किस प्रकार देखें - "कुछ नहीं/महत्वहीन"। डार्विन ने अपनी मृत्यु से पहले ईश्वर को इस सृष्टि के शिल्पी के रूप में स्वीकार किया और फ्रॉयड के कुछ निष्कर्ष सन्देहास्पद हैं। उदाहरण के लिए जॉन हॉपकिन्स, मनोवैज्ञानिक रॉबर्ट हॉगन ने हाल ही में कहा था,"फ्रॉयड सोचता था कि आप मानसिक रोगियों का अध्ययन करके सामान्य व्यक्तियों के बारे में सीख सकते हैं। वह उल्टा चला। आपको अपराधी को समझने के लिए सामान्य व्यक्ति का अध्ययन करना होगा।" दुर्भाग्यवश काफ़ी नुक़सान पहले ही किया जा चुका है। आइंस्टीन ने कहा था कि एक ग़लत इनपुट की सूचना को समाप्त करने के लिए ग्यारह या इससे भी अधिक ठीक इनपुट की ज़रूरत होती है। यह उसी बात को कहने का एक दूसरा ढंग है कि 'घटिया सोच' द्वारा जमा हुए विचारों पर क़ाबू पाने के लिए 'ठीक सोच' के बहुत सारे विचारों की ज़रूरत पड़ती है।

जब आप एक ख़राब छवि रखने के इन सारे कारणों को जोड़ कर देखेंगे तो आपको कोई आश्चर्य नहीं होगा कि कितने सारे लोग इस संक्रामक और प्रचलित रोग के शिकार हैं। सौभाग्यवश, आप कुछ अपने लिए कर रहे हैं। जब हम अगले अध्ययन में ख़राब आत्म-छवि की अभिव्यक्तियों का पता लगायेंगे तो आप कुछ व्यक्तिगत व्यवहार की पहचान कर पायेंगे जिसे आप पहले ख़राब आत्म-छवि से सम्बद्ध नहीं करते थे। ख़राब आत्म-छवि की अभिव्यक्तियों की पहचान करना महत्वपूर्ण है ताकि आप अपनी आत्म-छवि की समस्या से और प्रभावपूर्ण तरीक़े से निपट सकें। यह आपको अन्य लोगों के साथ रहने और काम करने की अतिरिक्त सूझ-बूझ भी प्रदान करेगा। जब हम किसी समस्या को पहचान सकते हैं और उस समस्या का विश्वास और साहस से सामना करते हैं तो समाधान नज़दीक होता है।

टिप्पणियाँ एवं विचार

अध्याय तीन

ख़राब आत्म-छवि की अभिव्यक्तियाँ

ख़राब आत्म-छवि वालों का उनके आलोचनात्मक व ईर्ष्यालु स्वभाव के द्वारा जल्दी ही पता चल जाता है। उन्हें दूसरों की सफलता और यहाँ तक कि दूसरों के मित्रों की संख्या से भी कुढ़न होती है। वे पत्नियों, पतियों, बॉय फ्रेन्डस या गर्ल फ्रेन्ड्स से बेवजह ईर्ष्या करते हैं। (अगर कोई पति या पत्नी रात में देर से घर आये और उससे विपरीत लिंग के व्यक्ति की ख़ुशबू आ रही हो तो मैं कहूँगा कि ईर्ष्या का कारण है।) क्योंकि वे ख़ुद को पसन्द नहीं करते तो सम्भवतः वे मान नहीं सकते कि कोई विपरीतलिंगी सदस्य उन्हें दूसरों से अधिक प्यार कर सकता है। विडम्बनास्वरूप, वे सुनने वालों को हर्षयुक्त आश्चर्य में यह बताकर कि वे अपने जीवनसाथी से 'बहुत अधिक' प्यार करते हैं, अक्सर अपनी ईर्ष्या की रक्षा करते हैं। असलियत में, वे अपने जीवनसाथी को न तो प्यार कर सकते हैं और न उन पर भरोसा कर सकते हैं क्योंकि वे ख़ुद को न तो प्यार करते हैं और ना ही ख़ुद पर भरोसा करते हैं। वे भद्दी और अक्सर झूठी बातों को लेकर गप-शप करते हैं और अक्सर अफ़वाहों को जीवित रखते हैं। (वे यह नहीं सीख पाते कि जब वे किसी पर कीचड़ उछालते हैं तो कुछ और नहीं करते बल्कि अपना महत्व खोते हैं।) जब किसी अन्य को प्रशंसा या सम्मान मिलता है तो उस पर उनकी कुढ़न से उनकी असुरक्षा का भी साफ़ पता चलता है।

शायद ख़राब आत्म-छवि की सबसे अधिक गौर करने योग्य अभिव्यक्ति किसी व्यक्ति के द्वारा आलोचना और मज़ाक पर दी जाने वाली उसकी प्रतिक्रिया का ढ़ंग है। यदि उन्हें शक हो जाये कि कोई उन 'पर' हँस रहा है तो वे उसे बर्दाशत नहीं कर सकते। वे ख़ुद पर नहीं हँस सकते और दृढ़ता से महसूस करते हैं कि दूसरों के द्वारा हँसी या आलोचना उन्हें नीचा दिखाने की कोशिश है। उनकी प्रतिक्रियाएं पूरी तरह से उस कार्य की ग़ैर-आनुपातिक होती हैं।

ख़राब आत्म-छवि वाला व्यक्ति जब अकेला हो या कुछ न कर रहा हो तो आम तौर पर असहज होता है। वह हर वक्त कहीं न कहीं जा रहा होता है और कुछ न कुछ कर रहा होता है। जब अकेला होता है तो रेडियो या टी.वी. चलाये रखता ह चाहे वह उसे सुन या देख न रहा हो। कुछ लोग घूमते वक्त, ड्राइव करते वक्त या हवाई यात्रा करते वक्त भी अपना ट्रांजिस्टर लेकर चलते हैं।

ख़राब आत्म-छवि अपने आप प्रेरणा के काम न करने के बारे में भी बता देती है।

कई बार जब कोई व्यक्ति प्रतियोगिता करना छोड़ देता है और -'मैं परवाह नहीं करता' वाला नज़रिया सामने लाता है तो इसका कारण यही होता है कि वे ख़ुद को 'जीतता हुआ' नहीं देख सकते क्योंकि वे इसके लिए पर्याप्त आकर्षक या योग्य नहीं होते। फिर वे पूरी तरह से 'जाने दो' पर उतर आते हैं और हर तरीक़े से सीमा से अधिक विरोध करते हैं। वे अक्सर ज़ोर से बोलने वाले, आलोचना करने वाले, बदले की भावना से ग्रस्त और मनमानी करने वाले होते हैं। ऐसे लोग अक्सर अनाकर्षक ढंग से कपड़े पहनते हैं, व्यक्तिगत स्वच्छता की ओर ध्यान नहीं देते, अक्सर मोटे हो जाते हैं, नैतिकता त्याग देते हैं और अनैतिकता का प्रदर्शन करते हैं, नशीली दवाओं या अल्कोहल का सेवन करने लगते हैं और बातचीत में अश्लील और अभद्र हो जाते हैं। विडम्बना यह है कि वे अक्सर अपने बारे में श्रेष्ठता का नज़रिया अपना लेते हैं और दूसरे लोगों को जिनके विचार इनसे नहीं मिलते, हीन महसूस कराने की कोशिश करते हैं। ऐसे बेढंगे, गन्दे, अपवित्र और अव्यवस्थित व्यक्तियों को देखकर पीड़ा होती है क्योंकि उनके बाहरी रंग-ढंग से लगता है कि उनमें आत्म-गौरव जैसी कोई चीज़ मौजूद नहीं है, और वास्तव में आज तक कोई स्थापित नहीं कर पाया कि गंदे या अव्यवस्थित होने से कोई लाभ होता है।

दिलचस्प रूप से, इसके ठीक विपरीत क़िस्म की ख़राब आत्म-छवि की अभिव्यक्ति अक्सर देखने को मिलती है। ये लोग भौतिक चीज़ों को बहुत महत्व देते हैं : बड़ी कारें, धन, आधुनिक सनक, अत्याधुनिक कपड़े, केश-विन्यास या सौन्दर्य प्रसाधन। उन्हें यह भी महसूस होता है कि वे जैसे हैं उस रूप में कभी स्वीकार नहीं किये जा सकते। अपनी असुरक्षा की भावना में वे दोस्तों के लिए और उनकी स्वीकृति पाने के लिए चरम सीमा तक चले जाते हैं। ज़िन्दगी के प्रति अपने "सब कुछ चलता है" के दृष्टिकोण के कारण वे अक्सर गैंग में शामिल हो जाते हैं क्योंकि उन्हें बहुत बेसब्री से "मैं जैसा हूँ-हूँ" की स्वीकृति की प्रबल इच्छा रहती है। वे आम तौर पर नक़ली दोस्तों और इन दोस्तों की बहुत सी आदतों पर आकर समाप्त हो जाते हैं।

व्यक्ति के रूप में, हम जिस तरह ख़ुद को देखेंगे उसी के अनुरूप आचरण करेंगे। यही कारण है कि आप अक्सर लोगों को अविश्वसनीय रूप से बेतुकी चीज़ें करते हुए और अपने जीवन भर का सपना पूरा करने के समय से ठीक पहले अनावश्यक जोखिम उठाते हुए देखते हैं। उदाहरण के लिए, उन खिलाड़ियों में से जिन्होंने ओलम्पिक की तैयारी में वर्षों लगा दिये, काफ़ी बड़ी संख्या में खिलाड़ी अक्सर 'प्रशिक्षण' में या आयोजन से ठीक पहले प्राथमिक प्रतियोगिता में दुर्घटनाग्रस्त हो जाते हैं। वे अपने आप को स्वर्ण पदक जीतने के योग्य नहीं देख पाते और अवचेतन रूप से विश्व द्वारा उनको दिये जा सकने वाले पुरस्कार से ख़ुद को वंचित करने के लिए आवश्यक क़दम उठा लेते हैं।

बहुत से मुक्केबाज़, फुटबाल खिलाड़ी और अन्य धावक बड़ी प्रतियोगिता से ठीक पहले चोट खा बैठते हैं। कोई विद्यार्थी अपनी पसन्द के स्कूल में दाख़िला लेने की कोशिश में प्रवेश परीक्षा से पहली रात को शराब पी लेता है या अपनी गर्लफ्रेन्ड के साथ सारी रात बाहर गुज़ारता है। पदोन्नति की कोशिश करने वाला कोई कर्मचारी अपनी पत्नी या साथी कर्मचारी से झगड़ा कर बैठता है जिससे वह भावात्मक रूप से परेशान हो जाता है और अपनी पदोन्नति के अवसर खो देता है। हो सकता है 'दुर्घटनावश' वह उस व्यक्ति से भी दुश्मनी मोल ले ले जिसकी सिफ़ारिश उसकी पदोन्नति के लिए ज़रूरी है। सशर्त छोड़े जाने वाला अपराधी अक्सर कोई मूर्खतापूर्ण कार्य कर बैठेगा और फिर वापिस जेल में पहुँच जायेगा। इससे - वह अपने दिमाग़ में - "साबित करता है" कि वह समाज ठीक नहीं है और वह इसमें नहीं रह सकता। दरअसल, इससे जो साबित होता है वह यह है कि वह अपने आप को एक मुक्त समाज के सदस्य के रूप में नहीं देख पाता। उसकी आत्म-छवि ऐसी थी कि उसे मालूम था कि वह स्वतन्त्रता के 'योग्य' नहीं है। क्योंकि समाज उसे उसके कुकर्मों के लिए पर्याप्त रूप से दंडित करने वाला नहीं है इसलिए वह जिसके योग्य है उसकी प्राप्ति को सुनिश्चित करने के लिए उसे ख़ुद को दंडित कर लेना चाहिए।

ख़राब आत्म-छवि वाला पति या पत्नी किसी भी चीज़ के लिए अपने जीवनसाथी को बहुत कम चुनौती देते हैं। इसके बजाये वह बस निभाता/ती रहता/ती है, दूसरे के लिए दरवाज़े पर बिछा पायदान हो जाता/ती है और एक कुढ़न पैदा करते रहते हैं जो निश्चित रूप से गम्भीर वैवाहिक समस्याओं के साथ-साथ शारीरिक और भावात्मक समस्याओं की ओर ले जाती है।

मिसालें अनगिनत हैं, परन्तु मैं इस बात को यही कहते हुए छोड़ता हूँ कि अत्यन्त मूर्खतापूर्ण और अनियमित कार्य का एक प्रमुख कारण ख़राब आत्म-छवि की अभिव्यक्ति है। ये व्यक्ति इस पुस्तक को पढ़ेंगे, इसके कुछ हिस्से से सहमत होंगे, अधिकांश हिस्से से असहमत होंगे और इनमें से किसी के बारे में भी कुछ करने के लिए नहीं बढ़ेंगे। उन्होंने अतीत में बहाने बनाये हैं- और भविष्य में भी बहाने बनाना जारी रखेंगे - और उन सबको अपने दिमाग़ में न्यायोचित ठहराते जाते हैं। वे कभी किसी चीज़ को पूरा नहीं करते - चाहे वह कोई पुस्तक हो, पेन्टिंग हो, घर को सजाना हो, प्रगति का रास्ता हो, या स्कूल हो। वे इस तरह की चीज़ें कहते हैं, "मैं वापस कॉलेज में दाख़िला लेकर अपनी डिग्री ले लूँगा, परन्तु इसमें छह साल लग जायेंगे और उस समय तक मैं अड़तीस वर्ष का हो जाऊँगा।" (मुझे नहीं मालूम कि अगर वह कॉलेज में फिर से दाख़िला लेकर डिग्री हासिल नहीं करेगा तो छह साल बाद कितने वर्ष का हो जायेगा?) दूसरे कहते हैं, 'मैं चर्च में चला जाऊँगा परन्तु वहाँ पर बहुत से पाखंडी लोग होते हैं'। (शायद उन्हें यह ज्ञान नहीं हो पाता कि अगर

उनके और ईश्वर के बीच में कोई पाखंडी व्यक्ति खड़ा है तो उनके मुक़ाबले पाखंडी व्यक्ति ईश्वर के ज्यादा नज़दीक है।)

सौभाग्यवश, यह आप पर लागू नहीं होताः किसी वक्त हो सकता है रहा हो, परन्तु अब नहीं। जब आपने इस पुस्तक की अपनी प्रति हासिल कर ली है तो आपने अपनी छवि बदलने की दिशा में एक बड़ा क़दम उठा लिया। आप इसे पढ़ते हुए यहाँ तक आ गये यह बात संकेत करती है कि आप अपनी स्वयं की प्रगति के प्रति गम्भीर हैं। अपने दिमाग़ में आप जानते हैं कि आपके सम्मुख आने वाले पृष्ठ और ज़िन्दगी के वर्ष और अधिक स्फूर्तिदायक पारितोषिक देने वाले - और जानकारी देने वाले होने जा रहे हैं।

अच्छी-छवि = अच्छा सेल्समैन/अच्छा प्रबन्धक
ख़राब छवि = ख़राब सेल्समैन/ख़राब प्रबन्धक

सेल्स की दुनिया में ख़राब आत्म-छवि कई तरीक़ों से अभिव्यक्त होती है, परन्तु उनमें से तीन किसी पीड़ायुक्त अँगूठे की तरह अलग से दिखाई देते हैं। [1] सेल्समैन उतने परिश्रम से काम नहीं करता। कारण इस प्रकार है। वह एक सेल्स कॉल करता है और उसे कहीं और जाकर सेल्स कॉल करने का अशिष्टतापूर्वक जवाब मिलता है। ख़राब आत्म-छवि वाला सेल्समैन अपने आपको पसन्द नहीं करता और भावी ग्राहक (सेल्समैन के दिमाग़ में) उसे पसन्द नहीं करता। अब सेल्समैन आत्म-दया के भाव से भर जाता है और "बेचारा मैं - कोई मुझे प्यार नहीं करता" की दिनचर्या से गुज़रता है और कॉफी शॉप, घर या ऑफिस की ओर अपने ज़ख्मों को चाटने के लिए बढ़ता है। कुछ एक घंटे की छुटटी लेते हैं और दूसरे पूरे दिन की छुट्टी कर देते हैं। जिन मामलों में निगरानी थोड़ी ढीली है वहाँ पर सेल्समैन हो सकता है दर्जन भर मनगढ़ंत चीज़ें बना ले और फिर से वापिस काम पर जाने से पहले कई दिनों तक टाल दे। स्वस्थ आत्म-छवि वाला सेल्समैन - जो अपने आप को पसन्द करता है - बिल्कुल भिन्न प्रकार से प्रतिक्रिया करता है। जब वह झिड़क दिया जाता है तो वह पूरी तरह से समझ जाता है कि भावी ग्राहक के साथ कोई समस्या है और वह तुरन्त और विश्वासपूर्वक दूसरे सम्भावित ग्राहक से बात करने लगता है जिसके साथ कोई समस्या न हो।

[2] ख़राब आत्म-छवि वाला सेल्समैन सेल का समापन करने में संकोच करता है। वह बोलता ही जाता है और कभी यह सुझाव नहीं देता कि सम्भावित ग्राहक को कार्यवाही करनी चाहिए और कुछ ख़रीदना चाहिए। आपको किसी से कुछ ख़रीदने के लिए कहने में कुछ जोख़िम दिखाई देते हैं। अगर सम्भावित ग्राहक ना कह दे तो सेल्समैन के अहम् को ठेस लगती है, इसलिए सेल्समैन सेल के समापन की कोशिश न करके अपने

अहम् का बचाव करता है। वह बस बात करता रहता है और उम्मीद करता है कि ऑर्डर के लिए पूछकर अपने अहम् को चोट पहुँचाये बिना ही ग्राहक आख़िरकार कह देगा, “मैं इसे ख़रीदूँगा”। मैंने व्यक्तिगत रूप से भावी ग्राहकों द्वारा सेल्समैन को यह कहकर चुनौती देते हुए देखा है, “आप मुझे कुछ बेचने की कोशिश नहीं कर रहे हैं। क्या आप कर रहे हैं?” और सेल्समैन, “ओह, नहीं, नहीं” कह कर विरोध प्रकट करता है। (यदि वह इस ढंग से प्रतिक्रिया करता है जैसे वह कुछ बेचने की कोशिश नहीं कर रहा है, तो वह सिर्फ़ एक व्यावसायिक विज़िटर है।)

स्वस्थ आत्म-छवि वाला सेल्समैन सेल के समापन का ईमानदार प्रयास करता है क्योंकि वह जानता है कि अधिक से अधिक बुरा यह हो सकता है कि इन्कार हो जाये। वह यह भी जानता है कि इन्कार कभी-कभी होता है, और हो सकता है वह यह सेल कर ले। सच तो यह है कि उसे सेल कर लेने की पूरी उम्मीद होती है। क्यों? उसे विश्वास है कि वह सेल और सफलता के योग्य है। इसे अलावा उसे अपने उत्पाद (प्रोडक्ट) में विश्वास है। स्वस्थ आत्म-छवि से वह कोई घटिया उत्पाद बेच कर अपने आप को छोटा और घटिया नहीं बनायेगा। वह दृढ़तापूर्वक महसूस करता है कि वह एक सेवा प्रदान कर रहा है, इसलिए वह विश्वास के साथ सेल का समापन करता है। वह सेल के लिए नॉर्वेजियन शब्द **सेलजे** को जानता है जिसका एक तरह से अर्थ है सेवा करना।

[3] हीन आत्म-छवि का सेल्समैन या ऑफिस वर्कर प्रबन्धन तन्त्र में क़ामयाबीपूर्वक आगे नहीं बढ़ता। फिर, उसे दूसरों के द्वारा नकारे जाने का डर रहता है। इस मामले में ये लोग उससे उच्च पद वाले, उसके अधीन और उसके साथ वाले हो सकते हैं। वह आम तौर पर अपने चरित्र से बाहर जाकर स्थिति की माँग के अनुसार चार मुखौटों में से कोई एक पहन लेता है। पहला, वह “अच्छा पुराना साथी “बन जाता है और अपने अधीन प्रत्येक व्यक्ति को आश्वस्त करता है कि कुछ नहीं बदला और वह एक तरह से उस गैंग” का हिस्सा होना चाहता है। दूसरा, उसे अपने पूर्व साथियों की अस्वीकृति का डर हो सकता है और वह ऐसी रियायतें और अपवाद की अनुमति दे दता है जो अच्छे प्रबन्धन की सीमा से बाहर होती हैं। अथवा वह इसके बिल्कुल विपरीत रास्ता अपना सकता है - एक अभिमानी “मैं आ गया हूँ” वाला मार्ग - जिससे उसके पूर्व साथियों में कुढ़न पैदा होती है। तीसरा, वह उच्च प्रबन्धन टीम से अपने रिश्ते के बारे में ज़रूरत से ज़्यादा चिंतित हो सकता है। उनको ख़ुश करने और उनके द्वारा स्वीकारे जाने की अपनी चिन्ता में वह ज़रूरत से ज़्यादा जी-हुज़ूरी करने लगता है, आवश्यकता से अधिक विनम्र बन जाता है और ज़रूरत से ज़्यादा सलाह लेने लगता है। असफलता के भय के कारण वह कोई कार्यवाही करने से पहले बहुत देर तक हिचकिचाता है। चौथा, वह “मुझे सब मालूम है”

वाला मार्ग अपना सकता है - किसी से कोई सलाह नहीं लेता - और हर किसी को यह दिखाने पर उतारू हो जाता है कि जहाज़ कैसे चलाया जाता है।

स्वस्थ आत्म-छवि वाला व्यक्ति प्रबन्धन वर्ग में बहुत अच्छी तरह से आगे बढ़ता है- वह एक सचेत विश्वास का प्रदर्शन करता है जो दिखाता है कि वह योग्य है और कार्य को सम्पन्न करेगा। वह वायदे कम करता है परन्तु उन्हें पूरा अवश्य करता है। वह सेवा करने और जी-हुज़ूरी करने में भेद समझता है। वह न तो विरोध करने की तलाश में रहता है और न ही उनसे बचता है तथा निर्णय करने के उत्तरदायित्व को स्वीकार करता है। वह समझता है कि उसकी पदोन्नति इसलिए की गयी है क्योंकि प्रबन्धन वर्ग को उसकी कार्य को संभालने की योग्यता में विश्वास है। वह जानता है कि विश्वास और अभिमान के बीच में कहाँ पर रेखा खींचनी है। इससे भी अधिक महत्वपूर्ण यह है कि वह सिद्धान्तों पर दृढ़ परन्तु विधि पर लचीला होता है। वह समझता है कि विचारों को इसकी परवाह नहीं होती कि वे किसके पास हैं और अपने साथियों व अधीनस्थ कर्मचारियों के विचारों को मान्यता व पूरा सम्मान देने में ख़ुद को अपने अन्दर सुरक्षित महसूस करता है। वह मित्रवत होने और परिचित होने के बीच में रेखा खींच लेता है। जब वह कोई ग़लत निर्णय ले लेता है तो 'पूरी तरह से हिल नहीं जाता' क्योंकि वह जानता है कि अधिकांश मामलों में सबसे ख़राब निर्णय, कोई निर्णय न करना है। इसलिए अच्छा या बुरा, परन्तु वह निर्णय लेता है। फिर उसकी आत्म-छवि ऐसी होती है कि वह निश्चयपूर्वक आचरण करता है और फिर भी जब उसे ग़लत समझ लिया जाता है या चुनौती दी जाती है तो वह उससे भय नहीं खाता।

अच्छी छवि = बेहतर माता-पिता और अधिक ईमानदार व्यक्ति

व्यापार समुदाय में हीन आत्म-छवि क्षणिक 'असम्भव' वायदों के रूप में अभिव्यक्त होती है। नया कोच, तुरन्त स्वीकृति पाने की उम्मीद में अपेक्षा से और जो वह कर सकता है उससे कहीं अधिक का वायदा कर लेता है। निर्माता या उसका एजेन्ट ग्राहक को ख़ुश करने के लिए क्योंकि वह अस्थायी रूप से भी अस्वीकृति बर्दाश्त नहीं कर सकता, असलियत को नज़रअन्दाज़ करके असम्भव वायदे कर लेता है। सेल्स की दुनिया में हम पाते हैं कि हीन आत्म-छवि वाले असुरक्षित सेल्समैन वे हैं जो बढ़ा-चढ़ा कर बताते हैं, बढ़ा-चढ़ा कर वायदे करते हैं - और उनसे कम दे पाने के अपराधी होते हैं। वे अस्वीकृति को स्वीकार नहीं कर पाते और यह महसूस नहीं करते कि सेल करने के लिए ये क़दम

जरूरी हैं। एक बार सेल हो जाने के बाद, सेल्समैन में 'अपराध-भाव' आने लगता है और ग्राहक से वह बचने लगता है। सर्विस न पाने की वजह से ग्राहक उत्पाद से और सेल्समैन से नाख़ुश हो जाता है। ग्राहक सेल्समैन को खरी-खोटी सुनाता है जिससे आत्म-छवि की समस्या और बढ़ जाती है। हीन आत्म-छवि का ऑफिस वर्कर ज़ोर देकर अपना वेतन बढ़ाने के लिए नहीं कहता भले ही वह जानता हो कि उसके काम की योग्यता अधिक वेतन की अधिकारी है। दुःख की बात यह है कि वही वर्कर अगर अपनी पात्रता के अनुरूप वेतनवृद्धि या सम्मान नहीं पाता तो अक्सर नाराज़ व कटु हो जाता है और महसूस करने लगता है कि "वह जो करता है उसके लिए कोई न उसे समझता है और न ही उसकी प्रशंसा करता है।" नतीजा यह होता है कि उसके कार्य निष्पादन पर नकारात्मक प्रभाव पड़ने लगता है और उसकी भावी वेतनवृद्धि की सम्भावना कम हो जाती है।

परिवार में हीन आत्म-छवि माता-पिता की बच्चे को अनुशासित करने के प्रति अनिच्छा द्वारा अभिव्यक्त होती है। माता-पिता इसे इस मुखौटे के नीचे छिपाते हैं कि, "उससे कहीं ज़्यादा इस बात से मुझे तकलीफ़ होती है क्योंकि मैं उसे इतना अधिक प्यार करता हूँ।" दरअसल, माता/पिता अक्सर इस बात से डरे रहते हैं कि कहीं बच्चा उनसे मुँह न मोड़ ले और उनके प्रति अपना प्यार कम न कर दे। दुर्भाग्यपूर्ण सत्य यह है कि इससे माता-पिता और बच्चे दोनों के लिए समस्या पैदा हो जाती है। माता/पिता नियन्त्रण, सम्मान और कुछ प्यार खो देते हैं। बच्चा माता-पिता में विश्वास और उससे जुड़ी सुरक्षा खो देता है। यह अधिकार के प्रति सम्मान की भावना खोने का पहला क़दम है जो अधिकार के विरुद्ध बगावत की ओर ले जाती है। यह विद्रोह हीन आत्म-छवि की ही दूसरी अभिव्यक्ति है और 18 वर्ष या इससे कम के नौजवानों द्वारा अमेरिका में वर्ष 1974 में 45% गम्भीर अपराध करने के लिए काफ़ी हद तक ज़िम्मेदार रही है। दुःखद बात यह है कि इसे बहुत हद तक रोका जा सकता था यदि माता-पिता व अध्यापक जान पाते (और कुछ मामलों में परवाह कर पाते) कि उन अभिव्यक्तियों को किस प्रकार पहचाना जाये जो साफ़ तौर पर कहती हैं - मुझ पर ग़ौर करो - मुझे प्यार करो - मैं चाहता हूँ कि मैं जो कर रहा हूँ उस पर आप ध्यान दें। वह विद्यार्थी जो आदतन कक्षा में देरी से आता है - शानदार तरीक़े से प्रवेश करता है - अपनी पुस्तकें भूल आता है - ज़ोर से बातचीत करता है या दूसरे विद्यार्थियों से ग़ैर मुनासिब वक्त में बात करता है - मूर्खतापूर्ण या असम्बन्धित सवाल पूछता है, आदि शायद उस एकमात्र ढंग से आचरण कर रहा है जिसके बारे में वह महसूस करता है कि इसके ही द्वारा वह दूसरे लोगों का ध्यान अपनी ओर आकृष्ट कर सकता है। इसको रोके जाने की प्रबल रूप से ज़रूरत है वर्ना उसके और सख़्त व अनियन्त्रित काम कहीं उसे जेल की सलाखों के पीछे न करा दें।

कायर - अनैतिकता अथवा हीन आत्म-छवि

आइये, अब हीन आत्म-छवि की इन्हीं अभिव्यक्तियों को अन्य व्यवसायों व जीवन के क्षेत्रों में रूपान्तरित करके देखें। हीन आत्म-छवि का विद्यार्थी निम्न दर्जा दिये जाने पर जब कि वह जानता भी है कि वह बेहतर दर्जा पाने का हक़दार है, अध्यापक का विरोध स्वरूप सामना नहीं करेगा।

सबसे अधिक दूरी तक प्रभावित करने वाली अभिव्यक्ति तरुण अवस्था से पूर्व या शुरू की किशोर आयु में होती है जब जॉन या मैरी को जिन्होंने अपने आप को स्वीकार नहीं किया है, पहली बार पता चलता है कि लड़के और लड़कियाँ भिन्न होते हैं। समस्या किसी विपरीतलिंगी सदस्य के साथ पहला रिश्ता बनाने में आती है और यह विशेष रूप से गम्भीर हो जाती है अगर दोनों सदस्य या उनमें से किसी को भी अपने परिवारों से इसके लिए अस्वीकृति मिलती है। यह और बढ़ जाती है, अगर उन किशोरों में से दोनों या कोई एक शारीरिक रूप से अनाकर्षक या बौद्धिक रूप से थोड़ा नीचे हो। (समाज अवश्य ही सुन्दरता और दिमाग़ को अधिक महत्व देता है।)

इस नाज़ुक समय में किसी वास्तविक या काल्पनिक अस्वीकृति से विपरीतलिंगी सदस्य से लगभग पूर्ण स्वीकृति की ओर बढ़ना अत्यन्त अस्थिर स्थिति पैदा कर देता है। किशोरों को स्वीकृति की इतनी तीव्र इच्छा होती है कि जो उन्हें "सिर्फ़ मेरे लिए" कह कर स्वीकार करता है उसे खो देने से बचाने के लिए वे कुछ भी कर देंगे। इस स्थिति के साथ इज़ाज़त देने वाले समाज को संयुक्त करें जो किसी भी तरह के 'ईमानदार' रिश्ते की अनुमति देता है और उसे बढ़ावा भी देता है जब तक कि वह 'अर्थपूर्ण' हो, और आपकी स्थिति ऐसी है जो इतनी कम उम्र में एक ही लड़के/लड़की से मिलने-जुलने की ओर ले जाती है। इस साथ में, अक्सर नैतिक मूल्यों में ढिलाई दिखाने वाले टी.वी. कार्यक्रमों या फिल्म के पर्दे के सामने विवाह-पूर्व यौन सम्बन्ध, स्वच्छन्द यौन सम्बन्ध, यौन रोग, अवैध बच्चों के जन्म, और/या उस साथी के साथ कम आयु में विवाह जिसमें जैविक लालसा के अतिरिक्त कुछ भी एक जैसा नहीं है, के सारे अवयव मौज़ूद हैं।

यदि हीन आत्म-छवि के किशोर/किशोरी को कोई स्थायी साथी नहीं मिलता/मिलती और 'दूसरे हर किसी के पास कोई न कोई है' तो वह किसी को या किसी को भी 'कैच' करने के लिए अक्सर देह का प्रदर्शन करने वाले या उत्तेजक ढंग के कपड़े पहनेगा/गी। मछुआरे इसे ट्रोलिंग (ललचाना) कहते हैं। इस तकनीक के साथ समस्या यह है कि आप अक्सर गार्स व समुद्री कछुए से लेकर सांपों तक को पकड़ लेते हैं, और आम तौर

पर कहा ताये तो इस 'कैच' को वापिस फेंकना उसे लपेटने की तुलना में कहीं अधिक मुश्किल है। इस प्रलोभन से जब आप कुछ पकड़ भी लेंगे तो इस बात की सम्भावना काफ़ी है कि आप अपनी इस 'कैच' को किसी दूसरे मछली पकड़ने वाले (ट्रौलर) के हाथों खो देंगे जिसके पास दिखाने के लिए आपसे अधिक है या जो अधिक प्रदर्शन कर सकता है। कोई भी रिश्ता जिसका निर्माण प्राथमिक रूप से शारीरिक आकर्षण पर होता है उसके भाग्य में पहले से ही कम समय तक ज़िन्दा रहना लिखा होता है।

स्वस्थ आत्म-छवि वाला किशोर/किशोरी विपरीतलिंगी सदस्यों के साथ कम आयु में और/या अस्वस्थ रिश्ते के जाल में नहीं फँसेगा/फँसेगी। वह इतना चतुर और आत्मगौरव वाला/वाली होता/ती है कि वह स्वयं को 'इस्तेमाल' नहीं होने देगा/देगी अथवा उन झूठी पुरानी लाइनों, "साबित करो कि तुम मुझे प्यार करते हो/करती हो" तथा "हर कोई यह कर रहा है" के बहकावे में नहीं आयेगा/आयेगी। वह किशोर ख़ुशी और मज़े के भेद को समझता/ती है तथा जीवन भर की ख़ुशी और गुण को क्षणिक सन्देहास्पद मज़े व स्पष्ट अनैतिकता के लिए बेच देने के लिए इन्कार कर देता/ती है।

इस बात के सबूत हैं कि "अच्छे और ख़ुशमिज़ाज आदमी" और उसकी महिला साथी के साथ दरअसल एक समस्या होती है जो आयु, लिंग, शिक्षा, आकार या त्वचा के रंग के भेद के बावज़ूद सब में एक सी होती है। उसे "मुझे एक अच्छा व्यक्ति होना चाहिए और कभी किसी के दिल को ठेस नहीं पहुँचानी चाहिए" की तरह का आत्म-छवि सिन्ड्रोम होता है। एक नौजवान के रूप में वह सिगरेट पीता है जिसे वह पसन्द नहीं करता - शराब पीता है जिसे वह पसन्द नहीं करता - गंदे चुटकुलों पर हँसता है जो असल में उसका दिल दुखाते हैं - उस गैंग में शामिल हो जाता है जिसे वह अन्दर से नापसन्द करता है और उस तरह के कपड़े पहनता है जिनसे वह मन ही मन घृणा करता है। यह सब इसलिए होता है क्योंकि उसने कभी ख़ुद को स्वीकार नहीं किया और इस बात को लेकर वह बुरी तरह चिन्तित रहता है कि यदि वह इसका विरोध करेगा या अपने साथियों को छोड़ देगा तो उसके कोई मित्र नहीं रहेंगे।

एक वयस्क के रूप में उसकी प्रवृत्ति लोगों को वह बताने की रहती है जो उसकी सोच के अनुसार लोग सुनना चाहते हैं। वह कभी भी ज़्यादा पके हुए माँस को वापिस नहीं करता और वह धैर्यपूर्वक एक अतिरिक्त घंटे तक प्रतीक्षा करता है जब तक डॉक्टर बाक़ी सब मरीज़ों को देख न ले। वह यहाँ तक कि नाई की दुकान में भी दूसरों के लिए अपनी जगह छोड़ देता है, और दूसरों को अपनी गाड़ी के पार्किंग स्थान को ले लेने देता है। वह अपने बॉस से तर्क़ नहीं करता, और जब उसका कोई सहकर्मी उसके द्वारा किये गये कार्य का श्रेय ले लेता है तो वह उसका विरोध भी नहीं करता है।

ग़लत मत समझिये। अगर आप ख़ुशमिज़ाज व्यक्ति हैं और आपकी आत्म-छवि इतनी स्वस्थ है कि आप इस तरह का आचरण कर सकते हैं क्योंकि यही आप चाहते हैं तो यह बहुत अच्छा है। यदि आप इन घटनाओं को बहुत छोटी और नगण्य समझते हैं और इनका आपके जीवन में कोई महत्व नहीं है तो आपकी आत्म-छवि अति उत्तम आकार में है। तथापि, यदि आप इन सब चीज़ों को स्वीकृति पाने के लिए करते हैं तो आपको इनसे स्वीकृति के अलावा बाक़ी सब मिल जायेगा। कारण सरल है। आप अपने वास्तविक रूप को प्रस्तुत नहीं कर रहे हैं। दरअसल, आप एक बनावटी/ढोंगी रूप को प्रस्तुत कर रहे हैं; और अधिकांश लोग यहाँ तक कि ढोंगी भी - किसी ढोंगी को पसन्द नहीं करते।

यह कहना सुरक्षित है कि जीवन का प्रत्येक क्षेत्र और व्यवसाय हीन आत्म-छवि से प्रभावित होता है। यदि आप हीन आत्म-छवि के समूह में फिट होते हैं या आप सोचते हैं कि आप उसमें फिट होते हैं तो मेरा आपसे उत्साहपूर्वक आग्रह है कि आप क्रोधित या क्षुब्ध न हों क्योंकि अगले कुछ पृष्ठों में हम आपको हीन आत्म-छवि को ठीक करने व अच्छी छवि को बेहतर बनाने की कुछ क़दम दर क़दम कार्यविधियाँ बतायेंगे। आप अब सफलता की सीढ़ियों पर चढ़ने के लिए तैयार हैं। ख़ुशी की बात यह है कि आप पायेंगे कि जब आप सीढ़ी के आधार पर इकट्ठी हुई भीड़ से बाहर निकल लेते हैं तो उन सीढ़ियों पर तेज़ी से चढ़ना आसान हो जाता है - और मित्र, अगर आप कभी उन सीढ़ियों के आधार पर थे - तो आप अब ऊपर चढ़ रहे हैं।

अध्याय चार

स्वस्थ आत्म-छवि की दिशा में पन्द्रह क़दम

क़दम एक - अपनी दौलत की सूची बनाइये - आप दिवालिया होने से बहुत दूर हैं। वास्तविक रूप से; आपकी हैसियत - अगर आपको बेचना पड़े - तो कई मिलियन डॉलर है। जब आप यह सूची पूरी कर लेंगे तो आपको पूरी तरह से यह एहसास हो जायेगा कि **इस पृथ्वी पर कोई भी व्यक्ति आपको बिना आपकी अनुमति के छोटा या तुच्छ अनुभव नहीं करा सकता** और आप स्वयं को इतना अधिक पसन्द करेंगे कि आप वह अनुमति नहीं देंगे। मुझे अमर बूकर टी. वॉशिंगटन (भूतपूर्व ग़ुलाम जिसने टस्केगी इन्सटीट्यूट की स्थापना उस समय की थी जब नस्ल सम्बन्धी पूर्वाग्रह लगभग पूरी तरह फैले हुए थे) का कथन बहुत पसन्द है, "मैं किसी आदमी को अनुमति नहीं दूँगा कि वह अपने प्रति मुझमें घृणा पैदा करा कर मेरी आत्मा को संकीर्ण और पतित कर दे।"

आप जैसे हैं उसी रूप में ख़ुद को पसन्द करें, इसके तीन कारण हैं। पहला कारण - **यह सहज बुद्धि की माँग है।** हाल ही में गैरी, इन्डियाना में एक महिला ने एक मिलियन डॉलर की धनराशि प्राप्त की क्योंकि एक दवाई के कारण उसकी दृष्टि चली गयी थी। उसने अपने चेहरे पर लाल चकत्तों को साफ़ करने के लिए वह दवाई ली थी और यह उसकी आँखों में चली गयी जिसके कारण उसकी लगभग 98% दृष्टि ख़त्म हो गयी। क्या आप उसकी जगह होना चाहेंगे? कैलिफोर्निया में, एक अन्य औरत को एक हवाई जहाज़ की दुर्घटना में पीठ पर लगी चोट के कारण 1 मिलियन डॉलर दिये गये। डॉक्टरों का कहना है कि वह दोबारा कभी नहीं चल पायेगी। क्या आप उसकी जगह होना चाहेंगे? इस बात की सम्भावनायें हज़ार गुना ज़्यादा हैं कि यदि आपकी दृष्टि सामान्य है और आपकी पीठ मज़बूत है तो आप इन में से किसी भी महिला से अपनी जगह बदलने का विचार नहीं करेंगे। इस बात की सम्भावनायें और अधिक हैं कि अगर इनमें से किसी भी महिला को आप ऐसा प्रस्ताव दें तो वे ख़ुशी से इस अदला-बदली के लिए तैयार हो जायेंगी तथा दिल से शुक्रिया भी अदा करेंगी।

आपके अपने दिमाग़ में कहीं गहराई तक आप यह जानते हैं कि आपकी आर्थिक स्थिति चाहे कैसी भी हो और आपकी धन में चाहे जितनी रुचि हो, आप इस 'अदला-बदली' के प्रस्ताव से इन्कार कर देंगे। अगर आप एक सामान्य व्यक्ति हैं तो आप धन तो

पाना चाहेंगे परन्तु अपने स्वास्थ्य, जो कि आपके लिए एक बहुमूल्य चीज़ है, के बदले में नहीं।

बैरी ग्रेबिल जो कि द्वितीय विश्वयुद्ध के समय पिन-अप क्वीन के रूप में मशहूर थी, उसे उसकी 'मिलियन डॉलर टाँगों' के लिए अधिक जाना जाता था क्योंकि उसकी टाँगों का 1 मिलियन डॉलर मूल्य का बीमा था। आप मिलियन-डालर टाँगों की दूसरी जोड़ी की ओर किस तरह देखेंगे? यदि आप अपनी टाँगों पर दृष्टि डालें, तो आप एक ऐसी टाँगों का जोड़ा देखेंगे जो अगर आपको इधर-उधर ले जा सकती हैं तो आप उन्हें बैटी ग्रेबिल की टाँगों पर लगे 1 मिलियन डॉलर के टैग के लिए नहीं बेचेंगे। क्योंकि आप अपनी आँखों के बदले 1 मिलियन डॉलर्स नहीं लेंगे, अपनी पीठ के लिए 1 मिलियन डॉलर्स नहीं लेंगे अथवा अपनी टाँगों के बदले 1 मिलियन डॉलर्स नहीं लेंगे, आपकी हैसियत अब ही तीन मिलियन डॉलर्स से अधिक की हो गयी और हमने अभी आपकी व्यक्तिगत दौलत की गिनती करना शुरू ही किया है। अब आप अपने आप को पहले से कहीं बेहतर रूप से पसन्द करते हैं, है ना ?

सौभाग्य से, आपको अपनी एक उपयोगी चीज़ (स्वास्थ्य) को दूसरी उपयोगी चीज़ (धन) के लिए नहीं बदलना पड़ेगा। इस पुस्तक में शामिल सकारात्मक गुणों को विकसित करके तथा चरित्र, विश्वास, सत्यनिष्ठा, प्रेम, एकनिष्ठा व ईमानदारी के आधार का निर्माण करके आप उन सब को पा सकते हैं। (स्वास्थ्य, दौलत, ख़ुशी, शान्ति, मित्र, सुरक्षा, आदि)

बिलियन में कोई एक !

कुछ वर्ष पहले, मैंने डल्लास के एक समाचार पत्र में पढ़ा था कि एक रेब्राँ पेन्टिंग एक मिलियन डॉलर्स से भी अधिक मूल्य में बिकी थी। जैसे ही मैंने यह लेख पढ़ा तो मैंने मन में सोचा,"कैनवास के ऊपर कुछ रंगों को दुनिया में कौन सी चीज़ इतने धन के योग्य बना देती है?" फिर मुझे कुछ विचार सूझे। पहला, यह स्पष्ट रूप से एक अनूठी पेन्टिंग थी। सच तो यह है कि समय के आरम्भ से यही अकेली बिल्कुल वैसी थी जैसी विद्यमान थी। यह रेब्राँ की मूल कृति थी। इसकी दुलर्भता ने इसे मूल्य दिया। दूसरा, रेब्राँ विद्वान था। उसके पास ऐसी प्रतिभा थी जो सौ वर्ष में एक बार किसी को हासिल होती है। ज़ाहिर है, यह उसकी प्रतिभा थी जिसका सम्मान किया जा रहा था।

फिर मैंने आपके बारे में सोचना शुरू किया। समय के प्रारम्भ से अरबों लोग इस पृथ्वी पर रह चुके हैं। आज पृथ्वी पर कई अरब लोग हैं, परन्तु आप जैसा दूसरा ना कभी रहा है, ना कभी होगा। आप पृथ्वी पर दुर्लभ, अद्वितीय, भिन्न और अनूठे प्राणी हैं। ये गुण

आपको बहुत अधिक मूल्यवान बनाते हैं। कृपया समझिये कि भले ही रेब्राँ विद्वान था, परन्तु वह नश्वर था। जिस ईश्वर ने रेब्राँ की रचना की उसी ने आपको बनाया है, और आप ईश्वर की दृष्टि में उतने ही बहुमूल्य हैं जितना कि रेब्राँ या कोई अन्य। दुर्लभ प्रतिभा पाने के साथ साथ, रेब्राँ ने उस प्रतिभा का प्रयोग रोजाना अपने पेन्टब्रुश को उठा कर किया। उसके जन्म के बाद से प्रयास के हर क्षेत्र में सम्भवतः सैकड़ों रेब्राँ हुए होंगे जिन्होंने कभी अपने पेन्टब्रुश नहीं उठाये या नाम कमाने के लिए जो कभी अपनी सीट से नहीं उठे। आइये, इसी विचार का एक क़दम और पीछा करें। याद रखें, ईश्वर ने आपकी रचना की है और आपको प्रतिभा दी है ताकि आप उसे प्रयोग करें ना कि उसे दफ़न कर दें।

दूसरा कारण - *विज्ञान इसकी व्याख्या करता है।* अधिकांश लोगों का विज्ञान में बहुत विश्वास है, अतः आइये आप पर वैज्ञानिक रूप से एक दृष्टि डालें। आपके कानों के बीच में आदमी के दर्जनों अत्यन्त परिष्कृत कम्प्यूटर्स की तुलना में कहीं अधिक सूचना के भण्डारण की क्षमता है। अपने दिमाग़ में आप लाइब्रेरी ऑफ काँग्रेस के लाखों खंडों में पायी जाने वाली सूचना से कहीं अधिक भंडार कर सकते हैं। वैज्ञानिक बताते हैं कि अगर आदमी मस्तिष्क बनाने का प्रयास करे तो इसमें अरबों डॉलर की लागत आयेगी, यह एम्पायर स्टेट बिल्डिंग से अधिक बड़ा होगा और इसके लिए हज़ारों की आबादी वाले नगर से कहीं अधिक बिजली की ज़रूरत होगी। इसके निर्माण के लिए विश्व के सर्वाधिक निपुण लोगों की ज़रूरत होगी और फिर भी इस सब आकार, लागत व बिजली की आवश्यकता के बाद भी यह मानव निर्मित मस्तिष्क एक भी विचार उत्पन्न नहीं कर सकता, जिसे आप पलक झपकते कर सकते हैं।

हर बार जब आप एक शब्द बोलते हैं तो आपका अद्‌भुत मस्तिष्क 72 माँसपेशियों को पूर्ण तालमेल में लाता है। गम्भीररूप से अब, आप मुझे, अपने आप को या अन्य किसी को यह सन्तुष्ट कराने की कोशिश नहीं करेंगे कि आप एक ग़ैर मामूली व्यक्ति नहीं हैं और आप में शिखर तक जाने वाली सीढ़ियाँ चढ़ने की पर्याप्त से कहीं अधिक सामर्थ्य है - है ना? (मैं शर्त लगा सकता हूँ कि आप अपने से कम योग्यता वाले ऐसे लोगों को जानते हैं जो शिखर पर जाने वाली सीढ़ियों पर चढ़ रहे हैं - जानते हैं ना?)

आपको - आपके दिमाग़ का महत्व समझाना

आप कह सकते हैं,"अगर मैं इतना निपुण हूँ तो मैं इतना निर्धन कैसे हूँ या इतनी बुरी तरह झुका हुआ कैसे हूँ?" यह अच्छा प्रश्न है। मैं इसका कम से कम आंशिक उत्तर देता हूँ। दुर्भाग्यवश, आप अपने जन्म के समय अपने दिमाग़ के साथ सज्जित आये थे। हम दोनों बेहतर आर्थिक स्थिति में होते यदि मेरे पास आपका दिमाग़ होता। फ़र्ज़ कीजिए

मैं इसे आपको 1 लाख डॉलर में बेचता, इस तरह मुझे बहुत लाभ होता। तथापि, आप इसे सही दामों में ख़रीदा गया समझते। फिर कभी आप शीशे में देख कर तिरस्कारात्मक टिप्पणी नहीं करते। मैं सुन सकता हूँ कि आप कहते, "अब देखो दोस्त, मैंने तुममें एक लाख डॉलर लगाये हैं और तुम वाक़ई कुछ चीज़ हो। हाँ वास्तव में, तुम यह कर सकते हो।" फिर कभी आप इतने मूल्यवान दिमाग़ के बारे में कोई क्रूर शब्द नहीं कहते। ना ही आप इतने मूल्यवान दिमाग़ के बारे में किसी और के क्रूर शब्दों पर विश्वास करते। मैं फिर से इस बात पर बल दे दूँ कि जब हम स्वस्थ आत्म-छवि के बारे में बात करते हैं तो मैं किसी आडम्बरपूर्ण, "मैं सबसे महान हूँ" अहंकार के बारे में बात नहीं कर रहा हूँ। मैं जिस बारे में बात कर रहा हूँ वह बस एक सरल स्वस्थ आत्म-छवि को विकसित करना है।

सबसे अच्छा

तीसरा कारण - *बाइबल इसे प्रमाणित करती है।* आपको अपने आप को पसन्द करना चाहिए इसका सबसे महत्वपूर्ण कारण मुझे एक दिन किसी कार के बम्पर स्टिकर पर दिखाई दिया। उसमें कहा गया था, **"ईश्वर आपको प्यार करता है - चाहे यह आपको पसन्द हो या न हो।"** पवित्र बाइबल हमें बताती है कि आदमी की रचना ईश्वर की अपनी छवि में की गयी थी, फरिश्तों से बस थोड़ी सी कम। जीसस क्राइस्ट ने कहा था, "जो कुछ मैंने किया है, वह आप भी कर सकते हैं बल्कि इन कार्यों से भी महान।" उसने उपलब्धि के लिए किसी आयु, शिक्षा, लिंग, आकार, रंग, ऊँचाई या अन्य कोई बनावटी शर्तें नहीं रखीं। उसने आपको अपने से बाहर नहीं छोड़ा। यही वह विश्वास है जिसके बारे में हमने शुरूआत में ही उल्लेख किया था। सफलता आसान है - जब आप विश्वास कर लेते हैं - और क्योंकि आप विश्वास करने के अपने रास्ते पर हैं, अतः आप सफलता पाने के अपने रास्ते पर हैं।

इसको इस तरह से देखें। अगर आप बढ़ते हुए बच्चों के पिता हैं तो जब आपके बच्चों में से कोई अपने बारे में निम्न दर्जे की बात करता है तो आपको कैसा लगता है? मैं "कुछ नहीं हूँ", मेरा 'कोई महत्व नहीं' है या "मैं किसी चीज़ को भी ठीक से नहीं कर सकता"। क्या इस तरह के वक्तव्य आपको ख़ुश करते हैं? क्या इनसे आपका सीना गर्व से फूलता है या ये वक्तव्य आपके दिल को तोड़ते हैं और आपसे अपने सिर को निराशा में हिलवाते हैं? आप क्या सोचते हैं, हमारे दिव्य पिता को कैसा लगता होगा जब हम जो कि उसके बच्चे हैं, अपने बारे में भद्दी व घटिया चीज़ें कहते हैं? वास्तविकता में, हमें ख़ुद को या किसी अन्य को छोटा बनाने का कोई अधिकार नहीं है, या है? दरअसल, ईश्वर ख़ुश होगा अगर आप अपना दिन शुरू करने से पहले आईने में एक बार देख कर कहें कि अब याद रखना - ईश्वर तुम्हें प्यार करता है - और उसी तरह मैं भी।

क्योंकि आप सम्भवतः दूसरों को थोड़ा और धैर्यवान होने और किसी कार्य के सम्पादन के लिए थोड़ा और अधिक समय देने की सलाह देते हैं तो आप बिल गोथार्ड द्वारा दी गयी सलाह को क्यों नहीं अपनाते जो हमें याद दिलाता है कि ईश्वर ने हमारे साथ अपना कार्य पूर्ण नहीं कर लिया है। बिल बताता है कि हम ईश्वर के फॉर्मूले के अनुसार तैयार किये गये प्रेसक्रिप्शन बेबीज़ हैं। आगे वह याद दिलाता है कि अगर हम अपने आप से सन्तुष्ट नहीं हैं तो हमें वापिस ईश्वर के फ्रेम पर जाना चाहिए ताकि वह अपना काम पूर्ण कर सके।

ईश्वर कभी 'नो फ्लॉप' असफलता को प्रायोजित नहीं करता

कई वर्षों पहले लंदन में बिली ग्राहम के पुनः सक्रिय होने के अवसर पर जो ईथल वाटर्स ने कहा था वह मुझे अच्छा लगता है। किसी ने आश्चर्य व्यक्त करते हुए पूछा था कि डॉ. ग्राहम को हज़ारों हज़ारों ब्रितानियों से इतनी ज़बरदस्त प्रतिक्रिया क्यों मिल रही थी। ईथर ने हल्के से मुस्कुरा कर कहा,"ईश्वर कभी 'नो फ्लॉप' असफलता को प्रायोजित नहीं करता।"

उतने ही अच्छे प्रकार से डल्लास की सुपरिचित व्यापारी महिला और ईसाई धर्म की प्रमुख अनुयायी मैरी क्रौली कहती है, "आप कुछ हैं क्योंकि ईश्वर कुछ नहीं बनाने के लिए समय नहीं लगाता और एक बार जब आप सीख जाते हैं कि ईश्वर के लिए आपका कितना महत्व है तो आपको बाहर जाकर दुनिया को यह दिखाने की ज़रूरत नहीं पड़ती कि आपका कितना महत्व है। "फिर अपनी आँखों में चमक के साथ वह मुस्कुराकर कहती है, "ईश्वर ने आदमी को बनाया, उस पर एक दृष्टि डाली और कहा, 'मैं इससे बेहतर कर सकता हूँ - और फिर उसने औरत बनायी।" पुरूषों के पक्ष से बोलते हुए मैं उससे शत-प्रतिशत सहमत हूँ।

अब हमने क्योंकि आंशिक रूप से आपकी व्यक्तिगत दौलत की सूची को पूरा कर लिया है, आप निश्चित रूप से अपने आप को बेहतर पसन्द करते हैं, है ना? (चेतावनी - इसके बारे में आत्म-संतुष्ट मत हो जाइये।)

क़दम दो - सौन्दर्य प्रसाधन - अलंकरण - आरोहण

आप बाहरी तौर पर कैसे दिखते हैं उसका निश्चित रूप से ताल्लुक उस पहलू से है कि आप अन्दर से अपने बारे में कैसा महसूस करते हैं और अपने आप को कैसा देखते हैं। निम्नलिखित लेख डल्लास मॉर्निंग न्यूज़ के 6 फरवरी 1974 के अंक से लिया गया है। यह इस विषय पर सटीक बैठता है।

बड़ी आयु की महिलाओं के चेहरे फेस क्रीम से चमकते हैं

डल्लास की वरिष्ठ महिलाओं का एक समूह अपने 'नये लुक' पर गर्व अनुभव कर रहा है।

हफ्ते में एक बार वे अपनी व्हील चेयर पर या छड़ी के सहारे चल कर गोल्डन एकर्स के हॉल में अपने साप्ताहिक फेशियल के लिए जाती हैं।

एक 81 वर्षीय महिला ने अपनी क्लीन्ज़िंग और सौन्दर्य प्रक्रिया के लिए प्रतीक्षा करते हुए बताया, "यह एक ऐसा उत्थान है, आप जानते हैं कि सुबह के वक्त आपके पास कुछ करने के लिए है - आपके पास एक ध्येय है। मेरी त्वचा परिपूर्ण है। क्या आप अनुमान लगा सकते हैं कि मेरी आयु 81 वर्ष है?" उसने अपने गाल पर अपना हाथ रगड़ते हुए पूछा। "फिर भी मेरी त्वचा 50 वर्ष की महिला जैसी है।" महिला का स्वास्थ्य ख़राब है और वह अंधी है, फिर भी अपने कमरे से बाहर आने से पहले हर रोज़ सुबह कठिनाईपूर्वक सौन्दर्य प्रसाधन लगाती है।

यह कार्यक्रम डल्लास गैरियाट्रिक इन्स्टिट्यूट के माध्यम से वित्त पोषित है और आवश्यक आपूर्तियाँ मैरी के कोस्मेटिक्स द्वारा की जाती हैं। प्रतिभागियों की औसत आयु 83 वर्ष है। 6 माह और 21400 से अधिक उपचारों के बाद संस्थान ने बड़ी आयु की महिलाओं की आत्म-छवि में एक निश्चित सुधार देखा।

57 से 94 वर्ष की पचास महिलाओं का साप्ताहिक फेशियल किया गया और इसके साथ-साथ सुबह लगाने के लिए मेक-अप सामग्री दी गयी तथा शाम के समय दिन की सौन्दर्य सामग्री को साफ़ करने के लिए क्लींजिंग की गयी।

संस्थान के निदेशक मार्विन अर्नेस्ट ने कहा,"हमने इस बात को साबित करने की कोशिश की है कि बड़ी आयु की महिलाओं की रुचि अभी भी इस बात में है कि वे कैसी दिखती हैं। जितनी बेहतर वे दिखती हैं उतनी ही बेहतर महसूस करती हैं।" प्राथमिक निष्कर्षों से पता चला कि प्रतिभागियों के आत्म-गौरव का स्कोर बढ़ गया जब कि ग़ैर प्रतिभागियों का वहीं का वहीं रहा। अर्नेस्ट ने कहा, "व्यक्तिगत प्रशिक्षण में सहायता से कोई व्यक्ति अपने बारे में कैसा महसूस करता है, इस पर सकारात्मक प्रभाव पड़ता है और लोगों पर उनकी स्थितियों में और अधिक ख़ुश होने का सामान्य प्रभाव होता है।"

अमेरिका में हर पति कहता है कि उसकी पत्नी अपनी ब्यूटी शॉप से घर वापिस आने के बाद या अपने नये कपड़े पहनने के बाद अधिक ख़ुश, अधिक मित्रवत और अधिक उत्पादक हो जाती है। अध्यापक आपसे बतायेंगे कि जॉनी व मैरी ने अपना

सर्वश्रेष्ठ प्रदर्शन किया जब वे स्कूल में नये कपड़े पहन कर आये थे। पोर्ट लवाका टेक्सॉस तथा बे सिटी हाईस्कूल, बे सिटी, टेक्सॉस के प्रधानाचार्य जिम मूर व जॉय ग्राहम एवं बहुत से अन्य लोग इस बात को प्रमाणित करते हैं जब वे बताते हैं कि विद्यार्थियों का आचरण फोटो खींचे जाने वाले दिन बेहतर होता है जब वे इसके लिए अच्छे कपड़े पहन कर आते हैं। यह घिसा-पिटा मुहावरा कि कपड़ों से आदमी नहीं बनता उन आधी सच्चाइयों में से है जो समस्याएँ पैदा करती हैं - विशेषकर अगर आप आधे ग़लत को पकड़ लें। सच्चाई यह है कि आपका बाहरी दिखावा निश्चित रूप से आपकी छवि और आपके प्रदर्शन को प्रभावित करता है। बाहरी दिखावा अन्दर वाले व्यक्ति की क्षमता को बढ़ा रहा है - या कम कर रहा है। नियोक्ता इस बात को देखते हैं कि अन्य सभी चीज़ें बराबर होने पर कर्मचारी तब बेहतर काम करते हैं जब वे स्वच्छ व सुन्दर कपड़े पहने हुए होते हैं। यहाँ तक कि कम्प्यूटर्स भी इस बात से सहमत हैं। पुरूष प्रबन्धकों के दो एक से समूहों के अध्ययन से पता चला कि कम्प्यूटर सज्जित व्यापारी ने एक वर्ष में अपने दूसरे साथियों की तुलना में 4000 डॉलर अधिक कमाये, बेहतर स्थिति हासिल की और वे अपने कार्य के प्रति अधिक उत्साही थे।

अतः अपनी आत्म-छवि में सुधार के लिए अपने बाह्य पक्ष को सज्जित करें। शेष पुस्तक के दौरान मैं इस तथ्य का सन्दर्भ दूँगा विशेषकर ध्येय-निर्धारण, नज़रिये और आदतों के क्षेत्र में। नज़रिये और आदतों के खण्डों में उस भौतिक परिवर्तन को कैसे लायें, इस पर चर्चा की जायेगी।

क़दम तीन : होरेशियो एलगर की कहानियाँ नियमित रूप से पढ़ें। प्रत्येक जाति, नस्ल व रंग के उन पुरुष व महिलाओं के जीवन-चरित्र व आत्मकथायें पढ़ें जिन्होंने जो कुछ उनके पास था उसे लेकर जीवन में कुछ महान कार्य किया और जीवन को अपना अंशदान दिया। अगर यह असम्भव नहीं तो मुश्किल ज़रूर है कि कोई हैनरी फोर्ड, वाल्टर क्रिसलर, अब्राहम लिंकन, थॉमस एडीसन, एन्ड्रयू कार्नेगी, बूकर टी. वाशिंगटन आदि की जीवन कथाओं को पढ़े और प्रेरित न हो। मैं किसी भी व्यक्ति को चुनौती देता हूँ कि ***रीडर्स डाइजेस्ट*** के दिसम्बर 1974 के अंक में छपी एक-भूतपूर्व ग़ुलाम की पुत्री अर्थाव्हाइट की कहानी को पढ़ें और अपनी ज़िन्दगी में और अधिक करने के लिए प्रेरित न हों। हम इन कहानियों से स्वयं को सम्बद्ध करते हैं और जब हम उन्हें सफल होते देखते हैं तो हम उन्हीं चीज़ों को अपने द्वारा किये जाने की कल्पना करते हैं।

क़दम चार : उन वक्ताओं, अध्यापकों, एवं उपदेशकों को सुनिये जो मानव जाति का निर्माण करते हैं। जब आप नॉर्मन विंसेंट पील, डब्ल्यु. ए. क्रिसवैल, पॉल हार्वे, केन मेक फारलेन्ड और रॉबर्ट शुलर जैसे लोगों को सुनेंगे तो आपको कई तरह से उत्थान

मिलेगा। मैं इसके बारे में और अधिक इस पुस्तक के नज़रिये वाले खण्ड में बताऊँगा। अनुभव और अभ्यास पर आधारित सिद्धान्त के रूप में आप सुरक्षित रूप से ऐसा मान सकते हैं कि कोई भी वह पुस्तक, वक्ता, फिल्म, टी.वी. कार्यक्रम, व्यक्ति या रिकार्डिंग जो मानव जाति का निर्माण करती है वह आपका व आपकी आत्म-छवि का भी निर्माण करेगी।

क़दम पाँच : छोटे-छोटे क़दमों के साथ एक स्वस्थ आत्म-छवि का निर्माण करें। **बहुत से लोग कभी भी नयी चीज़ें करने की कोशिश नहीं करते इसका एक कारण उनका असफल हो जाने का भय है।** यदि सम्भव हो तो कोई नया काम शुरू करें उस हिस्से के साथ जिसे संभालने के प्रति आपको विश्वास है, फिर उस प्रारम्भिक उपलब्धि को सफलता के एक क्षेत्र से दूसरे क्षेत्र में हस्तांतरित करें। वह बच्चा जो 2 x 2 की गुणा करता है, इसे बड़ी सफलता में हस्तांतरित कर देता है और 3 x 4, 5 x 6 आदि की गुणा करने लगता है। वह स्वयं को गणित में निपुणता हासिल करने में सक्षम देखने लगता है। वह छोटी लड़की जो पहली बार ओटमील कुकीज़ बना लेती है स्वयं को उससे बेहतर चीज़ें बेक करने में सक्षम देखने लगती है। ऊँची कूद का खिलाड़ी जो छह फीट ऊँचा कूदने में सक्षम है वह प्रत्येक सत्र की शुरूआत बार/छड़ को थोड़ी नीची रख कर करता है, जब यह हो जाता है तो कूदने वाला और ऊँचा कूद सकता है व कूदेगा। उदाहरण के लिए, पोर्ट लवाका, टेक्सॉस में केलहान हाई स्कूल में एक ऊँची कूद का खिलाड़ी अपने पहले के रिकॉर्ड से चार इंच ऊँचा कूदा और उनके पोल वॉल्टर ने राष्ट्रीय रिकॉर्ड कायम किया। यह सब हमारे 'आई कैन' पाठ्यक्रम को स्कूलों में लागू करने के बाद हुआ। ये दोनों नौजवान अपने प्रदर्शन में सुधार के लिए अपनी आत्म-छवि में सुधार को श्रेय देते हैं। जब वह प्रतियोगिता की तैयारी करता है तो वह थोड़ी नीची ऊँचाइयों को सफलतापूर्वक कूदता हुआ देखता है जब तक कि वह ख़ुद को उससे बड़ी ऊँचाइयों को पार करता नहीं देख लेता। आपकी स्वस्थ आत्म-छवि बनाने में मैं जिस बात को महत्व देना चाहता हूँ वह यह है : उस क्षेत्र में शुरूआत कीजिये जहाँ आप जानते हैं कि आप सफल हो सकते हैं। जब एक बार वहाँ सफलता मिल जाये तो दूसरा क़दम उठाइये, फिर एक और व एक और। हर कदम आपको अतिरिक्त विश्वास देता है और आपकी आत्म-छवि आपके प्रदर्शन में सुधार लाती है जिससे आपकी आत्म-छवि में सुधार आता है जो प्रदर्शन में सुधार लाती है जिससे. . . .. (हार्वर्ड के मनोवैज्ञानिक, डेविड मैकक्लीलेन्ड इसे 'उपलब्धि-फीड बैक' कहते हैं।)

सेल्स प्रशिक्षण की दुनिया में सेल्समैन को उसकी पहली सेल्स कॉल करने के लिए भेजने से पहले हम प्रशिक्षण कक्ष में परीक्षण या अभ्यास का दौर रखते हैं। हम जानते

हैं कि यदि हमारा उड़ने में समर्थ सेल्समैन कोई ज़बरदस्त भूल करता है या क्लास रूम में कोई सेल बर्बाद कर देता है तो यह अनुभव चकनाचूर करने वाला नहीं होगा क्योंकि बहुत कम दाँव पर लगा होता है। इसके साथ-साथ, हम उससे अपने परिवार व आईने के सामने अभ्यास करने का आग्रह करेंगे। स्वर्गीय मैक्सवैल माल्ट्ज़ इसे 'बिना दबाब का अभ्यास' कहते थे क्योंकि इसमें सेल्समैन कुछ खोने वाला नहीं है।

आत्म-विश्वास के बारे में इस समय एक चेतावनी भरा शब्द कहना उचित होगा। याद रखिये, आप सम्भवतः अपनी पूरी ज़िन्दगी विश्वास के बैंक से ओवरड्रॉफ़्ट लेते आये हैं। असलियत में, आप अपने खाते को एक दिन में या इस पुस्तक को बस एक बार पढ़ लेने से अद्यतन कर लेने की अपेक्षा नहीं कर सकते। जितने अधिक समय तक और नियमित रूप से आप आवश्यक क़दम उठायेंगे और बतायी गयी कार्यविधियों को अपनायेंगे उतना ही बड़ा स्वस्थ आत्म-छवि के विश्वास बैंक में आपका खाता हो जायेगा और जितना बड़ा विश्वास का खाता होगा उतना ही महान आप का प्रदर्शन होगा।

क़दम छह : मुस्कान व प्रशंसा के क्लब में शामिल हों। जब आप किसी व्यक्ति की ईमानदारी से प्रशंसा करते हैं या उससे शिष्टाचार से पेश आते हैं तो उसे प्रत्यक्ष लाभ प्राप्त होता है तथा वह स्वयं को और ज़्यादा पसन्द करता है। आपके लिए यह असम्भव है कि आप किसी को बेहतर अनुभव करायें और स्वयं बेहतर अनुभव न करें।

किसी को बेहतर महसूस कराने के सर्वोत्तम तरीक़ों में से एक, आशावादिता और हर्ष की भावना को फैलाना है। आप इसे अपने साथियों और परिवार के साथ बातचीत में लगभग फौरन कर सकते हैं। जब कोई कहता है, "कैसा चल रहा है?" उन्हें एक बड़ी सी मुस्कान के साथ कहिये, "बहुत अच्छा - पर मैं इससे भी बेहतर होऊँगा।" अगर आप इतना अच्छा महसूस नहीं करते तो यह कहना सुरक्षित है कि आप उस तरह महसूस करना चाहते हैं और इससे भी अधिक सुरक्षित यह कहना है कि यदि आप उस तरह महसूस करने का दावा करते हैं तो आप जल्दी ही उस तरह महसूस करने लगेंगे। नज़रिये के खण्ड में आप सीखेंगे कि यह सच क्यों है।

दूसरा तरीक़ा फोन पर सही ढ़ंग से जवाब देना है। बहुत से लोग फोन पर बड़े रूखे लहज़े में 'हलो' कहते हैं या उससे भी अधिक रूखे/कर्कश लहज़े में 'यस' कहते हैं मानो फोन करने वाले ने कोई तुच्छ पाप कर दिया हो। मेरा व्यक्तिगत दृष्टिकोण कुछ इस तरह है। मैं फोन का जवाब इस तरह देता हूँ, "ओह, गुड मॉर्निंग टु यू।" या मैं कह सकता हूँ, गुड मॉर्निंग, मैं जीन जिग़्लर का पति बोल रहा हूँ", या "गुड मॉर्निंग, जिग़्लर परिवार में यह हमारे लिए अच्छा दिन है और उम्मीद है आपका भी होगा।" मैं ऐसा इसलिए करता हूँ क्योंकि सामान्यतः मैं ऐसा ही महसूस करता हूँ। तथापि मैं अपने फोन का इसी तरह

जवाब देता हूँ चाहे मैं कैसा भी महसूस कर रहा होऊँ। कारण सरल है। अगर मैं अच्छा महसूस नहीं करता परन्तु उस तरह का आचरण करता हूँ, तो मैं जल्दी ही उस तरह महसूस करने लगूँगा। इसके साथ ही जो व्यक्ति फोन कर रहा है उसके प्रति मेरा एक उत्तरदायित्व है। यदि मैं आशावादी और ख़ुशमिज़ाज हूँ तो इस बात की सम्भावनायें बहुत अधिक हैं कि मैं फोन करने वाले व्यक्ति को एक उत्थान दे दूँ और सच्ची बात तो यह है कि मैं अपने भाई का रखवाला हूँ। बाइबल कहती है, "प्रसन्न हृदय में निरन्तर एक पर्व रहता है" और यह दृष्टिकोण एक 'प्रसन्न हृदय' की गारन्टी देता है।

हमारी कम्पनी में, हमारे सचिव टेलीफोन का उसी उत्साह से जवाब देते हैं और कहते हैं, "गुड मॉर्निंग, ज़िग ज़िग्लर्स में यह बहुत अच्छा दिन है।" हमारी कम्पनी ज़िग ज़िग़लर कॉर्पोरेशन है।

मैं इस बात से सहमत हूँ कि हर कोई जब किसी ख़ुशमिज़ाज आशावादी व्यक्ति से मिलता है तो स्वाभाविक रूप से बेहतर महसूस करता है चाहे उस सम्पर्क या मुलाक़ात का कोई भी प्रकार रहा हो या वह कितने भी समय रही हो।

क़दम सात : किसी अन्य के लिए कुछ करें। घर में पड़े किसी अपंग व्यक्ति के लिए केक बनायें। वृद्धों या वृद्धावस्था सम्बन्धी किसी रीडिंग या विज़िटेशन कार्यक्रम में हिस्सा लें। किसी अकेले पड़े बीमार के लिए कुछ ख़रीद कर लायें। बाहर काम पर जाने वाली किसी युवा माँ के लिए बेबी सिटिंग करें। किसी अशिक्षित को पढ़ाने के लिए नियमित रूप से कुछ समय दें। रेड क्रॉस के लिए स्वयंसेवक बनें या किसी छोटे बच्चे को स्कूल जाते हुए या स्कूल से आते हुए किसी ख़तरनाक चौराहे पर पार करायें। किसी अनाथ के संरक्षक बनें। कुछ ऐसे बच्चों को जिनके पिता न हों बाहर घुमाने ले जायें या मार्ग दर्शक की भूमिका निभाते हुए उनके साथ कुछ समय बितायें। इन पंक्तियों के साथ विभिन्न सैकड़ों विचारों के लिए मेरा सुझाव है कि आप डेविड डन की पुस्तक *ट्राई गिविंग योरसेल्फ अवे* पढ़ें। आपको दो प्रमुख बातों पर विचार करना चाहिए। आपको इस सब के बदले कोई पारिश्रमिक स्वीकार नहीं करना चाहिए और जिस व्यक्ति या जिन व्यक्तियों की आप सहायता करते हैं वे ऐसी स्थिति में न हों कि आपके लिए वापिस कुछ कर सकें।

यह मेरी गारन्टी है कि अगर आप किसी ऐसे व्यक्ति के लिए कुछ करेंगे जो उस उपकार को लौटा पाने में असमर्थ है तो आप जितना देंगे उससे कहीं अधिक आपको मिलेगा। बहुत से मामलों में जो आप देते हैं उसका पाने वाले के लिए बहुत महत्व है परन्तु जब आप किसी ऐसे व्यक्ति के लिए कुछ करते हैं जो अपने लिए नहीं कर सकता तो उस समय आपको जो अनुभूति होती है वह अवर्णनीय है। आप अनुभव करेंगे कि आप सच में भाग्यशाली हैं, आपको इस बात के लिए आभारी होना चाहिए कि आप कुछ अंशदान

दे सकते हैं और इसके लिए कि आप वास्तव में कुछ हैं। संक्षेप में, आप अपनी नज़रों में बड़े हो जायेंगे जो कि आपके लिए बोनस होगा क्योंकि आपने जो कुछ आपके पास था उसे लेकर किसी अन्य की भलाई में प्रयोग किया। चार्ल्स डिकेन्स ने इसे उत्तम ढंग से कहा है, **"दुनिया में वह व्यक्ति बेकार नहीं है जो किसी दूसरे के इस भार को हल्का करता है।"**

क़दम आठ : अपने संगी-साथियों के मामले में सावधान रहें। जान-बूझ कर ऐसे लोगों की संगत करें जो उच्च नैतिक चरित्र वाले हों व जीवन के उज्जवल पक्ष को देखते हों, और इससे बहुत लाभ होंगे। उदाहरण के तौर पर, मैं इस बात से सहमत हूँ कि अगर हर डॉक्टर, अध्यापक, वकील, पुलिस मैन, राजनीतिज्ञ, सिविल सर्विस कर्मचारी, फौजी आदि को जीवन यापन के लिए तीन महीने तक बेचना पड़े और फिर हफ़्ते में एक बार एक उत्साही सेल्स मीटिंग में शामिल होना पड़े तो हमारा यह महान देश और महान हो जायेगा। वर्षों के अनुभव से मैंने यह देखा है कि जीवन के हर क्षेत्र से सैकड़ों पुरूष और महिलायें सेल्स की दुनिया में शर्मीले, अन्तर्मुखी और अयोग्य व्यक्तियों की तरह प्रवेश करते हैं और कुछ ही हफ़्तों में विश्वास पूर्ण, सक्षम और कहीं अधिक उत्पादक लोग हो जाते हैं। इसका कारण है। बहुत से मामलों में ये लोग एक नकारात्मक परिवेश में रहे थे और ऐसे लोगों से घिरे हुए थे जिन्होंने नकारात्मक कूड़ा-करकट इनके दिमाग़ों में डाल दिया था और उन्हें बताया था कि वे क्या नहीं कर सकते हैं। उनका सेल्स की दुनिया में प्रवेश उनके परिवेश व संगी-साथियों में एक आश्चर्यजनक परिवर्तन लाया। अब हर किसी ने उन्हें यह बताना शुरू कर दिया था कि वे क्या कर सकते हैं। उन्होंने प्रशिक्षकों, प्रबन्धकों और साथियों से सकारात्मक वक्तव्य सुने। उन्होंने सब तरफ़ इस दृष्टिकोण के परिणामस्वरूप रोज़ाना नतीजे देखे। क्योंकि उन्हें अपने आप को पसन्द करना अधिक आनन्ददायक और लाभदायक लगा इसलिए उन्होंने लगभग फौरन ही अपनी आत्म-छवि को बदलना शुरू कर दिया।

मेरा अर्थ केवल इतना है कि यदि हर व्यक्ति को नियमित रूप से इस प्रकार के वातावरण से परिचित कराया जाये, ज़रा सोचिये इससे उनकी आत्म-छवि और दृष्टिकोण में कितना परिवर्तन आयेगा। स्पष्टरूप से, हम दूसरों से उनके साथियों को बदलने की अपेक्षा नहीं कर सकते, परन्तु आप तो इस तरह के लोगों का साथ पाना चुन सकते हैं। इसे कीजिए और परिणाम अद्भुत होंगे। ऐसे लोगों को चुनें जो जीवन के प्रति आशावादी और उत्साही हों और मैं आपको विश्वास दिलाता हूँ कि उनके कुछ गुण आपमें आ जायेंगे। याद रखिये, **आप जिन लोगों के बीच में रहते हैं उनकी बहुत सी सोच, आचरण का ढंग और गुण आप हासिल कर लेते हैं।** यह सच है, चाहे आपके चारों ओर अच्छे लोग रहते हों या बुरे। यहाँ तक कि आपका आई.क्यू. भी (जुलाई 1976 के ***सक्सेस अनलिमिटेड***

में यही कहानी बताई गयी है)। इज़राइल में किब्बुज़ में मूल्यांकनों से पता चला कि दक्षिणी-पूर्वी एशिया के यहूदी बच्चों का आई.क्यू. 85 था और यूरोपियन यहूदी बच्चों का 105 था। यह साबित करता है कि यूरोपियन यहूदी बच्चे दक्षिणी पूर्वी एशियाई यहूदी बच्चों से अधिक निपुण थे - या फिर बस यह नहीं है? चार साल के बाद किब्बुज में, जहाँ परिवेश सकारात्मक था, प्रेरणा का पुट उत्तम था और शिक्षा व विकास के लिए लगन काफ़ी थी, औसत आई.क्यू. -115 हो गया। यह रोमांचक है। जब आप जीवन के प्रति सकारात्मक व नैतिक दृष्टिकोण से 'ठीक' लोगों की संगत पाते हैं तो आप अपने जीतने के अवसरों को बहुत हद तक बढ़ा देते हैं।

दुर्भाग्यवश, आपके साथी भी आपको नकारात्मक रूप से प्रभावित करते हैं। एक किशोर (और वयस्क भी) जो ऐसे लोगों के साथ रहता है जो धूम्रपान करते हैं तो उसमें इस आदत को अपनाने की सम्भावनायें कहीं अधिक हैं अपेक्षतया उस स्थिति के कि अगर वह धूम्रपान न करने वाले ग्रुप के साथ रहता। यही बात नशीली दवाओं के प्रयोग, मदिरापान, अनैतिकता, अपवित्र भाषा, झूठ बोलने, धोखा देने, चोरी करने आदि के बारे में भी सच है। सौभाग्य से, आप अपने साथियों को चुन सकते हैं।

क़दम नौ : अपनी आत्म-छवि के निर्माण के लिए अपने सकारात्मक गुणों की एक सूची किसी कार्ड पर बनाइये और इसे सुविधाजनक सन्दर्भ के लिए अपने पास रखिये। अपने मित्रों से उन चीज़ों की सूची बनाने के लिए कहिये जो वे आपमें पसन्द करते हैं और उस सूची को पास रखिये। जब आप और आपके मित्र उस सूची को बना लें तो हो सकता है आप उस 'पुराने लड़के' की तरह करें। वह सड़क पर अपने आप से बात करता हुआ जा रहा था और किसी ने उसे रोक कर पूछा कि वह ऐसा क्यों कर रहा था। उसने जवाब दिया कि उसे बुद्धिमान लोगों से बात करने में आनन्द आ रहा था और इससे भी महत्वपूर्ण यह था कि उसे बुद्धिमान लोगों की बातचीत सुनने में आनन्द आ रहा था। मैं कहूँगा कि उसके पास एक स्वस्थ आत्म-छवि थी। समय-समय पर अपने आप पर शेखी बघारिये। अपने निजी कोने में प्रवेश कीजिये।

क़दम दस : अपने आप को अपनी अतीत की सफलताओं को याद दिलाने के लिए एक विजय सूची बनाइये। इस सूची में उन चीज़ों को शामिल कीजिये जिन्होंने आपको सर्वाधिक सन्तुष्टि और विश्वास दिया था। इस सूची का विस्तार बचपन से लेकर वर्तमान समय तक होना चाहिए। इसमें स्कूल के दादा को पीटने से लेकर किसी मुश्किल कोर्स में 'ए' ग्रेड पाने तक की बातें शामिल हो सकती हैं। जब आप समय-समय पर इस सूची की समीक्षा करेंगे तो आपको याद आयेगा कि आप अतीत में सफल हो चुके हैं और यह भी कि आप इसे एक बार फिर कर सकते हैं। इससे विश्वास का निर्माण होता है, जो छवि का

निर्माण करता है, जो सफलता व ख़ुशी का निर्माण करती है। दरअसल, ये दो बाद के क़दम इस बात की पुनर्स्थापना करते हैं कि आप अपने पक्ष में हैं ना कि अपने विरूद्ध।

जब आप अपनी सूची बनायें तो कृपया याद रखें कि जिस संतुलित सफलता के बारे में हम बात कर रहे हैं उसके लिए बहुत से गुण जो महत्वपूर्ण हैं वे शिक्षा सम्बन्धी प्रतिभा चार्ट में दिखाई नहीं देते। अपनी विश्वसनीयता, डटे रहने की योग्यता और सेवा के लिए उपलब्धता की दृष्टि से सोचिये। इस तथ्य को स्वीकार कीजिये कि आप उतने ही ईमानदार हो सकते हैं जितना कोई अन्य, उतने ही विवेकशील हो सकते हैं और उतने ही लगनशील। जान लें कि आप भी उतनी ही मेहनत कर सकते हैं और आप भी उतनी प्रार्थना कर सकते हैं। यह भी जान लें कि ईश्वर आपको उतना ही प्यार करता है जितना किसी और को।

क़दम ग्यारह : स्वस्थ आत्म-छवि के निर्माण के लिए कुछ चीज़ें हैं जिनसे आपको बचना चाहिये। पोर्नोग्राफी उनमें प्राथमिक है। अक्षरशः हर चीज़ जो आपके दिमाग़ में जाती है उसका एक प्रभाव पड़ता है और स्थायी रूप से रिकॉर्ड हो जाता है। यह या तो आपको भविष्य के लिए बनाता और तैयार करता है या यह टुकड़े-टुकड़े कर देता है और भविष्य के लिए आपकी उपलब्धि की सम्भावनाओं को कम कर देता है। मनोवैज्ञानिक कहते हैं कि ***डीप थ्रोट, दि लास्ट टेन्गो इन पेरिस, दि एक्सोर्सिस्ट*** या किसी भी ***'एक्स-रेटेड'*** फिल्म या टी.वी. कार्यक्रमों को तीन बार देखने से आपके दिमाग में वही मनोवैज्ञानिक, भावात्मक व विनाशकारी प्रभाव होता है जो किसी शारीरिक अनुभव का होता है। जिन लोगों ने ये 'शो' देखे हैं वे इस बात से सहमत हैं कि उन्हें यौन सम्बन्धी उत्तेजना महसूस हुई थी और उसके बाद उन्होंने स्वयं को कम आदर की दृष्टि से देखा। कारण स्पष्ट है। ये फिल्में या कार्यक्रम मानव जाति को उसके सबसे बुरे रूप में प्रस्तुत करते हैं और जब आप अपने साथी पुरुष को पतित रूप में देखते हैं तो उसके प्रभावस्वरूप आप अपने आप को पतित होता देखते हैं। यह असम्भव है कि मानव जाति को उसके सबसे बुरे रूप में देखें और ऐसा अनुभव न करें कि आपका अपना मूल्य कम हो गया है और आप जैसा सोचते हैं या होते हैं उससे बेहतर ना तो कर सकते हैं, ना हो सकते है। विसंगति स्वरूप अधिकांश एक्स-रेटेड फिल्म्स 'परिपक्व' दर्शकों के लिए 'वयस्क' मनोरंजन के रूप में प्रचारित की जाती हैं और अधिकतर मनोवैज्ञानिक सहमत हैं कि वे अपरिपक्व और असुरक्षित दर्शकों के लिए किशोर आयु का मनोरंजन हैं।

आपकी यही कल्पना जब रोज़ाना के सोप-ओपेरा पर लागू की जाती है तो विनाशकारी हो जाती है क्योंकि वर्षों के गुज़रने के साथ 'सोप-ओपेरा' में प्रगति के नाम पर कौटुम्बिक व्यभिचार व परस्त्रीगमन से लेकर आज़माइशी विवाह व पत्नियों की अदला-

बदली तक हर चीज़ पेश की गयी है। इसके साथ समय की बेइंतहा बर्बादी और नशीली दवाओं की तरह आपकी कल फिर टी.वी. चलाकर यह देखने की उत्सुकता कि क्या होता है, को यदि जोड़ दें तो यह आपको बुरी बातों के लिए सम्मोहित कर देती है। आपकी सूचना के लिए, कल उस सोप-ओपेरा का/की स्टार और उसका/उसकी कम से कम एक सहकर्मी या तो मुसीबत में होंगे, मुसीबत की ओर बढ़ रहे होंगे या अभी मुसीबत से निकले होंगे। जब आप एक लम्बी अवधि तक जीवन को इस नकारात्मक परिप्रेक्ष्य में देखते हैं तो आप उन स्थितियों में जो काफ़ी हद तक आप जैसी हैं अपनी समरूपता पाने लगते हैं। कुछ समय बाद आप अपने आप को यह भी सोचता पायेंगे, "मैं जानता हूँ उसे कैसा लग रहा होगा क्योंकि बिल्कुल इसी तरह मेरे 'जॉन' या 'सू' ने मेरे साथ किया था, "गन्दा कुत्ता"।

जन्म-कुंडली की भी आपको इसी तरह लत पड़ जाती है और इस से भी अधिक घातक प्रभाव होता है। बहुत से लोग सोचते हैं कि जन्म-पत्री को पढ़ना हानिरहित है क्योंकि वे 'इसकी किसी बात का विश्वास नहीं करते', यह तो बस यूँ ही कुछ करने के लिए है। सच्चाई यह है कि आप अन्ततः इसके परिणामस्वरूप भाग्यवादी हो जाते हैं (आदतों पर अध्याय इसके कारणों के बारे में बतायेंगे)। अविश्वसनीय रूप से यदि इनकी जन्म-पत्री मेल नहीं खाती तो ये लोग निर्णय नहीं लेंगे या यात्रा नहीं करेंगे। बाइबल कहती है कि जन्म-पत्री शैतान की होती है, इसलिए जब आप रोज़ाना का भविष्यफल पढ़ते हैं तो आप शैतान का डेली बुलेटिन पढ़ रहे हैं। यदि आप ईश्वर में या बाइबल में विश्वास नहीं रखते तो मैं आपको बता दूँ कि **ज्योतिष विज्ञान की स्थापना इस कल्पना पर आधारित थी कि सूर्य पृथ्वी के चारों ओर घूमता है।**

क़दम बारह : अपनी आत्म-छवि को सुधारने के लिए, क़ामयाब विफलताओं से सीखें। जैसे कि टाई कॉब और बेब रूथ। टाई कॉब को बेसबॉल के इतिहास में किसी भी आदमी की तुलना में अधिक बार चुराने की कोशिश में बाहर फेंका गया। बेब रूथ ने बेसबॉल के इतिहास में किसी भी आदमी की तुलना में अधिक बार बाहर स्ट्राइक किया। हैंक आरन ने, जिसने बेब रूथ का रिकॉर्ड तोड़ा मेजर लीग के 99% खिलाड़ियों की तुलना में अधिक बार बाहर स्ट्राइक किया। परन्तु कोई भी - हाँ कोई भी उन्हें असफल नहीं मानता और बहुत कम लोगों को ही उनकी असफलतायें याद हैं। असल में हर कोई उनकी सफलतायें याद रखता है। एन्रिको करुसो की आवाज़ ऊँचे सुर को साथ लेकर चलने में इतनी बार असफल हुई कि उसके शिक्षक ने उसे यह त्याग देने की सलाह दे दी थी। वह गाता रहा और दुनिया में उच्च स्वर के महानतम गायक के रूप में पहचाना गया। थॉमस एडिसन के अध्यापक ने उसे मूर्ख कह कर पुकारा था और बाद में गरम करने पर

प्रकाश देने वाले अपने प्रयोग को त्रुटिहीन बनाने के प्रयासों में वह 14000 से अधिक बार असफल हुआ था। अब्राहम लिंकन अपनी असफलताओं के लिए प्रसिद्ध थे परन्तु कोई भी व्यक्ति उन्हें असफल नहीं मानता। अलबर्ट आइंस्टीन व वर्नर वोन ब्रॉन दोनों गणित के कोर्स में फेल हो गये थे। हैनरी फोर्ड 40 वर्ष की आयु में दिवालिया हो गया था। विंस लम्बार्डी न्यूट रोक्ने के बाद सबसे अधिक सम्मानित हुआ, परन्तु 43 वर्ष की आयु में वह फोरर्डम विश्वविद्यालय में लाइन कोच था।

इस बात के प्रबल प्रमाण हैं कि अमेरिका में 90% सेल्स संस्थाओं के अग्रणी सेल्समैन उस कम्पनी के अधिकांश सेल्समैन की तुलना में अधिक सेल्स गँवाते हैं। वाल्ट डिज़्नी सफल होने से पहले सात बार दिवालिया हुआ और उसे एक बार नर्वस ब्रेक डाउन हुआ। दरअसल ये लोग सफल हुए क्योंकि वे उस पर लगे रहे। सच तो यह है कि बड़े निशानेबाज़ और छोटे निशानेबाज़ में मुख्य अन्तर केवल इतना है कि बड़ा निशानेबाज़ वह छोटा निशानेबाज़ है जो निशाना साधने पर लगा रहा।

क़दम तेरह : आपकी छवि और आपके प्रदर्शन को सुधारने के सर्वश्रेष्ठ, सबसे फुर्तीले और सबसे प्रभावकारी तरीक़ों में से एक सार्थक ध्येयों वाली ऐसी संस्था में शामिल होना है जिसमें आपको बोलकर हिस्सा लेना पड़े। बहुत से लोग प्राइवेट बातचीत में अपने आप को काफ़ी अच्छी तरह से व्यक्त कर सकते हैं परन्तु किसी भी प्रकार के ग्रुप के सामने खड़े होकर भाषण देने के विचार मात्र से डर के मारे जम जाते हैं। वे अपने आप को उनके चेहरों पर चित्त पड़ा हुआ देखते हैं।

उस छवि को सबसे जल्दी बदलने का एक तरीक़ा टोस्ट मास्टर्स या टोस्ट मिस्ट्रैस इन्टरनेशनल में शामिल होना या चार दिन के **रिचर लाइफ सेमिनार** या डेल कार्नेगी लीडरशिप कोर्स में शामिल होना है। कार्नेगी के भूतपूर्व प्रशिक्षक के रूप में और अब अपनी कम्पनी के प्रशिक्षक के रूप में मैंने देखा है कि जब व्यक्ति खड़े होकर अपने आप को व्यक्त करने की योग्यता हासिल कर लेता है तो कुछ अद्भुत छवि परिवर्तन होते हैं। यह ज़रूरी नहीं है कि आप एक वक्ता हों, हालांकि मैंने देखा है कि बहुत से शर्मीले व संकोची व्यक्ति वक्ताओं के रूप में अच्छी योग्यता हासिल कर लेते हैं। शुरू-शुरू में हमें इन लोगों को खड़ा करके बुलवाने में समस्या आती थी। जब इनका विश्वास बढ़ गया तो फिर हमें दूसरी समस्या का सामना करना पड़ा। हाँ, इनमें से कुछ लोगों को ख़ामोश बैठा कर रखने में परेशानी हुई।

क़दम चौदह : अपने आप से–और उनसे आँख मिलाकर बात करें। लगभग बिना किसी अपवाद के सड़क पर चलने वाले आदमी से लेकर उच्च शिक्षित व्यवसायी लोग आपसे कहेंगे कि उन्हें वे लोग पसन्द हैं जो उनसे आँखें मिलाकर बात करते हैं। ऐसे

बहुत से लोग हैं जो दूसरे व्यक्ति की उन लोगों के प्रति प्रतिक्रिया से अनभिज्ञ हैं जो आँख मिलाने से बचते हैं और इसलिए सीधी बातचीत करते हुए भी दूसरे व्यक्ति की ओर सीधे नहीं देखते। ऐसे लोग और भी ज्यादा हैं जिनकी आत्म-छवि ऐसी है कि वे दूसरों की आँखों में देखने के लिए स्वयं को 'अयोग्य' और 'उतना अच्छा नहीं' महसूस करते।

इस भावना पर क़ाबू पाने के लिए जब भी आप आईने के सामने हों तो अपनी आँखों में देखने की प्रक्रिया से शुरूआत करें। आपको हर रोज़ कुछ मिनट का समय जानबूझ कर अपनी आँखों में देखने के उद्देश्य से निकालना चाहिए। जब आप यह करें तो उन चीज़ों के बारे में कुछ सकारात्मक दृढ़ प्रतिज्ञाओं को दोहरायें जो आप कर चुके हैं (अपनी विजय सूची का प्रयोग करें)। फिर उन बहुत सी सकारात्मक चीज़ों को दोहरायें जिन्हें बहुत से आदमी आपके बारे में कहते थे। अपनी सत्यनिष्ठा, प्रफुल्लता, ईमानदारी, चरित्र, करुणा, स्थिरता, विचारशीलता, अच्छे स्वभाव व सहयोग की भावना आदि के बारे में की गयी टिप्पणियों पर ध्यान दें न कि अपने शारीरिक दिखावे के बारे में जब तक कि आप ऐसा महसूस न करते हों कि आप अनाकर्षक हैं। उस स्थिति में वे प्रशंसा के शब्द बहुमूल्य छवि निर्माता हो जाते हैं।

छवि निर्माण के लिए 'नेत्र सम्पर्क' के दूसरे दौर में छोटे बच्चे शामिल होते हैं। जब भी अवसर मिले, छोटे बच्चों से बात करें और उनके साथ खेलें तथा उनकी आँखों में देखें। जब आप ऐसा करेंगे तो एक अतिरिक्त लाभ आपको यह होगा कि बच्चे आपको और अधिक प्यार करेंगे और उनकी स्वीकृति आपकी आत्म-स्वीकृति को बढ़ाती है।

चौदहवें क़दम का तीसरा दौर अपने साथियों, सहकर्मियों, यहाँ तक कि छोटे पदों पर काम करने वालों की ओर देखने पर ध्यान देना है। यह आपको अन्तिम दौर के लिए और विश्वास देगा जो कि आपसे मिलने वाले हर व्यक्ति से सीधे उसकी आँखों में देखकर उसका स्वागत करना है। कुल मिलाकर यह कार्यविधि आपकी आत्म-छवि के निर्माण में बहुत बड़ा काम करती है और यह एक अद्भुत 'मित्र बनाने वाली' है।

क़दम पन्द्रह : अपने शारीरिक आकार में जब सम्भव हो, व्यावहारिक हो और अपेक्षित हो तो बदलाव लायें। पूर्व में मोटे रह चुके लोग मुझे निरन्तर बताते हैं कि वज़न घटने से वे आकर्षक कपड़े पहन पाते हैं और इससे उनकी छवि में कितना सुधार हुआ है। सामूहिक गतिविधियों में हिस्सा लें, खेलों में सक्रिय हों, दो मंज़िल की सीढ़ियों पर दौड़ कर चढ़ें और अपने वज़न के बारे में उन निरन्तर हँसी उड़ाने वाली टिप्पणियों से बचें। मेरी अपनी छवि में सुधार आया जब मैंने सैंतीस पौंड वज़न कम किया।

ऐसे भी अवसर हो सकते हैं जब आत्म-छवि के निर्माण में प्लास्टिक सर्जरी

सहायक हो सकती है। यह विशेष कर असामान्य रूप से बड़ी या लम्बी नाक, बाहर निकले हुए कानों, कटे हुए होंठ, बहुत अधिक बड़े या छोटे आकार के स्तन आदि के मामलों में सच है। तथापि इस क्षेत्र में मनौवैज्ञानिक सोच-विचार व महत्व शामिल हैं जिससे व्यक्तिगत आधार पर निपटना होता है। सावधानी और परामर्श ज़रूरी हैं परन्तु मैंने इस तरह की शल्य क्रिया के बाद कुछ आश्चर्यजनक व्यक्तित्व परिवर्तन देखे हैं।

जब आप स्वस्थ आत्म-छवि के निर्माण के इन पन्द्रह क़दमों की समीक्षा करें तो मैं आपको याद दिला दूँ कि ये सारे क़दम आपके लिए अपने आप को स्वीकार करने में मदद करने हेतु बनाये गये हैं। एक बार जब आप अपने आप को स्वीकार कर लेते हैं तो दूसरों के लिए आपको स्वीकार करने का मामला जीवन या मृत्यु का मामला नहीं रहेगा। इस वक्त आप दूसरों के द्वारा स्वीकार ही नहीं किये जायेंगे बल्कि आप जहाँ जायेंगे वहाँ आपका स्वागत होगा। कारण सरल है।

वे आपके वास्तविक रूप को स्वीकार कर रहे होंगे और आपका वास्तविक रूप उस नक़लची या बनावटी रूप से कहीं ज़्यादा अच्छा है जो आप असल में तो हैं नहीं परन्तु दिखने की जी-तोड़ कोशिश करते हैं। जब आपका वास्तविक रूप स्वीकार कर लिया जाता है तो बहुत सी चीज़ें होती हैं। आपका आचरण बेहतर हो जाता है और आपके नैतिक सिद्धान्तों में सुधार आ जाता है। बहुत हद तक आपका तनाव ख़त्म हो जाता है क्योंकि आप अपने आप में सुरक्षित हो जाते हैं और वे छोटी-छोटी चीज़ें जो आपको परेशान कर देती थीं उनके प्रति आपका दृष्टिकोण बदल जायेगा। संक्षेप में आप घटिया व छोटी चीज़ों से परेशान नहीं होंगे। आपके आत्म-विश्वास का बैंक अकाउन्ट बढ़ने लगेगा, बातचीत में रुकावटें ख़त्म हो जायेंगी और आपके पारिवारिक रिश्तों में सुधार आ जायेगा।

एक बार जब आपने स्वयं को स्वीकार कर लिया तो दूसरे लोगों को और उनके दृष्टिकोण को स्वीकार करना आसान हो जाता है। कृपया ध्यान दें मैंने 'स्वीकार' शब्द का इस्तेमाल किया है। इसका मतलब हर्गिज़ यह नहीं है कि आप उनसे सहमत हों। इसका मतलब यह ज़रूर है कि आप स्वीकार कर सकते हैं और समझ सकते हैं कि वे ऐसा क्यों महसूस करते हैं। जब ऐसा होता है तो आपको दूसरों के साथ परस्पर मेल रखना आसान हो जाता है, चाहे उनकी नस्ल, जाति, रंग, देशीय पृष्ठ भूमि या व्यावसायिक हित कुछ भी हों।

लक्षण हटायें और समस्या को हल करें

इस बात में कोई शक नहीं है कि अधिकतर समस्याएँ चाहे वे आर्थिक, सामाजिक, वैवाहिक आदि हों, समस्याएँ नहीं हैं बल्कि समस्याओं के लक्षण हैं। नशीली दवाओं का

सेवन, मदिरापान, पोर्नोग्राफी, समलैंगिकता, मोटापा, और अधिकतर मामलों में अश्लीलता, अभद्र भाषा का प्रयोग, स्वच्छन्दता केवल अधिक गहरी परेशानियों के लक्षण हैं। अन्य बहुत से फैड (प्रचलन) भी वास्तविक समस्याओं के लक्षण हैं विशेष रूप से अगर वे फैड माता पिता या तथाकथित व्यवस्था की अवहेलना करके "अपनी चीज़ें करना" से सम्बन्धित हैं। हर सामाजिक विद्रोही के अन्दर छोटा सा लड़का या लड़की कहता/कहती है,"आपने इससे पहले मेरी ओर ध्यान नहीं दिया इसलिए मैं कुछ ऐसी चीज़ें करने वाला/वाली हूँ जिनसे आप मेरी ओर ध्यान देंगे। वे बेवकूफी भरी हो सकती हैं और हो सकता है जो मैं करता/करती हूँ वह आपको पसन्द न हो या मेरा उन्हें करना आपको पसन्द न हो, परन्तु आप जान लेंगे कि मैं यहीं आस-पास हूँ।" पूरे देश में स्कूलों के साथ अपने काम के दौरान मुझे यह बराबर बताया जाता है कि वे विद्यार्थी जो नियमित रूप से कक्षा में देरी से आते हैं, अपनी पाठ्यपुस्तकें भूल आते हैं, तर्क़-वितर्क़ के लिए उकसाते हैं, 'स्मार्ट' उत्तर देते हैं और जो कुछ वे कहते हैं या करते हैं उसमें 'होशियार' बनने की कोशिश करते हैं, आदि केवल हीन आत्म-छवि को प्रदर्शित या अभिव्यक्त करते हैं। ये बच्चे जो वास्तव में कह रहे हैं वह यह है, "कृपया मुझ पर ध्यान दो, कृपया मुझे प्यार करो, मुझे स्वीकार करो, मुझे पहचान दो, मैं एक व्यक्ति हूँ।"

बहुत से मामलों में, अगर ऐसा व्यक्ति वह जैसा है उस रूप में पर्याप्त स्वीकृति या पहचान पाने में असफल रहता है तो वह तालमेल या समझौते करना शुरू कर देता है। दरअसल, वह किसी अन्य की तरह आचरण करना शुरू कर सकता है। यह दुर्भाग्यपूर्ण है क्योंकि अगर कोई व्यक्ति जीवन में स्वयं जैसा नहीं हो सकता तो वह वास्तव में किसी और के जैसा बनने के चक्कर में चीज़ों को ख़राब कर देगा। **आप किसी अन्य का घटिया रूप होंगे परन्तु आपमें आपका अपना सर्वोत्तम विद्यमान है।** एक बार जब कोई व्यक्ति स्वयं को स्वीकार कर लेता है तो यह ज़रूरी नहीं है कि दूसरे भी उसे स्वीकार करें। अगर दूसरे उसे अस्वीकार कर दें तो वह 'बर्बाद' नहीं हो जाता। वह दूसरों की प्रतिक्रिया की ज़रूरत से ज़्यादा परवाह किये बिना अपना निजी व्यक्ति हो सकता है। क्या यह आत्म-केन्द्रित होना है? दरअसल, इसका बिल्कुल विपरीत सच है। शेक्सपियर ने कहा है, "सबसे बड़ी बात अपने प्रति सच्चा होना है। और इसका उसी प्रकार अनुसरण करना चाहिए जैसे कि रात दिन का करती है। फिर आप किसी अन्य के लिए झूठे या बनावटी नहीं हो सकते।" एक बार जब आप अपने आप को अपनी पूरी योग्यता के लिए स्वीकार कर लेते हैं, फिर अश्लीलता, अपवित्रता, बेढंगापन, स्वच्छन्दता आदि के लक्षण गायब हो जाते हैं। फिर आपकी समस्या ख़त्म हो जाती है।

उदाहरण के लिए, नशीली दवाओं के सेवन की समस्या पर नज़र डालें। लगभग

बिना किसी अपवाद के वे लोग जो नशीली दवाओं के सेवन या अल्कोहल की लत में पड़ जाते हैं, हीन आत्म-छवि रखते हैं और दूसरे भी उन्हें उस रूप में पसन्द नहीं करते। वे बदलने का आसान रास्ता ढूँढते हैं, और नशीली दवायें और अल्कोहल उन्हें इसका जवाब दिखता है। हज़ारों मामले दुःखद रूप से यह साबित करते हैं कि ड्रग्स और अल्कोहल समस्याओं को बढ़ाते हैं, शंकायें पैदा करते हैं और अक्सर जीवन बर्बाद करते हैं।

आपके नवीन रूप को - अपनी स्वस्थ आत्म-छवि के साथ अपने भविष्य में इन समस्याओं के बारे में आपको चिन्ता नहीं करनी पड़ेगी। आप अपनी छवि के बारे में कुछ कर चुके हैं और कर रहे हैं। इसलिए आइये, हम उस पर नज़र डालें जिसे आप चुन सकते हैं।

चुनाव आपका है

जापानी लोग एक पेड़ लगाते हैं। इसे बोनसाई पेड़ कहते हैं। यह सुन्दर होता है और त्रुटिहीन रूप से बना होता है हालांकि इसकी ऊँचाई इंचों में नापी जाती है। कैलीफोर्निया में हम विशाल वृक्षों का जंगल पाते हैं जिसे सिक्वोयस कहते हैं। इन विशाल वृक्षों में से एक का नाम जनरल शरमन रखा गया है। 272 फीट ऊँचा और 79 फीट चौड़ा यह ख़ूबसूरत विशाल वृक्ष इतना बड़ा है कि अगर इसे काटा जाये तो इससे इतनी लकड़ी मिलेगी जो 35 कमरों का मकान बनाने के लिए पर्याप्त होगी। एक समय बोनसाई पेड़ और जनरल शरमन एक ही आकार के थे। जब वे बीज थे तो दोनों का वज़न एक औंस के 1/3000 हिस्से से भी कम था। परिपक्व होने पर उनके आकार में अन्तर बहुत अधिक है परन्तु उस आकार में अन्तर के पीछे की कहानी जीवन के लिए एक सबक है। जब बोनसाई पेड़ ने जमीन से अपना सिर ऊपर उठाया तो जापानियों ने उसे मिट्टी से खींचा और उसकी सीधी जड़ को व कुछ पोषक जड़ों को रस्सी से बांध दिया। इस तरह जानबूझकर उसकी वृद्धि में रुकावट डाल दी। परिणाम हुआः एक लघु आकार - ख़ूबसूरत परन्तु फिर भी लघु आकार। जनरल शरमन का बीज कैलीफोर्निया की उपजाऊ ज़मीन में पड़ा और खनिजों, बारिश और धूप से पोषित हुआ। परिणाम हुआः विशाल वृक्ष। ना तो बोनसाई और ना ही जनरल शरमन को अपनी नियति का चुनाव करना उपलब्ध था। आपको है। आप जितना चाहें उतने बड़े हो सकते हैं या छोटे हो सकते हैं। आपकी आत्म-छवि - जिस तरह से आप स्वयं को देखते हैं - निर्धारित करेगी कि आप कैसे होंगे। चुनाव आपका है।

स्वयं को स्वीकारें

मैं इस अध्याय को उसी तरह बंद करता हूँ जिस तरह मैंने यह खोला था - आपको

याद दिलाते हुए कि **इस पृथ्वी पर कोई भी व्यक्ति आपको बिना आपकी अनुमति के छोटा या तुच्छ अनुभव नहीं करा सकता।** आप तेज़ी के साथ उस स्थान पर पहुँच रहे हैं जहाँ पर आप किसी को भी इसकी अनुमति देने से इन्कार कर देते हैं। जब आप उस जगह पहुँच जाते हैं तो आप स्वयं को स्वीकार कर चुके होते हैं। जैसे ही आप स्वयं को स्वीकार कर लेते हैं तो आप स्वयं को एक ऐसे व्यक्ति के रूप में देखेंगे जो सच में जीवन में अच्छी चीज़ों के योग्य है। इसका नतीजा यह होता है कि आप जीवन में सीमित करने वाली हदें हटा देते हैं और अच्छी चीज़ें प्राप्त करते हैं।

इससे पहले कि आप इस पुस्तक के तीसरे खण्ड पर जायें मेरा आपसे आग्रह है कि आप निम्नलिखित चीज़ें करें :

1. शिखर पर जाने के लिए सीढ़ियों के रास्ते के अगले चित्र को देखें और आत्म-छवि के सामने बड़े-बड़े अक्षरों में 'अच्छा' शब्द लिखें तथा इसके चारों ओर एक बॉक्स बना दें।

2. पुस्तक को व अपनी आँखों को बन्द कर लें। अब क्षण भर के लिए तनावमुक्त हो जायें और अपने आप को उस अच्छी स्वस्थ आत्म-छवि और सफलता के लिए ज़रूरी अन्य हर चीज़ के स्वामी के रूप में देखें।

3. इस खण्ड की समीक्षा करें और उन हिस्सों पर जिन्हें आपने रेखांकित किया है और साथ ही साथ अपने ट्रिगर पेज पर अंकित टिप्पणियों पर ज़ोर दें।

4. "यह सच है, यदि आप अपनी कार की देखभाल करेंगे तो यह आपको आपकी मंज़िल विभिन्न स्थानों पर ले जायेगी और अगर आप अपनी आत्म-छवि की देखभाल करेंगे तो यह भी आपको आपकी मंज़िल पर ले जायेगी।

अब आप **शिखर के लिए सीढ़ियों के रास्ते** की अगली रोमांचक पायदान के लिए तैयार हो जायें।

टिप्पणियाँ एवं विचार

जैसे ही आप शिखर पर जाने वाली सीढ़ियों पर यह पहला क़दम उठाते हैं, कृपया जान लें कि आप नीचे की भीड़ से बाहर निकल रहें हैं। अब अगला क़दम अपेक्षाकृत आसान होगा और दृश्य बेहतर होगा।

ज़िग की कहानी

मैं मानता हूँ कि लेखक के लिए अपनी कहानी को बीच में शामिल करना थोड़ा असामान्य है। मैं ऐसा कर रहा हूँ क्योंकि मैं ईमानदारी से यह मानता हूँ कि मेरी कहानी आपकी कहानी है। मेरा विश्वास है कि मैंने आपकी भावनाओं को महसूस किया है और मेरे शुरू के डर, असफलतायें और कुंठायें इतने अधिक लोगों द्वारा बाँटी गयी हैं कि मेरी कहानी आपमें से बहुतों को विश्वसनीयता के साथ वास्तविक उम्मीद देगी।

इस पुस्तक के मूल संस्करण में मैंने अपनी कहानी को आत्म-छवि के खण्ड में रखा था। जैसे-जैसे महीने बीते तो यह और अधिक प्रमाणित होता गया कि कहानी 'आत्म-छवि' और 'दूसरों के साथ आपका रिश्ता' खण्डों के बीच और ज़्यादा उपयुक्त रहती। मेरा सीढ़ी पर चढ़ना तब शुरू हुआ जब मेरी आत्म-छवि बदली क्योंकि दूसरे व्यक्ति ने चिंगारी प्रदान की। मुझे यह विश्वास दिलाया गया है कि यह कहानी आपकी आत्म-छवि और दूसरों के साथ आपके रिश्ते के बीच में पुल का काम करेगी।

मैं अपने माता-पिता के बारह बच्चों में से एक था। मेरे पिता की मृत्यु 1932 में हृदय गति रुकने से हुई थी और वे अपने पीछे मेरी माँ और पाँच इतने छोटे बच्चे छोड़ गये थे जो कोई काम नहीं कर सकते थे। सौभाग्यवश, मेरी माँ एक समर्पित ईसाई महिला थी जिसने हमें निःस्वार्थ व पूर्णतः प्यार दिया और हमें सिखाया कि अगर हम ईश्वर पर भरोसा रखें, मेहनत करें और अपनी ओर से भरसक प्रयास करें तो सब कुछ ठीक हो जायेगा। जहाँ तक शैक्षणिक योग्यता की बात है तो वह पाँचवीं कक्षा पास थी परन्तु निस्संदेह वह जीवन के विश्वविद्यालय से प्रशंसनीय गुणों व करुणा में स्नातक थी। वह छोटे से नगर याज़ू सिटी मिसिसिपी के अति प्रिय व सम्मानित लोगों में से थी। जब वह इतनी बूढ़ी हो गयी कि कुछ कमा नहीं पाती थी तो भी वह बैंक जाकर अपने हस्ताक्षरों से अपनी ज़रूरत के अनुसार कोई भी धनराशि उधार ले सकती थी। उसने कभी ईश्वर के प्रति, या सच्चाई के प्रति अपने प्यार से समझौता नहीं किया। उसके लिए कोई चीज़ या तो स्याह थी या सफेद। उसकी सोच में कोई अस्पष्टता या धुंधलापन नहीं था। वह अक्सर कहा करती थी कि कोई अंडा कभी 'लगभग' ताज़ा नहीं होता। वह या तो ताज़ा होता है या ख़राब। कोई बात या तो सच होती है या झूठ। उसके लिए सच्चाई या सिद्धान्तों के साथ कोई समझौता नहीं हो सकता था। वह अक्सर हमें छोटे-छोटे वाक्यों में बहुमूल्य उपदेश दिया करती थी जैसे : "यह महत्वपूर्ण नहीं है कि कौन ठीक है, महत्वपूर्ण यह है कि क्या ठीक है", "वह व्यक्ति जो किसी चीज़ पर दृढ़ नहीं है, किसी भी चीज़ के लिए गिर सकता है", "सच बोलिये, चाहे उसके लिए कितनी भी क़ीमत चुकानी पड़े क्योंकि जो व्यक्ति अपनी ग़लती को छुपाता है - वह अभी भी ग़लती कर रहा है"। हमारे बच्चों के पैदा होने के बाद उसकी प्रिय सीख होती थी, "बेटा - तुम्हारे बच्चे तुम्हारे कहने के बजाए करने पर अधिक ध्यान

देते हैं", और "अगर तुम मिसाल कायम करोगे तो फिर तुम्हें कानून निर्धारित नहीं करने पड़ेंगे।"

40 सेन्ट अधिक

एक सरल सी कहानी उसके दर्शन को स्पष्ट कर देगी। एक नौजवान लड़के के रूप में एक ग्रॉसरी स्टोर में हर शनिवार को सुबह 7.30 बजे से लेकर रात 11.30 बजे तक काम करके मैं अच्छा-खासा 75 सेन्ट कमा लेता था। कुछ महीनों बाद मुझे एक स्थानीय सैंडविच शॉप पर नौकरी का प्रस्ताव मिला। इस नौकरी पर मुझे सुबह 10.00 बजे से लेकर आधी रात तक काम करना पड़ता। काम के घंटे कम होते और मेरा वेतन एक दिन के लिए 1.15 डॉलर होता। मैं नौकरी में यह बदलाव करना चाहता था।

आज के समय में आपको उन अतिरिक्त 40 सेन्ट के मूल्य की कल्पना करना नामुमकिन होगी, परन्तु 1939 में मिसिसिपी के उस ग्रामीण क़स्बे में एक छोटे लड़के के लिए यह बहुत अधिक राशि थी। मेरी माँ मेरी इस नौकरी बदलने वाली बात के लिए नहीं मानी क्योंकि ग्रॉसरी शॉप के मालिक जॉन आर. एन्डर्सन एक समर्पित ईसाई और सकारात्मक सोच वाले व्यक्ति थे, और मैं यह भी बता दूँ कि मैं उसकी इच्छाओं के विरुद्ध काम करने की कभी नहीं सोच सकता था। जैसा कि मेरी माँ ने मुझे बताया कि 40 सेन्ट महत्वपूर्ण नहीं थे। जॉन एन्डर्सन का प्रभाव धन से नहीं मापा जा सकता था। उसने इस बात पर भी ज़ोर दिया कि वह उसे ऐसी जगह काम करने की इजाज़त नहीं दे सकती थी जहाँ पर मालिक के गुणों के बारे में पता न हो। उसने इस तरह की भी अफ़वाह सुनी थी कि वे सैन्डविच शॉप में बीयर भी बेचते थे। उसने अपना निर्णय ले लिया और जहाँ तक उसका ताल्लुक था यह उसका अन्तिम निर्णय था। क्योंकि उसने जन्म से ही मुझसे प्यार किया था और आज्ञा पालन की भावना मेरे दिल में बिठा दी थी, इसलिए मेरे द्वारा उसकी इच्छाओं का सम्मान करना स्वाभाविक था।

ग्रॉसरी स्टोर में एक टैलर

ऐसी माँ के साथ जो मुझे इतना प्यार करती थी कि मेरी सनक के लिए ना कर देती थी मुझे केवल एक प्यार करने वाली माँ ही नहीं मिली थी, बल्कि मिस्टर एन्डर्सन के रूप में पिता की तरह हित चाहने वाले व परवाह करने वाले व्यक्ति का लाभ भी मिला था। यह वह पृष्ठभूमि है जहाँ से मैं आया था। मैंने ग्रॉसरी स्टोर में पाँचवीं कक्षा में पढ़ने के समय से ग्यारहवीं कक्षा समाप्त करने के समय तक काम किया। मैंने स्टोर में एक 'टैलर' के रूप में शुरूआत की। इस शीर्षक से अधिक प्रभावित न हों, तथापि, इसका सिर्फ़ इतना मतलब था कि जिस समय मैं झाड़ू लगाता था तो लोगों से वहाँ से हटने के लिए 'कहता था'।

अपने सीनियर वर्ष के दौरान, मैं बराबर वाले स्टोर पर चला गया और उस आदमी के लिए काम करने लगा जो मिस्टर एन्डर्सन के अधीन स्टोर का प्रबन्धक रहा था। उसका नाम वाल्टर हेनिंग था। वह भी बहुत अच्छा था और उसने मुझमें व्यक्तिगत रुचि ली। उसने बराबर में मीट मार्केट ख़रीद लिया था। स्नातक होने के बाद जल्दी ही मैं यू.एस. नेवी के लिए चल पड़ा। मेरे चलने से पहले वाली रात को मिस्टर हेनिंग ने मुझे अन्तिम 'डच अंकल' वार्तालाप के लिए बुलाया। उसने मुझे नेवी (जल सेना) से सेवा मुक्ति के बाद फिर से उसके लिए काम करने का प्रस्ताव रखा। सच कहूँ तो उस प्रस्ताव पर मैं अधिक रोमांचित नहीं हुआ क्योंकि मैं एक हफ़्ते में 75 घंटे काम कर रहा था और तीस डॉलर कमा रहा था। मिस्टर हेनिंग ने समझाया कि अगर मैं वापिस आकर दो वर्ष तक उसके लिए काम करूँ और व्यापार को पूरी तरह से सीख लूँ तो वह मुझे अपना निजी मीट मार्केट ख़रीद लेने में मदद करेगा। तथापि जिस चीज़ ने मेरे अन्दर दिलचस्पी पैदा की वह उसके द्वारा अपनी पिछले साल की 5117 डॉलर की आमदनी दिखाना थी। याद रखें, 1944 में चीज़ें वैसी नहीं थीं जैसी कि आज हैं।

मुझे विश्वास नहीं हुआ कि कोई आदमी केवल एक वर्ष में इतना अधिक कमा सकता था। उसने मुझे आश्वस्त किया कि यह सच था और मैं भी वही चीज़ कर सकता था। 1 जुलाई 1944 को मैं नेवी में भर्ती होने के लिए याजू सिटी, मिसिसिपी से चल पड़ा। युद्ध समाप्त होने के बाद मैं याजू सिटी वापिस आकर मीट मार्केट खोलने वाला था और एक वर्ष में ही 5117 डॉलर कमाने वाला था।

नेवी में काम करने के दौरान मैं जैक्सन, मिसिसिपी की भूतपूर्व जीन एबरनेथी से मिला और उसे प्यार करने लगा। वह 31 ख़ूबसूरत वर्षों से मेरी पत्नी और मेरी ज़िन्दगी है। नेवी से सेवामुक्त होने के बाद, मैंने दक्षिणी केरोलिना विश्वविद्यालय में प्रवेश लिया और रात के समय डोरमिटोरीज़ (सामूहिक शयन गृहों) में सैंडविच बेच कर पैसा कमाया। मैंने नियमित स्कूल वर्ष में अच्छी कमाई की, परन्तु गर्मी के महीनों में व्यापार मंदा था। एक दिन, जीन ने समाचार पत्र में 10000 डॉलर प्रति वर्ष के सेल्समैन के लिए एक विज्ञापन देखा। मैंने सोचा कि यह संयोग ही था कि उन्हें 10000 डॉलर प्रतिवर्ष का सेल्समैन चाहिये था क्योंकि हम निश्चित रूप से 10000 डॉलर चाहते थे। मैंने मुलाक़ात के लिए समय लिया और साक्षात्कार के लिए गया। मैं अत्यन्त उत्साहित और रोमांचित घर वापिस आया और अपनी पत्नी से कहा कि हमें नौकरी मिल गयी और हम एक वर्ष में 10000 डॉलर बना लेंगे। वह भी बहुत रोमांचित हुई और उसने पूछा कि कब से नौकरी शुरू करनी है। मैंने उसे बताया कि उस आदमी ने कहा है कि वह 'सम्पर्क में रहेगा।'

अपने जीवन में उस समय, मैं इतना नौसिखिया था कि मैंने ईमानदारी से यह मान लिया था कि नौकरी मेरी हो गयी और मैं यह समझ ही नहीं पाया कि मुझे अस्वीकार कर

दिया गया था। एक महीने के बाद जब मुझे नौकरी के बारे में कोई सूचना नहीं मिली तो मैंने पुनः अपनी रुचि दिखाते हुए और यह पूछते हुए कि मुझे नौकरी कब से शुरू करनी है, उन्हें एक पत्र लिखा। उनका सीधा सा जवाब आया : "हमें नहीं लगता कि आप बेच सकते हैं।" मैं पीछे लगा रहा और अन्ततः एक और महीने के बाद वे मुझे एक ट्रेनिंग स्कूल में डालने के लिए सहमत हो गये। तथापि, उन्होंने यह स्पष्ट कर दिया कि अगर ट्रेनिंग समाप्त होने पर भी उन्हें ऐसा नहीं लगा कि मैं बेच सकता हूँ तो वे मुझे नौकरी देने के लिए वचनबद्ध नहीं होंगे। काम कुकवेयर बेचना था और वेतन कमीशन के आधार पर था। ट्रेनिंग के बाद उन्होंने मुझे अवसर दिया। अगले ढाई वर्षों तक, अपने सेल्स मैनेजर बिल क्रेनफोर्ड की बहुत मदद के बावज़ूद मैं केवल यह सिद्ध कर पाया कि वे लोग बिल्कुल ठीक सोचते थे। ग़लत न समझें; इसका मतलब यह हर्गिज़ नहीं है कि मैंने कुछ ज़्यादा नहीं बेचा, क्योंकि मैंने ज़रूर बेचा। मैंने अपनी कार बेच दी और फर्नीचर बेच दिया। एकमात्र चीज़ जो इस आख़िरी लाइन को सच में मज़ाकिया होने से अलग रखती है वह इसका सच्चाई से गहरा रिश्ता है।

पानी में गिर जाने से आप डूब कर नहीं मरते

मुझे इस बात की परवाह नहीं है कि आप कितने निर्धन हैं या रहे हैं, मैं ईमानदारी से यह मानता हूँ कि मैं आपसे अधिक निर्धन रहा हूँ। मैं इस बात की परवाह नहीं करता कि आप कितने निराश या हताश हैं अथवा रहे हैं, मैं ईमानदारी से मानता हूँ कि मैं उससे अधिक निराश व हताश रहा हूँ। मेरा एक अच्छा मित्र कॉवेट रॉबर्ट जिसकी एक वक्ता व सेल्स प्रशिक्षक की योग्यता को उसके मानवीय गुण ढँक देते हैं कहा करता है, "आप पानी में गिरने से डूब नहीं जाते, आप तभी डूबते हैं जब वहाँ रुके रहते हैं।" वह यह भी कहता है, "हताश होने में कोई बुरी बात नहीं है परन्तु अपने आप पर हताश मत होइये।"

आपको गिरा दिये जाने से आप हारे हुए नहीं हो जाते। आप हारे हुए तभी होते हैं जब आप नीचे पड़े रहते हैं। व्यक्तिगत रूप से, मैं मानता हूँ कि मैंने अपना सेल्स कैरियर इतनी बार छोड़ा (अपने दिमाग़ में) जितनी बार किसी भी व्यक्ति ने जो कभी इस पुस्तक को पढ़ता है उसने जो कुछ भी वह कर रहा है उसे छोड़ने के बारे में सोचा होगा। मेरा निर्धन होना, कर्ज़दार होना और जो कुछ मैं कर रहा था उसके बारे में अनिश्चित होना तथा आज के बाद अगले दिन के बारे में वाकई न जानना कि मैं डूबूँगा या तैर जाऊँगा, हतोत्साहित करने वाला था। ऐसे समय में अपने से बड़ी किसी चीज़ में विश्वास कितना अधिक महत्वपूर्ण होता है। साथ ही मेरी माँ के साहस, समर्पण व दृढ़तापूर्वक लगे रहने की मिसाल मेरे लिए अमूल्य थी जिसने एक अद्‌भुत प्रेरक मार्गदर्शक के रूप में कार्य किया।

मुझे यह स्वीकार करना होगा कि वह समय बहुत कठिन था और निरुत्साह अक्सर मेरा साथी होता था। मुझे अक्सर एक बार में 50 सेन्ट मूल्य का पैट्रोल (गैसोलीन)

ख़रीदना पड़ता था और अगर कभी मैंने ग़लती से थोड़ा ज़्यादा ख़रीद लिया तो मुझे ग्रॉसरी स्टोर पर एक या दो चीज़ें वापिस करनी पड़ती थीं। जब हमारी पहली बेटी पैदा हुई तो अस्पताल का बिल केवल 64 डॉलर का था। समस्या यह थी कि हमारे पास 64 डॉलर नहीं थे। मुझे उस बिल के भुगतान के लिए दो सेल्स कॉल करनी पड़ी थीं।

हम निर्धन थे क्योंकि मेरी छवि निर्धन थी और सेल्समैन के रूप में मेरी निपुणतायें संदिग्ध थीं। इस बात को समझाने के लिए और सभी लड़खड़ाते हुए सेल्स के लोगों को साहस देने के लिए मैं अपनी अयोग्यता की किताब से एक सच्ची घटना बताता हूँ जो किसी भी बिना लिखित निर्देशों के टेलीफोन बूथ से बाहर निकलने के लिए पर्याप्त जोश रखने वाले व्यक्ति को बहुत हिम्मत दे सकती है।

कुछ अनुभवी सेल्समैन डिनर पार्टीज़ आयोजित कर रहे थे जिनमें सामूहिक प्रदर्शन होता था। अतः मैंने यही चीज़ करने की कोशिश की। मेरा पहला 'डिनर प्रदर्शन' मिस्टर बी.सी. मूरा के साथ था जो 2210, हाई स्ट्रीट, कोलम्बिया में रहते थे। दो सम्भावी ग्राहक मिस्टर एण्ड मिसेज़ क्लेरेन्स स्पेन्स और मिस्टर एण्ड मिसेज़ एम.पी. गेट्स मौज़ूद थे। जब मैंने प्रदर्शन पूरा कर लिया तो दोनों सम्भावी ग्राहकों ने एक दर्जन कारण बताये कि उन्हें वह प्रोडक्ट क्यों नहीं ख़रीदना चाहिए, परन्तु दोनों ने अन्त में यही कहा, "मैं इसे लूँगा"। इस समय कोई भी समझदार सेल्समैन विशेषकर अगर वह निर्धन है तो ऑर्डर्स लिख लेता और अपना कमीशन कमा लेता; परन्तु मैं घर से निकल आया क्योंकि "मेरा एक दूसरा अपॉइन्टमेंन्ट था और मैं लेट हो रहा था।" बाद में मैंने वह सेल की परन्तु मैं सिर्फ़ यह जानना चाहता हूँ कि आप लोगों में से कितने ऐसी मूर्खतापूर्ण हरकत करते। हाँ, मेरे पाठक मित्र, मैं आश्वस्त हूँ कि आपके लिए उम्मीद है।

आप एक महान व्यक्ति हो सकते हैं

सन्तोषजनक सेल्स सफलता के ढाई वर्षों के बाद (ईमानदारी से कहूँ तो मैं सन्तोषजनक रूप से भी सफल नहीं था) तस्वीर आश्चर्यजनक रूप से बदल गयी और मेरा कैरियर 180 डिग्री घूम गया। यह कहानी कुछ इस तरह है। मैं नैशविलि, टेनेसी के पी.सी. मैरेल द्वारा आयोजित कार्लोट, उत्तरी कैलीफोर्निया में एक दिन के प्रशिक्षण सत्र में शामिल हुआ। यह एक अच्छा सत्र था, परन्तु मैं जल्दी ही उन विशेष तकनीकों को भूल गया जो मैंने सीखी थीं। बाद में उसी दिन शाम को मैं वापिस घर की ओर लैन्कास्टर, दक्षिणी केरोलिना के लिए एक डिनर डिमॉन्स्ट्रेशन देने के लिए चल पड़ा। मुझे घर पहुँचने में देर हो गयी और उससे भी अधिक देर बिस्तर पर जाने में हुई; फिर लगभग पूरी रात बच्ची ने हमें जगाये रखा। सुबह 5.30 बजे अलार्म बजा और आदत ने मुझे बिस्तर छोड़ने के लिए बाध्य कर दिया। उनींदी आँखों से मैंने खिड़की से बाहर की ओर नज़र डाली और देखा कि बर्फ़ गिर रही थी। ज़मीन पर पहले से ही लगभग 10 इंच बर्फ़ थी और मेरे पास

एक निष्ठुर क्रोसले गाड़ी थी। मैंने वही किया जो उस सुबह हर समझदार व्यक्ति करता, हां आप ठीक सोच रहे हैं, मैं फिर से बिस्तर में घुस गया।

वहाँ लेटे-लेटे मेरे मन में विचार आया कि मैं किसी सेल्स मीटिंग के लिए कभी देरी से नहीं पहुँचा, ना ही मैंने कोई सेल्स मीटिंग कभी छोड़ी। अपनी माँ के शब्द भी मेरे दिमाग़ में उभर आये, "जब तुम किसी के लिए काम करो - तो उनके लिए पूरी तरह से काम करो। अगर तुम कुछ कर रहे हो तो उसमें पूरी तरह से लग जाओ और अगर तुम पूरी तरह से नहीं लग सकते - तो फिर पूरी तरह से उससे बाहर आ जाओ।" बाइबल कहती है, "तुम ठंडे हो या गर्म, मैं बर्दाश्त कर लूँगा, पर क्योंकि तुम गुनगुने हो इसलिए मैं तुम्हें अपने मुंह से थूक दूँगा।" मैं लड़खड़ा कर फिर से बिस्तर से बाहर निकल आया और उस ठंड में कार्लोट की तरफ और जीवन की बिल्कुल नयी डगर पर निकल पड़ा।

जब प्रशिक्षण सत्र पूरा हो गया तो मिस्टर मैरेल ने मुझे एक तरफ़ ले जाकर कहा, "ज़िग, आपको मालूम है, मैं आपको पिछले ढाई वर्षों से देख रहा हूँ और मैंने कभी ऐसी बर्बादी नहीं देखी। (अब दोस्तों, इस बात की ओर आपका ध्यान जायेगा।) कुछ विस्मित सा होकर मैंने उनसे पूछा कि उनकी इस बात का क्या मतलब था। उन्होंने बताया, "आप में बहुत क़ाबिलियत है। आप एक महान व्यक्ति और यहाँ तक कि राष्ट्रीय चैम्पियन हो सकते हैं।" स्वाभाविक रूप से मैं बहुत प्रसन्न हुआ परन्तु थोड़ा सा संशय भी हुआ, इसलिए मैंने पूछा कि क्या वह वास्तव में ऐसा सोचते थे। उन्होंने मुझे आश्वस्त किया, "ज़िग, मेरे दिमाग़ में कोई शक नहीं है, अगर आप वास्तव में काम करें और आपने आप पर विश्वास करना सीख लें तो आप शिखर तक जा सकते हैं।"

सच कहूँ, जब वे शब्द वास्तव में मेरे अन्दर टपके तो मैं चकित रह गया। वे शब्द मेरे लिए क्या मायने रखते थे यह समझने के लिए आपको मेरी पृष्ठ भूमि को समझना होगा। एक लड़के के रूप में जब मैंने हाई स्कूल की सीनियर क्लास में प्रवेश किया तो मैं कुछ नाटा और 120 पौंड से भी कम वज़न का लड़का था। कक्षा पाँच से अधिकांश समय स्कूल के बाद और शनिवार के दिनों में मैं काम करता था और खेलों में सक्रिय नहीं था। छोटे और सुस्त होने के साथ-साथ मैं सहमा हुआ भी था। जब तक मैं 17 वर्ष का नहीं हो गया, मैं किसी लड़की के साथ 'डेट' पर नहीं गया था और वह भी एक 'ब्लाइन्ड डेट' थी किसी और ने मेरे लिए 'फिक्स' की थी। मेरी आत्म-छवि एक छोटे क़स्बे के छोटे लड़के की थी जो किसी दिन उस छोटे क़स्बे में वापिस जाकर एक ही साल में 5117 डॉलर कमाने वाला था। अब, अचानक मेरे सामने वह व्यक्ति जिसकी मैं बहुत प्रशंसा करता था और सम्मान करता था मुझसे कह रहा था, "आप एक महान व्यक्ति हो सकते हैं।" सौभाग्यवश, मैंने मिस्टर मैरेल की बात पर विश्वास कर लिया और मैंने एक चैम्पियन की तरह सोचना, एक चैम्पियन की तरह आचरण करना, अपने आपको एक चैम्पियन की तरह देखना - और एक चैम्पियन की तरह काम करना शुरू कर दिया।

एक बार जब आप विश्वास कर लेते हैं - सफलता आसान हो जाती है

मिस्टर मैरेल ने मुझे बहुत ज़्यादा सेल्स तकनीक नहीं सिखायी परन्तु साल ख़त्म होने से पहले, मैं अमेरिका की 7000 से भी अधिक सेल्समैन वाली कम्पनी में दूसरे नम्बर का सेल्समैन हो गया। मेरे पास क्रोसले की जगह एक लक्ज़री कार आ गयी और मुझे अच्छी तरक्की मिली। अगले साल मैं अमेरिका के सबसे अधिक वेतन पाने वाले प्रबन्धकों में से था। बाद में, मैं देश का सबसे कम उम्र का डिविज़न सुपरवाईज़र हो गया।

मिस्टर मैरेल से मुलाक़ात होने के बाद मैंने अचानक सेल्स की कोई नयी निपुणतायें नहीं सीख ली थीं। ना ही मेरा आई.क्यू. कोई 50 पॉइन्ट बढ़ गया था। मिस्टर मैरेल ने मुझे सन्तुष्ट कर दिया था कि मेरे अन्दर सफल होने की योग्यता थी, मुझे पहुँचने के लिए एक स्तर दे दिया था और मेरे पास जो कुछ पहले से ही था उसे प्रयोग करने का विश्वास दे दिया था। अगर मैंने उन पर विश्वास न किया होता तो उनके सन्देश का मुझ पर कोई प्रभाव नहीं होता। मुझे उम्मीद है कि जब मैं आपसे कहता हूँ कि आप भी एक विशिष्ट व्यक्ति हैं और आप यहाँ पर सफल होने, ख़ुश होने, स्वस्थ होने और मूल्यवान व सार्थक कार्य सम्पन्न करने के लिए आये हैं, तो आप मेरा विश्वास करते हैं।

मिस्टर मैरेल से बहुत पहले हुई उस मुलाक़ात के बाद बहुत सी चीज़ें हुईं, परन्तु वह अवसर मेरे जीवन में एक टर्निंग पॉइन्ट था। इसका मतलब यह नहीं है कि उस यादगार दिन के बाद से चीज़ें हमेशा मेरे पक्ष में ही हुई हैं; ऐसा नहीं हुआ। एक समय ऐसा था जब मैं जीवन के बहुत अधिक उतार-चढ़ावों के साथ एक 'अनिश्चित भटकाव' बन कर रह गया था।

अपने 'उतराव'/ हताशा के दिनों के दौरान मैंने एक दिन डॉ. पील की 'पॉवर ऑफ पोजिटिव थिंकिंग' पढ़ी और मेरा कैरियर जो मुसीबत में था फिर से आगे बढ़ने लगा। डॉ. पील से मुझे अपनी परेशानियों की असली जड़ पहचानने में मदद मिली। यह बताने की ज़रूरत नहीं है कि वह असली जड़ मैं ही था। और बहुत सी अच्छी किताबें व अच्छे लोग हताशा की अन्य अवधियों में मेरे 'जीवन रक्षक' रहे हैं। यही कारण है कि मैं आपको जानबूझ कर अच्छे लोगों व अच्छी पुस्तकों का साथ तलाशने के लिए प्रोत्साहित करता हूँ। मिस्टर मैरेल के बाद जीवन में कुछ 'उतार' भी आये परन्तु अधिकतर 'चढ़ाव' थे, विशेषकर 4 जुलाई 1972 से, जब मैंने जीवन को जीसस क्राइस्ट के सुपुर्द कर दिया।

यह पुस्तक और इस पुस्तक पर आधारित ***रिचर लाइफ कोर्स*** मेरे व्यावसायिक जीवन की प्रमुख घटना रहे हैं। परन्तु अपने कुछ कार्यों को फ्रेंच, जर्मन, जापानी, स्पेनिश

और ब्रेल भाषाओं में अनुवादित होते देखना भी मेरा सौभाग्य रहा है। मैं विद्यार्थियों के समूहों व सेल्स संस्थाओं से लेकर गिरिजाघरों, व्यावसायिक खेल-कूद की टीमों और चेम्बर ऑफ कामर्स तक 16000 तक की संख्या के श्रोताओं को अपना सन्देश देने के लिए बीस लाख मील से ज़्यादा की यात्रा कर चुका हूँ। मैं डॉ. पील, रोनाल्ड रीगन, जनरल 'चेप्पी' जेम्स, आर्ट लिंकलैटर, पॉल हार्वे, ओलम्पिक स्टार बॉब रिचर्डस, डॉ. केन मैक फार्लेन्ड, डब्ल्यू क्लीमेन्ट स्टोन, पेट बून जैसे प्रमुख व विशिष्ट अमेरिकियों व अन्यों के साथ उपस्थित हो चुका हूँ।

मैंने इन चीज़ों का उल्लेख जो कुछ ईश्वर ने मुझे करने की अनुमति दी उससे आपके प्रभावित करने के लिए नहीं किया बल्कि आपको प्रोत्साहित करने के लिए किया है कि जो कुछ आपके पास है उससे आप क्या कर सकते हैं। मैं नहीं मानता कि जहाँ तक आकार, ताक़त, बुद्धिमानी या योग्यता का सम्बन्ध है तो मुझसे ज़्यादा 'औसत' व्यक्ति कोई दूसरा रहा है। मेरा मानना है कि अगर मैं कर सकता हूँ - तो आप भी कर सकते हैं।

किसी की भी जीवन कथा में बहुत सी कारक बातें और बहुत से लोग शामिल रहते हैं परन्तु मेरे जीवन पर जितना विशेष प्रभाव मिस्टर मैरेल का पड़ा उसके बारे में जितना कहा जाये कम है। अविश्वसनीय रूप से (कम से कम मेरे लिए) हमारी पूरी बातचीत पाँच मिनट से भी कम समय तक चली और इसमें सिर्फ़ कुछ दर्जन शब्द शामिल हुए। यही कारण है कि मेरे विचार में एक तस्वीर 10000 शब्दों के मूल्य के बराबर नहीं होती। और यही कारण है कि अपनी हर वार्ता से पहले मैं ईश्वर से माँगता हूँ, "हे भगवान! आज मुझे एक पी.सी. मैरेल बना दे।" इस पुस्तक को लिखने के दौरान पूरे समय मेरी यही प्रार्थना थी। मेरे द्वारा अपने आप को एक छोटे से क़स्बे से आये हुए एक छोटे से व्यक्ति के रूप में तालमेल बिठाने के लिए संघर्ष करते हुए देखना बन्द करने में पी.सी. ने मेरी मदद की। उसने मुझे अपने आप को एक विशेष व्यक्ति जिसके पास दूसरों को कुछ देने के लिए है के रूप में देखने का रास्ता दिखाया।

मेरे लिए यह कितने सौभाग्य की बात होगी कि मैं आपके जीवन में बहुत छोटी परन्तु उसी तरह की भूमिका अदा करूँ। जब मैं आपके साथ अपने विचारों को बाँटता हूँ जो आपके जीवन को लाभकारी बनाते हैं तो मुझे लगता है कि मैं ईश्वर द्वारा बताया गया कार्य कर रहा हूँ। यह मेरी आशा और प्रार्थना है कि यह पुस्तक - और विशेषकर - यह अध्याय एक ऐसा पुल बन जाये जिस पर चल कर आप स्वयं को स्वीकार करने की ओर से दूसरों की स्वीकार करने की ओर बढ़ सकें। अगर ऐसा होता है तो फिर मेरे पुरस्कार बहुत होंगे - मेरा प्याला छलक रहा होगा।

टिप्पणियाँ एवं विचार

खण्ड तीन

दूसरों के साथ आपका रिश्ता

उद्देश्य : I. उस ढंग को स्पष्ट करना जिससे आपको दूसरे लोगों को देखना चाहिए।

II. इस धारणा का महत्व समझाना कि आप दूसरे लोगों को जिस तरह देखते हैं उसी तरह का उनसे व्यवहार करते हैं।

III. इस बात को सिद्ध करना कि आप जीवन में जो चाहते हैं वह पा सकते हैं यदि आप दूसरे लोगों की जो कुछ वे चाहते हैं उसे प्राप्त करने में पर्याप्त सहायता करते हैं।

IV. असली प्यार को पहचानना और विवाहित हो जाने के बाद किस प्रकार प्रणय प्रसंग करें, इस विषय पर विशिष्ट सुझाव देना। (अविवाहित लोग इसे पहले से ही जानते हैं)

अतिरिक्त पाठ्य सामग्री

डेल कार्नेगी	-	*हाऊ टु विन फ्रेन्डस एंड इन्फ्लुएन्स प्यूपिल*
मैरी क्रौली	-	*मोमेनटस विद मैरी*
मैरी क्रौली	-	*थिंक मिंक*
मेक्सवैल माल्टज़	-	*साइको साइबरनेटिक्स*
लीरॉय ब्राउनलो	-	*मेकिंग दि मोस्ट ऑफ लाइफ*
औब्रे एन्डेलिन	-	*मैन ऑफ स्टील एण्ड वेल्वेट (केवल पुरूषों के लिए)*
माराबेल मोरगन	-	*दि टोटल वुमैन (केवल महिलाओं के लिए)*
मैरी क्रिस्टेन्सन	-	*दि क्रिसचियन फैमिली*

अध्याय एक

आपका दूसरों को देखने का ढंग

अच्छाई ढूँढने वाले

कई वर्षों पहले 100 स्वनिर्मित लखपति व्यक्तियों का विश्लेषण किया गया। वे 21 से लेकर 70 वर्ष से अधिक की आयु तक के थे। उनके शैक्षणिक अनुभव स्कूल स्तर से लेकर पी.एच.डी. स्तर तक के थे। उनके स्वभाव की विशेषताओं में भी काफ़ी भिन्नतायें थीं। जैसे कि उनमें से 70 प्रतिशत ऐसे क़स्बों से सम्बन्धित थे जिनकी जनसंख्या 15000 या उससे भी कम थी। परन्तु उन सब में एक बात अवश्य एक जैसी थी कि वे सब के सब अच्छाई ढूँढने वाले थे। वे प्रत्येक स्थिति में दूसरे व्यक्तियों में अच्छा ही देखते थे।

मुझे विश्वास है आपने उस छोटे बच्चे की कहानी सुनी होगी जो क्रोध में अपनी माँ पर चिल्लाता था कि वह उससे घृणा करता है। फिर शायद दंडित किये जाने के भय से वह घर से बाहर पहाड़ी की ओर भाग गया और वहाँ पर घाटी में चिल्लाया, 'मैं तुमसे घृणा करता हूँ, मैं तुमसे घृणा करता हूँ।' घाटी से वापिस प्रतिध्वनि सुनाई दी, 'मैं तुमसे घृणा करता हूँ, मैं तुमसे घृणा करता हूँ।' कुछ अचम्भित सा वह बच्चा अपने घर वापिस भागा और आकर अपनी माँ को बताया कि घाटी में कोई गन्दी प्रवृत्ति का बच्चा है जो मेरे लिए कहता है कि वह घृणा करता है। उसकी माँ उसे दोबारा पहाड़ी की ओर लेकर गयी और वहाँ जाकर उससे, 'मैं तुमसे प्यार करता हूँ, मैं तुमसे प्यार करता हूँ, ज़ोर से बोलने के लिए कहा। जैसा माँ ने बताया बच्चे ने वैसा ही किया और इस बार उसने पाया कि घाटी में कोई अच्छा बच्चा है जो उससे कह रहा है :- 'मैं तुमसे प्यार करता हूँ, मैं तुमसे प्यार करता हूँ।'

जीवन एक प्रतिध्वनि है। जो भी आप बाहर भेजते हैं - वापिस आता है। जो भी आप बोते हैं - वही काटते हैं। जो भी आप देते हैं - वही पाते हैं। जो आप हैं - वही आप दूसरों में देखते हैं। आप क्या हैं और आप क्या करते हैं इससे दरकिनार यदि आप जीवन के सभी क्षेत्रों में सर्वोत्तम पुरस्कार पाना चाहते हैं, तो आपको प्रत्येक व्यक्ति में और प्रत्येक स्थिति में अच्छा ही देखना चाहिये - अच्छाई ढूँढने वाला बनना चाहिये एवं इस स्वर्णिम सिद्धान्त को अपने जीवन की शैली के रूप में अपना लेना चाहिए।

यह शाश्वत सत्य है कि **आप व्यक्तियों को जैसा देखते हैं वैसा ही उनसे व्यवहार करते हैं।** यह भी सत्य है कि दूसरों में आपको अच्छाई व योग्यता दिखाई पड़े, इसके लिए

आपको इस दिशा में प्रयास करना होगा। एक बार आपने दूसरे में अच्छाई व योग्यता ढूँढ ली तो आप उससे अच्छा व्यवहार करेंगे और वह बेहतर कार्य निष्पादित करेगा। अतः अच्छाई ढूँढने वाला बनने के लिए अच्छी व्यापारिक समझ तथा अच्छी मानवीयता का समावेश होना आवश्यक है ।

चाँद को नीचे मत उतारना

अब आपने जब अच्छाई ढूँढ ली तो इसके बारे में बता कर, इसका कुछ अच्छा विस्तार अवश्य कीजिये।

बहुधा लोग अच्छाई देख लेते हैं परन्तु इसे गुप्त रखते हैं। बे सिटी, टेक्सॉस के बे सिटी हाईस्कूल, के सन्दर्भ में यह बात लागू नहीं होती। अक्तूबर 1976 में प्रधानाचार्य जोय इब्राहिम के पूर्ण समर्थन से, बेरी टैकर ने ऐसे विद्यार्थियों को चिन्हित करने का कार्य प्रारम्भ किया जो प्रशंसा और मान्यता के पात्र थे परन्तु उनके सकारात्मक और दायित्वपूर्ण व्यवहार व सोचने के ढंग के बावज़ूद उनकी तरफ़ कभी ध्यान नहीं दिया गया था। उस शिक्षण वर्ष में ऐसे 500 से भी अधिक विद्यार्थियों को अध्यापकों द्वारा चिन्हित किया गया और उन्हें कार्यालय भेजा गया। श्री टैकर ने इस प्रयोग के परिणामों का उल्लेख इस प्रकार किया : 1. अच्छे विद्यार्थियों की पहचान की गयी। 2. विद्यार्थियों ने सीखा कि उन्हें नकारात्मक व्यवहार के बजाय सकारात्मक व्यवहार से पहचान मिलती है। 3. प्रधानाचार्य बहुत से विद्यार्थियों को उनके चेहरे के बजाय उनके पहले नाम से जानने लगे। 4. विद्यार्थियों की सोचने की पद्धति में सुधार हुआ, उन्होंने इस मान्यता मिलने को सराहा। 5. अध्यापक अपनी कक्षा के विद्यार्थियों के सकारात्मक लक्षणों की ओर ध्यान देने लगे।

जब विद्यार्थी श्री टैकर के कार्यालय में पहुँचे तो सामान्यतया कुछ बुरे की आशंका से उनकी पहली प्रतिक्रिया थी, 'मैंने क्या किया है?' जब श्री टैकर ने उन्हें बताया कि उन्होंने क्या किया है तो उनकी जिज्ञासा मुस्कान में बदल गयी।

लगभग चार वर्ष पूर्व मैं डल्लास, टेक्सॉस के एक सफल एवं कर्मठ व्यक्ति, वाल्टर हैली से मिला। हमारी उस मुलाक़ात को मैं कभी नहीं भुला पाऊँगा क्योंकि वाल्टर और मुझमें तुरन्त घनिष्ठता हो गयी थी। थोड़े से भ्रमण के उपरान्त उसने मुझको अपने अनूठे कार्यों मे से एक कार्य दिखाना चाहा। वह बीमा के व्यापार में था और उसे एक दिन नया विचार सूझा कि देश भर में हज़ारों स्वतन्त्र रूप से परचून का व्यापार करने वालों को उनके परचून के भंडार गृह के आधार पर बीमा बेचा जाये।

हमने एक विशाल भंडार गृह का दौरा किया और जैसे ही हम लोगों ने प्रवेश किया, वह स्विच बोर्ड आपरेटर के सामने रुक गया और कहा, 'मैं तुम्हें बताना चाहता हूँ

कि तुम स्विच बोर्ड पर कितना अच्छा कार्य कर रहे हो। तुम लोगों को ऐसा अनुभव कराते हो कि जैसे तुम्हें बहुत ख़ुशी होती है जब वे लोग तुम्हें बुलाते हैं।' 'धन्यवाद मिस्टर हैली, मैं ऐसा ही करने की कोशिश करता हूँ'। फिर हम कार्यालय प्रभाग की ओर गये। जैसे ही हम एक विभाग के आगे से गुज़रे, मिस्टर हैली ने कहा, 'ज़िग, क्षमा करना, आओ इधर चलें। मैं चाहता हूँ आप इस व्यक्ति से मिलें' वह अन्दर गया, अपना परिचय दिया और कहा, 'आपको मालूम है, मैं आपको नहीं जानता परन्तु आपके विभाग को जानता हूँ और आपको यह बता देना चाहता हूँ कि आपके द्वारा इस विभाग की ज़िम्मेदारी संभालने के बाद जो कुछ हो रहा है, उसकी मुझे पूरी जानकारी है। आपके पास अभी तक एक भी शिकायत नहीं है और यह बात आपके लिए प्रशंसनीय है।' उस व्यक्ति ने मुस्कुराकर कहा, 'धन्यवाद मिस्टर हैली, मैं अपनी ओर से सर्वोत्तम प्रयास कर रहा हूँ'।

हम सीढ़ियों से ऊपर गये और जैसे ही हम आन्तरिक कार्यालय में प्रवेश करने वाले थे, वह रुका और उसने कहा, 'ज़िग, डेस्क के पीछे बैठने वाली महानतम सचिव से मैं आपका परिचय कराता हूँ '। 'आप जानती हैं, मुझे नहीं लगता कि मैंने आपसे कभी यह कहा है परन्तु मेरी पत्नी सोचती है कि आपने चाँद को लटका रखा है और वह मानती है कि आप उसे कभी भी नीचे उतार सकती हैं, इसलिए मेरा कहना है - ऐसा मत करना'। 'मुझे यह सुन कर अच्छा लगा।' हम बीमा कार्यालय के अन्दर गये और उसने कहा, 'ज़िग, बीमे के काम में उतरने वाले आज तक के महानतम व्यक्तियों में गिने जाने वाले इस व्यक्ति से हाथ मिलाओ'।

इस पूरे दौरे में तीन मिनट से भी कम समय लगा परन्तु वाल्टर हैली ने इन व्यक्तियों में से प्रत्येक को जीने के लिए कुछ अपेक्षायें दे दी थीं। मिलने के बाद वे पहले से बेहतर महसूस कर रहे थे। उसने, उनकी थोड़ी सी निष्कपट प्रशंसा की जिससे उनमें अपने कार्य के प्रति एवं कम्पनी के प्रति साहस का संचार हुआ। परिणामस्वरूप मैं आपको विश्वास दिला सकता हूँ कि उन्होंने और अधिक प्रभावी ढंग से एवं अधिक सक्षम रूप से कार्य किया। मैं यह भी आपको यक़ीन दिलाता हूँ कि वाल्टर हैली और मैं भी इस दौरे के बाद बेहतर अनुभव कर रहे थे। किसी दूसरे को अच्छाई के लिए प्रभावित व प्रेरित करने और उसे बढ़ावा देने का लाभ आपको न मिले, यह असम्भव है।

समस्या यह है

एक युवा सेल्समैन के रूप में मैंने एक कहानी पढ़ी थी जिसका मुझ पर गहरा प्रभाव पड़ा। एक पाँच वर्ष की लड़की ने एक चर्च के आयोजन में अपना पहला संगीत

कार्यक्रम दिया। उसकी आवाज़ अत्यंत मधुर थी एवं प्रारम्भ से ही उसके प्रति एक महान प्रगति पथ की आशा जागती थी। जैसे-जैसे वह बड़ी होती गयी वैसे-वैसे ही उसकी चर्च, स्कूल व अन्य सामाजिक उत्सवों में माँग बढ़ने लगी। आवाज़ के लिए व्यावसायिक प्रशिक्षण की आवश्यकता को ध्यान में रखते हुए उसके परिवार वालों ने उसे एक जाने-माने प्रशिक्षक के पास भेज दिया। उस अध्यापक को संगीत का जितना ज्ञान था उतना बहुत कम लोगों को था। वह पूर्णतावादी था व हर समय सर्वोत्कृष्ट प्रदर्शन चाहता था। जब कभी वह लड़की थोड़ी सी गड़बड़ाती या अपने सुर को थोड़ा सा भी खोती तो वह ध्यानपूर्वक उसकी त्रुटियों की ओर इशारा कर देता। कुछ समय के बाद लड़की के मन में संगीत अध्यापक के प्रति प्रशंसा का भाव गहराता गया। आयु के अन्तर के बावज़ूद और बावज़ूद इसके कि वह प्रशंसक के बजाय आलोचक अधिक था, लड़की को उससे प्यार हो गया और उन्होंने शादी कर ली।

वह उसे पढ़ाता रहा परन्तु लड़की के मित्रों को उसकी स्वाभाविक मधुर आवाज़ में परिवर्तन दिखाई देने लगा। उसमें वह पहले वाली गुणवत्ता और उत्तेजना नहीं रही। धीरे-धीरे गाने के निमन्त्रण कम होते गये और अन्त में बन्द हो गये फिर उसके अध्यापक पति की मृत्यु हो गयी और कुछ बर्षों तक उसने बहुत कम या लगभग ना के बराबर गाना गाया। उसकी प्रतिभा का प्रयोग नहीं हुआ और वह निष्क्रिय होने लगी जब तक कि एक जोशीले सेल्समैन का उससे मिलना-जुलना शुरू नहीं हुआ। जब कभी वह कोई धुन गुनगुनाती तो वह उसकी आवाज़ की ख़ूबसूरती और मधुरता की प्रशंसा करता हुआ कहता, 'कुछ और गाओ, तुम्हारी आवाज़ दुनिया में सबसे अच्छी आवाज़ है'। अब वास्तविकता यह है कि हो सकता है उस सेल्समैन को ज्ञान न हो कि यह आवाज मधुर है या अमधुर परन्तु उसे यह ज्ञान अवश्य था कि वह उसकी आवाज को बहुत पसन्द करता है। इसलिए वह उस पर प्रशंसा के फूल बरसाता। इसमें कोई अधिक आश्चर्य की बात नहीं है कि उसका खोया हुआ आत्मविश्वास वापिस आ गया तथा उसको पुनः गाने के निमन्त्रण मिलने लगे। काफ़ी बाद में उसने इस अच्छाई ढूँढने वाले सेल्समैन के साथ विवाह कर लिया और वह अपने सफल प्रगति पथ पर आगे बढ़ती गयी।

कुछ लोग कहते हैं कि प्रशंसा मात्र हवाई है परन्तु मैं बलपूर्वक यह कहना चाहता हूँ कि सेल्समैन की प्रशंसा उसके लिए पूरी तरह ईमानदार, निष्कपट और अत्यन्त आवश्यक थी। वस्तुतः **एक निष्कपट प्रशंसा दुनिया की सबसे प्रभावशाली अध्यापन एवं प्रेरक विधियों में से है।** कुछ लोगों को हो सकता है इसमें केवल हवा ही लगे परन्तु जिस प्रकार हमें अपने ऑटोमोबाइल वाहन के टायरों में हवा भरने से आसानी हो जाती है उसी प्रकार जीवन के हाई-वे पर भी इससे आसानी हो जाती है ।

आप एक व्यापारी हैं

एक बार न्यूयॉर्क के एक व्यापारी ने पेन्सिल बेचने वाले एक व्यक्ति के कटोरे में एक डॉलर डाला और जल्दी से वह सब-वे ट्रेन में चढ़ गया। दोबारा कुछ सोच कर वह ट्रेन से उतरा, उस भिखारी के पास गया और उसके कटोरे में से कई पेन्सिलें उठा लीं। उसने क्षमा माँगते हुए कहा, 'जल्दी में मैं पेन्सिलें लेना भूल गया था, आशा है इस बात से तुम परेशान नहीं होगे। आख़िरकार तुम भी मेरी ही तरह व्यापारी हो। तुम्हारे पास बेचने के लिए सामग्री है और तुमने उसकी क़ीमत भी उचित रखी है।' उसके बाद वह दूसरी ट्रेन से चला गया।

कुछ महीनों के उपरान्त एक सामाजिक उत्सव में साफ़-सुथरे कपड़े पहने हुआ एक सेल्समैन उस व्यापारी के पास आया और अपना परिचय दिया, 'आपको शायद मैं याद नहीं हूँ और मैं आपका नाम नहीं जानता परन्तु मैं आपको कभी नहीं भूल पाऊँगा। आप वह व्यक्ति हैं जिसने मुझे मेरा आत्मसम्मान लौटाया। मैं एक भिखारी था और साथ में पेन्सिलें बेचा करता था जब तक कि आपने आकर मुझसे नहीं कहा था कि मैं एक व्यापारी हूँ।'

किसी बुद्धिमान व्यक्ति ने कहा है, **'बहुत से व्यक्ति जितना वह सोचते थे उससे कहीं आगे बढ़ गये क्योंकि उन्हें कोई ऐसा मिल गया जो सोचता था कि वे इससे भी आगे जा सकते हैं।'** आप दूसरों को कैसे देखते हैं? यदि हम किसी की महानतम भलाई कर सकते हैं तो यह उन व्यक्तियों से अपनी दौलत को बाँट कर नहीं बल्कि उन व्यक्तियों को उनके पास जो दौलत है उसकी जानकारी देकर ही सम्भव है । व्यक्ति में कितनी प्रतिभा व योग्यता निहित है, यह आश्चर्यजनक तथ्य है। हमने पहले दो खंडों में आपका आपसे ही परिचय कराने में पर्याप्त समय दिया है। सफलता की दिशा में पहला क़दम अपनी सम्भाव्य सामर्थ्य का ज्ञान होना है और दूसरा क़दम दूसरे की सम्भाव्य सामर्थ्य को जानना है। सौभाग्यवश जब हमें अपनी योग्यता का ज्ञान हो जाता है तो दूसरों की योग्यता को जान लेना आसान हो जाता है। एक बार हम जब इसे देख लेते हैं तो दूसरों को भी यह दृष्टिकोण प्राप्त करने की दिशा में हम उनकी सहायता कर सकते हैं।

बैंकरों ने इन्कार किया

मैरी क्रौली के पास ऋण लेने के लिए प्रस्तुत की जा सकने वाली कोई अनुषांगिक प्रतिभूति (Collateral Security) नहीं थी। बैंकर के दिशा निर्देशों एवं व्यापारिक तर्क के हिसाब से वह ज़रूरी थी। वह अपने नये व्यापार में और पूँजी लगाना चाहती थी, उसे कम्पनी चलाने का कोई अनुभव नहीं था, अपने पहले नियोक्ता से सैद्धान्तिक मतभेद के

कारण उसने वह कम्पनी छोड़ दी थी, अर्थव्यवस्था का तेज़ी से विकास नहीं हो रहा था और इन सब के अतिरिक्त वह एक महिला थी। और भी बुरी बात यह थी कि उसकी एक अजीब सोच थी कि ईसाई सिद्धान्तों पर ही कोई व्यापार खड़ा हो सकता है । अविश्वसनीयता की सीमा तक वह यह भी सोचती थी कि यदि सेल होती है तो इससे ग्राहक, कम्पनी और सेल्समैन सब को लाभ होता है । साथ ही वह बिलों व बोनस आदि का अपनी सुविधा के अनुसार नहीं बल्कि उनकी देय तिथि पर ही भुगतान करने में विश्वास रखती थी, इससे समस्या की गम्भीरता और बढ़ गयी थी।

परन्तु यदि आप सोचते हैं कि यह ग़लत था (बैंकर की नज़र में) तो आगे और ग़लत लगेगा। मैरी क्रौली किसी भी सेल या ट्रेनिंग मीटिंग का आरम्भ प्रार्थना से करने में विश्वास रखती थी। बाद में उसे और उसके पुत्र डॉन कार्टर को, जो उसके साथ व्यापार में काम करता था, एक क्रान्तिकारी विचार आया कि अपंग व्यक्तियों को नौकरी पर रखना एक अच्छा बिज़नेस है। उनके लिए भी अच्छा-आपके लिए भी अच्छा। इसके अलावा तेज़ी से बढ़ती बिक्री, एवं जल्दी-जल्दी लोगों की भर्ती करने पर भी अपने ऑर्डर्स को समय से पूरा न कर पाने के कारण व्यापार क़ाबू से बाहर होता जा रहा था। (दिलचस्प बात यह है कि उनके कुछ प्रतिद्वन्दियों की नज़र में जो उनसे इसलिए ईर्ष्या रखते हैं कि होम इन्टीरियर्स एंड गिफ्ट्स प्रत्येक वर्ष 10 अक्तूबर को भर्ती बन्द कर देते हैं क्योंकि उन्हें कुछ सांस भी लेना है और क्रिसमस के दौरान बढ़े हुए व्यापार में भी निरन्तर अच्छी ही सेवा देना है, यह आज भी क़ाबू से बाहर है)। मेरी जानकारी में ऐसा करने वाली अमेरिका में यह अकेली सेल्स कम्पनी है।

तथापि, यह स्पष्ट है कि वे दो बैंकर जिन्होंने ऋण देने को मना किया था, ग़लती पर थे और जिस बैंकर ने हाँ कहा था वह सही था क्योंकि डल्लास, टेक्सॉस की श्रीमती मैरी क्रौली द्वारा निर्मित होम इन्टीरियर्स एंड गिफ्ट्स वास्तव में शताब्दी की प्रेरणादायी सफलता की गाथाओं में से एक है। कुछ भी नहीं से शुरू करके मैरी क्रौली ने विशिष्ट एवं दीर्घजीवी सफलता के लिए आवश्यक सभी सिद्धान्तों का प्रयोग करके एक ऐसी कम्पनी का निर्माण किया जो प्रत्यक्ष बिक्री की दुनिया में आदर्श बन गयी। ईश्वर में अडिग आस्था को अपना आधार बना कर इस दृढ़ निश्चय के साथ उसने कम्पनी बनायी कि कोई भी व्यापार - विश्वास, कर्तव्यनिष्ठा, परिश्रम एवं सबके लिए समान अवसर के सिद्धान्त पर न केवल खड़ा किया जा सकता है बल्कि उसे इसी प्रकार स्थायित्व प्रदान किया जाना चाहिए। महिला होने पर स्वयं को कृतज्ञ अनुभव करते हुए - मैरी ने पूर्वाग्रह और भेदभाव के दंश को इतना झेला था कि उसने होम इन्टीरियर्स एंड गिफ्ट्स में उसे पैदा नहीं होने दिया।

अधिकांश व्यक्ति यह प्रश्न पूछते हैं कि मैरी क्रौली और उसकी कम्पनी जिसकी स्थापना दिसम्बर 1957 में हुई थी ने क्यों और कैसे इतनी उल्लेखनीय सफलता अर्जित की। उत्तर सरल परन्तु बहुत गहरा है। यदि मुझे संक्षिप्त में मैरी क्रौली और उसकी सफलता को कुछ शब्दों में बताना हो तो मैं कहूँगा कि अपने विश्वास की गहराई के कारण उसने सफलता की ऊँचाई प्राप्त की। वह मानती थी कि विश्वास रखने वाला एक व्यक्ति, रुचि रखने वाले 99 व्यक्तियों के दल के बराबर है। वह प्रत्येक की अपार सम्भावनाओं में विश्वास रखती थी एवं सेल्स महिलाओं को विकास व आर्थिक सफलता के असीमित अवसर प्रदान करने हेतु दृढ़ संकल्पित थी। वह मानती थी कि यदि आप मानसिक, नैतिक, शारीरिक एवं आध्यात्मिक रूप से अपने व्यक्तियों का निर्माण करेंगे तो वे उसी तरह की नींव पर व्यापार का निर्माण करेंगे। किसी भी मापदंड के अनुसार मैरी क्रौली एक सम्पन्न महिला है परन्तु जो कुछ उसने पाया वह उसके कारण सम्पन्न नहीं है बल्कि जो कुछ उसने दिया वह उसके कारण सम्पन्न है।

मैरी ने अपनी पुस्तक, 'थिंक मिंक' में इसे बड़े सुन्दर ढंग से कहा है। उसके वास्तविक नगीनों में से कुछ इस प्रकार हैं : 'खरगोश की आदत मत पालो - ऊदबिलाव की तरह सोचो ', 'लोगों को प्यार की तब सबसे अधिक ज़रूरत होती है जब वे इसके लायक नहीं होते', 'चिन्ता कल्पना का दुरुपयोग है ', 'ईश्वर टूटे हुए दिल को भी जोड़ देता है बशर्ते कि हम उसे सारे टुकड़े दे दें ', 'काश ऐसा हो, सोचने वाले मत बनो - ऐसा कैसे हो, सोचने वाले बनो', 'आपके प्रयास आपको तोड़ सकते हैं परन्तु उन्हें कभी छोड़ना नहीं', 'बड़े दिल वाले बनो - बड़े दिमाग़ वाले नहीं ', 'मुझे ईश्वर का गणित प्यारा लगता है - ख़ुशी दूसरों से बाँटने में धनात्मक व गुणात्मक दोनों रूप में बढ़ती है', 'कुछ बनो - ईश्वर किसी को यूँ ही नहीं बनाता'।

मैरी क्रौली एवं होम इन्टीरियर्स की कहानी में सफलता की उजली धूप और ख़ुशियों के गुलाब ही नहीं थे। उसमें बेहिसाब ख़ून, पसीना और आँसू बहे थे परन्तु प्रेम की प्रचुरता, आस्था, साहस, संवेदना, संकल्प और सरल परिश्रम जैसी महत्वपूर्ण चीज़ों का कभी कोई अभाव नहीं था। इससे दोस्तों, वह सब कुछ मिल जाता है जो आपको भेंट करने हेतु जीवन के पास है। मैरी की कहानी एक अनूठा वृत्तान्त है और यह ऐसा वृत्तान्त है जिसके आधार पर कोई भी वकील न्यायालय में सिद्ध कर सकता है कि आप जीवन में जो प्राप्त करना चाहते हैं, वह कर सकते हैं बशर्ते कि आप दूसरों की, जो वे चाहते हैं उसे प्राप्त कराने में पर्याप्त सहायता करें।

चूहे

कई वर्ष पहले हार्वर्ड विश्वविद्यालय में डॉ. राबर्ट रोजन्थल ने तीन समूह विद्यार्थियों के और तीन समूह चूहों के लेकर कौतूहल भरे प्रयोग किये। उसने विद्यार्थियों के पहले समूह को बताया, 'आप भाग्यशाली हैं। आप लोग बुद्धिमान चूहों के साथ काम करने वाले हैं। इन चूहों की नस्ल को बुद्धिमत्ता के लिए विकसित किया गया है और ये बहुत चतुर हैं। ये कैसी भी भूलभुलैया को पार करके उसके सिरे पर पहुँच जायेंगे। ये पनीर बहुत खाते हैं इसलिए बहुत सा ख़रीद लो'।

दूसरे समूह से कहा गया, 'आप लोगों के चूहे औसत क़िस्म के हैं। ना बहुत चतुर, ना बहुत मूर्ख। ये आख़िरकार भूलभुलैया के सिरे पर पहुँच ही जायेंगे। थोड़ा बहुत पनीर खायेंगे परन्तु इनसे अधिक आशा मत रखना। ये योग्यता और बुद्धिमत्ता में औसत हैं, अतः इनकी उपलब्धि भी औसत स्तर की ही होगी'।

उसने तीसरे समूह से कहा, 'ये चूहे वास्तव में बहुत घटिया हैं। यदि ये भूलभुलैया के सिरे पर पहुँच गये तो यह मात्र संयोग होगा, इनका प्रयास नहीं। ये वाक़ई मूर्ख हैं इसलिए इनकी उपलब्धि भी कम ही होगी। मैं आपसे यह भी कहने की स्थिति में नहीं हूँ कि आप इनके लिए पनीर ख़रीदो। सिर्फ़ भूलभुलैया के आख़िरी सिरे पर पनीर की तस्वीर बना दो'।

अगले छः सप्ताह तक विद्यार्थियों ने एक सी वैज्ञानिक स्थितियों में परीक्षण किये। बुद्धिमान चूहों का कार्य निष्पादन बुद्धिमानों जैसा था। वे बहुत जल्दी भूलभुलैया के सिरे पर पहुँच गये। औसत चूहे : आप औसत क़िस्म के चूहों के समूह से क्या अपेक्षा कर सकते हैं। वे सिरे पर पहुँच तो गये परन्तु उन्होंने इस काम में फुर्ती का कोई रिकॉर्ड कायम नहीं किया। मूर्ख चूहे : हे भगवान, वे सब दुखी थे। उन्हें वास्तव में बहुत परेशानी हुई और उन में से एक को जब आख़िरी सिरा मिल गया तो यह स्पष्ट रूप से मात्र संयोग ही था, उसकी ऐसी कोई योजना नहीं थी।

अब दिलचस्प बात यह है कि कोई भी चूहे बुद्धिमान अथवा मूर्ख नहीं थे। वे सब के सब एक ही साथ पैदा हुए औसत चूहे थे। उनके कार्य सम्पादन में अन्तर, प्रयोग करने वाले विद्यार्थियों के सोचने के ढंग के अन्तर का परिणाम था। संक्षेप में विद्यार्थियों ने चूहों से अलग-अलग व्यवहार किया क्योंकि उन्होंने उन्हें अलग-अलग तरीक़े से देखा और **भिन्न व्यवहार से भिन्न परिणाम प्राप्त होते हैं।** विद्यार्थियों को चूहों की भाषा नहीं आती थी परन्तु चूहों का भी एक सोचने का ढंग होता है और सोचने का ढंग एक शाश्वत भाषा है।

बच्चे - सेल्समैन - रोगी - कर्मचारी - साथी

अब मैं आपसे एक प्रश्न पूछता हूँ। आपके बच्चे किस प्रकार के हैं? यदि आप सेल्समैन हैं तो आपके संभावित ग्राहक किस प्रकार के हैं? यदि आप सेल्स मैनेजर हैं तो आपके सेल्समैन कैसे हैं? यदि आप एक डॉक्टर हैं तो आप किस प्रकार के रोगियों का इलाज कर रहे हैं? यदि आप एक नियोक्ता हैं तो आपके कर्मचारी किस प्रकार के हैं? यदि आप पति हैं तो आपकी पत्नी किस तरह की है? यदि आप पत्नी हैं तो आपके पति किस प्रकार के हैं?

आप कह सकते हैं, 'ज़िग्लर, एक मिनट रुको, लानत भेजो, अभी एक मिनट पहले आप उन चूहों की बात कर रहे थे और अब अगले ही मिनट आप मेरे बच्चों, मेरी पत्नी, मेरे पति और मेरे सम्भावित ग्राहकों की बात कर रहे हो। आप इसे ज़रा कुछ और स्पष्ट करेंगे'। ज़ाहिर है, मैं सोचने के ढंग के बारे में बात कर रहा हूँ और आपका जिन लोगों से वास्ता पड़ता है उनके ऊपर आपके सोचने के ढंग के प्रभाव के बारे में बात कर रहा हूँ। आइये, चूहों वाली कहानी को एक क़दम और बढ़ायें क्योंकि उस प्रयोग को एक कदम और बढ़ा कर स्थानीय ग्रेड स्कूल तक ले जाया गया।

एक अध्यापक से कहा गया, 'आप सौभाग्यशाली हैं। आप बुद्धिमान बच्चों के साथ काम करने वाले हैं। वे बच्चे इतने कुशाग्र हैं कि डर लगता है। वे आपके प्रश्न पूछने से पहले ही उत्तर दे देंगे। वे अत्यन्त मेधावी बच्चे हैं। परन्तु आपको सावधानी भी बरतनी है। हालांकि वे बुद्धिमान हैं परन्तु वे आपको बेवकूफ बनाने का प्रयास करेंगे। उनमें से कुछ आलसी हैं और आप से कम कार्य प्राप्त करने हेतु तर्क-वितर्क करने की कोशिश करेंगे। आप उनकी बात मत सुनना। ये बच्चे पूरा कार्य कर सकते हैं, सिर्फ़ इनके ऊपर कार्य लाद दो। कुछ यह भी कहेंगे कि यह कार्य बहुत कठिन है। आप उनकी सुनना ही नहीं और यह भी चिन्ता मत करना कि प्रश्न बहुत कठिन हैं। ये बच्चे कठिन से कठिन प्रश्न हल कर सकते हैं और करेंगे यदि आप विश्वास के साथ इन्हें प्रतिदिन स्नेह, अनुशासन और सच्चे लगाव की ख़ुराक देते रहें।'

दूसरे अध्यापक को बताया गया, 'आपके पास औसत स्तर के बच्चे हैं। वे ना तो बहुत कुशल हैं ना बहुत मूर्ख। उनके पास औसत स्तर की बुद्धि, औसत स्तर की पृष्ठ भूमि और औसत स्तर की योग्यता है। अतः हमें इनसे औसत परिणाम की ही अपेक्षा है।'

स्वाभाविक तौर से बुद्धिमान बच्चों ने औसत बच्चों से अच्छा कार्य किया। दरअसल वर्ष के अन्त में बुद्धिमान विद्यार्थी औसत विद्यार्थियों से पूरे एक वर्ष आगे निकल गये। मैं शर्त के साथ कह सकता हूँ कि कहानी का अन्त पहचानने के लिए आपको

बुद्धिमान होने की आवश्यकता नहीं है। आप ठीक सोच रहे हैं - कोई बुद्धिमान विद्यार्थी नहीं थे। वे सब साधारण विद्यार्थी ही थे। अन्तर केवल अध्यापक के सोचने के ढंग का था। अध्यापक ने औसत स्तर के विद्यार्थयों को समझा वे बुद्धिमान हैं। उनसे बुद्धिमानों जैसा व्यवहार किया, उनसे बुद्धिमानों की तरह के कार्य सम्पादन की अपेक्षा की और उन्होंने वैसा किया। उनको कुछ ऐसा दिया गया ताकि वे वहाँ तक चढ़ें, कुछ ऐसा नहीं कि वे वहाँ तक उतरें। यह सच है कि **आप किसी को जैसा देखते हैं, वैसा ही उससे व्यवहार करते हैं और आप जिस तरह का उससे व्यवहार करते हैं, बहुधा उसी तरह का वह बन जाता है।**

अब एक दूसरा प्रश्न है : क्या आपको अपने बच्चे पिछले पाँच मिनट में पहले की तुलना में कुछ होशियार लगे आपकी संस्था में सेल्स टीम का क्या हाल है? क्या आपके कर्मचारी या आपके साथी इन कुछ मिनटों में अधिक बुद्धिमान, अधिक व्यावसायिक, अधिक समझदार हुए? और आपकी पत्नी क्या पहले से अधिक सुन्दर एवं रोचक हो गयी? आपके पति के डील-डौल मे बढ़ोत्तरी हो गयी? यदि ये चीज़ें नहीं हुई हैं तो मेरा आपसे आग्रह है कि आप पन्ने पीछे पलटें और फिर पढ़ें क्योंकि आपने सार की बात ही खो दी और आपके परिवार, मित्रों एवं साथियों के साथ एक समस्या है - वह समस्या आप हैं।

एक कवि ने यह बात बहुत सुन्दर ढंग से कही है, 'यदि आप किसी व्यक्ति को, वह जैसा है वैसा ही लेते हैं, तो आप उसे वह जैसा था उससे बद्तर बना देते हैं परन्तु यदि आप उसे सर्वोत्तम सम्भव व्यक्ति के रूप में देखते हैं तो वह वास्तव में सर्वोत्तम सम्भव व्यक्ति बन जाता है'। इन शब्दों को पढ़ते-पढ़ते यदि आपको अपने बच्चे अचानक होशियार लगने लगे, यदि अपना पति, पत्नी या साथी अच्छा लगने लगा, तो मैं कहूँगा, 'बधाई हो, आप प्रगति कर रहे हैं'।

दूसरों में अच्छा देखने के इस सिद्धान्त का बहुत अच्छा उदाहरण अवकाश - प्राप्त यू.सी.एल.ए. कोच जॉन वुडन हैं जो संयोगवश लिओ ड्रोकर के प्रसिद्ध परन्तु स्पष्टतया ग़लत कथन कि अच्छे लोग पिछड़ जाते हैं का उपयुक्त उत्तर हैं। वुडन अपने बास्केटबॉल खिलाड़ियों में पूर्ण व्यक्ति देखते थे और उनके नैतिक मूल्यों की उतनी ही परवाह करते थे जितनी उनकी फुर्ती की। उनका ऐसा विश्वास था और वे ऐसा सिखाते भी थे कि जीवन में हर चीज़ दूसरे का ख्याल रखने से बढ़ जाती है। टीम भावना, समर्पण, एकनिष्ठा, साहस, सन्तुलन व नियन्त्रण उनकी टीमों के पहचान चिह्न थे। क्योंकि उनकी टीमों ने 12 में से 10 बार राष्ट्रीय चैम्पियनशिप जीती और इनमें भी 7 बार लगातार, इसलिए उनके सिद्धान्त से असहमति की बहुत गुंजाइश नहीं है। आपको यह जानकर आश्चर्य होगा कि यह विजेताओं का विजेता जीतने को सबसे महत्वपूर्ण चीज़ नहीं मानता था। दरअसल,

उसने अपने खिलाड़ियों से जीतने के लिए कभी कहा भी नहीं । उसने हर व्यक्ति से अपनी ओर से सर्वोत्तम प्रयास करने पर बल दिया और अनुभव किया कि खिलाड़ी को तब ही बुरा लगना चाहिये जब उसने अपनी ओर से पूरी जान नहीं लगायी।

तुम एक घटिया फुटबाल खिलाड़ी हो

ग्रीन बे पैकर्स के लिए एक अभ्यास सत्र के दौरान विन्स लम्बार्डी की टीम के हालात अच्छे नहीं चल रहे थे। लम्बार्डी ने एक गार्ड को पुल-आउट करने में असफल रहने के कारण एक तरफ़ निकाल दिया। गर्मी व उमस से भरे उस दिन प्रशिक्षक लम्बार्डी ने अपने उस गार्ड को एक तरफ़ बुलाया और वह उस पर बुरी तरह बरस पडे, 'बेटे, तुम एक निहायत ही घटिया फुटबाल खिलाड़ी हो। गेंद को तुम रोक नहीं रहे हो, तुम संभाल नहीं रहे हो, तुम बाहर नहीं निकाल रहे हो। दरअसल, यह सब तुम्हारे लिए आज ख़त्म हो गया। जाओ और नहा लो।' गार्ड सिर झुकाये ड्रेसिंग रूम में आ गया। 45 मिनट बाद जब लम्बार्डी आये तो उन्होंने देखा कि गार्ड अपने लॉकर के सामने बैठा था और अभी भी यूनिफार्म पहने हुए था। उसका सिर झुका हुआ था और वह चुपचाप सुबक रहा था।

विन्स लम्बार्डी जो इरादों में सख़्त परन्तु सदैव एक सुहृदय योद्धा थे, ने उस समय जो कुछ किया वह भी उनका निरालापन ही था । वह अपने फुटबाल खिलाड़ी के पास गये और उसके कन्धे पर हाथ रख कर कहा, 'बेटे, मैंने तुमसे सच कहा है, तुम एक घटिया फुटबाल खिलाड़ी हो। गेंद को तुम रोक नहीं रहे हो, तुम संभाल नहीं रहे हो, तुम बाहर नहीं निकाल रहे हो। हालांकि एक तरह से तुम्हारे लिए मुझे यह कहानी समाप्त कर देनी चाहिये परन्तु तुम्हारे अन्दर, बेटे, एक महान फुटबाल खिलाड़ी है और मैं तब तक तुम्हारा साथ नहीं छोड़ूँगा जब तक तुम्हारे अन्दर के उस महान फुटबाल खिलाड़ी को बाहर निकल कर कुछ कर दिखाने का अवसर नहीं मिल जाता'। ये शब्द सुन कर जैरी क्रैमर सीधा खड़ा हो गया और उसे बहुत अच्छा लगा। वस्तुतः उसे इतना अच्छा लगा कि वह फुटबाल का एक सर्वकालीन महान खिलाड़ी बन गया और अभी हाल में प्रथम 50 वर्षों के व्यावसायिक फुटबाल खेल में उसे सर्वकालीन गार्ड चुना गया।

ऐसे थे लम्बार्डी। वह आदमियों में वह चीज़ देख लेते थे जिसे वे आदमी अपने अन्दर अक्सर नहीं देख पाते थे। उनमें अपने लोगों को उनके अन्दर छिपी प्रतिभा का प्रयोग करने हेतु प्रेरित करने की योग्यता थी। परिणामस्वरूप इन खिलाड़ियों ने ग्रीन बे में लम्बार्डी को लगातार तीन वर्ष तक विश्व चैम्पियनशिप जीत कर दी। बाद में जब वे वाशिंगटन चले गये तो बहुत से लोगों को आश्चर्य था कि वहाँ पर वे सोनी जर्गन्सन जैसे कुशल परन्तु अनुशासनहीन क्वार्टर बैक खिलाड़ी को कैसे संभालेंगे। उन लोगों को बहुत देर तक आश्चर्य नहीं करना पड़ा। अभ्यास के पहले ही दिन एक रिपोर्टर ने उनसे जर्गन्सन

के बारे में प्रश्न पूछ लिया। लम्बार्डी ने सोनी को अपने पास बुलाया और अपनी बाज़ू को उसकी कमर पर लपेटते हुए कहा, 'महाशय, फुटबाल के मैदान में उतरने वाला यह महानतम क्वार्टर बैक खिलाड़ी है'। क्या इसमें कोई आश्चर्य की बात है कि जर्गन्सन का वह अब तक का सर्वोत्तम वर्ष रहा? लम्बार्डी दूसरों में अच्छा देखते थे, उन्हें जैसा देखते थे वैसा ही उनसे व्यवहार करते थे और उनके अन्दर जो कुछ अच्छा था उसको विकसित करने में उनकी सहायता करते थे।

लिटिल ऐनी

कई वर्षों पहले बोस्टन, मास, के एकदम बाहर एक मानसिक संस्था में एक युवा लड़की जो लिटिल ऐनी के नाम से जानी जाती थी, एक कालकोठरी में क़ैद थी। यह संस्था विशेष तौर से मानसिक रूप से विक्षिप्त लोगों के इलाज के लिए प्रसिद्ध थी। फिर भी डॉक्टरों की राय में बुरी तरह से मन्दबुद्धि लोगों के लिए कालकोठरी ही एकमात्र उपयुक्त स्थान था। लिटिल ऐनी के मामले में डॉक्टरों को उसके लिए कोई आशा दिखाई नहीं देती थी, इसलिए इस छोटी सी पिंजरेनुमा कोठरी में जिसमें बहुत कम रोशनी और उससे भी कम आशा की किरण आती थी, वह एक ज़िन्दा लाश बन गयी थी ।

उस समय उस संस्था की एक बुजुर्ग नर्स अपनी सेवानिवृत्ति के क़रीब थी। वह मानती थी कि ईश्वर द्वारा बनाये गये सभी प्राणियों के लिए कुछ ना कुछ उम्मीद है। अतः उसने अपना लंच कालकोठरी के अन्दर ले जाकर ऐनी के पिंजरे के बाहर खाना शुरू कर दिया। उसे लगा कि शायद वह उस छोटी लड़की में कुछ प्यार और आशा का संचार कर पाये।

लिटिल ऐनी काफ़ी हद तक में एक जानवर की तरह थी। कई बार वह अपने पिंजरे में आने वाले व्यक्ति पर हिंसक आक्रमण कर देती थी और कई बार वह उनकी तरफ़ बिल्कुल ध्यान ही नहीं देती थी। जब उस बुज़ुर्ग नर्स ने उसके पास जाना शुरू किया तो ऐनी ने ऐसा संकेत तक नहीं दिया कि मानो उसे नर्स की उपस्थिति का आभास भी हो। एक दिन वह बुज़ुर्ग नर्स कुछ ब्राउनीज़ लेकर आयी और उन्हें ऐनी के पिंजरे के बाहर छोड़ गयी। लिटिल ऐनी ने ऐसा कोई संकेत तक नहीं दिया कि जैसे उसे पता हो कि वे रखी हैं। परन्तु जब नर्स दूसरे दिन आयी तो वहाँ ब्राउनीज़ नहीं थीं। उस दिन के बाद वह नर्स प्रत्येक गुरूवार को ब्राउनीज़ लेकर आती। शीघ्र ही संस्था के डॉक्टरों को लगने लगा कि ऐनी में कुछ बदलाव आ रहा है। कुछ दिनों बाद उन्होंने तय किया कि लिटिल ऐनी को वहाँ से हटा कर ऊपरी मंज़िल पर ले जाया जाये। आख़िर में वह दिन आ ही गया जब इस नाउम्मीद समझी जाने वाली बीमार लड़की के बारे में कहा गया कि वह घर वापिस जा सकती है।

परन्तु लिटिल ऐनी वहाँ से जाना नहीं चाहती थी। वह जगह उसके लिए इतने मायने रखती थी कि उसे लगा कि वहाँ पर रह कर दूसरे रोगियों के लिए काम करके वह कुछ योगदान दे सकती है। उस बुज़ुर्ग नर्स ने उसके जीवन में इतना कुछ देखा और इतना कुछ लाया कि ऐनी को लगा कि वह भी दूसरों में कुछ देख सकती है और उनके विकास के लिए उनकी सहायता कर सकती है।

बहुत वर्षों बाद जब इंग्लैंड की रानी विक्टोरिया ने एक विदेशी को जिसका नाम हैलन केलर था इंग्लैंड का सर्वोच्च पुरस्कार देते हुए उससे पूछा, 'जीवन में अपनी उल्लेखनीय उपलब्धियों का श्रेय आप किसे देती हैं? यद्यपि आप अंधी भी हैं और बहरी भी फिर भी इतना सब कुछ आप कर पायीं, इस बारे में आपके क्या विचार हैं? 'बिना किसी क्षणिक रुकावट के हैलन केलर ने कहा कि यदि ऐनी सुलिवन (लिटिल ऐनी) नहीं होती तो हैलन केलर भी गुमनाम ही रहती।

इस बारे में बहुत अधिक जानकारी तो नहीं है लेकिन किसी रहस्यमयी बीमारी के कारण अपंग और असहाय होने से पहले हैलन केलर एक सामान्य व स्वस्थ बच्ची थी। ऐनी सुलिवन को हैलन केलर ईश्वर द्वारा रचित विशेष व्यक्तियों में से लगी, जैसी वह लगी उसने वैसा ही उसके साथ व्यवहार किया – उसे प्यार किया, उसे अनुशासित किया - उसके साथ खेली, प्रार्थना की और तब तक उसके साथ लगी रही जब तक कि उसके जीवन की टिमटिमाती लौ, विश्व भर के लोगों को राह दिखाने वाला एक प्रकाश पुंज नहीं बन गयी। हाँ, लिटिल ऐनी से अपने जीवन का स्पर्श पा लेने के बाद हैलन केलर ने लाखों लोगों के जीवन को प्रभावित किया।

आँखों से पता चलता है

बहुत सालों पहले उत्तरी वर्जीनिया में एक वृद्ध व्यक्ति एक नदी के किनारे पर उस पार जाने की प्रतीक्षा में खड़ा था। क्योंकि कड़कड़ाती सर्दी थी और वहाँ कोई पुल वगैरा नहीं थे, इसलिए नदी पार जाने के लिए उसे कोई न कोई सवारी ही पकड़नी थी। काफ़ी लम्बी प्रतीक्षा के बाद उसे घुड़सवारों का एक समूह आता दिखायी दिया। उसने पहले घुड़सवार को गुज़र जाने दिया, फिर दूसरा, तीसरा, चौथा और पाँचवाँ। आखिर में केवल एक घुड़सवार बच गया। जैसे ही वह बराबर में आया, वृद्ध आदमी ने उसकी आँखों में देखा और कहा, 'महोदय, क्या आप मुझे नदी पार करने तक सवारी दे सकते हैं?'

घुड़सवार ने क्षण भर भी हिचकिचाहट किये बिना कहा, 'क्यों नहीं, अवश्य, आओ बैठ जाओ'। नदी पार होने के बाद वृद्ध व्यक्ति घोड़े से उतर गया। जाने से पहले घुड़सवार ने कहा, 'महोदय मैं इस बात को देखे बिना नहीं रह सका कि आपने बाक़ी सब

घुड़सवारों को उनसे सवारी के लिए कहे बिना ज़ाने दिया। फिर जब मैं आपके बराबर में आया तो आपने मुझसे फौरन सवारी के लिए कह दिया। मैं यह जानने के लिए उत्सुक हूँ कि आपने उनसे क्यों नहीं कहा और मुझसे ही क्यों कहा? बूढ़े व्यक्ति ने शान्ति से उत्तर दिया, 'मैंने उनकी आँखों मे देखा और मुझे वहाँ कोई प्यार नज़र नहीं आया तो मैं अपने दिल में जान गया कि उनसे सवारी के लिए कहना व्यर्थ है। परन्तु जब मैंने आपकी आँखों में देखा तो मुझे संवेदना, प्यार और सहायता करने की इच्छा दिखाई दी। मैं जान गया कि मुझे नदी पार कराने के लिए सवारी देने में आपको प्रसन्नता होगी'।

इसके साथ ही घुड़सवार ने कहा, 'आपको पता है, आप जो कह रहे हैं उसके लिए मैं आपका बहुत आभारी हूँ। यह मेरे लिए बहुत महत्वपूर्ण बात है।' इसके साथ ही थॉमस जैफरसन घूमा और व्हाइट हाउस के लिए घोड़े पर चल पडा। यह सच कहा गया है कि हमारी आँखें हमारी आत्मा की खिड़कियाँ हैं। इस सन्दर्भ में बूढ़े व्यक्ति ने उन्हें सही पढ़ा था। प्रश्न :- यदि आप आख़िरी घुड़सवार होते तो क्या बूढ़े व्यक्ति ने आपसे नदी पार करने के लिए सवारी माँगी होती? यह महत्वपूर्ण है कि उसने माँगी होती क्योंकि सलाह देने में और सहायता के लिए हाथ बढ़ाने में बहुत भारी अन्तर है। आप और आपका उत्साह किसी एक के लिए या कुछ लोगों के लिए उस विशेष नदी पार कराने हेतु सवारी देने के लिए हो सकता है। हार्वी फायरस्टोन ने जिसने लोगों की उपलब्धियों के पर्वत चढ़ने में सहायता की, अपने कथन में इसे बहुत सुन्दर ढंग से कहा है, '**आपको दूसरों से सर्वश्रेष्ठ तभी प्राप्त होता है जब आप अपना सर्वश्रेष्ठ देते हैं**'।

कोई ज़रूरत देखो - और उसे पूरा करो

लावोन और वर्न ड्रेट की कहानी, अनूठे साहस, सिद्धान्तों के प्रति समर्पण और इस अटूट विश्वास की कहानी है कि विश्वास एवं परिश्रम जीवन की अधिकांश समस्याओं के उत्तर हैं। पोलियो-ग्रस्त होने के समय तक वर्न प्लास्टर का काम करके अच्छी कमाई कर लेने वाला तीन छोटे बच्चों का पिता था। जीवन के लिए एक साहस भरे संघर्ष के बाद उसे साढ़े चार वर्ष तक के लम्बे स्वास्थ्य लाभ हेतु विवश होना पड़ा। आज वर्न और लावोन 80 लाख डालर प्रति वर्ष का व्यापार संभाल रहे हैं और उनके 1000 से भी अधिक टपरवेयर डीलर हैं।

पोलियो-ग्रस्त होने से लेकर आज तक की स्थिति के बीच जो कुछ हुआ वह अपने आप में एक कहानी है। जब वर्न ने बिस्तर पकड़ लिया और सारी बचत राशि ख़र्च हो गयी तो लावोन ने बाहर नौकरी कर ली। परन्तु उसका काम उसे पूरी तरह थका देता था और उसे वर्न और बच्चों से प्रतिदिन 10 घंटे दूर रहना पडता था। उसने टपरवेयर अपील का

उत्तर दिया, व्यापार से प्यार करने लगी और दो वर्ष के बाद वह पूर्णकालिक स्तर पर विक्रय के क़ाम में जुट गयी। काम दिलचस्प था और लाभदायक भी तथा अब वह अपने काम के समय को अपने परिवार के हिसाब से व्यवस्थित करने लगी बजाय इसके कि वह अपने परिवार को अपने काम के हिसाब से व्यवस्थित करती जैसा कि वह पहले करती आ रही थी। लगभग तभी उसने पहचाना कि अन्य पुरुष और महिलायें भी इसी तरह की समस्याओं का सामना कर रहे हैं, इसलिए उसने उनकी सहायता हेतु अपना हाथ बढ़ाना शुरू कर दिया। परिणाम : पूरे देश में नम्बर एक डीलरशिप, ड्रेट्स के लिए आर्थिक सुरक्षा और उनके समुदाय के लिए, उनके साथ काम करने वालों के लिए, एवं उनके चर्च के कार्यों हेतु योगदान व सहयोग प्रदान करने के अवसर।

अपने लक्ष्यों को प्राप्त करने की प्रक्रिया में वर्न और लावोन ने अपने 125 प्रबन्धकों के लिए एवं अनगिनत डीलर्स के लिए सुन्दर नयी कारें रखने और उन्हें अपनी उपलब्धियों को अर्जित करने के सपने को सम्भव व साकार कर दिखाया। उन्होंने हैल ऐम्पी सहित जो आज टपरवेयर के वाइस प्रेज़िडेंट हैं, सैकड़ों की संख्या में दूसरों को भी विकास के अवसर प्रदान किये। उनकी उत्कृष्ट सफलता, दूसरों की ज़रूरतों को देखने और उन ज़रूरतों के लिए कुछ करने का परिणाम है। आप लोगों को जैसा देखते हैं वैसा ही उनसे व्यवहार करते हैं और यदि आप दूसरों को वैसा ही देखते हैं जैसे कि वर्न और लावोन तो आप भी बहुत कुछ पा रहे होंगे क्योंकि आप बहुत कुछ दे रहे होंगे।

दूसरों को खिलाओ - खुद ठीक से खाओ

एक व्यक्ति को स्वर्ग और नर्क दोनों के भ्रमण का अवसर दिया गया ताकि वह बुद्धिमत्तापूर्वक अपनी अन्तिम मंजिल चुन सके। शैतान को पहले अवसर दिया गया, इसलिए उसने सम्भावित सदस्य का भ्रमण नर्क से प्रारम्भ किया। पहला दृश्य आश्चर्यचकित कर देने वाला था क्योंकि वहाँ उपस्थित सारे के सारे लोग एक दावत की मेज़ पर बैठे थे जिस पर वे समस्त खाद्य पदार्थ रखे हुए थे जिनकी कल्पना की जा सकती है। यहाँ तक कि विश्व के कोने कोने से भाँति-भाँति प्रकार के माँस, फल, सब्ज़ियाँ और वे सारे स्वादिष्ट भोजन जिनके बारे में व्यक्ति को ज्ञान है। न्यायसंगत रूप से शैतान ने बताया कि किसी ने भी इससे अधिक कुछ और की फ़रमाइश नहीं की।

परन्तु जब उस व्यक्ति ने उन लोगों को ध्यानपूर्वक देखा तो उसे किसी के चेहरे पर मुस्कान नहीं दिखी। वहाँ किसी प्रकार का कोई संगीत नहीं था, कोई उल्लास नहीं था जो बहुधा ऐसी दावतों के अवसर पर होता है। मेज पर बैठे लोग सुस्त और अनमने लग रहे थे और एक तरह से बस हाड़-माँस के पुतले थे। भ्रमणकर्ता व्यक्ति ने देखा कि प्रत्येक

व्यक्ति की बाँयी बाज़ू के साथ खाना खाने का एक फोर्क (काँटा) बँधा था और दायीं बाज़ू के साथ खाना खाने की छुरी बँधी थी। प्रत्येक में चार पायों वाला हेन्डिल था जिसके कारण खाना असम्भव हो गया था। इसलिए सब प्रकार का खाना सामने रखा होने के बाद भी वे भूख़े मर रहे थे।

दूसरा पड़ाव स्वर्ग था, जहाँ उस भ्रमण कर्ता ने सभी अर्थों में बिल्कुल वैसा ही दृश्य देखा - वही खाने, वही चार पायों के हेन्डिल वाले छुरी और काँटे। फिर भी स्वर्गवासी हँस रहे थे, गा रहे थे और मस्ती कर रहे थे। वे अच्छे खाये- पिये और स्वस्थ थे। भ्रमणकर्ता क्षण भर के लिए विस्मय में रह गया। उसे आश्चर्य था कि एक ही तरह की स्थितियों के बावज़ूद भी परिणाम इतने भिन्न कैसे थे? नर्क में लोग भूख़े मर रहे थे और दयनीय लगते थे जब कि स्वर्ग में लोग अच्छी तरह भरे पेट और प्रसन्न थे। फिर उसे अपने इस प्रश्न का उत्तर दिखाई दिया। नर्क़ में प्रत्येक व्यक्ति स्वयं को खिलाने का प्रयास कर रहा था। चार पायों वाले छुरी और काँटे ने इसे असम्भव कर दिया था। स्वर्ग में प्रत्येक व्यक्ति अपने सामने वाले व्यक्ति को खिला रहा था और सामने वाला व्यक्ति उसे खिला रहा था। एक दूसरे की सहायता करके उन्होंने अपनी सहायता की।

सन्देश स्पष्ट है। आप जिस तरह से स्थितियों को व लोगों को देखते हैं वह बहुत महत्वपूर्ण हैं क्योंकि आप **स्थितियों को तथा लोगों को बिल्कुल वैसा ही लेते हैं जैसा आप उन्हें देखते हैं**। यही एक कारण है कि मैं आपको स्मरण कराता रहता हूँ - आप जीवन में जो कुछ चाहते हैं वह आपको प्राप्त हो सकता है - यदि आप दूसरे जो चाहते हैं, उसे प्राप्त कराने के लिए उनकी पर्याप्त सहायता करते हैं।

टिप्पणियाँ एवं विचार

अध्याय दो
अच्छा हो या बुरा - आप आगे बढ़ा देते हैं

मँझले बच्चे 'भिन्न' होते हैं

मैं आपको एक व्यक्तिगत और उलझन भरी कहानी सुनाता हूँ। हमारे तीन बेटियों वाले परिवार को एक परेशानी का सामना करना पड़ा। हमारी मँझली बेटी लगभग पाँच वर्ष की थी। जैसा कि हर कोई जानता है कि मँझला बच्चा 'भिन्न' होता है और वह बहुधा समस्याजनक बच्चा होता है। हमें पहले से ही मालूम था कि हमें अपनी मँझली बेटी के साथ परेशानी आयेगी क्योंकि हमारे मित्रों ने और रिश्तेदारों ने हमें विश्वास दिला दिया था कि मँझला बच्चा 'भिन्न' होता है ।

इस अन्तर का कारण यह माना जाता है कि मँझले बच्चे को ना तो बड़े बच्चे की तरह सुरक्षा व स्वतन्त्रता मिली होती है और ना ही उसे वह स्नेह व विशेष ध्यान मिल पाता है जो प्रायः छोटे बच्चे के प्रति होता है। बच्चे आपकी सोच के विपरीत, आपसे सहयोग ही करना चाहते हैं। यदि माँ-बाप सोचते हैं कि उनका मँझला बच्चा भिन्न ही बनने वाला है तो वे निश्चय ही उससे भिन्न व्यवहार करते हैं। और जब ऐसा होता है तो बिल्कुल वैसे ही जैसे कि ईश्वर ने वे छोटे हरे सेब बनाये हैं, मँझला बच्चा आपकी सोच के साथ सहयोग करता है और भिन्न बन जाता है। हमें यह किसी ने नहीं बताया था कि इस अन्तर का सकारात्मक या नकारात्मक होना इस बात पर निर्भर करता है कि हमने बच्चे से किस प्रकार का व्यवहार किया है।

मेरे अपने मामले में, मैंने अपनी मँझली बेटी को एक विशेष तरीक़े से संभाला। मैंने एक नहीं हज़ार बार कहा होगा, 'सिन्डी इतना चिल्लाती क्यों है? वह सुजैन और जूली की तरह क्यों नहीं बन सकती? वह अलग क्यों है? वह प्रसन्न व ख़ुश क्यों नहीं रहती?' सिन्डी केवल एक ही तरह इन बातों का उत्तर दे पाती - वह चिल्लाती, शिक़ायत करती, बखेड़ा खड़ा करती और अक्सर मेरे द्वारा दिये गये विस्तृत निर्देशों का पालन करती। शुरू में वह भिन्न तरह की नहीं थी परन्तु हमने उसे भिन्न तरह का बना दिया। फिर, हमारे परिवार ने मस्तिष्क के कार्य करने के ढंग के बारे में अध्ययन करना प्रारम्भ किया। बाइबल में जो स्पष्टरूप से कहा गया है वह हमने अन्ततः सीख लिया, 'तुम जैसा बोओगे, वैसा ही काटोगे'। हम समझ गये कि नकारात्मक आदेशों को रोप कर सकारात्मक बच्चे का विकास नहीं किया जा सकता जिस प्रकार सेम की फलियों को रोप कर आलू नहीं उगाये

जा सकते।

हमने अपने तरीक़े में कुछ महत्वपूर्ण बदलाव किये। जब भी हमारे घर पर कोई मिलने आता, मेरी पत्नी और मैं सिन्डी का विशेष प्रकार से परिचय करवाते, 'यह वो छोटी सी बच्ची है जिसे प्रत्येक व्यक्ति बहुत प्यार करता है क्योंकि यह बहुत प्रसन्न रहती है। यह हँसती रहती है और हर समय मुस्कुराती रहती है'। फिर, 'बेटा, इन लोगों को अपना नाम बताओ'। वह सदैव अपने सामने के दो गायब दाँतों से उपहास भरी मुस्कुराहट के साथ कहती, 'मैं टैडपोल (मेंढक का बच्चा) हूँ। फिर हम दोहराते, 'यह एक ऐसी छोटी सी बच्ची है जो हमेशा मुस्कुराती रहती है और हँसती रहती है। यह बहुत प्रसन्नचित्त और मित्रवत है, क्यों बेटा?' वह बस झेंप कर कहती, 'जी हाँ सर या जी हाँ मैडम।' (हमारा मानना है कि माँ-बाप के आदेश देने के अधिकार के प्रति मौलिक शिष्टाचार और सम्मान की भावना जैसे अति लाभदायी और महत्वपूर्ण लक्षण को आप अपने बच्चों में विकसित कर सकते हैं। हमें विश्वास है कि किसी को अपने माँ-बाप की तरह सम्मान देने में बच्चे उसे अपने मित्र या साथी की तरह सम्मान देने की अपेक्षा स्वयं को अधिक सुरक्षित अनुभव करते हैं। अतः हमें जी हाँ सर और जी हाँ मैडम की आवश्यकता थी)।

हमें इस प्रक्रिया का अनुसरण करते हुए केवल एक ही माह हुआ था कि हमारा एक ऐसे उमंग भरे अनुभव से गुज़रना हुआ जिससे किसी भी माँ बाप का हृदय ख़ुशी से फूल उठता। कोई हमसे मिलने आया और जैसी कि हमारी प्रथा थी मैंने सिन्डी को वहाँ बुलाया और कहा, 'यह हमारी छोटी सी बच्ची है जिसे हर कोई प्यार करता है। बेटा इन्हें बताओ, आपका क्या नाम है'? उसने मेरे कोट की आस्तीन थाम ली और कहा, 'डैडी, मैंने अपना नाम बदल लिया है।' कुछ विस्मय से मैंने कहा, 'अब आपका नाम क्या है?' पहले से कहीं बड़ी मुस्कान के साथ उसने उत्तर दिया, 'मैं हैप्पी टैडपोल हूँ।'

हमारे दोनों तरफ़ के पड़ोसी जानना चाहते थे कि सिन्डी को क्या हो गया है। हाँ, सिन्डी को कुछ हो गया था परन्तु यह तब तक नहीं हुआ जब तक कि उसके माता-पिता ने उसे एक ऐसे बच्चे के रूप में देखना शुरू नहीं किया जिसमें उनसे सर्वोत्तम उपहार प्राप्त करने की पात्रता है। जब हमने उसे एक नई रोशनी में देखा तो हमने एक प्रसन्नचित्त और ख़ुश लड़की की तरह उससे व्यवहार किया जो उसका अधिकार था और वह उसी प्रकार की लड़की बन गयी। इसलिए आज हम उसे 'मधुरिमा' कह कर बुलाते हैं। हाँ, आप लोगों को जैसा देखते हैं वैसा उनसे व्यवहार करते हैं। अतः यह अत्यन्त आवश्यक है कि हम दूसरों को ठीक से देखना सीख लें।

तीन छोटी लड़कियाँ

कुछ वर्षों पहले जब हम स्टोन माउन्टेन, जॉर्जिया में रहते थे, मेरा ऑफिस पास के कस्बे डेकाटर में था। एक दिन, मेरा एक मित्र जो बीमे के व्यापार में था मिलने आया। उसके साथ उसकी तीन बेटियाँ भी थीं जो लगभग तीन, पाँच और सात वर्ष की आयु की थी। वे बहुत सुन्दर कपड़े पहने हुए थीं और छोटी गुड़िया लग रही थीं। बिल्कुल अविश्वसनीय ढंग से उसने उनका परिचय कराया : 'यह है जो कुछ खाती नहीं है, यह है जो अपनी माँ की सुनती नहीं है और यह है जो हर समय चिल्लाती रहती है।'

मेरे मस्तिष्क में इस आदमी के उन तीनों छोटी लड़कियों के प्रति स्नेह को लेकर कोई संशय नहीं है। जब वह उनकी पीठ थपथपाता था या उनके साथ खेलता था तो यह उसके पूरे चेहरे पर व उसकी आँखों में स्पष्ट दिखता था। दुर्भाग्य से वह उन्हें कुछ ऐसा दे रहा था जो उन्हें जीवन में नीचे उतारता था। वह उन्हें जिस तरह देखता था वैसा ही उनसे व्यवहार कर रहा था। वह उनमें से प्रत्येक को सशक्त नकारात्मक शिक्षा दे रहा था। इस की पूरी सम्भावना है कि उसे बहुधा इस बात के लिए बहुत दुख होता होगा कि उसकी एक बच्ची है जो कि कुछ खाती नहीं है, एक है जो अपनी माँ की सुनती नहीं है और एक हर समय चिल्लाती रहती है। दुखद स्थिति यह है कि हज़ार बार में से एक बार भी वह यह नहीं जान पाया कि ऐसा क्यों है? यह सच है कि हम वैसा काटते हैं जैसा कि बोते हैं साथ ही साथ जैसा और लोग हमारे मस्तिष्क में बो देते हैं। इस कारण से हमारा अपने छोटे बच्चों को ठीक से देखना दो गुना महत्वपूर्ण हो जाता है क्योंकि हम उन्हें जिस प्रकार देखते हैं वही निर्धारित करता है कि हम उनमें क्या बोते हैं जो बहुत हद तक यह निर्धारित करता है कि वे क्या बनते हैं।

लिण्डा इसाक के परिवार, मित्रों और अध्यापकों की नज़र में वह सीमित मानसिक क्षमता वाली एक बौनी लड़की थी। अतः वे उससे इसी प्रकार व्यवहार करते थे। इटली, टेक्सॉस में विशेष कक्षाओं में क्योंकि उसके अध्यापक ऐसा सोचते ही नहीं थे कि वह कुछ सीख सकती है, अतः उन्होंने उसे सिखाने हेतु अधिक प्रयास भी नहीं किया। वे उसे हाई स्कूल पास करने तक एक कक्षा से उत्तीर्ण करके दूसरी कक्षा में प्रवेश देते रहे। अब, वह एक चार फुट वाली, 80 पौंड वज़न वाली ऐसी हाई स्कूल पास लड़की बन गयी जो पहली कक्षा के स्तर की तरह काम करती थी। इन परिस्थितियों में लिण्डा के पास जीवन में दो ही रास्ते थे - अपने आकार में कमी करना अथवा कुछ नहीं। तब उसकी माँ ने गुडविल इण्डस्ट्रीज़ में टैक्सॉस पुनर्वास आयोग की केरोल क्लैप से सम्पर्क किया। परिणामस्वरूप लिण्डा को डल्लास में एक बहन के साथ रहने और तीन सप्ताह के विस्तृत मनोवैज्ञानिक परीक्षण कार्यक्रम हेतु भेज दिया गया। उसको एक कार्य समायोजन कार्यक्रम के अन्तर्गत

रखा गया जहाँ एक अलग क़िस्म की फसल उसके मस्तिष्क में उगायी गयी या बोयी गयी। जिसके फलस्वरूप वह शीघ्र ही उस कार्यक्रम के स्तर से ऊपर उठ गयी और उसे ओद्यौगिक संविदा केन्द्र में स्थानान्तरित कर दिया गया। आज वह दूरभाष सन्देश प्राप्त करती है, टाइम काईस का रख-रखाव करती है और प्रत्येक दिन की प्रगति आंकती है। जैसे-जैसे उसका इस नये इलाज से आत्मविश्वास बढ़ा वैसे ही वैसे उसके व्यक्तित्व में परिवर्तन आता गया। वह अमेरिका में 'लिटिल प्यूपिल' में शामिल हो गयी और एक सचिव बनना चाहती है। वह जीवन को प्यार करती है, जो काम कर रही है उसे पसन्द करती है और उसकी ऐसी छवि है कि वह अब 'शॉर्टी' कहे जाने का बुरा नहीं मानती। लिन्डा इसाक की कहानी शायद एक सुखान्त कहानी हो परन्तु इससे आपको यह आश्चर्य होगा कि कितने ही व्यक्तियों को, किसी न किसी के द्वारा उन्हें घटिया रोशनी में देखने के कारण और उसी के अनुरूप उनसे व्यवहार के कारण उन्हें साधारण योग्यता के सुपुर्द कर दिया गया।

यहाँ तक कि कॉलेज स्तर पर भी किसी आडम्बरी प्रोफेसर द्वारा कुछ विद्यार्थियों का दम्भपूर्वक यह घोषणा करके निषेध कर दिया जाता है कि उसकी कक्षा के ये विद्यार्थी सदैव असफल होते हैं और इनमें से कोई 'ए' ग्रेड प्राप्त नहीं करता। स्पष्टतया इन प्रोफेसर को कभी ऐसा नहीं लगता कि इस झूठी शिक्षण बक़वास के प्रदर्शन के पीछे वे अपनी पढ़ाने की असमर्थता को छिपा रहे हैं। व्यक्तिगत रूप से मेरा ऐसा सोचना है कि प्रोफेसर को और अधिक परिश्रम करना चाहिये ताकि वह कह सके कि वह ऐसा श्रेष्ठ अध्यापक है जिसके बहुत से विद्यार्थी 'ए' ग्रेड प्राप्त कर सकते हैं और हर कोई उसके विषय को सीख सकता है। कृपया मुझे ग़लत ना समझें, मेरा कहने का आशय यह नहीं है कि अध्यापक को विद्यार्थियों की झूठी वाह-वाही करनी चाहिये और वे वास्तव में जैसा काम कर रहे हैं उससे दरकिनार उनसे यह कहना चाहिये कि उनका काम बहुत अच्छा है। यह रास्ता तो शैक्षणिक आत्महत्या की ओर जाता है। दरअसल, सैनफ्रैन्सिस्को के एक अध्ययन से पता चलता है कि अल्पसंख्यक समूहों के सदस्यों से यह बार-बार कहा जाता है कि वे कितना अच्छा कार्य कर रहे हैं, भले ही उनमें सम्मिलित व्यक्ति अच्छा ना कर रहे हों। यह सबसे निर्दयी व्यवहार है क्योंकि इससे डिप्लोमा धारक परन्तु कार्य करने में 'अक्षम व्यक्ति' पैदा होते हैं जो कार्य के लिये प्रतिस्पर्धा में खड़े भी नहीं हो सकते। इससे मोहभंग होने पर व्यक्ति इतना कटु बन जाता है कि थोड़े से चमत्कारी शब्दाडम्बर द्वारा उसका साहस बढ़ाने पर वह समाज से स्पर्धा हेतु सक्षम न बनाये जाने का मूल्य वसूलने लगेगा।

अतः समस्या का निदान क्या है? मेरे पास ऐसी पेचीदा शैक्षणिक समस्या का कोई सीधा निदान नहीं है परन्तु मैं यह अवश्य जानता हूँ कि हमें विद्यार्थियों की सम्पूर्ण योग्यता

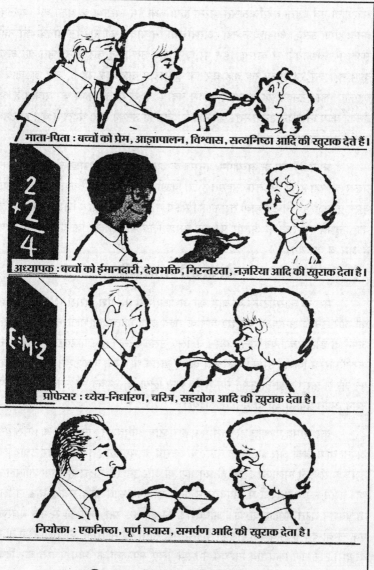

माता-पिता : बच्चों को प्रेम, आज्ञापालन, विश्वास, सत्यनिष्ठा आदि की खुराक देते हैं।

अध्यापक : बच्चों को ईमानदारी, देशभक्ति, निरन्तरता, नज़रिया आदि की खुराक देता है।

प्रोफेसर : ध्येय-निर्धारण, चरित्र, सहयोग आदि की खुराक देता है।

नियोक्ता : एकनिष्ठा, पूर्ण प्रयास, समर्पण आदि की खुराक देता है।

समुचित आहार एक आजीवन प्रस्ताव है।

की ओर ध्यान देने की आवश्यकता है, उनसे व्यवहार करते समय हमें स्वयं में धैर्य, सहिष्णुता एवं दृढ़ता को विकसित करना होगा तथा हमें विद्यार्थी के कार्य का विश्लेषक बनना होगा, उसका आलोचक नहीं। **आलोचना निष्पादन की हो- निष्पादक की नहीं।** संक्षेप में, विद्यार्थियों से वास्ता पड़ने पर, उन्हें ख़ूब उत्साहित करें परन्तु जब वह अच्छा काम नहीं कर रहे हों तो यह कह कर कि वे अच्छा कार्य कर रहे हैं, उन्हें झुठलायें या बहकायें नहीं। उनका यह कह कर साहस बढ़ायें कि वे बेहतर कार्य कर सकते हैं और उनका कार्य निष्पादन उनके स्तर का नहीं है। जैसे ही उनकी छवि बदलेगी वैसे ही उनका कार्य निष्पादन बदल जायेगा।

अपने 27 वर्ष के अध्यापन अनुभव के आधार पर जो कि मुख्यतः अत्यन्त एकाग्र प्रकार का रहा है, मैं पूरी तरह सहमत हूँ कि किसी भी व्यक्ति से अधिकतम निष्पादन प्राप्त करने का यह सर्वाधिक प्रभावी तरीक़ा है। संक्षेप में, उन्हें कुछ ऐसा दें जिसे करके उन्हें गर्व का अनुभव हो। तर्क के आधार पर उन्हें इसके लिये सहमत करें कि वे ऐसा कर सकते हैं और वे कर देंगे।

सेल्स की महारानी

मैरी के कॉस्मेटिक्स के बोर्ड की अध्यक्षा मैरी के. ऐश, दूसरों में उनकी अच्छाई को और उनकी क्षमताओं को देख पाने के मूल्य और महत्व को भली भाँति समझती हैं। अपने दो छोटे बच्चों का पालन करने के लिए उसने स्टेनले होम प्रोडक्टस के लिए काम करना प्रारम्भ किया। उसकी शुरूआत काफ़ी ख़राब थी परन्तु जब उसने दूसरी लडकियों को अच्छा करते देखा तो उसने मन में यह जान लिया कि उसका भी समय आयेगा, अतः उसने अपने प्रयासों को दो गुना कर दिया।

कुछ समय पश्चात् डल्लास में एक राष्ट्रीय अधिवेशन होने वाला था। मैरी के. ने अपनी यात्रा ख़र्चा और होटल के कमरे के किराये के भुगतान हेतु 12 डालर उधार लिए। उसके पास कुल मिलाकर इतनी ही धनराशि थी और इन 12 डालर में खाना शामिल नहीं था। उसने उन तीन दिनों में अपने खाने के लिए अपने साथ चीज़ व बिस्किट ले लिये। अधिवेशन बहुत प्रेरणादायी था। अधिवेशन की अन्तिम रात, जब श्री स्टेनले बेवरेज ने एक लम्बी-दुबली आकर्षक लड़की के सिर पर 'सेल्स की महारानी' का ताज रखा तो मैरी के द्वारा उस क्षण किये गये निश्चय ने इसके लिए सफलता का मार्ग प्रशस्त कर दिया।

जब वह प्रतिभागियों की पंक्ति से नीचे उतर कर प्रेजीडेंट बेवरेज से हाथ मिलाने के लिए बढ़ी तो उसने सीधे उनकी आँखों में देखा और कहा 'मिस्टर बेवरेज, आज रात आप नहीं जानते कि मैं कौन हूँ परन्तु अगले साल इस अवसर पर आप जान जायेंगे

क्योंकि अगले वर्ष सेल्स की महारानी मैं बनने वाली हूँ।' स्टेनले बेवरेज इस बात पर कोई हल्की टिप्पणी भी कर सकते थे परन्तु उन्होंने ऐसा नहीं किया। उन्होंने मैरी के. से हाथ मिलाते समय उसकी आँखों में झाँक कर स्पष्ट रूप से वह विशेष बात देख ली थी, और उन्होंने उससे कहा 'तुम्हें मालूम है, न जाने क्यों मुझे भी ऐसा लगता है।' उसने ऐसा किया भी। बाद में उस कम्पनी में और दूसरी कम्पनी में भी एक उत्कृष्ट कैरियर पथ पर बढ़ती गयी।

फिर एक दिन वह सेवानिवृत्त हो गयी परन्तु उसकी 12 घंटों के कार्य दिवस से सेवानिवृत्ति केवल लगभग एक माह तक चली। एक दो दिन अपने विचारों के संग्रह हेतु साधना के बाद उसने एक पीला पैड उठा कर उस पर लिखना शुरू कर दिया। उसने उन कम्पनियों के बारे में जिनका वह प्रतिनिधित्व करती थी, वे सारी चीज़ें लिखीं जो उसे पसन्द थीं। उसकी नज़र में सेल्स में कैरियर चाहने वाली महिलाओं के लिए जो चीजें महत्वपूर्ण थी, उसने वे भी लिख लीं। उसने वे चीज़ें भी लिखीं जो अपना कैरियर बनाते समय वह करना चाहती थी, होना चाहती थी और हासिल करना चाहती थी । उसने एक ऐसी कम्पनी शुरू करने का निश्चय किया जिसका आधार उसके द्वारा हरेक महिला में देखी गयी सुन्दरता व योग्यता को अवसर प्रदान करना हो। उसने महसूस किया कि जो कुछ उसके पास है उसका कुछ हिस्सा दूसरे व्यक्ति को देने से कहीं बेहतर है कि उस व्यक्ति में ही निहित प्रतिभा के बारे में उसे जानकारी दी जाये ।

मैरी के. ने महिलाओं को विपुल धनराशि कमाने और जीवन में कैडिलेक वाहन सहित समस्त वैभव प्राप्त करने हेतु सक्षम रूप में देखा। सीमित आर्थिक साधनों परन्तु असीमित आस्था के साथ अगस्त 1963 में मैरी के. कॉस्मेटिक्स की शुरूआत हुई। कैलेण्डर वर्ष समाप्त होने से पहले ही उन्होंने लगभग 60000 डॉलर के खुदरा प्रोडक्ट की बिक्री कर ली। वर्ष 1976 में मैरी के. कॉस्मेटिक्स ने आठ करोड़ अस्सी लाख डॉलर की बिक्री की और देश के प्रत्येक राज्य में करीब 40000 सलाहकार ब निदेशक मैरी के. की कहानी बता रहे हैं।

इस सफलता की कहानी के कई कारण हैं, परन्तु इस सब की शुरूआत तभी हुई जब किसी ने मैरी के. में कुछ विशेष देखा। यह चलता रहा और विकसित होता रहा क्योंकि वह चीज़ों को सही तरीक़े से एवं सही नज़रिये से लेती थी। उसने अपने लोगों को सिखाया कि उनकी प्राथमिकताओं में सबसे पहले नम्बर पर ईश्वर आता है, दूसरे नम्बर पर परिवार और तीसरे नम्बर पर मैरी के. कॉस्मेटिक्स। उसने अपने लोगों में अपार योग्यतायें देखीं और उन्हीं के अनुरूप उनसे व्यवहार किया। परिणामस्वरूप वे उसे पूरे देश में मैरी के. की गुलाबी कैडिलेक चलाते दिखायी देते हैं।

तुम्हें मालूम है कि तुम लोगों से कितनी घबराती हो

कोलम्बिया एस.सी. के एक डिपार्टमेन्ट स्टोर की एक घटना भी कुछ ऐसे ही नज़रिये को चित्रित करती है। क्रिसमस का समय था और भीड़ बहुत थी। एक माँ और उसकी पाँच वर्ष की छोटी बच्ची एक प्रदर्शन देख रही थीं। माँ प्रदर्शन देखने में लीन थी और उसकी नज़र बच्ची से हट गयी जो कुछ फीट की दूरी पर खिसक गयी थी। जल्दी ही माँ से बच्ची बिछुड़ गयी, माँ ने कुछ देर इधर-उधर नज़र दौड़ायी और बच्ची ढूँढ ली। फिर वह अपनी बच्ची के लिये जानवर की तरह लपकी और हड़बड़ा कर बोली, 'तुम इधर मेरे पास आओ, तुम्हें मालूम है कि तुम लोगों से कितना घबराती हो!'

क्या आप बस कल्पना नहीं कर लेते कि बड़े होने से पहले बच्चा कितनी चीज़ों से घबराने वाला है? सीख लेने के बाद यह सब कितना आसान लगता है। तथापि इस पृष्ठ के इन शब्दों को पढ़ने पर मुझे ऐसा ही अपराध भाव हो रहा है जैसा कि मुझे अपनी मँझली बेटी की कहानी में हुआ था जब तक कि किसी ने मुझे उससे बेहतर नहीं सिखाया था। तब मुझे विस्मय हुआ था कि मैंने स्वयं इन बातों के बारे में सोचा ही नहीं था। उन्हें सीख लेने के बाद, मैं उन बातों को सिर्फ़ सहज बुद्धि की बातें कहने लगा।

कोई घटना घट जाने के बाद उससे सीखने अथवा समझने की दृष्टि के बारे में मैंने अक्सर दो बातें कही जाती सुनी हैं। 1. यह हमेशा ठीक थी, 2. यह कभी किसी काम की नहीं थी। यह केवल कुछ हद तक ठीक है। किसी घटना के बाद यदि आप उससे सीखते हैं तो यह दृष्टि बहुत काम की है और यदि किसी और के साथ हुई घटना से आप सीखते हैं तो यह दृष्टि और भी काम की है। अगर यह इस प्रकार नहीं होता तो हमें प्रत्येक पीढ़ी के लिये नये सिरे से चक्र पुनः खोजना पड़ता।

बाँटने से लाभ होता है

क्रान्तिकारी युद्ध के ख्याति प्राप्त मेजर एन्डर्सन एक लाइब्रेरी के मालिक थे। वे एक निस्वार्थ व्यक्ति थे जिन्होंने वह लाइब्रेरी उस क्षेत्र के उन युवाओं के लिये खोली थी जो और अधिक ज्ञान अर्जित करना चाहते थे। उन युवा लड़कों मे से एक स्कॉटलैण्ड का लड़का था जो मेजर एन्डर्सन के घर प्रत्येक शनिवार की सुबह आता था और पूरे दिन पढ़ने के लिये उपलब्ध इस अवसर के प्रति वह बहुत कृतज्ञ था। स्पष्टतया, उसने इस प्रक्रिया में बहुत कुछ सीखा, क्योंकि एन्ड्रयु कार्नेगी अमेरिका के इतिहास में सर्वाधिक उत्पादक व धनी व्यक्तियों में से एक बन गया था। उसने उस वक्त 43 व्यक्तियों को करोड़पति बनाया जब करोड़पति व्यक्ति गिने-चुने होते थे। कार्नेगी ने इस दयालुता को दूसरी तरह से आगे बढ़ाया। उसने पूरे संयुक्त राज्य अमेरिका में कार्नेगी वाचनालय

स्थापित कर दिये। आज भी हज़ारों लोग उसकी इस विशाल हृदयता का लाभ उठा रहे हैं।

हाँ, जब आप दूसरों में योग्यता को देख पाते हैं और फिर उस योग्यता के विकास में सहायता करते हैं तो आप कुछ महत्वपूर्ण योगदान देते हैं। वास्तव में यह सर्वाधिक उल्लेखनीय है कि **जितना अधिक आप दूसरों को देंगे उतना अधिक आपके पास रहेगा**। इसी सन्दर्भ में एक किस्सा चार्ल्स पर्सी का है जिसे 39 वर्ष की आयु में बैल एण्ड हॉवैल का अध्यक्ष बना दिया गया था। उसने कम्पनी के सभी पदों पर कार्य करते हुए ख्याति एवं सौभाग्य अर्जित किया। आज वह एक विशिष्ट युनाइटेड स्टेट सेनेटर है। यह काफ़ी दिलचस्प है कि सेनेटर पर्सी के बारे में एक टिप्पणी अक्सर की जाती है कि उनमें दूसरे व्यक्ति की सुयोग्यता देख लेने और फिर उस व्यक्ति को अपनी योग्यता का सदुपयोग करने हेतु प्रेरित करने की विचित्र क्षमता है।

कभी-कभार यह सिद्धान्त आपको अस्थायी रूप से ख्याति के उजाले के बजाये नेपथ्य की छाया में ले जा सकता है। इस सन्दर्भ में एक उदाहरण क्रिस चट्टावे 'धावक' का है जिसने प्रथम चार मिनट में एक मील दौड़ने के रिकार्ड में मुख्य भूमिका निभायी। चट्टावे ने पहली तीन छलांगों में अपनी पूरी जान लगा कर रोजर बैनिस्टर को तेज़ गति प्रदान की जिससे बैनिस्टर चार मिनट के ना टूट पाने वाले रिकार्ड को तोड़ पाने में सफल हो पाया। बैनिस्टर ने रिकार्ड तोड़ा और अन्तर्राष्ट्रीय स्तर पर प्रसिद्धि प्राप्त की जबकि चट्टावे को अपेक्षतया बहुत कम लोग जान पाये। तब से आज तक लगभग 500 दौड़ चार मिनट से कम समय में हो चुकी हैं परन्तु चट्टावे ऐसा अकेला व्यक्तित्व है एवं सदैव रहेगा जिसने गति देने के लिये खुद को मिटा दिया जिससे ना टूट पाने वाला रिकार्ड टूट पाया।

दो बड़ी चूकें

एक ग़ुमनाम कॉलेज प्रोफेसर की पत्नी को कम सुनाई देता था। उसका सपना था कि वह ऐसा उपकरण बनाये जिससे उसकी पत्नी जिसे वह बहुत प्यार करता था, सुन पाये। उसने अपना समस्त अतिरिक्त समय व अपनी अतिरिक्त धनराशि अपने इस सपने को साकार करने हेतु लगा दी। इतिहास हमें बताता है कि वह अपने इस कार्य में सफल नहीं हो पाया परन्तु वह असफल होने वाला नहीं था। अलेक्जेण्डर ग्राहम बेल एक लक्ष्य चूक गये परन्तु मानवता को उससे अपार लाभ हुआ क्योंकि उन्होंने स्वयं को किसी अन्य की समस्या का समाधान खोजने हेतु समर्पित कर दिया था। उन्होंने किसी एक की सहायता करने को अपना लक्ष्य बनाया था और वह चूक गये इसके बजाये उन्होंने लाखों लोगों की सहायता की।

बहुत वर्षों पहले विलहैम रैस नामक एक जर्मन आविष्कारक ने तारों के माध्यम से ध्वनि संप्रेषण की विधि का आविष्कार किया। वस्तुतः यदि रैस दोनों इलैक्ट्रोड का केवल 1/1000 इंच और खिसका देते ताकि वे दोंनो आपस में मिल जाते तो वह टेलीफोन का आविष्कार कर देते। दुर्योगवश रैस अपना नाम ऊपर कर पाने की स्थिति को बहुत ही क़रीब से चूक गये। उनकी यह अत्यन्त क़रीब की चूक हमें अचम्भित कर देती है जब हम यह सोचते हैं कि यदि रैस भी उसी उद्देश्य को लेकर काम करते जिसे ग्राहम बेल ने लेकर किया तो क्या होता? हमें मालूम नहीं क्या कोई ऐसा संयोग हो सकता था कि इलेक्ट्रोड एक-दूसरे को अकस्मात स्पर्श कर जाते?

एक पूरक उत्सव संचालक

कई वर्षों पहले मेरे एक मित्र डेविड स्मिथ ने मुझसे पूछा कि क्या मैं एल्क क्लब के वार्षिकोत्सव के लिए पूरक संचालक के रूप में अपनी सेवायें देने को तैयार हूँ। मैंने मजाकिया तौर पर कहा कि मैं सदैव एक पूरक उत्सव संचालक होना चाहता था। उसने बताया 'ख़ैर, यह हमारा बहुत बड़ा वार्षिक कार्यक्रम है और एक स्थानीय राजनेता ने भी आने के लिए आश्वस्त किया है परन्तु वह आ पायेंगे, यह निश्चित नहीं है'।

यह औपचारिक परिधानों व नृत्य बैण्ड से युक्त एक विशाल समारोह था। मैं और मेरी पत्नी इस कार्यक्रम के लिए समय से पहले ही पहुँच गये थे और जब हमने डेविड को नृत्य करते देखा तो हम उसकी नृत्यकला और छवि पर हतप्रभ रह गये। वह स्पष्टतया प्रसन्न था परन्तु हमारी उत्साही प्रशंसा से थोड़ा शर्मा रहा था। उसने सकुचाते हुए बताया कि वह बालरूम नृत्य सिखाता था। मुझे लगा कि यद्यपि मैं उससे वर्षों से मिलता आ रहा था परन्तु मैं वास्तव में उसको नहीं जानता था। मेरे थोड़ा कहने पर उसने अपनी जीवन कहानी का कुछ हिस्सा बताया।

उसने बताया कि किस तरह उसे अपने परिवार का बोझ उठाने के लिए 16 वर्ष की आयु में स्कूल छोड़ने को बाध्य होना पड़ा। उसने 22 वर्ष की आयु में पुनः पढ़ना शुरू किया और 25 वर्ष की आयु में हाईस्कूल पास किया। उसने बताया कि उसके तीन पुत्रियाँ हैं। उनमें से दो स्कूल अध्यापिकायें है और एक ने परास्नातक (पोस्ट ग्रेजुएट) की डिग्री प्राप्त की है। उसे स्वाभाविक एवं न्यायसंगत रूप से अपने परिवार पर गर्व था।

डेविड के बारे में सबसे कौतूहल भरी बात उसकी आयु थी। वह 66 वर्ष का था और मैं अब तक जितने लोगों से मिला था उनमें वह सबसे अधिक परिश्रमी था। संयोग से वह हमारा माली है और उसकी कहानी से कई सबक मिलते हैं। यह इस बात को पुनर्स्थापित करती है कि हम किसी पुस्तक को उसके कवर पृष्ठ से नहीं आँक सकते।

उसकी कहानी यह भी सिद्ध करती है कि **आप जो कुछ भी करते हैं उसे आपके करने के ढंग से ईमानदार श्रम को सम्मान मिलता है।** माली होना कुछ लोगों के लिए हो सकता है लाभप्रद कार्य न हो परन्तु इससे डेविड स्मिथ को अपना जीवन यापन करने व अपनी तीन बेटियों को शिक्षित करने की सामर्थ्य प्राप्त हुई। इसके साथ ही इससे यह बात भी सत्यापित होती है कि **अवसर व्यक्ति में निहित होता है, उसके कार्य में नहीं।** वह अच्छा काम करता है और अपनी सेवायें दूसरों को बेचने के योग्य है। बड़ी बात यह है कि डेविड स्मिथ चाहता था कि उसकी बेटियों को और अधिक हासिल हो इसलिये उसने उन के लिये अपना और अधिक दिया। फलस्वरूप हर एक की जीत हुई। उन बच्चों के बारे में सोचना कितना रोचक है जो जीवन से और अधिक प्राप्त करेंगे क्योंकि डेविड स्मिथ पहले स्वयं शिक्षित हुआ, फिर उसने अपनी बेटियों को शिक्षित किया जो बच्चों को शिक्षित कर रही हैं जो आगे . . .।

उसे काम पर मत रखिये - वह भूतपूर्व अपराधी है

हमारे समाज की न्याय के बारे में विचारधारा बड़ी रोचक है। हम लोग कहते हैं कि जब कोई अपराध करता है तो उसे दंड मिलना चाहिये। मैं इस दृष्टिकोण से कई कारणवश सहमत हूँ। परन्तु समाज उन लोगों से व्यवहार करने में जो अपने अपराध के लिये दंड भुगत चुके हैं, एक क़दम और आगे बढ़ जाता है। बावज़ूद इसके कि हम उस पुरुष या महिला से कहते हैं, 'ठीक है अब हिसाब बराबर, तुमने कानून तोड़ा और उसके लिये दंड भुगता, अब मामला ख़त्म', सच यह है कि अधिकांश मामलों में यह ख़त्म नहीं होता। समाज 'भूतपूर्व' अपराधियों से दुर्भावना या अज्ञानतावश ऐसा व्यवहार करता है कि बहुत से राज्यों में 80% से भी अधिक अपराधी पुनः जेल में वापिस आ जाते हैं। मुझे यह यक़ीन करना कठिन लगता है कि ये पुरुष और महिलायें इसलिये वापिस आ जाते हैं क्योंकि इन्हें जेल आज़ादी से ज्यादा अच्छी लगती है।

यदि कोई भूतपूर्व अपराधी अपने सम्भावी मालिक को सच बतला दे तो उन में से अधिकतर उसे वह दूसरा मौक़ा नहीं देंगे। और यदि वह सम्भावी मालिक को सच नहीं बतलाता तो सच हर हाल में ज़ाहिर हो जायेगा एवं उस व्यक्ति की कार्य कुशलता को नज़रअन्दाज़ करते हुए उसे नौकरी से निकाल दिया जायेगा। इसका कारण बिल्कुल स्पष्ट है। हमारा स्वभाव है कि हम उसे 'अपराधी' देखते हैं और भूतपूर्व भूल जाते हैं। उस व्यक्ति को देखने पर एक विचार हमारे मन में हज़ार बार आता है, 'यह व्यक्ति क़ैदी रहा है, चोर है, झूठा है, जालसाज़ है आदि।' स्मरण रहे, **हम लोगों से वैसा ही व्यवहार करते हैं जैसा हम उन्हें देखते हैं।** अतः यदि हम पूर्व अपराधियों को चोरों की तरह देखते हैं, तो हम इसी तथ्य की पुष्टि करते हैं। इसे किसी भी वास्तविक अथवा काल्पनिक आघात के साथ जोड़

देने से विस्फोटक स्थिति पैदा हो जाती है।

कुंठाओं की लम्बी श्रृंखला के बाद जब वे ईमानदारी से स्वयं को समायोजित करने की कोशिश कर चुके होते हैं तो वे अक्सर अपनी स्थिति को न्यायोचित ठहराने लगते हैं। उनके तर्क कुछ इस तरह के होते हैं, 'हर किसी को पता है कि मैं पूर्व अपराधी हूँ इसलिये कोई मुझ पर भरोसा नहीं करता। वे सोचते हैं कि मैं फिर से फिसल सकता हूँ, इसलिये वे मुझ पर कड़ी नज़र रखते हैं। पहली ही ठोकर लगने पर मुझे निकाल बाहर करेंगे। कुछ कमा लेने तक मुझे यह झेलना होगा और इसे हासिल करने का सिर्फ़ यही तरीका है।' यह तर्क उन्हें पुनः अपराध और जेल की ओर बढ़ा देता है।

यह एक समस्या है, अब इसके समाधान पर गौर करें। समाज के एक सदस्य के रूप में व्यक्ति द्वारा की गयी ग़लती हेतु केवल उसे दंडित करने के बजाय, पहले उसकी समाज में सफल वापसी के लिये तैयारी करने पर ध्यान दें (मैं पूर्वाग्रहित हूँ परन्तु मैं सोचता हूँ कि उसे इस पुस्तक पर आधारित ***रिचर लाइफ कोर्स*** पढाया जाना चाहिये)। दूसरी बात, वह स्त्रोत जिस पर हम सभी समस्याओं के समाधान हेतु भरोसा कर सकते हैं अर्थात पवित्र बाइबल की ओर चलें। ल्यूक के उपदेश 17 : 3 में ईसा मसीह हमसे कहते हैं कि यदि हमारा भाई हमारे विरुद्ध अतिक्रमण करता है तो हमें उसे डाँटना / दंडित करना चाहिये और यदि वह अपनी ग़लती स्वीकार करके पश्चाताप करता है तो हमें उसे क्षमा कर देना चाहिये एवं उसी के अनुसार उससे व्यवहार करना चाहिये।

शेष समाधान जॉन के सन्देश के आठवें अध्याय के प्रथम कुछ पदों में मिलता है। धर्म प्रचारकों व मुंशियों ने एक महिला को व्यभिचार के मामले में पकड़ा। उन्हें मालूम था कि ज़ेस के कानून में साफ़-साफ़ लिखा है कि उस महिला को पत्थर मारे जाने चाहिये। वे उसे ईसा मसीह के पास ले गये, यह जानने के लिये कि देखें वह उस महिला को क्या सज़ा देते हैं?

शुरू में ईसा मसीह ने उनकी बात का उत्तर नहीं दिया एवं उन्होंने गर्दन झुका कर रेत पर कुछ लिखा। महिला को पीड़ा देने वालों ने उनसे आग्रह किया। उन्होंने पूछा कि ईसा क्या करेंगे। ईसा तब खडे हो गये और उन्होंने कहा, 'तुम लोगों में से वह व्यक्ति जिसने कभी कोई पाप ना किया हो इस महिला को पत्थर मारे।' वह फिर गर्दन झुक़ा कर जमीन पर कुछ लिखने लगे। इसके बाद बाइबल में अत्यन्त सुन्दर ढंग से लिखा है, 'जिन लोगों ने भी इसे सुना वे अपनी चेतना की दृष्टि में अपराधी होने के कारण एक-एक करके वहाँ से चले गये।' आप अवश्य ही यह सुन चुके होंगे कि **आप दूसरों में वही देख सकते हैं जो आपके अन्दर है।** दूसरों में अच्छाई देखो - अपने अन्दर अच्छाई तलाशने का यही एक तरीक़ा है।

हममें से अधिकतर लोग दोहरे मापदंड रखते हैं

एक बेकरी वाले को शक हुआ कि वह किसान जो उसे मक्खन की आपूर्ति करता है, तौल में कम मक्खन देता है। उसने ध्यानपूर्वक वज़न जाँचा और उसका शक पक्का हो गया। अत्यन्त क्रोधित होकर उसने किसान को गिरफ़्तार करा दिया। मुक़दमे के दौरान किसान द्वारा अपनी सफाई देने पर न्यायाधीश सन्तुष्ट हो गया और बेकरी वाला आत्मग्लानि से भर गया। किसान के पास तुला (स्केल) नहीं थी इसलिए वह तराज़ू का प्रयोग करता था और वह प्रतिदिन उसी बेकर से एक पौंड डबल रोटी ख़रीद कर उसे बाँट के रूप में इस्तेमाल करता था।

उन लोगों में जो जेल काट चुके हैं एवं उनमें जो कभी जेल गये ही नहीं, बहुत बड़ा अन्तर केवल पकड़े जाने का है। और बहुत से व्यक्तियों के गले में भूतपूर्व अपराधी की तख़्ती लटकी होती, यदि वे अपने आयकर में की गयी धोखाधड़ी के कारण पकड़े गये होते। बहुत से लोग बिना चालक लाइसेंस के होते यदि वे गति सीमा से अधिक तेज़ वाहन चलाने पर, किसी पहाड़ी अथवा मोड़ पर वाहन गुज़ारने पर, रुकने के संकेत को पार करने पर अथवा नशे में वाहन चलाने पर पकड़े गये होते। मैं पुनः बल पूर्वक कहता हूँ कि कानून तोड़े जाने पर दंडित किये जाने में मैं विश्वास रखता हूँ परन्तु साफ़ तौर से हमें दोषी व्यक्ति के खाते में उस समय लिख देना चाहिये, 'दंड का पूर्ण भुगतान कर दिया गया।' इससे उसे हमारा समर्थन मत प्राप्त होगा जो उसके आत्मविश्वास की पुनर्स्थापना में सहायक होगा। जब ऐसा होगा तो इस बात की बहुत अधिक सम्भावनायें हैं कि वह दोषी व्यक्ति अपनी सहायता स्वयं कर पायेगा और समाज में अपना योगदान दे पायेगा। हम उसे कैसे देखते हैं, इस बात पर बहुत कुछ निर्भर करता है। वास्तविकता में, कुछ मायनों में पूर्व अपराधी हममें से बहुतों से आगे है क्योंकि उसने अपना ऋण चुका दिया है और हमारा अभी चुकता नहीं हुआ क्योंकि हम अभी पकड़े ही नहीं गये।

मैं सहमत हूँ कि पहली बार अपराध करने वाले किसी युवा व्यक्ति के ऊपर कोई काम लादना या किसी प्रकार की क़ैद का दंड देना उसके अपराध जीवन का सबसे प्रभावी निरोधक है।

इस मूल विचारधारा को अमेरिकन इन्स्टिट्यूट फॉर करैक्टर ऐजुकेशन द्वारा पूरी तरह न्यायोचित ठहराया गया है। अध्यापकों की सहायता हेतु बनाया गया उनका यह पाठ्यक्रम एक सिद्धान्त पर आधारित है कि 'स्कूल आयु के वे बच्चे जिन्हें अपने व्यवहार के सम्भव परिणामों को ध्यान में रखना सिखाया जाता है स्वतः ठीक व्यवहार करते हैं। यह पाठ्यक्रम पहली कक्षा से पाँचवीं कक्षा तक के लिए है और 500 से भी अधिक स्कूलों में इसका परीक्षण किया जा चुका है। इण्डियाना पोलिस का पब्लिक स्कूल # 63

इस दृष्टिकोण की प्रभावपूर्णता का सुन्दर उदाहरण है। 1970 से पूर्व - (यू.एस. न्यूज़ एण्ड वर्ल्ड रिपोर्ट, 14 जून 1976) - 'यह भवन किसी दंगाग्रस्त क्षेत्र के स्कूल की तरह दिखता था। बहुत सी खिड़कियाँ टूटी हुई थीं और शीशों के स्थान पर चूने की चिनाई कर दी गयी थी। अधिकांश विद्यार्थी असभ्य, अशिष्ट और शिक्षकों के प्रति उद्दंड थे ... बच्चों में स्कूल के प्रति कोई गर्व का भाव नहीं था।'

'सितम्बर 1970 के बाद 100 डालर से भी कम मूल्य के शीशे टूटे और यह भी आकस्मिक थे ...विद्यार्थी अब अध्यापकों के प्रति अधिक सम्मान व सहयोग की भावना रखते हैं तथा वहाँ पर अब सब के लिए एक और एक के लिए सब वाले सम-भाव की अनुभूति होती है।'

यह सिद्धान्त चाहे किसी छोटे बच्चे पर लागू किया जाये या कानून तोड़ने वाले 16 वर्ष के बड़े बच्चे पर, दोनों स्थितियों में बराबर कारग़र है। मैं साथ ही यह भी कहना चाहता हूँ कि यदि यह व्यावहारिक दृष्टिकोण घरों में माँ बाप अपने बच्चों के प्रति उनकी कम आयु में ही शुरू कर दें तो इससे अपराध और कम हो जायेंगे। यह सम्भव है जैसा कि डॉ. जेम्स डोबसन ने अपनी पुस्तक ***'डेयर टू डिस्सीप्लिन'*** में बडे सटीक ढंग से कहा है कि अनुशासन वह पद्धति है जिसे आप बच्चे के लिए निर्धारित करते हैं ना कि उसके लिए बच्चे को निर्धारित करते हैं।

रियेलिटी थैरेपी पद्धति के जनक विलियम ग्लासर बलपूर्वक कहते हैं कि माता पिता को समझना चाहिए कि अनुशासन बच्चे के निषिद्ध व्यवहार के प्रति कार्यवाही है और इसे सुधारात्मक स्नेह के रूप में लिया जाता है, इसलिए यह बच्चे द्वारा स्वीकार कर लिया जाता है। दंड एक प्रतिक्रिया है जो बच्चे पर संचारित की जाती है और एक विरोधपूर्ण दुत्कार के रूप में ली जाती है, इसलिए इसके प्रति गहरा रोष उत्पन्न होता है। यह निश्चित करने के लिए कि बच्चा इस अन्तर को समझता है, डॉ. ग्लासर अनुशासनात्मक सत्र का प्यार भरा निष्कर्ष रखने का सुझाव देते हैं। इस प्यार भरे नियन्त्रण से माँ बाप बच्चे को वैयक्तिक मूल्य देने में समर्थ हो पाते हैं ।

आपका दूसरों पर प्रभाव अवश्य पड़ता है, अच्छा या बुरा, सकारात्मक या नकारात्मक। यह एक वजह है कि दूसरों के प्रति सही दृष्टिकोण और अच्छा व्यवहार रखना कितना आवश्यक है। हम जिस व्यक्ति के जीवन को स्पर्श करते हैं उसमें एक भूमिका अभिनीत करते हैं। वस्तुतः हमारे पास किसी के भविष्य की कुंजी हो सकती है। अगली कहानी में इसे सुन्दर ढंग से बताया गया है क्योंकि वह अवसर और उत्तरदायित्व दोनों को चित्रित करती है ।

कृपया – चाबी

एक बुज़ुर्ग व्यक्ति मुख्य गिरजाघर में बैठा आर्गन बजा रहा था। दिन ढल चुका था और अस्त होते सूर्य का प्रकाश काँच की खिड़की से होकर उस वृद्ध व्यक्ति को किसी देवदूत की आभा प्रदान कर रहा था। वह एक निपुण ऑर्गन बजाने वाला था एवं दुखी व उदास गीत बजा रहा था क्योंकि उसका स्थान एक युवा व्यक्ति को दे दिया गया था। गोधूलि के समय, लगभग अशिष्टतापूर्वक वह युवा व्यक्ति मुख्य गिरजाघर के पिछले द्वार से अन्दर आया। वृद्ध व्यक्ति ने उसके अन्दर आने को भाँप लिया, ऑर्गन से चाबी हटायी, उसे अपनी जेब में रखा और गिरजे के पीछे की ओर चल पड़ा। जैसे ही वृद्ध व्यक्ति नौजवान के पास पहुँचा, उस युवा ने अपना हाथ बढ़ाया और कहा, 'कृपया, चाबी ...।' बुज़ुर्ग व्यक्ति ने अपनी जेब से चाबी निकाली और उस नौजवान को दे दी जो शीघ्रतापूर्वक आर्गन की तरफ बढ़ा। वह एक क्षण के लिए रूका, बैंच पर बैठा, चाबी लगायी और उसने ऑर्गन बजाना शुरू कर दिया। वह बुज़ुर्ग व्यक्ति ख़ूबसूरती से और निपुणतापूर्वक ऑर्गन बजाता था, परन्तु उस नौजवान ने अत्यन्त विद्वत्तापूर्वक बजाया। मानो वो संगीत जिसे दुनिया ने कभी सुना ही नहीं था, ऑर्गन से फूट पडा हो और उसने उस गिरजाघर को, उस नगर को और देश के उस भाग को सरोबार कर दिया हो। यह विश्व का जोहन सेबास्तियन बाख़ के संगीत से पहला परिचय था। वृद्ध व्यक्ति ने अपने गालों पर ढलकते आँसुओं के साथ कहा, 'कल्पना करो, केवल कल्पना कि मैंने इस विशेषज्ञ को चाबी ना दी होती।'

यह स्पष्ट है कि उस वृद्ध व्यक्ति ने नौजवान को चाबी दी। यह भी स्पष्ट है कि नौजवान ने उस चाबी का भरपूर प्रयोग किया। यह एक संजीदा विचार है क्योंकि हम दूसरों के भविष्य की चाबी थामे होते हैं। हम अकेले नहीं रहते। **हमारे आचरण एवं कार्य दूसरों को प्रभावित करते हैं, जिनमें से बहुतों को हम कभी जान भी नहीं पायेंगे।** यही कारण है कि हमारे पास जो कुछ है उसी से अच्छे से अच्छा करने का हमारा दायित्व एवं कर्तव्य हमारे व्यक्तिगत जीवन से भी बहुत आगे तक जाता है।

ज़िग और उनकी प्रिय "संगिनी"

अध्याय तीन

सबसे महत्वपूर्ण 'दूसरा व्यक्ति'

रोमियो - घर में

बहुत वर्षों पहले मेरा एक मित्र था जो अपने विवाहेत्तर सम्बन्धों के कारण लगातार परेशानी में रहता था। वह यूँ तो एक प्रसन्न व्यक्ति दिखता था परन्तु वास्तव में प्रसन्नता का उससे दूर-दूर तक कोई वास्ता नहीं था। कई वर्षों तक हमारे रास्ते अलग-अलग रहे और जब अगली बार हम मिले तो वह एकदम भिन्न व्यक्ति था। वह पहले की तुलना में अधिक प्रसन्न था, अधिक तनावमुक्त था और अपेक्षतया अधिक सफल था। अतः मैंने स्वाभाविक प्रश्न किया, 'क्या हुआ?' उत्साहपूर्वक उसने मुझे बताया कि उसे एक सुन्दर परन्तु एकाकी व ठीक से न समझी गयी गृहणी मिल गयी है जिसकी एक धूर्त आदमी से शादी हुई थी। उसने बताया कि वह नये घर में आ गया है, उस महिला के साथ प्रेम-प्रसंग चल रहा है और इससे बेहतर चीज़ें कभी हुईं नहीं। मेरे विस्मय का पूरा आनन्द लेते हुए उसने अन्ततः बताया कि वह लड़की पिछले पन्द्रह वर्षों से उसकी पत्नी थी। थोड़ी राहत महसूस करते हुए परन्तु स्वयं को उलझन में पाकर मैंने उससे विस्तार से अपने बारे में बताने के लिये कहा। उसकी व्याख्या सरल थी परन्तु इससे आज की अधिकांश वैवाहिक समस्याओं का समाधान मिल सकता है। उसने कहा, 'ज़िग, ऐसा है, मैंने पाया कि यदि मैं अपनी पत्नी के प्रति उतनी उदारता व विचारशीलता बरतूँ, यदि मैं उसके साथ उतने ही ध्यान से प्रेम प्रसंग करूँ और उसके लिये उतनी ही अच्छी चीज़ें करूँ जितनी मैं 'दूसरी' लड़कियों के लिये करता हूँ तो मुझे आनन्द और प्रसन्नता दोनों घर पर ही मिल सकते हैं। उसने मुझे बताया कि दुनिया में सबसे बड़ी बात आपके पास किसी का निजी तौर पर सिर्फ़ आपके लिये होना है - प्यार करने के लिये, भरोसा करने के लिये और सम्मान करने के लिये।' इसी को मैं कहता हूँ, 'आमीन!/ एवमस्तु!'

इस प्रकार का प्रेम अपने साथी के प्रति पूर्ण 'अन्ध' एकनिष्ठा से प्रदर्शित किया जाता है। मैं इस बारे में सहमत हूँ कि प्रसन्नता, सुरक्षा, मानसिक शान्ति आदि एकनिष्ठा में लिपटी हुई हैं। मेरी पत्नी और मैं दोनों महसूस करते हैं कि यदि एक दूसरे के प्रति पूर्ण एकनिष्ठा के बारे में कोई शंका आ जाये तो हमारी स्थिति पूरी तरह से दयनीय हो जायेगी।

दुर्भाग्य से, बहुत से पति और पत्नी अपने साथियों, लिपिकों एवं सचिवों के प्रति, यहाँ तक कि अजनबियों के प्रति तो ख़ुशमिजाज़ व उदार होते हैं परन्तु अक्सर एक-दूसरे के साथ या तो रूखे होते हैं या एक-दूसरे से इतने परिचित हो जाते हैं कि उनकी अच्छाइयों

की क़द्र नहीं करते। प्रश्न यह है, 'ऐसा क्यों होता है?' मैं प्यार और सम्मान करने के लिए ईश्वर द्वारा मुझे दी गयी एक सुन्दर महिला के साथ अपने 31 वर्षों के साथ के आधार पर इस प्रश्न का उत्तर देने और कुछ सुझाव देने का प्रयास करूँगा। वह मेरे जीवन में सर्वाधिक महत्वपूर्ण व्यक्ति है और हम समय गुज़रने के साथ और क़रीब होते जाते है। मैंने ऐसा इसलिए कहा क्योंकि मुझे आशा है कि मेरे द्वारा व्यक्त विचार आपके लिए और आपके जीवन साथी के लिए सार्थक होंगे। यह मानना बहुत कठिन है कि कोई ज़िम्मेदार विवाहित व्यक्ति अपने जीवन साथी के साथ बिना अच्छे तालमेल के रिश्ते के पूरी तरह प्रभावी या प्रसन्न हो सकता है।

क्योंकि विवाह का अर्थ है परिवार और परिवार इस देश की नींव है, इस दृष्टि से हो सकता है यह अध्याय इस पुस्तक का सर्वाधिक महत्वपूर्ण अध्याय हो। (डॉ. पॉल पिस्पेन्से ने **टाइम मेगज़ीन** में 29 दिसम्बर 1970 को कहा 'इतिहास साक्षी है कि कोई भी समाज पारिवारिक जीवन में विघटन और पतन के बाद जीवित नहीं बचा है')। यह बहुत महत्वपूर्ण है कि आप अपने जीवनसाथी को किस प्रकार से देखते हैं, उससे किस तरह का व्यवहार करते है और उससे किस तरह निभाते हैं। वस्तुतः आपकी सफलता और प्रसन्नता आपके इस रिश्ते पर अधिक आश्रित है बजाये किसी दूसरे व्यक्ति से रिश्ते के। आप एक दूसरे को एक दम्पत्ति के रूप में अथवा एक परिवार के रूप में कैसे देखते हैं?

मैं कोई इस विषय में माहिर होने का ढोंग नहीं रचता परन्तु अपने अनुभव और अवलोकन से मैंने अधिकांश वैवाहिक परेशानियों के तीन कारण पाये हैं। पहला, अधिकांश पति और पत्नियाँ समय गुज़रने के साथ अपने जीवन साथी को अपने आस-पास पाने के आदी हो चुके होते हैं। वे मान लेते हैं कि सब कुछ ठीक है और उनका जीवनसाथी सदैव उनके साथ रहेगा। स्पष्टतया वे बहुत अधिक मान लेते हैं क्योंकि 10 में से 4 शादियाँ तलाक़ पर समाप्त हो जाती हैं और बहुत सी अन्य शादियाँ केवल नाम के लिए रह जाती हैं। दूसरे, वह परिवेश जिसमें कि हम रहते हैं समस्या को बढ़ाता है। हमारे बहुत से साथियों को अपने जीवन साथी के प्रति सच्चे प्यार व स्नेह का प्रदर्शन मज़ाक़ लगता है। विदूषकों और भावी विदूषकों ने विवाह की संस्था का मखौल उड़ाने के लिए और विशेष रूप से पत्नी व सास पर कितने ही प्रहसन गढ़ रखे हैं। तीसरे, बदलती नैतिकता जो मुक्त प्यार, आज़माइशी विवाह, विवाहेत्तर सम्बन्ध, पत्नियों की अदला-बदली और ऊब के अतिरिक्त बिना किसी कारण के जीवन साथी को छोड़ देने को मान्यता प्रदान करती है, असुरक्षा और अनिश्चितता पैदा करती है। ऐसा एक आन्दोलन भी चल रहा है कि महिला विवाह के बाद भी अपना विवाहपूर्व का नाम बनाये रख सकती है ताकि यदि युगल का बाद में तलाक़ हो जाता है तो पत्नी को अपने बैंक एकाउन्ट और क्रेडिट कार्ड बदलने की 'तकलीफ़' नहीं उठानी पड़ेगी, अर्थात विफलता के लिए प्लानिंग।

यह चीज़ क्या है जिसे प्यार कहते हैं ?

क्योंकि प्यार वह मज़बूत नींव है जिस पर किसी भी अच्छी शादी का निर्माण होता है, आइये एक क्षण के लिए प्यार पर ग़ौर करें । कवि लोग इस के बारे में लिखते हैं, गायक इसके बारे में गाते हैं, हर कोई इसके बारे में बात करता है, और असल में यह है क्या, इस बारे में हर किसी के अपने विचार हैं। इसमें मैं भी शामिल हूँ। फर्स्ट कोरिन्थियन के तेरहवें अध्याय में बहुत सुन्दर चित्रण है कि सच्चा प्यार होता कैसा है। लोकोक्तियों की किताब सिखाती है कि प्यार सभी पापों को ढँक देता है। जीसस क्राइस्ट ने कहा, 'पहले ईश्वर को मालिक समझ कर प्यार करो, फिर अपने पड़ोसी को अपने जैसा समझ कर प्यार करो।' मनोवैज्ञानिक और विवाह-सलाहकार कहते हैं कि कोई पिता अपने बच्चों के लिए सर्वाधिक महत्वपूर्ण काम यदि कर सकता है तो वह उन बच्चों की माँ को प्यार करना है और कोई माँ अपने बच्चों के लिए सर्वाधिक महत्वपूर्ण काम यदि कर सकती है तो वह उनके पिता को प्यार करना है। वे इस बात पर बल देते हैं कि यदि बच्चे जानते हैं कि उनके माता-पिता एक दूसरे को प्यार करते हैं तो भले ही उस प्यार का विस्तार बच्चे तक ना हो फिर भी बच्चे अपने आप को बहुत सुरक्षित अनुभव करते हैं। इस तरह से बच्चा महसूस करता है कि उसके माता-पिता उसे सुरक्षा प्रदान करने के मामले में इकट्ठा हैं और उसे कभी भी अपने माता एवं पिता में से किसी एक को चुनने की मानसिक यंत्रणा से नहीं गुज़रना पड़ेगा।

अपनी पीढ़ी में हम देखते हैं कि प्यार और सेक्स (काम) का उल्लेख एक साथ इतना अधिक होता है कि बहुत से लोग सोचते हैं कि ये समानार्थी हैं। स्पष्टतया ऐसा नहीं है। प्यार एक पूर्णतया निस्वार्थ भावना है जो आप दूसरों के लिये रखते हैं। कामुकता पूर्णतया स्वार्थी है। बाइबल में एक भी स्थान पर दोनों को साथ-साथ नहीं रखा गया है, परन्तु आधुनिक व्यक्ति स्वार्थी एवं वाणिज्यिक कारणों से दोनों में बराबर साहचर्य स्थापित करता रहता है।

प्यार के महत्व की शाश्वत मान्यता के बावज़ूद (ब्रह्मज्ञानियों, वैज्ञानिकों और साधारण मनुष्य द्वारा) इस विषय पर बहुत कम जानकारी उपलब्ध है कि ईश्वर द्वारा पुरुष और महिला के आदर्श रिश्ते के रूप में घोषित विवाह को किस प्रकार चिर स्थायित्व प्रदान किया जा सकता है। बहुत से युगल जो विवाह की शपथ के समय एक दूसरे के प्रति अपने अमर प्रेम की घोषणा करते हैं, बहुत जल्दी ही एक दूसरे के गले तक पहुँच जाते हैं। मैं व्यक्तिगत रूप से सहमत हूँ कि बहुत बार शुरूआत में उनका प्यार सच्चा होता है। तथापि, **प्यार भी उपेक्षा से उसी प्रकार मर जाता है जैसे कि कोई फूल, वृक्ष अथवा झाड़ी मर जाती है।**

मेरा मानना है कि एक स्वस्थ व प्रसन्न विवाह एक बेहतर डॉक्टर, अध्यापक, मंत्री, प्रशिक्षक, गृहिणी, ट्रक ड्राइवर, सचिव या सेल्समैन आदि पैदा करता है। मेरा यह भी मानना है कि अस्वस्थ व अप्रसन्न विवाह उस विवाह के हर एक सदस्य के पूर्ण प्रयासों एवं उत्पादकता को बाधित करता है। जार्ज डब्ल्यू. क्रेन नामक प्रख्यात मनोवैज्ञानिक का कहना है कि प्यार की परवरिश प्यार के कार्यों एवं प्यार की अभिव्यक्तियों से की जाती है। मैं सहमत हूँ कि शुद्ध चाँदी की तरह प्यार भी अपनी चमक खो देता है यदि इस पर प्रतिदिन रुचि, लगाव, एवं प्रेम की अभिव्यक्ति की पॉलिश ना की जाये। दुर्भाग्य से बहुत से युगल एक दूसरे से इतना परिचित हो जाते हैं कि एक दूसरे की अच्छाईयों की कद्र करना बन्द कर देते हैं और फिर विवाह की सबसे बड़ी शत्रु– ऊब पैदा हो जाती है।

असली प्यार यह है

डॉ. क्रेन ने कहा है कि कई बार युगल ऐसे गतिरोध की स्थिति में पहुँच जाने के उपरान्त कि जहाँ से बच कर निकलना सम्भव ना हो, पुनः एक दूसरे से प्यार करने लगते हैं। यदि वे नैतिक रूप से ज़िम्मेदार व्यक्ति हैं जो अपने विवाह को बचाना चाहते हैं तो वे एक उत्तरदायी भावना के साथ नयी प्रणय-प्रसंग प्रक्रिया का आरम्भ करते हैं। वे बताते हैं कि शारीरिक रूप से प्यार को व्यक्त व प्रदर्शित करने की ज़िम्मेदारी वस्तुतः उनके जीवन में प्यार को जीवित अथवा पुनर्जीवित कर देती है। डॉ. क्रेन बताते हैं कि यदि हम अपने प्यार का काफ़ी मज़बूती से और काफ़ी देर तक पोषण करते हैं तो विवाह के सकारात्मक पहलू स्वस्थ होने लगते हैं एवं नकारात्मक पहलू कमज़ोर पड़ते जाते हैं। मैं इस वक्तव्य का भरपूर समर्थन करता हूँ। बाद के खण्डों में हम विलियम जेम्स के वक्तव्य, 'आप इसलिये नहीं गाते क्योंकि आप प्रसन्न हैं बल्कि आप प्रसन्न हैं क्योंकि आप गाते हैं' पर बल देंगे। वे आग्रहपूर्वक कहते हैं कि शारीरिक अभिव्यक्तियाँ मानसिक स्वीकृति की ख़ुराक हैं। डेल कार्नेगी कहते हैं, 'साहसी का अभिनय करो और आप साहसी बन जाओगे।' इससे मैं जो हासिल कर रहा हूँ, वह इस प्रकार है - ऐसा अभिनय करो मानो आप किसी के प्यार में है और पहली चीज़ जो आप को पता चलेगी वह यह कि आपको प्यार हो जायेगा।

वैवाहिक जीवन की सर्वोत्तम व सर्वश्रेष्ठ स्थिति से मेरा परिचय लगभग 13 वर्ष पूर्व मेरे मंत्री भाई के घर के सामने के लॉन में हुआ। ज्वैल जो उसकी बचपन की प्रेमिका थी और 33 वर्षों से उसकी पत्नी थी अपनी 10 दिन की यात्रा से लौट रही थी। वह मिशीगन सिटी, इन्डियाना में उनकी पुत्री की उसके पहले बच्चे के जन्म के समय, मदद करने गयी थी। यह पहला अवसर था जब मेरा भाई और उसकी पत्नी अलग हुए थे। जब ज्वैल कार से उतर कर घर की ओर बढ़ी, मेरा भाई कार की आवाज़ सुनकर फुर्ती से दरवाज़े से बाहर आया। वे सामने के आँगन में मिले - उत्साह से एक दूसरे को चिपटा

लिया और उन्होंने बच्चों की तरह चिल्ला कर एक दूसरे के प्रति अपने प्यार को व्यक्त किया तथा फिर कभी अलग न होने का संकल्प लिया।

मुझे स्वीकार करना होगा कि वास्तविक प्यार की इस अनायास सहज अभिव्यक्ति को देखकर मेरी आँखें भी बुरी तरह भर आयी थीं। यह खेद की बात है कि उस छोटे से राष्ट्रीय उपदेशक और उन तमाम वर्षों में उनकी सहधर्मिणी के बीच के इस दृश्य को फिल्माकर अमेरिका के प्रत्येक घर में नहीं दिखाया जा सका। कितना अच्छा होता यदि हर कोई देख लेता कि प्यार - वास्तविक प्यार क्या होता है। प्यार जो तरुणाई में जन्मता है, युवावस्था में पोषित होता है, मध्य आयु में परिपक्व होता है और जीवन के स्वर्णिम वर्षों में अपने पूर्ण व सुन्दर चरमोत्कर्ष पर पहुँच जाता है।

वास्तविक प्यार एक बढ़ती हुई और विकसित होती हुई प्रक्रिया है जो आदमी की प्रत्येक भावना, समस्या, ख़ुशी और विजय को अपने में शामिल कर लेती है। यह बहुधा आसान होने की अपेक्षा कठिन है, इसमें पुरस्कार की अपेक्षा अभियाचन (माँग) अधिक है, मुक्ति की अपेक्षा प्रतिबन्ध अधिक है और आनन्द की अपेक्षा अक्सर समस्याएँ अधिक हैं। ऐसा ही किस्सा ह्यू और ज्वैल ज़िग्लर का था। वे एक छोटे से सिरे से शुरू हुए थे और अक्सर अपनी रस्सी के आख़री छोर तक जा पहुँचते थे। जब ऐसा हुआ तो उन्होंने बस रस्सी के सिरे पर गाँठ बाँध ली और उसे थामे रहे। ज्वैल ने ह्यू के बच्चे पैदा किये, परिवार के लिए खाना पकाया, कपड़े धोये और उसके प्रत्येक कार्य में पूर्ण निष्ठा व प्यार से साथ दिया। ह्यू ने भी उसे अपना सर्वोत्तम और सर्वस्व दिया। उसने ज्वैल को प्यार किया, मान दिया, शाबाशी दी और उसे एक ज्वैल (रत्न) समझ कर ही उससे प्रेम प्रसंग किया। 5 लडकों व 1 लड़की को बडा करने के लिये काफ़ी धन की, काफ़ी समय की और काफ़ी स्नेह भरे अनुशासन की ज़रूरत पड़ी परन्तु ईश्वर में अपनी अटल आस्था के साथ उन्होंने मिल कर एक सुन्दर परिवार को बड़ा किया।

इस समर्पित युगल के तथा पूरे परिवार के एक दूसरे के प्रति स्पष्ट प्रेम का अवलोकन करना किसी के लिये भी प्रेरणादायी हो सकता है। एक ग्रुप में मैंने कभी इतना प्यार एवं इतनी हँसी-मज़ाक नहीं देखी। जब बच्चे और उनके बच्चे इकट्ठे हो जाते हैं तो किसी बाहरी मनोरंजन की ज़रूरत नहीं रहती। ह्यू नृत्य करने लगता है और हालांकि मैं शब्दों का सौदागर कहा जाता हूँ परन्तु मैं यह स्वीकार करने में सबसे आगे हूँ कि जब भाई ह्यू 'ओल्ड बुलेट', अपने 'टॉकिंग डॉग' के बारे में बताना शुरू करता है तो मैं उसके सम्मुख कहीं नहीं ठहरता। वह घण्टे भर तक बुज़ुर्गों और युवाओं का मनोरंजन करता रहता है। यह सब हमें यह मानने के लिये बाध्य करता है कि ईश्वर ने जब परिवार को एक इकाई की मान्यता दी और यह घोषणा की कि मनुष्य के लिये अकेला रहना अच्छा नहीं है तो उसने हमसे अवसर एवं उत्तरदायित्व दोनों को वहन करने का आग्रह किया है।

आप जीवन में जो भी चाहते हैं वह निश्चित रूप से पा सकते हैं बशर्ते कि आप दूसरे व्यक्तियों की जो वे चाहते हैं उसे प्राप्त करने में पर्याप्त सहायता करें। हम सब चाहते हैं कि कोई हमसे सच्चा प्यार करे और किसी से हमें सच्चा प्यार हो, है ना?

मैं यह मानता हूँ

हम अक्सर यह देखते और सुनते हैं कि किसी प्रेम कहानी को यह बता कर प्रचारित किया जाता है कि यह आज तक कही गयी प्रेम कहानियों में सबसे सुन्दर है। स्पष्ट रूप से वे सारे दावे सत्य नहीं है परन्तु उसी तरह यह भी स्पष्ट है कि किसी के द्वारा कहीं पर सबसे सुन्दर प्रेम कहानी सुनायी गयी है अथवा सुनायी जायेगी। तथापि मैं पूरी तरह सहमत हूँ कि वास्तविक सुन्दर प्रेम कहानियाँ ना तो कभी भी सुनायी गयी हैं और ना सुनायी जायेंगी। उन कहानियों को जिया गया है और प्रकाशित समाचारपत्र से, टी.वी. से और सिनेमा से दूर उन्हें बराबर जिया जाता रहेगा। कारण एक दम सरल है, कोई भी पति और पत्नी जो एक दूसरे की बहुत परवाह करते हैं, जो अपने साथी को अन्य किसी या हर किसी से ऊपर रखते हैं, कभी सपने में भी अपने जीवन और प्यार के विवरण को किसी के साथ बाँटने की नहीं सोचेंगे। इस बात की गुंजाइश नहीं है कि कोई समझदार, प्यार करने वाला पति अथवा पत्नी कभी किसी भी व्यक्ति को अपने उन अनगिनत तरीक़ों को प्रकट करने की सोचेंगे जिनमें वे एक दूसरे के प्रति महसूस किये जाने वाले अपने गहरे प्यार को प्रदर्शित करते हैं या एक दूसरे से बाँटते हैं। ऐसा करना एक अन्तरंग, व्यक्तिगत एवं सुन्दर रिश्ते को सामुदायिक अथवा सार्वजनिक बनाना होगा जिससे सर्वशक्तिमान ईश्वर द्वार घोषित एक रिश्ते की अवमानना होगी। सच्चा प्यार सच में बहुत ख़ूबसूरत और बहुत निजी होता है।

अब तक, आप जान गये होंगे कि मैं उन पुराने विचारों वाला व्यक्ति हूँ जो ईश्वर में, परिवार में, देश में और उन क़समों में विश्वास रखता है - जो अच्छी हों या बुरी- लेकिन वे मात्र शब्द नहीं हैं। वे अवसर हैं साथ ठहरे रहने के और साथ में बढ़ने के। जिस प्रकार श्रेष्ठ इस्पात केवल गर्मी और सर्दी के प्रयोग से ही सही रूप में ढल सकता है और राजमार्ग केवल पहाड़ियों, घाटियों और मोड़ों के समावेश से ही सुरक्षित बन सकता है उसी प्रकार प्यार और विवाह भी कष्टों और संकटों के क्रुसिबिल में निर्मित होते हैं। यही कारण है कि युवा पुरुषों और महिलाओं को आज़माइशी विवाह अथवा सामुदायिक जीवन द्वारा ईश्वरीय कानून का उल्लंघन करते देख कर मुझे बहुत कष्ट होता है, ख़ास तौर से जीवन के चक्रवात में पहला तिनका उड़ते ही उनके द्वारा एक दूसरे से मुँह फेर लेने की बातें सुन कर, जब कि अभी तक एक दूसरे को जानने का ही उन्हें समय नहीं मिला, प्यार करने की तो बात ही क्या है। दो ज़िम्मेदार व्यक्तियों के बीच प्यार होता क्या है, इस बारे में उनकी कोई धारणा ही नहीं है। उन्होंने प्यार और सेक्स में भेद करना नहीं सीखा। जब सेक्स प्यार का प्रकटीकरण होता है तथा पवित्र वैवाहिक सम्बन्ध में रूपान्तरित होता है तो

यह वास्तव में सुन्दर एवं ईश्वरीय इच्छा के अनुरूप होता है। जब यह वासना की अभिव्यक्ति होता है तो पाश्विक एवं स्वार्थी होता है।

कवि और टी.वी. लेखकों के कथन के विपरीत प्यार एक तात्कालिक भावावेश नहीं है। व्यक्तिगत रूप से, मैं अपनी सुन्दर पत्नी के प्रति पहली बार उसे देखकर आर्कर्षित हो गया था। मैं सोचता था कि हमारे प्रेम-प्रसंग के दौरान और शादी के प्रारम्भिक वर्षों में मैं उसे प्यार करता था, परन्तु ईमानदारी से कहूँ तो जब तक हमारी शादी को 25 वर्ष से भी अधिक नहीं हो गये, मुझे यह पता ही नहीं था कि वास्तविक प्यार होता क्या है। अब जबकि 26 नवम्बर को हम अपनी एक और वर्षगांठ की ओर बढ रहे हैं, वह प्यार अभी भी प्रतिदिन बढ़ रहा है। वह मेरे द्वारा देखी गयी सर्वाधिक सुन्दर, सर्वाधिक आकर्षक एवं उत्तेजक महिलाओं में सबसे ऊपर और सबसे आगे है। जब कभी भी मुझे यह चुनना होता है कि 5 मिनट उसके साथ बिताऊँ या कुछ और करूँ तो हर बार वही जीतती है।

इसका अर्थ यह नहीं है कि हम हर बात पर सहमत होते हैं क्योंकि ऐसा नहीं होता। ना ही इसका मतलब यह है कि हम में कोई तर्क़ नहीं होते, क्योंकि वे होते हैं। हाँ यह अवश्य है कि हमारे विचार विरोध में कभी कोई दुर्भावना या कडुवाहट नहीं होती। अर्थात इतना अवश्य है कि हम दोनों में से हर-एक अपनी ग़ल्ती स्वीकार करने और क्षमा याचना के लिए तत्पर रहता है। इसका अर्थ यह भी है कि हम एक दूसरे के सान्निध्य में आनन्दित होते हैं और एक दूसरे को इतना प्यार करते हैं कि दूसरे को अपने से पहले रखते हैं। हम कभी भी अपने विचार विरोध को सुलझाये बिना और अपने प्यार की पुनर्पुष्टि के बिना एक दूसरे से अलग नहीं होते ना ही सोने जाते हैं। हम दोनों कृतज्ञ हैं कि ईश्वर ने हमें एक रिश्ते के विकास के लिए और यह खोजने के लिए कि वास्तविक प्यार क्या है, हमें काफ़ी वर्ष इकट्ठे गुज़ारने दिये। हमारी यही प्रार्थना है कि इससे पहले कि हम अनन्त की ओर अपनी इकट्ठी यात्रा शुरू करें, ईश्वर हमें और बहुत से वर्ष इकट्ठे गुज़ारने की अनुमति दे।

पति और पत्नी के लिए कुछ स्वस्थ सलाह

आइये! एक स्वस्थ एवं प्रसन्न विवाह के निर्माण अथवा पुनर्निर्माण की प्रक्रिया पर क़दम दर क़दम नज़र डाले :

1. याद कीजिये, एक दूसरे से विवाह करने से पहले आप क्या करते थे? याद कीजिये किस तरह आप हर समय अपना सर्वश्रेष्ठ प्रदर्शित करते थे, अच्छा व्यवहार करते थे, विचारशील थे, शालीन थे, उदार थे? यह आपके विवाह को स्वस्थ व चिरस्थायी रखने की एक उत्तम प्रक्रिया है। भले ही अभी यह मुसीबत में हो परन्तु आप इसके मौलिक सौन्दर्य को वापिस ला सकते हैं।
2. मैरी क्रौली की पुस्तक ***'मोमेन्ट्स विद मैरी'*** पढ़िये। इस छोटी सी ख़ूबसूरत

पुस्तक में लेखिका ने बताया है कि विवाह कोई 50/50 प्रस्ताव नहीं है। यह एक 100%/100% प्रस्ताव है। पति अपना 100% विवाह को देते हैं और वही पत्नियाँ भी करती हैं।

3. प्रत्येक दिन का आरम्भ और समापन अपने जीवनसाथी के लिए प्यार की घोषणा से करें और दिन के दौरान यदि सम्भव हो तो बस बात करने के लिए और अपने प्यार को व्यक्त करने के लिए तीन मिनट लगाइये। आख़िरकार, अपने जीवन साथी के प्रति प्यार व्यक्त करने का सर्वोत्तम समय किसी दूसरे के ऐसा करने से पहले ही है। कभी कभी डाक में एक 'प्रेमपत्र' डालिये। यह एक छोटा सा निवेश है परन्तु बहुत फ़ायदे का है।

4. अपने साथी को कभी-कभी उपहार अथवा कार्ड भेंट करके चकित कीजिये। यह स्पष्टतया केवल उपहार ही नही होता बल्कि उपहार के पीछे की भावना होती है। जैसा सर लैन्सीलॉट ने कहा है, 'उपहार, देने वाले के बिना नंगा है।' एक दूसरे कवि ने इसे अधिक भावपूर्ण तरीक़े से कहा है, 'अंगूठियाँ और रत्न उपहार नहीं हैं बल्कि उपहारों का तुंच्छ नमूना हैं। सच्चा उपहार किसी के स्वयं का हिस्सा होता है।'

5. साथ में कुछ **अच्छा** समय बिताइये। याद करिये कि आपने कितनी अधीरता से एक दूसरे के साथ प्रेम-प्रसंग किया था और शादी से पहले प्रेम-प्रसंग के लिये आपके पास कितना समय होता था? उसी प्रक्रिया को दोहरायें। साथ टहलने जायें अथवा बस टी.वी. बन्द कर दें और अपने जीवन साथी को ऐसा अनुभव करायें जैसे कि वह आपके जीवन में सर्वाधिक महत्वपूर्ण व्यक्ति है, भले ही इस वक्त आपको इस बात का एहसास ना हो।

6. अच्छा श्रोता बनिये। जैसा कि किसी बुद्धिमान व्यक्ति ने कहा है, 'बातें करना आपस में बाँटना है - परन्तु सुनना परवाह करना है।' अपने जीवन साथी के दिन की छोटी-छोटी बातों के विवरण को सुनिये। सदैव याद रखिये कि कर्त्तव्य हमसे चीज़ों को ठीक से कराता है परन्तु प्यार हमसे चीज़ों को सुन्दरता से कराता है। मैं पुनः इस बात पर ज़ोर देता हूँ कि जो चीज़ कभी-कभी कर्त्तव्य की तरह शुरू होती है बाद में पूरी तरह प्यार में बदल जाती है। आपको यह देख कर आश्चर्य होगा कि उन बातों के कुछ विवरण कितनी स्फूर्ति पैदा करने वाले होते हैं।

7. अपने ध्यान में अपने पति अथवा पत्नी को बच्चों के साथ पूर्ण मत समझिये। उसके लिये कुछ समय सुरक्षित रखिये।

8. जब आप असहमत होते हैं तो याद रखिये कि आप अस्वीकार्य हुए बिना भी असहमत हो सकते हैं। तथापि आपको अनसुलझे मतभेदों के साथ कभी भी बिस्तर पर सोने के लिये नहीं जाना चाहिये। ना तो आप सो पायेंगे और ये मतभेद

आपके अवचेतन मन में घर कर लेंगे तथा निरन्तर समस्या के स्रोत बन जायेंगे। आप ईमानदार होते हुए भी एक दूसरे के प्रति संवेदनशील बने रह सकते हैं।

9. याद रखिये कि हमारे रचयिता के निर्णय के अनुसार पुरुष घर का मुखिया है। कोई भी महिला निस्संदेह अधिक सुरक्षित है यदि वह जानती है कि प्रमुख निर्णयों के लिये उसके पास एक पुरुष है। मैंने शायद ही कोई सच्चा ख़ुशहाल विवाहित जीवन देखा हो जहाँ पर पति परिवार का मुखिया ना हो। यदि पति इसके बाद निश्चित रूप से यह जान ले कि सर्वशक्तिमान ईश्वर उसका मालिक है तो फिर इस रिश्ते को निश्चितता मिल जाती है। तथापि पति को यह स्मरण रखना चाहिये कि वह इस भूमिका का निर्वाह प्यार और उदारता के साथ ही अधिकार व दृढ़ता से कर सकता है। ईश्वर हमें यह भी सिखाता है कि हर पुरुष को अपनी पत्नी से अपनी देह की भांति प्यार करना चाहिये। स्मरण रहे कि ईश्वर ने नारी को एडम की बगल से लिया है, ना तो उसके सिर से कि वह पुरुष पर शासन करे और ना ही उसके पैर से कि पुरुष उसे पैरों तले कुचले। उसने उसे पुरुष की बगल से लिया, एक सुरक्षित स्थान से ताकि पति और पत्नी जीवन के राजमार्ग पर साथ-साथ चल सकें। इस अवधारणा के गहरे अध्ययन हेतु लैरी क्रिस्टनसन की पुस्तक ***दि क्रिसचियन फेमिली*** पढ़ें।

10. याद रखिये, आपको अपने जीवन साथी को ख़ुश करने या समझने के लिये अक्सर 'पीठ से पीछे की ओर' झुकना पड़ेगा। यह मुद्रा थोड़ी कष्टदायक हो सकती है परन्तु यह आपको और आपके विवाहित जीवन को मुँह के बल गिरने से रोकती है।

11. ख़ुशहाल वैवाहिक जीवन के इस अचूक नुस्खे को आज़माइये :

1 कप - प्यार **5 चम्मच - उम्मीद**

2 कप - एकनिष्ठा **2 चम्मच - नर्मी**

3 कप - क्षमाशीलता **4 औंस - विश्वास**

1 कप - मित्रता **1 बैरल - हँसी**

प्यार और एकनिष्ठा को लेकर विश्वास के साथ पूरी तरह मिलायें। इसे नर्मी, उदारता और समझदारी के साथ मिश्रित करें। उसमें मित्रता व उम्मीद डालें। भरपूर तरीके से हँसी छिड़कें। सूरज की धूप में इसे पकायें और फिर प्रतिदिन इसे जी भर कर पेश करें।

12. एफेसियन 4 : 32 (एक दूसरे के प्रति उदार, विनम्र, सुहृदय एवं क्षमाशील बनें) को अपने प्रतिदिन की मार्ग दर्शिका बनायें।

13. साथ-साथ प्रार्थना करें। इस बात के काफ़ी प्रमाण हैं कि जो पति और पत्नी प्रतिदिन साथ-साथ प्रार्थना करते हैं उनमें तलाक़ की दर 3% से भी कम है।

14. याद रखिये कि जब अपरिहार्य मतभेद हों तो यह महत्वपूर्ण नहीं होता कि सुलह की पहल कौन करता है परन्तु जो पहल करता है वह अधिक परिपक्वता और प्यार दर्शाता है।

पति - अपनी पत्नी से प्रेम प्रसंग करें

1. उसके प्रति वे छोटे-छोटे शिष्टता के भाव प्रदर्शित कीजिये जो एक महिला के लिये बहुत मायने रखते हैं। उसकी कार का दरवाज़ा खोलिये, उसकी कुर्सी थामिये, जब आप उसका हाथ थाम कर एक तरफ़ चल रहे हों तो ट्रेफिक की दिशा में चलें। बाहर डिनर पर जब वह दोबारा कमरे में या रेस्तराँ में प्रवेश करे तो खड़े होइये।

2. अपने व्यावसायिक जीवन में होने वाली स्फूर्तिदायक चीज़ों या अच्छी ख़बरों के विवरण उसे बतायें।

3. जब आप किसी भी प्रकार के सामाजिक उत्सव में शामिल हों तो उसके साथ रहें। याद कीजिये शादी से पहले आप उसका साथ पाकर कितना गौरवान्वित अनुभव करते थे। उसे वही तवज्जो दें।

4. भूले से भी कभी पत्नियों पर बनाये गये चुटकुले ना सुनायें। यह घटिया रुचि का प्रतीक है। उन चुटकुलों पर उदास हँसी के साथ आपका आनन्द तो समाप्त हो जायेगा परन्तु वह आहत बनी रहेगी। और यदि आप एक मिनट के लिये भी ऐसा सोचते हैं कि इन पत्नियों पर बनाये गये चुटकुलों से कुछ नहीं बिगड़ता तो इसका अर्थ केवल इतना है कि आप मादा प्रजाति के स्वभाव को नहीं समझते। इसका विपरीत मार्ग अपनाइये और उसकी प्रशंसा कीजिये जैसे कि आप अपनी प्रशंसा चाहते हैं।

5. महिलायें पुरुषों की अपेक्षा सुरक्षा के प्रति कहीं अधिक सचेत होती हैं। उसे बार बार स्मरण कराइये कि आप उसे चाहते ही नहीं बल्कि आपको उसकी ज़रूरत है और आप उसे महत्व देते हैं। उसकी अनुभूति और सुरक्षा बार-बार प्यार के शब्द को प्रयोग करने से बढ़ जाती है। औसत आदमी इस शब्द का जितनी बार प्रयोग करने का इच्छुक होता है, वह उससे कहीं अधिक बार इसे सुनना चाहता है। इस शब्द का अक्सर प्रयोग करें और वह पहले की तुलना में कहीं अधिक प्रसन्न होगी जिसका अर्थ होगा बेहतर विवाह।

6. कुछ घरेलू कार्यों को अलग कर लीजिये। नारी स्वतन्त्रता से सरोकार ना रखते

हुए भी मेरा मानना है कि हमारी प्रवृत्तियाँ ज़िम्मेदारियों में कुछ बँटवारा माँगती हैं उदाहरण के लिये जब आपकी पत्नी बाजार से घर का सामान ख़रीद कर लाये और यदि आप घर पर हैं तो उस सामान को अन्दर लेकर आइये। घर के भारी कार्य पुरुष को करने चाहिये और अगर आप वहाँ पर हैं तो घर का कचरा बाहर आप डाल कर आयें, घास काटें अथवा कोई भी वह कार्य जो मर्दाना है वह आप करें। याद रखिये कि घर आपका महल है परन्तु बिना राजा के महल नहीं हो सकता और कोई राजा बिना रानी के पूरा नहीं हो सकता। आपकी पत्नी को आपकी रानी बनने में हर्ष होगा यदि आप उससे वैसा ही व्यवहार करें।

पत्नियाँ - अपने पति से प्रेम प्रसंग करें

1. दिन की शुरूआत रोज़ाना उससे यह कह कर करें कि आप उसे कितना प्यार करती हैं और प्रतिदिन उसी तरह करें।

2. याद रखिये कि पुरुष और नारी के स्वभाव काफ़ी भिन्न होते हैं। पुरुष को अपने अहम् के निरन्तर पोषण की ज़रूरत होती है, ख़ास तौर से यदि वह परिवार के लिए रोटी कमाता है। उसे आपके विश्वास के प्रति आश्वस्त करती हुई सरल सी अभिव्यक्ति बहुत मायने रखती है, विशेषकर उस व्यक्ति द्वारा जिसे वह प्यार करता है। अपने पति को जताइये कि वह जो करता है वह महत्वपूर्ण है, साथ ही वह ख़ुद भी बहुत महत्वपूर्ण है। उसे बार-बार बताइये कि आपको उस पर और जो वह करता है उस पर गर्व है।

3. यदि आप बाहर कहीं नौकरी नहीं करती हैं तो उसके आने से कुछ मिनट पहले उठें, जल्दी से स्नान करें, एक स्वच्छ परिधान पहनें और थोड़ी ख़ुशबू या इत्र लगायें। कुछ मिनट अपनी सांस की गति पर ध्यान दें और जब आप उसे देखेंगी तो ताज़गी अनुभव करेंगी।

4. कभी उसके लिये केक बनायें अथवा कोई विशेष व्यंजन जो उसे पसन्द हो। आप या बच्चे उस व्यंजन को पसन्द करते हैं या नहीं यह महत्वहीन है। उसकी पसन्द के व्यंजन को इसलिए बनायें क्योंकि आप उसे प्यार करती हैं। यदि आप उसे ठंडा लंच रख कर देती हैं तो उसके साथ प्यार से 'ऊष्मित' नोट रख कर दें।

5. स्वीकार्य बनें और ख़ुशमिज़ाज रहें (पति के लिये भी यह लागू होता है)। सोलोमन नाम के प्रबुद्ध व्यक्ति का कथन है, 'किसी झगड़ालू महिला के साथ रहने की अपेक्षा निर्जन स्थान पर रहना कहीं अच्छा है।' आधुनिक समाज में, किसी पुरुष की झगड़ालू पत्नी को बहुत अधिक क़ीमत चुकानी पड़ती है। वह अनावश्यक रूप से अपने कार्य में अधिक समय लगाता है और स्थानीय बार में पुरुष और दुर्भाग्य से महिला मित्रों के साथ समय बर्बाद करता है।

6. आप वे काम करें जो निश्चित रूप से महिलाओं के होते हैं। मैं इस बात से सहमत हूँ कि आज की बहुत सी समस्याओं का एक कारण पुरुष और महिलाओं के कार्य में स्पष्ट अन्तर ना होना है। पुरुष को पुरुष की ही तरह दिखना चाहिये और पुरुष की तरह ही पोशाक पहननी चाहिये, काम करना चाहिये, सोचना चाहिये और बात करनी चाहिये एवं इसी तरह महिला को महिला की तरह। कभी हमको रुक कर सोचना पड़े कि यह पुरुष है या महिला तो यह बड़े अफ़सोस की बात है। मैं मानता हूँ कि सामान्य हालात में महिला को बर्तन साफ़ करने चाहिये और बिस्तर ठीक करना चाहिये। ज़ाहिर है कि यह हालात के ऊपर निर्भर है कि प्यार करने वाला पति इस काम में हाथ बँटाये। अगर सामान्य रूप से कहा जाये तो मैं नहीं मानता कि एक छोटे बच्चे के लिए यह कोई अच्छा विचार है कि वह अपने पिता को बर्तन साफ़ करता देखे, ना ही छोटी बच्चियों को अपनी माँ को लगातार मर्दों वाले काम करता देख कर अच्छा लगता है। जैसा कि मेरी माँ कहती थी, '**आपके बच्चे आप जो करते हैं उस पर अधिक ध्यान देते हैं बजाये इसके कि आप जो कहते हैं।**' छोटे लड़के को मर्दानी भूमिका देखने दो और फिर वह एक आदमी बन सकेगा, विपरीत लिंगी व्यक्ति के प्रति स्वाभाविक प्यार की भावना के साथ। इसी तरह एक छोटी बच्ची को महिलाओं की भूमिका देखने दो ताकि वह बड़ी हो कर एक महिला बन सके, पुरुषों के प्रति स्वाभाविक प्यार की भावना के साथ।

7. क्या आप एक रानी बनना चाहती हैं? अपने पति को राजा की तरह मानिये और फिर आप उसके पास कोई विकल्प नहीं छोड़ेंगी क्योंकि कोई भी राजा तब तक पूर्ण नहीं है जब तक कि उसकी कोई रानी ना हो। मैं पुनः दोहराता हूँ कि विवाह 50%/50% का प्रस्ताव नहीं है। यह 100%/100% है। मैं निश्चित रुप से कहता हूँ कि ऐसा असम्भव है कि आप अपने साथी को ख़ुश रखें और इसका लाभ आपको ना मिले।

मैं फिर इस बात पर ज़ोर देना चाहूँगा कि **जीवन में आप जो भी चाहते हैं वो आपको मिल सकता है यदि दूसरे लोग जो चाहते हैं उसे प्राप्त कराने में आप उनकी पर्याप्त मदद करें।** पति और पत्नी के बीच यह विशेषरूप से सत्य है। इस बारे में कोशिश कीजिये, आपको अच्छा लगेगा। यदि आप वास्तव में इसकी कोशिश करते हैं तो आप सीढ़ी की अगली पायदान पर चढ़ने की पात्रता रखते हैं। अच्छी तरह से देख लें कि आप चेहरे पर मुस्कान लिए दूसरे नम्बर का क़दम उठाने के लिए तैयार हैं क्योंकि आप अपने जीवन के सर्वाधिक महत्वपूर्ण व्यक्ति को सच में ख़ुश कर रहे हैं।

टिप्पणियाँ एवं विचार

दूसरा क़दम सच में मज़ेदार है क्योंकि आपको पता चल जाता है कि जब
आप ऐसे साथी के साथ काम कर रहे हैं, खेल रहे हैं और रह रहे हैं
जो सच में इस बात की परवाह करता है कि
जीवन के हर क्षेत्र में क्या होता है तो जीवन और
अधिक मज़ेदार हो जाता है।

खण्ड चार

ध्येय

उद्देश्य : I. आपको आपके व्यक्तिगत और व्यावसायिक जीवन में ध्येयों का महत्व समझाना।

II. यह बताना कि अधिकतर लोग कभी भी ध्येय निर्धारित क्यों नहीं करते।

III. यह पहचानना कि आपको किस प्रकार के ध्येय रखने चाहिये।

IV. आपके ध्येयों के लक्षणों/गुणों का विस्तृत विवरण करना।

V. विशिष्ट विवरण के साथ यह समझाना कि अपने ध्येय कैसे निर्धारित करें।

VI. अपने ध्येयों को कैसे प्राप्त किया जाये, इस बाबत एक विस्तृत कार्यविधि प्रदान करना।

अतिरिक्त पाठ्य सामग्री

डेविड श्वार्टज़ - *दि मेजिक ऑफ थिंकिंग बिग*

डेल कार्नेगी - *हाऊ टु स्टॉप वरीइंग एण्ड स्टार्ट लिविंग*

रॉबर्ट शुलर - *मूव अहैड विद पॉसिबिलिटी थिंकिंग*

मैरा बेनॉन रे - *दि इम्पोर्टेन्स ऑफ फीलिंग इन्फीरियर*

फ्रैंक जे. ब्रुनो - *थिंक योरसेल्फ थिन*

अध्याय एक

क्या ध्येय वास्तव में ज़रूरी हैं?

लक्ष्य जिन्हें आप देख नहीं पाते

बहुत से लोगों के कान में हॉवर्ड हिल का नाम सुनते ही घंटियाँ बजने लगती हैं। वह शायद अब तक का महानतम धनुर्धर (तीरंदाज) था। उसका निशाना इतना अचूक था कि उसने धनुष और तीर की सहायता से एक नर हाथी, एक बंगाल के टाइगर और एक भैंस को मार गिराया था। न्यूज़ रील में मैंने देखा कि हॉवर्ड हिल बराबर लक्ष्य को ठीक उसके केन्द्र में वेधता था। वह पहला तीर लक्ष्य के केन्द्र पर भेज कर, अगले तीर से उसे छितरा देता था।

अब मेरे अगले कथन से आपकी भौंहें लगभग छह इंच ऊपर चढ़ जायेंगी। यदि आपका स्वास्थ्य ठीक है तो आप हॉवर्ड हिल को उसके सर्वश्रेष्ठ दिन भी निशानबाज़ी में हरा सकते थे। आप लक्ष्य को हावर्ड हिल के मुकाबले अधिक अटलता से वेध सकते थे और हो सकता है कि आपने बच्चों वाले धनुष बाण के अतिरिक्त कभी कुछ चलाया भी ना हो। स्पष्ट है इसके लिये हॉवर्ड हिल की आँखों पर पट्टी बाँध कर उसे एक दो बार घुमाना ज़रूरी होता। फिर मैं गारंटी दे सकता हूँ कि आप उसकी अपेक्षा अधिक अटलता से लक्ष्य वेध देते। मुझे आशा है, आप सोच रहे होंगे कि यह समानता बेतुकी है और आप कहेंगे, 'जाहिर है मैं लक्ष्य वेध देता, कोई आदमी लक्ष्य को देखे बिना कैसे वेध सकता है?' यह अच्छा प्रश्न है। अब आपके लिये एक दूसरा सवाल है। यदि हावर्ड हिल लक्ष्य को देखे बिना उसे नहीं वेध पाया तो आप कोई लक्ष्य रखे बिना उसे कैसे वेध सकते हैं?

क्या आपके पास लक्ष्य या ध्येय हैं? आपका कोई ध्येय ज़रूर होना चाहिये क्योंकि **बिना किसी गंतव्य के उस पर पहुँचना उसी तरह मुश्किल है जिस तरह किसी जगह पर बिना जाये वहाँ से वापिस आना।**

जब तक आपके पास कोई निश्चित, असंदिग्ध व स्पष्ट रूप से निर्धारित लक्ष्य नहीं है, आप अपने अन्दर निहित अधिकतम सम्भाव्यता को अनुभव नहीं कर सकते। अनिश्चितता के साथ भटकने से आप इसे नहीं पा सकते, इसके लिए आपमें एक सार्थक विशिष्टता का होना ज़रूरी है। आपका अपने और अपने ध्येय के बारे में क्या विचार है? क्या वे स्पष्ट हैं या अभी भी कुछ धुंधले हैं?

गतिविधि - अथवा कार्य सम्पन्नता

ध्येय अथवा लक्ष्य के बिना कोई पुरुष या महिला वैसे ही है जैसे बिना मार्गदर्शक के जहाज़। हर कोई उसे बहायेगा, चलायेगा नहीं। हर कोई निराशा, पराजय और विषाद के तटों को प्राप्त होगा। महान फ्रांसीसी प्रकृतिवादी जोन हैनरी फैबर ने जुलूस में चलने वाली

कुछ तितलियों पर एक विचित्र प्रयोग किया। ये तितलियाँ अपने सामने वाली तितली का अंधानुकरण करती हैं। फैबर ने एक ग़ुलदस्ते के चारों ओर इन्हें बड़ी सावधानी से इस प्रकार व्यवस्थित किया कि सबसे आगे वाली तितली सबसे पीछे वाली को छूती हुई पूरा एक वृत्त बना रही थी। ग़ुलदस्ते के केन्द्र में उसने चीड़ का फल रखा जो कि इन तितलियों का आहार है। तितलियाँ उस ग़ुलदस्ते का चक्कर लगाने लगीं। घंटे, दिन और रात गुज़रते गये और वे चक्कर लगाती रहीं। पूरे सात दिन और सात रातों तक वे उस ग़ुलदस्ते के चारों ओर घूमती रहीं। अन्त में वे भूख और थकान से चूर हो कर मर गयीं। छह इंच से भी कम दूरी पर भरपूर भोजन रखे होने के बावज़ूद वे भूख़ से मर गयीं क्योंकि उन्होंने ***गतिविधि में कार्य सम्पन्नता का भ्रम पाल लिया था।***

बहुत से लोग यही ग़लती करते हैं और परिणामस्वरूप जीवन के कोष से बहुत थोड़ा सा अंश प्राप्त कर पाते हैं। बावज़ूद इसके कि अकूत खज़ाना उनकी पहुँच में है परन्तु वे इसका बहुत कम भाग हासिल कर पाते हैं क्योंकि वे बिना कोई सवाल पूछे, अंधे होकर, भीड़ का एक वृत्त में अनुसरण करते रहते हैं जो कहीं नहीं ले जाता। उनके पास विधियों और प्रणालियों को अपनाने का सिर्फ़ एक ही कारण होता है - 'यह हमेशा से इसी तरह होता आया है।'

इस सन्दर्भ में, समझ के मामले में, वे अक्सर दिखने वाले इस लडके की ही तरह हैं। उसकी पत्नी ने उसे दुकान से सूअर की जंघा का माँस लाने के लिये भेजा। जब वह यह ले आया तो उसकी पत्नी ने पूछा कि उसने कसाई से उस माँस का आख़िरी सिरा क्यों नहीं कटवाया। इस लड़के ने अपनी पत्नी से पूछा कि वह आख़िरी सिरा क्यों कटवाना चाहती है। उसने उत्तर दिया कि उसकी माँ हमेशा ऐसा ही करती आयी हैं और उसके लिये यह पर्याप्त कारण है। क्योंकि उसकी पत्नी की माँ उनके पास आने वाली थीं, उन्होंने उससे पूछा कि वह माँस का सिरा हमेशा क्यों काटती थीं। माँ ने जबाब दिया कि उसकी माँ ऐसा ही करती थीं। माँ, बेटी और इस लड़के ने तब तय किया कि नानी को बुलाया जाये और इस तीन पीढियों के रहस्य की गुत्थी को सुलझाया जाये। नानी ने तुरन्त उत्तर दिया कि वह गोश्त का सिरा इसलिये काटती थी क्योंकि उसका रोस्टर इतना बड़ा नहीं था कि पूरा हिस्सा एक साथ पका सके। नानी माँ के पास अपने कार्यों का कारण था। क्या आपके पास है?

असफलता का रास्ता

क्या अधिकांश व्यक्तियों के पास ध्येय होते हैं? ज़ाहिरी तौर पर नहीं। आप किसी भी सड़क पर चलते सैकड़ों नौजवानो को रोक कर उनमें से हर एक से पूछ सकते हैं, आप जो कर रहे हैं उससे भविष्य में आपको निश्चित रूप से असफलता मिलेगी? 'प्रारम्भिक आघात से उबर कर हर कोई शायद कहेगा,' 'आपका कहने का अभिप्राय क्या है, मैं अपनी असफलता को सुनिश्चित करने के लिये क्या कर रहा हूँ? मैं सफलता के लिये काम कर रहा हूँ।' दुख की बात यह है कि उनमें से अधिकांश सोचते हैं कि वे सफलता के

लिये ही काम कर रहे हैं। लगभग हर कोई यही मानता है कि सफलता उसे मिल जाती परन्तु दैवयोग उसके विपरीत है। मैं इस बात को ज़ोर देकर कहता हूँ क्योंकि यदि हम उन सौ नवयुवकों का अनुसरण करें तो पैंसठ वर्ष की आयु तक उनमें से केवल पाँच को आर्थिक सुरक्षा उपलब्ध हुई होगी और केवल एक धनवान हुआ होगा। दैवयोग लास वेगास की तुलना में तो बेहतर ही होगा।

मैं यह मानने के लिए तैयार नहीं हूँ कि असफलता अवसर की कमी के कारण मिलती है क्योंकि अमेरिका में बहुत से अद्‌भुत अवसर उपलब्ध हैं। उदाहरण के तौर पर कई वर्षों पहले जॉर्जिया में अटलान्टा की फैडरल जेल से एक धनवान क़ैदी को रिहा किया गया। उसमें स्थायी तौर पर (अलंकार स्वरूप) एक हारे हुए व्यक्ति के भाव थे। तथापि, उसने जेल में एक दर्जी की दुकान चला कर थोड़ा सौभाग्य एकत्रित कर लिया था। अपनी एक बड़ी ग़लती से जेल में पहुँच जाने के बाद, उसने संकल्प लिया कि वह वक्त की सेवा करके और बड़ी ग़लती नहीं करेगा। उसने वक्त से अपनी सेवा करवायी। वास्तविक अर्थों में आपके पास भी वैसा ही विकल्प मौज़ूद है।

जीवन में जो लोग सफल नहीं होते क्या वे असल में असफल होने की योजना बनाते हैं? मुझे ऐसा नहीं लगता। समस्या यह है कि वह किसी चीज़ की भी योजना नहीं बनाते। ध्येय इतने महत्वपूर्ण होने पर भी, क्यों अमेरिकी लोगों में केवल 3% ही अपने ध्येयों को काग़ज़ पर उतारते हैं? इसके चार मूल कारण हैं। पहला, उन्हें कभी इस बारे में समझाया नहीं गया है। हाँ बताया गया है - समझाया नहीं गया। दूसरा, उन्हें मालूम नहीं है कि यह किस तरह करें। तीसरा, वे डरते हैं कि निर्धारित ध्येय वे प्राप्त नहीं कर पायेंगे और शर्मिन्दा महसूस करेंगे। चौथा, हीन आत्म-छवि। वे सोचते ही नहीं कि जीवन की अच्छी चीज़ों के लिये उनमें पात्रता है। अतः जिस चीज़ की आपमें पात्रता ही नहीं है उसे लिखने की परेशानी क्यों उठायी जाये, जिसका अर्थ है (उनके दिमाग़ों में) कि यह उन्हें नहीं मिलेगा। अब एक सशक्त वक्तव्य के लिये तैयार हो जाइये। यदि आप वास्तव में मेहनत से लग जायेंगे तो इस पुस्तक में वर्णित सिद्धांत और पद्धतियाँ इन चारों कारणों को संभाल लेंगी।

इस पूरे खण्ड में मैं आपको ध्येयों का महत्व समझाता रहूँगा और बताता रहूँगा कि उन्हें कैसे निर्धारित किया जाये। दूसरे खण्ड में और उस लिहाज़ से पूरी पुस्तक में आत्म-छवि के बारे में बताया गया है तो आप पहले से ही अपने आप को और बेहतर पसंद करने लगे होंगे। आपके पास वे सारे नियम और पद्धतियाँ हैं जिनकी आपको अपनी छवि के उस स्तर तक निर्माण के लिये आवश्यकता है जहाँ आपको लगने लगे कि जीवन की अच्छी चीज़ों के लिये आपमें पात्रता है। अतः अब यह बात आप पर निर्भर है।

जहाँ तक डर की बात है, हमें इस पर तर्कसंगत ढंग से विचार करना चाहिये। यदि आपकी समस्या डर है तो इसका सीधा सा मतलब है कि आप अपने मित्रों के सामने ग़लत नहीं होना चाहते इसलिये कोई वायदा नहीं करना चाहते। प्रसंगवश अपनी इस सोच में आप 'आधे ठीक' हैं। आपको कभी भी अपने ध्येय किसी को बताने नहीं चाहिये जब तक

कि आप अच्छी तरह ना जानते हों कि उन्हें न केवल इस बात का विश्वास है कि आप इन ध्येयों तक पहुँच सकते हैं बल्कि वे चाहते हैं कि आप इन ध्येयों तक पहुँचें। दूसरे लोग अपने ध्येयों को कागज़ पर उतारने का इसलिये निश्चय नहीं करते हैं क्योंकि यदि वे उनको प्राप्त नहीं कर पाये तो उनके पास इस बाबत बना बनाया स्पष्टीकरण है कि वे दरअसल असफल नहीं हुए क्योंकि उन्होंने वे ध्येय कभी बनाये ही नहीं। उनके लिये यह एक सुरक्षित बल्कि 'बिना जोखिम' का रास्ता है।

इस तर्क़ के आधार पर मैं कह सकता हूँ कि जहाज़ के लिये अधिक सुरक्षित होगा कि वह बन्दरगाह पर ठहरा रहे, वायुयान के लिये अधिक सुरक्षित होगा कि वह ज़मीन पर ठहरा रहे और किसी मकान के लिये अधिक सुरक्षित होगा कि खाली पड़ा रहे क्योंकि जहाज़ बन्दरगाह छोड़ने पर 'जोख़िम' का सामना करता है, वायुयान जब ज़मीन छोडता है तो 'जोखिम' उठाता है और मकान 'जोखिम' को आमन्त्रण देता है जब कोई उसमें रहने आ जाता है। परन्तु ज़हाज बन्दरगाह में ही रहे तो जल्दी ही समुद्र के योग्य नहीं रहेगा। वायुयान ज़मीन पर रहे तो और जल्दी जंग खायेगा और मकान खाली पड़े रहने पर और जल्दी ख़राब होगा। हाँ, ध्येय निर्धारित करने में ख़तरा है परन्तु जोखिम उस समय कई गुना है जब आप ध्येय निर्धारित नहीं करते हैं। कारण सरल है। जैसे जहाज़ समुद्र में चलने के लिये, वायुयान उड़ने के लिये और मकान रहने के लिये बने हैं, उसी प्रकार मनुष्य की रचना भी किसी उद्देश्य के लिये हुई है। आपका यहाँ पर होने का कोई कारण है। वह उद्देश्य आपमें से हर उस चीज़ को बाहर निकालना है जो मानवीय तौर पर सम्भव है ताकि आप मानव जाति के लिये अपना अंशदान कर सकें। ध्येय आपको अपने लिये और दूसरों के लिये भी, और अधिक कर पाने के योग्य बनाते हैं।

क्योंकि पहला और बिल्कुल स्पष्ट क़दम आपको अभी आपके ध्येयों के महत्व के बारे में बताना है, मैं एकदम वही करने जा रहा हूँ। (हर दृष्टि से मैं सोचता हूँ कि मुझे यह 'चेतावनी' दे देनी चाहिये कि स्पष्ट रूप से ध्येयों के महत्व में आपकी रुचि है अन्यथा आप इस पुस्तक को पढ़ते हुए यहाँ तक नहीं पहुँचते।)

आइये कल - हर दिन - एकापुल्को चलें

मान लो आपका कोई पुराना और सम्मानित मित्र आपको फोन करे और उत्साह से कहे, 'दोस्त, मेरे पास आपके लिए एक अच्छी ख़बर है। आप हमारे ग्रुप के साथ एकापुल्को के तीन दिन के दौरे पर चल सकते हैं और इसके लिए आपको कुछ भी ख़र्च नहीं करना पडेगा। हम कल सुबह 8 बजे चलेंगे और हमारे पास दो और व्यक्तियों की जगह है। बॉस हमें अपने प्राइवेट जेट से ले चलेंगे और हम ठीक समुद्र किनारे स्थित उसके बंगले में ठहरेंगे।' आपकी पहली प्रतिक्रिया शायद हो, 'यह बहुत ही अच्छा रहेगा, परन्तु मेरे पास बहुत काम है, मुझे नहीं लगता कि मैं किसी तरह तैयार हो पाऊँगा और कहीं जाने से पहले जिन चीज़ों को मुझे करना है, उन्हें कर पाऊँगा।'

आपके जवाब देने से पहले ही आपकी प्रिय पत्नी आपको बताती है कि उसके मन में एक विचार आ रहा है और आपको सुझाव देती है कि अपने मित्र से कहें कि इस बारे में कुछ मिनटों बाद आप उससे बात करेंगे। अब उन मिनटों में आप और आपकी पत्नी इस बारे में सोचना और योजना बनाना शुरु कर देते हैं। पहले आप पूछते हैं, 'क्या-क्या करना है? 'आप एक पैन और काग़ज़ निकाल लेते हैं और उन चीज़ों को जिन्हें आपको करना ज़रूरी है, लिखना शुरू कर देते हैं। फिर आप उन्हें उनके महत्व के अनुसार क्रम देते हैं। अन्ततः ज़िम्मेदारियों को दूसरों को सौंप देते हैं। तब आप अपने मित्र को फोन करते हैं और कहते हैं, 'दोस्त, मैं अपने निर्धारित कार्यक्रमों की सूची देख रहा था और हम उस दौरे पर आख़िरकार चल सकते हैं।'

मैं गारन्टी के साथ कह सकता हूँ कि आप अगले 24 घंटों में सामान्य तौर पर कई दिनों में किये जाने वाले काम से ज़्यादा काम करेंगे। है ना ?

क्योंकि आपको उस सवाल के लिये हाँ कहना पड़ा, अब मैं आपसे दूसरा सवाल पूछता हूँ। आप हर रोज़ - कल एकापुल्को चलें क्यों नहीं करते? अगले तीन दिनों में जो चीज़ें आपको करनी हैं उनकी सूची क्यों नहीं बनाते? फिर ऐसे काम करें मानो आपके पास तीन दिन के काम के लिए एक ही दिन है। जैसे परचून स्टोर में मेरा मालिक कहा करता था, 'यह आपको अपनी सोचने की टोपी पहनने पर मजबूर कर देगा। 'आप कार्य शुरू करने से पहले सोचने के लिए, योजना बनाने के लिए, और दूसरों को ज़िम्मेदारी सौंपने के लिए अपनी मानसिक क्षमता का प्रयोग करेंगे। इससे आप इतना अधिक कार्य सम्पन्न कर पायेंगे कि आप अपने जीवन के आने वाले कल में वस्तुतः एकापुल्को या जहाँ कहीं भी आप जाना चाहते हैं, जा सकते हैं। कारण : आप 'भटकने वाली भीड़' से 'अर्थपूर्ण विशिष्ट व्यक्ति' में बदल चुके होंगे। आपके जीवन को दिशा मिल जायेगी।

लोग प्रायः समय की कमी के बारे में शिक़ायत करते हैं जब कि असली समस्या दिशा की कमी होती है। बहुत से 'विशेषज्ञ' कहते हैं कि जब हम समय नष्ट करते हैं तो हमें हत्या के जुर्म में गिरफ़्तार किया जाना चाहिए। समय दोस्त भी हो सकता है और दुश्मन भी। यह सब आपके ध्येयों पर और प्रत्येक उपलब्ध मिनट का उपयोग करने के बारे में आपके संकल्प पर निर्भर करता है।

ध्येय नहीं तो खेल नहीं

आइये, मैं ध्येय के महत्व को बास्केटबाल चैम्पियनशिप के निर्णयात्मक खेल के एक दृश्य पर नज़र डाल कर समझाऊँ। टीमें अपनी प्रारम्भिक तैयारी कर लेने के बाद खेल के लिए शारीरिक रूप से तैयार हैं। शरीर में बिजली दौड़ रही है और स्पष्ट रूप से एक चैम्पियनशिप वाले खेल में जो उत्तेजना होती है उसे खिलाड़ी महसूस कर रहे हैं। वे अपने ड्रैसिंग रूम में वापिस आते हैं और खेल शुरू होने से पहले कोच उन्हें आख़िरी दिशा निर्देश देता है। 'बस सब कुछ यही है साथियों, आर या पार। आज की रात या तो हम सब

जीतेंगे या सब गँवा देंगे। शादी में सबसे अच्छे आदमी को कोई याद नहीं रखता और ना ही किसी को याद रहता कि दूसरे नम्बर पर कौन आया। सारा मौसम आज की रात ही है।'

खिलाड़ी इससे इतने जोश में आ जाते हैं कि दरवाज़ों को लगभग चीरते हुए मैदान पर वापिस पहुँचते हैं। जैसे ही वे मैदान पर पहुँचते हैं तो पूरी तरह से दुविधा में ठिठक जाते हैं। उनकी कुंठा एवं क्रोध साफ़ दिखाई देते हैं, वे इशारा करते हैं कि मैदान से गोल हटा दिये गये हैं। वे ग़ुस्से में जानना चाहते हैं कि बिना गोल के मैच कैसे खेला जा सकता है। वे जानते हैं कि बिना गोल के स्कोर का पता ही नहीं चलेगा, ना ही यह पता चलेगा कि उन्होंने गेंद ठीक से डाली या नहीं, कभी पता नहीं चलेगा कि उन्होंने कैसे विरोधी टीम को रोका और ना ही वे कभी यह जान पायेंगे कि लक्ष्य को साध पाये अथवा नहीं। वस्तुतः वे बिना गोल के बास्केटबॉल के गेम को खेलने की कोशिश भी नहीं करेंगे। बास्केटबॉल के लिए वे गोल महत्वपूर्ण हैं, हैं ना? तो फिर आपका अपने बारे में क्या ख्याल है? क्या आप जीवन के खेल को बिना गोल के खेलने की कोशिश कर रहे हैं? यदि आप ऐसा कर रहे हैं तो स्कोर क्या है?

जीवन मूल्यवान है

हमारे देश के आरामघरों में एवं वृद्ध-आश्रमों में एक असाधारण बात देखने में आती है। छुट्टियों तथा विशेष दिनों जैसे कि शादी की वर्षगाँठ और जन्म दिन से पहले वहाँ पर मृत्यु दर आश्चर्यजनक रूप से घट जाती है। बहुत से लोग एक और क्रिसमस, एक और वर्षगाँठ, एक और चार जुलाई आदि जी लेने का ध्येय निर्धारित कर लेते हैं। आयोजन के फौरन बाद, जब ध्येय प्राप्त हो चुका तो जीने की इच्छा घट जाती है और मृत्यु दर बढ जाती है। हाँ, जीवन मूल्यवान है और सिर्फ़ तब तक चलता है जब तक कि जीवन के पास उद्देश्य के रूप में कुछ मूल्यवान है । जीवन के ध्येय महत्वपूर्ण हैं और वस्तुतः हर कोई इस बात को जानता है। फिर भी अपनी मर्ज़ी से – या यह उदासीनता है कि सड़क पर औसत आदमी 'अर्थपूर्ण विशिष्ट व्यक्ति' बनने के बजाये 'भटकती भीड़' के पीछे चलने का न्यूनतम प्रतिरोध– करके जीवन में बेकार फिरता रहता है।

स्वर्गीय मैक्सवैल माल्ट्ज ने एक पुस्तक लिखी है जिसे मैं आपको पढ़ने के लिए नहीं बल्कि निगल जाने का सुझाव देता हूँ। इसे अपना और अपने जीवन का हिस्सा बनाइये। पुस्तक का शीर्षक है ***साइको-साइबरनेटिक्स।*** यह मुश्किल शीर्षक है, परन्तु वास्तविकता में यह एक सरल, सुन्दर ढंग से लिखी हुई और आसानी से समझी जाने वाली पुस्तक है। माल्ट्ज़ कहता है कि आदमी काम करने के मामले में एक साइकिल की तरह है। जब तक वह किसी उद्देश्य - किसी ध्येय की ओर आगे नहीं बढ़ रहा है - वह लड़खड़ाने वाला है और गिरने वाला है।

ध्येय एक जीतने वाला घोड़ा हो सकता है

जूली अपने घोड़े आइरिश को प्यार करती थी, परन्तु इस वक्त वह क्रोधित थी,

आहत थी, निराश थी, कुंठित थी, थकी हुई, निरुत्साहित एवं खिन्न थी । हफ्तों से उसने उस घोड़े को इस बड़े प्रदर्शन के लिए साफ़ किया, सिखाया, उस पर काम किया और उसे प्रशिक्षण दिया था। इस विशेष दिन पर वह सुबह 3.00 बजे उठ गयी थी और आइरिश को उसने अन्तिम बार हर बात सिखायी। आइरिश के गर्दन के बाल पूरी तरह गुंथे हुए थे, उसकी पूँछ कला का एक नमूना थी, उसके शरीर का रंग पॉलिश किये हुए स्टील की तरह चमक रहा था, उसके पेट का उभार सूरज की रोशनी में चमक उठा था। काठी और लगाम को साफ़ करके पॉलिश की गयी थी और जूली पूरी तरह से त्रुटिरहित परिधान पहने जब इस बड़े आयोजन के क्षेत्र में प्रविष्ट हुई तो ऐसी लग रही थी मानो वह एक नन्ही गुड़िया हो। तो फिर हुआ क्या? कुछ नहीं, बिल्कुल कुछ नहीं। आइरिश, जिसे कूदने वाला घोड़ा माना जाता था, नहीं कूदा। सच तो यह है, वह उछला भी नहीं। जूली के लिए सैकड़ों घंटों की कड़ी मेहनत और रिबन का सपना सब ख़त्म हो गया जब उसके घोड़े ने पहली कूद को ही तीन बार इन्कार कर दिया और वह अयोग्य घोषित हो गया।

जैसा कि मैंने दूसरे भाग में इंगित किया है, जब आप कुंठित होते हैं तो आप या तो अपने हाथों को मरोड़ सकते हैं और जो कुछ आपके पास है उसे खो सकते है या अपनी आस्तीनें चढ़ा सकते हैं और जो आप चाहते हैं उसे पा सकते हैं। 16 वर्ष की आयु और 100 पौंड से भी कम वज़न की जूली ज़िग्लर ने अपनी आस्तीनें चढ़ाने का और जो वह चाहती थी उसे पाने का निश्चय किया - एक ऐसा घोड़ा जो विजेता हो। उसने आइरिश का मूल्य तय किया, अख़बार में विज्ञापन दिया, मोल-भाव तथा घोड़े की अदला-बदली की बातों से परहेज किया जब तक कि उसका मुँह माँगा मूल्य उसे नहीं मिल गया। उसने अपनी रकम को बचत खाते में डाला और दूसरे मनचाहे घोड़े की तलाश शुरु कर दी। उसने स्थानीय घुड़सालों का दौरा किया, स्थानीय प्रदर्शनियों में गयी, घोड़ों पर प्रकाशित उपलब्ध सारी सामग्री पढ़ी जब तक कि उसे अन्ततः बटर रम नाम का ख़ूबसूरत दो वर्षीय नस्लदार घोड़ा नहीं मिल गया। यह जूली और बटर रम का पहली नज़र में विशुद्ध प्यार का मामला था - परन्तु इसमें थोड़ी अड़चन थी। बटर रम की क़ीमत जूली के पास आइरिश की बिक्री से प्राप्त धन से काफ़ी अधिक थी और उसने अपनी मम्मी और डैडी को इस क़ीमत के अन्तर के लिए आर्थिक सहायता प्रदान करने से रोक दिया।

इस स्थिति ने सिर्फ़ उसकी तेज़ दौड़ को थोड़ा धीमा किया क्योंकि जूली एक ऐसी लड़की है जो मानती है कि यदि आप कुछ चाहते हैं तो आपको कुछ करना चाहिए।

वह ध्येय प्राप्त करने के मूल सिध्दान्त में भी विश्वास रखती थी कि **आप उतनी ही दूर जाते हैं जितनी दूर तक आप देख सकते हैं और जब आप वहाँ पहुँच जाते हैं तो हमेशा और आगे देख पायेंगे।** आइरिश की बिक्री से प्राप्त धन से और बाक़ी को किश्तों में भुगतान करने की योजना के तहत उसने बटर रम को ख़रीद लिया। फिर उसने किश्तों का भुगतान करने के लिए धन कमाने हेतु नौकरी कर ली। उसने बटर रम को प्रशिक्षण दिलाया और इसके लिए व्यावसायिक सहायता के मूल्य का भुगतान भी स्वयं

किया। उसने उस पर और अपने पर कड़ी मेहनत की। जल्दी ही बटर रम और जूली रिबन जीतने लगे। जूली के कमरे की दीवार सभी रंगों के रिबन से ढँकी पड़ी है और उसे बटर रम के लिए जितने मूल्य में उसने उसे ख़रीदा था उससे साढ़े चार गुना अधिक मूल्य के प्रस्ताव मिल चुके हैं।

इस कहानी के बारे में रोचक बात, इससे दीगर कि यह मेरी छोटी सी लड़की के बारे में है, यह है कि यह हमें पुनः बताती है कि यदि हम किसी चीज़ को बुरी तरह से चाहते हैं तो उसे हमें अपना एक निश्चित ध्येय बना लेना चाहिए। जब हम इसके पीछे इस तरह लग जाते हैं मानो हम असफल हो ही नहीं सकते तो बहुत सी चीज़ें हमारी मदद करने के लिए होने लगेंगी, हम असफल न हों।

शक्ति का प्रयोग कीजिए

कई वर्षों पहले मुझे नियाग्रा झरनों के ऊपर से होकर जाने वाली हवाई यात्रा का पहली बार सौभाग्य मिला। जैसे ही हम झरनों पर पहुँचे एयर क्राफ्ट के कैप्टन ने इन्टरकॉम पर घोषणा की, 'देवियों और सज्जनों आपकी बायीं ओर नियाग्रा झरने हैं। आप में से जिन लोगों ने इन झरनों को कभी भी हवाई जहाज़ से नहीं देखा वे एयर क्राफ्ट के बायीं ओर आ जायें। यह एक विहंगम दृश्य है।' मैंने सलाह मानी और हालाँकि झरने मीलों दूर थे फिर भी हवा में सैकड़ों फुट ऊपर उठती फुहार को देखकर मैं नियाग्रा की विशाल शक्ति को महसूस कर पाया।

जब मैंने उन फुहारों को और इन झरनों को ग़ौर से देखा तो मेरे दिमाग़ में एक विचार आया। हज़ारों सालों से अनकहा करोड़ों टन पानी ऊपर उठकर फिर 180 फुट तक गिर कर वस्तुतः अस्तित्व हीनता में बह गया। फिर एक दिन, एक आदमी योजना पूर्वक उस विशाल शक्ति के एक हिस्से को काम में लाया। उसने गिरते हुए पानी के एक हिस्से को एक निश्चित लक्ष्य की दिशा दी एवं उद्योग के पहिये चलाने के लिए करोड़ों किलोवाट घंटे बिजली पैदा की। हज़ारों घर रोशन हो गये, टनों खाद्य पदार्थों का उत्पादन होने लगा और अनेक सामग्रियों का निर्माण व वितरण होने लगा। शक्ति के इस नये स्त्रोत के फलस्वरूप नौकरियों के नये दरवाज़े खुले, बच्चे शिक्षित हुए, सड़कों एवं अस्पतालों का निर्माण हुआ। लाभों की सूची लगभग अनन्त है और यह सब इसलिए सम्भव हो पाया क्योंकि एक आदमी ने योजनापूर्वक नियाग्रा की शक्ति के हिस्से को एक निश्चित लक्ष्य या ध्येय की ओर निर्देशित किया। यही है जो मैं आपसे करने को कह रहा हूँ।

ध्येय ? किसके लिए ?

शब्दकोष के अनुसार ध्येय का अर्थ लक्ष्य या उद्देश्य है। यह एक योजना है। कुछ ऐसी चीज़ है, जिसे आप करने की आशा रखते हैं। बिना किसी संकोच के, मेरा कहना है कि आप कोई भी हों, कहीं भी हों और आप कुछ भी करते हों परन्तु आपके पास ध्येय होने चाहिये। जे.सी.पैन्नी ने इसे सुन्दर ढंग से कहा है, 'मुझे ध्येय रखने वाला एक स्टॉक क्लर्क

दे दीजिये और मैं आपको एक ऐसा आदमी दे सकता हूँ जो इतिहास रच देगा। मुझे बिना ध्येय वाला एक आदमी दे दीजिये तो मैं आपको एक स्टॉक क्लर्क ही दे सकता हूँ।' माताओं के ध्येय होने चाहिये। सेल्स वाले लोगों के ध्येय होने चाहिये। गृहणियों, विद्यार्थियों, मजदूरों, डॉक्टरों एवं खिलाडियों के ध्येय होने चाहिये। आप नियाग्रा की तरह हो सकता है कोई शहर रोशन ना कर पायें परन्तु **निश्चित ध्येयों से आप की अपनी शक्ति बाहर आने लगती है और चीज़े होने लगती हैं।**

ध्येय की आवश्यकता पर बल देने के लिए, क्या आप कल्पना कर सकते हैं कि एवरेस्ट शिखर पर चढ़ने वाले प्रथम व्यक्ति सर एडमण्ड हिलेरी ने अपने इस अभियान को सम्पन्न कर पाने की किस प्रकार व्याख्या की थी? मान लो उसने व्याख्या की होती कि ***वह एक दिन यूँ ही टहल रहा था कि उसने स्वयं को विश्व के सबसे ऊँचे पर्वत शिखर पर पाया।*** अथवा जनरल मोटर्स के निदेशक मंडल का अध्यक्ष कहे कि उसे यह पद इसलिए मिला क्योंकि वह काम का दिखावा करता रहा और वे बस उसकी पदोन्नति करते रहे जब तक कि वह एक दिन निदेशक मंडल का अध्यक्ष नहीं बन गया। यह हास्यास्पद होगा - परन्तु उससे अधिक हास्यास्पद नहीं कि आप सोच लें कि आप कोई भी विशिष्ट कार्य बिना विशिष्ट ध्येयों के सम्पन्न कर सकते हैं।

किस 'प्रकार' के ध्येय

ध्येयों के सात भिन्न प्रकार होते हैं : भौतिक, आर्थिक, आध्यात्मिक, कैरियर, परिवार, मानसिक एवं सामाजिक। इस पूरी पुस्तक में शुरू से अन्त तक मैं सभी ध्येयों को उदाहरणों में बुनता रहा हूँ परन्तु स्थान की सीमाओं का तकाज़ा है कि मैं उनमें से कुछ पर एकाग्र होऊँ। क्योंकि मेरी सोच काफ़ी हद तक आदर्शवादी कही जा सकती है, इसलिए मेरे द्वारा आर्थिक ध्येयों के लिए इतना स्थान देने पर आपको थोड़ा आश्चर्य होगा। आपको यह आश्चर्य नहीं होना चाहिए। धन यदि वैध रूप से कमाया गया है तो यह एक पैमाना है जिससे आपकी सेवाओं के हिसाब का पता चलता है। आपके लिए आवश्यक है कि आप अपनी जरूरत के हिसाब से ज़्यादा कमायें क्योंकि ऐसा करने से आप अपने से कम निपुण लोगों के लिए काम के अवसर पैदा करते हैं। बहुत से लोग ग़लत तरीक़े से जैसा कि अक्सर होता है धर्म सिद्धान्तों का हवाला देते हुए कहते हैं कि धन सारी बुराइयों की जड़ है। ऐसा नही है बल्कि **धन का प्यार सारी बुराइयों की जड़ है।**

इन चीज़ों को कह चुकने के बाद, अब मैं ईश्वर के प्रथम पवित्र आदेश पर बल दूँ कि जिहोवा भगवान से पहले हमारा कोई और आराध्य नहीं है - इसमें धन भी शामिल है। अब तक का सबसे बुद्धिमान व्यक्ति सोलोमन अपने धर्म सन्देश में कहता है 'वह व्यक्ति जिसे चाँदी की तलाश है कभी भी चाँदी से सन्तुष्ट नहीं होगा।' अर्थात यदि धन हमारा भगवान हो जाये तो भले ही हमारे पास यह कितना भी हो, इससे हमें सन्तुष्टि नहीं मिलेगी। हम जानते हैं कि यह सत्य है कि गत दो वर्षों में पाँच अरबपतियों का देहान्त हुआ और वे पाँचों अपने

अन्त समय में भी और अधिक धन कमाने में जुटे हुए थे। किसी ने घर के एक बुज़ुर्ग से पूछा कि उसके अनुमान से हावर्ड ह्यूज अपनी मृत्यु पर कितना धन छोड़ कर गया होगा और बुज़ुर्ग ने कहा, 'वह सब कुछ छोड़ गया।' यदि कोई आपसे पूछे कि आप कितना छोड़ कर जाने वाले हैं तो उनसे बस इतना कहें, 'उतना ही जितना हावर्ड ह्यूज छोड़ कर गया।'

धन तथापि सेवाओं के हिसाब का अनुपम पैमाना है। आप चाहे किसी भी व्यवसाय में हों, लगभग बिना किसी अपवाद के आप जितनी अधिक सेवा देते हैं उतने ही अधिक उसके आर्थिक पुरस्कार होते हैं। एक चीज़ आप पहले ही खोज चुके हैं कि जब धन की ज़रुरत होती है तो उसके बदले बहुत कम विकल्प होते हैं। यदि बाक़ी सब बातें एक सी हो तो मैं आपको आश्वस्त कर सकता हूँ कि धन का होना उसके ना होने से बेहतर है। इसके अतिरिक्त, इसकी रंगत शानदार है और यह किसी के साथ भी चलता है।

इस्पात के सपनों वाला

सदियों से 'शब्दों के व्यापारियों' ने सपने देखने का विचार बेचा है। सिर्फ़ कुछ वर्षों पहले मार्टिन लूथर किंग ने उन शब्दों का महत्व और बढ़ा दिया जब उसने अपनी प्रसिद्ध माउन्टेन टॉप 'वार्ता से अमेरिका की चेतना को झकझोर दिया एवं करोड़ों क़दम कूच के लिए उठ पड़े थे जब उसने दुहाई दी, 'मेरा एक सपना है।' दूसरा आदमी जिसका एक सपना था और उसने उसे पूरा होते देखा, एक नाटे क़द का, सिगार पीने वाला, ऊर्जा का गट्ठर है जिसके प्यार का कुँआ कभी नहीं सूखता। उसका नाम डेक्सटर येजर है, एक ऐसा व्यक्ति जिसके पारिवारिक अनुबन्ध गहरे हैं एवं धार्मिक विश्वास दृढ़ हैं।

डेक्स्टर ने येल की छात्रवृत्ति त्याग दी थी क्योंकि वह सफलता के मार्ग पर चल पड़ने के लिए उतावला था। उसका मुक्त उद्योग का सपना कूल-एड जग से शुरु हुआ जो शीघ्र ही फ़ायदेमन्द लोकप्रिय स्थिति में पहुँच गया। कम आयु में ही सफलता का स्वाद चख लेने ने उसे मुक्त उद्यम व्यवस्था का पूरी तरह समर्थक बना दिया। डेक्स्टर एक कार सेल्समैन के रूप में, सीयर्स के व अन्य उपक्रमों के आन्तरिक सेल्समैन के रूप में, एवं एक कन्स्ट्रक्शन कम्पनी के साथ अपनी सीमित यात्रा में भी काफ़ी सफल रहा। तथापि डैक्स्टर और उसके समर्पित साथी बर्डी ने बहुत लम्बा डग कभी नहीं भरा था जब तक कि हालातों के सिलसिले ने जिसे वे ईश्वर द्वारा निर्देशित समझते हैं, उन्हें 1नवम्बर 1965 को एमवे कार्पोरेशन ऑफ एडा में शामिल नहीं करा दिया। उनकी वृद्धि एवं सफलता स्थिर ही नहीं बल्कि दर्शनीय रही है। आज ट्रिपिल डायमण्ड डिस्ट्रीब्यूटर श्रेणी में वे लगभग चोटी पर हैं।

येजर्स के सपने जो पहले टूटे वायदों से असम्भव से हो चले थे, उत्साह भरे लम्बे कठिन परिश्रम से पूरे हो पाये। आज येजर संस्था विश्वव्यापी एवं विश्वप्रसिद्ध है और इसकी गिनती हज़ारों में पहले दस नम्बर में होती है। डैक्स्टर की एमवे सफलता उसके एमवे में शामिल होने के बाद किये गये कार्यों के कारण ही नहीं है। उसकी सफलता ईमानदारी, चरित्र, प्रेम, एकनिष्ठा, सत्यनिष्ठा एवं ईश्वर में आस्था के स्तम्भों पर वर्षों तक

आप बेहतर जानते हैं - शिखर पर पहुँचने का एकमात्र रास्ता है कि आपके पास कोई ध्येय हो।

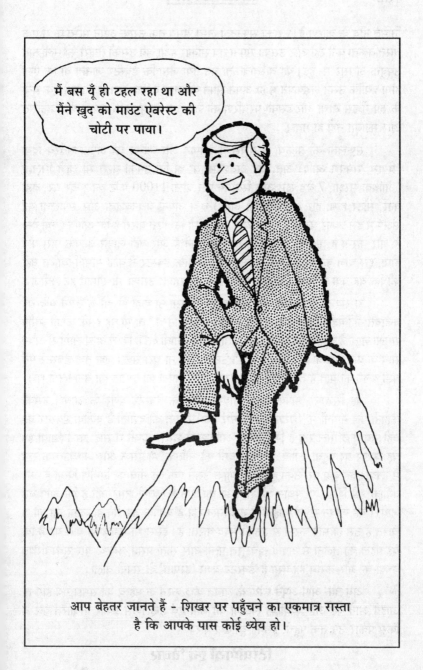

निर्मित नींव के कारण है। उसकी सफलता लम्बे समय तक उसके अपने मस्तिष्क में एक वास्तविकता बनी रही और उसका सपना तब साकार हुआ जब उसकी तैयारी की मुलाक़ात उपयुक्त अवसर से हुई। यह वास्तविकता बन गयी जैसा कि डैक्स्टर जानता था कि ऐसा होगा क्योंकि उसने लड़कपन में ही अपने सपने को जन्म दे दिया था। फिर उसने एक युवा के रुप में इसे सींचा और इसकी परवरिश की जब तक कि पुरुष के रूप में यह विकसित और मज़बूत नहीं हो गया।

सफलता की प्रक्रिया में येजर्स ने व्यापार और जीवन को अपना सर्वस्व दिया (प्रयास, समर्पण आदि) अतः यह अवश्यम्भावी था कि उनको बहुत सी चीज़ें मिलतीं (आर्थिक सुरक्षा, 7 बेड रूम और स्विमिंग पूल वाला 11000 फीट का सुन्दर घर, बड़ी कारें, मोटर होम, हीरे की अँगूठियाँ आदि) बर्डी अपनी वचनबद्धता और सफलता को संक्षेप में इस प्रकार बताते हैं, 'जब आप एक सीमा निर्धारित करते हैं कि आपको क्या देना है और करना है तो आप कितना ऊँचा जाने वाले हैं और वहाँ जाकर आपके पास क्या होगा, इस चीज़ की सीमा निर्धारित करते हैं।' क्योंकि डैक्स्टर ने कोई सीमा निर्धारित नहीं की कि वह क्या देने वाला है तो उसे जो प्राप्त हो रहा है उसकी भी सीमाएं हट गयी हैं।

हो सकता है मौलिक रूप से डैक्स्टर ने ऐसा ना कहा हो, परन्तु उसने यदि यह कहावत नहीं गढ़ी, 'किसी को भी अपने सपने मत चुराने दो,' तो भी वह इसके काफ़ी समीप समझा जाता है क्योंकि वह पूरे देश में श्रोताओं को चुनौती देते हैं कि वे अन्य लोगों से अपने साथ के प्रति चौकन्ना रहें ताकि कोई भी उनके सपने ना चुरा सके। जहाँ तक डैक्स्टर एवं बर्डी येजर की बात है तो उन्होंने बहुत पहले अपने सपनों को इस्पात का बना लिया था।

यह सिद्धान्त आपके काम आयेगा जैसा कि डैक्स्टर येजर के आया। उसकी कहानी कई मायनों में ***'शिखर पर मिलेंगे'*** के सिद्धान्त को दर्शाती है क्योंकि डैक्स्टर को वही सब कुछ मिल रहा है जिसे हमारे आर्टिस्ट ने शुरु के पृष्ठों में सीढ़ी पर दिखाया है। वह शिखर पर पहुँचा क्योंकि उसने आदमी को भौतिक, मानसिक और आध्यात्मिक रूप में लिया। वह वहाँ पर टिका हुआ है क्योंकि उसने एक दृढ़ नींव पर निर्माण किया है और क्योंकि उसे शिखर पर स्थान की सीमाओं का ज्ञान है (इतनी जगह नहीं है कि आप बैठ जायें)। वह जीवन में जो चाहता है उसे मिल रहा है क्योंकि वह सैकड़ों लोगों को जो वे चाहते हैं उसे हासिल कराने में उनकी मदद करता है। इससे भी महत्वपूर्ण बात यह है कि वह पहले की तुलना में अपनी ख़ूबसूरत पत्नी और सातों प्रसन्न, स्वस्थ और सुव्यवस्थित बच्चों के और क़रीब है। ऐसा है डैक्स्टर येजर 'इस्पात' के सपनों वाला।

अब तक आप अपने ध्येयों के बाबत कुछ करने के महत्व को समझ गये होंगे तो आइये आगे बढ़ें और ध्येयों के लक्षणों को जानें एवं उन्हें किस प्रकार निर्धारित करें व किस प्रकार उन तक पहुँचे, इसकी व्याख्या करें।

टिप्पणियाँ एवं विचार

अध्याय दो
ध्येयों के लक्षण

नम्बर एक - ध्येय बड़े होने चाहिये

जब आप ध्येय निर्धारित करते हैं तो आपके अन्दर कुछ चीज़ कहना शुरू कर देती है, 'आओ चलें, आओ चलें' और छतें ऊपर उठनी शुरू हो जाती हैं। अधोलिखित खण्डों और अध्यायों में हम जीवन के लगभग सभी क्षेत्रों से जुड़े लोगों पर दृष्टि डालेंगे जो कामयाब हुए हैं। हर एक के ध्येय थे और उन्होंने कुछ प्रशंसनीय किया। मैं चाहता हूँ आप ध्यानपूर्वक उनकी कहानियाँ पढ़ें क्योंकि हर उदाहरण में मैं सीधे आपसे बात करने वाला हूँ। आपको इनमें कुछ जोड़ना है और इनकी स्थिति में स्वयं को रखना है। ध्येय प्राप्ति हेतु उनकी लगन को अपना कर, आपके साथ कुछ आश्चर्यजनक बातें हो सकती हैं और होंगी - यह वादा रहा।

ध्येयों के प्रभावी होने के लिए उनका बड़ा होना जरूरी है क्योंकि सम्पन्न करने के लिए आवश्यक स्फूर्ति पैदा करने हेतु बड़ा ध्येय चाहिये। साधारणता में अथवा किसी से भी समानता में कोई उत्तेजना नहीं होती। घर ख़रीद लेने में, कार ख़रीद लेने में अथवा सिर्फ़ चलते रहने में कोई उत्तेजना नहीं है। स्फूर्ति या उत्तेजना तब आती है जब आप अपनी ओर से सर्वोत्तम प्रयास करते हैं जो कि आप समुचित ध्येय रख कर ही कर सकते हैं।

खेल की दुनिया में यह एक स्थापित तथ्य है कि कोई खिलाड़ी साधारण मुक़ाबले के बजाये कठिन मुक़ाबले में बेहतर प्रदर्शन करेगा। गोल्फ खिलाड़ी, टेनिस खिलाड़ी, फुटबाल खिलाड़ी व मुक्केबाज़ आदि की औसत अथवा घटिया मुक़ाबले में कुछ ना करने की प्रवृत्ति हो जायेगी। खेल की दुनिया में होने वाले इतने अधिक उलट-फेर का यह भी एक कारण है। यही राजनीति में सच है। अब यदि आपने अपने मुक़ाबले के लिए वास्तव में कठिन (बड़ा) ध्येय रखा है तो आपका सर्वोत्तम प्रयास निकल कर आयेगा। यह रोमांच पैदा करेगा और यह रोमांच ही है जो आपको अपना सर्वश्रेष्ठ कर दिखाने एवं ध्येयों तक पहुँचने की इजाज़त देता है।

जब आप अपनी पूरी सामर्थ्य से भरसक प्रयास करते हैं तो आप रात को लेट कर सच्चाई से कह सकते हैं, 'आज मैंने अपनी ओर से पूरी कोशिश की है।' इसका नतीजा यह होगा कि आप को अच्छी व सुखद नींद आयेगी क्योंकि आप अपने ध्येय को पाने की दिशा में किये जा रहे अपने प्रयासों को मान्यता प्रदान कर रहे हैं। ऐसा जान कर स्फूर्ति मिलती है कि जब आप सितारों को छूने की चाह करते हैं (आपका बड़ा ध्येय) तो आपके हाथ कीचड़ भरे नहीं होंगे। आपको जीवन को एक बड़ी व स्फूर्तिदायक चीज़ के रूप में

देखना होगा । किसी बुद्धिमान व्यक्ति ने एक बार कहा था, **'छोटी योजनायें मत बनाइये क्योंकि उनमें व्यक्ति की आत्मा को झिंझोड़ने की क्षमता नहीं होती।'**

आप जीवन को जिस ढंग से देखते हैं काफ़ी हद तक वही निर्धारित करता है कि आपको इससे क्या मिलेगा। लोहे की एक छड़ लीजिये और उसे दरवाज़ा रोकने के लिए प्रयोग में लाइये तो इसका मूल्य एक डॉलर होगा। उस लोहे से घोड़े की नाल बनाइये तो उनका मूल्य लगभग पचास डालर होगा। उसी लोहे की छड़ को लेकर उसमें से अशुद्धता दूर करें, उसे उत्तम स्टील के रूप में परिष्कृत करें और उससे परिशुद्ध घड़ियों के लिए मुख्य कमानियाँ बनायें तो उसका मूल्य एक चौथाई मिलियन डॉलर हो जायेगा।

आपका लोहे की छड़ को देखने का ढंग ही अन्तर पैदा करता है और आप जिस ढंग से अपने आपको और अपने भविष्य को देखते हैं, वह भी अन्तर पैदा करेगा। आप को बड़ा ध्येय रखना होगा। मुझे इसकी परवाह नहीं है कि आप कोई श्रृंगार स्थल की संचालिका हैं, गृहिणी हैं, खिलाड़ी हैं, विद्यार्थी हैं, सेल्समैन अथवा व्यापारी हैं, आपका ध्येय बड़ा होना चाहिए। स्वाभाविक है कि ध्येयों का आकार व्यक्तियों के साथ बदलेगा। बुकर टी. वाशिगंटन ने कहा था, 'अपने ध्येयों तक पहुँचने के लिये पार किये जाने वाले अवरोधों से ही कार्यसम्पन्नता मापी जाती है। 'मैं उससे सहमत हूँ क्योंकि, 'जिसको जितना अधिक मिला है उसे उतनी ही अधिक ज़रूरत होगी।'

गारन्टीशुदा - 'शहर में सबसे ख़राब'

परचून की जिस दुकान पर मैंने अपने लड़कपन में काम किया था उससे अगली दुकान कॉफी और मूँगफली की थी। उसके मालिक को सब 'अंकल जो' के नाम से जानते थे। भुनी हुई कॉफी और मूँगफली की ख़ुश्बू बहुत ललचाने वाली होती थी और जब भी अंकल जो कुछ भूनते थे तो भीड़ आकर्षित होती थी। वे मूँगफली को कोयला जला कर हाथ से घुमाने वाले रोस्टर में भूनते थे। जब वह कुछ मूँगफली भून चुके होते थे तो उन्हें गत्ते के डिब्बों में गिरा देते थे। वह उन मूँगफलियों को थैलों में भरते थे। उस वक्त वह एक निकिल का एक थैला बेचते थे। एक थैला भर जाने पर वह उसमें से दो मूँगफलियाँ निकाल कर एक छोटे बक्से में डालते थे। जब वह थैले भरने का काम ख़त्म करते थे तो उनके इस 'बोनस बॉक्स' में कई थैले बच रहते थे। अंकल जो एक निर्धन व्यक्ति पैदा हुए थे, उन्होंने एक निर्धन व्यक्ति का जीवन जिया और एक निर्धन व्यक्ति की तरह ही मर गये। उन्होंने मूँगफलियों के बारे में बहुत अधिक सोचा परन्तु मूँगफली उनकी समस्या नहीं थी।

मैंने दक्षिणी कैरोलिना विश्वविद्यालय में उपस्थित होने के लिए कोलम्बिया। दक्षिणी कैरोलिना में प्रवेश करते समय जो साइन बोर्ड देखा था उसे मै कभी नहीं भूल पाऊँगा। साइन बोर्ड पर लिखा था, 'क्रोमर की मूँगफली - गारन्टीशुदा शहर में सबसे ख़राब।' जिज्ञासा हुई कि मैं इसके बारे में पूछताछ करुँ। मुझे बताया गया कि जब मिस्टर क्रोमर ने

अपना व्यापार शुरु किया तो इस सन्देश को लिखवा कर उन्होंने एक छोटा सा साइन बोर्ड लगाया था। लोग उस बोर्ड को देखकर उपहास से मुस्कराते थे परन्तु मूँगफली ख़रीदते थे। बाद में उसने यह नारा मूँगफलियों के थैलों पर भी लिखवा दिया। लोगों की मुस्कान और चौड़ी हो गयी परन्तु उन्होंने मूँगफली ख़रीदी। जैसे-जैसे समय गुज़रा, मिस्टर क्रोमर ने कोलम्बिया की सड़कों पर मूँगफली बेचने के लिए कमीशन के आधार पर बड़ी संख्या में लड़के रख लिये। उसका साइनबोर्ड बड़ा और उसका व्यापार बेहतर होता गया। जल्दी ही उसने दक्षिणी कैरोलिना राज्य मेले में एवं दक्षिणी कैरोलिना विश्वविद्यालय में आयोजित खेलों सहित स्थानीय खेल-कूद प्रतियोगिताओं में अपनी मूँगफली बेचने के अधिकार प्राप्त कर लिये। उसकी ख़्याति और व्यापार बढ़ते गये। आज मिस्टर क्रोमर एक सफल एवं धनवान व्यक्ति हैं। उसने भी, मूँगफली के बारे में बहुत सोचा था।

यहाँ पर दो व्यक्ति हैं जिन्होंने एक चीज़ को एक ही तरह के क्षेत्र में बेचा। एक निर्धन था और वैसा ही रहा। दूसरा निर्धन था परन्तु उसे उसी तरह ठहरे रहने में सन्तोष नहीं था। उन्होंने एक ही चीज़ बेची परन्तु उस चीज़ के बाबत उनके व्यक्तिगत ध्येय अलग अलग रोशनी में देखे गये थे।

यह काम नहीं है

इससे कोई फ़र्क़ नहीं पड़ता कि आपका व्यवसाय क्या है। चाहे आप एक डॉक्टर हों, व्यापारी हो, वकील हों, सेल्समैन हों, पादरी हों आदि, जो भी आप अपने जीवनयापन के लिए करते हैं उसी काम को करने वाले बहुत से धनी लोग हैं। मैं बहुत से धनी लोगों को जानता हूँ जो सर्विस स्टेशन चलाते हैं और मैं कुछ सर्विस स्टेशन के मालिकों को जानता हूँ जो दीवालिया हैं। बेचने वाले धनी लोग भी हैं और निर्धन भी। धनी वकील भी हैं और निर्धन वकील भी हैं। यह सूची अनन्त है। अवसर पहले व्यक्ति में निहित रहता है फिर पेशे में। पेशा केवल तभी अवसर प्रदान करता है जब व्यक्ति अपनी भूमिका निभाता है।

आप जो भी करते हैं, उस क्षेत्र में बहुत से लोग हैं जो उस पेशे में महत्वपूर्ण योगदान दे रहे हैं और परिणामस्वरूप बहुत सा धन कमा रहे हैं। **आपका पेशा या व्यवसाय आपको सफल या असफल नहीं बनाता, जो सफल या असफल बनाता है वह यह कि आप अपने आप को और अपने पेशे को किस तरह देखते हैं।** बड़े ध्येय आवश्यक हैं, 'बड़ा कर दिखाने से पहले आपको वह बड़ा दिखना चाहिये।'

नम्बर दो - ध्येय दूरगामी होने चाहिये

बिना दूरगामी ध्येयों के, बहुत सम्भव है कि आप कम दूरी की कुंठाओं से ग्रसित हो जायें। कारण सरल है। हर कोई आपकी सफलता के प्रति उतनी रुचि नहीं रखता जितनी कि आप रखते हैं। कभी-कभी आपको लग सकता है कि कुछ लोग आपके रास्ते

में खड़े हैं और जानबूझ कर आपकी प्रगति को धीमा कर कहे हैं, परन्तु वास्तविकता में आपके रास्ते में खड़े सबसे बड़े व्यक्ति आप स्वयं हैं। **दूसरे आपको अस्थायी रूप से रोक सकते हैं - आप अकेले ऐसे व्यक्ति हैं जो ऐसा स्थायी रूप से कर सकते हैं।**

कभी-कभी, ऐसे हालात पैदा हो जाते हैं जो आपके नियन्त्रण से परे होते हैं। यदि आपके ध्येय दूरगामी नहीं हैं तो अस्थायी रुकावटें अनावश्यक रूप से कुंठित कर सकती हैं। पारिवारिक समस्यायें, बीमारी, वाहन दुर्घटना अथवा वे हालात जिन पर आपका नियन्त्रण नहीं है बड़ी रूकावटें बन सकते हैं परन्तु उन्हें बड़ी रूकावटे बनाने की ज़रूरत नहीं है। बाद के अध्याय में, मैं आपको सिखाऊँगा कि नकारात्मक व सकारात्मक दोनों स्थितियों में अपनी प्रतिक्रिया को सकारात्मक कैसे रखें। आप सीखेंगे कि कोई हादसा कितना भी बड़ा क्यूँ न हो - लक्ष्य प्राप्ति का साधन हो सकता है ना कि बाधा। जब आपके ध्येय दूरगामी होते हैं तो यह आसान हो जाता है। क्यों? **क्योंकि आप वहीं तक जा सकते हैं जहाँ तक देख पाते हैं और जब आप वहाँ पहुँच जाते हैं तो सदैव और आगे देख पायेंगे।** विचार : यदि आप घर से निकलने से पहले सारी बत्तियों के हरे होने की प्रतीक्षा करेंगे तो आप अपनी शिखर यात्रा पर कभी नहीं निकल पायेंगे ।

बाधाओं को पार करना

इन शब्दों को लिखते समय मैं लॉस एंजिल्स से डल्लास जाने वाले हवाई जहाज़ डी.सी. 10 में सवार हूँ। हमारा निर्धारित प्रस्थान समय सांय 5:15 बजे था। अपरिहार्य देरियों ने हमें 6:03 बजे तक रोके रखा। जब हमने लॉस एंजिल्स हवाई अड्डा छोड़ा तो हम डल्लास के लिए चले परन्तु 20 मिनट में ही स्थिति बदल गयी थी। आर-पार जाने वाली हवाओं का प्रवाह उड़ान से पहले की गयी भविष्यवाणी से कुछ भिन्न था, इसलिए हम रास्ते से थोड़ा हट गये थे। कैप्टेन ने कुछ समायोजन किया और हम दोबारा डल्लास की ओर चल पड़े। मेरे कहने का मतलब यह है : जब हम अपने रास्ते से थोड़ा हट गये थे तो कैप्टेन फिर से उड़ान शुरु करने के लिए हवाई जहाज़ को घुमाकर लॉस एंजिल्स नहीं लाया। इसी तरह **जब आप अपने ध्येयों की तरफ़ बढ़ते हैं तो अपने रास्ते में थोड़ा बहुत समायोजन करने के लिए तैयार रहिये।**

जब आप अपने दूरगामी ध्येय निर्धारित करते हैं तो मैं ज़ोर देकर आपसे यह कहता हूँ कि अपनी शुरूआत करने से पहले ही सारी बाधाओं को पार करने की कोशिश न करें। यदि शुरूआत करने से पहले ही सारी बाधाओं को हटाना पड़ेगा तो कोई भी व्यक्ति, हाँ कभी भी कोई व्यक्ति कुछ विशिष्ट करने की कोशिश नहीं करेगा। यदि आज सुबह काम पर जाने से पहले आप मुख्य पुलिस अधिकारी को फोन करके पूछताछ करें कि क्या सारी ट्रैफिक लाइट्स हरी हैं तो वह सोचेगा कि 'आप नशे में हैं।' आप अच्छी तरह से जानते हैं कि अपनी मंज़िल पर पहुँचने तक आप एक समय में एक ही बत्ती से निपटेंगे। अन्य प्रकार की बाधाओं से भी जब आप इसी प्रकार निपटेंगे तो एक दिन अपनी

मंज़िल पर पहुँच जायेंगे। हाँ, जहाँ तक आपको दिखता है आप सिर्फ़ वहाँ तक जायें, और जब आप वहाँ पहुँच जायेंगे तो आप सदैव और आगे देख सकते हैं।

नम्बर तीन - ध्येय प्रतिदिन निर्धारित करें

यदि आपके पास रोज़ाना के ध्येय नहीं हैं तो आपकी गिनती सपने देखने वालों में है। स्वप्नदृष्टा होना अच्छी बात है बशर्ते कि वे अपने सपनों को सच करने की दिशा में प्रतिदिन मेहनत करके उनके नीचे एक आधार निर्मित करें। स्वर्गीय चार्ली कल्लन ने इस विचार को बड़े अर्थपूर्ण ढंग से व्यक्त किया था। उसने कहा था, 'महानता का अवसर मूसलाधार नियाग्रा झरनों की तरह गिरते हुए जलप्रपात सा नहीं आता बल्कि यह धीरे-धीरे आता है, एक वक्त में एक बूँद की तरह।'

महान एवं लगभग महान में अन्तर अक्सर इस एहसास का है कि **यदि आप कुछ बड़ा करने की उम्मीद रखते हैं तो आपको अपने लक्ष्य की दिशा में प्रतिदिन कार्य करना चाहिए।** भार उठाने वाला जानता है कि यदि उसे कोई बड़ा उद्देश्य सम्पन्न करना है तो उसे अपनी माँसपेशियाँ प्रतिदिन मज़बूत एवं विकसित करनी चाहिये। वे माँ-बाप जो एक अनुशासित एवं प्यारे बच्चे को बड़ा करते हैं जिस पर कि वे सच में गर्व अनुभव कर सकें, जानते हैं कि चरित्र एवं विश्वास का निर्माण प्रतिदिन उदाहरण द्वारा दी जाने वाली शिक्षा के इन्जेक्शन देने से होता है। यदि ज़िन्दगी में 'और अधिक' वाला रास्ता हमारा ध्येय है तो हमारे रोज़ाना के ध्येय में अपने गुज़रे हुए कल को बेहतर बनाने के ईमानदार प्रयास का समावेश होना चाहिए। यदि हम अपने हालात में बदलाव और सुधार की उम्मीद रखते हैं तो हमें अपने आप में बदलाव और सुधार लाना चाहिए - क्योंकि कुछ करने से पहले हमें कुछ बनना चाहिए।

प्रतिदिन के ध्येय सर्वोत्तम संकेतक हैं - और चरित्र के सर्वोत्तम निर्माता हैं। यहीं पर समर्पण, अनुशासन एवं संकल्प का प्रवेश होता है। यहीं पर हमें बड़े, दूरगामी ध्येय अथवा सपने के प्रति आकर्षण पैदा होता है एवं आधार निर्माण की असली बातें समझ में आती हैं जो आपके सपने को आपकी नियति बनाना सुनिश्चित करती हैं। अगले खण्ड में आदतों पर अध्याय विशेष रूप से आपकी रोज़ाना की आदतों के निर्माण में सहायक होगा।

नम्बर चार - ध्येय विशिष्ट होने चाहिये

पहले मैंने एक लोकोक्ति का प्रयोग किया था कि आपको एक 'सार्थक विशिष्ट व्यक्ति' बनना है ना कि 'भटकने वाली भीड़'। अब मैं बताता हूँ ऐसा क्यों। दुनिया का सबसे गर्म दिन हो, एक स्टोर से सर्वाधिक शक्तिशाली मैग्नीफाइंग ग्लास (बड़ा आकार करने वाला शीशा) ख़रीदें, और अख़बारों की कतरनों का एक बक्सा। मैग्नीफाइंग ग्लास को अख़बार की कतरनों के ऊपर पकड़ें। यद्यपि आप सूरज की शक्ति को उस शीशे के.

माध्यम से बढ़ाते हैं परन्तु यदि आप शीशे को हिलाते रहेंगे तो आपसे कभी भी आग नही लगेगी। तथापि, यदि आप शीशे को स्थिर पकड़ते हैं और उसका केन्द्र बिन्दु अख़बार पर रखते हैं तो आप सूर्य की शक्ति को काम में लाते हैं और उस शीशे के माध्यम से इसे कई गुना बढ़ा देते हैं। तब आप तीव्र अग्नि प्रज्वलित कर सकते हैं।

मुझे इसकी परवाह नहीं है कि आपमें कितनी शक्ति, बुद्धिमत्ता अथवा ऊर्जा है। यदि आप इसे काम में नहीं लाते और लक्ष्य विशेष पर केन्द्रित नहीं करते एवं इसे वहाँ पर थामे नहीं रखते तो कभी भी अपनी योग्यता के अनुरूप कार्य सम्पन्न नहीं कर पायेंगे। वह शिकारी जो चिड़ियों को लौटा देता है, तीतरों के झुण्ड पर निशाना नहीं लगाता, वह एक विशिष्ट लक्ष्य के रूप में एक बटेर को चुनता है।

ध्येय निर्धारण की कला एक विशिष्ट व विस्तृत ध्येय पर केन्द्रित होना है । 'बहुत सा' धन, एक 'अच्छा' या 'बड़ा' मकान, एक 'ऊँचे वेतन वाला' कार्य, 'और अधिक' शिक्षा, 'और अधिक बेचना', 'कुछ करना', 'समुदाय के लिए और अधिक' अथवा 'बेहतर' पति, पत्नि, विद्यार्थी, व्यक्ति होना काफी स्थूल ध्येय हैं। सामान्य रूप से वे कुछ विशिष्ट नहीं हैं।

उदाहरण स्वरूप, एक 'बड़े' अथवा 'अच्छे' घर के बजाय, आपका ध्येय सूक्ष्म विवरण लिये हुए होना चाहिए। यदि आपको सही विवरण मालूम नहीं है तो अपनी पसन्द के घर के नक़्शों और तस्वीरों वाली पत्रिकायें एकत्रित करना शुरू कीजिये। जब मकान बनाने के लिए ज़मीन को हिस्सों में बाँटा जाये अथवा जब भवन निर्माता खुले मंच का आयोजन करें तो उनके द्वारा प्रस्तुत विचारों व धारणाओं को संयुक्त करें। ऐसे बहुत से 'खुले मंचों' का निरीक्षण करें परन्तु अचल सम्पत्ति के एजेन्ट को ऐसा सोचने के लिए गुमराह ना करें जैसे कि आप 'अभी' एकदम तैयार ग्राहक है क्योंकि इससे वह आपको विभिन्न घर दिखाने में अपना बहुत सा समय लगायेगा। वह सिर्फ़ अनुचित ही नहीं है, बेईमानी है और यह आपको अपने ध्येय के विवरणों की तलाश में धीमा करेगा ।

अपने घर के लिए विचारों के इस मिश्रण को लेकर उन्हें एक काग़ज़ पर उतार लीजिये। कितने वर्ग फीट, कितना आकार, प्लाट का प्रकार, स्थिति, कमरों की संख्या, शैली, रंग आदि। फिर एक स्थानीय आर्टिस्ट से उसका एक नमूना चित्र बनवाइये (कोई कला का विद्यार्थी इसे थोड़ी सी फीस लेकर बना सकता है) यह विशेष रूप से महत्वपूर्ण है जैसा कि आप पुस्तक के बाद के खण्ड में देखेंगे।

मुझे आशा है कि आप पूरी तरह समझ गये हैं कि आपको ध्येय निर्धारित करने हेतु सामान्य सूचना प्राप्त करनी चाहिये और अपनी स्थिति पर इसे विशेष रूप से लागू करना चाहिए। बाद में, मैं आपको बहुत सी विशेष बातें बताऊँगा जो आपकी स्थिति पर लागू होंगी। आप कुछ भी चाहते हों - यदि आप पूरी तरह प्रभावकारी होना चाहते हैं तो आपको उसके विवरण में विशिष्ट होना चाहिए।

बिना माँगें प्रश्नों का उत्तर देना – क्या ध्येय नकारात्मक भी हो सकते हैं

इसका उत्तर निश्चित रूप से 'हाँ' है। यदि तीन शर्तों में से कोई एक विद्यमान है तो ध्येय नकारात्मक हो सकते हैं। पहली, आपका ध्येय नकारात्मक हो सकता है यदि आप इस तथ्य को स्वीकार नहीं करते कि आपको कार्य सम्पन्नता का शिल्पी होना है और इसमें 'भाग्य' का समावेश नहीं है। दूसरी, आपका ध्येय नकारात्मक हो सकता है यदि यह अवास्तविक रूप से बड़ा है। तीसरी, यह नकारात्मक हो सकता है यदि यह आपकी रुचियों के क्षेत्र से बाहर है अथवा यह अन्य किसी को ख़ुश करने के लिए निर्धारित किया गया है।

आइये, इन सब में से सबसे बड़ी समस्या से निपटें - बहुत अधिक बड़ा या अवास्तविक ध्येय। कई बार 'बहुत बड़ा' या अवास्तविक ध्येय जानबूझ कर निर्धारित किया जाता है ताकि व्यक्ति के पास असफलता के लिए एकदम तैयार बहाना हो। जो व्यक्ति ऐसा करता है वह अपने आप असफलता की योजना बना रहा है और दरअसल दूसरों की सम्मति चाह रहा है कि वे असम्भव चीज को कर पाने में असफल होने पर 'उसे दोष' नहीं देंगे। इस कहानी के नौजवान के साथ हो सकता है यही समस्या रही हो।

कई वर्षों पहले डेट्रॉइट, मिशिगन में मेरे भाषण के दौरान, एक बीस से तीस वर्ष के बीच की आयु का नौजवान, अटपटे से कपड़े पहने हुए और सीमित शिक्षा वाला, अपने भौंचक्का कर देने वाले वक्तव्य के साथ मेरे पास पहुँचा, 'मिस्टर ज़िग्लर, आपने मुझे प्रभावित किया है, अतः मैं आपसे हाथ मिलाना चाहता हूँ और आपको बताना चाहता हूँ कि आपने आज मेरे लिए क्या किया है।' स्वाभाविक रुप से मैंने उसे बोलते रहने के लिए प्रोत्साहित किया (यदि मैं चाहता तो भी उसे नहीं रोक पाता)। 'मैंने क्या किया है?', मैंने उससे पूछा। उसने उत्साहपूर्वक उत्तर दिया, 'आपने मुझे मिलियन डॉलर्स वाला विचार दिया।' मैंने प्रत्युत्तर दिया, 'अच्छा, यह तो बहुत उत्तम हुआ, मुझे उम्मीद है आप इसे मेरे साथ बाँटना चाहेंगे।' कुछ नाराज़ सा दिखते हुए उसने कहा, 'नहीं, सच में, मैं एक मिलियन डॉलर कमाने वाला हूँ और मैं यह इसी वर्ष करने वाला हूँ।'

अब मेरे सामने एक छोटी सी समस्या खड़ी हो गयी। क्या मैं इसके इस अपार उत्साह को अभी ख़त्म कर दूँ अथवा मैं इसे एक असम्भव ध्येय के भ्रम में मेहनत करने दूँ और पूरी तरह से हार जाने दूँ? मैं असम्भव इसलिए कह रहा हूँ क्योंकि साल भर में एक मिलियन डॉलर का मतलब है हर हफ़्ते लगभग 20 हजार डॉलर। एक निर्धन, अकुशल और अशिक्षित नौजवान के लिए एक वर्ष में कमाने हेतु यह बहुत बड़ी धनराशि है, ख़ास तौर से तब जब कि उसके पास अपना व्यापार शुरू करने के लिए प्रारम्भिक माल ख़रीदने

हेतु आवश्यक 2000 डॉलर भी नहीं हैं। लगभग 25 सालों में वह 2000 डॉलर नहीं जोड़ पाया और अब सिर्फ़ एक साल में उसका ध्येय इस राशि का 500 गुना कमाने का था।

मैं इस काम की विशालता की और आगे व्याख्या करूँ। यदि 2000 डॉलर जोड़ने में उसे केवल तीन हफ़्ते लगते तो भी वह निर्धारित समय सूची के हिसाब से 60000 डॉलर पीछे रहता। रूढ़िवादी ढंग से बोलूँ तो मैंने पाया कि यदि वह 25 वर्षों में 2000 डॉलर इकट्ठा नहीं कर पाया तो उसे यह धन जोड़ने में तीन से छह सप्ताह और लगेंगे। छह हफ़्तों में वह 120000 डॉलर पीछे हो जायेगा। तब तक वह अपने मित्रों व रिश्तेदारों के लिए एक हँसी और मखौल का पात्र बन जायेगा। वह तब शायद दुनिया को रोकने की भरपूर कोशिश के बाद अपना मुँह छुपाने लगेगा। वह सम्भवतः अपने आप को मूर्ख और हारा हुआ महसूस करने लगेगा। तब वह ईमानदारी से कह सकेगा, 'हर कोई मुझ पर हँस रहा है।' अथवा 'हर कोई मेरे ख़िलाफ है, 'यही बात हममें से हर किसी के साथ हो सकती है जब हम ऐसे ध्येय निर्धारित कर लेते हैं जो अप्राप्य हैं और ज़बरदस्त रूप से बड़े हैं। यदि ध्येय अवास्तविक रूप से बड़ा है और आप इसे हास्यास्पद ढंग से खो देते हैं तो असफलता का आकार भविष्य की कार्यसम्पन्नता पर भावात्मक प्रभाव डालेगा जो कि बहुत नकारात्मक हो सकता है। इसका नकारात्मक प्रभाव व्यक्ति पर इस हद तक हो सकता है कि वह फिर किसी प्रकार का कोई प्रयास ही न करे। इसी कारण ऊँचा, परन्तु पहुँच पाने योग्य ध्येय निर्धारित करने में ही अधिक बुद्धिमानी है।

कोई ध्येय तो भी नकारात्मक होगा यदि यह आपकी रुचियों के क्षेत्र से बाहर है और आप केवल अन्य किसी को ख़ुश करने की कोशिश कर रहे हैं। यदि कोई अन्य आपके ध्येय निर्धारण को दिशा दे रहा है तो इस बात की सम्भावना बहुत कम है कि आप रोष (कुढ़न) से पूर्णतया मुक्त हो पायें जो कि आपके प्रयासों को निश्चित रूप से बाधित करेगा।

नकारात्मक ध्येय का दूसरा संकेत यह धारणा है कि इस सब में भाग्य का भी समावेश होता है। (भाग्य के स्थान पर मनोबल शब्द प्रयोग में लायें तो मैं शतप्रतिशत मान लूँगा) सफल व्यक्ति शिखर पर पहुँचते हैं क्योंकि वे अपने ध्येयों की पहचान कर लेते हैं, अपनी योग्यता का प्रयोग करते हैं और समर्पण व परिश्रम से उसकी धार निरन्तर तेज़ करते रहते हैं। उनकी 'उपलब्धियाँ' संकल्प एवं ध्येय से हासिल होती हैं - और इसी तरह आपकी होंगी।

अध्याय तीन
अपने ध्येय निर्धारित करना

आप कहाँ पर हैं ?

अब तक आपके मन में यह प्रश्न उठ जाना चाहिए, 'मैं ध्येयों को किस तरह निर्धारित करूँ? आपने मुझे यह तो समझा दिया कि मुझे उन्हें निर्धारित करना चाहिए परन्तु यह नहीं बताया कि कैसे या किस प्रकार के।' यह अच्छा विचार है। वस्तुतः आप पायेंगे कि ध्येय प्राप्त कर लेना उनको निर्धारित करने की अपेक्षा अधिक सरल है। सही तरह से निर्धारित ध्येय आंशिक रूप से पहले ही प्राप्त हो जाता है क्योंकि यह आपके इस विश्वास का कि आप इसे पा सकते हैं और इसे पायेंगे, एक प्रबल वक्तव्य होता है। जैसा कि मैंने शुरू में कहा था, **आपके विश्वास कर लेने के बाद सफलता आसान हो जाती है।**

इस विषय पर मैं एक सेल्स का उदाहरण प्रयोग करने वाला हूँ परन्तु मैं फिर इस बात पर बल देता हूँ कि ये उदाहरण एवं प्रक्रियाएं आपके कार्य अथवा पेशे पर भी (भले ही वह कुछ भी हो) लागू हो सकती हैं।

एक सेल्समैन के रूप में यदि आप अधिक प्रभावी ढंग से बेचना चाहते हैं तो आपको अपने ध्येय निर्धारित करने चाहिये। यदि अपनी वर्तमान कम्पनी के साथ आपका काम करने का कुछ अनुभव है तो यह सहायक है क्योंकि एक बड़े परन्तु विवेकपूर्ण ध्येय का निर्धारण करने में आपको कुछ अभिलेखों की ज़रूरत होगी। संसार का हर प्रकार से सम्पूर्ण नक़्शा आपको कहीं नहीं ले जा पायेगा जब तक कि आपको यह मालूम न हो कि आप हैं कहाँ पर। आपको शुरूआत करने के लिए एक स्थान चाहिए। अभिलेख उस शुरूआती जगह को स्थापित करने में आपकी सहायता करेंगे। 30 दिन तक प्रतिदिन कुछ मिनट अभिलेखों को देखने से आपको अपनी उत्पादन क्षमता की, कार्यक्षमता की एवं समय के प्रभावकारी उपयोग की सही तस्वीर मिल जायेगी। आप पायेंगे कि लेखा-जोखा रखने के प्रत्यक्ष परिणामस्वरूप आपने पहले 15 दिनों की अपेक्षा गत 15 दिनों में अधिक उत्पादन किया। इस 30 दिन के समय में आपको निर्मम रूप से ईमानदार रहना है। आख़िरकार यह मामला आपके अपने भविष्य का है। यह अभिलेख तो केवल आपकी आँखों के लिए है।

उचित रिकार्ड (अभिलेख) रखने के लिए कई क़दम हैं जो आपको उठाने चाहिये।

पहला, इसका रिकॉर्ड रखें कि आप उठते किस समय हैं और आप उत्पादक कार्य किस समय शुरू करते हैं। दूसरा, दिन में लंच के लिए, कॉफ़ी के लिए, व्यक्तिगत फोन कॉल्स के लिए एवं अन्य व्यक्तिगत मामलों में प्रयोग किये जाने वाले व्यक्तिगत समय का हिसाब रखें। तीसरे, किसी से मिलने के लिए किये गये फोन कॉल्स, अनपेक्षित आ जाने वालों, सर्विस कॉल्स, सन्दर्भ कॉल्स, प्रदर्शन, ग्राहक की आँखों से आँख मिलाने में ख़र्च हुए समय एवं आपके द्वारा की गयी बिक्री का रिकार्ड रखें। और अन्त में अपने 'ट्विलाइट' समय का रिकॉर्ड रखें। यह वह समय है जो आपके बाहरी दफ़्तर में ख़र्च होता है, सेल्स कॉल्स के आख़िरी 30 मिनट, अपने भावी ग्राहकों के कार्ड्स को उलट-पुलट करने में लगाया गया अतिरिक्त समय आदि। पहले कुछ दिनों तक यह करना कठिन होगा, परन्तु जब यह एक आदत बन जायेगी एवं आपका उत्पादन बढ़ने लगेगा तो यह आसान हो जायेगा।

एक बार जब आपने अपना ढाँचा तैयार कर लिया तो उसमें सुधार करना आसान हैं। अपने पिछले रिकॉर्ड्स के अध्ययन से आप अपने सर्वोत्तम दिन, सर्वोत्तम सप्ताह, सर्वोत्तम माह एवं सर्वोत्तम तिमाही का पता लगा सकते हैं। अपने सर्वोत्तम रिकॉर्ड की अपनी नयी कार्यदक्षता सूची से तुलना करें। आप सम्भवतया पायेंगे कि आप अपनी सर्वोत्तम तिमाही को केवल एक बार दोहरा पाये और फिर भी आपका यह वर्ष सर्वोत्तम रहा। इसमें बहुत हद तक अन्तर आपके प्रॉडक्ट के अनुसार आयेगा। कम मूल्य की वस्तुओं में अधिक मूल्य की वस्तुओं की तरह प्रतिदिन, साप्ताहिक एवं मासिक उतार-चढ़ाव पैदा नहीं होगा (जैसे ब्रुश व सौंदर्य प्रसाधन सामग्री, कंप्यूटर व व्यापारिक अचल सम्पत्ति की तुलना में)। अपने ध्येय विशिष्ट एवं अधिकांशतः बड़े रखिये। परन्तु स्मरण रहे, किसी ध्येय में एक महीने बाद उसे बड़ा करने के लिए संशोधन करना आसान है बजाये इसके कि नाटकीय ढंग से उसे घटाना पड़े।

स्वतः रूप से प्रतियोगिता की भावना अक्सर बहुत अधिक सहायक होती है, अतः आइये 'चुनौती' व्यवस्था पर एक नज़र डालें। पहले वे बातें जो नहीं करनी हैं। अपनी शक्ति से बढ़ कर हाथ-पैर ना मारें। यदि आप 'औसत' काम करने वाले रहे हैं तो शुरू में ही चैम्पियन को चुनौती ना दें। दूसरे, अपने सामने वाले व्यक्ति को चुनौती दें ना कि चैम्पियन को। यह एक अच्छे काम करने वाले व्यक्ति का तरीक़ा है विशेष रूप से यदि आप इसे 'दोहरी' चुनौती बना दें। दोहरी चुनौती में एक तो आपके सम्मुख वाले व्यक्ति को पराजित करना है साथ ही अपना सर्वोत्तम प्रदर्शन भी। ऐसी विचारधारा रख कर आपकी विजय 'संयोगवश' प्राप्त हो जाने वाली नहीं होंगी। प्रत्येक विजय आपको अगली चुनौती के लिए और दृढ़ बनायेगी। इस बात से कोई फ़र्क़ नहीं पड़ता कि इस वक्त आपके सम्मुख कितने लोग हैं, यदि आप लगातार अपना सर्वोत्तम प्रयास करते हैं तो आप बहुत प्रगति

करेंगे, बहुत सी बिक्री करेंगे और बहुत सारा धन कमायेंगे। स्पष्टतया यदि आप अपने सम्मुख उपस्थित चुनौती को परास्त कर देते हैं तो थोड़े समय के बाद आपके सम्मुख कोई नहीं आयेगा।

सबसे महत्वपूर्ण क्या है ?

आइये, हम भौतिक, आर्थिक, आध्यात्मिक, कैरियर, परिवार, मानसिक एवं सामाजिक ध्येयों पर नज़र डालें। मैं कुछ नियम बताता हूँ जो उन ध्येयों पर केन्द्रित होने में आपकी मदद करेंगे। ज़रूरत के हिसाब से आपको यह स्मरण रखना है कि यह नियम स्वभाव में सामान्य होने चाहिये। स्पष्ट है कि आपको इन उदाहरणों के अपनी स्थिति पर सटीक बैठने वाले अर्थ लगाने हैं।

जो चीज़ें आप चाहते हैं और जिनकी अपेक्षा करते हैं उन्हें आपको काग़ज़ पर उतार लेना चाहिये। आप कह सकते हैं, 'उन सारी चीज़ों को जिन्हें मैं चाहता हूँ, मुझे लिखने में तीन दिन लग जायेंगे।' आपको यह जान कर आश्चर्य होगा कि इस काम में जितना आप सोचते हैं उतना समय नहीं लगेगा। उन्हें लिख लीजिये और फिर उनकी महत्ता के क्रम में उन्हें सूचीबद्ध कर लीजिये। स्पष्ट है कि आप कई ध्येयों पर एक साथ कार्य कर रहे होंगे। आपका एक ही समय में क्लब का गोल्फ चैम्पियन बनने का, कम्पनी का सेल्स नायक बनने का, पी.टी.ए. का अध्यक्ष बनने का एवं किसी चर्च अथवा धर्म सभा का धर्म की दीक्षा - प्राप्त पथ प्रदर्शक बनने का ध्येय हो सकता है। इस स्थिति में आपको अपने लिए महत्व के हिसाब से इनका क्रम तय करना होगा क्योंकि प्रत्येक ध्येय के लिए समय एवं कार्य करने में समायोजन चाहिए। हो सकता है आपको समझौता करना पड़े और क्लब का चैम्पियन बनने के बजाये 8वें स्थान पर रहना एवं अध्यक्ष बनने के बजाये पी.टी.ए. में सक्रिय रहना स्वीकार करना पड़े। किसी भी क़ीमत पर, इन उद्देश्यों की परिपूर्ति हेतु आपको सुव्यवस्थित होना होगा।

लक्ष्य प्राप्ति अथवा लक्ष्य अवरोध के साधन

आपने जब एक बार अपने ध्येय उनके महत्व के क्रम में व्यवस्थित कर लिए तो फिर आपको उन बाधाओं को सूचीबद्ध करना चाहिए जो आपके और आपके उद्देश्यों के बीच में खड़ी हैं। यदि आपके और आपके ध्येयों के बीच कुछ भी नहीं है तो आप जो कुछ चाह रहे हैं वह आपको पहले ही मिला हुआ है। अपनी बाधाओं की सूची बना लेने के बाद आप उन्हें पार करने के लिए कार्य योजना बना सकते हैं एवं समय सीमा का निर्धारण कर सकते हैं। अधिकांश प्रबन्धन विशेषज्ञ मानते हैं कि जब आप किसी समस्या को ठीक से चिन्हित कर लेते हैं तो आप उसे आधा सुलझा लेते हैं। आपको यह देख कर आश्चर्य होगा

कि एक बार बाधाओं को पहचान लेने के बाद आप उन्हें कितनी जल्दी दूर करते हैं। जैसे ही आप अपने एक ध्येय के रास्ते की रुकावटों को दूर करते हैं तो दूसरे ध्येयों के रास्ते की रूकावटें दूर करना अधिक आसान हो जाता है।

पिछले अध्याय में मैंने एक युवा व्यक्ति के बारे में चर्चा की थी जिसने एक वर्ष में एक मिलियन डॉलर कमाने का, मेरे मुताबिक़ अवास्तविक ध्येय निर्धारित किया था। ध्येय निर्धारण के बारे में उसे मेरी सलाह थी कि पहले ही वर्ष में विश्व की आर्थिक चैम्पियनशिप के लिए चुनौती देने के बजाये इस दिशा में उसी प्रकार क्यों ना बढ़ा जाये जिस प्रकार एक मुक्केबाज़ विश्व चैम्पियनशिप के रास्ते पर निकलता है। जब कोई व्यक्ति एक मुक्केबाज़ के रुप में व्यावसायिक श्रेणियों में प्रवेश करता है तो वह अपने से ऊपर वाले व्यक्ति को चुनौती देकर अपनी शुरूआत करता है। प्रत्येक सफलता के बाद और जैसे-जैसे वह आत्मविश्वास एवं अनुभव हासिल करता जाता है, सीढ़ी पर ऊपर चढ़ता जाता है। बहुत से होनहार मुक्केबाज़ कठिन प्रतियोगिता के लिए आवश्यक अनुभव हासिल किये बिना ही जल्दबाज़ी करके अपना कैरियर तबाह कर चुके हैं।

'अपने ध्येयों तक पहुँचने एवं उन्हें हासिल करने की दिशा में' मैंने उस युवा व्यक्ति को सलाह दी, 'इसे धीरे-धीरे करें।' संक्षेप में, मैंने उसे यह पता लगाने की सलाह दी कि सबसे ऊपर वाला व्यक्ति कितना कमा रहा था। इससे उसे अपना असली लक्ष्य जानने में मदद मिलेगी। फिर मैंने उसे उसकी अपनी कम्पनी में एक औसत व्यक्ति की कमाई के बारे में खोजबीन करने पर बल दिया। मैंने फिर उसे आगे कहा कि वह औसत से थोड़ी कम राशि को चुने एवं इसे पहले महीने के लिए अपना ध्येय बना लें। मैंने महसूस किया कि वह इससे भी बेहतर कर सकता था परन्तु मैं चाहता था कि वह पहला उद्देश्य पूर्ण होने पर पैदा होने वाले प्रारम्भिक विश्वास को हासिल करे। **विश्वास सफलता का दास है।** एक बार कुछ हद तक सफलता हासिल कर लेने के बाद, उससे बड़ी सफलता हासिल करना आसान है (कुछ उत्तम करें, फिर उत्कृष्ट करना आसान है) मैंने फिर उससे कहा कि संस्था के अन्दर ही लक्ष्यों को चुने और अपने से ऊपर वाले व्यक्ति को पराजित करना शुरू करे। इस प्रक्रिया को अपना कर वह अन्ततः अव्वल नम्बर का उत्पादक होगा और फिर और ऊँचे आर्थिक ध्येय निर्धारित कर सकेगा। इसे सम्पन्न करने के लिए उसे रोज़ाना अपनी कार्य सूची तैयार करनी होगी।

यह बात अव्यावहारिक है कि वह एक साल में अपने एक मिलियन डॉलर के लक्ष्य तक पहुँचा अथवा नहीं। ध्येय निर्धारण के सही तरीक़े के द्वारा मैं सहमत हूँ कि वह युवा व्यक्ति इस प्रक्रिया में दूर तक जायेगा, तीव्रता से जायेगा और प्रसन्न होगा। इतना सब कुछ कह चुकने के बाद मैं आपको याद करा दूँ कि मैंने ऐसा नहीं कहा कि उसका ध्येय

असम्भव था। मेरे पास साहस है परन्तु इतना नहीं कि किसी लगनशील व्यक्ति की भावी क्षमता की पूरी तरह सीमा निर्धारित कर सकूँ।

अज्ञानता का भरोसा

कई वर्षों पहले कोलम्बिया, दक्षिण कैरोलिना में एक युवा रसोई उपकरणों का सेल्समैन मेरे दफ़्तर में आया। दिसम्बर माह की शुरूआत का समय था और हम अगले वर्ष के लिए योजनाओं पर बातचीत कर रहे थे। मैंने उससे पूछा, 'अगले वर्ष आप कितनी बिक्री करने वाले हैं?' अपने चेहरे पर बड़ी सी मुस्कान लिये उसने कहा, 'मैं आपको एक चीज़ की गारन्टी देता हूँ कि मैंने इस वर्ष जितनी बिक्री की है, अगले वर्ष उससे अधिक करूँगा।' मैंने कहा, 'यह बहुत अच्छा है, इस वर्ष आपने कितनी बिक्री की?' वह पुनः मुस्कुराया और उसने कहा, 'यह तो मुझे ठीक से मालूम नहीं है।' है ना रोचक बात? यह काफ़ी ख़ेदजनक भी है। यहाँ पर एक ऐसा नवयुवक है जो यह नहीं जानता कि वह कहाँ पर है और जिसे यह भी ज्ञान नहीं है कि वह कहाँ पर रहा परन्तु सामान्य रूप से अज्ञानता के साथ जुड़े विश्वास से, यह जानता था कि वह जा कहाँ रहा था।

दुर्भाग्यवश अधिकांश लोग लगभग ऐसी ही स्थिति में होते हैं। वे नहीं जानते कि वे कहाँ पर हैं, उन्हें यह भी ज्ञात नहीं होता कि वे कहाँ पर रहे परन्तु वे यह अवश्य सोचते हैं कि उन्हें मालूम है कि वे कहाँ जा रहे हैं। क्या मैं आपके बारे में बात कर रहा हूँ? यदि हाँ, तो आपने यह पुस्तक सही समय हासिल की है।

मैंने उस युवा सेल्समैन को एक प्रश्न के साथ चुनौती दी, 'आप रसोई उपकरणों के व्यापार में किस प्रकार अमर होना पसन्द करेंगे?' अब, अमर शब्द काफ़ी चुनौतीपूर्ण शब्द है। वह झाँसे में आ गया और उसने उत्साहपूर्वक कहा, 'कैसे?' 'आसानी से।' मैंने कहा, 'बस कम्पनी के अब तक के सारे रिकॉर्ड तोड़ कर।' इस बार उसकी प्रतिक्रिया कुछ कम उत्साही थी। उसने कहा, 'यह आपके लिए कहने में अवश्य आसान है परन्तु कोई भी व्यक्ति यहाँ तक कि मैं भी उस रिकॉर्ड को कभी नहीं तोड़ पायेंगे।' स्वाभाविक तौर पर मुझे जिज्ञासा हुई, अतः मैंने पूछा कि 'कोई भी व्यक्ति उस रिकार्ड को कभी नहीं तोड़ पायेगा' से उसका क्या अभिप्राय है। उसने मुझे साफ़-साफ़ बताया कि रिकॉर्ड 'ईमानदारी से' नहीं बना था क्योंकि जिस आदमी ने इसे बनाया था वह अपने दामाद द्वारा अपने नाम से रसोई के उपकरण बिकवाता था।

प्रोत्साहन - सफलता की आत्मा

नवयुवक के पास पराजितों वाला कमज़ोर पक्ष था, 'मैं यह नहीं कर सकता

क्योंकि रिकॉर्ड में ईमानदारी नहीं है।' मैंने उसे पुनः आश्वस्त किया कि रिकॉर्ड वैध था और उसे यह कहकर चुनौती दी, 'यदि एक व्यक्ति रिकॉर्ड बना सकता है तो दूसरा उसे तोड़ सकता है।' क्योंकि **प्रोत्साहन सफलता की आत्मा होती है** अतः मैंने उसके सम्मुख कुछ पुरस्कार झुलाये। सबसे पहले, मैंने उसे विश्वास दिलाया कि यदि उसने उस सर्वकालीन रिकॉर्ड को तोड़ दिया तो कम्पनी उसकी तस्वीर को अपने होम ऑफ़िस में अध्यक्ष की तस्वीर के साथ लगायेगी। उसे यह पसन्द आया। फिर, मैंने उसे बताया कि उसकी तस्वीर राष्ट्रीय विज्ञापन में एवं लेखों में प्रयोग की जायेगी और वह विश्व भर में सर्वोत्तम सेल्समैन के रुप में प्रसिद्ध हो जायेगा। उसे वह वास्तव में पसन्द आया। अन्त में मैंने उसे बताया कि वे उसे एक 'स्वर्ण पात्र' बना कर देंगे या कम से कम जो स्वर्ण जैसा दिखे। जहाँ तक प्रेरित करने की बात है तो यह कारगर रहा परन्तु उसे अभी भी कुछ शंका थी कि वह कितनी बिक्री कर पायेगा।

मैंने उसे स्मरण कराया कि वह अपने सर्वोत्तम सप्ताह को 50 से गुणा करके रिकॉर्ड तोड़ सकता है। उसने फीकी हँसी हँसते हुए कहा, 'आपको यह कहने में आसान लगता है - 'मैंने बीच में टोका, 'हाँ, और यह आपको करने में आसान है यदि आपको विश्वास है कि आप यह कर सकते हैं।' वह अभी भी सहमत नहीं था कि वह कर सकता है, परन्तु उसने इस पर गम्भीरता से विचार करने का वादा किया। यह एक महत्वपूर्ण बिन्दु है क्योंकि **कोई ध्येय जो लापरवाही से निर्धारित किया गया हो और सहजता से लिया गया हो वह पहली ही बाधा पर आसानी से त्याग दिया जाता है।**

निश्चय में 'अगर' नहीं

26 दिसम्बर को उसने मुझे अगस्ता, जौर्जिया में अपने घर से फ़ोन किया। उससे पहले और उसके बाद भी आज तक मैंने टेलिफ़ोन पर किसी से ऐसी बातचीत नहीं की जिसकी तुलना उससे की जा सके। टेलिफ़ोन के तार ज़रूर गर्म हो गये होंगे। अगस्ता से कोलम्बिया, दक्षिणी करोलिना तक उत्तेजना महसूस की जा सकती थी। उसने मुझे सारी बात बतायी, 'आपको पता है, इस महीने के शुरू में हुए अपने दौरे के बाद से मैंने अपने द्वारा की गयी हर चीज़ का रिकॉर्ड रखा है। मुझे मालूम है कि एक दरवाज़ा खटखटाने पर, एक फ़ोन कॉल करने पर, एक प्रदर्शन का संचालन करने पर अथवा एक नमूना पेश करने पर मुझे कितना व्यापार हासिल होता है। मुझे मालूम है कि हर सप्ताह मैं कितनी बिक्री करता हूँ, हर दिन कितनी करता हूँ और हर घंटे कितनी करता हूँ।' 'उत्साह के अति भावावेग में उसने आगे कहा, 'मैं उस रिकॉर्ड को तोड़ने वाला हूँ।' मैंने यह कहने के लिए वार्तालाप के इस शब्द पर ज़ोर दिया, 'नहीं, तुम रिकॉर्ड तोड़ने वाले नहीं हो। तुमने रिकॉर्ड तोड़ दिया।'

मैंने ऐसा इसलिए कहा क्योंकि उसने एक बार भी 'अगर' शब्द का प्रयोग नहीं किया। यह निश्चय 'अगर' वाला नहीं था। 'LIFE' शब्द को ग़ौर से देखें। 'LIFE' शब्द के दो बीच वाले अक्षर 'IF' हैं । बहुत से लोग जीवन में 'IF' निश्चय के अतिरिक्त कुछ नहीं करते। ये निश्चय सफलता के लिए नहीं होते बल्कि विफलता की तैयारियाँ होती हैं। परन्तु यह लड़का ऐसा नहीं है। उसने ऐसा नहीं कहा, 'मैं यह रिकॉर्ड तोड़ने वाला हूँ अगर मेरी कार नष्ट ना हुई तो।' यह अच्छा है कि उसने ऐसा नहीं कहा क्योंकि वैसा ही हुआ। उसने ऐसा नहीं कहा, 'मैं यह रिकॉर्ड तोड़ने वाला हूँ अगर परिवार में कोई बीमार ना पड़ा तो।' क्योंकि परिवार के सदस्य बीमार पड़े। उसने ऐसा नहीं कहा, 'मैं यह रिकॉर्ड तोड़ने वाला हूँ यदि परिवार में किसी की मृत्यु न हुई तो।' उसने अपने दो प्रियजनों को दफ़नाया जिसमें एक उसका भाई था। उसने नहीं कहा, 'मैं यह रिकॉर्ड तोड़ने वाला हूँ यदि मैंने अपनी आवाज़ ना गंवाई।' अच्छा है कि उसने नहीं कहा क्योंकि दिसम्बर में जब कि ध्येय एक तरह से उसकी पहुँच में था उसकी आवाज़ इतनी ख़राब हो गयी कि उसके डॉक्टर ने उसे बोलने लिए मना कर दिया, अतः उसने एक ही काम किया जो वह कर सकता था - डॉक्टर बदल दिये। नहीं, उसने निश्चय करने तक पहुँचने के लिए कड़ी मेहनत की थी परन्तु सरलता से उसे व्यक्त किया, 'मैं उस सर्वकालीन रिकॉर्ड को तोड़ने वाला हूँ।'

हमें उसके द्वारा उठायी गयी ज़िम्मेदारी को समझने को लिए उसके लक्ष्य पर ग़ौर करने की ज़रूरत है। उससे पहले उसने कभी भी एक वर्ष में 34000 डॉलर से अधिक की बिक्री नहीं की थी, जो कि उस ज़माने में बहुत ख़राब नहीं थी। तथापि अगले साल, उसी प्रोडक्ट को, उसी क्षेत्र में, उसी क़ीमत पर बेचकर तमाम रद्द हुई बिक्री एवं अस्वीकृत उधार के बाद, उसने 1,04,000 डॉलर के रसोई उपकरण बेचे। उसने अब तक अपने द्वारा एक वर्ष में की गयी बिक्री से तीन गुने से अधिक की बिक्री की। परिणामस्वरूप उसने सर्वकालीन कीर्तिमान को तोड़ दिया। प्रसंगवश, कम्पनी ने उसे वे सब पारितोषिक दिये जिनकी उसने और मैंने चर्चा की थी। उसे प्रचार एवं स्वर्ण 'पान' हासिल हुआ।

अधिक चतुर एवं परिश्रमी

बहुत से लोग पूछते हैं कि क्या वह इतना अधिक चतुर हो गया था? मैं उनसे कहता हूँ कि वह पहले से कुछ अधिक चतुर अवश्य हो गया था क्योंकि अब उसके पास दस के बजाये ग्यारह वर्ष का अनुभव था। बहुत से लोग पूछते हैं कि क्या वह इतना अधिक परिश्रम करता था। मैं उन्हें विश्वास दिलाता हूँ कि उसने पहले से कुछ अधिक परिश्रम के साथ निश्चितरूप से अधिक चतुराई से कार्य किया। उसने अपने समय को व्यवस्थित किया एवं हर मिनट के मूल्य को समझा। उसने पाया कि 10 मिनट यहाँ और 20 मिनट वहाँ के हिसाब को यदि जोड़ें तो प्रतिदिन एक से लेकर दो घंटे हो जाते हैं। इस

तरह से हर सप्ताह आठ से दस घंटे अथवा काफ़ी अविश्वसनीय लगने वाले 400 से 500 घंटे प्रतिवर्ष। यह एक वर्ष पूरे आठ घंटों वाले पचास से भी अधिक दिनों के बराबर है। संक्षेप में, उसने अनुभव किया कि हर किसी के पास हर घंटे में 60 मिनट, हर दिन में 24 घंटे और यहाँ तक कि हर हफ़्ते में सात दिन नहीं होते। हर व्यक्ति के पास केवल उतने ही मिनट, घंटे और दिन होते हैं जितने वह उपयोग में लाता है। जब उसने **समय गिनना छोड़कर समय से गिनवाना शुरू किया** तो वह काफ़ी अधिक व्यापार कर पाया और फिर भी उसके पास अपने व अपने परिवार के लिए पहले से अधिक समय था।

उसने शुरूआत करने से पहले अपना रिकॉर्ड रखकर सटीक रूप से यह पता लगाया कि वह कहाँ पर था। [आप यदि एक सेल्समैन हैं तो आपको यही करना चाहिए। पता लगाइये कि एक मुलाक़ात का समय हासिल करने के लिए आपको कितने सम्भावी ग्राहकों के पास जाना चाहिए। अपनी कहानी बताने के लिए आपको कितनी मुलाक़ात करनी चाहिए। इस सूचना को एक निश्चित मुलाक़ात हासिल करने में लगे समय के ज्ञान के साथ संयुक्त कीजिये। एक प्रस्तुतिकरण एवं सम्पूर्ण बिक्री में कितना समय लगता है (यात्रा समय, सेवा समय, काग़ज़ी कार्यवाही में लगने वाले समय आदि को मिला कर)। इस सूचना से आपको पता चलेगा कि आप कहाँ पर हैं। फिर यह एक सरल अंकगणित का मामला है। इस सूचना से आपको पता चलेगा कि आपके द्वारा किये जाने वाले काम के हर घंटे में क्या होता है परन्तु फोन थामे रखिये। आपको लगभग फ़ौरन ही अपने ध्येय ऊपर की ओर संशोधित करने पड़ेंगे - और अक्सर नाटकीय रूप से, क्योंकि इन तथ्यों के सहारे आपका विश्वास आपको बहुत अधिक उत्पादक बना देगा।]

जैसे ही हम इस कहानी को हिस्सों में तोड़ते हैं तो हमें पता चलता है कि उस नवयुवक ने ध्येय निर्धारण के सभी सिद्धान्तों के साथ साथ 'ध्येय-प्राप्ति' के भी सभी सिद्धान्तों का समावेश किया।

(1) उसने यह जानने के लिए कि वह कहाँ पर था, रिकॉर्ड रखे।

(2) उसने उन ध्येयों को जो वह हासिल करना चाहता था वार्षिक, मासिक एवं दैनिक आधार पर काग़ज़ पर उतारा।

(3) वह अपने ध्येय में अत्यन्त विशिष्ट था। (104,000 डॉलर)

(4) उसने ध्येय बड़ा निर्धारित किया - परन्तु पहुँच पाने योग्य – रोमांच व चुनौती पैदा करने के लिये।

(5) उसने ध्येय दूरगामी (1 वर्ष) बनाया ताकि दैनिक कुंठाएँ उस पर हावी न हों।

(6) उसने अपने और अपने ध्येयों के बीच के अवरोधों को सूचीबद्ध किया और इन अवरोधों को पार करने के लिए कार्ययोजना बनायी।

(7) उसने अपने ध्येयों को दैनिक वृद्धियों में विभाजित किया।

(8) वह अपने ध्येयों तक पहुँचने के लिए आवश्यक क़दम उठाने हेतु स्वयं को अनुशासित करने के लिए मानसिक रूप से तैयार था।

(9) वह पूर्ण रूप से सहमत था कि वह अपने ध्येयों तक पहुँच सकता है।

(10) उसने साल शुरू होने से पहले ही ध्येय तक पहुंच चुके होने का अपना मानसिक चित्रण कर लिया था।

इस खण्ड में पहले व्यक्त किये गये विचार को और प्रभावशाली बनाने के लिए आपको दूसरों से अपने ध्येयों के बारे में बात करने में सावधानी बरतनी चाहिए। यदि आपको विश्वास है और अपने आप को उस स्थान पर देखने हेतु आपको दूसरों से ध्येयों के बारे में बात करना ज़रूरी लगता है तो ठीक है, कीजिये। तथापि अपने ध्येयों के बारे में बातचीत करने हेतु व्यक्तियों को चुनने में आप बहुत बुद्धिमानी से काम लें। यह सहायक होता है यदि आपके पास ऐसे साथी एवं प्रियजन हैं जो आपकी आशावादिता को बाँटे और आपको अतिरिक्त विश्वास प्रदान करें कि आप अपने ध्येयों तक पहुँच सकते हैं। यह निश्चय ही हानिकारक है यदि आप अपने सपनों को ऐसे व्यक्ति से बाँटते हैं जो ख़ुद निराशावादी और दूसरों के रंग में भंग डालने वाला है,जो आपके विचार का मखौल उड़ाता है और आपके प्रयासों को कम महत्व देता है।

इस कहानी में नवयुवक ने (उसकी पहचान मैं बाद में कराऊँगा) अपने ध्येयों के बारे में अपने परिवार से बातचीत की जिसने उसमें विश्वास रखा और उसकी मदद की। उसने अपने ध्येयों को दूसरे लोगों के साथ भी बाँटा क्योंकि वह अपने बारे में यह अच्छी तरह जानता था कि यदि वह स्वयं को उस स्थान पर रखेगा तो उसके द्वारा अपने लक्ष्य को प्राप्त करने की प्रबल सम्भावना है।

मैं समझता हूँ कि मेरे द्वारा ध्येय निर्धारण में प्रयोग किये उदाहरण हर किसी के मामले में ठीक नहीं बैठेंगे परन्तु सिद्धान्त आपकी स्थिति में सटीक बैठेंगे। भविष्य में किसी वक्त शायद आप देश भर में चलायी जा रही हमारी ***रिचर लाइफ*** कक्षाओं अथवा पाठ्यक्रमों में हों तो हमारे प्रशिक्षकों में से किसी के साथ भी अपने विशिष्ट ध्येय निर्धारण के विषय पर सीधे बात कर सकते हैं। तब तक निम्नलिखित कुछ अन्य विचार आपके लिए सहायक होने चाहिये।

अच्छा आज - बेहतर कल

हम एक माँ का उदाहरण लें जो कहती थी, 'मैं ध्येयों की एक श्रृंखला कैसे निर्धारित कर सकती हूँ?' सबसे पहले, माँ को बड़ा ध्येय रखना चाहिए। किसी भी माँ द्वारा बड़े ध्येयों में से एक अपने बच्चों को यह सिखाना हो सकता है कि वे एक जटिल समाज में किस प्रकार रहें और अपने रास्ते कैसे बनायें। अपने बच्चों को ख़ुश, तन्दुरुस्त, नैतिक एवं भावात्मक रूप से स्वस्थ रखते हुए बड़ा करना किसी भी माँ के लिए एक बड़ा ध्येय है। अपने बच्चों को समाज के अंशदाता सदस्य बनने के लिए सिखाना एक दूरगामी ध्येय हो सकता है। वह उन्हें अपने शब्दों एवं कार्यों से इतना सिखा सकती है कि उन्हें अनन्तकाल तक जीसस क्राइस्ट का सान्निध्य प्राप्त हो सके।

सर्वोत्तम दैनिक ध्येयों में से एक जो हम निर्धारित कर सकते हैं, वह अपने बच्चों को यह सिखाना है कि वे अपने लिए चीज़ें कैसे करें। चीनी लोग इसे अच्छी तरह से कहते हैं, 'यदि आप किसी व्यक्ति को एक मछली देते हैं तो आप उसकी दिन भर की भूख मिटाने का इंतज़ाम करते हैं परन्तु यदि आप उसे सिखाते हैं कि मछली कैसे पकड़ी जाती है तो आप उसकी ज़िंदगी भर की भूख मिटाने का इंतज़ाम करते हैं।' अपने बच्चों को सिखायें कि चीज़ें किस प्रकार करें, अपना सहारा ख़ुद कैसे बनें एवं अपनी आवश्यकताओं की पूर्ति ख़ुद कैसे करें। इससे अच्छा दैनिक ध्येय एक माँ के लिए और क्या हो सकता है?

प्रत्येक व्यक्ति का दैनिक ध्येय आज अपनी सामर्थ्य में सर्वोत्तम करना और बेहतर कल के लिए तैयारी करना होना चाहिए। भविष्य वह स्थान है जहाँ पर आप अपनी बाक़ी ज़िन्दगी बिताने वाले हैं। रोज़ाना की कार्यसम्पन्नतायें उस महल की ईंटें है। यदि आप नियमित रूप से सही ध्येय निर्धारण प्रक्रिया के साथ ईंटों को सही जगह पर रखते हैं तो आप अन्ततः शिखर के लिए अपनी सीढ़ियों का निर्माण कर लेंगे। आपको अपने आजीवन ध्येयों के सही निर्धारण हेतु जैसा कि पहले कहा जा चुका है, यह स्पष्ट रूप से समझ लेना चाहिए कि शिखर पर जाने वाली लिफ़्ट 'ख़राब' है। आपको सीढ़ियों से जाना होगा - एक समय में एक एक चढ़कर। सौभाग्य से वे सभी साफ़ तौर से चिन्हित हैं और आपको ऊपर तक चढ़ने के लिए इशारा कर रही हैं।

अध्याय चार

अपने ध्येयों तक पहुँचना

अपने प्रति ईमानदार रहें

जब मैंने यह पुस्तक शुरू की तो कम से कम मेरे मस्तिष्क में शब्दों का प्रवाह आसानी से हो रहा था और वे अच्छी तरह से बाहर आ रहे थे। जब मैंने ये शब्द लिखे, **'आप जहाँ जाना चाहते हैं जा सकते हैं, जो करना चाहते हैं कर सकते हैं, जो पाना चाहते हैं पा सकते हैं और जो बनना चाहते हैं बन सकते हैं।'** तो मुझे स्वीकार करना पड़ेगा कि मैंने इन शब्दों को अपने सम्मुख पकड़े रखा और बडे सन्तोष के साथ स्वयं से कहा, 'यह अच्छा है।' दुर्भाग्य से मुझे इन शब्दों को कुछ फ़ासले से पकड़ना पडा क्योंकि मुझमें और इन शब्दों के बीच में 41 इंच की कमर का घेरा एवं 202 पौण्ड वज़न था। जैसे जैसे मैंने शब्दों को पढ़ा तो मैंने सोचना और अपने आप से बात करना शुरू कर दिया, (अपने आप से बात करना बुरा नहीं है, जवाब देना भी बुरा नहीं है - तथापि, यदि आप अपने आप को उस जवाब के लिए, 'उँह' कहता पायें तो आप मुसीबत में हैं। मैंने ख़ुद को उसी स्थिति में पाया।)

मेरे मन में एक विचार आया कि आख़िरकार यदि कोई पाठक पूछ ले कि जो मैंने लिखा है, क्या मैं वास्तव में उस पर विश्वास करता हूँ। क्योंकि ईमानदारी अन्दर से शुरू होती है, अत: मैं अपने लिखे हर एक शब्द का पुनर्मूल्यांकन करने लगा। संक्षेप में यह बात सामने आयी - यदि मैं इसमें विश्वास रखता हूँ तो मुझे इसे जीवन में उतारना चाहिए और अगर मेरा इसमें विश्वास नहीं था तो मुझे यह लिखना नहीं चाहिए था। यह सोच कर मैंने ख़ुद से पूछा, 'ज़िग, तुम जैसा चाहते हो क्या वास्तव में वैसे हो?'

जैसे-जैसे मैं इस सवाल पर गम्भीरता से सोचने लगा, यह और साफ़ होता गया कि या तो मुझे पुस्तक का यह हिस्सा मिटाना पड़ेगा या मुझे अपने विचारों के साथ जीने में दिक्क़त होगी। यह भी अवश्यम्भावी था कि मुझे लोगों के उलझन भरे सवालों का सामना करना पड़ेगा। इसके साथ ही, मेरे बेटे की आयु आठ वर्ष थी और मैं दृढ़ता के साथ यह महसूस करता था कि एक पिता को अपने बच्चों पर जब तक कि वे बारह वर्ष के ना हो जायें, नियन्त्रण रखना चाहिए। जिस रफ़्तार से मैं चल रहा था उससे तो मैं ख़ुद पर भी नियन्त्रण नहीं रख पाता। जिस चीज़ ने यद्यपि मुझे इस दिशा में मदद तलाशने के लिए भेजा वह मेरी 'रैड हैड' थी जो बराबर कहती रहती थी कि मैं अपनी तोंद को अन्दर करूँ - और

मैंने ऐसा करना शुरू कर दिया।

सौभाग्य से, डल्लास डॉ. कैनिथ कूपर द्वारा संस्थापित विश्वप्रसिद्ध ऐरोबिक केन्द्र का गृह नगर है। डॉ. कूपर को या तो एयर फोर्स का डॉक्टर या दौड़ने वाला डॉक्टर कहा जाता है। उन्होंने शरीर पर ऐरोबिक द्वारा पड़ने वाले प्रभाव पर काफ़ी शोध किया था। जब आप किसी को जॉगिंग करता देखें तो वह सम्भवतः डॉ. कूपर के प्रत्यक्ष अथवा अप्रत्यक्ष प्रभाव के कारण जॉगिंग कर रहा होगा। मैंने उनसे मुलाक़ात का समय लिया और मैं पाँच घंटे तक चलने वाले परीक्षण से गुज़रा। उन्होंने मेरे शरीर से आधा गैलन (कम से कम दिखा तो आधा गैलन ही) ख़ून लेकर शुरूआत की। वे बस छोटी-छोटी काँच की शीशियाँ भरते गये। मैने सोचा कि वे कोई ब्लड बैंक शुरू करने जा रहे हैं जिसका मैं एक बड़ा आपूर्तिकर्ता हूँ। फिर उन्होंने मुझे पानी के एक टैंक में डुबोया और मेरे शरीर की चर्बी का पता लगाने के लिये मुझे तीन बार पूरी तरह डुबकी लगवायी। उन्होंने पाया कि मुझमें 23.9% शुद्ध चर्बी थी जो कि पूरी तरह आदर्श नहीं कही जा सकती थी। फिर, उन्होंने मुझे पैरों से चलाने वाली एक मशीन पर रखा और मुझ पर तार लपेट कर एक अन्य मशीन से लगाये ताकि वे मेरे चलने के साथ मेरे दिल और नाड़ी पर नज़र रख सकें। आपके द्वारा चली गयी दूरी आपकी शारीरिक अवस्था बताती है, अतः मुझे तब बहुत खीझ हुई जब मैं 'अत्यन्त भयंकर' स्थिति के निशान से बस चार सैकेंड और आगे चल कर 'भयंकर स्थिति' के निशान तक ही पहुँच पाया।

जब परीक्षण पूरा हो गया एवं आँकडों का संकलन किया गया तो परीक्षण करने वाले चिकित्सक डॉ. रेण्डी मार्टिन ने मुझे अपने ऑफिस में परिणामों को देखने के लिए बुलाया। अपने चेहरे पर बड़ी सी मुस्कान के साथ डॉ. मार्टिन ने मुझे समझाया कि वे अपनी सूचना कम्प्यूटर द्वारा संकलित करते हैं और आँकड़ों द्वारा सिद्ध हुआ कि मेरा वजन अधिक है। वज़न के हिसाब से मेरी लम्बाई पूरी साढे पाँच इंच कम थी। मैंने टिप्पणी की कि यह वाक़ई बहुत ख़राब स्थिति है, परन्तु डॉ. मार्टिन ने समझाया कि 66 वर्ष की आयु के हिसाब से मेरी शारीरिक अवस्था प्रशंसनीय थी। जब मैंने उन्हें याद दिलाया कि मेरी आयु 46 वर्ष है तो उनके हाव-भाव में नाटकीय परिवर्तन आया। 'तुम्हारा आकार भयंकर है।' उन्होंने आगे कहा, 'सच तो यह है कि यदि तुम कोई भवन होते तो मैं तुम्हें बेकार ठहरा देता।' ज़ाहिर है, मैंने जानना चाहा कि मुझे क्या करना चाहिए। अतः डॉ. मार्टिन ने एक लिखित संक्षिप्त समय-सारिणी तैयार की और बोनस के तौर पर मुझे एक उत्साहवर्धक भाषण दे डाला। इससे पहले कि वे मुझे यह बताना बन्द करते कि मुझे क्या करना चाहिए, मेरी स्थिति उस छोटे बच्चे की तरह हो गई जिसने अपने पिता से एक सवाल पूछा था। उसके पिता ने कहा, 'तुम अपनी माँ से क्यों नहीं पूछते?' छोटे बच्चे ने जवाब दिया, 'मैं इस बारे में इतना अधिक भी नहीं जानना चाहता।'

एक ब्लॉक और एक मेल बॉक्स

जब मैं घर वापिस आया तो मेरी पत्नी ने टिप्पणी की, 'मुझे लगता है कि तुम आस पड़ोस में सबसे तेज़ दौड़ लगाने वाले होने जा रहे हो।' मेरे स्वीकारात्मक लहज़े में जवाब देने पर उसने कहा, 'यदि मुझे 46 वर्ष के मोटे लड़के को आस पड़ोस में दौड़ लगाते देखना है तो मैं तुम्हें अच्छे से अच्छा दिखता हुआ पाना चाहती हूँ।' वह स्टोर से मेरे लिए दौड़ने के समय पहनने वाली कुछ आकर्षक कमीज़ें और शॉट्‌र्स खरीद लायी जो डॉ. मार्टिन की सलाह पर ख़रीदे गये जूतों के साथ पहनी जा सकें।

हालांकि डॉ. मार्टिन के ऑफिस में मैंने जो किया वह अनाकर्षक था परन्तु इसके लिए मैं यह बहाना बनाऊँगा कि तब तक मैंने ऐन लेन्डर्स नहीं पढ़ा था। ऐन ने कहा है कि किसी दूसरे की पत्रिकाओं से पृष्ठ निकाल लेना अच्छी या ईमानदारी की बात नहीं है। दरअसल मुझे यह मालूम था इसीलिए मैं ईमानदारी से ख़ुद को उसके पीछे नहीं छिपा सकता। मैंने जॉक़ी शॉट्‌र्स के विज्ञापन वाले पृष्ठ निकाल लिए। यदि आपने जॉक़ी शॉट्‌र्स के विज्ञापन नहीं पढे तो मेरे सुझाव पर आप अगली बार जब उसे देखें तो कम से कम तस्वीर पर नज़र ज़रूर डालें। आप पायेंगे कि उनमें शॉट्‌र्स पहने हुए मोटे लड़के नहीं होते।

अगली सुबह जब अलार्म बजा, मैं बिस्तर से बाहर कूद पड़ा, वे आकर्षक कपड़े व जूते पहने, सामने वाले दरवाज़े को लगभग चीरते हुए बाहर निकला और एक ब्लॉक दौड़ा, सब कुछ अपने आप किया। दूसरे दिन मैंने कुछ बेहतर किया। मैंने एक ब्लॉक और एक मेल बॉक्स तक दौड़ लगाई। तीसरे दिन एक ब्लॉक और दो मेल बॉक्स तक, फिर एक ब्लॉक और तीन मेल बॉक्स, जब तक कि मैंने आख़िरकार एक दिन उस ब्लॉक का दौड़ते हुए पूरा चक्कर नहीं लगा लिया। जब मैंने वह मील का पत्थर पार कर लिया तो पूरे परिवार को जगाया और उन्हें बताया कि, 'डैडी ने क्या किया है।'

फिर मैं एक दिन आधा मील दौड़ा, फिर एक मील, फिर डेढ़ और फिर दो मील। मैंने थोड़ा व्यायाम भी करना शुरू किया। मैंने 6 पुश-अप किये, फिर 8, फिर 10, फिर 20, फिर 30 और फिर 40। आज मैं जी.आई. पुश-अप भी कर सकता हूँ जिसका सीधा सा अर्थ है कि मैं बिना हाथों का सहारा लिए ख़ुद को हवा में उठा सकता हूँ। फिर मैंने उठक-बैठक लगानी शुरू की और पहले दिन मैंने 8 लगायीं, फिर 10, फिर 20, फिर 40, फिर 120। नतीजा यह हुआ कि मेरा वज़न और कमर कम होने शुरू हो गये। मैंने इस दौरान नियमित रूप से अपने आहार को भी सीमित किया। (जैसे कि चर्च में खाना छोड दिया) मैंने गम्भीरतापूर्वक इसे सीमित किया तथा इसी वक्त मुझे इस बारे में और जानकारी देनी है। मेरा वज़न 202 पौण्ड से पहले 200, फिर 190, 180, 170, और फिर 165 तक घट गया। मेरी कमर 41 इंच से 40, 39, 38, 37, 36, 35 और फिर

34 तक घट गई। मुझे अपना वज़न 165 पौण्ड और अपनी कमर 34 इंच करने में 10 महीने लगे।

ध्येय निर्धारण के सिद्धान्त

मैं आपको ये विवरण इसलिए बताता हूँ क्योंकि इस कहानी में ध्येय निर्धारण एवं ध्येय प्राप्ति के हर सिद्धांत का समावेश है। ध्येय मेरा था और क्योंकि मेरी विश्वसनीयता दाँव पर लगी थी अतः जब मैंने ध्येय निर्धारित किया तो उस पर पहुँचने का प्रोत्साहन एक स्थायी हिस्सा था। ध्येय बड़ा था, इतना बड़ा कि इसमें मुझे एक वास्तविक चुनौती दिखी। इसने मुझे उद्देश्य पर पहुँचने के लिए अपने संसाधनों के स्रोत की गहराई तक उतर जाने पर मज़बूर कर दिया। फिर भी यह ना तो ग़ैर ज़िम्मेदाराना था और ना ही ग़ैर मुमकिन। यदि मैंने केवल पाँच पौण्ड वज़न घटाना चुना होता तो सम्भवतः अपवादस्वरूप मेरी रेड हैड के अतिरिक्त कोई भी यह ना जान पाता कि मैंने कुछ वज़न कम किया था। जैसे-जैसे पौण्ड पिघलने लगे (असल में जब आप उन्हें पसीने के साथ बहाते हैं तो सोच नहीं पाते कि वे पिघल रहे हैं) और मेरी कमर घटने लगी तो मेरे परिवार एवं मित्रों ने मेरी बहुत शेखी बघारी। उसने मेरी वाक़ई मदद की। मैंने बेहतर महसूस करना शुरू कर दिया और मेरी ऊर्जा का स्तर ऊपर उठने लगा। जो समय मैंने दौड़ने के कार्यक्रम पर ख़र्च किया वह अधिक काम करने की क्षमता के रूप में बोनस के साथ वापिस मिल गया।

ध्येय का आकार बहुत अधिक महत्व रखता है। पहले अध्याय में मैंने इस बात पर बल दिया था कि ध्येय बहुत ज़्यादा बड़ा हो सकता है परन्तु कृपया याद रखें कि वह एक कुशल चिकित्सक के दिशानिर्देश में था। ध्येय स्पष्ट रूप से परिभाषित था - अत्यंत विशिष्ट। लक्ष्य ठीक ध्यान के केन्द्र में था। ध्येय दूरगामी था (व्यावहारिक तौर पर यह एक तरह से मझोला ध्येय था परन्तु उदाहरण के लिए मैं इसे एक दूरगामी ध्येय की तरह प्रयोग करूँगा)। मेरे द्वारा ऐसा निश्चय करने से पुस्तक छपने तक दस माह का समय शेष था। घटाने के लिए 37 पौण्ड वज़न बहुत अधिक होता है - लगभग असम्भव सी मात्रा - जब तक कि आप इसे दस से विभाजित ना करें, और ऐसा महसूस ना करें कि यह सिर्फ़ 3.7 पौण्ड प्रति माह है। ऐसा महसूस करके मैं बिल्कुल आशावादी हो गया जो ध्येय तक पहुँचने के लिए अत्यंत महत्वपूर्ण है। दुर्भाग्य से मेरी आशावादिता विश्वास में बदल गयी और फिर अति विश्वास में जिसका परिणाम यह हुआ कि पहले 28 दिनों तक मैंने इस दिशा में शुरूआत करने की परवाह ही नहीं की (आप ठीक सोच रहे हैं - मैं पालथी मार कर बैठा ही रह जाता)।

यह वज़न घटाने का ध्येय वास्तव में तभी पहुँच पाने योग्य हुआ जब मैंने इसे दैनिक वृद्धियों में तोड़ दिया। जब मुझे यह एहसास हुआ कि दस महीनों में 37 पौण्ड कम

करने के लिए मुझे केवल हर रोज़ 1.9 औंस कम करने हैं। मुझमें वास्तव में स्फूर्ति आ गयी। 37 पौण्ड बहुत होते हैं, 3.7 पौण्ड वाक़ई उतने ज़्यादा नहीं लगते परन्तु 1.9 औंस तो बहुत ही कम लगते हैं। मैंने वज़न के छोटे-छोटे टुकड़े किये और फिर उसी तरह से इसे घटाया। पुरानी कहावत है कि एक मील चलना कष्टप्रद है परन्तु एक-एक इंच अवश्य चला जा सकता है, य निश्चित रूप से सत्य है। इसी को मनोवैज्ञानिक उपलब्धि का आत्म-ज्ञान कहते हैं। आगे बढ़ने वाले हर क़दम - हर कार्य सम्पन्नता - अथवा मेरे मामले में, मापे जा सकने वाले वज़न घटने के हर एक अंश से मेरा उत्साह बढ़ा कि मैं बार-बार सफल होऊँ। हाँ - सफलता से सफलता उत्पन्न होती है। इसीलिए यह अत्यंत महत्वपूर्ण है कि जब आप कोई ध्येय निर्धारित करें अथवा उसे हासिल करने की कोशिश करें तो उसे इस तरह से व्यवस्थित करें कि आप प्रतिदिन किसी न किसी प्रकार की सफलता का आनन्द ले सकें। यह 'सकारात्मक फीडबैक' आपका विश्वास बढ़ाता है जिससे आप स्वयं से और अधिक कार्य सम्पन्न करने की आशा करने लगते हैं और ख़ुद को ऐसा करते हुए देखने लगते हैं, जिसका अर्थ है कि आप और अधिक कार्य सम्पन्न करेंगे एवं और अधिक बड़े होंगे। आपके दूरगामी ध्येयों तक पहुँचने का एकमात्र मार्ग निकट भविष्य के उद्देश्यों की प्राप्ति से होकर गुज़रता है। अपनी नज़र बड़े उद्देश्यों पर रखें, परन्तु याद रहे कि जैसे-जैसे आप अपने दैनिक उद्देश्यों को प्राप्त करते जाते हैं वैसे-वैसे ही आप अपने दूरगामी उद्देश्यों के निकट पहुँचते जाते हैं।

ध्येय का महत्व बना रहे, इसलिए मुझे एक न्यायसंगत समय सीमा निर्धारित करनी पड़ी। यदि मैंने 37 वर्षों या 37 महीनों के लिए भी 37 पौण्ड वज़न घटाने की योजना बनाई होती तो लगने वाला समय बहुत लम्बा होता। दूसरी ओर यदि मैंने 37 दिनों में 37 पौण्ड घटाने की कोशिश की होती तो वह और अधिक बेतुकी होती। यह न सिर्फ़ असम्भव होता बल्कि मेरे स्वास्थ्य पर इसका प्रभाव भी एक तरह से विनाशकारी होता। मेरी समय सूची महत्वाकांक्षी थी परन्तु फिर भी तर्कसंगत थी एवं प्राप्त की जाने योग्य थी।

शहीद

इससे पहले कि हम आगे बढें, मेरा आपसे एक प्रश्न है। क्या कभी आपने कोई जीवित, सांस लेता हुआ, वास्तविक, ज़िन्दा शहीद देखा है। एक समय पर मुझे वैसा ही महसूस हुआ था। मैं आपको इसके बारे में बताऊँ। जब हर सुबह अलार्म बजता था तो मैं अक्सर सोचता था, 'यह भी क्या कि एक 46 वर्ष का मोटा आदमी इस समय उठ जाये और पूरे आस-पड़ोस में दौड़ लगाये जब कि सारे लोग गहरी नींद में सो रहे हों।' फिर मैं अपनी 41 इंच की कमर की ओर देखता और ख़ुद से एक सवाल पूछता, 'ज़िग्लर, क्या तुम अपनी तरह दिखना चाहते हो या जॉकी शॉर्ट्स के उस लड़के की तरह।' क्योंकि मैं

अपनी तरह नहीं दिखना चाहता था, मैं पलंग से बाहर उछल पड़ता और दौड़ना शुरू कर देता।

तथापि, मैंने क्योंकि बस दौड़ने का और वज़न घटाने का संकल्प कर लिया था, इसका अर्थ यह नहीं हुआ कि मुझे वह पसन्द ही करना पड़ा हो। दरअसल, मैंने अपने हर उठाये गये क़दम पर 'बेकार का हंगामा' किया। मैं विनिपेग की बर्फ़ में, एकापुल्को की रेत में, मिन्नीपोलिस की बरसात में और फ्लोरिडा के सन्तरे के बाग़ों में दौड़ा। आप क्या एक मिनट के लिए भी ऐसा नहीं सोचते कि क्योंकि मैंने वज़न घटाने का यह संकल्प किया था इसलिए मैंने अपने दोस्तों, दुश्मनों, परिवार और यहाँ तक कि बिल्कुल अजनबियों को अपने इस विशाल 'बलिदान' के बारे में बताने का कोई अवसर कभी गंवाया होगा। मैं बिल्कुल ऊब गया होता और थोड़ा अचम्भित भी होता कि मैं या तो मित्र रख सकता था या परिवार। प्रसंगवश, यह मेरे चरित्र में था क्योंकि वर्षों से मैं श्रोताओं को सैकड़ों बार कहता रहा हूँ कि यदि आप कोई महत्वपूर्ण कार्य सम्पन्न करना चाहते हैं तो आपको 'उसका मूल्य चुकाना' पड़ेगा। मैं यह कहते हुए कि 'आपको मूल्य चुकाना पड़ेगा' अपनी आवाज़ में और चेहरे के हाव-भाव में इतना दर्द भी ला सकता था कि कठोर से कठोर मनुष्य की आँखों में आँसू आ जाते।

फिर एक दिन मैं पोर्टलैण्ड में पोर्टलैण्ड यूनिवर्सिटी के कम्पाउण्ड में दौड़ लगा रहा था। यह बसन्त ऋतु का सुहावना दिन था। तापमान करीब 75 डिग्री फै. था और बहुत से विद्यार्थी आराम कर रहे थे, बहुत से पढ़ रहे थे या प्रेम प्रसंग कर रहे थे और एक ज़िग था कि दौड़ लगा कर आ रहा था। मेरी कमर और टाँगों से पसीना बह रहा था, परन्तु जब मुझे लगा कि ग्राउण्ड और कॉन्क्रीट मानो मेरे पैरों के नीचे से बह रहे हों तो मेरे मन में विचार आया कि यह दौड़ 'कुछ अलग' थी। अचानक मुझे ज्ञात हुआ कि यह मेरे जीवन का सर्वश्रेष्ठ प्रदर्शन था। आज 50 वर्ष की आयु में, इस जानकारी को पाकर कि मैं शारीरिक रूप से अपनी 25 वर्ष की आयु की तुलना में बेहतर हूँ और दो मील की दौड़ में मैं अमेरिका के 98% विद्यार्थियों को पछाड़ सकता हूँ, मुझे यह स्पष्ट हो गया कि **आप मूल्य चुकाते नहीं हैं बल्कि मूल्य का आनन्द लेते हैं।**

अपने दृष्टिकोण को स्पष्ट करने के लिए मैं बताऊँ कि जब मैं अपने लक्ष्य तक पहुँचने से सिर्फ़ 7 पौण्ड दूर था तो मेरा गॉल ब्लैडर फट गया। डॉक्टर द्वारा इस समस्या को खोजे चार दिन हुए थे। उन चार दिनों में मैंने जितनी तकलीफ़ सही उतनी शायद अपनी पूरी ज़िन्दगी में नहीं सही। जब तक वे ऑपरेशन द्वारा मेरी समस्या का निदान करते तब तक लीवर के नीचे एक फोड़ा बन चुका था और मुझमें पूरा ज़हर भर गया था। मेरे डॉक्टर ने बताया कि उस समय मेरी उत्तम शारीरिक अवस्था ने मुझे ठीक करने में महत्वपूर्ण

भूमिका अदा की। दरअसल, मेरी 'रेड हैड' तो कुछ विस्मित थी कि ऑपरेशन के बाद भी मुझे पीड़ा नहीं थी। नहीं, मैं पूरी तरह से सहमत हूँ कि आप मूल्य नहीं चुकाते बल्कि मूल्य का आनन्द लेते हैं। यह जीवन के सभी क्षेत्रों में लागू होता है। आप सफलता के लिए मूल्य नहीं चुकाते (याद रहे, सफलता का अर्थ तर्क़संगत अथवा बड़ी मात्रा में सभी अच्छी चीज़ों को अर्जित करना है) मूल्य का आनन्द लेते हैं। मूल्य आप असफलता का चुकाते हैं।

स्थायी रूप से - इसे हटा दीजिए

अब - यदि आपको वज़न की समस्या है और इसे स्थायी रूप से हल करना चाहते हैं तो यहाँ लिखी कुछ बुनियादी बातों को अपनायें। पहली, यह निश्चित कर लें कि वज़न कम करने का विचार एवं निश्चय आपका है और इस दिशा में कार्य करने के लिए किसी अन्य के द्वारा आप पर दबाव नहीं डाला गया है। दूसरी, परीक्षण के लिए किसी दुबले डॉक्टर के पास जायें। अधिक वज़न वाला डॉक्टर बहुत अधिक अतिरिक्त वज़न को लेकर चलते रहने के विध्वंसक प्रभाव को या तो जानता नहीं है, मानता नहीं है या इसे समझता नहीं है। वह ना तो आपको पक्का विश्वास दिला पायेगा और ना ही आपको मनोवैज्ञानिक स्तर पर अधिक शक्तिशाली बना पायेगा जिसकी कि आपको वज़न घटाने के कार्यक्रम को सहन करने के लिए ज़रूरत होगी। तीसरी, वज़न घटाने के लिए गोलियों (पिल्स) का सहारा ना लें। आप गोलियाँ खाने से मोटे नहीं हुए (यह सुनने में अच्छा नहीं लगता, लगता है क्या? - ना ही देखने में अच्छा लगता है) तथा गोलियाँ खाने से आप स्थायी तौर पर स्लिम नहीं होंगे (यदि पिल्स कारगर होतीं तो कोई डॉक्टर अधिक वज़न वाला नहीं होता, होता क्या?)

चौथी, यह सुनिश्चित कर लें कि आपका डॉक्टर सकारात्मक सोच वाला है और वह आपको यह ना बताये कि आप क्या नहीं खा सकते। आप अपने दिमाग़ में नकारात्मक भाव क्यों भरें? आपका ध्यान और आपकी परवाह इस बात पर होनी चाहिए कि आप क्या खा सकते हैं। उसकी सूची बनायें और अपने सामने रखें। ख़ुराक़ के बारे में समझदारी भरा पुराना सिद्धान्त अपनायें। कृपया बहुत तेज़ी से ऊपर-नीचे कर देने वाले उन 'खब्ती' आहारों के चक्कर में ना पडें जो 'बिना भूख लगाये' चमत्कारी ढंग से वज़न कम करने का वादा करते हैं। (उन तीस दिनों के आहार में आप एक माह का समय गँवा देंगे) अधिकांश मामलों में एक ही चीज़ वज़न बढाती है : (वह है बुरी आदत)। आपने बहुत अधिक खाया था और एक ही चीज़ इसे घटायेगी : (वह है अच्छी आदत)। कम खाना खायें और कुछ समय तक संतुलित आहार लेते रहें। आपने 'चालीस' पौण्ड वज़न एक सप्ताहान्त (वीक-ऐण्ड) में नहीं बढ़ा लिया। यह 'एक ग्रास और' का नतीजा है कि आप 'इस अवस्था में' हैं।

मेरे अगले अवलोकन का कोई वैज्ञानिक आधार नहीं है परन्तु मेरी आपको सलाह है कि सफेद पनीर से ख़ुद को अलग रखें। अपने व्यक्तिगत अनुभव से मैं इस निष्कर्ष पर पहुँचा हूँ कि सफेद पनीर मोटापा बढ़ाता है। मैं ऐसा इसलिए कह रहा हूँ क्योंकि मोटे लोग ज़्यादातर सफेद पनीर खाते हैं। (डॉ. मार्टिन ने मुझे बताया कि मैं जो भी चाहूँ खा सकता हूँ - फिर उन्होंने मुझे उन चीज़ों की सूची दी जिनको मुझे पसन्द करना था)

गम्भीर तौर पर इन चमत्कारी आहारों के साथ दो ग़लत चीज़ें हैं। पहली, वज़न घटाना और इसे फिर से पा लेना आपकी निजी छवि के लिए घातक है। दूसरी, यह आपके भौतिक शरीर के लिए कठोर है और आपके पूरे शारीरिक ढाँचे पर तनाव पैदा करती है। (अपने दुबले डॉक्टर से पूछें, ऐसा क्यों)

मैं आपको यह भी बता दूँ कि यदि आप वज़न कम करने वाले हैं तो आपको भूख तो लगेगी ही–यह वास्तविकता है। जो तकनीक आपको इसमें मदद करेगी वह इस प्रकार है कि आप लोग 3×5 का कार्ड लेकर उस पर लिख लें 'भूखे हो?, शर्तिया मैं हूँ, परन्तु 'चर्बी' के मुक़ाबले 'सख़्त' होना अधिक उचित है।' लड़कियों को लिखना चाहिए 'भूखी हो?, शर्तिया मैं हूँ, परन्तु मैं 'पौण्ड केक' से 'चीज़ केक' में बदल रही हूँ।' भूख आपको अभी भी लगेगी परन्तु आप अब इसके बारे में चिल्लाने के बजाये हँस रहे होंगे।

जब आप अपने बारे में कुछ करने के प्रति गम्भीर होंगे तो डॉ. ब्रूनो की पुस्तक *थिंक योरसेल्फ थिन* मददगार होगी। मैं भी आपसे यह आग्रह करता हूँ कि पीछे की ओर पृष्ठ पलट कर निज-छवि वाले खण्ड पर जायें और अपने आप को याद दिलायें कि आप छरहरे व स्वस्थ होने योग्य हैं। याद रखिये (बहुत अधिक खाने का) आनन्द बहुत कम समय रहता है परन्तु (अपनी पहले की अपेक्षा स्लिम, स्वस्थ व बढ़ी हुई ज़िन्दगी- पाँच से लेकर बीस वर्ष तक अधिक लम्बी) की ख़ुशी कहीं अधिक समय तक रहती है।

वज़न घटाने से जुड़े मुफ़्त के फ़ायदे गिनाने के लिए बहुत हैं परन्तु मैं इस बात पर ज़ोर देता हूँ कि जब आप अपने द्वारा निर्धारित वज़न घटाने के ध्येय को प्राप्त कर लेते हैं तो आपकी अपनी छवि एवं आत्मविश्वास दिन दूने और रात चौगुने बढ़ जाते हैं और आपके जीवन के बहुत से क्षेत्रों तक इसका विस्तार हो जाता है। याद रखिए - सफलता से सफलता उत्पन्न होती है।

ग़लत अन्दाज़ा मत लगाइये। मैंने विस्तार में यह कहानी आपका वज़न घटाने के प्रयास में नहीं बतायी बल्कि इसलिए बतायी है क्योंकि इसमें ध्येय निर्धारण एवं ध्येय प्राप्ति के हर एक सिद्धान्त का समावेश है। सबसे पहला, ध्येय मेरा था। ना तो मेरी रेड हैड और ना ही मेरे डॉक्टर ने मुझे संतुलित आहार लेने अथवा वज़न घटाना शुरू करने के बारे में

कहा था। दूसरा, मेरी विश्वसनीयता दाँव पर लगी थी क्योंकि मैं कह चुका था कि आप जैसा चाहते हैं वैसा हो सकता है और ज़ाहिर है कि मैं जैसा होना चाहता था वैसा नहीं था। तीसरा, इसमें एक बहुत बडा संकल्प लेना था जो आपको अवश्य लेना चाहिए अगर आप अपने ध्येय तक पहुँचना चाहते हैं। मैंने काग़ज़ पर इस तथ्य को उतारा कि मेरा वज़न 165 पौण्ड था जब कि वास्तविकता में यह 202 पौण्ड था। यह बात इस पुस्तक को छपवाने हेतु प्रेस से सम्पर्क करने से दस माह पहले की है और क्योंकि किसी प्रकाशक ने यह पुस्तक नहीं छापी (जब तक कि इसके चार संस्करण नहीं निकल गये तब तक वे तय नहीं कर पाये कि यह बिकेगी), मैंने इसे ख़ुद छपवाया और इसके छपने का पूरा ख़र्च भी स्वयं उठाया। मेरा पहला ऑर्डर 25000 प्रतियों के लिए था (क्या आप इस बात की कल्पना कर पायेंगे कि मेरे वेयरहाउस में 25000 प्रतियाँ यह कह रही थीं कि मेरा वज़न 165 पौण्ड है जबकि मैं 202 पौण्ड के आस पास था परन्तु दोस्तों वह एक संकल्प था)। चौथा, ध्येय बड़ा था - 37 पौण्ड घटाना। सरल सा नियम है। अगर ध्येय है तो इससे बदलाव आना चाहिए। पाँचवा, ध्येय निश्चित/ विशिष्ट था (37 पौण्ड) क्योंकि आपको 'अर्थपूर्ण विशिष्ट' होना चाहिए ना कि कोई 'भटकती हुई भीड़'। छठा, यह दूरगामी था - 10 माह (या जैसा मैंने पहले कहा है यह मझोला था)। सातवाँ, इसको रोजाना 1.9 औंस घटाने के ध्येय में विभक्त कर लिया गया था। आठवाँ, अतिरिक्त वज़न पर काबू पाने के लिए मेरे पास एक योजना थी (संतुलित आहार व जॉगिंग)। नौवाँ, पूर्ण शारीरिक परीक्षण से यह प्रमाणित हो चुका था कि मैं था कहाँ पर (37 पौण्ड अधिक वज़नी), सही दिशा में शुरूआत करने के लिए यह जानना आपके लिए ज़रूरी है।

मक्खियों का प्रशिक्षक बनिये

ध्येयों पर इस खण्ड के तीसरे अध्याय में मैंने आपको रसोई उपकरणों के उस सेल्समैन के बारे में बताया था जिसने सिर्फ़ एक साल में 34000 डॉलर से 104000 डॉलर की बिक्री की छलाँग लगायी थी। उसने वह उद्देश्य कैसे प्राप्त किया इस बारे में बाक़ी कहानी इस प्रकार है।

इस कहानी को बताने का कारण वह चीज़ है जिसकी वज़ह से फ़र्क़ पडा। उसने अपने व्यापार को कई गुना बढ़ाने के लिए एक चीज़ सीख ली थी। उसने सीख लिया था कि 'मक्खियों को कैसे प्रशिक्षित' किया जाये। क्या आप जानते हैं कि मक्खियों को कैसे प्रशिक्षित किया जाता है? मैं यह गम्भीरता से कह रहा हूँ। इसे जानना आपके लिए अत्यंत महत्वपूर्ण है क्योंकि जब तक आप इसे नहीं जानेंगे तब तक कोई भी बड़ा काम नहीं कर पायेंगे। मैं इस वक्तव्य पर बल देता हूँ। आप सफलता की दृष्टि से या प्रसन्नता की दृष्टि से कोई बड़ा काम करने वाले नहीं है जब तक कि आप यह न जान जायें कि मक्खियों को

कैसे प्रशिक्षित किया जाये। (मक्खियों के बाबत क्या आपने उन दो मक्खियों की कहानी सुनी है जो एक पहाड़ी की तलहटी में बैठी यह निश्चय करने की कोशिश कर रही थीं कि क्या उन्हें पैदल चलना चाहिए या सवारी के लिए कुत्ता ले लेना चाहिए?) यह सच है कि अब मैं शर्तिया तौर पर कह सकता हूँ कि आप जानना चाहेंगे कि मक्खियों को कैसे प्रशिक्षित किया जाये, है ना? कहिये हाँ।

आप मक्खियों को एक ढक्कन लगे जार में रख कर प्रशिक्षित करते हैं। मक्खियाँ क्योंकि कूदती हैं इसलिए वे कूदेंगी और ढक्कन से बार बार टकरायेंगी। जब आप उन्हें कूदता हुआ और ढक्कन से टकराता हुआ देखेंगे तो आप एक रोचक बात पायेंगे। मक्खियों का कूदने का क्रम जारी है परन्तु अब वे इतना ऊँचा नहीं कूद रही हैं कि ढक्कन से टकरा पायें। फिर आप चाहे ढक्कन हटा दें तो भी मक्खियाँ कूदती रहेंगी परन्तु जार से बाहर नहीं जायेंगी। मैं इस बात को दोहराता हूँ कि वे कूद कर बाहर नहीं जायेंगी क्योंकि वे नहीं जा सकतीं। कारण सीधा सा है। उन्होंने अपने आप को बस उसी ऊँचाई तक कूदने का अभ्यस्त कर लिया है। **एक बार जब उन्होंने अपने आप को केवल उसी ऊँचाई तक कूदने का अभ्यस्त कर लिया तो वे बस उतना ही कर सकती हैं।**

क्या आप SNIOP हैं ?

आदमी वैसे का वैसा ही है। जब वह अपने जीवन में कोई पुस्तक लिखना, किसी पहाड़ पर चढ़ना, कोई रिकॉर्ड तोड़ना अथवा कोई अंशदान देना शुरू करता है तब शुरूआत में उसके सपनों एवं महत्वाकांक्षाओं की कोई सीमा नहीं होती। जीवन के रास्ते पर चलते हुए कई मर्तबा उसका सिर टकरा जाता है और पैर की उँगली ठोकर लग कर घायल हो जाती है। इस बात पर उसके 'मित्र' एवं साथी सामान्यतया जीवन के बारे में और विशेषतया उसके बारे में नकारात्मक टिप्पणियाँ करते हैं तथा इसी के परिणामस्वरूप वह SNIOP हो जाता है। SNIOP उस व्यक्ति को कहते हैं जो दूसरे लोगों के नकारात्मक प्रभावों से आसानी से प्रभावित हो जाता है (Susceptible to the negative influence of other people)। यही कारण है कि हम आपको उन लोगों के बारे में जिनके साथ आप अपने ध्येयों की चर्चा करते हैं, सतर्क रहने का सुझाव देते हैं। यह बड़ी रोचक बात है कि हम संसार के सबसे बड़े सकारात्मक लोगों द्वारा भी SNIOP हो सकते हैं। उदाहरण के लिए जब जॉय लुइस विश्व का हैवीवेट चैम्पियन था, उसने अपने प्रतिद्वन्दी को बार-बार SNIOP किया। वे अक्सर डर से इतना लकवाग्रस्त हो जाते थे कि उसकी चतुराइयों के आसानी से शिकार बन जाते थे। जब जॉन वुडन अपने UCLA भालुओं को बास्केटबॉल के मैदान पर भेजता था तो उसके विरोधी इस क़दर 'SNIOP' हो जाते थे कि अक्सर

मसला खेल शुरू होने के बज़र तक ही सुलझ पाता था। वह भी उस वजह का एक हिस्सा है (बस एक हिस्सा) जिसके कारण UCLA ने 12 वर्षों में 10 बार राष्ट्रीय चैम्पियनशिप जीती।

यह भी एक कारण होता है कि खिलाड़ी को कोच बार-बार सिखाते हैं कि वह अपनी लड़ाई लड़े अथवा अपना खेल खेले और विरोधी टीम द्वारा अपने आप को उनका खेल खेलने के लिए मजबूर ना होने दे।

किर्बी कम्पनी में मेरा एक नज़दीकी मित्र है जिसको मैं अक्सर उसके साथी मण्डलीय सुपरवाइज़रों की दूसरे स्थान की लड़ाई हेतु "SNIOPPING" का दोषी मानता हूँ। वह बस झेंप कर हँस देता है परन्तु जिम स्पैरी लगातार पन्द्रह वर्षों से अपनी कम्पनी में प्रथम स्थान प्राप्त करता रहा है और हर वर्ष उसने व्यापार में वृद्धि की है। सौभाग्यवश, जिम इस बात को जानता है कि उसके साथी सुपरवाइज़र उसके स्थान के लिए निशाना साधे हुए हैं और उसके पीछे पड़े हुए हैं। दरअसल, जिम दूसरे सुपरवाइज़रों को हर सम्भव तरीके से उत्साहित करता है क्योंकि वह जानता है कि पहले स्थान के लिए लड़ाई जितनी मुश्किल होगी, उसकी डिवीज़न उतनी ही अधिक उत्पादक होगी ।

" SNIOP", 'दुर्भाग्य के पैगम्बरों' के नकारात्मक कूड़े-करकट को सुनता है जो उसे सफलता के तरीक़े सुझाने के बजाये असफलता के बहाने सुझाते हैं। इस प्रक्रिया में वह पराजितों वाली शिथिलता हासिल कर लेता है। हमारे उस उत्साही रसोई उपकरणों के सेल्समैन के साथ ऐसा नहीं था। वह "SNIOP" तो था ही नहीं साथ ही उसने अपनी पराजितों वाली शिथिलता से छुटकारा पाकर एक बडे ध्येय का निर्धारण भी किया था। उसका ध्येय दूरगामी था, रिकॉर्ड तोड़ना और विश्व में सर्वोत्तम 'कुकवेयर' सेल्समैन बनना। उसने एक दैनिक ध्येय रखा था : हर कार्य दिवस पर 350 डॉलर की बिक्री करना। इसका उसे परिणाम भी मिला : उसने एक साल में अपना व्यापार तीन गुना कर दिया। प्रसंगवश, मैं इस नवयुवक की कहानी इतनी अच्छी तरह इसलिए जानता हूँ क्योंकि वह मेरा छोटा भाई, जज़ ज़िग्लर है। मुझे इस बात का भी गर्व है कि उसने अमेरिका के शीर्ष वक्ताओं एवं सेल्स प्रशिक्षकों की श्रेणी में अपना स्थान बनाने के लिए 'ध्येय प्राप्ति' के इन्हीं मक्खी प्रशिक्षण सिद्धान्तों को लागू किया। वह अब समूचे अमेरिका भर में सेमिनारों के माध्यम से दूसरों को सिखाता है कि अपने ध्येयों को कैसे प्राप्त करें। हमारी कम्पनी में एक ऑफीसर के रूप में और ***रिचर लाइफ कोर्स*** के लिए निर्देशक के रूप में वह दूसरों को, ध्येय निर्धारित करना - व मक्खियों को प्रशिक्षित करना, सिखाने में व्यस्त है।

आओ दोस्त।
शिखर पर बहुत अच्छा है।
मक्खी प्रशिक्षण प्रमाण-पत्र
ज़िग
AM

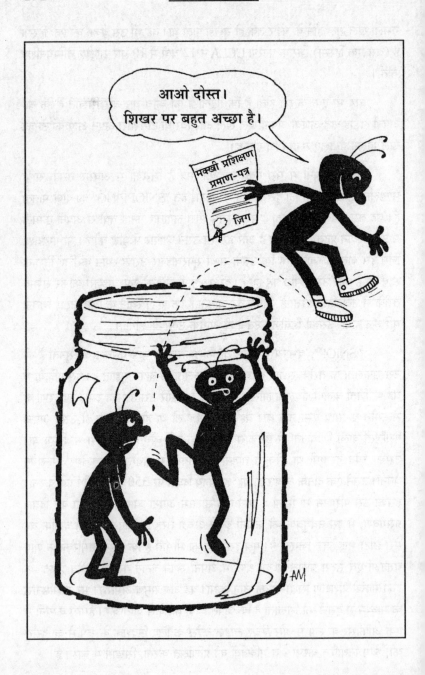

ना टूटने वाला बैरियर (अवरोध)

मक्खी प्रशिक्षण का सर्वश्रेष्ठ उदाहरण रॉजर बैनिस्टर है। वर्षों तक धावक एक मील की दौड़ को चार मिनटों से कम समय में पूरी करने की कोशिश करते रहे। यह बैरियर ना टूटने वाला दिखता था क्योंकि धावक "SNIOPS" थे। कोई धावक दुनिया भर से भले ही कहता रहे, 'मैं चार मिनट में एक मील दौड़ने वाला हूँ।' परन्तु जब वह दौड़ के निशान पर पैर का अँगूठा रखता तो कोच की आवाज़ कानों में गूँजती, 'तुम्हारा अब तक का सर्वश्रेष्ठ प्रदर्शन 4.06 मिनट है। तुम इस बैरियर को नहीं तोड़ सकते। दरअसल, मैंने वैज्ञानिक रूप से गणना की है और मुझे सन्देह है कि क्या यह बैरियर कभी टूट पायेगा।' हाथ में स्टेथस्कोप लिए हुए डॉक्टर की आवाज़ भी यह कहते हुए उसका पीछा करती, 'तुम चार मिनट में एक मील दौड़ने वाले हो? तुम्हारा कलेजा शरीर से बाहर निकल आयेगा। तुम यह नहीं कर सकते। 'समाचार मीडिया ने चार मिनट में एक मील की दौड़ पर लम्बा-चौड़ा अन्दाज़ा लगाया और फिर आम राय बनी कि चार मिनट में एक मील किसी भी व्यक्ति की शारीरिक क्षमता से बाहर की बात है। परिणामस्वरूप धावक चार मिनट में एक मील की दौड़ के शुरू में ही "SNIOP" हो जाता था।

रॉजर बैनिस्टर "Snioped" होने वाला नहीं था। वह एक मक्खी प्रशिक्षक था। अतः चार मिनट में एक मील की दौड़ पहली बार उसने लगायी। फिर दुनिया भर में धावक चार मिनट में एक मील दौड़ने लगे। बैनिस्टर द्वारा इस बैरियर को तोड़ देने के छह हफ़्ते से भी कम समय बाद ही आस्ट्रेलिया के जॉन लैण्डी ने भी यह दौड़ पूरी की। आज की तारीख़ तक 500 से अधिक दौड़ें चार मिनट से कम समय में लगायी जा चुकी हैं जिनमें से एक 37 वर्ष के आदमी द्वारा लगायी गयी। बैटनरॉज, लौसिआना में जून 1973 की NCAA ट्रैक मीट में आठ धावकों ने एक मील की दौड़ चार मिनट से कम समय में पूरी की। चार मिनट का बैरियर टूट गया लेकिन इस वजह से नहीं कि आदमी शारीरिक रूप से कुछ और फुर्तीला हो गया। यह इसलिए टूटा क्योंकि यह बैरियर - एक मानसिक बैरियर था, शारीरिक असम्भाव्यता नहीं थी।

आपके लिए सार की बात यह है कि **मक्खी प्रशिक्षक वह व्यक्ति होता है जो जार से बाहर कूद जाता है।** वह अपने अन्दर से संचालित होता है और नकारात्मक बाहरी प्रभावों से 'Snioped' नहीं होता। पूरी तरह समझाने के लिए एवं मक्खी प्रशिक्षकों की पहचान के लिए मैं इस पुस्तक में 'मक्खी प्रशिक्षक' प्रमाणपत्र का समावेश कर रहा हूँ। आपके लिए अपने जीवन के सभी क्षेत्रों में सफल होने का एकमात्र रास्ता पूरी तरह से मक्खी प्रशिक्षक हो जाना है, इसलिए मैं चाहता हूँ कि आप पूरी तरह से जान लें कि मक्खी प्रशिक्षक क्या होता है। प्रसंगवश, यदि आप फ्रेम कराने योग्य एक सुन्दर हस्ताक्षरित पार्चमैन्ट मक्खी प्रशिक्षक प्रमाणपत्र और प्लास्टिक का 'राउन्ड ट्यूट' पाना चाहें तो अपना आवेदन : ज़िग ज़िग्लर कार्पोरेशन, 12011 कोयट रोड, सूट 114, डल्लास, टेक्सॉस - 75251 पर भेजें।

एक से शुरू करें

किसी भी उस व्यक्ति के लिए जिसने कुछ महत्वपूर्ण करने हेतु कभी एक भी ध्येय निर्धारित नहीं किया, जीवन के सभी क्षेत्रों में ध्येय भावविह्वल करने वाले हो सकते हैं। यह सुनिश्चित करने के लिए कि हम आपको भावविह्वल ना कर दें, आइये हम जज ज़िग्लर द्वारा अपने सेमिनारों में सेल्स के लोगों को दी जाने वाली सलाह पर ग़ौर करें, 'यदि आपने पहले कभी ध्येय निर्धारित नहीं किए हैं, तो मेरा आपको सुझाव है कि आप किसी एक निकट दूरी के ध्येय से शुरूआत करें। अपना अब तक का सर्वोत्तम माह चुनें, उसमें दस प्रतिशत और जोडें एवं उसे अपना एक माह का ध्येय बना लें। इस माह के दौरान अपना सर्वोत्तम दिन लें, उसे लिख कर अपने सामने रखें। उस सर्वोत्तम दिन के नीचे, अपने एक माह के ध्येय को पाने के लिए आवश्यक, प्रतिदिन के औसत को लिखें। आपका 'औसत' दिन का लक्ष्य आपके सर्वोत्तम दिन की उपलब्धि से इतना छोटा होगा कि आप पूरी तरह विश्वस्त हो जायेंगे कि अपने एक माह के ध्येय तक पहुँच सकते हैं।

माह के अन्त में यदि आप अपने ध्येय पर पहुँच जाते हैं तो फिर आपको तिमाही ध्येय निर्धारित करने चाहिये अन्यथा मासिक ध्येय दोबारा निर्धारित करें। यह महत्वपूर्ण है कि दूसरे ध्येय की ओर बढ़ने से पहले आप पहले वाले ध्येय तक पहुँच जायें। अपने मासिक ध्येय को पा लेने के बाद उसे तीन से गुणा करें और अपने तिमाही ध्येय हेतु उसमें दस प्रतिशत जोड़ें। इस बार बिक्री के सर्वोत्तम सप्ताह को अपने सामने रखें, तिमाही को तेरह खण्डों में विभाजित करें और अपने त्रैमासिक लक्ष्यों को पाने के लिए हर हफ़्ते के औसत को अपने सामने रखें। आपके सप्ताह का औसत लक्ष्य आपके सर्वोत्तम सप्ताह की बिक्री से काफ़ी कम होगा परन्तु औसत को बनाये रखने से आप अपने लक्ष्य पर पहुँच जायेंगे।

लक्ष्य प्राप्ति वाली तिमाही के बाद आप अपने तिमाही परिणामों को लेकर, उसे चार से गुणा करके एवं दस प्रतिशत जोड़ कर आप अपने वार्षिक लक्ष्यों को निर्धारित करने की अवस्था में होंगे। यह दस प्रतिशत वाली प्रणाली तर्कसंगत है और वहाँ तक पहुँचा जा सकता है परन्तु इसकी अटलता से आपको पर्याप्त बढोतरी हासिल होगी। मूल प्रणाली पहले जैसी ही है। अपना सर्वोत्तम बिक्री वाला महीना लें, इसे एक कार्ड पर मोटा-मोटा लिख लें, फिर अपने वार्षिक लक्ष्य तक पहुँचने के लिए हर महीने की जाने वाली औसत बिक्री की गणना करें। इससे व्यापार में पर्याप्त वृद्धि होगी और फिर भी मासिक औसत आपके सर्वोत्तम माह से इतना कम होगा कि आपमें विश्वास रहेगा कि आप इस कार्य को कर सकते हैं।

मैं इस बात को जानता हूँ कि कुछ परिस्थितियाँ ऐसी होती हैं जिन पर आपका कोई नियन्त्रण नहीं होता। उदाहरण के लिए, खिलौने, तैराकी की पोशाकें, नर्सरी, लॉन फर्नीचर का व्यापार आदि बहुत हद तक मौसमी (सीज़नल) होते हैं। वे बदलाव जिन पर आपका

कोई नियन्त्रण नहीं है, उनकी भरपाई करने के लिए आपको कुछ तालमेल बिठाने होंगे। एक बार जब आपने अपने आप से वायदा कर लिया तो आप पायेंगे कि बहुत से सीज़नल बिजनेस उतने सीज़नल नहीं हैं जितना कि आप सोचते थे और मन्दी के दिनों में आप पहले से कहीं अधिक व्यापार कर रहे होंगे।

पहली तिमाही के चालू रहते हुए ही आप जीवन के अन्य क्षेत्रों में भी ध्येय निर्धारित करने हेतु प्रेरित हो जायेंगे। सफलता से सफलता पैदा होती है, इसलिए शुरूआत कर देना सफलता की दिशा में पहला कदम है।

अपने ध्येयों पर पहुँचने के लिए दरवाज़ों के ताले खोलना

अपने ध्येयों पर पहुंचने के लिए, आपको हौडिनी की कहानी को समझना चाहिए। हौडिनी एक कुशल जादूगर होने के साथ साथ ताला खोलने में निपुण था । वह शेख़ी बघारा करता था कि वह विश्व की किसी भी जेल की कोठरी से एक घंटे से भी कम समय में भाग सकता है बशर्ते कि उसे जेल की कोठरी में अपने कपड़े पहने हुए जाने दिया जाए। ब्रिटिश आइल्स के एक छोटे से कस्बे में एक नई जेल का निर्माण हुआ था जिस पर उन्हें बहुत गर्व था। उन्होंने हौडिनी को चुनौती देते हुए कहा, 'आओ ज़रा हमें कोशिश करके दिखाओ। 'हौडिनी को प्रचार और धन से प्यार था, अतः उसने वह चुनौती स्वीकार कर ली। जब तक कि वह वहाँ पहुँचता लोगों पर उत्तेजना का बुख़ार चढ़ चुका था। वह गौरवपूर्ण तरीक़े से क़स्बे में आया और जेल की कोठरी के अन्दर चला गया। जब दरवाज़ा बन्द किया जा रहा था तो उसमें से विश्वास टपक रहा था। हौडिनी ने अपना कोट उतारा और काम करना शुरू किया। वह अपनी बेल्ट में 10 इंच का लचीला, सख़्त एवं मज़बूत स्टील का टुकड़ा छिपाये रहता था, जिसे वह ताला खोलने के लिए प्रयोग में लाता था। 30 मिनट के बाद उसके विश्वास के हाव-भाव ग़ायब हो गये। एक घंटे बाद वह पसीने से तर-बतर हो गया। दो घंटे बाद जब दरवाज़ा खोला गया तो हौडिनी उससे टिका हुआ लगभग ढेर हुआ पड़ा था। आपको मालूम है कि वह दरवाज़ा कभी बन्द ही नहीं किया गया था- सिवाय उसके अपने दिमाग़ में- जिसने मान लिया कि वह इतनी मज़बूती से बन्द किया गया था जैसे हज़ारों ताले बनाने वालों ने अपने सर्वोत्तम ताले उस पर लगा दिये हों। एक हल्का सा धक्का लगा कर हौडिनी उस दरवाज़े को आसानी से खोल सकता था। कई बार आपके अवसर के द्वार को खोलने के लिए उसे बस ज़रा सा और धकेलने की ज़रूरत होती है।

जीवन के खेल में आप पायेंगे कि जैसे ही आप अपने ध्येय निर्धारित करते हैं और अपने दिमाग़ पर लगा ताला खोल देते हैं तो संसार आपके लिए अपने वैभव एवं पुरस्कारों का ताला खोल देता है। **अधिकांश तालाबन्द दरवाज़े आपके दिमाग़ में होते हैं।** ओह, मुझे कहना चाहिए था कि आपके दिमाग़ में होते थे क्योंकि आप पृष्ठ दर पृष्ठ अपने आपको और विस्तार से खोलते जा रहे हैं - है ना?

मक्खी प्रशिक्षण प्रमाण-पत्र

डल्लास टैक्सॉस ....19......

इसे ठीक से पढ़ें - यह कहानी बताने के लिए है

समस्त विश्व को ज्ञात हो कि .... एक पूर्ण रूप से योग्य - समर्पित - "मक्खी प्रशिक्षक" है। जार से बाहर कूद कर और "उकड़ूँ स्थिति में बैठे रहने" को इन्कार करके वह इस विश्व में उपलब्ध अधिकार व सुविधाओं का अर्जन कर रहा है।

मक्खी प्रशिक्षक वे लोग हैं जो अपने अन्दर से संचालित होते हैं और "SNIOPS" नहीं है (ससैप्टिबिल टु निगेटिव इन्फ़्लुएन्स ऑफ अदर)। उन्होंने अपनी निजी हदें हटा दी हैं और दूसरों को भी यही करना सिखा रहे हैं।

मक्खी प्रशिक्षक ईमानदारी, प्रेम, चरित्र, एकनिष्ठा, विश्वास व सत्यनिष्ठा पर निर्मित "पूर्ण" सफलता और एक संतुलित जीवन की तलाश करते हैं। वे जानते हैं कि समर्पित प्रयास अपने आप में पुरस्कार है और यह भी जानते हैं कि आप अपने उद्देश्य को प्राप्त करके जो पाते हैं वह इतना महत्वपूर्ण नहीं है जितना वह जो आप अपने उद्देश्य को प्राप्त करके हो जाते हैं।

.... इस ज्ञान के साथ ऊपर चढ़ रहा है कि वह ही सबसे ऊँचा चढ़ता है जो किसी दूसरे को ऊपर चढ़ने में मदद करता है।

शिखर पर मिलेंगे

ज़िग ज़िगलर

Zig Ziglar

ज़िग ज़िगलर

अमेरिका का नं. 1 मक्खी प्रशिक्षक

पहुँचता हुआ देखिये

मेजर नेस्मेठ हर सप्ताह के आख़िरी दिन पर गोल्फ खेलने जाते थे। उनके शॉट्स अक्सर 90 से ऊपर होते थे। फिर उन्होंने सात वर्षों तक खेलना बिल्कुल छोड़ दिया। आश्चर्य की बात थी कि जब वह दोबारा गोल्फ कोर्स पर आये तो उन्होंने 74 आकर्षक शॉट लगाये। गोल्फ से सात वर्ष के अवकाश काल के दौरान उन्होंने कोई गोल्फ का पाठ नहीं पढ़ा था और उनकी शारीरिक अवस्था ख़राब हो गयी थी। सच तो यह है कि उन्होंने वे सात वर्ष लगभग 4 1/2 फुट ऊँचे और पाँच फुट से ज़रा से लम्बे पिंजरे में काटे। वे उत्तरी वियतनाम में युद्ध क़ैदी थे।

उनकी कहानी दर्शाती है कि यदि हम मंज़िल पर पहुँचना चाहते है और जीवन में अपने ध्येय हासिल करना चाहते हैं तो हमें ख़ुद को अपनी मंजिल पर पहुँचते हुए देखना चाहिए। मेजर नेस्मेठ साढ़े पाँच वर्षों तक, जब उन्हें युद्ध क़ैदी के तौर पर बन्दी बना लिया गया था, एकान्त में थे। उन्होंने किसी को देखा नहीं, किसी से बात नहीं की और वे सामान्य शारीरिक गतिविधियों की दिनचर्या को करने में भी असमर्थ थे। शुरू के कुछ महीनों में उन्होंने एक तरह से कुछ नहीं किया सिवाय अपनी मुक्ति के लिए आशा और प्रार्थना के। फिर उन्होंने महसूस किया कि यदि उन्हें अपने होशो-हवास को ठीक रखना है और ज़िन्दा रहना है तो उन्हें कुछ निश्चित सकारात्मक क़दम उठाने होंगे। उन्होंने अपने मनपसन्द गोल्फ कोर्स को चुना और अपने पिंजरे में गोल्फ खेलना शुरू कर दिया । अपने दिमाग़ में ही वे रोज़ाना पूरे 18 बार गेंद को गोल्फ छेद में डालते थे। वे उन्हें पूरी बारीक़ी से खेलते थे। जैसे ही वे पहले 'टी' पर पहुँचे उन्होंने स्वयं को अपने गोल्फ खेलने वाले कपड़ों में 'देखा'। उन्होंने हर उस मौसम की स्थिति की पूरी कल्पना की जिसमें वे खेल चुके थे। उन्होंने टी बॉक्स के सही आकार को, घास को, पेड़ों को, चिड़ियों को और गोल्फ के मैदान की पूरी साज सजावट को देखा। उन्होंने अपने बाँये हाथ को क्लब पर रखने के तरीक़े को और जिस तरह वे अपना दायाँ हाथ क्लब पर रखते थे उसे बारीक़ी से 'देखा'। उन्होंने बायीं बाज़ू सीधी रखने के लिए ख़ुद को ध्यानपूर्वक भाषण दिया। उन्होंने नज़र गेंद गर रखने के लिए खुद को समझाया। उन्होंने स्वयं को गेंद पर नज़र टिकाये रखने की याद दिलाते हुए गोल्फ स्टिक को पीछे की ओर धीरे से और आसानी से घुमाने की चेतावनी दी। उन्होंने स्वयं को अपने शॉट पर गेंद नीचे की ओर घुमाने और सामने की ओर रखने की हिदायत दी। फिर उन्होंने अपनी कल्पना में फेयर वे पर जाती हुई गेंद की उछाल को देखा। उन्होंने इसे हवा के बीच से उड़ते हुए, ज़मीन से टकराते हुए और उस वक्त तक घूमते हुए देखा जब तक कि वह बिल्कुल उनके द्वारा चुने गये स्थान पर आकर नहीं रूक गयी।

उन्होंने अपने दिमाग़ में उतना ही लम्बा समय लिया जितना कि वे गोल्फ के मैदान में अभी गेंद को हिट करने के लिए उठाये जाने वाले क़दमों में लेते। दूसरे शब्दों में उन्होंने एक अर्थपूर्ण विशिष्ट बनने का निश्चय किया बजाये भटकती हुई भीड़ का हिस्सा बनने

के।

बिना दबाव के अभ्यास करें

पूरे सात वर्ष तक सप्ताह में सातों दिन उन्होंने आदर्श गोल्फ के 18 होल्स खेले। एक बार भी वे कभी शॉट नहीं चूके। एक बार भी बाल कभी कप के बाहर नहीं थमी। एक दम त्रुटि-रहित। मानसिक गोल्फ खेलने की प्रक्रिया में मेजर हर रोज़ पूरे चार घंटे व्यस्त रहते और फलस्वरूप अपने होशोहवास को क़ायम रखते थे। वे इससे अपने गोल्फ के खेल में भी बहुत बड़ी बात पैदा करते थे। उनकी कहानी उस बात को दर्शाती है जो मैं कहना चाहता हूँ। **यदि आप अपने लक्ष्य पर पहुँचना चाहते हैं तो वस्तुतः अपने लक्ष्य पर पहुँचने से पहले आपको लक्ष्य पर पहुँचने को अपने दिमाग़ में देखना चाहिए।**

यदि आप अपनी कम्पनी में वेतन वृद्धि, बेहतर अवसर, बेहतर वेतनमान, बेहतर पारितोषिक, अपने सपनों का घर आदि चाहते हैं तो मेरा आपसे आग्रह है कि इस कहानी को दोबारा ध्यानपूर्वक पढ़ें। इस पद्धति का प्रतिदिन कुछ मिनट अनुसरण करें और फिर एक दिन आयेगा जब आप ना केवल अपने आप को 'वहाँ पर पहुँचता देखेंगे' बल्कि आप वस्तुतः 'वहाँ पर पहुँच जायेंगे'।

जैसा कि हमने पहले कहा है कि यह 'ऐसा अभ्यास है जिसमें कोई दबाब नहीं है'। यह एक ऐसी स्थिति है जिसमें मुख्य घटना से पहले कुछ भी नहीं अथवा बहुत कम दाँव पर लगा होता है। बास्केटबॉल खिलाड़ियों द्वारा अभ्यास गोल करते हुए, खेल से पहले फ़ील्ड गोल किक करने वाले खिलाड़ी द्वारा फ़ील्ड गोल किक करते हुए, मेडिकल स्कूल में युवा डॉक्टर द्वारा लाश पर अभ्यास करते हुए और सेल्समैन द्वारा किसी प्रशिक्षण कक्षा में अपना प्रदर्शन करते हुए, यही होता है। क्षेत्र चाहे कोई भी हो, बिना किसी दबाव के पर्याप्त अभ्यास आपको दबाव की स्थिति होने पर भी बेहतर कार्य निष्पादन की ओर ले जायेगा।

मेरे अपने मामले में जहाँ तक वज़न घटाने का ताल्लुक़ है, मैंने एक स्लिम लड़के की तस्वीर को साफ़ तौर से अपने दिमाग़ में चिपका कर ख़ुद को उस तरह का होते हुए देखा। मैं उसके जैसा दिखने के लिए संकल्पित था। मैंने अपने आप को एक मैत्रीपूर्ण मोटा आदमी देखना छोड़ दिया और मैं एक मैत्रीपूर्ण स्लिम आदमी हो गया।

यही सिद्धान्त हमारे व्यापार एवं व्यावसायिक जीवन में लागू होता है। विश्व पुस्तक ज्ञानकोष की अकेली महिला अंचल प्रबन्धक बैटी सन्डिन इस 'मक्खी प्रशिक्षण' एवं 'पहुँचते हुए देखना' सिद्धान्त का सही निरूपण करती हैं। अपने व्यापार कैरियर के शुरूआती दिनों में बैटी को उसके नियोक्ता ने जो कि एक बड़ी स्टील कम्पनी थी बता दिया था कि चूंकि वह एक महिला थी, इसलिए उसकी कार्यकुशलता एवं कार्य के प्रति समर्पण के बावज़ूद उसकी कभी पदोन्नति नहीं होगी। उस व्यक्ति के लिए जिसकी नियति 'जार से

बाहर' कूदना थी, यह स्वीकार्य नहीं था। अतः बिना किसी दुर्भावना के परन्तु बिना हिचकिचाहट या अफ़सोस के उसने त्यागपत्र दे दिया।

बैटी ने अपनी माँ के द्वारा अख़बार के उस विज्ञापन को जो कि उसका जीवन बदलने वाला था, देखने से पहले, दो वर्ष तक अमेरिका के गर्ल स्काउट्स के साथ काम किया। यह विज्ञापन अच्छे चरित्र वाले उस व्यक्ति के लिए था जो कार्य करने में महत्वाकांक्षी हो और यह फ़ील्ड एन्टरप्राइज़ेस के मार्शल फ़ील्ड द्वारा दिया गया था। बैटी ने विज्ञापन का जवाब दिया और इस बारे में कई बार डाँवाडोल होने के बाद वह विश्व पुस्तक ज्ञानकोष को बेचने का प्रशिक्षण लेने के लिए सहमत हो गयी।

उसने ज़ोर-शोर से शुरुआत की और व्यापार के हर पहलू में क़ामयाब रही । वह 1960 में शाखा प्रबन्धक हो गयी। उस समय बैटी की इससे ऊँचे जाने की कोई महत्वाकांक्षा नहीं थी। उसकी आमदनी बहुत अच्छी थी, हर रात को घर आ जाती थी, वही कर रही थी जो करना उसे भाता था (अवसर बाँटना और लोगों का निर्माण करना) और वह नहीं चाहती थी कि घर के दफ़्तर से बाहर जाकर काम करे और सड़कें नापती फिरे।

1974 में जब कम्पनी में अपने फ़ील्ड से लोगों का पुनर्गठन किया और अंचल के उपाध्यक्ष के पद को फ़ील्ड का पद बना दिया तो बैटी के ध्येय बदल गये। इससे बैटी को स्फूर्ति मिली क्योंकि इसका मतलब था कि वह कम यात्रा करके भी फ़ील्ड में काम कर सकती थी। उसने अंचल प्रबन्धक के पद को जो कि अंचल के उपाध्यक्ष का पद होता है अपना अचूक लक्ष्य बना लिया। कोई भी अन्य अंचल नहीं बल्कि अंचल 5 जो कि मध्य पश्चिमी अंचल था। एक वर्ष से भी कम समय के उपरान्त उसने वह पद प्राप्त कर लिया जिसे उसने अपना लक्ष्य बनाया था।

बैटी सन्डिन दो चीज़ों की ओर संकेत करती है जो विशेष रूप से महत्वपूर्ण हैं। वह जीवन से कम तनाव और अधिक विश्वास से निपटती है क्योंकि वह अपने हाथ को -- उसके हाथ में दिये रहती है जो विश्व पर शासन करता है। साथ ही, हरेक मामले में इससे पहले कि उरो आगला पद मिले वह 'ख़ुद को उस पद पर देखती थी।' वह इस बात पर ज़ोर देती है कि वह 15 वर्षों तक शाखा प्रबन्धक रही क्योंकि उसने अपने आपको एक शाखा प्रबन्धक के रूप में देखा ना कि एक अंचल प्रबन्धक के रूप में। ख़ुद को अंचल प्रबन्धक के रूप में देखने के बाद वह एक अंचल प्रबन्धक हो गयी। हाँ आपको कहीं पहुँचने से पहले ख़ुद को 'वहाँ पहुँचता हुआ देखना चाहिए।'

जंग और बदबूदार घास-फूस

हार्टसैल विल्सन जो कि एक शीर्ष मंच वक्ता हैं, बताते हैं कि पूर्वी टेक्सॉस में अपने लड़कपन में किस तरह वे दो दोस्तों के साथ रेल की पटरियों के एक निर्जन पड़े हुए हिस्से पर खेला करते थे। एक दोस्त औसत क़द-काठी का था। दूसरे दोस्त के वज़न को

देख कर लगता था कि उसने शायद ही कभी किसी समय का खाना छोड़ा हो । वे तीनों एक दूसरे को चुनौती दिया करते थे कि देखें कौन उस रेल की पटरी पर सबसे दूर तक चल सकता है। हार्टसैल और उसका एक मित्र कुछ क़दम चल पाते और गिर जाते। वह भारी भरकम लड़का चलता ही जाता, चलता ही जाता और पटरी से गिरता नहीं था। आख़िरकार झुँझलाहट भरी जिज्ञासा में हार्टसैल ने उससे इसका रहस्य जानना चाहा। उस मोटे मित्र ने बताया कि हार्टसैल और उसका मित्र नीचे अपने पैरों की ओर देखते रहते थे और इसी लिए वे गिरते रहते थे। फिर उसने स्पष्ट किया कि वह इतना मोटा था कि अपने पैरों को देख ही नहीं पाता था इसलिए वह रेल की पटरी पर दूर अपना एक लक्ष्य चुन लेता था (एक दूरगामी ध्येय) और उस की ओर चलता रहता था। जैसे ही वह उस स्थान के नज़दीक पहुँचता तो वह कोई दूसरा लक्ष्य चुन लेता **(उतनी ही दूर तक जायें जितनी दूर तक आप देख सकते हैं और जब आप वहाँ पहुँच जायें तो फिर आप हमेशा और आगे देख पायेंगे)** और उसकी तरफ़ चल देता।

यह एक अजीब विडम्बना है। दार्शनिक लहज़े में मोटे लड़के ने बताया कि यदि आप नीचे की ओर अपने पैरों पर देखते हैं तो आपको जंग और बदबूदार घास-फूस के अलावा कुछ नहीं दिखता दूसरी तरफ़ जब आप पटरी पर दूर देखते है तो आप वस्तुतः ख़ुद को वहाँ पर 'पहुँचता हुआ देखते हैं।' कितनी सच बात है ।

मैं एक बात और कहना चाहूँगा। अगर हार्टसैल और उसका मित्र विपरीत पटरियों से एक दूसरे का हाथ थाम लेते तो वह बिना गिरे अनन्त दूरी तक चलते रहते। वह सहयोग होता - एक साथी के साथ ही नहीं बल्कि अखिल विश्व के नियमों के साथ। जैसा कि जॉर्ज मैथ्यू एडम्स ने कहा था, 'वही सबसे ऊँचा चढ़ता है जो दूसरे को ऊपर चढ़ने में मदद करता है। '**आप जीवन में जो चाहते हैं, पा सकते हैं अगर आप दूसरों की जो वे चाहते हैं उसे पाने में पर्याप्त मदद करते हैं।** पूरी पुस्तक के दौरान मैं इसे बार-बार कहता रहूँगा क्योंकि बहुत से नौजवानों के दिमाग़ में यह कूड़े-करकट जैसा विचार भर दिया गया है कि शिखर तक पहुँचने के लिये आपको दूसरों के ऊपर पैर रखना, उनसे दुर्व्यवहार करना और उनसे फ़ायदा उठाना पड़ेगा। वास्तविकता में, सच इसके बिल्कुल विपरीत है।

कैनेडियन हंसों में सहयोग का मूल्य जानने की सहज प्रवृत्ति होती है। आपने निस्सन्देह रूप से देखा होगा कि वे हमेशा एक V की आकृति बना कर उड़ते हैं और V की एक टाँग दूसरी से लम्बी होती है (अगर आपको यह देखकर आश्चर्य हुआ हो तो मैं आपको बता दूँ कि V की एक टाँग दूसरे से इसलिए लम्बी होती है क्योंकि इसमें हंसों की संख्या अधिक होती है)। ये हंस लगातार अपना नायक बदलते रहते हैं क्योंकि नायक हंस सामने की हवा से लड़ने में अपने दाँयीं तरफ़ और साथ ही साथ बाँयीं तरफ़ के हंसों के लिए एक आंशिक निर्वात पैदा करने में मदद करता है। वैज्ञानिकों ने हवा के टनल परीक्षणों द्वारा पता लगाया है कि झुंड में हंस अकेले हंस की अपेक्षा 72% अधिक दूरी

तक उड़ सकते हैं। आदमी अपने साथियों से लड़ने के बजाये यदि सहयोग करे तो वह भी और ऊँचा, और दूर तक एवं और तेज़ उड़ सकता है।

सहायता का एक सबसे अच्छा स्रोत (और दुर्भाग्य से जो सबसे उपेक्षित है) परिवार है, विशेषकर जीवनसाथी। यदि आपकी पत्नी अथवा पति आपके साथ-साथ बस चलते रहने के बजाये आपकी सहायता करे तो आप अपने लक्ष्यों को जल्दी और आसानी से पा सकते हैं और ऐसा करने में आपको और अधिक आनन्द आयेगा। यदि आपका जीवन साथी शुरु में आप के उत्साह में सहभागिता नहीं करता तो बहुत अचम्भित अथवा निराश न हों। तथापि, यदि आप अपने विचार के लाभ अपने जीवन साथी को अच्छी तरह बतला कर उसे यह समझा पाते है कि उसका सहयोग एवं रुचि कितना महत्व रखते हैं तो आप दोनों को काफ़ी लाभ होगा। यह नज़दीकी साथ एवं पारस्परिक हित अत्यन्त महत्वपूर्ण है क्योंकि इससे आप रिश्ते को और अधिक सार्थकता दे पायेंगे। यह अपने आप में ध्येय के अन्तर्गत ही एक सुन्दर ध्येय है। जब आप दोनों अपने ध्येय की दिशा में शुरूआत करते हैं तो हो सकता है कि आप में से किसी को भी सुरंग का आख़िरी सिरा दिखाई न दे। परन्तु दुनिया का अपना एक तरीक़ा है, न केवल उन पुरुषों या महिलाओं का साथ देने का जो जानते हैं कि वे कहाँ जा रहे हैं बल्कि यह अक्सर उनके साथ हो लेती है और उनके ध्येय तक पहुँचाने में उनकी मदद करती है।

आपको 'पकड़ ज़माने की' ज़रूरत है

द्वितीय विश्वयुद्ध के दौरान संयुक्त राज्य अमेरिका में दिमाग़युक्त जलयान नष्ट करने वाली मिसाइल (टॉरपीडो) का विकास किया गया। यह विध्वंस का एक शक्तिशाली अस्त्र था। हमारा राष्ट्र जीवित रहने के लिए जीने-मरने के संघर्ष से गुज़र रहा था, इसलिए इस टारपीडो ने बहुत सनसनी पैदा की। जब टारपीडो को लक्ष्य का निशाना बना कर चलाया जाता तो यह लक्ष्य पर एक प्रकार से पकड़ जमा लेती थी। अगर लक्ष्य हिलता था अथवा दिशा परिवर्तन करता था तो टारपीडो भी अपनी दिशा बदल लेती थी। रोचक बात यह है कि इस टारपीडो को आदमी के मस्तिष्क जैसा डिज़ाइन किया गया था। आपके मस्तिष्क के अन्दर कुछ ऐसा है जिसकी सहायता से आप अपने लक्ष्य पर निशाना साध लेते हैं। यहाँ तक कि यदि लक्ष्य को खिसका दिया जाये अथवा आपको किनारे कर दिया जाये, तो भी एक बार यदि आपने अपनी पकड़ जमा ली तो आप अपने लक्ष्य को अभी भी बेध देंगे।

हर एक क्षेत्र में 'पेशेवर सोच' रखने वाला व्यक्ति आपको बता देगा कि बॉस्केटबॉल को शूट करने से पहले – गोल्फ बॉल को डालने से पहले – सेल्स कॉल करने से पहले – आदि, वह 'लक्ष्य प्राप्त होता देख लेता है'। संक्षेप में वह 'लक्ष्य को बेधने से पहले उस पर अपनी पकड़ जमा लेता है'।

अगर आप एक माँ है और बेहतर माँ बनना चाहती हैं तो अपनी पकड़ जमाइये और 'लक्ष्य को प्राप्त होता देखियें'। अपने आपको वे चीज़ें करती हुई देखिये जो आपको एक बेहतर माँ बनाती हैं। अगर आप एक डॉक्टर हैं और बेहतर डॉक्टर होना चाहते हैं तो अपने आपको को वे चीज़ें करता हुआ देखिए जो आपको एक बेहतर डॉक्टर बनायेंगी। यदि आप ईसाई हैं और एक बेहतर ईसाई होना चाहते है तो वही चीज़ आप पर भी लागू होती है। यदि आप एक विद्यार्थी हैं और एक बेहतर विद्यार्थी होना चाहते हैं तो अपने आप को एक बेहतर विद्यार्थी के रूप में देखना शरू करें। यदि आप चोटी के सेल्स मैन होना चाहते हैं तो अपने आप को ऐसे देखें जैसे कि आप पहले से ही चोटी के सेल्समैन हों। ऐसा करने से आपके अन्दर की अदृश्य शक्तियाँ 'सबको इकट्ठा करना' शुरू कर देती हैं और वे आपको लक्ष्य की ओर संचालित करती हैं।

'मैं ज़रूर चढूँगा '

कुछ वर्षों पहले मैटरहॉर्न की उत्तरी दीवार पर चढ़ने के लिए एक अन्तर्राष्ट्रीय अभियान आयोजित किया गया। एक ऐसा कौशल जो पहले कभी सम्पन्न नहीं हुआ था। संवाददाताओं ने दुनिया भर से आये अभियान सदस्यों के साक्षात्कार लिये। एक संवाददाता ने दल के एक सदस्य से पूछा, 'क्या आप मैटरहॉर्न की उत्तरी दीवार चढ़ने वाले हैं? 'उस आदमी ने जवाब दिया, ' मैं इसके लिए अपना पूरा दम लगाने वाला हूँ। 'अन्य संवाददाता ने दूसरे सदस्य से पूछा, 'क्या आप मैटरहॉर्न की उत्तरी दीवार चढने वाले हैं?' आरोहक (चढ़ाई करने वाला) ने जवाब दिया, 'मैं अपनी ओर से जितना अच्छे से अच्छा कर सकता हूँ, करने वाला हूँ। 'फिर एक दूसरे सदस्य से पूछा गया तो उसने कहा, 'मैं इसके लिए एक अच्छी कोशिश करने वाला हूँ।' अन्ततः किसी संवाददाता ने एक अमरीकी नौजवान से पूछा, 'क्या आप मैटरहॉर्न की उत्तरी दीवार चढ़ने वाले हैं?' अमरीकी नौजवान ने उसकी आँखों में आँखें डाल कर देखा और कहा, 'मैं ज़रूर मैटरहॉर्न की उत्तरी दीवार पर चढूँगा।' सिर्फ़ एक ही आदमी उत्तरी दीवार पर चढ़ पाया। यह वही आदमी था जिसने कहा था, 'मैं ज़रूर चढूँगा।' उसने लक्ष्य को प्राप्त होते देखा था।

प्रयास के हर एक क्षेत्र में चाहे हमें एक बेहतर काम की, और अधिक भौतिक वस्तुओं की, ईश्वर से समीपता की, और अधिक प्यारे बच्चों की, एक स्थायी एवं प्रसन्न वैवाहिक जीवन की तलाश हो, हमें उसे 'प्राप्त कर लेनें' से पहले 'प्राप्त किया हुआ देखना 'चाहिए ।

आप क्या देखते हैं

मैं सोचता हूँ यह महत्वपूर्ण है कि मुहम्मद अली जो पहले कैसियस क्ले के नाम से जाना जाता था, यह पुस्तक लिखे जाने के समय तक केवल दो मुक़ाबलों में हारा था। मैं सोचता हूँ कि यह भी महत्वपूर्ण है कि केवल दो मुक़ाबलों में उसने 'अगर' शब्द का

प्रयोग किया था। 'अगर मैं यह मुक़ाबला हार गया –' उसके कथन में कुछ भविष्यसूचक था। उसने मुक़ाबले की तैयारी कुछ इस तरह से की थी कि वह असफल हो गया। उसने नकारात्मक दृष्टिकोण से ख़ुद को 'पहुँचता हुआ देखा था।'

ईसाई धर्म प्रचारक पीटर, इससे पहले कि वह पानी में डूबना शुरू हुआ, कुछ दूरी तक पानी के ऊपर चला था। धर्म ग्रन्थ साफ़ तौर पर कहते हैं, 'जब उसने हवा का गोल घेरा देखा तो वह डर गया। उस क्षण, वह डूबना शुरू हो गया'। उसने हवा को क्यों देखा? वह क्यों डूबा? ज़ाहिर है, क्योंकि **उसने अपनी आँखें ध्येय से हटा लीं थी, ध्येय जो कि जीसस क्राइस्ट थे।** जब आप अपनी आँखें ध्येय से हटा लेंगे, आप भी डूबना शुरू कर देंगे। हाँ, जब आप ख़ुद को लक्ष्य पर 'पहुँचता हुआ देखते हैं', भले ही वह सकारात्मक हो अथवा नकारात्मक तो 'आप लक्ष्य पर पहुँच जायेंगे'।

जब आप अपनी आँखों को ध्येय पर रखते हैं तो उस ध्येय पर पहुँचने की सम्भावनायें अपरिमेय रूप से बेहतर हो जाती हैं यह सच है चाहे जीत का मामला हो (मैटरहॉर्न की उत्तरी दीवार पर चढना) अथवा हार का (मुहम्मद अली अथवा ईसाई धर्म प्रचारक पीटर)।

ऊपर देखें

जहाज़ चलाने के प्राचीन दिनों में एक नौजवान नाविक पहली बार समुद्र में गया। उत्तरी अटलान्टिक में जहाज़ का एक भारी तूफ़ान से सामना हो गया। नाविक को मस्तूल की चोटी पर जाकर जहाज़ के पाल को सुव्यवस्थित करने का आदेश दिया गया। जैसे ही उस नौजवान ने चढ़ना शुरू किया उसने ग़लती से नीचे की ओर देख लिया। जहाज़ को लपेटती हुई उछलती हुई लहरों ने उस को एक डरावना अनुभव करा दिया। नौजवान ने अपना सन्तुलन खोना शुरू कर दिया। उस वक़्त, उस के नीचे खड़ा हुआ एक पुराना नाविक चिल्लाया, 'ऊपर देखो, बेटे, ऊपर देखो!' नौजवान नाविक ने ऊपर देखा और अपना सन्तुलन फिर से पा लिया।

जब चीज़ें बुरी दिखें तो यह जानने की कोशिश करें कि कहीं आप ग़लत दिशा में तो नहीं देख रहे हैं। जब आप सूरज की ओर देखते हैं तो आपको कोई परछांई दिखाई नहीं देती। पीछे की ओर देखिये और आप एक 'ऐडसेल' बना देते हैं। आगे की ओर देखें और आप एक अमेरिकी जंगली घोड़ा बना देते हैं। जब दृश्य अच्छा ना लगे तो ऊपर की ओर देखने की कोशिश करें। यह हमेशा अच्छा होता है। मेरे द्वारा प्रस्तुत किये जा चुके नियमों को लागू करें, जिन पर मैं चर्चा करने वाला हूँ उन्हें उनके साथ जोड़ें और आप अपने ध्येयों पर पहुँच जायेंगे।

इसके लिए हरकत (क्रियाशीलता) चाहिए

मैं इस बात पर ज़ोर देना चाहता हूँ – **आपको अपने ध्येयों पर पहुँचने के बाद क्या मिलता है वह इतना महत्वपूर्ण नहीं है जितना यह कि आप अपने ध्येयों पर पहुँचने से क्या हो जाते हैं।** आपका अपने बारे में क्या ख्याल है? क्या आपको ध्येय रखना महत्वपूर्ण लगता है? क्या आपने यह पता लगाने के लिए कि आप कहाँ पर हैं, अपना रिकॉर्ड रखना शुरू कर दिया है? क्या आपने अपने ध्येय निर्धारण की दिशा में पहला क़दम उठा लिया है? क्या आपने उन बाधाओं की सूची बनानी शुरू कर दी है जो आपके और आपके ध्येयों के बीच खड़ी हैं? क्या आप कम से कम आंशिक रूप से 'ध्येयों पर पहुँचना देख सकते हैं'? यदि आपने इन सभी सवालों का जवाब 'हाँ' में दिया है तो 'सीढियों का रास्ता' वाले पृष्ठ पर 'ध्येय' शब्द के चारों ओर एक मोटा वर्ग बना दें । फिर अपने ट्रिगर पेज पर अपने ध्येय निर्धारण सम्बन्धी वायदों के बाबत रिकॉर्ड रखने को तीस दिनों में पूरा कर लेने के बारे में लिखें। उस समय फिर इस पृष्ठ पर आयें और 'ध्येय' शब्द के चारों ओर एक वृत्त बना दें।

अपने ध्येयों को 3x5 इंच के एक या एक से अधिक काड्र्स पर लिख लें । इसको सफाई के साथ छपवाना या टाइप कराना सुनिश्चित कर लें ताकि आप हर लाइन के हर शब्द को आसानी से पढ़ सकें। इन काड्र्स को प्लास्टिक में सील कर ले और इन ध्येयों को हर समय अपने साथ रखें। उनकी प्रतिदिन समीक्षा करें। बाद के अध्याय में आप और पूरी तरह समझ जायेंगे कि ऐसा करना क्यों महत्वपूर्ण है। फ़िलहाल के लिए हमारा उद्देश्य क्रियाशीलता है। याद रखिये, संसार के सबसे बड़े रेल के इंजन को इसकी गतिहीन अवस्था में बस इसके आठों पहियों के सामने एक इंच के लकड़ी के टुकड़े रख देने से पटरियों पर रोके रखा जा सकता है। वही इंजन जब 100 मील प्रति घंटा की रफ़्तार से चल रहा हो तो लोहे की छड़ों से मज़बूत की गयी सीमेंट व कंक्रीट की पाँच फिट मोटी दीवार को तोड़ कर गुज़र सकता है। जब आप हरकत में अर्थात क्रियाशील होते हैं तो आप भी उसी की तरह होते हैं। अब शुरू हो जाइये और भाप के उस पट्टे को उठा दीजिये। उन रुकावटों से जो आपके व आपके ध्येयों के बीच खड़ी हैं, भिड़ जाइये।

इस खण्ड के पूरा हो जाने के साथ आप तीसरे नम्बर की पायदान पर हैं। जैसा कि आप साफ़तौर से देख सकते हैं, यह बैठने के लिए नहीं बनी। आप अपने पैर को इस पर बस उतनी ही देर रोक कर रखते हैं जितनी देर में आप चौथे नम्बर की पायदान पर क़दम बढ़ाते हैं। ऐसा सोच कर अपना पेन उठाइये और तीसरी पायदान पर मोटे अक्षरों में लिखिये : **'मैं - अपने रास्ते पर'।**

टिप्पणियाँ एवं विचार

जब आप जानते हैं कि आप कहाँ जा रहे हैं
तो आप आधी मंज़िल तय कर चुके होते हैं।

खण्ड पाँच

नज़रिया (दृष्टिकोण)

उद्देश्य :
I.   सोचने के सही ढंग के महत्व की व्याख्या करना।

II.   नज़रिये के बहुत से लक्षणों में से कुछ की पहचान करना।

III.   आपके नज़रिये को घटिया सोच से बचा कर रखना।

IV.   अपने नज़रिये को कैसे नियन्त्रण में रखें ताकि हालात कैसे भी हों, आपके नज़रिये की बुनियाद मज़बूत रहे, इस बारे में आपको चार सूत्रीय सिद्धान्त देना।

V.   यह संकेत करना कि जब आप कोई आदत चुनते हैं तो आप उस आदत के अन्तिम नतीजे को भी चुनते हैं।

VI.   आपको यह सिखाना कि विनाशकारी आदतों से कैसे बचा जाये और/अथवा उन्हें कैसे दूर किया जाये एवं अच्छी आदतों को कैसे अपनाया जाये।

अतिरिक्त पाठ्य सामग्री

नॉरमन विन्सेन्ट पील	–	*दि पावर ऑफ पॉज़िटिव थिंकिंग*
डबल्यू क्लीमेन्ट स्टोन एवं नेपोलियन हिल	–	*सक्सेस थ्रू ए पॉज़िटिव एटीट्यूड*
चार्ली जोन्स	–	*लाइफ इज़ ट्रिमेन्डस*
सेम्मी हॉल एण्ड चार्ल्स पॉल कॉन	–	*हुक्ड ऑन ए गुड थिंग*
जी ज़ेड पैटर्न	–	*यू टू कैन स्टॉप ड्रिंकिंग*

अध्याय एक

क्या 'सही' नज़रिया महत्वपूर्ण है ?

औसत दर्जे की योग्यता के लिए 30000 स्कूल

क्या आप अधिक धन कमाना, अधिक मस्ती करना, जीवन का और आनन्द लेना, थकान कम करना, प्रभावीपन बढ़ाना, अपने पड़ोसियों से बेहतर सम्बन्ध रखना, समाज के प्रति और अधिक अंशदान देना, बेहतर तन्दुरुस्ती का आनन्द लेना एवं पारिवारिक सम्बन्धों को सुधारना पसन्द करेंगे? नहीं, यह आप कोई अपने दैनिक घरेलू समस्याओं से सम्बन्धित धारावाहिक की कथावस्तु नहीं पढ़ रहे हैं। ना ही यह कोई हैडिकॉल दोबारा पैदा हो गया है। तथापि, ये सब चीज़ें न केवल सम्भव हैं बल्कि सोचने के सही ढंग से पूरी तरह सम्भावित हैं।

अमेरिका में आज 30000 से अधिक स्कूल हैं जो आपको पैरों के अँगूठे के नाखून काटने व भारी मशीन चलाने से लेकर टॉन्सिल्स निकालने तथा बाल घुंघराले करने तक हर चीज़ करना सिखाते हैं। तथापि ऐसा एक भी स्कूल नहीं है जो आपको सिखा दे कि बिना सही सोचने के ढंग के औसत दर्जे से बेहतर कैसे हुआ जा सकता है। यह एक ऐसी चीज़ है जिसके बारे में हर कोई सहमत है चाहे आप डॉक्टर हों, वकील, अध्यापक, सेल्समैन, माँ-बाप, बच्चे, डैमोक्रेट, रिपब्लिकन, प्रशिक्षक अथवा खिलाड़ी हों । उन सब की राय यही है कि जब आप कोई कार्य हाथ में लेते हैं तो उसकी सफलता में बहुत बड़ा हाथ आपके नज़रिये का होता है। संक्षेप में, **आपका नज़रिया आपकी क़ाबिलियत से अधिक महत्वपूर्ण है।**

सोचने के सही ढंग का समर्थन करने के प्रबल साक्ष्यों के बावज़ूद शिशु विद्यालय से लेकर स्नातक कॉलेज तक हमारी समूची शिक्षा व्यवस्था हमारे जीवन के इस अत्यन्त महत्वपूर्ण कारक की एक तरह से उपेक्षा करती है अथवा इससे अपरिचित है। हमारी शिक्षा का 90% हमें तथ्यों एवं आँकड़ों को हासिल करना बताता है एवं केवल 10% का सम्बन्ध हमारी 'भावनाओं' अथवा नज़रिये से है। और यह 10% भी थोड़ा गुमराह करने वाला है क्योंकि इसमें से काफ़ी अधिक का लक्ष्य तो बस खेल प्रतियोगितायें एवं उनसे जुड़ी गतिविधियाँ हैं (बैण्ड, पैप स्क्वैड, चीयरलीडर आदि)।

यह आँकड़े सच में अविश्वसनीय एवं कष्टदायक लगते हैं जब हम यह समझ जाते हैं कि हमारे 'सोचने वाले' (तथ्य परक) मस्तिष्क का आकार हमारे 'महसूस करने

वाले' (भावना-नज़रिया परक) मस्तिष्क की तुलना में केवल 10% है । पढ़ते रहिये - यह आगे और बद्तर हो जाता है। हार्वर्ड विश्वविद्यालय के एक अध्ययन से पता चला है कि हमारी सफलताओं, कार्यसम्पन्नताओं, प्रोन्नतियों आदि में 85% योगदान हमारे नज़रिये का रहता है और केवल 15% हमारी तकनीकी विद्वत्ता (तथ्य) का। इसका सीधा सा अर्थ यह हुआ कि हम अपने शिक्षा सम्बन्धी समय एवं डॉलर्स का 90% उस हिस्से को विकसित करने के लिए ख़र्च कर रहे हैं जो हमारी सफलता के 15 प्रतिशत हिस्से के लिए उत्तरदायी है। हम अपने समय एवं धन का 10% अपने उस हिस्से को विकसित करने के लिए ख़र्च करते हैं जिसका हमारी सफलता में 85% अंश होता है। और इसमें ख़ुशी एवं आनन्द जैसी बातों की ओर ध्यान नहीं दिया जाता। यही प्रमुख कारण है कि ***'शिखर पर मिलेंगे'*** (SEE YOU AT THE TOP) और इस पुस्तक पर आधारित कोर्स (The Richer Life Course) जो हमारी शिक्षण व्यवस्था की इस विशाल ज़रूरत से ताल्लुक रखते हैं, इतने कारगर साबित हुए हैं कि विद्यार्थी एवं अध्यापक सही नज़रिये की बुनियाद बनाने के बारे में मार्गदर्शन पाने की तीव्र इच्छा रखते हैं।

असल में सच तो यह है कि अमेरिकी मनोविज्ञान के जनक विलियम जेम्स ने कहा था कि हमारे समय की सबसे महत्वपूर्ण खोज यह है कि **हम अपने नज़रिये को बदलने से अपनी ज़िन्दगियाँ बदल सकते हैं।**

आम आदमी की भाषा में हम अपने नज़रिये से चिपके हुए नहीं हैं। चाहे यह अच्छा, बुरा अथवा उदासीन हो - यह बदला जा सकता है - और यह पुस्तक, सकारात्मक जीवन का दृष्टिकोण कैसे पाया जाये, इस बारे में कुछ जवाब प्रदान करती है।

बहुत भारी फ़र्क़

यह आकर्षक विषय जिसे हम नज़रिया कहते हैं, बहुआयामी है। उनमें से एक का सम्बन्ध आशावादिता से है। **आशावादी, जैसा कि आप शायद जानते हों, वह व्यक्ति होता है जो अपने जूते बेकार हो जाने पर समझता है कि वह वापिस अपने पैरों पर खड़ा है।** रॉबर्ट शुलर ने जिस ढंग से आशावादी और निराशावादी का अन्तर बताया है, वह मुझे अच्छा लगता है। निराशावादी व्यक्ति कहता है, 'मैं इस पर तब विश्वास करूँगा जब इसे देख लूँगा।' आशावादी कहता है, 'मैं इसे तब देखूँगा जब इस पर विश्वास कर लूँगा।' आशावादी कार्यवाही करता है - निराशावादी बैठा रहता है। आशावादी पानी के आधे गिलास को देख कर कहता है कि यह आधा भरा हुआ है। निराशावादी उसी पानी के आधे गिलास को देखकर कहता है कि यह आधा खाली है। कारण सरल है। आशावादी गिलास में पानी डाल रहा है। निराशावादी गिलास में से पानी निकाल रहा है। यह लगभग शाश्वत सत्य है कि जो व्यक्ति समाज को कुछ देने के सच्चे प्रयास के बिना समाज से ले रहा है वह निराशावादी और अक्सर भाग्यवादी होता है क्योंकि उसे यह डर बना रहता है

कि उसके लिए पर्याप्त नहीं रहेगा। वह व्यक्ति जो अपनी ओर से अच्छे से अच्छा प्रयास कर रहा है और कुछ अंशदान दे रहा है, वह आशावान और विश्वस्त है क्योंकि वह व्यक्तिगत रूप से समाधान पर काम कर रहा है। ***जीवन में सफलता और विफलता के बीच अक्सर अन्तर केवल एक या दो इंच का ही होता है।***

उदाहरण के लिए, रेस के महान घोड़े नशुआ ने रेस ट्रैक पर असली दौड़ के एक घंटे से भी कम समय में एक मिलियन डॉलर्स से भी अधिक धन जीता। सैकड़ों घंटों का प्रशिक्षण इसमें शामिल था परन्तु ट्रैक पर प्रतिद्वन्दी दौड़ का केवल घंटा था। ज़ाहिर है, नशुआ कम से कम एक मिलियन डॉलर के योग्य था और एक मिलियन डॉलर का घोड़ा सच में एक दुर्लभ पशु होता है। आप एक मिलियन डॉलर्स में दस हज़ार डॉलर्स मूल्य के 100 रेस के घोड़े ख़रीद सकते हैं, यह एक गणितीय सच है। कारण स्पष्ट है। एक मिलियन डॉलर्स के मूल्य का घोड़ा दस हज़ार डॉलर्स मूल्य के घोड़े से 100 गुना तेज़ दौड़ सकता है। ठीक? ग़लत जवाब है। वह केवल दो गुना तेज़ दौड़ सकता है। ठीक? फिर ग़लत है। सच तो यह है, वह केवल 25% अधिक तेज़, या यह केवल 10% अधिक तेज़ या 1% अधिक तेज़ दौड़ेगा? सब के सब ग़लत जवाब हैं।

एक मिलियन डॉलर का घोड़ा दस हज़ार डॉलर के घोड़े से कितना अधिक तेज़ दौड़ सकता है? कई वर्षों पहले अरलिंग्टन फ्यूचरिटि में पहले और दूसरे स्थान के बीच का अन्तर 100,000 डॉलर था। अरलिंग्टन फ्यूचरिटि 1अ 1/8 मील की दौड़ है जो कि जैसा आप अच्छी तरह जानते हैं 71280 इंच के बराबर होती है। (आप यह जानते थे ना?) पहले और दूसरे स्थान में अन्तर सिर्फ़ उन 71280 इंचों में से एक था। ठीक कहा। पहले और दूसरे स्थान में 1/71280 वाँ अन्तर था और मैं फिर से कह सकता हूँ कि अगले इंच का मूल्य 100,000 डॉलर था।

1974 की केनटकी डर्बी में जीतने वाले जॉकी को 27000 डॉलर दिये गये । उससे दो सैकेंड से भी कम समय के बाद जो जॉकी अपने घोड़े को लेकर चौथे नम्बर पर आया, उसे 30 डॉलर दिये गये। अब यह ठीक है या ग़लत, यह असंगत है । जीवन का खेल इसी ढंग से खेला जाता है और हम खेल के नियमों को नहीं बदल सकते । हम जो कर सकते हैं और जो हमें करना चाहिए वह यह कि हम नियमों को अच्छी तरह सीखें और फिर उन्हें अपनी श्रेष्ठ योग्यता के हिसाब से खेलें।

नज़रिया वह 'छोटी' सी चीज़ है जो बड़ा फ़र्क़ पैदा कर देती है । जीवन की कहानी बताती है कि वे अक्सर मिनट भर वाली चीज़ें होती हैं जो हर्ष और विषाद, सफलता और विफलता व जीत और हार का अन्तर समझा जाती हैं। उदाहरण के लिए, यदि आप किसी लड़की को बिल्ली का बच्चा कहें तो वह आपसे प्यार करेगी। उसे बिल्ली कह दें तो आप मुसीबत में पड़ जायेंगे। उसे दृष्टि कहें तो आपको नम्बर मिलेंगे। उसे दृश्य कह दें तो

परेशानी में पड़ जायेंगे। यह बिस्तर पर पड़े रहने वाले उस कम्बल का हिस्सा है जो आपको गर्म रखता है। (अगर आप इसको नहीं मानते तो इसका मतलब सिर्फ़ इतना है कि आप कभी नौकरी में नहीं रहे और आपकी 'चादर छोटी ही रही'।) उस घड़ी से जो चार घंटे से बन्द है कोई समस्या नहीं है क्योंकि कोई भी यह फौरन समझ जायेगा कि घड़ी ख़राब है और आवश्यक संशोधन कर लेगा। वह घड़ी जो चार मिनट ग़लत समय बता रही है - ख़ास तौर से अगर वह धीमी है – सब तरह की परेशानियाँ पैदा कर सकती है । उदाहरण के लिए, यदि मुझे सुबह 10 बजे की फ्लाइट पकड़नी है और मैं वहाँ 10 बजकर 4 मिनट पर पहुँचता हूँ तो मैं एयरलाइन्स से की गयी व्यवस्था के कारण गम्भीर मुसीबत में पड़ जाऊँगा । व्यवस्था इतनी सी है कि उनके जाने के लिए तैयार होने तक अगर मैं वहाँ नहीं पहुँचा तो वे मेरे बिना चले जायें। पिछली गर्मियों में मैंने पाया कि वे अपने समझौते को पूरा निभाते हैं। मैंने यह भी पाया कि हवाई जहाज़ को उसके ज़मीन छोडने से पहले पकड़ना ज़्यादा आसान है।

लगभग में कोई मज़ा नहीं है

जीवन के खेल में आपकी शिखर के लिए दौड़ में, सफलता और विफलता का अन्तर अक्सर मिनटों में मापा जाता है। ख़ुशी और नाख़ुशी के, सेल कर देने और गंवा देने के, चैम्पियन होने और प्रतिभागी होने के बीच के अन्तर को अक्सर इंचों में मापा जाता है परन्तु विजेता और प्रतिभागी के इनामों में अन्तर बहुत अधिक होता है।

जो सेल आप लगभग करते हैं उन पर कोई कमीशन नहीं मिलता, आप जो सैर लगभग करते हैं उनमें कोई आनन्द नहीं आता और जो पदोन्नति आप लगभग पाते हैं उसमें कोई सुरक्षा नहीं होती। जीवन के खेल में किसी भी चीज़ को 'लगभग' करने में कोई रोमांच नहीं है। रोमांच उसे सम्पन्न करने से आता है और बहुत बार कार्य सम्पन्नता और विफलता में अन्तर केवल सोचने का सही ढंग रखने का होता है।

नज़रिये के बहुत से आयाम हैं और यह भी एक कारण है कि हमने इसे इस पुस्तक में इतने विस्तार से समझाया है। उदाहरण के लिए अपने नज़रिये को लें। अगर आप विद्यार्थी हैं और आप ग्रेड पाने के लिए पढ़ते हैं तो आप उसे हासिल कर लेंगे, परन्तु अगर आप ज्ञान के लिए पढ़ते हैं तो आप और बेहतर ग्रेड हासिल करेंगे तथा और अधिक ज्ञान। यदि आप सेल करने की कोशिश करते हैं तो आप शायद उसे कर लेंगे। सेल को इस ढंग से करने की कोशिश कीजिए कि आपका एक कैरियर बन जाये तो आप पहले से अधिक सेल करेंगे और इस प्रक्रिया में अपना कैरियर बना लेंगे। यदि आप वेतन के लिए काम करते हैं तो यह आपको मिलेगा परन्तु यह थोड़ा होगा। यदि आप कम्पनी जिसका कि आप प्रतिनिधित्व करते हैं, की बेहतरी के लिए काम करते हैं, तो आपको न केवल अधिक वेतन मिलेगा बल्कि आपको निजी तसल्ली मिलेगी और अपने साथियों से सम्मान भी।

आपका अपनी कम्पनी के लिए अंशदान असीमित रूप से बड़ा होगा जिसका अर्थ है कि आपके व्यक्तिगत एवं व्यावसायिक पारितोषिक बड़े होंगे। इस कहानी में यह काफ़ी अच्छी तरह बताया गया है।

कई वर्ष पहले एक अत्यधिक गर्मी के दिन, आदमियों का एक दल रेल की पटरी के नीचे बिछी सड़क पर काम कर रहा था कि एक धीमी गति से चलती हुई ट्रेन ने उनके काम में व्यवधान डाल दिया। ट्रेन धीमी होती-होती बिल्कुल रुक गयी और आख़िरी डिब्बे - जो प्रसंगवश व्यक्तिगत आदेश पर बनाया गया था और वातानुकूलित था - की खिड़की खुली। एक दोस्ताना आवाज़ बाहर आयी, 'डेव, क्या यह तुम हो?' दल के मुखिया डेव एन्डर्सन ने पलट कर कहा, 'हाँ, जिम, मैं ही हूँ और तुम्हें देख कर बहुत अच्छा लगा।' इस ख़ुशगवार बातचीत के साथ ही डेव एन्डर्सन को रेल रोड के प्रेज़ीडेन्ट जिम मर्फ़ी ने अपने यहाँ आने के लिए आमन्त्रित किया। एक घंटे से अधिक समय तक वे लोग हँसी, दिल्लगी करते रहे और फिर ट्रेन के चलने पर उन्होंने गर्मजोशी से हाथ मिलाये।

डेव एन्डर्सन के दल ने तुरन्त ही उसे घेर लिया और उनमें से एक आदमी ने इस बात पर अचरज ज़ाहिर किया कि वह रेल रोड के प्रेज़ीडेन्ट जिम मर्फ़ी को व्यक्तिगत दोस्त के रूप में जानता था। डेव ने फिर बताया कि 20 वर्ष से भी अधिक हुए जब उसने और जिम मर्फ़ी ने एक ही दिन रेल रोड के लिए काम करना शुरू किया था। उन आदमियों में से एक ने थोड़ी हँसी और थोड़ी गम्भीरता से डेव से पूछा कि ऐसा क्यों है कि आप अभी भी तेज़ धूप में काम कर रहे हैं जब कि जिम मर्फ़ी प्रेज़ीडेन्ट बन गया। कुछ उदास लहज़े में डेव ने बताया, 'तेईस वर्ष पहले मैं 1.7 डॉलर प्रति घंटे के लिए काम करता था और जिम मर्फ़ी रेल रोड के लिए काम करता था।'

सकारात्मक सोच

नज़रिया (दृष्टिकोण) शब्द कहते ही अधिकांश लोग सकारात्मक और नकारात्मक सोचने के ढंग के सम्बन्ध में सोचते हैं। हालांकि जैसा आप देख रहे हैं दृष्टिकोण के बहुत आयाम हैं परन्तु मैं इस वक्त उनमें जो सबसे अधिक परिचित है उस पर चर्चा करूँगा। आइये, नज़रिये के सकारात्मक पहलू पर इकट्ठे ग़ौर करें। 'सकारात्मक सोच' की सर्वश्रेष्ठ परिभाषा जो मैं जानता हूँ वह मेरी बेटी सूज़न से मिली, जब उसकी आयु दस वर्ष की थी। मैं अभी पेन्साकोला, फ्लोरिडा से यू.स.नेवी के लिए बहुत से सेमिनारों का संचालन करके लौटा ही था। मेरे परिवार ने मुझे अटलान्टा एयर पोर्ट से ले लिया था और हम स्टोन माउन्टेन, जॉर्जिया में स्थित अपने घर की ओर जा रहे थे। मैं उस दौरे को लेकर काफ़ी रोमांचित था और अपनी रेड हैड को कुछ विवरण सुना रहा था। मैंने सूज़न की सहेली को उससे पूछते हुए सुना कि उसके डैडी जीवन-यापन के लिए क्या करते हैं । सूज़न ने उसे बताया कि मैं 'सकारात्मक सोच की सामग्री' बेचता हूँ। स्वाभाविक रुप से

उस नन्ही सहेली ने जानना चाहा कि 'सकारात्मक सोच की सामग्री' क्या होती है। सूज़न ने समझाया, 'ओह, यह वो चीज़ है जो आपको जब आप वास्तव में बुरा महसूस कर रहे हों तब भी वास्तव में अच्छा महसूस करा देती है।' मैंने सकारात्मक सोच को इससे बेहतर ढंग से समझाये जाते हुए कभी नहीं सुना। आप किस तरह सोचते हैं यही निर्धारित करता है कि आप क्या बनते हैं।

क्या यह मज़ेदार नहीं होगा

मुझे विश्वास है आप किसी न किसी ऐसे व्यक्ति को जानते होंगे जिसकी शादी हुए दस से पच्चीस वर्ष हो गये हों और उसके कोई बच्चे न हुए हों। फिर उन्होंने एक बच्चे को गोद ले लिया हो और एक-दो साल में ही उनके अपना भी बच्चा हो गया हो। ग़लत मत समझिये : ऐसे हज़ारों लोग हैं जिनके मनोवैज्ञानिक कारणों से बच्चे नहीं हो सकते परन्तु उनसे भी अधिक ऐसे लोग हैं जिनके मनोवैज्ञानिक कारणों से बच्चे नहीं होते।

कई बार, यदि शादी के फ़ौरन बाद बच्चा नहीं होता तो पति-पत्नी अनावश्यक रूप से चिन्तित हो जाते हैं और जल्दी ही उन्हें यह डर सताने लगता है कि उनका अपना एक परिवार नहीं हो सकता। फिर 'इससे पहले कि बहुत देर हो जाये,' वे एक बच्चा गोद लेने का निश्चय कर लेते हैं। जब बच्चा आ जाता है तो निश्चित रूप से उनके 'दोस्त' और रिश्तेदार उनके पास आकर वही चीज़ कहते हैं, 'क्या यह मज़ेदार नहीं होगा यदि आपके साथ भी वही चीज़ हो जाये जो मेरे चचेरे भाई, बहन, मित्र, पड़ोसी, साथी आदि के साथ हुई? डॉक्टर ने उन्हें बताया कि उनके बच्चे नहीं हो सकते इसलिए उन्होंने एक बच्चा गोद ले लिया, और कुछ ही महीनों में उन्होंने पाया कि उनका अपना बच्चा होने वाला है।'

मस्तिष्क एक कर्तव्यपरायण सेवक है और जो आदेश हम इसे देते हैं यह उनका पालन करता है। वर्षों तक वह दम्पत्ति अपने मस्तिष्क को नकारात्मक रूप से आदेश देते रहे, 'हमें बच्चा नहीं हो सकता,' और शरीर ने मस्तिष्क के आदेशों का पालन किया। बाद में जब उनके दोस्तों ने उसी स्थिति के दूसरे लोगों के सकारात्मक उदाहरण दिये तो निश्चित रूप से पति और पत्नी ने एक दूसरे से कहा, 'क्या यह मज़ेदार नहीं होगा अगर ऐसा ही हमारे साथ हो जाये?' अब आगे की कहानी आप बता सकते हैं, है ना?

'हड़ताल' जारी है

कुछ वर्ष पहले मैं फ्लिन्ट, मिशिगन में वक्ताओं के फ्लिन्ट बोर्ड की एक विशेष सभा में बोल रहा था। मैं उस अनुभव को कभी नहीं भूल पाऊँगा। बोलने से पहले मैं अपने बाईं ओर वाले सज्जन के साथ मज़े में घूम रहा था जब मैंने उस दिन की सबसे गम्भीर ग़लती की। मैंने एक जोशीली प्रतिक्रिया की उम्मीद रखते हुए उससे उसके व्यापार के बारे में पूछ लिया, परन्तु अगले दस मिनटों तक वह सुनाते रहे कि व्यापार असल में कितना

ख़राब चल रहा था। उन्होंने मुझे बताया कि जनरल मोटर्स में हड़ताल थी और जब जनरल मोटर्स में हड़ताल थी तो किसी ने किसी से कुछ नहीं ख़रीदा। उन्होंने मुझे विश्वास दिलाया कि स्थिति इतनी ख़राब थी कि लोग जूते, कपड़े, कारें और यहाँ तक कि खाना भी नहीं ख़रीद रहे थे इसलिए वे निश्चित रूप से मकान भी नहीं ख़रीद रहे थे। उन्होंने कहा, 'मैंने इतने दिनों से एक भी मकान नहीं बेचा। ईमानदारी से कहूँ तो मुझे नहीं मालूम कि मैं अनुबन्ध को कैसे पूरा करूँगा। अगर यह हड़ताल जल्दी ही ख़त्म ना हुई तो मैं दिवालिया हो जाऊँगा।' वह अपनी बात को बार बार समझाता रहा। उसका नज़रिया इतना संक्रामक और वह इतना नकारात्मक था कि अगर वह व्यक्ति कमरे से बाहर चला जाता तो कमरा चमक उठता। उसके बारे में मैं यह ही कह सकता हूँ, 'वह उसी तरह का आदमी था जिस तरह के आदमियों की बातें अक्सर बिना कुछ कहे कानों में पड़ती रहती हैं।'

आख़िरकार किसी व्यक्ति ने उसका ध्यान एक प्रश्न की ओर मोड़ कर मेरा दिन बचाया। मैं फुर्ती से अपनी दायीं ओर वाली महिला की ओर मुड़ा और उससे पूछा, 'क्या हाल है ?' अब मैं सोचता हूँ कि आप सहमत होंगे कि उस तरह के सवाल से उस महिला के लिए सारे रास्ते खुल गये थे। वह जिस दिशा में चाहती जा सकती थी और जिस विषय पर चाहती बात कर सकती थी। अनुमान लगाइये, उसने क्या कहा होगा? 'आपको मालूम है मिस्टर ज़िग्लर, जनरल मोटर्स हड़ताल पर है -' मैंने अपने मन में सोचा, 'ओह नहीं, फिर से नहीं।' फिर उसने एक बड़ी सी ख़ूबसूरत मुस्कान बिखेरी और यह कहते हुए अपना वाक्य पूरा किया, 'इसलिए व्यापार बहुत अच्छा है। महीनों बाद इन लोगों के पास अपने सपनों का घर ख़रीदने के लिए काफ़ी समय है।' उसने कहा, 'क्योंकि कुछ लोग एक मकान को देखने में आधा दिन लगा देते हैं। वे ऊपर मकान की अटारी से शुरू होते हैं और विद्युत के इन्सुलेशन तक की जाँच करते हैं। वे हर एक वर्ग इंच को नापते हैं और अलमारियों से लेकर नींव तक हर चीज़ को जाँचते हैं। मेरे पास एक दम्पत्ति ऐसे भी आये जो भूमि पर अधिकार सम्बन्धी जाँच ख़ुद करते हैं। ये लोग जानते हैं हड़ताल ख़त्म होने वाली है और अमेरिकी अर्थव्यवस्था में इनका पूरा विश्वास है परन्तु सबसे महत्वपूर्ण बात यह है कि वे जानते हैं कि सस्ता घर ख़रीदने का यही वक्त है, फिर कभी वे इतने दामों में नहीं ख़रीद पायेंगे। इसलिए, व्यापार वाक़ई तेज़ी से बढ़ा है।' फिर उसने बिल्कुल गोपनीय ढंग से कहा, 'मिस्टर ज़िग्लर, क्या आप वाशिंगटन में किसी को जानते हैं?' (स्मरण रहे, यह बात वाटरगेट से पहले की थी)। मैंने कहा, 'हाँ ज़रूर, मेरा एक भतीजा वहाँ स्कूल में पढ़ता है।' फिर उसने कहा, 'नहीं, नहीं, मेरा मतलब है कि आप वाशिंगटन में किसी ऐसे व्यक्ति को जानते है जो कुछ राजनीतिक प्रभाव रखता हो?' मैंने कहा, 'नहीं, मैं ऐसे किसी आदमी को नहीं जानता, परंतु आप यह क्यों पूछ रही हैं?' उसने जवाब दिया, 'मैं सोच रही थी कि अगर आप किसी ऐसे व्यक्ति को जानते हों जो इस हड़ताल को छह हफ़्ते और जारी रखवा सके, बस मुझे इतना ही चाहिए – सिर्फ़ छह हफ़्ते और, फिर मैं साल में

बाक़ी दिन काम करना छोड़ सकती हूँ।'

एक व्यक्ति हड़ताल की वजह से दिवालिया हो रहा था और दूसरा उसकी वजह से धनी। बाहरी परिस्थितियाँ एक जैसी थीं परन्तु उनके नज़रिये बिल्कुल अलग-अलग थे। मैं इस बात से सहमत हूँ कि आपका व्यापार कभी अच्छा या बुरा कहीं बाहर नहीं होता। आपका व्यापार अच्छा या बुरा आपके कानों के बीच में होता है। यदि आपकी सोच घटिया क़िस्म की है तो आपका व्यापार भी वैसा ही होगा। यदि आपकी सोच ठीक है तो आपका व्यापार भी ठीक होगा।

यह बस लकड़ी का ढ़ेर है

1930 में, माइनर लीग बेसबॉल सच में शानदार थी और विशेष रूप से टैक्सॉस लीग में। उन वर्षों में, मिसाल के लिए, सेन एन्टोनियो की टीम में सात 'बैटर्स' थे जिन्होंने 300 से ऊपर 'हिट' किये थे। 1976 के मेजर लीग सीज़न के दौरान, सिर्फ़ 10 अमेरिकी लीग बैटर्स ने उतना अच्छा हिट किया और पूरी नेशनल लीग में सिर्फ़ 14 इसे संपन्न कर पाये। हर तरह से, हर कोई आश्वस्त था कि सेन एन्टोनियो टीम ध्वज जीत लेगी, ख़ास तौर से उसमें शानदार हिटर्स की बहुतायत के कारण। तथापि, जैसा कि 'निश्चित चीज़ों' के मामले में अक्सर होता है, प्रतियोगिता के दौरान एक अजीब बात हो गयी। सेन एन्टोनियों टीम अपना पहला, दूसरा और तीसरा गेम हार गयी। उन्होंने चौथा, पाँचवाँ और छठा गेम भी गवां दिया। सच्चाई यह है कि 21 गेम की समाप्ति पर सेन एन्टोनियो टीम जो हालांकि बहुत सशक्त थी, 18 गेम हार गयी।

गेंद फेंकने वाला खिलाड़ी गेंद पकड़ने वाले को दोष दे रहा था, गेंद पकड़ने वाला शॉर्ट स्टॉप को, शॉर्ट स्टॉप फर्स्ट बेसमैन को दोष दे रहा था, फर्स्ट बेसमैन आउट फील्डर को दोष दे रहा था। सच तो यह है कि हर कोई अपने अलावा हर किसी को दोषी बता रहा था और परिणाम साफ़ तौर से ज़ाहिर है कि विध्वंसक थे।

और फिर एक दिन -इस प्रतिभाओं से भरपूर परन्तु धड़ाम से गिरती हुई सेन एन्टोनियो टीम ने लीग की सबसे कमज़ोर टीम - डल्लास से एक गेम खेला और डल्लास ने 1-0 से वह गेम जीत लिया।

सेन एन्टोनियो को केवल एक हिट मिला। सेन एन्टोनियो के बहुत अच्छे प्रबन्धक जोश ओ'रेली को मालूम था कि उसकी टीम शारीरिक रूप से मज़बूत थी। समस्या ***'घटिया सोचने के ढंग'*** की थी। संक्षेप में वे 'घटिया सोच' से पीड़ित थे, इसलिए रेली ने इधर उधर इस 'बीमारी' के इलाज की तलाश की। उस समय डल्लास में स्लाटर नाम का एक विश्वास पुनर्स्थापक था जिसने चमत्कारी काम करने वाले के रूप में प्रतिष्ठा अर्जित कर ली थी, इसलिए ओ'रेली ने एक योजना बनायी।

श्रेणी का दूसरा गेम शुरु होने में सिर्फ़ एक घंटा था जब रेली ने कार्यवाही की। वह क्लब हाउस में पूरे उत्साह के साथ आया और उसने कहा, 'साथियों, मुझे हमारी समस्याओं का हल मिल गया है। अब किसी बात की चिन्ता मत कीजिये। मुझे अपने सबसे अच्छे बल्ले दे दीजिये और मैं गेम शुरू होने से पहले आपके पास वापिस आ जाऊँगा। हम आज इस गेम को जीत के रहेंगे और हम ध्वज भी जीत के रहेंगे।' उसने हर खिलाड़ी के दो सर्वोत्तम बल्ले लिए, उन्हें एक साथ गाड़ी में रखा और चल दिया। वह गेम के समय से लगभग 5 मिनट पहले वापिस आया और उसने अपनी टीम से जोश उगलते हुए कहा, 'साथियों, हमने समस्या को हल करा लिया है। किसी बात की चिन्ता मत करो। मैं मिस्टर स्लाटर के पास होकर आया हूँ और उसने इन बल्लों को अपना आर्शीवाद दे दिया है। उसका कहना है कि हमें सिर्फ़ प्लेट की ओर क़दम बढ़ाना है, एक कट लेना है और हम गेंद को हिट कर देंगे। हम गेम जीतने वाले हैं और हम ध्वज जीत के रहेंगे। किसी बात की चिंता न करो। बस, मेरे शेरों उन पर टूट पड़ो।'

और उसके शेरों ने क्या किया? अब याद रखिये यही वह टीम थी जो एक दिन पहले 1-0 के स्कोर से पिट चुकी थी। परन्तु जैसा कि एक गीत में कहा गया है, 'एक दिन में कितना बड़ा फ़र्क़ पैदा हो जाता है,' सेन एन्टोनियो की टीम ने जिसे एक दिन पहले केवल एक हिट मिली थी, आज 22 रन बनाये और उसे 37 हिट मिलीं जिनमें 11 होम रन भी शामिल हैं। मैं नहीं सोचता कि यह बताना ज़रूरी है कि उन्होंने गेम जीत लिया। उन्होंने केवल गेम ही नहीं जीता बल्कि उन्होंने ध्वज भी जीत लिया।

इस कहानी से कुछ पेचीदा विचार दिमाग़ में आते हैं, विशेषकर क्योंकि स्लाटर बल्ले टैक्सॉस लीग के दौरान कई वर्षों तक उनके वास्तविक मूल्य से अधिक राशि पर बिके। सबसे पहले, कभी किसी ने यह पता नहीं लगाया कि क्या स्लाटर ने इन बल्लों को वस्तुतः देखा था। परन्तु मान लो उसने देखा था तो स्लाटर लकड़ी के इस ढेर के साथ जिससे वे बल्ले बने थे क्या कर सकता था। मुझे विश्वास है आप सहमत होंगे कि स्लाटर उस लकड़ी के ढेर के साथ कुछ नहीं कर सकता था। तथापि, मैं व्यक्तिगत रूप से सहमत हूँ कि उन लोगों के नज़रिये के साथ जो उन बल्लों को चलाते थे वह बहुत कुछ कर सकता था। हाँ, वास्तव में, उन लोगों के दिमाग़ के साथ कुछ अवश्य हुआ और यही कारण है कि उन्हें वे सारी हिट मिलीं जिनसे उन्होंने गेम और ध्वज जीत लिया।

साहस एक नज़रिया है

एक सकारात्मक नज़रिये के सकारात्मक परिणाम होंगे क्योंकि नज़रिये संक्रामक होते हैं। ऐसा ही एक नज़रिया साहस है। एल्बर्ट हब्बार्ड ने कहा था, 'साहस के बिना कभी भी कोई महान कार्य सम्पन्न नहीं हुआ है।' एक अच्छे उपदेशक और एक महान उपदेशक,

अच्छी माँ और महान माँ, अच्छे वक्ता और महान वक्ता अथवा अच्छे सेल्समैन एवं महान सेल्समैन में अन्तर अक्सर साहस का होता है। अँग्रेज़ी शब्द 'Enthusiasm' ग्रीक शब्दों en theos से आया है और इसका सीधा सा अर्थ है 'परमात्मा अन्दर ही'। यदि आप 'enthusiasm' शब्द को ग़ौर से देखें तो अन्तिम चार अक्षर एक अक्षरबद्ध कविता बनाते हैं, 'iasm' जिसके मायने हो सकते हैं ***'मैं स्वयं बिक गया'।*** यदि आप स्वयं बिक गये और यदि आप सच में अपने उद्देश्य, अपनी कम्पनी एवं अपने प्रॉडक्ट में विश्वास रखते हैं तो आप में साहस कहीं से बाहर से नहीं आता। आप में साहस आपके अन्दर के सभी संसाधनों के स्रोत से निकलता है।

वास्तविक साहस कोई ऐसी चीज़ नहीं है जिसे आप मौक़े के मुताबिक़ 'पहन लें' या 'उतार दें', यह जीवन का एक ढंग है, ना कि कोई ऐसी चीज़ जिसे आप लोगों को प्रभावित करने के लिए प्रयोग करें। इसका ज़ोर से बोलने या शोर मचाने से कोई लेना देना नहीं है, यह एक आन्तरिक अनुभूति की वाह्य अभिव्यक्ति है। बहुत से अत्यन्त साहसी लोग काफ़ी शान्त होते हैं, फिर भी उनके वजूद का रेशा-रेशा, एक-एक शब्द और कार्य इसी बात को प्रमाणित करते हैं कि वे ज़िंदगी को और जो चीज़ उनके लिए मायने रखती है, उसे प्यार करते हैं। कुछ लोग जो साहसी होते हैं स्वभाव से ज़ोर से बोलते हैं परन्तु ज़ोर से बोलना ना तो इसके लिए आवश्यक है और ना ही यह ज़रूरी तौर पर साहस का कोई संकेत है।

मैडबुचर (पागल कसाई)

ऐलन बैलामी ने साहस का मानवीकरण करते हुए कहा है कि अधिकतर लोग अपने नज़रिये से हालात पर क़ाबू पाने के बजाये हालात को अपने नज़रिये पर क़ाबू पाने देते हैं। यदि चीज़ें ठीक हैं तो उनका नज़रिया ठीक रहता है और यदि चीज़ें ख़राब हैं तो उनका नज़रिया ख़राब हो जाता है। ऐलन मानता है कि यह ग़लत तरीक़ा है। उसका मानना है कि आपको नज़रिये की एक पुख़्ता नींव बनानी चाहिए ताकि जब 'चीज़ें' अच्छी हों तो आपका नज़रिया अच्छा हो और जब 'चीज़े' बुरी हों तो भी आपका नज़रिया अच्छा हो, जिसका अर्थ होगा कि 'चीज़ें' जल्दी ही अच्छी हो जायेंगी। उसकी अपनी कहानी इसी बात का समर्थन करती है।

जब ऐलन कोरिया के युद्ध से वापिस आया तो उसकी माँ ने उसे एक 'मॉम एण्ड पॉप' परचून की दुकान में मिलने के लिए आमन्त्रित किया। ऐलन कहता है कि यह दुकान इतनी छोटी थी कि जब आप सामने का दरवाज़ा खोलते थे तो वह मीट काउन्टर से टकराता था - जो कि पिछले दरवाज़े पर था। ऐलन और उसकी माँ के लिए पाइन ब्लफ अर्कन्सास में व्यापार अच्छा था - वाक़ई अच्छा था। इसमें कोई अचम्भे की बात नहीं थी क्योंकि किसी के लिए भी जिसने अवसाद के दिनों में अकेली छोड़ दिये जाने पर अपने

परिवार को एक टेन्ट के धूल भरे फ़र्श से बड़ा किया हो, और उन्हें शिक्षा दी हो, इसमें बहुत बड़ी तरक्की की बात थी।

क्योंकि ऐलन को 'किसी दिन हम इसे बड़ा बनायेंगे' के दर्शन पर बड़ा किया गया था, इसलिए उसे स्थानीय बैंकर से स्टोर का विस्तार करने के लिए काफ़ी बड़े कर्ज़ के बारे में बात करने में रत्ती भर संकोच नहीं हुआ। सीमित पूँजी परन्तु असीमित साहस के साथ उसने बैंक को उन्हें एक सुपर मार्केट बनाने के लिए 95000 डॉलर का कर्ज़ देने के लिए तैयार कर लिया। पहला दिन गड़बड़ी वाला था - (पार्किंग की कच्ची जगह पर भारी बारिश) परन्तु बहुत क़ामयाब था। उसका व्यापार बढ़ा और सम्पन्न हो गया - और तब यह बात निकल पड़ी कि पाइन ब्लफ, अर्कन्सास सुपर मार्केट बनाने के लिए उपयुक्त जगह थी। अगले छः महीनों में दस बड़ी श्रृंखला वाले प्रतिद्वन्दियों ने उस क्षेत्र में स्टोर खोल दिये। हर नये स्टोर का खुलना उस 'मैडबुच के व्यापार का कुछ और हिस्सा लेता रहा। (उसने यह नाम तब पाया जब एक सेल्समैन ने उसे बताया कि यह पागलपन है कि नैक बोन्स 15 सेन्ट में ख़रीद कर 10 सेन्ट में बेचे। ऐलन ने उसे आश्वास्त किया कि वह सब ठीक है क्योंकि वह 'मैडबुचर' है - और इस तरह उसका यह नाम पड़ गया)। कुछ ही दिनों बाद ऐलन का इस बड़े स्टोर में अपनी उस छोटी दुकान से भी कम व्यापार हो गया और चीज़ें काफ़ी निराशाजनक नज़र आने लगी। तब ऐलन और उसके चार साथी एक सार्वजनिक बातचीत के पाठ्यक्रम में शामिल हो गये जिसमें सोचने के सही ढंग पर काफ़ी ज़ोर दिया गया था। उसका पाँचवाँ सत्र साहस पर था जो आख़िरकार एक नज़रिया है। उस रात के बाद ऐलन ने तय किया कि वह और उसके लोग पहले के मुक़ाबले पाँच गुना अधिक साहसी बनेंगे। अब पाइन ब्लफ में हर कोई 'जानता था' कि वह पागल है। वह अपने ग्राहकों का दरवाज़े पर ही उत्साह के साथ स्वागत करता था और ऊपर से नीचे तक व आगे से पीछे तक सारे का सारा नज़रिया ही आश्चर्यजनक रूप बदलता गया - और उसी तरह नतीजे भी। सिर्फ़ चार हफ़्तों में व्यापार 15000 डॉलर प्रति सप्ताह से बढ़ कर 30000 डॉलर प्रति सप्ताह हो गया - और यह तब से उस राशि से नीचे नहीं आया।

कृपया समझिये, पाइन ब्लफ की अचानक आबादी नहीं बढ़ गयी थी और ना ही प्रतिद्वन्दियों ने अपने दरवाज़े बन्द कर दिये थे (हालांकि अब उनमें से सात ने अपने स्टोर्स बन्द कर दिये हैं।) अन्तर केवल साहस जुटाने का था। क्योंकि यह अस्थायी तौर पर इतना कारगर हुआ तो ऐलन ने इसे स्थायी रुप से अपनाने का निश्चय कर लिया। उस दिन से (लगभग 17 वर्ष पहले) मैड बुचर ने 26 अत्यन्त सफल स्टोर्स के रूप में अपना विस्तार कर लिया है। 1974 के अर्थव्यवस्था के मंदी के दौर में मैडबुचर ने अपने इतिहास में सर्वाधिक डॉलर व प्रतिशत वृद्धि हासिल की। 1976 का वर्ष, 35 मिलियन डॉलर के क़रीब की बिक्री के साथ और भी बेहतर रहा। साहस इतना संक्रामक होता है कि निजी

रुख़ का बदलना एक तरह से शून्य हो जाता है। क्योंकि लोग ही किसी व्यापार की सफलता या विफलता के प्रमुख कारण होते हैं, ऐलन बैलामी - मैडबुचर उत्साह पूर्वक लोगों के निर्माण के व्यापार में लगा हुआ है। अधिकांश सफल व्यापारी लोगों की तरह उसका विश्वास है कि अगर आप अपने लोगों का निर्माण करते हैं तो आपके लोग आपके व्यापार का निर्माण करेंगे।

'देने का' नज़रिया

आज के समय में हम 'लेने वालों' के बारे में इतना सुनते हैं कि हम अक्सर 'देने वालों' को नज़रअंदाज़ कर देते हैं। ग़लत मत समझिये। मैं पूरी तरह से 'लेने वालों' के साथ हूँ। मुझे लगता है कि वह बूढ़ा व्यक्ति बिल्कुल सही लक्ष्य पर था। पिछले सालों में वह यात्रियों को नाव से याज़ू नदी पार कराता था जो कि मिसिसिपी के याज़ू नगर की सीमा पर बहती है। इसी नदी पर शहरी सीमा के अन्दर वास्तविक युद्ध की स्थिति में पहले टारपीडो का इस्तेमाल किया गया था। यह उत्तरी चढ़ाई के युद्ध में हुआ था जिसे कुछ अमेरिकी इतिहास की पुस्तकों में गृहयुद्ध बताया गया है। यह बूढ़ा व्यक्ति नदी पार कराने के एक फेरे के 10 सेन्ट लेता था। एक बार जब उससे पूछा गया कि वह हर रोज़ कितने फेरे लगाता है तो उसने जवाब दिया, 'जितने अधिक से अधिक मैं लगा सकता हूँ क्योंकि जितना अधिक मैं जाता हूँ उतना ही अधिक मैं पाता हूँ और यदि मैं नहीं जाता तो मुझे नहीं मिलता।'

हाँ, मैं चल कर पाने के दृष्टिकोण एवं चल कर देने के दृष्टिकोण में विश्वास रखता हूँ। सच तो यह है, मैं नहीं मानता कि आप उन्हें अलग कर सकते हैं जैसे कि इज़राइल की कहानी जो कि 20वीं सदी की सबसे रोमांचक कहानी है, इसे बहुत स्पष्ट रुप से प्रदर्शित करती है। बाइबल में की गयी भविष्यवाणी के अनुसार - 1948 में संकटों में पैदा हुए इज़राइल ने अपने अरब पड़ोसियों के मध्य रेत में समुद्र एवं ग़रीबी में सम्पन्नता व वास्तविक मरुद्यान की रचना की है (उन धनाड्य तेल के शेखों से ग़लतफ़हमी न पालें, बहुत बड़ा बहुमत अविश्वसनीय ग़रीबी व अज्ञानता में रहता है।) यद्यपि इज़राइल के पास बहुत से संसाधनों की अत्यन्त कमी थी इज्राइलियों ने जो कुछ उनके पास नहीं था को, जो कुछ उनके पास था के उपयोग करने से ख़ुद को नहीं रोकने दिया। जब आपने घर वापिस आने के लिए 2000 वर्ष तक इन्तज़ार किया हो, और समूचे विश्व में यातना व भेदभाव झेले हों तो आप पूरी तरह आश्वस्त हो सकते हैं कि हरेक पुरुष, महिला व बच्चा अपनी मातृभूमि पर बहुत अधिक उत्साह व संकल्प के साथ वापिस आया था। हर कोई अपने साथ 2000 वर्ष तक स्वतन्त्रता व समान अधिकार को नकारे जाने की कुंठा लेकर आया था। हर कोई अपनी मातृभूमि में अपने लिए एक जगह बनाने आया था और वह केवल ऐसा चाहता ही नहीं था बल्कि वह इसके बदले में कुछ देने के लिए व्याकुल था।

परिणाम इस शताब्दी के आश्चर्य बन गये। उसने रेगिस्तान को सींच कर पानी जोड़ा - और अधिक पैदावार देने वाले अँगूर के उद्यान लगाये। उसने मेहनत के साथ सूझ बूझ जोड़ी और पूरे विश्व से व्यापार व पर्यटकों को आकर्षित किया। उसने 30 लाख से भी कम आबादी के लोगों में संकल्प, गर्व एवं कुछ देने की भावना भर दी। एक स्वतन्त्र एवं सम्पन्न भूमि के निर्माण में संकल्प व समर्पण ने इज़राइल को अपने चारों ओर घेरे हुए 10 करोड़ अरबी लोगों की संयुक्त ताक़तों के विरुद्ध अपने बलबूते पर खड़े रहने योग्य बना दिया। हाँ इज़राइल एक अजीब कहानी है। वे देने और लेने के लिए आये। उन्होंने दोनों काम किये। प्रसंगवश, पश्चिमी विश्व में इज़राइल में न्यूनतम अपराध दर है और किसी सार्वजनिक या व्यक्तिगत सम्पत्ति को नष्ट करने जैसी बात बिल्कुल विद्यमान नहीं है।

यह शाश्वत रूप से सत्य है कि जब आप किसी चीज़ का निर्माण अपने लहू, पसीने और आँसुओं से करते हैं तो इसकी सम्भाव्यता बहुत कम होती है कि आप उसके टुकड़े-टुकड़े करके उसे नष्ट कर देंगे। निर्माता विध्वंसक नहीं होते - एवं विध्वंसक निर्माता नहीं होते।

इनपुट से आउटपुट का निर्धारण होता है

आप जो हैं और जहाँ हैं वह उसकी वजह से हैं जो आपके दिमाग़ के अन्दर गया है। आपके दिमाग़ में जो जाता है उसे बदल कर, आप जो हैं और जहाँ हैं उसमें बदलाव ला सकते हैं। वर्ष 1979 के अन्तिम दिनों में हमने काफ़ी धनराशि एक कम्प्यूटर में लगायी। मैंने हर किसी को इस अद्‌भुत मशीन के बारे में बताया जो हमारे माल, वेतन बिल, डाक सूची, लेबल लगाना, और हमारी सुबह की कॉफ़ी बनाने से लेकर रसोई साफ़ करने तक हर चीज़ करेगा। मैं उस कम्प्यूटर के बारे में वास्तव में रोमांचित था। छह महीने बाद मैं इसे इसके मूल्य के एक छोटे से हिस्से के बदले बेच चुका होता।

आज, मैंने इसके लिए जितना भुगतान किया था उसका दस गुना लेकर भी मैं इसे नहीं बेचूँगा, इसीलिए मैं इसे बदल नहीं सका। फ़र्क़ क्या है? उत्तर सरल है। पहले लोग जिन्हें हमने कम्प्यूटर को प्रोग्राम करने के काम पर रखा था उन्होंने उसे बेक़ार कर दिया होता। (सच तो यह है कि उन्होंने यही किया भी)

फिर एक दिन मैरिलिन और डेव बौअर हमारे ऑफिस में आये और उन्होंने हमें आश्वस्त किया कि वे उस कम्प्यूटर को हंसा सकते थे व बात करा सकते थे, सीटी बजवा सकते थे व गाना गवा सकते थे और यहाँ तक कि उससे कुछ काम भी करा सकते थे। हमने जिज्ञासा पूर्वक उन्हें काम पर लगाया और कुछ ही समय बाद कम्प्यूटर वह सब काम कर रहा था जिनके करने की हमने उससे आशा की थी - और उससे भी बहुत अधिक। वह कम्प्यूटर सच में आश्चर्यजनक है - परन्तु उसके आउटपुट का निर्धारण उसके इनपुट के द्वारा होता है। यह उस व्यक्ति या व्यक्तियों से जिन्होंने इसे प्रोग्राम किया है ना बेहतर है

ना बद्तर। इसी तरह आप हैं। बहुत हद तक आप उसी तरह काम करेंगे और सोचेंगे जिस तरह आपको प्रोग्राम किया गया है। आपमें और कम्प्यूटर में एक बहुत बड़ा अन्तर यह है कि आप अपने दिमाग़ के लिए प्रोग्राम और प्रोग्रामों को चुन सकते हैं। अगर आप अभी तक ज़िन्दगी के हाइवे पर उतनी दूर नहीं जा पाये हैं जितनी दूर जाना आप पसन्द करते थे तो हो सकता है कि आप ग़लत प्रोग्राम का अनुसरण कर रहे हों। हो सकता है - बिल्कुल हो सकता है – कि आपके दिमाग़ में इनपुट नकारात्मक रहे हों और इसलिए आपको आगे बढ़ाने के स्थान पर पीछे रोक लिया हो। *'शिखर पर मिलेंगे'* का एक अन्य उद्देश्य आपकी एक ऐसे इनपुट प्रोग्राम से सहायता करना है जो आपके लिए उस काम के करने में जो आप करना चाहते हैं, उसे पाने में जो आप पाना चाहते हैं एवं वह होने में जो आप होना चाहते हैं, सहायक होगा।

इतना बड़ा कि प्रहार न हो सके या इतना बड़ा कि चूक न सके

जिस ढंग से आप चीज़ों को देखते हैं - आपका नज़रिया - आपकी सफलता में सबसे महत्वपूर्ण हिस्सा है। यह हमेशा से इसी तरह रहा है जैसा कि यह हज़ारों साल पहले की कहानी साबित करती है।

मैं बाइबल से प्यार करता हूँ और मानता हूँ कि यह हर स्कूल में एक पाठ्यक्रम के रूप में उपलब्ध करायी जानी चाहिए क्योंकि ईश्वर सकारात्मक और नकारात्मक सोच में इतना स्पष्ट अन्तर प्रदर्शित करता है। डेविड और गोलियाथ की कहानी मेरी मनपसन्द कहानियों में से एक है और स्पष्टतया इस बात पर ज़ोर देती है। 9 फीट ऊँचा व 400 पौण्ड का गोलियाथ इज़्राइल के बच्चों को चुनौती दे रहा है और सर्वशक्तिमान ईश्वर की निंदा करता है। डेविड ने जो कि एक 17 वर्षीय फुलफुले गालों वाला लड़का था व अपने भाइयों से मिलने आया था, यह जानना चाहा कि वे उस चुनौती को क्यों स्वीकार नहीं कर रहे थे। (बाक़ी कहानी बिल्कुल वही है जैसी कि बाइबल में लिखी है परन्तु थोड़ा सा कहने का तरीक़ा मेरा है)। भाइयों ने बताया कि तुम गोलियाथ जैसे लोगों से लड़ने पर आसानी से चोट खा सकते हो। वे महसूस करते थे कि गोलियाथ इतना बड़ा है कि उस पर प्रहार नहीं किया जा सकता। डेविड जानता था कि गोलियाथ इतना बड़ा है कि निशाना चूक नहीं सकता। फिर डेविड ने जानना चाहा कि राजा कहाँ पर है और उसके भाइयों ने बताया कि राजा बीमार चल रहा है। जब डेविड ने अपने भाइयों से कहा कि वह गोलियाथ से लड़ेगा तो उन्हें लगा कि वह पागल है। जाहिर है कि भाई अपने आकार की गोलियाथ के आकार से तुलना कर रहे थे और उसकी वजह से उनके लिए 9 फीट का गोलियाथ काफ़ी बड़ा हो गया था। डेविड गोलियाथ के आकार की ईश्वर से तुलना कर रहा था - और उससे गोलियाथ काफ़ी छोटा हो गया था। (अगर आपने न सुना हो तो - डेविड और ईश्वर की जीत हुई)

मैं बाइबल को इसकी सुन्दर सरलता व स्पष्टता के कारण भी प्यार करता हूँ। बहुत से लोग कहते हैं कि वे बाइबल नहीं पढ़ते क्योंकि वे इसे समझ नहीं पाते। मुझे इस बात में कोई शंका नहीं है कि उनकी समस्या वह नहीं है जो वे समझ नहीं पाते बल्कि समस्या वह है जो वे समझते हैं। व्यक्तिगत रूप से मैं महसूस करता हूँ कि ईश्वर बिल्कुल स्पष्ट रूप से बोलता है। मुझे विश्वास है, आपने ध्यान दिया होगा कि वह दस कमान्डेन्टस को दस सुझाव नहीं कहा गया है।

'सही' सोचने के ढंग में इतने अधिक क्षेत्र सम्मिलित होते हैं कि यह तय करना मुश्किल हो जाता है कि उनमें सबसे महत्वपूर्ण कौन सा है। अगली कहानी सबसे उपेक्षित क्षेत्रों में से एक पर निशाना साधती है।

हरा व बढ़ता हुआ

जब मैं न्यूयॉर्क शहर में डेल कार्नेगी संस्थान में प्रशिक्षक था तो मुझे एक बहुत अच्छे सेल्समैन से मिलने का सौभाग्य मिला जिसकी उम्र 60 वर्ष से अधिक थी। उसका नाम ऐडग्रीन था और वह विज्ञापन की दुनिया में वास्तविक झूठी आशायें बेचता था। उसकी आय प्रति वर्ष 75000 डॉलर से अधिक थी जो आज की अर्थव्यवस्था के अनुसार 125000 डॉलर के बराबर होगी। एक रात, कक्षा के बाद मैंने ऐड को बातचीत में लगा लिया और उससे काफ़ी साफ़ तौर से पूछा कि वह ऐसी कक्षा में क्या कर रहा था जिसे तीन आदमी पढा रहे थे जिनकी संयुक्त आय भी उसकी आय से कम थी। उसने मुस्करा कर जवाब दिया, 'ज़िग, मैं आपको एक छोटी सी कहानी सुनाऊँ। जब मैं लड़का था तो मेरे पिता मुझे हमारा बगीचा दिखाने ले गये। मेरे पिता शायद उस समुदाय के सर्वश्रेष्ठ माली थे। वे बगीचे में मेहनत करते थे, उसे प्यार करते थे और उस पर गर्व करते थे। जब हमने बगीचे का दौरा समाप्त कर लिया तो मेरे पिता ने मुझसे पूछा कि मैंने इस दौरे से क्या सीखा। ऐड मुस्कराया और बोलता रहा कि मैं केवल यह देख पाया कि मेरे पिता ने बगीचे में बहुत मेहनत की है। इस बात पर मेरे पिता कुछ अधीर हुए और उन्होंने कहा, 'बेटे, मैं उम्मीद करता था कि तुम देख पाओगे कि जब तक सब्जियाँ हरी थीं, वे बढ़ रहीं थीं परन्तु जब वे पक गयीं तो सड़ना शुरु हो गयीं।'

ऐड ने यह कहानी यह कहते हुए समाप्त की, 'ज़िग, आपको मालूम है, मैं उस कहानी को कभी नहीं भूलता। मैं इस कक्षा में आया क्योंकि मैंने सोचा कि मैं कुछ सीखूंगा। अगर मैं आपसे पूरी ईमानदारी से कहूँ तो मैंने कक्षा में कुछ ऐसा सीखा जिसकी वजह से मैं हज़ारों डॉलर कमीशन देने वाले एक सौदे को निपटा पाया। मैं उस सेल के लिए दो साल से भी अधिक समय से कोशिश कर रहा था। इसके कमीशन से मेरे द्वारा अपने पूरे जीवन में लिये गये सेल्स प्रशिक्षणों का ख़र्चा निकल गया।'

स्वाभाविक रूप से ऐड ग्रीन जैसे आदमी से समर्थन में गवाही पाना स्फूर्तिदायक था। हमने बातचीत जारी रखी और मैंने बताया कि उसकी प्रतिक्रिया से मुझे कितनी ख़ुशी हुई। मैंने यह भी उल्लेख किया कि कक्षा के नौजवान सदस्यों में से एक ने उससे शिक़ायत की थी, 'मैंने ये सब बातें सुन रखी हैं और कक्षा से कुछ भी हासिल नहीं हो रहा है। 'ऐड ने गौर किया कि उस नौजवान के साथ दृष्टिकोण की समस्या थी। फिर उसने इससे मेल खाती एक रोचक बात कही, 'ज़िग, मेरी शादी हुए 40 साल से अधिक हो गये हैं और जब मेरी पत्नी मुझसे चुम्बन लेने के लिए कहती है तो मैं यह अच्छी तरह से जानता हूँ कि यह कैसा होगा परन्तु मैं फिर भी इसका आनन्द लेता हूँ।'

जीवन के खेल में, ऐसी चीज़ों को जिससे कि बढोतरी हो, अपने दिमाग़ में डालने के लिए निरन्तर तलाश करके आप जीने के लिए और सीखने के लिए जोश बरकरार रख सकते हैं। पीटर ड्रूकर ने इसे इस प्रकार व्यक्त किया है। **'ज्ञान को बराबर सुधारना पड़ता है, चुनौती देनी पड़ती है और बढ़ाना पड़ता है अन्यथा यह ख़त्म हो जाता है।'**

क्रिया - प्रतिक्रिया

अगला उदाहरण इस पुस्तक में सबसे महत्वपूर्ण बात की ओर इशारा करता है।

मिस्टर बी उसकी कम्पनी में हो रही चीज़ों के ढंग से सन्तुष्ट नहीं था। उसने एक बैठक बुलायी और कहा, 'अब साथियों, हमें सुव्यवस्थित होना है। आप में से कुछ काम पर देरी से आते हैं और कुछ जल्दी चले जाते हैं। क्यों आप में से कुछ लोग अपने काम की पूरी ज़िम्मेदारी स्वीकार नहीं करते। अब कम्पनी के प्रेज़ीडेन्ट के रूप में मैं इसे मान्यता देने जा रहा हूँ। क्योंकि मुझे आपके लिए एक मिसाल क़ायम करनी चाहिए, इसलिए मैं जो कुछ करने जा रहा हूँ वह इस प्रकार है। अब से मैं यहाँ पर जल्दी आऊँगा। मैं देर तक रूकूँगा। जो भी चीज़ मैं करूँगा उसमें मैं एक मिसाल बनना चाहूँगा। अगर मेरी मिसाल अच्छी है तो आपसे उसका अनुसरण करने की आशा की जायेगी। अगर यह अच्छी नहीं है और आपने इसका अनुसरण किया तो मैं समझ जाऊँगा। हमारी कम्पनी अच्छी है और भविष्य उज्जवल दिखाई देता है यदि हम में से हर कोई अपना काम ठीक से सम्भाले और अपनी ओर से सर्वश्रेष्ठ काम करे।'

बहुत से लोगों की भाँति, मिस्टर बी के इरादे नेक थे, परन्तु कुछ ही दिनों के बाद वह कन्ट्रीक्लब में एक लंच मीटिंग में इतना लीन हो गया कि समय को भूल गया। जब उसने अन्ततः अपनी घड़ी पर नज़र डाली तो वह भौंचक्का रह गया। उसने अपनी काफ़ी का कप लगभग गिराते हुए कहा, 'ओह ! मुझे 10 मिनट में वापिस ऑफ़िस पहुँचना है।' वह उछला, पार्किंग की ओर भागा, अपनी गाड़ी में कूदा और तीर की तरह चल पड़ा। वह लगभग 90 मील प्रति घंटे की रफ़्तार से चल रहा था कि कानून की लम्बी बाज़ू ने दृश्य

में प्रवेश किया और उसे बुरी तरह फटकार लगायी व दंडित करने हेतु टिकिट काट दिया।

मिस्टर बी बौखलाया हुआ था। अपने आप से बड़बड़ाते हुए उसने कहा, 'यह वाक़ई अजीब बात है। मैं एक शान्त, टैक्स अदा करने वाला, कानून मानने वाला नागरिक हूँ जो अपने काम से वास्ता रखता हूँ, और यह आदमी आकर मुझे टिकट थमा रहा है। उसे अपना वक्त अपराधियों, चोरों और लुटेरों को पकड़ने में लगाना चाहिए। उसे हम टैक्स अदा करने वाले नागरिकों को हमारे हाल पर छोड़ देना चाहिए। सिर्फ़ क्योंकि मैं तेज़ जा रहा था, इसका मतलब यह तो नहीं हुआ कि मैं सुरक्षित नहीं था। यह तो बिल्कुल बेतुकी बात है।'

ओह, वह परेशान था

जब वह ऑफ़िस वापिस पहुँचा तो इस बात से ध्यान हटाने के लिए कि वह देरी से आया था, उसने सेल्स मैनेज़र को बात करने के लिए अन्दर बुलाया। उसने ग़ुस्से से पूछा कि क्या आर्मस्ट्राँग की सेल को अन्तिम रुप दे दिया गया है। सेल्स मैनेजर ने कहा, 'मिस्टर बी, मुझे मालूम नहीं क्या हुआ है परन्तु कुछ हुआ अवश्य है और हमने यह सेल गँवा दी।' अब अगर आप सोचते हैं कि मिस्टर बी पहले परेशान था तो आप अब उसकी हालत देखते। उसने ग़ुस्से से चिल्लाते हुए सेल्स मैनेजर को मानो 'शान्ति भंग करने वालों के विरुद्ध अँग्रेज़ी कानून' पढ़ कर सुना दिया था। 'आपको मालूम है कि मैं आपको अठारह वर्ष से वेतन दे रहा हूँ। इस अवधि के दौरान मैं व्यापार को पैदा करने के लिए आप पर निर्भर रहा हूँ। अब आख़िरकार हमको एक मौक़ा मिला था कुछ बड़ा कर दिखाने का जिससे हमारी प्रॉडक्ट लाइन का विस्तार होता और आपने क्या किया? आपने इसे उड़ा दिया। ठीक है, तो मैं भी दोस्त, आपको बता दूँ। आप या तो इस सौदे के बदले दूसरा व्यापार सौदा लायेंगे या मैं आपको बदल दूँगा। सिर्फ़ इसलिए कि आप यहाँ पर 18 वर्ष से हैं, इसका मतलब यह नहीं हैं कि आपका जीवन भर का ठेका हो गया है।' ओह! वह वाक़ई परेशान था।

इसी तरह वह था

परन्तु अगर आप सोचते हैं कि मिस्टर बी परेशान था तो आपको उसके सेल्स मैनेजर को देखना चाहिए था। वह ऑफ़िस से बाहर बड़बड़ाता हुआ आया, 'क्या यह कोई बात ही नहीं है? 18 वर्ष से मैंने इस कम्पनी के लिए जी तोड़ मेहनत की है। कम्पनी की सफलता और बढ़ोतरी मेरी वजह से होती है क्योंकि मैं व्यापार के नये सौदे लाता हूँ। मेरी वजह से कम्पनी टिकी हुई है और चल रही है। मिस्टर बी तो सिर्फ़ दिखाने के लिए प्रमुख हैं। यदि मैं नहीं होता तो यह कम्पनी कभी की बेमोल बिक जाती। और अब, सिर्फ़ क्योंकि मैंने एक सेल गँवा दी, वह सस्ते और भद्दे तरीक़े पर उतर आया और मुझे नौकरी से

निकालने की धमकी देता है। यह ठीक नहीं है।'

अपने आप से बड़बड़ाते हुए सेल्स मैनेजर सेक्रेटरी को अन्दर बुलाता है और पूछता है, 'मैंने जो आपको सुबह पाँच पत्र दिये थे क्या वे पूरे हो गये?' उसने जवाब दिया, 'नहीं, क्या आपको याद नहीं, आपने मुझसे कहा था कि सब कुछ छोड़ कर पहले हिलर्ड वाले खाते को निपटाओ? मैं वही कर रही हूँ।' अब सेल्स मैनेजर बरस पड़ा, 'मुझे बेकार के बहाने मत सुनाओ। मैंने आपसे कहा था कि मुझे वे पत्र चाहिए और अगर आप उन्हें तैयार नहीं कर सकती तो मैं किसी और को इस काम पर रख लूँगा जो यह कर सकता हो। सिर्फ़ इसलिए क्योंकि आप यहाँ पर सात साल से हैं इसका मतलब यह नहीं है कि आपका जीवन भर का ठेका हो गया। मुझे वे पत्र आज भेजने हैं, और निश्चित रूप से भेजने हैं।' ओह! वह परेशान था।

वह परेशान थी

परन्तु अगर आप सोचते हैं कि वह परेशान था तो आपको उसकी सेक्रेटरी को देखना चाहिए था। जब वह सेल्स मैनेजर के ऑफ़िस से पैर पटकती हुई बाहर आयी तो आग बबूला हो रही थी और अपने आप से कह रही थी, 'वह ऐसा कैसे कह सकता है? सात सालों से मैं अपने काम को पूरे मन से कर रही हूँ। सैकड़ों घंटों का ओवर टाइम काम किया है और कभी एक धेला ओवरटाइम भुगतान नहीं लिया। मैं यहाँ के तीन लोगों के मुक़ाबले कहीं ज़्यादा काम करती हूँ। सच तो यह है कि मेरी वजह से यह कम्पनी टिकी हुई है। अब सिर्फ़ क्योंकि मैं एक ही वक्त में दो काम नहीं कर सकती तो वह मुझे नौकरी से निकालने की धमकी देता है। यह ठीक नहीं है। इसके अलावा, उसके बारे में इतनी सारी बातें जो मैं जानती हूँ, वह क्या सोचता है मुझे बेवक़ूफ़ बना लेगा? 'वह स्विचबोर्ड ऑपरेटर के पास गयी और कहा, 'मेरे पास कुछ पत्र हैं जिन्हें मैं तुमसे टाइप कराना चाहती हूँ। मैं जानती हूँ कि सामान्य तौर पर यह तुम्हारा काम नहीं है, परन्तु तुम कुछ करती तो हो नहीं सिवाय यहाँ बैठ कर कभी-कभार टेलीफ़ोन का जवाब देने के। इसके अलावा, यह एक आपातकालीन परिस्थिति है और मुझे यह पत्र आज भेजने हैं। यदि तुम नहीं कर सकती हो तो मुझे बताओ मैं किसी और को रख लूँगी जो यह कर सकता हो।' ओह! वह परेशान थी और उसने सब लोगों को इसे जता दिया।

वह भी परेशान थी

परंतु अगर आप सोचते हैं कि वह परेशान थी तो आप स्विचबोर्ड ऑपरेटर को देखते। वह आपे से बाहर थी। 'यह तो हद हो गयी' उसने कहा, 'मैं स्टाफ़ में सबसे ज़्यादा काम करने वाली और सबसे कम वेतन पाने वाली सदस्या हूँ। मुझे चार चीज़ें फ़ौरन करनी पड़ती हैं और वे एक भी चीज़ नहीं करते, उलटे कॉफ़ी पीते रहते हैं। सिर्फ़ कभी-कभार वे

कोई काम करते हैं, और जब भी कोई काम पिछड़ता है तो मदद करने के लिए मुझे बुलाते हैं। यह ठीक नहीं है। यह मुझे हटाने के बारे में जो कूड़ा-कचरा कहा है यह वाक़ई एक मज़ाक़ है क्योंकि मुझे अकेली को ही तो मालूम है कि यहाँ क्या चल रहा है। यदि मैं नहीं होती तो कम्पनी कभी की ख़त्म हो लेती। सिर्फ़ इतना ही नहीं, बल्कि वे जानते हैं कि मेरा कार्य करने के लिए उन्हें मेरे से दोगुने वेतन पर भी कोई नहीं मिलेगा।' उसने पत्र टाइप कर दिये परन्तु वह सुलगती रही।

जब वह घर वापिस पहुँची तब भी उसमें धुंआ उठ रहा था। वह घर के अन्दर गयी, धमाके के साथ दरवाज़ा बन्द किया और कमरे में आगे बढ़ी। पहली चीज़ जो उसने देखी वह थी कि उसका 12 वर्षीय पुत्र फ़र्श पर लेट कर टेलिविज़न देख रहा था। उसने अत्यन्त ग़ुस्से में कहा, 'मैंने तुमसे कितनी बार कहा है कि जब तुम स्कूल से घर वापिस आया करो तो अपने खेलने के कपड़े पहना करो। माँ को तुम्हें पालने में, स्कूल भेजने में और इस पूरे घर को चलाने में पहले ही बहुत परेशानी उठानी पड़ती है। अब तुम अभी ऊपर जाओ। तुम्हें आज रात को खाना नहीं मिलेगा और अगले तीन हफ़्तों तक कोई टेलिविज़न नहीं।' ओह! वह परेशान थी।

बिल्ली को लात मारना

परन्तु अगर आप सोचते हैं कि वह परेशान थी तो आप उसके 12 वर्षीय पुत्र को देखते। वह पैर पीटता हुआ और यह कहता हुआ कमरे से बाहर निकला, 'यह ठीक नहीं है। मैं माँ के लिए कुछ कर रहा था परन्तु उसने मुझे यह बताने का मौक़ा ही नहीं दिया कि क्या हुआ था। यह एक दुर्घटना थी और किसी के साथ भी हो सकती थी।' उसी समय उसकी पालतू बिल्ली उसके सामने से गुज़री। यही उसकी गलती हो गयी। लड़के ने उसे ज़ोर से लात मारते हुए कहा, 'तुम यहाँ से निकल जाओ। तुम किसी काम की नहीं हो।'

स्पष्ट रूप से बिल्ली इन घटनाओं की श्रृंखला में शामिल अकेली ऐसी कलाकार थी जो घटनाओं को बदल नहीं सकती थी और इस पर मैं एक बहुत सरल सवाल पूछता हूँ। क्या यह कहीं बेहतर नहीं होता अगर मिस्टर बी सीधे कन्ट्रीक्लब से स्विचबोर्ड ऑपरेटर के घर जाते और ख़ुद बिल्ली को लात मार देते?

अब, एक दूसरा महत्वपूर्ण सवाल। आपने हाल ही में किसकी बिल्ली को लात मारी? मेरे प्रश्न का उत्तर देने में आपकी मदद करने के लिए आइये, हम स्थितियों पर की जाने वाली प्रतिक्रियाओं की एक श्रृंखला पर नज़र डालें। आप विनोदशीलता पर किस प्रकार प्रतिक्रिया करते हैं? मुस्कराहट पर आपकी प्रतिक्रिया कैसी होती है? प्रशंसा पर? सहमत हो जाने वाले लोगों के प्रति आपकी प्रतिक्रिया कैसी होती है? जब आप कोई सेल कर लेते हैं या जब लोग आपके प्रति अच्छे, ख़ुशगवार और शालीन हों तो आप किस तरह

बिल्ली को लात मारने वाले मत बनिये।
नकारात्मक स्थितियों में सकारात्मक रूप से प्रतिक्रिया कीजिए।

प्रतिक्रिया करते हैं? आपकी एक ख़ूबसूरत दिन पर या आपकी ज़रूरतों का विनम्र ढंग से ख्याल रखने वाली सेविका के प्रति कैसी प्रतिक्रिया होती है? मैं शर्त लगा सकता हूँ कि आप ख़ुशगवार होते हैं, बदले में मुस्कुराते हैं एवं शालीन होते हैं। आप इन सब चीज़ों के प्रति कृतज्ञ होते हैं और वे आपको एक मित्रवत व्यक्ति बनाती हैं। परन्तु इसके लिए आपको धेले भर का भी श्रेय नहीं मिल सकता। आपको मालूम है, हमारे द्वारा अभी बताई गयी परिस्थितियों में कोई भी व्यक्ति अनुकूल व्यवहार कर सकता है ।

आप - और बेल-बूटों में घूमने वाला

आप अशिष्टता, क्रोध, कटाक्ष, अस्वीकृति अथवा एक धीमी, अशिष्ट सेविका के प्रति किस तरह की प्रतिक्रिया करते हैं? आप ट्रैफ़िक के कारण होने वाली देरी या एक ठंडे, नीरस दिन पर कैसी प्रतिक्रिया करते हैं? जब कोई व्यक्ति आप पर अकारण फट पड़ता है तो क्या आप भी वापिस फट पड़ते हैं? क्या आप स्वयं को दूसरों के द्वारा उनके स्तर पर लाने देते हैं या आप समझते हैं कि उस घटना का आपसे कोई लेना-देना नहीं है, किसी अन्य व्यक्ति ने रुक कर 'उनकी बिल्ली को लात मार दी होगी।' आप तो सिर्फ़ संयोगवश लाइन में अगले व्यक्ति पड़ गये। जब आपके पीछे कोई ड्राइवर बराबर ज़ोर से हार्न बजाये जाता है बावज़ूद इसके कि ट्रैफ़िक दोनों दिशाओं में एक मील तक रुका हुआ है, तो आप क्या करते हैं? क्या आप घूम कर उसकी ओर गन्दी नज़र से देखते हुए उस पर मुक्का तान देते हैं? क्या आप स्वयं को उसके द्वारा उसके स्तर तक खींच लिया जाने देते हैं, या आप मुस्कुराते हैं और कहते हैं, 'सिर्फ़ इसलिए कि किसी व्यक्ति ने उसकी 'बिल्ली' को लात मार दी है, यह मेरे लिए कोई वजह नहीं है कि मैं उसके द्वारा अपनी बिल्ली को लात मारने दूँ।' जब आपकी पत्नी या पति आप पर कोई कुंठा निकालने लगता है तो आप किस प्रकार प्रतिक्रिया करते हैं? आप पदोन्नति से लिए पीछे छोड़ दिये जाने पर, 'ए' के बजाये 'सी' ग्रेड पाने पर, कोई सेल गंवा देने पर, मिस्टर बी द्वारा तिरस्कार किये जाने पर, टीम में या क्लब प्रेज़िडेन्सी में न चुने जाने पर किस प्रकार प्रतिक्रिया करते हैं? आपकी नकारात्मक 'बिल्ली को लात मारने वाली' स्थितियों में प्रतिक्रिया बहुत हद तक जीवन में आपकी सफलता और ख़ुशी को निर्धारित करेगी ।

बेल बूटों में व्यर्थ घूमने वाला निकम्मा, समुदाय का नेता, सर्वश्रेष्ठ विद्यार्थी, स्वनिर्मित लखपति एवं वर्ष की सर्वाधिक सम्मानित महिला, इन सब में एक बहुत बड़ी बात एक जैसी है। हर कोई कुंठा, गहन खिन्नता, निराशा, मायूसी और पराजय का सामना करता है। कार्य सम्पन्नता में अन्तर जीवन की नकारात्मक स्थितियों के प्रति भिन्न प्रतिक्रिया का परिणाम है। निकम्मे ने यह कह कर प्रतिक्रिया की 'बेचारा मैं' और शराब पीकर अपनी समस्याओं को भुलाने की कोशिश में अपनी शराब में डूब गया। सफल व्यक्ति के सामने भी उसी तरह की और अक्सर उससे बड़ी समस्याएं आयीं - उसने सकारात्मक

रूप से प्रतिक्रिया की - समस्या में लाभ तलाशा और परिणाम स्वरूप वह और अधिक सफल होकर निकला। **हम जीवन की स्थितियों को अनुकूल नहीं बना सकते, परन्तु हम उनके पैदा होने से पहले, उनके लिए अपने दृष्टिकोण को अनुकूल बना सकते हैं।** यह नज़रिये पर क़ाबू पाना है और आप इस पुस्तक में इसे किस-तरह पायें, यह सीखेंगे। आप सीखेंगे कि अधिकांश मामलों में जब कोई व्यक्ति आप पर बेवजह फट पड़ता है तो ऐसा इसलिए होता है क्योंकि किसी अन्य व्यक्ति ने उसकी 'बिल्ली' को लात मार दी है। आप सीखेंगे कि इसका आप से कोई लेना-देना नहीं है। और इससे भी अधिक महत्वपूर्ण यह है कि आप सीखेंगे कि उस नकारात्मक स्थिति के प्रति तथा दूसरी नकारात्मक स्थितियों के प्रति भी आप किस प्रकार सकारात्मक प्रतिक्रिया करें।

एक शुरूआत करने वाले के तौर पर, मैं आपको सुझाव दूँ कि अगली बार जब कोई (किसी प्रियजन से शुरू करें) आपके बेकसूर सिर पर गरजे (सावधानीपूर्वक जान लें कि आप बेक़सूर हैं), तो मुस्कराकर कहें, 'प्रिय, क्या कोई आज आपकी 'बिल्ली' को लात मार रहा है? 'यदि आप उसमें बचे रहे (आप बचे रहेंगे), तो आप थोड़ा सा परिवर्तन करके सामान्यजन की ओर बढ़ सकते हैं। जब कोई अनजान या हलकी फुल्की जान-पहचान वाला व्यक्ति आपको अकारण 'चबाने लगे' (ध्यान रहे और जान लें कि आप निर्दोष हैं) तो सिर्फ़ मुस्कुरायें और कहें, 'मुझे आपसे एक विचित्र सवाल पूछना है - क्या आज कोई आपकी 'बिल्ली' को लात मार रहा है? 'इससे विविध प्रकार की प्रतिक्रियाएं मिलेंगी, परन्तु याद रखें कि इस समय आप क्रिया में पीछे हैं। (आश्चर्य न करें यदि वह सम्भवतः झुंझला कर आपसे कहे कि 'उसके पास कोई बिल्ली नहीं है')। इसका वास्तव में मतलब है कि आप नकारात्मक के प्रति सकारात्मक और नाख़ुशगवार के प्रति ख़ुशगवार प्रतिक्रिया कर रहे हैं। यह महसूस करना स्वाभाविक एवं मानवीय है कि दूसरा आदमी आपसे इतने अच्छे व्यवहार के योग्य नहीं हैं। और आप हो सकता है कि सही हों, परन्तु यह प्रतिक्रिया आपके लिए सर्वोत्तम है और ***अपने द्वारा स्वयं के प्रति सर्वोत्तम व्यवहार के आप योग्य हैं।***

जब आप नीचे उतर आयें – ऊपर उठें

अब, आइये नकारात्मक सोच पर कुछ सकारात्मक दृष्टि डालें। मेरे मित्र व साथी, कॉवेट रॉबर्ट ने निषेधवाद की यात्रा के लिए एक दार्शनिक तरीक़े में ताज़गी देने वाला व सहज बुद्धि मार्ग चुना और अवलोकन किया, 'कोई भी व्यक्ति नीचे गिर जाने या मायूस हो जाने से असफल नहीं होता। वे केवल तब असफल होते हैं जब नीचे ठहरे रहते हैं या नकारात्मक बने रहते हैं।' कॉवेट इस बात पर ज़ोर देता है कि आपको एक रिसते हुए टायर की तरह होना चाहिए। पराजय को आपमें से कुछ बाहर निकालकर आपकी हवा थोड़ी कम कर देनी चाहिए। अगर ऐसा नहीं हुआ तो यह इस बात का एक सशक्त संकेत

होगा कि आपको न केवल हारना बुरा नहीं लगा बल्कि आप भावात्मक रूप से जीत की इच्छा नहीं रखते थे।

मैं इसमें यह भी जोड़ दूँ कि हालांकि मैं आपकी आन्तरिक प्रतिक्रिया के बारे में बात कर रहा हूँ परन्तु स्पष्ट रूप से, मैं ऐसा महसूस नहीं करता कि आप मुँह लटका लें, ज़रूरत से ज़्यादा ग़ुस्सा करें, तुच्छ खेल भावना दिखायें अथवा अन्य किसी प्रकार का बचकाना व्यवहार करें। शिष्ट व परिपक्व बनें और याद रखें, **यदि आप पराजय से सीखते हैं तो आप वास्तव में पराजित नहीं हुए।** इस नये नज़रिये के साथ, इस बात की प्रबल सम्भावनायें हैं कि अगले मुक़ाबले के बाद आप विजेताओं के क्षेत्र में प्रवेश कर लेंगे।

अपने अन्दर की प्रतिभा का पूरी तरह उपयोग करने के लिए आपमें भावोत्तेजक होने की क्षमता होनी चाहिए। साफ़ कहूँ तो मेरे लिए यह हमेशा एक पहेली रही कि थोड़ा सा मायूस होने पर कोई भी व्यक्ति यह क्यों सोचने लगता है कि उससे कोई बहुत बड़ी ग़लती हो गयी और उसमें अपराध भावना, शंका एवं स्वयं को दोष देने की भावना पैदा हो जाती है। यह बिल्कुल स्वाभाविक स्थिति है एवं एकदम ठीक है। तथापि, मुझे इस बात पर ज़ोर देना है कि भले ही 'नीचे उतरना' सामान्य और बिल्कुल ठीक हो परन्तु उसी तरह रुके रहना ना तो सामान्य है ना ठीक है।

तो - जब आप नीचे गिर गये तो ऊपर किस तरह उठते हैं? पहले - पहचान लें कि आप 'नीचे' हैं। दूसरे - समझ लें कि कभी-कभी कुछ स्थितियाँ निराशाजनक होती हैं। तीसरे - जान लें कि यह परिस्थिति अस्थायी है और चौथे - एक समय सीमा निर्धारित करें कि आपको कितनी देर तक नीचे ठहरे रहना है। उदाहरण के लिए - मैं किसी संगठित राजनीतिक दल का सदस्य नहीं हूँ - मैं एक रिपब्लिकन हूँ। जब जिमी कार्टर ने राष्ट्रपति पद के लिए गैराल्ड फोर्ड को हराया, तो मैं बुरी तरह निराश हुआ। मेरा विश्वास था कि मिस्टर फोर्ड एक बेहतर राष्ट्रपति होंगे। चुनाव के बाद मुझे यह तय करना पड़ा कि क्या मैं मिस्टर कार्टर की, अमेरिका की व स्वयं की मदद करने की कोशिश करूँ या आहत करने की। मैं जानता था कि मुझे क्या करना चाहिए और मेरी बाइबल ने मुझे क्या करने के लिए कहा था परन्तु मैं निराश था और महसूस करता था कि मेरे कुछ दिन पीड़ा के थे, अतः मैंने 15 नवम्बर को अपना 'ऊपर उठने' का दिन निर्धारित कर लिया। अन्तरिम अवधि में मैंने मिस्टर कार्टर के बारे में नकारात्मक बातें कहीं और सोचीं। 15 नवम्बर को, मैंने जिमी कार्टर के बारे में 'अच्छी चीज़ें' पढ़ना शुरू कीं। मैंने कार्टर के प्रशंसकों को सुना, उसकी पृष्ठभूमि सम्बन्धी सामग्री तलाशी, मन्त्री परिषद नियुक्तियों पर उसकी सोच का अनुसरण किया और नौकरशाही से चर्बी छाँटने की उसकी कुछ विधियों का अध्ययन किया। कुछ ही दिनों में, मैं यह देखकर विस्मित था कि वह कितना बदल गया था।

कम महत्व के मामलों में निश्चित रूप से 'नीचे' ठहरे रहने के लिए दो घंटे बहुत

हैं परन्तु आप वही विधि अपनायें। अधिकतर मामलों में दूसरों से आपका सम्पर्क सम्भवतः कुछ इस तरह से होगा : दूसरा व्यक्ति - 'क्या हाल चाल हैं?' आप - '11.30 बजे के बाद बहुत अच्छे हो जायेंगे' दूसरा व्यक्ति - '11.30 बजे के बाद क्यों?' आप - 'मुझे अभी एक मायूसी का सामना करना पड़ा है और मैं 11:30 बजे तक नकारात्मक रहने वाला हूँ।' दूसरा व्यक्ति - 'आपका मतलब है कि आप 11.30 बजे तक नकारात्मक रहने वाले हैं और फिर उसके बाद आप सकारात्मक हो जायेंगे?' आप - 'हाँ आप ठीक कह रहे हैं।' दूसरा व्यक्ति - 'यह तो बेतुकी बात है, अगर आप 11.30 बजे सकारात्मक होने वाले हैं तो अभी सकारात्मक क्यों नहीं हो जाते?' आप - 'ठीक है, आपने मुझे इस विषय पर अपने विचार बता दिये, धन्यवाद।' बेतुका - हाँ और हास्यास्पद भी, परन्तु यह उपाय कारगर है क्योंकि आप अपनी समस्याओं पर हँस रहे हैं बजाये उनके बारे में चिल्लाने के।

मुझे विश्वास है कि इस उदाहरण से आपको मेरे वक्तव्य को स्वीकारने में मदद मिलेगी कि समाधान निराशाजनक नहीं होते। एक प्रसिद्ध पेन्टिंग में शैतान को एक नौजवान के साथ शतरंज खेलते दिखाया गया है। शैतान ने अभी अपनी चाल चली है और नौजवान के बादशाह की शह होती नज़र आ रही है। नौजवान के चेहरे पर पूरी तरह पराजय और विषाद (दुख) के भाव छाये हुए हैं। एक दिन शतरंज का महान विद्वान पॉल मर्कर खड़ा हुआ उस पेन्टिंग को देख रहा था। उसने बोर्ड पर स्थितियों का ध्यान से अध्ययन किया और अचानक उसका चेहरा चमक उठा। उसने पेन्टिंग में बने नौजवान से कहा, 'कोशिश मत छोड़ो, तुम्हारे पास अभी भी एक चाल है।' आपके पास भी हमेशा 'एक और चाल' होगी।

मैं आपको एक सार की बात बताऊँ। नज़रिया संक्रामक होता है। यह फ्लू की तरह है। यदि आप फ्लू चाहते हैं तो आप किसी ऐसे व्यक्ति के पास जाते हैं जिसे फ्लू है और यह आपको मिल जाता है। जब कभी भी आप 'किसी चीज़ को पकड़ना' चाहें तो बस वहाँ जायें जहाँ पर वह प्रचलित हो। यदि आप सोचने का सही ढंग पकड़ना चाहते हैं तो वहाँ जायें जहाँ पर वह विद्यमान हो। उन लोगों के पास जाना शुरू करें जिनके पास सोचने का सही ढंग हो। अगर सही लोग हमेशा उपलब्ध नहीं हैं तो सही पुस्तक पढ़ें अथवा किसी ओजस्वी वक्ता की रिकॉर्डिंग सुनें।

आज की दुनिया में, मैं जो आपको समझा रहा हूँ उससे वस्तुतः हर कोई सहमत है। अध्यापक, प्रशिक्षक, डॉक्टर, सेल्स मैनेजर, मातायें, आदि सब सहमत हैं कि सोचने का सही ढंग महत्वपूर्ण है। प्रश्न यह है, 'इसे हम पायें कैसे - और फिर 'बाहरी' परिस्थितियों लोगों और मौसम आदि से इसे बेअसर कैसे बनाये रखें?' मुझे ख़ुशी है कि आपने यह पूछा। जवाब अगले दो अध्यायों में है।

टिप्पणियाँ एवं विचार

अध्याय दो

आपके नज़रिये का बीमा करना

आपका दिमाग़ इस ढंग से काम करता है

मैं जिन अत्यन्त सफल, प्रसन्न व सुव्यवस्थित लोगों को जानता हूँ, वे जीवन के क्यों और कैसे जानना चाहते हैं। जब आप उन्हें कुछ करने के लिए कहें तो उसे करने का कारण बतायें और फिर वे स्वयं को उस प्रोजेक्ट का हिस्सा महसूस करेंगे ना कि सिर्फ़ आदेश पालन करने वाले कर्मचारी। इससे परिणाम निश्चित रूप से बेहतर होते हैं। क्योंकि यह अध्याय इस पुस्तक में सर्वाधिक महत्वपूर्ण हो सकता है (यह निश्चित रूप से तीव्रतम परिणाम देने वाला है), मैं आम बोलचाल की भाषा में यह बताना चाहता हूँ कि दिमाग़ किस ढंग से काम करता है, ताकि आप समझ जायें कि हमारे द्वारा अनुमोदित कुछ क़दमों को उठाने के लिए व कार्य प्रणालियों का पालन करने के लिए हम आपको क्यों सुझाव देते हैं। फिर हम एक अत्यन्त विशिष्ट कार्य प्रणाली के बारे में बात करेंगे जिससे आप अपने नज़रिये का 'बीमा' करने एवं इसका इतना दृढ़ आधार निर्मित करने के योग्य हो जायेंगे कि आपका नज़रिया आपकी परिस्थितियों को नियन्त्रित करने लगेगा बजाये इसके कि आपकी परिस्थितियाँ आपके नज़रिये को नियन्त्रित करें।

दिमाग़ एक बग़ीचे की तरह काम करता है। हर कोई जानता है कि अगर आप सेम का पौधा लगाते हैं तो उससे आप आलू नहीं पा सकते - आप उससे सेम ही पायेंगे। ज़ाहिर है आप सेम का पौधा सेम की एक फली पाने के लिए नहीं लगाते - आप सेम का एक पौधा सेम की बहुत सी फलियाँ पाने के लिए लगाते हैं। पौधा लगाने से लेकर पैदावार होने (फ़सल कटने) के बीच सेम की फलियों की संख्या में बहुत अधिक बढोतरी होती है। दिमाग़ के काम करने का ढंग भी वैसा ही है। आप दिमाग़ में जो भी रोपते हैं उसकी आपको कई गुना फ़सल मिलेगी क्योंकि रोपने और पैदावार होने के बीच, कल्पना प्रवेश कर जाती है और परिणामों को कई गुना कर देती है।

कुछ तरीक़ों में दिमाग़ एक मनी बैंक की तरह काम करता है परन्तु अन्य तरीक़ों में यह बिल्कुल भिन्न है। उदाहरण के लिए, कोई भी व्यक्ति और कोई भी चीज़ (रेडियो, टी.वी. आदि) आपके मस्तिष्क बैंक में या तो धनात्मक या ऋणात्मक राशियें (विचार) जमा कर सकता है। सामान्य रूप से कहा जाये तो आप अकेले ऐसे व्यक्ति हैं जो अपने बैंक खाते में जमा करते हैं और सारी बैंक जमा राशियाँ धनात्मक होती हैं।

आप ही यह निर्धारित करते हैं कि बैंक से या आपके दिमाग़ से आहरण (विद्‍ड्रॉल्स) कौन करेगा। बैंक से सारे आहरण (विद्‍ड्रॉल्स) खाते में बक़ाया राशि (बैलेन्स अमाउन्ट) को कम करते है। मस्तिष्क से आहरण (withdrawals) इसकी शक्ति को बढ़ाते हैं अगर हम सही 'टैलर' का प्रयोग करते हैं।

आपके मस्तिष्क बैंक में दो टैलर हैं- जिनमें से दोनों आपके प्रत्येक आदेश के प्रति आज्ञाकारी हैं। एक टैलर धनात्मक (सकारात्मक) है और धनात्मक जमा एवं धनात्मक आहरण (विद्‍ड्रॉल्स) को संभालता है। दूसरा टैलर ऋणात्मक है और सारी ऋणात्मक जमा राशियों को स्वीकार करता है और आपको ऋणात्मक (नकारात्मक) फीड बैक देता है।

मस्तिष्क के स्वामी के रूप में आपका सारे आहरणों (विद्‍ड्रॉल्स) पर एवं अधिकांश जमा राशियों पर पूरा नियन्त्रण है। जमा राशियाँ आपके जीवन के सम्पूर्ण अनुभव का प्रतिनिधित्व करती हैं। आहरण (विद्‍ड्रॉल्स) आपकी सफलता व ख़ुशी को निर्धारित करते हैं। ज़ाहिर है, आप वह चीज़ नहीं निकाल सकते जो जमा नहीं की गयी है (यह कैश-बुक के सम्बन्ध में भी सत्य है। ना?)

लेन-देन की प्रत्येक क्रिया के लिए कौन सा टैलर प्रयोग करना है इस का चुनाव आप कर सकते हैं। किसी समस्या के लिए नकारात्मक टैलर का सामना (प्रयोग) करें और वह आपको याद दिलायेगा कि विगत में आपने कितना ख़राब प्रदर्शन किया है। वह वर्तमान समस्या को हल करने के बारे में आपकी असफलता की भविष्यवाणी करेगा। अपने सकारात्मक टैलर का प्रयोग करें और वह आपको उत्साहपूर्वक बतायेगा कि किस तरह आपने विगत में इससे भी बड़ी समस्याओं को सफलतापूर्वक हल किया है। वह आपको आपकी निपुणता व विद्वत्ता की मिसालें देगा और आपको आश्वस्त करेगा कि आप आसानी से इस समस्या को हल कर सकते हैं। दोनों टैलर ठीक हैं क्योंकि : चाहे आप सोचें कि आप कर सकते हैं या सोचें कि नहीं कर सकते - आप दोनों स्थितियों में सही हैं।

स्पष्ट रूप से आप जानते हैं कि आपको केवल सकारात्मक टैलर से सम्बद्ध होना चाहिए, परन्तु क्या आप ऐसा कर सकते हैं और क्या आप ऐसा कर पायेंगे? इस बात से बेअसर कि यह सशक्त व सकारात्मक थीं अथवा दयनीय व नकारात्मक, स्वाभाविक प्रवृत्ति, मस्तिष्क में सबसे अन्त में जमा की गयी राशियों से आहरण (विद्‍ड्रॉल) करने की होती है। मैं इस बात को दोहराता हूँ कि आप में सबसे अन्त में जमा की गयी राशि को निकालने की प्रवृत्ति है। ज़ाहिर है आपके मस्तिष्क में कुल जमा राशियाँ आहरणों (विद्‍ड्रॉल्स) पर अपना प्रभाव रखेंगी।

प्रश्न? क्या जमा राशियाँ प्रमुख रूप से ईमानदार रहीं - या बेईमान? नैतिक या

अनैतिक? रूढ़िवादी या उदार? ईश्वर निर्देशित या स्वकेन्द्रित? फिज़ूल ख़र्ची की या बचत की? निर्भीक या चौकस? सुस्त या मेहनती? सकारात्मक या नकारात्मक? मुक्त व्यापार या समाजवाद?

मैं इस बात पर बल देता हूँ। आपके मस्तिष्क में बहुत सी अच्छी, स्वच्छ, सशक्त एवं 'आप यह कर सकते हैं' के स्वीकारात्मक कथन की जमा राशियाँ समाविष्ट की गयी है और बहुत सी की जा रही हैं। अब हम उस विशेषता की बात करेंगे कि ऋणात्मक जमा राशियों को और अधिक धनात्मक जमा राशियों के तले किस तरह दफ़नाया जाये ताकि आपका धनात्मक टैलर, जब आप उसके पास किसी आहरण (विद्ड्रॉल) के लिए जायें, तो सदैव सकारात्मक जवाबों के साथ तैयार रहे।

फ़र्श पर कूड़ा-करकट *बनाम* दिमाग़ में कूड़ा-करकट

यदि मैं एक बाल्टी कूड़ा-करकट लेकर आपके घर में आऊँ और इसे आपके लिविंग रुम के फ़र्श पर फैला दूँ तो गम्भीर समस्याएं हो जायेंगी। तीन में से एक चीज़ होगी। आप या तो मेरी शारीरिक रूप से धुनाई करेंगे, पुलिस को बुलाकर मुझे गिरफ़्तार करा देंगे अथवा अपनी बन्दूक उठायेंगे और कहेंगे, 'अब, ज़िग्लर, मैं शर्त लगाकर कह सकता हूँ कि आप इस कूड़ा-करकट को फ़र्श पर से साफ़ करोगे।' मैं भी यह शर्त लगा कर कह सकता हूँ कि मैं करूँगा। सच तो यह है कि मैं उसे इतनी अच्छी तरह से साफ़ करूँगा कि कूड़े का निशान तक ना रहे। रोचक बात यह है कि आप फिर भी पड़ोसियों को उस व्यक्ति के बारे में बताते रहेंगे जिसने आपके घर आकर फ़र्श पर कूड़ा-करकट डाला था। महीनों तक आप सम्भवतः कहेंगे, 'मैंने उस पर बन्दूक तानी और किस तरह उससे अपनी बात मनवायी।' आप फ़र्श पर कूड़े वाली बात को बहुत महत्व दे देंगे।

उन लोगों के साथ आप क्या करते हैं जो आपके दिमाग़ में कूड़ा-करकट इकट्ठा करते हैं? आपकी उन लोगों के लिए किस तरह की प्रतिक्रिया होती है जो आपसे आकर कहते हैं कि वे चीज़ें आप नहीं कर सकते और आपकी क्षमताओं पर बाड़ लगा देते हैं। आप उन लोगों पर किस तरह प्रतिक्रिया करते हैं जो आपके प्रॉडक्ट्स, आपके समुदाय, आपके चर्च, आपके देश, आपके परिवार, आपके बॉस या आपके स्कूल के बारे में क्रूर बातें कहते हैं? उन लोगों के प्रति आप क्या करते हैं जो अपना नकारात्मक कूड़ा-करकट आपके दिमाग़ में डाल देते हैं? शायद आप सिर्फ़ अपने दाँत निपोरकर कहेंगे, 'ठीक है, इससे मैं आहत होने वाला नहीं हूँ। उसके कूड़ा-करकट डालने से मुझ पर फ़र्क़ नहीं पड़ता।' दोस्त, मैं आपको बता दूँ, यहीं पर आप ग़लत है। यदि आप कूड़ा-करकट अन्दर डालेंगे तो कूड़ा-करकट ही बाहर आयेगा। जो व्यक्ति आपके दिमाग़ में कूड़ा-करकट डालता है वह आपके फ़र्श पर कूड़ा डालने वाले व्यक्ति की तुलना में कहीं अधिक नुक़सान करता है।

हर एक विचार जो आपके मस्तिष्क के अन्दर जाता है कुछ हद तक अपना प्रभाव रखता है। उदाहरण के लिए सामान्य सर्दी के विषय में व्यापक अनुसंधान से इसके कारण या इसके निदान के सम्बन्ध में कोई विश्वसनीय आँकड़े हासिल नहीं हुए। तथापि, यह निष्कर्ष स्थापित हो चुका है कि आपको सर्दी लगने की सम्भावना तब अधिक होती है जब आप भावनात्मक रूप से उदास व दुखी होते हैं। 'घटिया सोच' से समस्यायें पैदा होती हैं।

दूसरी तरफ़ 'सकारात्मक सोच', जैसा कि डॉ. नॉर्मन विन्सेन्ट पील वर्षों से कह रहे हैं, सकारात्मक नतीजे पैदा करती है। वर्ष 1969 में सैक सिटी, लोवा के चार्ल्स रिटर को कैंसर था और उसकी एक किडनी निकालनी पड़ी थी। तीन महीने बाद उसके फेफड़ों में घातक बीमारी पायी गयी। क्योंकि चार्ली शारीरिक रूप से शल्यक्रिया के योग्य नहीं था, मेयो क्लीनिक के डॉक्टर्स ने उससे पूछा कि क्या वह एक प्रायोगिक औषधि लेना चाहेगा। कुछ ना खोने और जीवन पाने की उम्मीद से चार्ली रिटर उसे लेकर देखने के लिए तैयार हो गया। यह विशेष औषधि ज़ाहिरी तौर पर केवल साठ वर्ष से अधिक की आयु वाले लोगों पर काम करती थी और यह केवल लगभग 10% मामलों में काम करती थी। परन्तु यह चार्ली पर कारगर हो गयी। वह छह वर्ष और जिया और फिर दिल के दौरे से उसकी मृत्यु हुई। शव परीक्षण से पता चला कि उसमें कभी कैंसर रहे होने के कोई लक्षण नहीं मिले। मेयो क्लीनिक के डॉक्टरों ने खोजा कि जिन कैंसर रोगियों पर वह औषधि काम करती है उनमें दो चीज़ें एक सी होती हैं। उनमें जीने के लिए बहुत चाहत होती है और वे सब विश्वास करते हैं कि यह औषधि उन पर कारगर होगी।

यह बेतुकी बात है

जो बातें हमारे दिमाग़ के अन्दर जाती हैं उनके बारे में हमारी सोच की विसंगतियों पर मुझे निरन्तर आश्चर्य होता है। प्रगति के प्रति गम्भीर विद्यार्थी इस बात पर एकमत हैं कि शिक्षा महत्वपूर्ण है। वे अपने तमाम अध्ययन का उदाहरण देते हैं जिससे शिक्षा का मूल्य 'सिद्ध' होता है और वे अपने मामले के लिए अकाट्य साक्ष्य प्रस्तुत करते हैं। वे सिद्ध करते हैं कि आप जो भी सीखते हैं - जो भी आप अपने दिमाग़ में डालते हैं, उसका प्रभाव होता है - सकारात्मक। विडम्बना स्वरुप, इन्हीं में से बहुत से लोग प्रचन्ड रुप से यह तर्क़ रखते हैं कि हमें छपने और प्रसारित होने वाली या टी.वी. पर दिखायी जाने वाली कामोत्तेजक अश्लीलता के बारे में चिन्ता नहीं करनी चाहिए क्योंकि इस सामग्री को अपने दिमाग़ में रखने का आप पर सम्भवतः कोई प्रभाव नहीं होगा। मुझे आशा है आप सहमत होंगे कि इस तरह से सोचना थोड़ा असंगत है। स्वाभाविक रूप से, आप छपे हुए पृष्ठ से, बोले गये शब्द से या टी. वी. स्क्रीन से सूचना प्राप्त कर सकते हैं जो आपको और बेहतर ऊँचाइयों के लिए प्रेरित करती है - अथवा आपकी प्रेरणा एवं नैतिक सिद्धान्त दोनों को नकारात्मक रूप से प्रभावित करती है ।

मैं इसमें जल्दी से यह भी जोड़ना चाहूँगा कि यह कोई मेरी राय नहीं है। 1972 में संयुक्त राज्य अमेरिका के सर्जन जनरल ने दो वर्ष के अध्ययन के बाद घोषित किया कि सबूतों से पता चलता है कि टेलीविज़न पर दिखाई गयी हिंसा एवं असामाजिक व्यवहार के बीच एक निश्चित आकस्मिक सम्बन्ध है। स्टैनफोर्ड विश्वविद्यालय के डॉ. एल्बर्ट बेन्डुरा एवं विस्कोन्सिन विश्वविद्यालय के डॉ. लिओनार्ड बर्कोविज़ ने अपने अध्ययनों से बताया कि जो लोग हिंसा वाली फिल्में देखते हैं, वे उन लोगों की तुलना में जिन्होंने ये फिल्में नहीं देखीं लगभग दोगुना हिंसक व्यवहार करते हैं। हिंसा की प्रस्तुति किसी को भी और आक्रामक बना सकती है। बच्चे अधिक सुझाव-ग्राही होने के कारण इस दिशा में अधिक प्रहार सुलभ हैं। डॉ. बर्कोविज़ के अनुसार, 'यह बिल्कुल निश्चित है कि जो लोग काम-वासना विषयक फिल्में देखते हैं वे उसके बाद काम-वासना के प्रति अधिक सक्रिय हो जाते हैं।' क्योंकि औसत अमेरिकी युवा हाई स्कूल से स्नातक बनने तक टी.वी. देखने में लगभग 15000 घंटे ख़र्च करता है इसलिए जो वह देखता है उससे उसके विचार और फिर क्रियाकलाप प्रभावित होते हैं।

नकारात्मक विचार रोपो - नकारात्मक विचार काटो

दुर्भाग्य से, हमारे नकारात्मक परिवेश के कारण, अधिकांश लोग बुरे से बुरे की उम्मीद करते हैं और उन्हें अपनी उम्मीद के बारे में बहुत कम निराश होना पड़ता है। वे नकारात्मक विचार रोपते हैं, इसलिए वे नकारात्मक ही काटते हैं। एक उदाहरण प्रस्तुत है-- कल सुबह जब आप अपने काम पर पहुँचते हैं तो कल्पना कीजिए कि आपको अपने डेस्क पर बॉस की लिखी हुई यह पर्ची मिले, 'पहुँचते ही मुझसे मिलें।' आप उसके कार्यालय की ओर बढ़ते हैं परन्तु उसकी सेक्रेटरी आपको रोक कर कहती है कि वह कुछ मिनटों के लिए लम्बी दूरी की फोन कॉल पर व्यस्त हैं और आपको इन्तज़ार करना होगा। अब विचारों की प्रक्रिया शुरू होती है, 'समझ नहीं आता कि वह क्या चाहता है। क्या उसने मुझे कल ऑफिस से जल्दी जाते देख लिया था? कहीं उसे स्टाफ के सामने हुई मेरी और जॉय की उस बहस के बारे में तो पता नहीं चल गया? या यह ....? 'एक-एक करके लगातार विचार चलते रहते हैं। यह सच है, हम एक नकारात्मक विचार का बीज बोते हैं और अक्सर नकारात्मक विचारों की फसल काटते हैं।

आपको एक दूसरी मिसाल दूँ। नन्हा जॉनी स्कूल से अध्यापक की एक टिप्पणी लेकर घर आया जिसमें आपसे मिलने के लिए कहा गया है। आपका पहला विचार होता है, 'न मालूम क्या समस्या है?' शायद आप पूछते हैं, 'पता नहीं, इस बार उसने क्या किया है?' यह दुर्भाग्यपूर्ण है कि हम अपने मस्तिष्क में इतने सारे नकारात्मक विचार डाल देते हैं क्योंकि **हम अपने दिमाग़ों में जो कुछ भी डालेंगे वह उनसे बाहर अवश्य आकर रहेगा।** यह विलिन्गटन डेलावेयर की टेरेसा जोन्स की कहानी की तरह है। उसको किडनी

में गम्भीर संक्रमण हो गया था। एक किडनी निकालने के लिए ऑपरेशन (शल्य क्रिया) निर्धारित हो चुका था। उसे सुलाने के बाद उन्होंने अन्तिम परीक्षण किया और पाया कि शल्यक्रिया आवश्यक नहीं थी। उन्होने किडनी नहीं निकाली, परन्तु जब वह जागी तो उसने पहली चीज़ कही, 'ओह, मेरी पीठ। ओह, मुझे तकलीफ़ है। ओह, मुझे बहुत तकलीफ़ है। ओह, यह बहुत दुख रहा है।' जब टैरेसा को बताया कि उन्होंने ऑपरेशन नहीं किया तो वह थोड़ी लज्जित हुई। ज़ाहिर है, वह यह आशा करती हुई सोयी थी कि जागने पर तकलीफ़ होगी, और वही उसने किया। उसके दिमाग़ में उसके दर्द उतने ही वास्तविक थे जैसे कि ऑपरेशन कर दिया गया हो।

आप अपने दिमाग़ में जो भी डालते हैं वह आपके सम्पूर्ण व्यक्तित्व का हिस्सा हो जाता है। उदाहरण के लिए अगर आप चीन में पैदा होते, चीनी भाषा बोली होती, और अपनी पूरी ज़िंदगी चीनी विचार-धारा सुनी होती तो आप वस्तुतः चीनी हो जाते क्योंकि **आप उन चीज़ों का कुल योग है जो आपके दिमाग़ में जाती हैं।** यह वक्तव्य कि यदि आप जिस जीवन में विश्वास करते हैं उसे नहीं जीते - तो आप जिस जीवन को जियेंगे उसमें विश्वास करने लगेंगे, सिर्फ़ एक घिसा पिटा मुहावरा ही नहीं है। हर एक कार्य जो आप करते हैं और हर एक विचार जो आप अपने दिमाग़ में डालते हैं, उसका प्रभाव निश्चित रूप से पड़ने वाला है।

संसार का सबसे ख़तरनाक रोग

जब मैं एक बच्चा था तब पोलियो एक भयानक रोग था जिसके हर साल बहुत अधिक लोग शिकार होते थे और इस रोग की विनाशलीला, अपंग टाँगों, घूमे हुए शरीर और अन्त में मृत्यु के रूप में भोगनी पड़ती थी। फिर डॉ. जोनस साल्क एवं उसके साथियों ने साल्क टीके का विकास किया और पोलियो की विनाशलीला बहुत हद तक कम हो गयी। तथापि, अभी भी जब माता-पिता अपने बच्चों को पोलियो निरोधक टीका नहीं लगवाते तो पोलियो की कोई घटना हो जाती है। जब ऐसा होता है और ईश्वर की कृपा से अब बहुत कम होता है तो बहुत से लोग आश्चर्य से अपना सिर हिलाते हैं कि कोई व्यक्ति इतनी आसान सी चीज़ की उपेक्षा कैसे कर सकता है जब कि यहं विधि लगभग शत-प्रतिशत सुरक्षित एवं असरकारक है। कितने बड़े आश्चर्य की बात है कि आज भी लगभग दो करोड़ लड़के-लड़कियाँ ऐसे हैं जिन्होंने साल्क टीका नहीं लगवाया है और कुछ स्वास्थ्य अधिकारी मानते हैं कि इस रोग के फिर से फैलने का बहुत अधिक ख़तरा है।

सच कहूँ, मैं समझ नहीं पाता कि ऐसी स्थिति क्यों होती है। परन्तु मैं आपको एक दूसरी बीमारी के बारे में बताऊँ जो इससे असंख्य गुना अधिक बुरी है। इसका असर हर उम्र, जाति, नस्ल व रंग के लोगों पर पड़ता है। यह बाक़ी सारी बीमारियों को मिलाकर भी उन से अधिक शारीरिक व भावात्मक समस्यायें पैदा करती है। इसकी वजह से अन्य सारी

बीमारियों की तुलना में कहीं अधिक लोग जल्दी क़ब्र में चले जाते हैं, कहीं अधिक शादियाँ टूटती हैं, अधिक बच्चे अनाथ होते हैं, अधिक बेरोज़गारी होती है, अधिक लोगों को राहत सूची में शामिल होना पड़ता है, यह नशीली दवाओं और शराब के आदी लोगों को अधिक पैदा करती है एवं यह कहीं अधिक अपराध की वजह होती है। इसके अतिरिक्त मनुष्य की जानकारी में यह सर्वाधिक संक्रामक रोग है।

यह भयानक रोग 'नज़रिये का सख़्त होना' है और यह 'घटिया सोच' के कारण होता है। अगर आपको यह रोग है तो सौभाग्यवश, इसका इलाज है, और यह इलाज हल्के और गम्भीर दोनों मामलों में असरकारक है। और सिर्फ़ इतना ही नहीं है। अब हमने एक 'टीका' प्रणाली भी विकसित कर ली है जिससे इस रोग के लगने की सम्भावना लगभग शून्य हो जाती है यदि यह पहले से आपको नहीं है।

अब इससे पहले कि हम आगे बढ़ें, मैं आपसे एक प्रश्न पूछता हूँ, आप उस व्यक्ति के बारे में क्या सोचेंगे जो हर रोज़ पोलियो के सम्पर्क में आता है परन्तु इस बीमारी से ख़ुद को बचाने के लिए टीका लगवाने से इन्कार करता है? याद रखें, अब यह टीका निःशुल्क, पीड़ारहित व उपलब्ध है और बॉस ने उसे वेतन वृद्धि का भी वायदा किया है अगर वह ख़ुद को व अपने कर्मियों को इस अति संक्रामक रोग से बचाने के लिए यह सरल सा क़दम उठायेगा।

अपना जवाब ध्यानपूर्वक दें क्योंकि मैं आपको ऊपर उठने के लिए तैयार कर रहा हूँ और आपको रास्ता दिखा रहा हूँ। तथापि, यह 'भोगवाद का रास्ता' नहीं है, यह शिखर पर जाने वाली सीढ़ियों को चढ़ना है।

असलियत में, आपको शायद उस व्यक्ति में काफ़ी दोष नज़र आयेंगे। है ना? आप यह भी कह सकते हैं कि वह व्यक्ति अशिष्ट, विचारहीन और नासमझ है।

अब अगला स्वाभाविक प्रश्न, आप उस व्यक्ति के बारे में क्या सोचेंगे जिसने नज़रिये के सख़्त होने से ख़ुद को बचाने के लिए टीका लेने से इन्कार कर दिया बावज़ूद इसके कि टीका लगवाना पीड़ा रहित व आनन्ददायक था, साथ ही साथ इससे उसके मानसिक व शारीरिक स्वास्थ्य का ही बचाव नहीं होता बल्कि उसमें सुधार होता? इससे भी आगे, इससे उसके वेतन में वृद्धि होती एवं जीने के लिए व उसके मित्रों, परिवारजनों और यहाँ तक कि अजनबियों से भी उसके रिश्तों में सुधार होता। आप किसी भी उस व्यक्ति के बारे में क्या सोचेंगे जिसने ऐसा टीका लगवाने से इनकार कर दिया?

आप सम्भवतः धीरे से मुस्कुराये (यदि आप पहले से ही नज़रिये के सख़्त होने से ग्रस्त नहीं हैं) और आपने सार रुप में कहा, 'ऐसे उपचार को मना करने वाला व्यक्ति दो गुना मूर्ख होगा।' मैं आशा करता हूँ आपने ऐसा ही कुछ कहा क्योंकि अब आपको उस

टीके के लिए हाँ कहने का अवसर दिया जाने वाला है जो घटिया सोच को ख़त्म कर देगा और आपको नज़रिये के सख़्त होने से बचने में मदद करेगा। यह उपचार वास्तव में एक बीमा पॉलिसी है जो कल्पना के हर ढंग में निराली है। इसमें कोई धन नहीं लगता, ग़ारन्टी शुदा इसका नवीनीकरण सम्भव है और जितनी बार आप इसे प्रयोग करते है, उसके लाभ उसी अनुपात में बढ़ते जाते हैं। यह एक निजी पॉलिसी है क्योंकि लाभ निजी हैं, परन्तु साथ ही साथ यह एक 'ग्रुप' पॉलिसी भी है क्योंकि आप इसके लाभ दूसरे लोगों तक पहुँचा सकते हैं और उसी समय अपने निजी लाभ बढ़ा सकते हैं। अगर आप इस बारे में व्याकुल हैं कि 'इसमें लगता (शामिल) क्या है' तो मैं यह आश्वस्त करके आपके दिमाग़ को चैन दे दूँ कि समय, प्रयास और डॉलर की इसकी लागत शून्य से भी कम है। इसमें लगाया गया प्रत्येक क्षण कई गुना बढ़े हुए कारगर रूप में वापिस मिलता है। आर्थिक लागत इतनी कम होगी कि इससे सम्भवतः आपके जीवन स्तर पर प्रभाव नहीं पड़ेगा जब कि इसके नतीजे आपके जीने के ढंग को बदल देंगे और काफ़ी आर्थिक लाभ प्रदान करेंगे। ऊर्जा का प्रत्येक औंस जो आप इस पॉलिसी पर ख़र्च करेंगे और अधिक ऊर्जा, साहस और जीने के लिए उत्साह के रूप में वापिस होगा। मैं बिना किसी गोल-मोल बात के यह कहूँगा कि यदि आप इस पॉलिसी को 'ख़रीदेंगे' और इसके सूत्र का सिर्फ़ 21 दिन तक पालन करेंगे तो जितने भी लाभ मैंने बताये हैं और जिनके बारे में मैंने आपसे वायदा किया है वे सब आपके होंगे। अब एक सीधा सवाल। क्या आप पॉलिसी ख़रीदेंगे और बिना किसी ख़ास शर्त के लाभों को स्वीकार करेंगे? अगर आपने 'हाँ' कहा तो फिर मैं निश्चिंत हूँ कि आप निम्नलिखित पॉलिसी हस्ताक्षरित करना चाहेंगे (याद रखें, शुरु से ही मैंने आपको आश्वस्त किया है कि यह एक सक्रियता का कोर्स है जिसमें यदि *आप परिणाम चाहते हैं तो वचनबद्धता की ज़रूरत है।*)

आजीवन बीमा पॉलिसी

नज़रिये को सख़्त होने से बचाने के लिए घटिया सोच को विलुप्त करना

अपने पास स्वस्थ व महत्वाकांक्षी मस्तिष्क रखते हुए एवं एक लम्बे, प्रसन्न, लाभदायक, कार्यशील, आनन्द व परितोष से पूर्ण जीवन की तीव्र इच्छा रखते हुए, मैं आजीवन बीमा पॉलिसी जिसे घटिया सोच को समाप्त करने तथा सर्वाधिक भयानक रोग-नज़रिये का सख़्त होना से बचाव के लिए बनाया गया है, के समस्त आनन्द व लाभ को स्वीकार करने के लिए सहमत हूँ।

एक परिपक्व एवं ज़िम्मेदार व्यक्ति होने के नाते जो मरते वक़्त तक जीना चाहता है, मैं समझता हूँ कि पॉलिसी के लाभों को स्वीकार करके, मुझे इसके अखंडित भाग के रूप में अवसर व उत्तरदायित्व को स्वीकार करने से प्रीमियमों के भुगतान करने में आनन्द आने की पूरी आशा है।

मैं क्योंकि जानता हूँ कि सन्देहवादी व आलोचक ना तो सुरक्षित व प्रसन्न हो पाते हैं और ना ही अधिकांश स्थानों पर उनका स्वागत होता है एवं क्योंकि विश्वास प्रसन्नता के लिए बुनियादी चीज़ है, मैं पूरे विश्वास के साथ यहाँ अपने हस्ताक्षर करता हूँ जो ग़ारन्टी देते हैं कि मैं उन सभी विधियों (प्रक्रियाओं) का अनुसरण करूँगा जो ज़िग ज़िग्लर बताने वाले हैं ताकि मैं यहाँ पर वर्णित सभी लाभों का आनन्द ले सकूँ।

विश्वास, आशा व प्यार के साथ,

दिनाँक ....

आपके हस्ताक्षर

मैं इस पॉलिसी की वैधता की ग़ारन्टी देता हूँ यदि आप हमारे बताने के अनुसार ही इसका पालन करें। चाहे आपकी आयु, लिंग, नस्ल, आकार अथवा रंग कोई भी हो यह उन सबकी परवाह किये बिना काम करेगी।

Zig Ziglar

ज़िग ज़िग्लर

अब जब कि आपने पॉलिसी हस्ताक्षरित कर दी है, मुझे यह स्वीकार कर लेना चाहिए कि उन सभी वायदों के साथ साथ एक चीज़ है जो मैं आपको बताना 'भूल गया।' (अब प्रिय पाठकों, शेष्र पैराग्राफ़ के लिए कृपया अपने पढ़ने की गति 20 शब्द प्रति मिनट तक धीमी कर दीजिए।) जब आपने पहले वाला वाक्य पढ़ा और देखा कि मैं आपको कुछ बताना 'भूल गया था' तो आपको तुरन्त क्या विचार आया? यदि यह कुछ इस तरह का था, 'मुझे लग रहा था ज़रूर कोई चालाकी है,' तो मैं आपसे ज़रूर आग्रह करूँगा कि सूत्र की प्रत्येक स्थिति पर आप विशेष ध्यान दें क्योंकि आपको उस चीज़ की ज़रूरत है जिसे यह सूत्र पूरा कर सकता है।

सूत्र - पॉलिसी - टीका, आदि

यदि आप किसी चीज़ के बारे में उत्साही होना चाहते हैं, चाहे वह जीवन हो, कोई कार्य हो, खेल हो, हमारा देश हो आदि, तो आप उसे कुरेदते हैं और उस मामले के बारे में कुछ सूचना व ज्ञान प्राप्त करते हैं। यह सामान्यतया सच है कि लोग उन चीज़ों को ठीक से नहीं कर पाते जिनकी वे तैयारी नहीं करते। नये नगर के बारे में, अपने पड़ोसियों के बारे में या उस खेल के बारे में जिसमें आपके पुत्र या पुत्री की रुचि है, सीखिये। यह एक शुरूआत है परन्तु आइये देखें कि हम उस सब के बारे में जो जीवन हमें पेश करना चाहता है, किस प्रकार उत्साह विकसित कर सकते हैं। मनोवैज्ञानिक बहुत समय से कहते आये हैं कि यदि आप उत्साहपूर्वक कार्य करते हैं तो आप उत्साही हो जायेंगे। **किसी गुण या लक्षण की कल्पना कीजिये और बाद में वह आपके अधिकार में होगा।** आप इसे झपट लें - और फिर यह आपको झपट लेगा।

यह सूत्र आपमें न केवल तुरन्त साहस व सोचने का सही ढंग विकसित करेगा बल्कि यह हर रोज़ चौबीसों घंटे आप की सेवा में रहेगा। इसका परिणाम यह होगा कि आप इतने ऊर्जित, प्रेरित उत्तेजित और अपने कार्य के प्रति जागृत हो जायेंगे कि आप अपनी कार्य साधकता को कई गुणा बढ़ा पायेंगे। अब मैं आपको उस चीज़ के बारे में सचेत कर दूँ जिसे मैंने पिछले पैराग्राफ़ में छुआ था। उत्साह जीवन का एक ढंग हो जाता है और सिर्फ़ किसी एक चीज़ के लिए उत्साही रहना कठिन होता है। आप पायेंगे कि जैसे ही आप उत्साह पैदा कर लेते हैं आपको इतना आनन्द आने लगता है, इतनी अधिक अच्छी चीज़ों को आप आकर्षित करने लगते हैं और इतना अधिक कार्य सम्पन्न करने लगते है, कि आपको कुछ ख़ुशगवार आर्थिक परेशानियाँ हो सकती हैं। अच्छी चीज़ें और अच्छे लोग आपकी ओर आकर्षित होंगे तथा आपको और अधिक आनन्द आयेगा एवं आप और अधिक सम्पूर्ण सफलता प्राप्त करेंगे।

आपको केवल काफ़ी लाभ ही प्राप्त नहीं होंगे - जिनमें से कुछ पहले ही दिन शुरू हो जायेंगे - बल्कि आपके मित्र, सहयोगी, रिश्तेदार और यहाँ तक कि बिल्कुल अजनबी

लोग भी इससे लाभान्वित होंगे। मैं जानता हूँ कि मैं कुछ बहुत बड़े दावे कर रहा हूँ, परन्तु वस्तुतः इसके हज़ारों सबूत हैं और सभी यही बात कहते हैं। यह कारगर है।

पहला क़दम

अपने बिस्तर छोड़ने का ढंग बदलिये

यदि आप जीवन द्वारा आपको प्रस्तुत की जाने वाली सभी चीज़ों के प्रति उत्साह एवं सही सोचने के ढंग को विकसित करना चाहते हैं तो आपको अपने बिस्तर छोड़ने के तरीक़े को उलटना होगा। नहीं, मैं यह नहीं कह रहा हूँ कि आप पीठ की ओर बिस्तर से बाहर आयें, मैं उस तरीक़े को उलटने के बारे में बात कर रहा हूँ जिस तरीक़े से अधिकतर लोग अपने दिन की शुरूआत करते हैं, जो या तो उदासीन या विपरीत स्थिति में होता है।

जब अलार्म बजना बन्द हो जाता है, वे थोड़ा विलाप करते हैं, अपने चेहरे पर थप्पड़ लगाते हैं और कहते हैं, 'ओह नहीं, मुझसे यह मत कहो कि उठने का समय हो गया है - मुझे ऐसा लग रहा है जैसे कि मैं अभी लेटा था।' बहुत से लोग हर दिन को ऐसे शुरू करते हैं जैसे कि यह एक दूसरा बीता हुआ कल होने वाला है - बीता हुआ कल उन्हें पसन्द नहीं है। इस तरह की शुरूआत से क्या इसमें कोई अचरज़ की बात है कि एक 'बुरे' दिन के बाद दूसरा 'बुरा' दिन आता है? आपके दिन की शुरूआत करने का एक बेहतर तरीक़ा है और इससे आपके लिए आश्चर्यजनक बेहतर परिणाम पैदा होंगे। इस प्रक्रिया का पालन करें और आप उत्साह को जीवन के एक स्थायी ढंग के रूप में हासिल कर लेंगे।

अब मैं आप को कुछ बुरी और कुछ अच्छी ख़बर देता हूँ। पहले बुरी ख़बर। यह प्रक्रिया अपनाने में आपको सम्भवतः थोड़ी बेवकूफाना और शायद बचकानी लगेगी। यह कुछ इस बात से कम हो जायेगी कि केवल आपका जीवन साथी (यदि आपका है) ही इस बारे में जान पायेगा। अब अच्छी ख़बर। पहले तो आप जीवन से अपने लिए और उनके लिए जिनके साथ आप काम करते हैं, रहते हैं व सहयोग करते हैं, और अधिक प्राप्त करेंगे। फिर आप अधिक धन कमा पायेंगे। (अब गम्भीरतापूर्वक, आप हर रोज़ पाँच मिनट के लिए थोड़ा हास्यास्पद महसूस करना चाहने लगेंगे अगर ऐसा करने से अधिक आनन्द व अधिक धन मिलता है, है ना?)

कल सुबह जब घड़ी का अलार्म बजना बन्द हो तो हाथ बढ़ा कर इसे बन्द कर दीजिये। (मैं सोचता हूँ यह महत्वपूर्ण है) फिर, तुरन्त बिस्तर में सीधे बैठ जाइये, अपने हाथों से ताली बजायें और कहें, 'आहा!, यह बिस्तर छोड़ने के लिए और दुनिया के द्वारा पेश किये जाने वाले अवसरों का लाभ उठाने के लिए उत्तम दिन है।' अब इससे पहले कि आप इसे जारी रखें, मैं चाहता हूँ कि आप इस तस्वीर को देख लें। आप बिस्तर के किनारे पर बैठे हैं, दो तिहाई सोये हुए (नींद में) हैं और बाल आपके चेहरे पर बिखरे हुए हैं। इतना ही नहीं, आप एक नौ साल के बच्चे की तरह अपनी हथेलियाँ बजा कर कह रहे हैं, 'आहा!

इन कार्यों का एक अतिरिक्त लाभ भी है क्योंकि ये शिखर के लिए सीढ़ियाँ चढ़ने में आदमी की एक सबसे बड़ी रुकावट पर सामने से हमला करते हैं, उस रुकावट का नाम है - टालमटोल करना। अगर टालमटोल करना आप की समस्याओं में से एक है तो ये सरल प्रक्रियाएं उस समस्या पर पार पाने के लिए अच्छी शुरूआत हो सकती हैं। यह तब और अधिक स्पष्ट हो जायेगा जब हम आदतों के खंड पर जायेंगे। फिलहाल के लिए, इतना स्पष्ट हो जाना चाहिए कि कहीं पर जाने से पहले आपको पहले शुरूआत करनी है। और इतना स्पष्ट हो जाना चाहिए कि **आप सुबह किस तरह से उठते हैं, यह उस बारे में बहुत बड़ी भूमिका निभायेगा कि आप जीवन में कितना ऊँचा जायेंगे।**

इस समय, मैं सिर्फ़ यह टिप्पणी करूँगा कि सुबह उठने की यह प्रक्रिया एक 'अच्छी' आदत है और हर अच्छी आदत 'झपटनी' पड़ती है और अपने प्यारे जीवन के लिए बनाये रखनी पड़ती है। एक उत्साहवर्द्धक टिप्पणी, तथापि, यह सत्य है कि शुरूआत से ही, हो सकता है पहले ही दिन से, आपको कुछ 'रोचक' लाभ प्राप्त होंगे और लगातार सिर्फ़ 21 दिनों के बाद बदलाव आश्चर्यजनक होंगे।

दूसरी तरफ, हर 'बुरी' आदत दबे पाँव आती है और धीरे-धीरे आप पर इस तरह हावी हो जाती है कि इससे पहले कि आप यह जानें कि आपकी यह आदत है - आप आदत के वश में हो जाते हैं। मैंने इस खंड की समाप्ति पर आदतों पर पूरे दो अध्याय दिये हैं, अतः हमें इस सूत्र के साथ शुरू हो जाना चाहिए।

दूसरा क़दम - कुछ संकेत स्थापित करें

अमेरिका में आज हम निश्चित रूप से एक नकारात्मक समाज में रहते हैं। उदाहरण के लिए दसियों हज़ार उपकरण जो हर क़स्बे, नगर और देश भर के चौराहों व गली के नुक्कड़ों पर लगे रहते हैं और 'लाल', 'रुकिये' अथवा 'ट्रैफिक लाइट' कहे जाते हैं। यह स्पष्टतया नकारात्मक हैं क्योंकि वास्तव में लाइट 'जाइये' लाइट होती है। यदि आप ऐसा नहीं मानते तो अगर किसी चौराहे पर कोई लाइट काम नहीं कर रही हो, तब देखिये। कई ब्लॉक तक ट्रैफ़िक रुक जायेगा। यह इसलिए नहीं कि लाइट 'लाल' है या 'रुकिये!' है बल्कि क्योंकि 'जाइये' वाली लाइट ख़राब है। फिर लोग उन्हें 'रुकिये' लाइट क्यों कहते हैं। सीधी सी बात है, वे SNIOPS हैं। वे दूसरों को 'लाल' लाइट के बारे में बताते हुए सुनते हैं, इसलिए वे भी ऐसा ही करते हैं।

इसके बारे में दुर्भाग्यपूर्ण तथ्य यह है कि औसत अमेरिकन इन 'जाइये' लाइट के सामने सही रंग होने की प्रतीक्षा में ताकि वे 'जा सकें', प्रतिवर्ष लगभग 27 घंटे ख़र्च करता है। अधिकतर लोग ये 27 घंटे कैसे ख़र्च करते हैं? सामान्य रूप से कहा जाये तो वे तीन चीज़ें करते हैं। पहली, वे स्टीयरिंग व्हील पर पकड़ मज़बूत कर लेते हैं ताकि वे पूरी तरह से निश्चित हो सकें कि कार उनके साथ दौड़ न जाये। दूसरी, वे मज़बूती से अपने होंठ

और मुँह इस तरह से सख़्त कर लेते हैं ताकि ज़रूरत पड़ने पर वे 'जाइये' लाइट से बात कर सकें। तीसरी और सबसे महत्वपूर्ण बात कि वे अपने वाहन में अपने पैर से एक्सीलरेटर को दबाये हुए बैठते हैं। वे ज़ाहिरी तौर पर ऐसा महसूस करते हैं कि अगर वे अपने इन्जिन को रेस देंगे तो लाइट जल्दी बदल जायेगी। क्या आपको ऐसा करने में अपराध भाव होता है? इस बात की सम्भावनायें बहुत अधिक है कि इसे बिना महसूस किये ही आप अपराधी बन जाते हैं। यदि आप ऐसे हैं - और यदि आप सोचते थे कि तालियाँ बजा कर दिन की शुरूआत करना बेतुका था तो आप लाइट बदलने के लिए आपनी कार के इन्जिन को रेस देने के बारे में क्या सोचते हैं?

इसे व्यक्तिगत बनाइये

हमें इसके बारे में इकट्ठा सोचना चाहिए। लाइट पर इंतज़ार करते हुए उस प्रक्रिया का प्रयोग करने के बजाये इसे हम बिल्कुल अलग ढंग से लें। दो चीज़ें सृजनात्मक ढंग से की जा सकती हैं। पहली, जब आप सही रंग होने का इंतज़ार कर रहे होते हैं तो उसकी ओर देखें और कहें, 'यह मेरा रंग है, यह वहाँ पर मेरे लिए रखी गयी है। इस पर मेरा नाम है। यह वहाँ पर इसलिए लगायी गयी है ताकि मैं आगे अपनी मंज़िल पर तेज़, आसानी से और अधिक सुरक्षा से जा सकूँ। आप देखते हैं कि यह वास्तव में 'जाइये' लाइट है। दूसरे, जब आप इस ढंग से शामिल हो जाते हैं कि आप 'जाइये' लाइट के बारे में बात कर सकते हैं। अब यहाँ पर मज़ेदार चीज़ शुरू होती है। मैं चुनौती देता हूँ कि आप कोई भी हों, आप कुछ भी करते हों और आप कहीं पर भी हों, 'जाइये' लाइट शब्द का बातचीत में प्रयोग करें और भावना को छुपाने के लिए गम्भीर मुख मुद्रा बनाये रखें। मुझे बिल्कुल विश्वास नहीं है कि आप ऐसा कर सकते हैं। जिस क्षण आप 'जाइये' लाइट कहेंगे दो चीज़ें होंगी। पहली, आप मुस्कुराने लगेंगे और आपके साथ का व्यक्ति भी मुस्कुराने लगेगा। दूसरे जैसे ही आप 'जाइये' लाइट शब्द कहेंगे आपका नज़रिया बदलने लगेगा। आप इस पुस्तक के पृष्ठों पर वापिस आ जायेंगे और जो मैं कह रहा हूँ उसकी प्रयोगात्मकता पहचान जायेंगे। जब आप जीवन के किसी सकारात्मक पहलू को देखने लगते हैं तो एक शब्द या एक क्रिया सकारात्मक विचारों की श्रृंखला पैदा कर देती है जो कि सकारात्मक कार्यों की अग्रदूत हो जाती है जिससे सकारात्मक परिणाम उत्पन्न होते हैं।

जाइये लाइट, मज़बूत सिरे व गर्माहट

विनिपैग, मेनिटोबा में मेरा एक नज़दीकी मित्र है। वाक़ई वह एक दोस्त से ज़्यादा, मेरे भाई जैसा है। उसका नाम बर्नी लोफचिक है और मुझे अब तक जितने व्यक्ति मिले हैं, वह उनमें सबसे अधिक सकारात्मक आदमी है। वह इतना सकारात्मक है कि उसे आज तक एक बार भी सर्दी नहीं लगी हालाँकि वह स्वीकार करता है कि उसे कभी-कभी 'गरमाहट' ज़रूर लग जाती है। वह इतना सकारात्मक है कि वह कभी साप्ताहिक छुट्टी

की सबसे ऊँची क़ीमत अभी तक क्या मिली है?

बहुत से लोगों के साथ वर्षों काम करने के दौरान मुझे ऐसा कोई व्यक्ति कभी नहीं मिला जिसने कोई व्यर्थ का काम बेचा हो। इस बात को ध्यान में रखते हुए मेरी राय है कि व्यर्थ के काम में उलझे रहने का बाज़ार सीमित है। बजाये व्यर्थ की आकृतियाँ बनाते रहने के जो कि गैर फ़ायदेमंद है, काग़ज़ की एक साफ़ शीट लेकर उस पर लिखना शुरु करें, 'मैं कर सकता हूँ, मैं कर सकता हूँ, मैं कर सकता हूँ ....।' फिर विस्तार से समझाइये कि आप क्या कर सकते हैं। अपने उद्देश्यों को काग़ज़ की एक शीट पर और बाथरूम के शीशे पर लिखें। फिर अपनी पेपर शीट या शीशे की तली पर लिखें, 'मैं करूँगा - मैं करूँगा - - मैं करूँगा। यह प्रक्रिया आपके उद्देश्यों को आपके अवचेतन मन में अमिट रूप से जला कर आपके 'गाइरोस्कोप को ठीक से निर्धारित' कर देगी।

बहुत से लोगों के लिए, ***शिखर पर मिलेंगे*** महान कार्य सम्पादन करने के लिए एक मार्ग दर्शक मानचित्र है और यह सरल सा सूत्र वह उत्प्रेरक है जिससे वे शुरू हुए थे। यह भले ही वह उत्प्रेरक हो जिसकी आपको तलाश है परन्तु मैं आपको चेता दूँ कि इस सूत्र को अपनाने में कुछ जोख़िम भी हैं। जब आप मेरे द्वारा अनुमोदित विचारों से सहमत होते हैं, नज़रिये को अपनाते हैं और प्रक्रियाओं का पालन करते हैं तो आपका कुछ रोचक प्रतिक्रियाओं से सामना होगा। कुछ लोग आपकी आलोचना करेंगे और कहेंगे कि आप भिन्न हैं और वे वास्तव में ठीक कह रहे होंगे। आप इतने भिन्न होंगे कि आप ज़िंदगी के खेल में उन गिने-चुने लोगों में से होंगे जो ज़िंदगी की बेशक़ीमती चीज़ों से भरी तिजोरी को खोलकर उसमें से जो चाहते हैं ले सकेंगे बजाये इसके कि जो चीज़ आपके पास है उसे पाने की इच्छा करनी पड़े। क्योंकि यह किस काम की, इसलिए मैं आलोचकों के बारे में अधिक परवाह नहीं करता। इतिहास की शुरूआत से आज तक कोई आलोचकों को सन्तुष्ट नहीं कर पाया, इसलिए उनका बहुत अधिक ख्याल नहीं किया जाना चाहिए।

कुछ लोग आप पर हँसेंगे, परन्तु मैं एक बात बता दूँ। हँसने वाले बहुत छोटी दुनिया और छोटे लोग होंगे जिन्हें ज़िंदगी में अच्छी चीज़ें नहीं मिल पा रही हैं। यह जानना काफ़ी सन्तोषप्रद लगना चाहिए कि छोटी दुनिया हँसी थी परन्तु बड़ी दुनिया हडसन नदी के किनारों पर रॉबर्ट फल्टन को शक्ति के साथ एक निश्चित दिशा में बढ़ता हुआ देखने के लिए एकत्रित हुई थी। छोटी दुनिया हँसी थी परन्तु बड़ी दुनिया उसके साथ थी जब अलैक्ज़ेन्डर ग्राहम बैल ने अपनी ऐतिहासिक टेलिफोन कॉल की थी। छोटी दुनिया हँसी थी परन्तु बड़ी दुनिया किटि हॉक पर थी जब राइट ब्रदर्स ने पहली बार उड़ान भरी थी। आपके यात्रा शुरू करने पर छोटी दुनिया भले ही हँसे परन्तु मैं आपको आश्वस्त करता हूँ कि बड़ी दुनिया यात्रा समाप्ति की लाइन पर आपको शाबाशी देने के लिए एकत्रित हो जायेगी। और सबसे अच्छी बात यह है कि ***आपको लक्ष्य पर पहुँचने से क्या मिलता है यह इतना महत्वपूर्ण नहीं है जितना कि यह कि आप लक्ष्य पर पहुँच कर क्या हो जाते हैं।***

अध्याय तीन

क़दम चार – अपने मस्तिष्क को खुराक दीजिये

आपके नज़रिये को नियन्त्रित करने वाले पहले तीन सूत्र बहुत सरल हैं। उनकी समीक्षा के तौर पर : सूत्र 1. सुबह उत्साहपूर्वक तालियाँ बजा कर उठें ; सूत्र 2. संकेतों को अपनायें, 'गो लाइट्स', 'वार्मस्' एवं 'स्ट्रोंग एण्ड्स', सूत्र 3. अपने गाइरोस्कोप को सकारात्मक 'मैं कर सकता हूँ' के साथ निर्धारित करें।

चौथा सूत्र क्योंकि इसमें अधिक शामिल है इसलिए मैं यह पूरा अध्याय इसी को समर्पित कर रहा हूँ। मैं आपको आश्वस्त करता हूँ कि यह विषय दिये गये स्थान की हर-एक लाइन के योग्य है।

शारीरिक रुप से भूखे हैं – खाइये

एक प्रश्न है। क्या आपने पिछले महीने कुछ खाया? पिछले हफ़्ते क्या खाया? कल? आज? सम्भावनाएँ हैं कि आप इन सवालों पर काफ़ी उलझन में होंगे। वाक़ई आपने पिछले महीने, पिछले हफ़्ते, कल और आज खाया था। क्या कल आपकी खाने की योजना है? यदि है तो क्या इसका यह अर्थ है कि आपने जो आज खाया वह अच्छा नहीं था? बिल्कुल नहीं, इसका केवल इतना अर्थ है कि आपने जो आज खाया वह आज के लिए है। अमेरिका में औसत व्यक्ति न केवल हर रोज़ खाता है बल्कि, सामान्य तौर पर वह अपना खाना समय पर खाता है। मैंने देखा है कि अगर कोई व्यक्ति कार्य की व्यस्तता में खाना नहीं खा पाता तो वह अक्सर किसी भी सुनने वाले को बताने लगता है, 'आपको मालूम है? मैं कल इतना व्यस्त था कि मुझे लंच करने का भी समय नहीं मिला।' फिर वह इस बात को दोहराता है ताकि यह सुनिश्चित हो सके कि सुनने वाले को उसका सन्देश मिल गया। उसके लिए खाना न खा पाना बहुत बड़ी बात है और वह चाहता है कि दूसरों को भी उसके 'बलिदान' की जानकारी हो। मान लो उसी व्यक्ति से उसकी मानसिक भूख के बारे में पूछा जाये? 'आख़िरी बार कब आपने जान-बूझ कर, पूर्व निर्धारित समय पर, अपने दिमाग़ को ख़ुराक दी थी?' आप क्या सोचते हैं, उसका क्या जवाब होगा? इस मामले में - आपका जवाब क्या है? आपका जवाब महत्वपूर्ण है क्योंकि जिस तरह आपकी शारीरिक भूख होती है उसी तरह मानसिक भूख भी होती है।

मानसिक रूप से भूखे हैं - आप क्या करते हैं

लोग भी मज़ेदार होते हैं। मुझे आज तक कोई ऐसा व्यक्ति नहीं मिला जो भूखा हो और उसे कहते सुना हो, 'मैं भूख से मरने वाला हूँ। मुझे नहीं मालूम कि मैं क्या करूँ? क्या

मन से बजाता है। तब हर कोई सुनना चाहता है।

क्या आपको याद है आपने टाइप करना कब सीखा था? जब आप दस शब्द प्रति मिनट टाइप कर पाते थे तो हर स्ट्रोक पर ध्यान देना पड़ता था। आप सचेत होकर टाइप कर रहे थे और दयनीय स्तर का काम कर रहे थे। बाद में, आप कौन सी कुंजी (की) दबाने वाले हैं इस बारे में सोचते ही नहीं थे, आप बस टाइप करते जाते थे। आप तब इसे अवचेतन मन से कर रहे थे और इसे ठीक कर रहे थे।

आप जब एक बार किसी चीज़ को चेतन मन से करना सीख लेते हैं तो आप उसे अवचेतन में खिसका सकते हैं तथा इसे और अच्छी तरह से कर सकते हैं। आप जो भी अच्छा करेंगे अवचेतन मन से होगा। इसमें आपका नज़रिया भी शामिल है। आप अपने नज़रिये की प्रतिक्रियाएँ अवचेतन में खिसका सकते हैं। आप इसे इतनी पूर्णता के साथ कर सकते हैं कि आप नकारात्मक व सकारात्मक दोनों स्थितियों में अपने आप सकारात्मक रूप से प्रतिक्रिया करेंगे। यह वादा रहा। इसमें लगन एवं कार्य व अभ्यास की ज़रूरत है, परन्तु यह किया जा सकता है। किसी भी उत्तेजक बात के प्रति सकारात्मक प्रतिक्रिया एक प्रतिरूप क्रिया अथवा अभ्यस्त प्रतिक्रिया की तरह हो सकती है।

खंड के अन्त में बोनस अध्याय में हम अवचेतन मस्तिष्क एवं इसके सहज या अभ्यस्त प्रयोग के विषय पर कुछ और सूझबूझ प्रदान करेंगे ।

यह एक आशावादी व्यक्ति है

अपने मस्तिष्क को कुछ अवधि तक अच्छे, स्वच्छ व सशक्त सूचना की ख़ुराक देते रहने से आप भी इस कहानी के व्यक्ति की तरह एक नज़रिया विकसित कर सकते हैं। तीव्र बाढ़ की गिरफ़्त में आ जाने पर वह अपने घर की छत पर चढ़ गया था। उसके पड़ोसियों में से एक तैरता हुआ उस के घर की छत तक आया। ऐसे बुरे हालात की स्थिति में उसने ठिठोली की, 'जॉन, यह बाढ़ बहुत भयानक है, है ना?' जॉन ने जवाब दिया, 'नहीं, यह इतनी बुरी नहीं है।' कुछ विस्मित होकर पड़ोसी ने कहा, 'तुम्हारे कहने का मतलब क्या है, यह इतनी बुरी नहीं है? क्यों, देखो वह तुम्हारा मुर्ग़ियों का बाड़ा बहता हुआ जा रहा है।' जॉन ने सरलता से कहा, 'हाँ, मुझे मालूम है, परन्तु छह महीने पहले मैने बत्तख पालनी शुरू कर दी थी और वो देखो, वे वहाँ पर हैं, उनमें से हर कोई तैर रही है। सब ठीक हो जायेगा।' 'परन्तु जॉन यह पानी तुम्हारी फसलों को नष्ट कर देगा', पड़ोसी अपनी रट पर लगा रहा। अभी भी बिना हतोत्साहित हुए जॉन ने जवाब दिया, 'नहीं, ऐसा नहीं है। मेरी फसलें तो पहले ही नष्ट हो चुकी थीं और पिछले ही हफ़्ते काउन्टी एजेन्ट ने मुझे बताया था कि मेरी भूमि को वाक़ई पानी की ज़रूरत थी, इसलिए इसने वह समस्या हल कर दी।' निराशावादी ने अपने उस प्रसन्नचित्त मित्र के साथ एक और कोशिश की। उसने कहा, 'लेकिन जॉन देखो, पानी अभी भी चढ़ रहा है। यह तुम्हारी खिड़कियों तक आने वाला है।' आशावादी

मित्र ने हँसते हुए कहा, 'दोस्त, मैं ऐसी ही आशा करता हूँ, वे बहुत गंदी हो रही थी और उन्हें धुलाई की सख़्त ज़रूरत थी।'

ठीक है, यह एक मज़ाक़ है। परन्तु, जैसा कि अक्सर होता है, परिहास में ज़्यादा सच होता है। यह स्पष्ट है कि हमारे नायक ने स्थिति पर सकारात्मक प्रतिक्रिया करने का निश्चय कर लिया था। आख़िरकार शब्दकोष कहता है कि **नज़रिया किसी उद्देश्य की पूर्ति के लिए कल्पित शारीरिक मुद्रा या स्थिति है**। कुछ समय के बाद आप अपने मस्तिष्क को इतना अभ्यस्त कर सकते हैं कि आप जीवन में नकारात्मक स्थितियों का सामना करने के प्रति सहज रूप से व स्वतः सकारात्मक प्रतिक्रिया करने लगते हैं। इस ढंग को पाने और इस में बने रहने के लिए आपको अपने दिमाग़ को बहुत से अच्छे-स्वच्छ-सशक्त प्रेरक सन्देशों की ख़ुराक देनी होती है- और फिर लगातार यह ख़ुराक देते रहना होता है। मैंने इस पुस्तक ***'शिखर पर मिलेंगे'*** के शुरू में कहा था कि आप पुराने कूड़ा-करकट को पूरी तरह से दफ़ना सकते हैं (याद कीजिये कूड़े-करकट के ढेर पर बना हुआ शॉपिंग सेन्टर), परन्तु हो सकता है जब आप रेडियो या टी.वी. चलायें, समाचार पत्र पर एक नज़र डालें, किसी नकारात्मक व्यक्ति से बात करें या पास से गुज़रते हुए लोगों की वार्तालाप आपके कान में पड़ जाये - किसी दूसरे ने आपके स्वच्छ, सकारात्मक मस्तिष्क में कुछ ताज़ा कूड़ा-करकट डाल दिया हो। अब आप क्या करेंगे? उत्तर : बिल्कुल वही जिसके बारे में हम पिछले दो अध्यायों में बात करते आ रहे हैं। अपने दिमाग़ को 'बिस्तर से उठने', सकारात्मक संकेतों की पहचान करने जैसे कि 'गो-लाइट्स' आदि तथा 'अपने गाइरोस्कोप को निर्धारित करने' का पूर्व-अभ्यस्त कर लें। फिर आप इस पाठ की प्रक्रिया - अपने दिमाग़ को ख़ुराक देने का नियमित रूप से पालन करें।

तीन प्रकार की प्रेरणा

पहली 'भय' प्रेरणा है जो कहती है, 'यदि आप रात 11 बजे तक वापिस नहीं आये तो यह इस महीने की आपके बाहर जाने की आख़िरी रात होगी।' अथवा, 'यदि आपने बिक्री नहीं बढ़ायी तो आपको नौकरी से हटा दिया जायेगा।' कुछ लोगों के लिए भय प्रेरणा काम करती है परन्तु अधिकतर लोगों के साथ यह काम नहीं करती क्योंकि इससे रोष उत्पन्न होता है जो विद्रोह की ओर ले जाता है।

भय प्रेरणा इस टैक्सॉस कहानी जैसी हो सकती है। टैक्सॉस के एक अमीर व्यक्ति ने एक रात बहुत विशाल दावत दी और दर्जनों लोगों को आमन्त्रित किया जिनमें विशेष ध्यान विवाह योग्य आयु के नौजवानों पर दिया गया था। जैसे ही शाम चढ़ने लगी तो मेज़बान ने हर किसी को पूल के पास इकट्ठा होने के लिए कहा जिसमें उसने पानी के साथ चमड़े के समतल जूते व मगरमच्छ चुपके से सावधानी पूर्वक छिपाये हुए थे। उसने मेहमानों को पूल की पूरी लम्बाई तैरने की चुनौती दी और तीन काफ़ी बड़े पुरस्कारों में से

सुनने, पढ़ने व सीखने में अन्तर होता है। मैं इसको इतनी पूर्णता से सीखने के बारे में बात कर रहा हूँ कि यह आपका वैसे ही एक हिस्सा बन जाये जैसे कि आपके हाथ और बाज़ू। मैं इसको इतनी अच्छी तरह से सीख लेने के बारे में बात कर रहा हूँ कि इसे आप चेतन मन से जान लें और अवचेतन मन से महसूस कर लें ताकि आप जीवन की नकारात्मक घटनाओं के प्रति सहजता से एवं स्वतः ही सकारात्मक प्रतिक्रिया करने लगें। जब नज़रिये पर क़ाबू पाना है और ये अगली तीन मिसालें सिद्ध करती हैं कि यह उद्देश्य चाहने योग्य और पहुँचने योग्य है तथा बाहरी कुरेदनी या चेतनावर्धक वस्तु से इसे हिलाया या झकझोरा जा सकता है।

आप बदल सकते हैं अथवा बदले जा सकते हैं

कई वर्षों पहले, जूस्ट ए. मीरलो एम.डी. ने *दि रेप ऑफ़ माइन्ड* नामक पुस्तक लिखी। अपनी पुस्तक में लेखक ने बताया है कि कोरियाई युद्ध में क्यों कुछ बंदियों ने अपने सिद्धान्त बदल लिये, अमेरिका को अस्वीकृत कर दिया और उत्तरी कोरिया में रूक गये। साथ ही अन्य असंख्य लोग क्यों कर इतने कटु हो गये व दुविधा में पड़ गये कि उनके अपने प्रति व मुक्त उद्यम व्यवस्था के प्रति मूल्य बहुत हद तक अस्वीकृत हो गये।

मीरलो बताता है कि युवा जी. आई. क़ैदी को दो निपुण साम्यवादी (कम्युनिस्ट) विचार बदलने वालों के द्वारा दस से बारह घंटे तक विचार बदलने की प्रक्रिया से गुज़ारा जाता था और उसके बाद दूसरी तथा तीसरी टीम के द्वारा यही प्रकिया अपनायी जाती थी। इस 24 से 36 घंटों की कड़ी आज़माइश के दौरान, युवा जी.आई. को पूरी तरह से कम्युनिस्ट कूड़ा-करकट की ख़ुराक दी जाती थी। उसके मस्तिष्क को सच, आधा सच, और अशोभनीय झूठ के मिश्रण से संतृप्त किया जाता था। 24 से 36 घंटे के इस उपचार के बाद, बिना सोये व बिना कुछ खाये युवा जी. आई. शारीरिक रूप से, मानसिक रूप से, आध्यात्मिक रूप से एवं भावात्मक रूप से थक चुका होता था। इस तरह के कई सत्रों के बाद युवा जी.आई. साहस छोड़ देता था और चीखने लगता था, 'ठीक है, ठीक है, मैं इसे करूँगा या मैं इसे मानूँगा, बस मुझे थोड़ा सो जाने दो।' वास्तव में, उसके नास्तिक पीड़ा देने वालों की ज़रा सी भी नीयत इस समय पर उसे सो जाने देने की नहीं होती थी। वे कूड़ा-करकट अन्दर डालना चालू रखते थे। ये युवा अपने क़ैद करने वालों के सम्मुख निस्सहाय थे। सिर्फ़ अपवाद, जैसा कि मीरलो ने बताया, वही थे जिनके पास ब्रेनवॉशिंग का विरोध करने के लिए धार्मिक दृढ़ विश्वास व ईश्वर की मदद मौजूद थी।

बाइबल की ईसाइया 40:31 इसका कारण बताती है, '**लेकिन वे जो भरोसा करते हैं कि ईश्वर उनकी शक्ति को नया जीवन देगा, वे बाज की भाँति पंख लगा कर पहाड़ पर चढ़ जाते हैं, वे दौड़ेंगे और थकेंगे नहीं और वे चलेंगे तथा बेहोश नहीं होंगे।**' हिब्रू भाषा में 'रिन्यू' शब्द चलाफ़ है जिसका अर्थ है 'बदलना'। जब आप ईश्वर की

सेवा करते हैं तो आप अपनी शक्ति को उसकी शक्ति से बदल लेते हैं। आपके द्वारा की जाने वाली वह सबसे अच्छी अदला-बदली है क्योंकि ऐसी बहुत सी चीज़ें हैं जो आप नहीं कर सकते परन्तु ऐसी कोई अच्छी चीज़ नहीं है जो आप व ईश्वर मिल कर नहीं कर सकते।

स्पष्टतया, जब मैंने इन नौजवानों को अपने देश के विरुद्ध हो जाने के बारे में सुना था तो मैं आतंकित हुआ था। मीरलो की पुस्तक पढ़ने के बाद मैं सहमत हो गया कि वे अपनी सोच को बदलने से रोकने के मामले में असहाय थे जैसे कि वे किसी टैंक को अपने नंगे हाथों से रोक रहे होते। मैं इस बात पर ज़ोर देना चाहूँगा कि अधिकांश मामलों में इन नौजवानों ने शुरू में इस हमले का विरोध किया था परन्तु फिर भी उस विचारधारा के शिकार हो गये जो उनके दिमाग़ में ज़बरदस्ती डाली गयी थी। अब इस बारे में ज़रा सोचिए। वे अपनी इच्छाओं के विरुद्ध झूठ व विनाश के सिद्धान्तों के शिकार हो गये। क्या आपको यह बात सार्थक लगती है कि अगर आप नियमित रूप से, चाह कर, अपने दिमाग़ को अच्छे, स्वच्छ व सशक्त सूचना व प्रेरणा के सन्देशों की ख़ुराक दें तो आपको इससे बहुत लाभ मिलेंगे।

अगली कहानी इस दृष्टिकोण का एक सशक्त उदाहरण है।

उस संगीत को बाहर निकालिये

सिनिचि सुज़ुकी एक असामान्य जापानी वैज्ञानिक है। वह जो करता है उसे बहुत से लोग हमारे समय का एक चमत्कार मानते हैं। वह कुछ ही सप्ताह पहले जन्मे बच्चों को लेकर उनके बिस्तर के पास रिकॉर्ड किया हुआ सुमधुर संगीत बजाना शुरू कर देता है। वह उसी धुन को कई बार बजाता है और लगभग तीस दिनों बाद वह दूसरी रिकॉर्डिंग के साथ यही प्रक्रिया दोहराता है। वह इस प्रक्रिया को तब तक चालू रखता है जब तक कि बच्चा लगभग दो वर्ष का न हो जाये। उस समय, वह बच्चे की माँ के लिए लगभग तीन माह का संगीत का पाठ शुरू करता है और उस दो वर्ष के बच्चे को उस प्रक्रिया का पर्यवेक्षक (ऑब्ज़र्वर) बना देता है। फिर वह एक बहुत छोटे आकार का वायलिन बच्चे के हाथ में थमा देता है जो वायलिन की कमान चलाना सीखते हुए उस वाद्ययन्त्र का अहसास करना शुरू कर देता है। पहला पाठ दो या तीन मिनट का होता है। वहाँ से वे आहिस्ता-आहिस्ता एक घंटे तक पहुँच जाते हैं। जब तक बच्चा बड़ा होकर यह जान पाये कि वायलिन बजाना मुश्किल माना जाता है, वह उसमें निपुण हो चुका होता है और इस प्रक्रिया में आनन्द ले रहा होता है।

हाल ही में प्रोफ़ेसर सुज़ूकी ने एक कार्यक्रम प्रस्तुत किया जिसमें ऐसे लगभग 1500 जापानी बच्चों ने भाग लिया। बच्चों की औसत आयु लगभग सात वर्ष थी और उन्होंने उच्च कोटि का चोपिन, बीथोवन व विवाल्डी आदि बजाया। महत्वपूर्ण यह है कि

सुज़ूकी इस बात पर बल देता है कि इन बच्चों में कोई प्राकृतिक संगीत की प्रतिभा नहीं थी। तथापि, उसका मानना है कि हर बच्चे में प्रतिभा होती है जिसे उन्हीं प्रक्रियाओं को अपना कर विकसित किया जा सकता है जिनका प्रयोग हम बच्चों को बोलना सिखाने में करते हैं। बच्चे के चारों ओर बड़े लोग होते हैं जो लगातार बोलते रहते हैं, इसलिए पहला क़दम है **प्रकटीकरण।** दूसरा, बच्चा बोलने की कोशिश करता है जो **नक़ल करना** होता है। दोस्त व रिश्तेदार बच्चे की शेखी बघारते हैं जो **प्रोत्साहन** देता है और बच्चे को पुनः कोशिश करने के लिए प्रेरित करता है। यह **दोहराने** की क्रिया है। फिर बच्चा शब्दों को जोड़ना और उनसे वाक्य बनाना शुरू कर देता है। यह प्रक्रिया **परिष्कार (रिफाइनमेन्ट)** है। तीन या चार वर्ष की आयु में बच्चे के पास काफ़ी बड़ा शब्दकोष हो जाता है और फिर भी वह एक शब्द नहीं पढ़ सकता।

प्रोफ़ेसर सुज़ूकी कहते हैं कि वस्तुतः कोई भी चीज़ इस विधि से सीखी जा सकती है। लगता है जैसे बहुत से लोगों के लिए ना करने की शिथिलता को उसने बस ख़त्म कर दिया है, है ना?

'शिखर पर मिलेंगे' में शुरू से अन्त तक मैंने इस बात पर बल दिया है कि **जीवन में आप को पारितोषिक आपके जन्म की अपेक्षा आपके व्यवहार के कारण अधिक मिलते हैं।** साथ ही, आपका व्यवहार आपके सहयोगियों से और जो भी चीज़ आप अपने दिमाग़ में डालते हैं या डालने देते हैं, उससे बहुत अधिक प्रभावित होता है। अगली घटना इस बात पर बल देती है कि यह एक कौतूहल पैदा करने वाला तरीक़ा है।

क्या - कोई हकलाकर बोलने वाला नहीं ?

कई वर्षों पहले अमेरिकी भारतीयों की दो जनजातियों के साथ कार्य करते हुए एक वैज्ञानिक ने पाया कि पूरी तरह से भारतीय लोगों में से कोई भी हकलाता नहीं था। वैज्ञानिक होने के नाते, उसे आश्चर्य हुआ कि क्या यह कोई संयोग था या भारतीयों का विशेष गुण। उसकी रुचि और जिज्ञासा ने उसे अमेरिका की प्रत्येक भारतीय जनजाति के अध्ययन हेतु प्रेरित किया। उसे ऐसा एक भी भारतीय नहीं मिला जो हकलाता हो। अतः उसने उनकी भाषाओं का अध्ययन किया और खोज लिया कि क्यों कोई भी भारतीय हकलाता नहीं था। उनके यहाँ 'हकलाने' के लिए कोई शब्द नहीं था, यहाँ तक कि स्थानापन्न (सब्स्टीट्यूट) शब्द भी नहीं था। ज़ाहिर है अगर हकलाने के लिए कोई शब्द ही नहीं है तो किसी भारतीय के लिए हकलाना असम्भव होगा। आप मुस्कुरा कर सोचते होंगे कि सूचना रोचक है। परन्तु, उससे क्या? आइये, इससे एक क़दम और आगे बढ़ें। हम जानते हैं कि शब्द दिमाग़ में तस्वीरें बना देते हैं और दिमाग़ तस्वीरों में सोचता है। उदाहरण के लिए, अगर आप असफल, असमर्थ, झूठा या मूर्ख शब्द पढ़ते अथवा सुनते हैं तो आपका मस्तिष्क आप द्वारा शब्दों के माध्यम से बनायी गयी तस्वीरों को पूरा कर देता है।

अब, यदि हकलाने के लिए कोई शब्द ही नहीं है तो दिमाग़ हकलाने के लिए किसी तस्वीर की कल्पना नहीं कर सकता। परिणाम : कोई हकलाहट नहीं ।

अन्तर्राष्ट्रीय काग़ज़ कम्पनी के पास उनके दावे का समर्थन करते हुए आँकड़ों के सबूत हैं कि किसी व्यक्ति का जितना बड़ा शब्द भंडार होगा उसकी आय उतनी ही अधिक होगी। मैं इस बात से सहमत हूँ कि आप अपने शब्द कोष को बदल कर आप अपनी आय व आनन्द को बढ़ा सकते हैं और अपने जीवन को बदल सकते हैं। 'घृणा' शब्द को लें और इसे अपने शब्दकोष से हटा दें। इसे न देखें, न सोचें, न पढ़ें । इसके स्थान पर 'प्यार' शब्द को लिखें, महसूस करें, देखें और उसी का सपना देखें । 'पूर्वाग्रह' शब्द को न देखें, न सोचें, न कहें। इसके स्थान पर 'समझना' शब्द रखें। 'नकारात्मक' शब्द लें और इसके स्थान पर 'सकारात्मक' शब्द प्रतिस्थापित कर दें। स्पष्टतया, हटाये जाने वाले और उनकी जगह रखे जाने वाले शब्दों की सूची एक तरह से अन्तहीन हो सकती है - उसी तरह इससे होने वाले लाभ होंगे। **आपका मस्तिष्क, आप उसे जो खिलाते हैं उस पर काम करता है।** अपनी मानसिक ख़ुराक को बदल दें और नकारात्मक इनपुट को ख़त्म कर दें। इससे आप पहले नकारात्मक आउटपुट को कम कर देंगे और फिर उसे एक तरह से ख़त्म कर देंगे।

आप कब और क्या खाते हैं - मानसिक रूप से ?

अब तक आप पूरी तरह से सहमत हो जाने चाहिये कि आप अपने दिमाग़ में जो रखते हैं वह आपके लिए और आपके भविष्य के लिए अत्यन्त महत्वपूर्ण है । इसलिए ज़ाहिर सा सवाल है, 'मैं अपने दिमाग़ को किस प्रकार ख़ुराक दूँ - मुझे मानसिक आहारों को खाने का समय कब मिलता है जब कि मैं पहले ही सिर्फ़ बने रहने भर के लिए भागता रहता हूँ।' मैं इसके जवाब में आपसे यह पूछता हूँ कि क्या आपने उस लकड़ी काटने वाले की कहानी सुनी है जिसका उत्पादन गिरता चला गया था क्योंकि उसने अपनी कुल्हाड़ी की धार तेज़ करने के लिए समय नहीं निकाला था?

इसके बारे में सोचें : औसत आदमी हर साल 200 डॉलर से भी अधिक धनराशि और जितना वह स्वीकार करेगा उससे अधिक समय अपने सिर के 'बाहरी हिस्से' को सुसज्जित करने में (शेव, हेयर कट, लुक्स आदि) ख़र्च करता है। कोई नहीं जानता कि औसत महिला इसी चीज़ को करने में कितना ख़र्च करती है। प्रश्न : क्या इस बात में कोई तुक नहीं दिखती कि कम से कम उतना समय व उतनी धनराशि तो सिर के 'अंदरूनी हिस्से' को सुसज्जित करने में ख़र्च करें ?

मेरे अपने निर्णय के अनुसार, आज हमारे पास सबसे बड़ा शैक्षणिक व प्रेरक उपकरण पोर्टेबल कैसेट प्लेयर है। मैं कैसेट शिक्षा और प्रेरणा को इतना अधिक मूल्य (महत्व) देता हूँ कि अगर मैं अपना कैसेट प्लेयर नहीं बदल सका तो इस का कारण है कि

5000 डॉलर भी उस कैसेट प्लेयर को नहीं ख़रीद सकते जो मेरे पास है। बहुत बड़ा वक्तव्य है, हाँ - परन्तु उतना बड़ा और मददगार नहीं जितनी कि कैसेट शिक्षा और प्रेरणा हो सकती है। मैं व्यक्तिगत रूप से एक भी ऐसे स्वनिर्मित करोड़पति को नहीं जानता जिसके पास यह ना हो और जो उसे प्रेरणा व शिक्षा के लिए उपयोग में न लाता हो।

उपलब्ध सामग्री उतनी ही असीमित है जितना कि उन्हें प्रयोग करने के लिए समय व स्थान। एक विनोद प्रिय, प्रेरक, शिक्षा सम्बन्धी या धार्मिक सन्देश घर के काम को गति देगा और बहुत हद तक इसकी नीरसता हटा देगा। आपको शेव करते हुए, कपड़े पहनते हुए अथवा सौन्दर्य सामग्री लगाते हुए विचार और प्रेरणा मिल सकती है। प्रेरणा और शिक्षा पाकर आप 'अजीवित' समय को जिसे आप सामान्यतया ट्रैफिक से लड़ने में ख़र्च करते हैं, 'जीवित' समय में बदल सकते हैं जो आज के स्पर्धात्मक विश्व में आपको मानसिक व भावात्मक धार प्रदान करेगा।

उदाहरण के लिए, कैलिफ़ोर्निया विश्वविद्यालय के एक अध्ययन से पता चला है कि लॉस एन्जिलिस क्षेत्र में रहने वाला व्यक्ति तीन साल के सामान्य ड्राइविंग समय में कैसेट रिकार्डिंग्स को सुनकर दो साल की कॉलेज शिक्षा के बराबर ज्ञान अर्जित कर सकता है। यदि आप ड्राइव करते हुए सुनते हैं तो प्रयोग किये जाने योग्य कुल समय लगभग शून्य होगा।

ग्रुप के रूप में, जितना मैं जानता हूँ, वे लोग जो नियमित रूप से सही तरह की कैसेट रिकॉर्डिंग्स सुनते हैं सर्वाधिक प्रसन्न, सर्वाधिक तालमेल बिठाने वाले व सर्वाधिक स्फूर्त ग्रुप होते हैं। अब इसके साथ एक स्वस्थ पढ़ने का कार्यक्रम जोड़ दें तो आप वास्तव में व्यापक में उतर जाते हैं। नियम कहता है - जब आप चल रहे हों - सुनिये। जब आप बैठे हों - पढ़िये। यह अक्षरशः आपके मस्तिष्क को जीवन के प्रति आशावादी दृष्टिकोण से संतृप्त कर देता है। यह आपको कुल मिलाकर एक उत्तम शिक्षा एवं मूल्यों व दृष्टिकोणों का एक समूह भी प्रदान करता है जो आपके जीवन में बहुत मददगार होगा।

पढ़ने के लिए योजना बनाने की ज़रूरत है, इसलिए पढ़ने की आदत हासिल करने के लिए आपको अनुस्मारकों के नये समूह की ज़रूरत पड़ सकती है। अधिकांश लोग यह 'स्पष्टीकरण' देते हैं कि उनके पास 'समय' नहीं है। यह स्पष्ट है कि समय की उपलब्धता अलग-अलग होती है परन्तु यह कहना कि आपके पास अपने दिमाग़ को भोजन देने के लिए समय नहीं है मात्र न करने एक बहाना है। हमें जो करना पड़ता है वह हम करते हैं और हम वह करते हैं जो हम करना चाहते हैं। अब अगर हम उसके लिए समय निकाल लें जो हमें करना चाहिए (अच्छा साहित्य पढ़ें) तो हम जल्दी ही उन चीज़ों की सूची कम कर लेंगे जो हमें करनी पड़ती हैं।

कुछ सुझाव : पुस्तकें न उधार माँगे, न उधार दें। जब भी सम्भव हो उन्हें ख़रीदें और भविष्य में संदर्भ के लिए आपके द्वारा निशान लगा कर व्यक्तिगत बनायी गयी इन

पुस्तकों से एक पुस्तकालय बनायें। पढ़ने के लिए अच्छी सामग्री घर में अनुकूल स्थानों पर रखें (1) अपने पलंग के पास (2) बाथरूम में (3) टी.वी. के ऊपर (4) अपनी मनपसन्द कुर्सी के पास (6) किसी शान्त स्थान में जहाँ पर आप स्वयं को एकान्त दे सकें।

सफल लोग क्या करते हैं – वह इस प्रकार है

ऐलन बीन (यू.एस. नेवी कैप्टेन एवं नासा अन्तरिक्ष यात्री) वह आदमी है जिसे व्यक्तिगत तौर पर जानना मेरे लिए गर्व की बात है । वह भी नियमित रूप से प्रेरणादायक रिकॉर्डिंग्स सुनता है। कैप्टेन बीन, चाँद पर जाने वाले प्रथम लोगों में से एक था तथा द्वितीय आकाशीय प्रयोगशाला अन्तरिक्ष स्टेशन मिशन का कमांडर था। वह अमेरिकी/ रूसी संयुक्त अंतरिक्ष प्रयास में रूसी ब्रह्माँड वैज्ञानिकों के साथ भी शामिल रहा था।

अपनी निज छवि, ध्येय निर्धारण, उचित मानसिक दृष्टिकोण के महत्व को पहचानते हुए, कैप्टेन बीन ने अपनी 59 दिनों की अन्तरिक्ष उड़ान के लिए नासा में प्रशिक्षण हेतु जाते समय रास्ते में अपनी कार में प्रेरक रिकॉर्डिंग्स सुनी। मुझे ख़ुशी है कि अपने कार्यक्रम के हिस्से के रूप में उसके द्वारा सुनी मेरी कुछ रिकॉर्डिंग्स में ज़्यादातर वही सामग्री शामिल थी जो आप इस पुस्तक में पढ़ रहे हैं। मुझे उम्मीद है कि जब मैं आपसे कहता हूँ कि यह सामग्री अद्‌भुत साबित हुई तो आप इसका कोई अन्य अर्थ नहीं लगायेंगे। आपको यह दिखाने के लिए कि इन विचारों/धारणाओं के प्रति ऐलन बीन कितना उत्सुक महसूस करता है, ऐलन बीन ने अपने सीमित समय में से इस पुस्तक के लिए कुछ अमूल्य सुझाव प्रस्तुत करने के लिए स्वेच्छा से समय दिया ताकि आप सब अपने जीवन में अतिरिक्त लाभ प्राप्त कर सकें।

यहाँ मैं आपको यह बता दूँ कि वे सभी अन्तरिक्ष यात्री, जब से इतिहास लिखा गया है तब से किसी भी उद्देश्य के लिए कभी चुने गये समूह की अपेक्षा कहीं अधिक ध्यान से और आदमी जिन परीक्षाओं के बारे में भी सोच सकता है उन सभी परीक्षाओं के बाद चुने गये थे। हर एक को अपनी एक मज़बूत व स्वस्थ छवि रखनी थी। हर एक को कल्पना की जा सकने वाली सबसे कठिन परिस्थितियों में काम कर पाने के योग्य और अपने साथियों से परस्पर तालमेल बिठाने योग्य होना था। हर एक को लक्ष्य के अनुकूल बनना था। हर एक को मानसिक दृढ़ता, अनुशासन, संकल्प व अत्यन्त सकारात्मक सोचने के ढंग के साथ सही मानसिक दृष्टिकोण रखना था। क्या आप किसी नकारात्मक सोच वाले व्यक्ति की उस अन्तरिक्षयान में कल्पना कर सकते हैं जो यह सोचता हो कि क्या वे वापिस पृथ्वी पर जा पायेंगे? अन्तरिक्ष कार्यक्रम के लिए चुने जाने से पहले प्रत्येक सदस्य में ये सब गुण होने आवश्यक थे। ज़ाहिर है कि कार्यक्रम में बने रहने के लिए उन्हें वे सब गुण बनाये रखने थे। अपने जीवन को दाँव पर लगाने के साथ-साथ ये लोग राष्ट्रीय गौरव व सम्मान के वाहक होते हैं। उन पर दबाव बहुत अधिक होते हैं।

कनाडा में वर्ल्ड वाइड डिस्ट्रीब्यूटर्स घरेलू उपकरणों के सबसे बड़े वितरक हैं। विन्नीपेग, मैनिटोबा में उनके हाल ही के अधिवेशन के दौरान महाप्रबन्धक ने मुझे बताया कि उनके सेल्स के 19 शीर्ष लोगों में से 17 लोग जिनमें कि शीर्षस्थ 11 लोग शामिल हैं प्रतिदिन प्रेरक व सेल्स प्रशिक्षण की रिकॉर्डिंग्स सुनते थे। उसने इस बात पर बल दिया कि वे इसलिए नहीं सुनते कि वे सर्वोत्तम हैं बल्कि वे सर्वोत्तम हैं क्योंकि वे उन रिकॉर्डिंग्स को सुनते हैं। सच तो यह है कि हर जगह सेल्स मैनेजर एवं कॉरपोरेट कार्यपालक मुझे आश्वस्त करते हैं कि उनके शीर्ष लोग बिना किसी अपवाद के, नियमित रूप से सुनते व पढ़ते हैं।

मैं इस बात को बहुत स्पष्टरूप से कहना चाहता हूँ कि जिन पुरुष और महिलाओं को इस तरह की प्रेरणा की अन्य किसी की तुलना में कम ज़रूरत होती है वे ही इसका सबसे अधिक प्रयोग करते हैं। मैं इस बात से सहमत हूँ कि यही कारण है कि वे वहाँ पर हैं। काफ़ी लम्बे समय तक वे उन चीज़ों को करते रहे हैं जिन्हें मैं अब आपको करने के लिए आग्रह कर रहा हूँ। कारण साफ़ तौर पर बहुत सरल है। वह प्रवृत्ति जो मनुष्य को शिखर पर ले जाती है वह नियमित पोषण व और अधिक प्रभावशाली बनाने से समृद्ध होती है। जो लोग अपने वर्तमान पेशे में सफलता की चोटी पर पहुँचते हैं वे निश्चित रूप से इस तथ्य को स्वीकार करते हैं कि शिखर पर बहुत जगह है परन्तु वहाँ बैठ जाने के लिए स्थान नहीं है। वे यह भी समझते हैं कि मस्तिष्क को शरीर की तरह लगातार पोषित किया जाना चाहिए। वे जानते हैं कि यदि गर्दन से नीचे वाले शरीर को नियमित रूप से भोजन देना महत्वपूर्ण है तो गर्दन से ऊपर के शरीर को ख़ुराक देने में और अधिक सार्थकता है। वे समझते हैं कि पोषण शारीरिक, मानसिक व आध्यात्मिक होना चाहिए।

यह एक भ्रम है

बहुत से लोग यह ग़लत धारणा रखते हैं कि उन्हें कैसेट रिकॉर्डिंग सुनने अथवा प्रेरक पुस्तकें पढ़ने की ज़रूरत नहीं है सिवाय उस समय के जब वे उदास व निराश हों। जब आप मायूस होते हैं उस समय ज़रूरत अधिक स्पष्ट होती है और लाभ काफ़ी हो सकता है परन्तु कुल मिलाकर दूरगामी लाभ तब कहीं अधिक होंगे जब आप इन्हें उस स्थिति में सुनते व पढ़ते हैं जब आप भावात्मक रूप से स्वस्थ होते हैं। इसके दो कारण हैं। जब आप मायूस होते हैं तो आप या तो तिनकों का सहारा लेने लगते हैं और ग़लत तिनका चुन लेते हैं या इसके विपरीत मार्ग अपनाते हैं और संक्षेप में बहुत से मूल्यवान विचारों को अस्वीकार कर देते हैं। जब आप खिन्नता से घिरे होते हैं तो आप समाधान के बजाये समस्या पर अधिक ध्यान देते हैं।

जब आप भावात्मक रूप से ऊपर उठे हुए और क़ामयाब होते हैं तो आपकी आशावादिता और महत्वाकांक्षा अधिक काम कर रही होती हैं। आपकी कल्पना तीव्र होती

है और आप सकारात्मक सुझावों के प्रति अपनी क्षमता से कहीं अधिक संवेदनशील हो जाते हैं। आप समस्या के प्रति सचेत होने के बजाये समाधान के प्रति सचेत हो जाते हैं, इसलिए आप अच्छे विचारों के प्रति अधिक संवेदनशील होते हैं और आपकी इन नये विचारों पर काम करने की सम्भावना कहीं अधिक हो जाती है। तब आप अपने कार्य सम्पादन के स्तर को काफ़ी ऊँचा कर लेंगे। आपका नज़रिया, उत्साह, सहयोग की भावना और आपके नियोक्ता की नज़रों में आपका मूल्य ऊँचा हो जाता है। तब, मेरे दोस्त, आपको पदोन्नति एवं वेतनवृद्धि मिलती है।

मैं जिन अत्यन्त कर्मठ एवं पूरी तरह अभिप्रेरित लोगों को जानता हूँ उनमें से एक सैन्डी ब्रेनर इस विचार को पुनर्स्थापित करता है और इससे आगे एक और बात कहता है। सैन्डी, जो कि बहुत से एकल व्यक्तियों व बड़े निगमों को सेल्स प्रशिक्षण देता है तथा प्रेरक कार्यक्रम चलाता है, कहता है कि कोई व्यक्ति किसी पुस्तक को अक्सर पढ़कर या टेप की श्रृंखला को सुन कर इतना अधिक लाभ उठा सकता है कि वह अपेक्षतया अधिक ऊँचे स्तर की समझ व जानकारी की ओर बढ़ जाता है। इस नये स्तर से - वह व्यक्ति जो उसी सामग्री को दोबारा पढ़ता या सुनता है तो वह उसमें वे चीज़ें 'सुनेगा' या 'देखेगा' जो उससे पहली बार में पूरी तरह से छूट गयीं थीं। यह उन्हें समझ व कार्यसम्पन्नता के और ऊँचे स्तर की ओर ले जाती हैं। यही कारण है कि किसी भी सफलता के इच्छुक व्यक्ति को तत्काल सन्दर्भ के लिए अपने निजी 'सफलता' पुस्तकालय का निर्माण करना चाहिए जो उसे निरन्तर उन्नति की ओर ले जाता है।

इसका मतलब यह नहीं लगाना चाहिए कि जब आप उदास होते हैं तो आपको प्रेरक सहायता नहीं लेनी चाहिए। मैं आपको सिर्फ़ यह समझाना चाहता हूँ कि प्रेरक पुस्तकें व रिकॉर्डिंग आपको उस उदासी से बाहर निकालने के साधन बन सकते हैं - जैसे कि एक सीढ़ी आपको औसत पंक्ति से अलग कर सकती है अथवा एक अबाधित चल सोपान (ऐस्कलेटर) की तरह आपको शिखर पर ले जाने में मदद कर सकती है। शुरू में, आपको रोज़ाना पढने व सुनने के लिए ख़ुद को बाध्य करना पड़ सकता है परन्तु जब आप इसे कुछ समय तक कर लेते हैं तो आप तीन चीज़ें पायेंगे : आपको इसमें आनन्द आयेगा, आप इससे सीखेंगे और आप सहज रूप से तथा अवचेतन अवस्था में जो आप पढ़ रहे हैं या सुन रहे हैं उस पर कार्यवाही करना शुरू कर देंगे। पुनः, जो स्वयं को नियमित रूप से प्रेरक सामग्री की ख़ुराक देते हैं उन लोगों को सर्वाधिक लाभ होता है।

अगले दो अध्यायों में मैं अच्छी और बुरी दोनों आदतों के बारे में काफ़ी विस्तार से बताऊँगा। मैं अब एक अच्छी आदत पर चर्चा कर रहा हूँ और आप पायेंगे कि इस अच्छी आदत पर कार्यवाही करने के लिए स्वयं को बाध्य करना ज़रूरी है। अपने आपको अच्छे लोगों से सम्बद्ध करने के लिए बाध्य कीजिये। अपने आपको 'हैन्ड स्लैपिंग', 'गो-लाइट' दिनचर्या हेतु बाध्य कीजिए। अपने आपको रिकॉर्डिंग्स सुनने के लिए बाध्य कीजिए।

इसे 21 दिनों तक कीजिए और आप पायेंगे कि जिस आदत को आपने 'झपटा' है वह आपको 'झपट' लेगी।

केवल उनके लिए जो सफलता के प्रति गम्भीर हैं

असलियत में सुबह ताली बजाना कोई ऐसी चीज़ नहीं है जिसे आप जीवन के एक ढंग के रूप में जारी रखेंगे। शुरू में, तथापि यह तुरन्त उत्साह पैदा करता है और आश्चर्यजनक परिणाम उत्पन्न करता है जो आपको उस समय ज़रूरी साहस प्रदान करता है। यह आपके मस्तिष्क को एक जागृत अनुभव के लिए तैयार व अभ्यस्त करता है जो आपको जीवन का एक अधिक समृद्ध और अधिक स्फूर्त ढंग देता है, यदि आप इसका पूरे 21 दिन प्रयास करें। आइये, अब हम मानसिक, शारीरिक एवं आध्यात्मिक रूप से बढ़ना जारी रखने के सर्वोत्तम तरीक़े पर एक नज़र डालें।

उठने के बाद (ताली बजाकर या बिना ताली बजाये) और इससे पहले कि कोई नकारात्मक विचार या सामग्री आपके दिमाग़ में प्रवेश करे (कोई समाचार पत्र, रेडियो या टी.वी. नहीं) अपने पहले मानसिक अल्पाहार के लिए घर में किसी शान्त 'सफलता' के स्थान पर जाये। एक प्रेरक स्वयं-सहायता पुस्तक चुनें (मैंने इस पुस्तक में ऐसी 40 पुस्तकों की सूची दी है) और 10 से 15 मिनट पढ़ें । फिर 15 मिनट तक टहलें या तेज़ चलें और जो अच्छी चीज़ें आप देखें उन्हें मानसिक रूप से नोट करें। फिर आपके चिकित्सक द्वारा सुझाये गये और उस विशेष समय के लिए बनाये गये (ना कि अपने आपको कुछ भी करने की चुनौती देने के लिए) व्यायाम कार्यक्रम को कुछ मिनट दें। जब आप व्यायाम कर रहे हों तो कोई शिक्षाप्रद व प्रेरक क़िस्म की कैसेट रिकॉर्डिंग सुनें। अब, इससे पहले कि आप भरे दिमाग़ व खाली पेट के साथ जल्दी से जाने लगें एक पोषक नाश्ता करें ताकि जो अच्छी चीज़ों की ख़ुराक आपने अपने दिमाग़ को दी है उसे प्रयोग करने की ऊर्जा आप में रहे। अपने हर दिन की शुरूआत सही प्रकार के मानसिक, आध्यात्मिक एवं शारीरिक नाश्ते के साथ करना आपको एक सम्पूर्ण एवं पारितोषिक भरे दिन - व जीवन की ग़ारन्टी देगा।

हाँ, मैं पूरी तरह से जानता हूँ कि मैं आपको सुबह जल्दी उठ कर ये सब चीज़ें करने के लिए कह रहा हूँ। हाँ, मैं जानता हूँ कि आप पहले ही व्यस्त हैं व आपके पास समय की तंगी है और हाँ मैं जानता हूँ कि पुस्तकों व कैसेट रिकॉर्डिंग्स के लिए धन चाहिए। तथापि, आपको समय - अधिक ऊर्जा, उत्साह व ताक़त और सम्भवतः जीवन के कई अतिरिक्त वर्षों के रूप में वापिस मिलेगा। पुस्तकों व टेप्स में लागत - अधिक कमाई व अनन्त रूप से सम्पन्न व अधिक पुरस्कार वाला जीवन लायेगी। असल में, मैं यह सुझाव दे रहा हूँ कि आप यह समय व धन यह सुनिश्चित करने के लिए लगाते हैं कि आप स्थाई तौर पर 'सम्पन्न जीवन' का आनन्द ले सकें।

अध्याय चार

आदतें एवं नज़रिया

पहले आप आदत को पकड़ते हैं

जब आप कोई आदत चुनते हैं तो आप उस आदत का नतीजा भी चुनते हैं। अच्छी आदतें हासिल करना मुश्किल होता है, परन्तु उनके साथ रहना आसान होता है। बुरी आदतें हासिल करना आसान होता है, परन्तु उनके साथ रहना मुश्किल होता है। लगभग बिना किसी अपवाद के, बुरी आदतें धीरे-धीरे एवं सुखद रूप से आती हैं और अधिकांश मामलों में इससे पहले कि आप जान पायें कि आपको यह आदत है, आप उसके आदी हो जाते हैं। इसमें कोई तकलीफ़ नहीं होती या होती भी है तो बहुत कम, हालांकि हमें अक्सर ऐसे लोग मिलते हैं जो धूम्रपान करना या शराब पीना या नशीली दवाओं का सेवन करना सीख लेते हैं बावज़ूद इसके कि इन आदतों को हासिल करने में उन्हें शुरू में तकलीफ़ हुई थी।

धूम्रपान करने पर एक नज़र डालें, जिसे मनोवैज्ञानिक मुर्रे बैंक्स निश्चित रूप से हीन भावना का संकेत मानते हैं। आप याद करें कि सम्भवतः आपने पहली सिगरेट 'गिरोह में से एक' होने के लिए ली थी। आप के पूरे शरीर ने विरोध किया था और कहा था, 'नहीं, नहीं।' तथापि आपने अपने शरीर को सिगरेट स्वीकारने के लिए 'बाध्य' किया। आप अपने साथियों के समूह को यह दिखाने पर तुले थे कि आप भी 'बड़ा' लड़का या लड़की हो सकते हैं और उसी तरह धूम्रपान कर सकते हैं जैसे कि वे करते हैं। याद कीजिए जब पहली बार आपने हवा में धुँए का छल्ला उड़ाया था तो कितना गर्व महसूस किया था और फिर आपने एक छल्ले में से दूसरा छल्ला बना कर उड़ाया था? जब आपने पहली बार बिना दम घुटे धुँआ अन्दर लिया था तो आप कितने रोमांचित थे? आपने उस समय स्वयं को कितनी परिष्कृत रुचि वाला महसूस किया था जब आपने बात करने के साथ-साथ मुँह से धुँआ निकालना सीख लिया था। और क्या आप उस समय रोमांचित नहीं थे जब ये सब चीज़ें लापरवाही के साथ करते थे, बिना यह ज़ाहिर किये कि आप इस 'क्लब' में नये आये हैं? क्या यह अच्छा नहीं होगा यदि आप सिगरेट को उतनी ही आसानी से अलग कर दें जितनी आसानी से आपने इसे उठाया था? संयोगवश यदि आप को धूम्रपान के प्रभावों की थोड़ी सी भी चिन्ता है तो आपको यह जान कर ख़ुशी होगी कि डल्लास में हमारा एक क्लिनिक है जिसमें 11 वर्षों तक 2700 लोगों पर एक नयी तरह की सिगरेट का परीक्षण किया गया है जिसमें आधा फिल्टर व आधा तम्बाकू होता है। उनमें से एक भी व्यक्ति कैन्सर का रोगी नहीं हुआ।

आपको यह दिखाने के लिए कि धूम्रपान करने के पीछे कितनी परिपक्वता या इसका अभाव रहता है, कुछ विद्वानों का अनुमान है कि अमेरिका में 5% से भी कम लोगों ने यह आदत 22 वर्ष की आयु के बाद हासिल की। यह बताता है कि विचारशील व परिपक्व लोग जो धूम्रपान करने वालों को कितने भी समय तक देखते रहें, इस आदत को नहीं लगाते। यह बात भी महत्वपूर्ण है कि जब से सिगरेट पीने और फेफड़े के कैंसर में सम्बन्ध स्थापित हुआ है, 21 करोड़ वयस्क व्यक्तियों और 1 लाख से अधिक डॉक्टरों ने धूम्रपान करना छोड़ दिया है।

परन्तु, आइये उस कहानी पर वापिस चलें कि आप धूम्रपान की आदत कैसे लगा लेते हैं। हालांकि आपके शरीर ने बहादुरी के साथ, और कुछ मामलों में मज़बूती के साथ धूम्रपान का प्रतिरोध किया था परन्तु आपने अपनी व्यवस्था पर सिगरेट लादना जारी रखा। आपके शरीर ने फिर कुछ तालमेल बिठाये। असल में इसने कहा, 'ठीक है, मैं यह करूँगा परन्तु यह मुझे पसन्द नहीं होगी।' फिर आपने कहा, 'इससे कोई फ़र्क़ नहीं पड़ता, तुम्हें किसी भी तरह यह करना है।' बाद में आपके शरीर ने और रियायतें दीं और कहा,'मुझे नहीं पता कि मैंने क्यों विरोध किया था, दरअसल यह इतनी बुरी भी नहीं है।' इसके बाद भी आपके शरीर ने तब तक समायोजन किया जब तक कि आप धूम्रपान करने में आनन्द नहीं लेने लगे। उस समय आपने मित्रों को बताया कि आप धूम्रपान करते हैं क्योंकि इसमें आपको आनन्द आता है। आख़िरकार, आपने उन्हें आश्वस्त कर दिया कि व्यक्ति को कुछ न कुछ ऐसा करने की ज़रूरत होती है जिसमें उसे आनन्द मिलता हो। आपने उन्हें यह भी बताया कि आप इसे जब चाहें छोड़ सकते हैं क्योंकि आप पहले भी इसे दर्जनों बार छोड़ चुके हैं इसलिए वास्तव में यह कोई 'आदत' नहीं है। अन्ततः, आपके शरीर ने अपना अन्तिम तालमेल बिठाया जब इसने पूरी तरह इस आदत को अपना लिया और आपसे सिगरेट की माँग की।

फिर – आदत आपको पकड़ लेती है ।

यह बात उन तमाम लोगों द्वारा साबित होती है जिन्हें सिगरेट ख़त्म हो जाने के समय से जब तक कि वे ख़रीद न लें, माँग न ले, उधार न ले लें या चुरा न लें, निकोटीन के 'दौरे' पड़ते हैं। मैंने एक अन्यथा स्वस्थ 200 पौंड के आदमी को 1/10 औंस से भी कम वज़न की सिगरेट के लिए तड़पते देखा है। उस समय लगभग मेरी इच्छा हुई काश हम भावनाओं के बजाये तर्कशास्त्र के जीव होते, है ना?

हाँ, आदतें मज़ेदार चीज़ होती हैं। जो मज़ेदार बल्कि दुःखांत बात है वह यह कि बुरी आदतों के बारे में भविष्यवाणी की जा सकती है और इनसे बचा जा सकता है। इसके बावज़ूद लाखों की संख्या में ऐसे लोग हैं जो उन आदतों को जो बुरी हैं, ख़र्चीली हैं और परेशानियाँ पैदा करती हैं, अपनाने का आग्रह करते हैं। तम्बाकू के मामले में, प्रयोग करने

वाला पाता है कि **आदत की ज़ंजीरें इतनी कमज़ोर होती हैं कि महसूस नहीं की जा सकतीं जब तक कि वे इतनी मज़बूत न हो जाये कि तोड़ी न जा सकें।** जिस आदत को वे नहीं पकड़ने वाले थे, उस आदत ने उन्हें पकड लिया।

नैतिकता या अनैतिकता आदतें हैं। दोनों सिखाने की अपेक्षा 'पकड़ी' अधिक जाती हैं। एक पूरी तरह से नैतिक व्यक्ति एक धीमी प्रक्रिया में अनैतिक हो सकता है जिसके बारे में लगभग पूर्ण रूप से पहले ही बताया जा सकता है। किसी 'अच्छे' लड़के या लड़की का दुर्घटनावश या अनजाने में ऐसी स्थिति से सामना हो जाता है जिसे वे घृणा करते हैं और अरुचिकर पाते हैं। किसी दावत, भोज या सामाजिक उत्सव में उसे ऐसे समूह में खींचा जा सकता है जो मुक्त प्रेम, आज़माइशी विवाह, नशीली दवाओं का प्रयोग, पत्नियों की अदला-बदली व शराबख़ोरी आदि में विश्वास करता है। हालांकि, यदि समूह का कोई सदस्य किसी तरह से इस व्यक्ति से अपील करता है तो शुरू में प्रारम्भिक विरोध व उन क्रियाओं के प्रति पूरी तरह से अस्वीकृति होती है। रिश्ता आकार लेने की स्थिति में हो सकता है। अगर आगे सम्पर्क चालू रहता है तो घटनाओं का स्वाभाविक प्रभाव, उस व्यक्ति को जो मूल रूप से क्रोधित था, ऐसे लोगों की और अधिक संगति की ओर ले जाता है (चोर चोर मौसेरे भाई)।

मस्तिष्क एक अद्‌भुत, लचीली यन्त्रावली है जो ग़ज़ब का सामंजस्य और पुनर्गठन कर सकता है। पाप व अनैतिक कार्य जो मूल रूप से घृणा योग्य थे, उस स्थिति के कुछ अतिरिक्त प्रकटीकरण के बाद जहाँ 'सहनशीलता' सर्वाधिक इच्छित गुण बताया जाता है, विशेषतया यदि उसमें शामिल व्यक्तियों से वास्तविक लगाव हो जाये। स्वीकृति एक तरह से मौन अनुमोदन हो जाती है और फिर उलझाव। इस पूरी प्रक्रिया के दौरान स्थिति को तर्कसंगत ठहराने का काम पूरी गति से आगे बढ़ता रहता है।

यही बात कामोद्दीपक साहित्य व चित्रों (पोर्नोग्राफी) पर लागू होती है। पोर्नोग्राफी के प्रभाव के बारे में येल यूनिवर्सिटी लॉ स्कूल के प्रोफ़ेसर अलैक्ज़ेन्डर एम. बिकेल ने कड़े शब्दों में कहा था, 'इससे जो पैदा होता है वह एक नैतिक वातावरण है, और **नैतिक वातावरण ही आचरण को अन्तिम रूप से ढालने वाला होता है।** यदि कोई चीज़ कही जा सकती है, यदि यह दिखाई जा सकती है, यदि इसकी स्पष्ट रूप से समाज द्वारा अनुमति दे दी जाती है तो समाज सोचने लगता है कि यह की भी जा सकती है या यह किये जाने योग्य है।'

एक समय में एक ग्रास

ज़्यादा खाना एक आदत है, और बहुत से लोगों के लिए यह आदत उनके मन में इतनी गहरी बैठ जाती है कि उन्हें अपने भोजन की मात्रा की जानकारी ही नहीं रहती। इसकी शुरूआत सही अर्थों में परन्तु ग़लत जानकारी प्राप्त माता-पिता द्वारा की गयी होगी

जो सोचते थे कि बच्चे को प्यार करने का मतलब होता है कि वह जो चाहे उसे उस वक्त दे देना। मेरी उम्र के लोगों में बड़ी संख्या में 'मोटे' लोग पैदा हुए हैं, क्योंकि मेरी पीढ़ी के माता-पिता को भोजन की व्यवस्था करने के लिए कड़ा संघर्ष करना पड़ा है और भोजन सुरक्षा का प्रतिनिधित्व करता था। वे यह भी महसूस करते थे कि भोजन बर्बाद करना पाप है। परिणामस्वरूप बहुत से माता-पिता अपने बच्चों को 'प्लेट साफ़ करने के लिए' डाँटते थे। नियमित रूप से अतिरिक्त खाने का नतीजा यह हुआ कि हर हफ़्ते कुछ औंस वज़न बढ़ गया। हर रोज़ आप एक औंस बढ़ाइये और एक वर्ष में आपका वज़न लगभग 23 पौंड बढ़ जायेगा। एक औंस ज़्यादा नहीं है परन्तु 23 पौंड बहुत ज़्यादा होता है। अगर आपको वज़न की समस्या है तो यह आपको कल ज़्यादा खाने की वजह से नहीं हुई और आप कल भूखे रह कर इसे हल भी नहीं कर सकते। आपने यह अतिरिक्त वज़न एक समय में एक अतिरिक्त ग्रास खाकर बढ़ाया है जब तक कि मोटापा सच नहीं हो गया। गिने-चुने अपवादों के अलावा आपने बस ज़्यादा बार ज़्यादा खाया है। आप इस समस्या को उसी तरह सुलझायेंगे जिस तरह आपने इसे पैदा किया है – एक समय में एक ग्रास।

बहुतों के लिए, यह थोड़ी अलग क़िस्म की समस्या है। कुछ लोग इतने ज़ायक़ा और आनन्द पसन्द होते हैं कि वे अक्सर स्टार्च व मिठाइयों पर अधिक एकाग्रता रखकर खाने की विनाशकारी आदतें अपना लेते हैं। इसको 'बिना व्यायाम वाले' जीवन के ढंग के साथ संयुक्त करने पर वज़न एक औंस प्रतिदिन से भी कहीं अधिक गति से बढ़ जाता है।

यदि बहुत अधिक वज़न आपके लिए समस्या है तो मेरा आपसे आग्रह है कि आप ध्येयों के खण्ड में चौथे अध्याय पर वापिस जायें और इसकी समीक्षा करें कि वज़न से छुटकारा पाने के लिए आपको क्या करने की ज़रूरत है।

सबसे अधिक बुद्धिमान - और सबसे अधिक शक्तिशाली गिर गया

यदि हम ऐसा सोचते हैं कि ग़लत भीड़ का साथ पाने से हम पर कोई प्रभाव नहीं पड़ेगा तो हम अपने को बेवकूफ बना रहे है। सोलोमन, जिसे अब तक का सर्वाधिक बुद्धिमान व्यक्ति माना जाता है, ने फिलिस्तीनी लड़की से विवाह किया जो मूर्ति पूजा करती थी। अनुमान लगाइये क्या हुआ होगा? इस बात को अधिक समय नहीं हुआ था जब उसके मस्तिष्क व निर्णय का उन बुराइयों से जिनसे कि वह घिरा हुआ था, कोई मुक़ाबला नहीं था। उसने भी मूर्ति पूजा करनी शुरू कर दी। सैमसन, आज तक का सर्वाधिक शक्तिशाली आदमी था परन्तु डेलीलाह की ओर से लगातार यौन सम्बन्धी दबाव के कारण वह उसकी इच्छाओं के सामने परास्त हो गया और उसने रहस्य उजागर कर दिया जिससे वह अन्धा व ग़ुलाम हो गया। ग़लत संगति क्या करती है, इस बारे में कहावत 22:24-27 एक दम स्पष्ट है, और उसी तरह धर्म प्रचारक पॉल भी जब वह लिखता है, 'धोखा मत खाइये, ग़लत साथी सद्विवेक को भ्रष्ट कर देते हैं।' (1कोर 15:33 ए.एस.वी.)

इस बारे में सबसे अच्छी मिसाल जो मैं दे सकता हूँ वह बोलने में उच्चारण के ढंग की है। मैं इस बारे में निश्चित हूँ कि आपने देखा होगा कि जब दक्षिण से कोई लड़का या लड़की उत्तर में आता है तो कुछ ही महीनों में वह उस उच्चारण के ढंग को अपना लेता है। अगर कोई उत्तरी लड़का या लड़की दक्षिण में जाये तो कुछ ही महीनों में हम उसे सामान्य रूप से बात करता पायेंगे। आप जिन लोगों की संगति में होते हैं उनसे तालमेल बिठा लेते हैं, उनसे प्रभावित होते हैं और उनका हिस्सा हो जाते हैं। हाल ही में, मेरा 12 वर्षीय बेटा लंच के लिए पैसे माँग रहा था। मैंने उसे समझाना चाहा कि वह अधिक कार्बोहाइड्रेट वाले लंच को छोड़ कर पौष्टिक प्रोटीन बार खाया करे। वह अपने इन्कार में काफ़ी दृढ़ था, इसलिए मैंने उससे कहा कि जो मैं उसे करने के लिए कह रहा हूँ वह मैं किया करता था। उसके जवाब ने सब कुछ कह दिया, 'हाँ, डैडी, परन्तु आप हैमबर्गर खाने वाले लड़कों के समूह के साथ नहीं थे।' वही 'साथियों के समूह का दबाव' नवयुवकों को नशीली दवाओं, कपड़ों, यौन क्रियाओं व हिंसा आदि के बारे में प्रभावित करने में आश्चर्यजनक भूमिका निभाता है।

हम जिन लोगों का साथ रखते हैं उनके न केवल लक्षणों/गुणों को स्थायी तौर पर हासिल कर लेते हैं बल्कि हम अपने परिवेश के शोर व गंध के प्रति भी अप्रभावित और संवेदनाशून्य हो जाते हैं। जो लोग पेपर मिल वाले नगरों में रहते हैं या फर्टिलाइज़र प्लांट्स के नज़दीक रहते हैं वे उन गंधों के इतने आदी हो जाते हैं कि उन्हें जब तक कोई दूसरा इस बारे में न कहे पता ही नहीं चलता। द्वितीय विश्व युद्ध के दौरान जब मैं किशोर आयु में था, हमारा घर तेल के क्षेत्र से सिर्फ़ 10 मील की दूरी पर था और रेलगाड़ियाँ लगातार चौबीसों घंटे आती रहती थीं। हम उनके शोर तथा मकान हिलने के इतने आदी हो गये थे कि हमें उनके गुज़रने का पता ही नहीं चलता था - जब तक कि कोई रेलगाड़ी रुक नहीं जाती थी। तब ख़ामोशी हमें जगाती थी।

ये सब मिसालें बताती हैं कि जब आप किसी नकारात्मक, बुरी या विनाशकारी स्थिति अथवा परिवेश के आसपास या उसके साथ काफ़ी लम्बे समय तक रहते हैं तो आप उसका विरोध करने की स्थिति से उसे सहन करने की ओर, सहन करने से स्वीकार करने की ओर और स्वीकार करने से उसमें भागीदारी करने की ओर तथा यहाँ तक कि उसमें आनन्द लेने की ओर बढ़ने लगेंगे। यह बढ़ता जायेगा और इस बात से कोई अन्तर नहीं पड़ता कि शुरू करते समय यह कितना कम था।

मेरी महत्वाकांक्षा – हैरोइन का आदी होने की

अल्कोहल समेत नशीली दवाओं का सेवन हमारी युवा पीढ़ी के सामने सबसे बड़ा ख़तरा है। पिछले कुछ सालों में मैं इन नशीली दवाओं के विरुद्ध लड़ाई में बहुत हद तक शामिल रहा। उस दौरान मुझे कोई भी नशीली दवाओं का आदी व्यक्ति ऐसा नहीं मिला

जिसने यह स्वीकार किया हो कि उसने यह सब इनका आदी बनने के लिए शुरू किया था। ना ही मुझे कोई शराब पीने वाला नौजवान यह कहता हुआ मिला कि 'शराब' तो और अधिक 'नशीली वस्तुओं' की ओर बढ़ने की शुरूआत थी। मुझे कोई ऐसा नहीं मिला जिसने कोई कार्यक्रम बनाया हो कि किस तरह वह पहले 'चरस', फिर 'स्पीड' और अन्त में 'हेरोइन' तक जाने वाला था। मुझे कोई नहीं मिला जिसने 'शराब' की हँसी उड़ायी हो कि यह 'बच्चों की चीज़' है। मुझे कभी कोई ऐसा नौजवान नहीं मिला जो 'हल्के' से 'भारी' नशे की ओर जाने का महत्वाकांक्षी हो जैसे कि कूल कैट्स। हर मामले में बच्चों ने ज़ोर देकर कहा कि उन्हें इसके बारे में पता था। वे जानते थे कि इसका सेवन करने से उनके साथ क्या होगा और वे प्रतिज्ञा करते थे कि कभी इस लत को नहीं लगायेंगे। ये प्रसिद्ध आख़िरी शब्द हैं, क्योंकि जिस तरह एक दियासलाई की बुझती हुई तीली जंगल में आग लगा सकती है उसी तरह ये सब नशीली चीज़ों के लिए प्रबल इच्छा कि 'एक कश और' या 'एक पैग और', सामान्यतः कई महीनों पहले जलायी गयी उस चरस भरी सिगरेट या लिये गये उस पहले पैग से शुरू होती है। आदत एक डोरी है, हम इसके धागे को रोज़ बुनते हैं जब तक कि यह इतना मज़बूत न हो जाये कि टूट न सके। **फिर उस आदत की डोरी की ताक़त हमें शिखर पर ले जाती है - या तले से बाँध देती है, यह इस बात पर निर्भर है कि यह एक अच्छी आदत है या बुरी।**

अपने आप को खर्च मत करो

बहुत से उत्साही हॉकी के प्रशंसक डैरिक सेन्डरसन के नाम को पहचानते हैं हालांकि उसे खेले हुए कई वर्ष बीत गये। वह सुपर स्टार था - एक ऐसा खिलाड़ी जिसमें आश्चर्यजनक निपुणताएँ व शारीरिक प्रतिभाएँ थीं और एक करिश्मा था जिसकी वजह से उसने करोड़ों डॉलर कमाये। दुर्भाग्य से डैरिक को नशीली दवाओं और तेज़ जीवन शैली का चस्का लग गया। जल्दी ही उसका धन और उसकी निपुणताएँ ख़त्म हो गयीं तथा वह वापिस माइनर लीग्स में भेज दिया गया। बाद में उसने उस उम्र में अवकाश प्राप्त कर लिया जिस उम्र में उसे खेल की चोटी पर होना चाहिए था। माइनर्स में उसकी थोड़ी सी अवधि के दौरान एक संवाददाता ने उससे पूछा कि क्या उसे अपना धन ख़र्च कर देने का अफ़सोस था। डैरिक ने बेबाक जवाब दिया, 'नहीं, मुझे धन का कोई अंश ख़र्च देने का अफ़सोस नहीं है परन्तु मुझे डैरिक सेन्डरसन का अंश ख़र्च कर देने का गहरा अफ़सोस है।'

यह दुःखद है जब कोई अपना अंश ख़र्च करता है, परन्तु जैसा मैंने पहले कहा और फिर कहूँगा कि कोई भी व्यक्ति नशीली दवाओं का आदी या शराबी बनने के लिए शुरूआत नहीं करता। अभी भी बहुत बातें हैं जो हम नशीली दवाओं और ख़ास तौर से चरस के बारे में नहीं जानते। तथापि जैसे कि साक्ष्य मिल रहे हैं उनसे यह और अधिक

स्पष्ट हो गया है कि इसका प्रयोग करना ख़तरों से भरा हुआ है। इस बात के पुख़्ता सबूत हैं कि इससे हमारे निर्णय करने की क्षमता पर बुरा प्रभाव पड़ता है, जन्मजात कमियों में बढ़ोतरी होती है, स्व-जागरूकता कम होती है और यह अधिक सूझबूझ तथा भावात्मक परिपक्वता का भ्रम पैदा करती है। बहुत बार इसके प्रयोग करने वालों को लगा कि वे अधिक होशियार होते जा रहे थे परन्तु कोई नहीं हुआ। इसी तरह शराब भी कामेच्छा को ख़त्म करती है, दूरी का अनुमान लगाने की योग्यता को नुक़सान पहुँचाती है और वस्तुतः कोशिकाओं को नष्ट करती है एवं इसके आदी हो चुके लोगों में विरक्ति पैदा करती है।

कभी-कभार, किसी नौजवान को, हो सकता है उसके वास्तविक दोस्त द्वारा जो चरस के प्रयोग के ख़तरों को समझता है, चेतावनी दी जाती हो परन्तु इसके प्रयोग से आये बदलाव इतने सूक्ष्म व रहस्यमयी होते हैं, कि प्रयोग करने वाले को कोई ख़तरा, दोष व बदलाव नहीं दिखते। वे मानते हैं कि नशा भरी सिगरेट पीना हानिकारक नहीं है। परन्तु जैसा कि नील सोलोमन एम.डी. बताते हैं यह धारणा उतनी ही ज़्यादा फैली है जितनी कि यह ग़लत है। यह सच है कि हैरोइन की तुलना में नशीली सिगरेट पीना हानिकारक नहीं है परन्तु उसी तर्क़ के आधार पर तो अपना गला काटने के बजाये पैर काट देना भी ठीक है। बहुत से प्रयोग करने वाले यह कहते नहीं थकते कि यह उसकी 'अपनी ज़िंदगी' है और अगर इससे किसी को नुक़सान होता है तो वह कोई और नहीं बल्कि ख़ुद उसे होता है। इसके अतिरिक्त इसमें 'मज़ा' आता है और अब उसे 'गिरोह का सदस्य' स्वीकार किया जाता है। भले ही यह सच हो परन्तु फिर भी नौजवानों का पंगु बन जाना और कभी कभी अपनी ज़िंदगी बर्बाद कर लेना देख कर दुख होता है। एक दुःखद व्यक्तिगत अनुभव से तथापि मैं यह कह सकता हूँ कि शराबियों की तरह पॉट पीने वाले भी अक्सर अपने बजाये दूसरों को अधिक नुक़सान पहुँचाते हैं और बर्बाद करते हैं। एक काफ़ी उम्र के ब्रदर और उसकी पत्नी ने अपना सबसे छोटा बेटा जो 25 वर्ष का होनहार नौजवान था, खो दिया जब उसे एक कार ने टक्कर मारी जिसे एक पॉट के नशे में धुत्त नौजवान चला रहा था जिसका कार की गति व दूरी के बारे में निर्णय ग़लत हो गया था। मृतक के माता-पिता और उसे प्यार करने वालों का शोक अवर्णनीय है और इस त्रासदी के लिये ज़िम्मेदार लड़के का बार-बार अपराध भाव उस परिवार के किसी भी परिचित के दुख को हल्का कर देने के लिए नाकाफ़ी होगा। मेरी प्रार्थना है कि उन लोगों को जो पॉट के सेवन को हानिकारक नहीं मानते कभी किसी निर्दोष मृतक के परिवार के शोक ग्रस्त सदस्य का सामना न करना पड़े। बहुत बार ऐसा होता है कि पॉट का सेवन किया हुआ व्यक्ति अधिक बहादुर हो जाता है और इसका और अधिक सेवन करने लगता है। अन्ततः उसे लत लग जाती है तथा वह और अधिक बड़े नशे की दिशा में चलने लगता है। विश्व के प्रमुख विद्वानों तथा स्वयं नशे के कट्टर आदी लोगों के अनुसार यही रास्ता है जिसे अधिकांश नशे के आदी लोग अपनाते हैं।

ऊपर की ओर चलने का समय

चरस के प्रयोग के बारे में एक मज़ेदार चीज़ है। कुछ समय बाद, ग्रुप का एक सदस्य सुझाव देता है कि पॉट पीना बच्चों का काम है। उन्हें 'हशीश', 'स्पीड' या अधिक नशे के लिए कोई और चीज़ लेकर देखनी चाहिए। वे कहते हैं, 'यदि तुम सोचते हो कि पॉट तो मज़ाक है तो तुम्हें - लेकर देखना चाहिए।' वे आसानी से 'विचार बेच देते हैं' क्योंकि ग्रुप पहले से ही उसमें शामिल है। एक बार जब वे उस आदत को अपने दिमाग़ में न्यायोचित ठहरा लेते हैं तो उस पहले क़दम से आगे बढ़ जाना आसान हो जाता है और आप शर्त लगा सकते हैं कि आपका पॉट की आपूर्ति करने वाला धन अब और सख़्त नशे के लिए ख़र्च होने लगेगा।

आप यह भी शर्त लगा सकते हैं कि यदि आपके मित्र या प्रियजन इसमें शामिल हैं तो उन्हें मूल रूप से किसी बदमाश या अन्डरवर्ल्ड के व्यक्ति द्वारा शामिल नहीं किया गया था। उन्हें यह विचार उनके ही किसी परिचित या भरोसेमंद द्वारा दिया गया था। जब कोई व्यक्ति किसी ग़ैरकानूनी गतिविधि में शामिल हो जाता है तो वह मानने लगता है कि यदि वह दूसरों को भी इस गतिविधि में शामिल कर ले तो उसका अपना अपराध भाव कम हो जायेगा। अल्कोहल के अपवाद के साथ, चरस सबसे अधिक ख़तरनाक नशीली दवा है। बिना किसी अपवाद के मैं जितने भी सख़्त नशाखोर लोगों से मिला, हर एक ने यही कहा कि उन्होंने 'पॉट' से शुरूआत की थी। नशीली दवाओं के विरुद्ध लड़ाई में मेरे सहयोगियों का भी यही आकलन है।

विद्वान लोग इस बात पर लगभग एकमत हैं कि चरस शारीरिक रूप से आदी नहीं बनाती। तथापि चेयरमैन क्लॉड पैपर की समिति से चरस के बारे में छानबीन के दौरान एक अशिक्षित नौजवान ने पूछा था, 'यदि चरस की आदत नहीं पड़ती है तो मैं इसे छोड़ क्यों नहीं पाता?' समिति ने उसे जवाब नहीं दिया। मनोवैज्ञानिक कहते हैं कि पॉट शारीरिक रूप से आदी नहीं बनाता परन्तु मनोवैज्ञानिक रूप से बनाता है। बच्चों के साथ यह शब्दों का खेल खेलना दुःखद है क्योंकि शारीरिक आदत के बजाये मानसिक आदत से छुटकारा दिलाना मुश्किल ही नहीं बहुत मुश्किल है। बन्दी बनाये गये हैरोइन के आदी लोग अपनी सभी शारीरिक ज़रूरतों के पूरा हो जाने के बाद भी वर्षों तक हैरोइन की मानसिक लत से लड़ते रहते है। कुछ लोग तो कभी भी उसकी ललक को नहीं छोड़ पाते।

दुर्भाग्य से – यह सुखद है

चरस पीने के बाद किसी शारीरिक कुप्रभाव या बेचैनी से नहीं गुज़रना पड़ता। क्योंकि इसे पीने वाले को अच्छा महसूस हुआ था, और वह आराम तथा शान्ति से था इसलिए उसे इसको इन्कार करने का कोई कारण नहीं दिखता और वह इस ओर चल

पड़ता है। पॉट लेने से जो बदलाव आते हैं वे इतने धीरे-धीरे आते हैं कि उसके प्रयोग करने वाले को कभी पता ही नहीं चलता। बदलाव इतने कम होते हैं कि आप उन्हें बताने में अपना समय बर्बाद करते हैं क्योंकि प्रयोग करने वाला आप का विश्वास नहीं करेगा। उससे रोज़ मिलने वाले लोगों को भी बदलाव का पता नहीं चलेगा। सामान्य रूप से कहा जाये तो उसका वह मित्र या रिश्तेदार जो उसे कई हफ़्तों से नहीं मिला सबसे पहले वही बदलाव को देख पाता है।

शुरू में जब कोई नौजवान इस 'आदत' पर शुरू होता है तो क़ीमत कम होती है और उसके नियमित भत्ते से दी जा सकती है। जब नशीली दवाओं का प्रयोग करने वाले इस राह पर नियमित रूप से चल पड़ते हैं तो अधिक धन की ज़रूरत होती है। उस समय, ड्रेसिंग टेबिल पर से, माँ के सिक्कों वाले पर्स में से या पिता के पर्स में से धन ग़ायब होना शुरू हो जाता है। जैसे-जैसे आदत बढ़ती है, धन की ज़रूरत और इसे हासिल करने की निपुणता बढ़ती है। अब व्यसन का भावी आदी और धन लेना शुरू कर देता है और घर की चीज़ें बेचना शुरू कर देता है। जैसे-जैसे आदत बढ़ती है वह आदी अपनी उन छोटी-छोटी चुराई हुई चीज़ों को स्थानीय स्टोर पर ले जाता है। वह इन चुरायी हुई चीज़ों को चोरी का माल ख़रीदने-बेचने वाले के ज़रिये उनके असली बाज़ार मूल्य के लगभग दस से बीस प्रतिशत दाम पर बेच देता है। किसी छोटी आदत का ख़र्च उठाने के लिए भी कुछ प्रवीणता/चतुराई की ज़रूरत होती है।

आदत जितनी अधिक और गहरी होती जाती है, उतनी ही बड़ी चोरी होती जाती है । सख़्त नशीली दवाओं की ओर बढ़ना जिसमें नियमित रूप से 'स्पीड', 'एल एस डी', 'हैरोइन', 'कोकीन' जैसी चीज़ों का प्रयोग शामिल है, चोरी को ख़तरनाक दर से बढ़ा देता है। जितनी बड़ी आदत उतनी ही बड़ी क़ीमत, जब तक कि अन्ततः वह नशे की लत वाला व्यक्ति एक तरह से पूरे समय ही चीज़ों को नहीं चुराने लगता। आख़िरकार यह अपनी हद पर पहुँच जाती है। लड़कियाँ अक्सर वेश्यावृत्ति की ओर मुड़ जाती हैं और लड़के वेश्यावृत्ति के लिए लड़कियों का इन्तज़ाम करने लगते है। अगला क़दम वह आता है जब उलझाव इतना ज़्यादा हो जाता है कि व्यसन का लती उसका ख़र्च उठाने के लिए धन इकट्ठा नहीं कर पाता। उस समय गली का वह अच्छा लड़का या लड़की जो सिर्फ़ पॉट पीने से शुरू हुए थे नशीली दवाओं के अनधिकृत विक्रेता हो जाते हैं। इन बच्चों में से किसी ने भी कभी नहीं सोचा होगा कि यह मुमकिन था या उनके साथ कभी हो सकता था।

जान से मार दिया – जब वह सुखद यात्रा पर था

नशीली दवाओं के बारे में हमें दो चीज़ें समझनी होंगी। पहली, ऐसा कोई तरीक़ा नहीं है जिससे यह भविष्यवाणी की जा सके कि इन दवाओं के नशे के अन्दर वह नशाखोर व्यक्ति क्या करेगा। दूसरी, ऐसा कोई तरीक़ा नहीं है जिससे यह भविष्यवाणी की जा सके

कि एक बार आदत पड़ जाने के बाद वह इसकी ललक को पूरा करने के लिए क्या करेगा। ऐसे मामले हैं जहाँ पर नशाखोरों ने उनकी अपनी बहनों व बीवियों को वेश्यावृत्ति कराने के लिए बेचने से लेकर अपने रिश्तेदारों की हत्या तक कर दी ताकि वे अपनी इस आदत का ख़र्च उठाने के लिए धन हासिल कर सकें। एक लड़के ने अपने मित्र को अक्षरशः मार दिया और उसका कलेजा खा लिया जब वह नशे की इस विभ्रान्त सुखद यात्रा पर था।

जब एक नशाखोर नशीली दवाओं के अनधिकृत विक्रेता हो जाता है तो वह अनूठी स्थिति में होता है। अधिकतर मामलों में, वह उत्पाद को स्थापित प्रयोग करने वालों को नहीं बेच सकता इसलिए उसे नया बाज़ार 'निर्मित करना' होता है। नशीली दवाओं का नया अवैध विक्रेता अक्षरशः अपना गला कटा बैठेगा अगर उसने इन्हें दूसरे अवैध विक्रेता के ग्राहकों को बेचने की कोशिश की, इसलिए अपने लिए नया क्षेत्र बना लेता है। यह एक अनैतिक वृत्त की रचना कर देता है क्योंकि नशीली दवाओं के नये अवैध विक्रेता को इस आदत पर जिसे उसने बड़ी लापरवाही से लिया था, शुरू होने के लिए और अधिक लोग चाहिये। ओह, सिर्फ़ 'गिरोह का सदस्य' बनने के लिए कितनी बड़ी क़ीमत चुकानी पड़ती है।

कौन ज़िम्मेदार है?

ज़िंदगी के इस ढंग ने मेरी पीढ़ी को युवा पीढ़ी का बहुत बड़ा आलोचक बना दिया। हमने अनैतिक व ग़ैर ज़िम्मेदार बच्चों के बारे में बहुत सख़्त चीज़ें कही हैं और उन्हें इतिहास में सबसे ख़राब पीढ़ी होने का दोषी क़रार दिया है। इस बात की बहुत सम्भावनायें है कि हमारा कहना ठीक है परन्तु दुर्भाग्य से हम अपना ध्यान समस्या पर केन्द्रित रखने की ग़लती करते हैं और उस समस्या के कारण की ज़्यादातर अनदेखी कर देते हैं। तथापि, जब मैंने इस पुस्तक के लिए अपना शोध कार्य किया तो इस बात के स्पष्ट प्रमाण मिले कि नवयुवकों का व्यवहार अक्सर वयस्क लोगों के उदाहरण का अनुसरण करने का नतीजा था और वे पुरानी पीढ़ी के प्रलोभनों के शिकार हो गये।

अब तक आपके दिमाग़ में यह तस्वीर साफ़ रूप से बन गयी होगी कि मैं किन बातों में विश्वास करता हूँ, इसलिए मैं कोई दूसरी बात नहीं कहूँगा सिवाय आपको याद दिलाने के कि, 'आप जैसा बोओगे वैसा ही काटोगे।' विचार और सुझाव, टेलिविज़न के पर्दे (जो आज अमेरिका में सर्वाधिक रूप से प्रभावित करने में घर व चर्च दोनों से आगे निकल गया है), थियेटर, रेडियो, पुस्तकों, पत्रिकाओं और सामान्य रूप से लोगों के आचरण द्वारा रोपे जाते हैं। ज़ाहिर है कि अधिकतर टी. वी. स्टेशन, समाचार पत्र, मसाज पार्लर, सिनेमा घर, औषधि आयात व्यापार, शराब व जुए के अड्डे आदि के मालिक किशोर नवयुवक नहीं होते। हालाँकि इनके शिकार अक्सर नवयुवक होते हैं और इनके नतीजे उसी तरह विध्वंसक होते है जिस तरह इनके मालिकों को अपार लाभ होता है।

आज, जब मैं युवा पीढ़ी को मुसीबत में देखता हूँ तो मैं यह स्वीकार करने के लिए बाध्य हो जाता हूँ कि मेरा साथी वर्ग, मेरी पीढ़ी के युवाओं की इस मुसीबत के लिए दोषी है।

इस तर्क़ के आधार से छुटकारा नहीं है कि हर व्यक्ति को जो ज़िम्मेदारी की उम्र का हो मानवजाति के प्रति अपनी ज़िम्मेदारी स्वीकार करनी चाहिये और वह एक दिन सर्वशक्तिमान ईश्वर के निर्णय सिंहासन के सामने खड़ा होगा। मैं केवल इतना कह रहा हूँ कि जो कुछ भी इन विनाशकारी आदतों के निर्माण को बढ़ावा देने के लिए हमने किया अथवा उनके फैलाव को रोकने के लिए जो कुछ भी हमने आर्थिक और वैधानिक दबाव से नहीं किया, उसके लिए हमारी पीढ़ी को अपनी ज़िम्मेदारी स्वीकार करनी चाहिए। आप इस दिशा में बहुत थोड़ा कर सकते हैं ऐसा सोचकर कुछ ना करना सबसे बड़ी ग़लती है।

इसका मतलब यह नहीं था

असम्मानजनक भाषा का प्रयोग या आचरण दूसरी बुरी आदत है। किसी को अपवित्र भाषा का प्रयोग करते सुनना बहुत दुःखद है, क्योंकि हमारे पास यह जानने का कोई तरीक़ा नहीं है कि यह कहाँ पर या कब जाकर रुकेगा। मैं लोगों को कुछ 'रंगीन फिकरों' में फूट पड़ते अक्सर देखता हूँ। बहुत से मामलों में कोई साथी या अधीनस्थ सफ़ाई देगा, 'जॉन का इससे (कोसने से) कोई मतलब नहीं था - वह तो बस उसका ढंग है।' मेरी परेशानी आपके जैसी ही है। मैं नहीं बता सकता कि किसी आदमी के कहने का कब मतलब है और कब नहीं है। मैं ऐसे आदमी से उसके हर वक्तव्य के बाद टोक कर यह पूछना, कि क्या यह उस बात का हिस्सा है जिस अर्थ में वह कह रहा है या यह उस बात का हिस्सा है जिस अर्थ में वह नहीं कह रहा है, अभद्र मानता हूँ।

मेरे लिए ऐसा विश्वास करना मुश्किल है कि कभी किसी ने दूसरे को पारस्परिक लाभ के लिए अभद्र भाषा का प्रयोग करके प्रभावित किया हो। परन्तु मैं ऐसी कई घटनायें जानता हूँ जहाँ पर इसके कारण सेल्स गँवा दी गयी, मित्रताएँ ख़त्म हो गयीं, अवसर गँवा दिये गये या प्रणय निवेदन ठुकरा दिये गये। अभद्र भाषा का प्रयोग भी उन बुरी आदतों में से है जो इतनी धीरे-धीरे प्रवेश करती हैं कि अधिकतर लोगों को इस बात की जानकारी ही नहीं हो पाती कि उन्हें यह आदत पड़ रही है।

यहाँ तक कि बलात्कार भी अक्सर तेज़ी से बढ़ती हुई बुरी आदत का नतीजा है। डोरोथी हिक्स, एम.डी. ने फ्लोरिडा में किये गये अध्ययनों के परिणामों के बारे में बताते हुए कहा कि अधिकतर बलात्कारियों ने उसी ढंग से शुरुआत की थी। डॉ. हिक्स बताती हैं कि आदतन बलात्कार करने वाले के लिए बलात्कार हिंसा का काम है कामवासना का नहीं। उस क्षण बलात्कारी औरत से घृणा करता है और उसकी आयु या बाहरी दिखावे की कम परवाह करता है तथा अक्सर उस महिला के बारे में कोई चीज़ याद नहीं रख पाता। फिर वह आगे कहती हैं कि बलात्कारी नर बिल्ली की तरह से शुरू करते हैं, फिर वे

चुपचाप बैडरुम में घुसना शुरू करते हैं जहाँ पर वे महिलाओं को सोती हुई देखते हैं। फिर वे अहिंसक बलात्कार की ओर बढ़ते हैं जो आगे चलकर उन्हें हिंसक बलात्कार की ओर ले जाता है।

आदतन झूठ बोलने वाला, वह व्यक्ति जो देरी से आने का आदी है, स्वच्छन्द संभोगी व्यक्ति, वह जिसे अलार्म सुनाई नहीं देता और सोता रहता है, इन सब की शुरूआत इसी तरह होती है। शुरू में थोड़ी सी छूट, जो उन्हें और अधिक और बड़ी छूट की ओर ले जाती है जब तक कि अन्ततः ये आदतें उनके जीवन का ढंग न बन जायें।

धीरे व आसान

सभी बुरी आदतें, चलन, कैन्सर आदि धीरे धीरे, चुपचाप और हानि रहित ढंग से शुरू होते हैं। यह व्यक्तिगत, राष्ट्रीय व अन्तर्राष्ट्रीय स्तर पर सत्य है। शुरू में 'इतनी छोटी सी बात' को मुद्दा बनाना बहुत बेवकूफी भरा लगता है। इसे बुडापेस्ट के कसाई, निकिता क्रुश्चैव से बेहतर कोई नहीं जानता था जिसने लाखों-करोड़ों कत्ल किये थे। उसने अमेरिका के संघ सरकार के विधान मंडल के रिकॉर्ड में कम्युनिस्ट स्थिति पर साफ़ तौर से क़हा था , 'हम अमेरिकियों से पूँजीवाद से साम्यवाद की ओर कूद पड़ने की उम्मीद नहीं कर सकते, परन्तु हम उनके चुने हुए नेताओं द्वारा अमेरिकियों को समाजवाद की छोटी-छोटी ख़ुराकें देने में मदद कर सकते हैं जब तक कि वे अचानक उठ कर न देखें कि उनके यहाँ साम्यवाद आ गया है।'

क्रुश्चैव ने 'छोटी ख़ुराकों' की बात उन वर्षों में की थी जब सामाजिक व आर्थिक उन्नति नहीं हो रही थी और जब राहत कार्यक्रम अपने पैर जमा रहा था। यह वह समय था जब अमेरिकियों में अपने सीनेटर व काँग्रेसमैन को उनकी योग्यता, एकनिष्ठा व देश भक्ति के बजाये देश के उस हिस्से के लिए अधिक सहायता देने के उनके वायदों के आधार पर चुनना शुरू कर दिया था। जब अमेरिकियों ने आदमी के बजाये प्रचार हेतु प्रेस को दिये गये उसके वक्तव्य को देखना शुरू कर दिया था तो हम शक्ति व सम्मान के बजाये भय और लालच पर बनी एक राष्ट्रीय नीति की नींव का पहला पत्थर रख रहे थे।

'अविजय' की नीति स्थापित करने की बुरी आदत में पहली 'छोटी ख़ुराकें' तब मिलीं जब ट्रूमैन ने पैटन और उसके टैंकों को बर्लिन के बाहरी भाग पर रोक दिया और ईश्वर द्वारा हमें नास्तिक व दुष्ट दुश्मन पर दी गयी जीत को नकार दिया। इसने उस 'अविजय' नीति के लिए, जिसने 'हमारी राष्ट्रीय' सोच को सबसे अधिक प्रभावित किया था, मंच तैयार कर दिया। उसने यह हमारे मित्र और समर्थक, जो स्टालिन के लिए किया जो लाखों को जान से मारने के सन्दर्भ में माओत्से तुंग के बाद दूसरे नम्बर पर आता है। बाद में चर्चिल के अर्थपूर्ण तर्कों के बावज़ूद हमने यूरोप के उस क्षेत्र पर आक्रमण करने से इन्कार कर दिया जिसका बचाव मुश्किल था और उन देशों को कम्युनिज़्म के लिए छोड़

दिया। यह चलन चलता रहा जब हमने रूस को पहले से ही हारे हुए जापान के विरुद्ध युद्ध में शामिल होने का निमन्त्रण दिया और परिणामस्वरूप उत्तरी कोरिया को कम्युनिज़्म के लिए छोड़ दिया। बाद में – हमारे विशाल आत्मसमर्पण कार्यक्रम पर भी हमने जॉर्ज मार्शल को सुना जब उसने हमें आश्वासन दिया कि माओ और उसके साथी हानिरहित भूमि सुधारकों का समूह थे। हमने अपनी सहायता वापिस ले ली और अपने लम्बे समय तक रहे मित्र व समर्थक च्यांग काई शेक का कम्युनिस्ट समुदाय के कारण परित्याग कर दिया तथा चीन को कम्युनिज़्म के लिए गँवा दिया।

अब तक अमेरिका में हर राजनेता और वोटर के सामने यह स्पष्ट हो जाना चाहिए था कि हम विनाश से टकराव के रास्ते पर थे परन्तु हमें अभी भी कुछ सबक़ सीखने थे। कम्युनिज़्म में हमें एक इच्छुक अध्यापक मिला। कोरिया में जीत हमारी पकड़ में थी, परन्तु उदार सोच और हमारी अविजय की नीति ने हमें किंकर्तव्यविमूढ़ स्थिति में पहुँचा दिया जो आज भी विद्यमान है। इसके बाद क्यूबा की बारी आयी जब - कुछ ख़तरनाक गुप्त सूचनाओं के बावज़ूद - हमने फीडल कैस्ट्रो की उसके क्यूबा को अपने अधिकार में लेने के प्रयासों में मदद की। अभी हाल ही में हमने अपनी इस अविजय नीति की त्रासदी वियतनाम में झेली है। मेरे कुछ विद्वान फौजी लोग कहते हैं कि हम हो चीं मिन्ह मार्ग को व हाइपोन्ग बन्दरगाह को शुरू के दिनों में ही बंद करके इस युद्ध को शीघ्रता से जीत सकते थे।

मैं आपको यह भी याद दिला दूँ कि क्रुश्चैव ने कहा था कि वे हमें दफ़न करने वाले हैं और यह भी याद दिला दूँ कि कम्युनिस्ट लोगों ने किसी भी पश्चिमी देश से की गयी हर एक सन्धि तोड़ी है अगर ऐसा करने से उन्हें कुछ लाभ मिलने वाला था। संयुक्त राज्य अमेरिका और दक्षिणी वियतनाम द्वारा उत्तरी वियतनाम व वियतकोंग के साथ किये गये पेरिस युद्ध-विराम समझौते के बावज़ूद कम्बोडिया और दक्षिणी वियतनाम कम्युनिस्टों के साथ हो गये।

कम्युनिस्ट सामान्य रूप से हमारे द्वारा माने जाने वाले नैतिक नियमों से नहीं बंधे हैं। वे अपने आपको 'लोगों की' पार्टी और मुक्तिदाता बताते हैं, परन्तु निश्चित रूप से आप देख चुके हैं कि जब वे किसी राष्ट्र को 'मुक्त कराते हैं' तो क्या होता है। क्या आपने शरणार्थियों की बाढ़ को पश्चिमी जर्मनी से पूर्वी जर्मनी, हांगकांग से रेड चाइना, मियामी से हवाना या पश्चिमी यूरोप से हंगरी व रूस जाते देखा है? अभी हाल में ही, क्या आपने उत्तर से किसी शरणार्थी को हनोई में अपने 'मुक्तिदाताओं' से गले मिलने के लिए जाते देखा है? (आप किसी शरणार्थी को कभी भी अपने कम्युनिस्ट 'मुक्तिदाता' के पास जाते नहीं देख सकते, इसके दो कारण हैं : ऐतिहासिक रूप से वे हमेशा अपनी आज़ादी खो देते हैं और उन्हें भोजन चाहिए तथा इस पृथ्वी पर कोई भी कम्युनिस्ट देश अपने आपको नहीं खिला सकता।

पुनः, सारी प्रवृत्तियाँ व आदतें –व्यक्तिगत व राष्ट्रीय दोनों - कमज़ोर व धीमी गति से शुरू होती हैं और अन्त में तेज़ और मज़बूत हो जाती हैं। मैं इस बात से सहमत हूँ कि यह इस चलन को उलटने का समय है परन्तु हमें व्यक्तिगत रूप से और एक राष्ट्र के रूप में अपने दृष्टिकोण के लिए अब डट कर मुक़ाबला करना चाहिए। अगर आप से शुरू होकर हम में से हर कोई अपने आपको नैतिक रूप से स्वस्थ व मज़बूत कर ले तो हमें किसी भी बाहरी या अंदरूनी दुश्मन से डरने की ज़रूरत नहीं है हालांकि देरी हो गयी है -- परन्तु इतनी भी अधिक देरी नहीं हुई कि इस चलन को उलटा न जा सके। इस पुस्तक को समाप्त करते समय मुझे इस समस्या के समाधान के बारे में और भी कहना है।

बुरी आदतें धीरे-धीरे और आसानी से आती हैं

मैं इस बात पर ज़ोर देता हूँ कि आपकी हर बुरी आदत धीरे धीरे और आसानी से आयी है। चरस वाली समरूपता शराब पीने पर भी बराबर रूप से लागू होती है। अभी भी ऐसे माता पिता हैं जो मादक द्रव्यों को बुरा बताते हैं लेकिन अपने शराब पीने का बचाव करते हैं। बहुत से कहेंगे, 'पता नहीं कैसे, कहाँ और क्यूँ हमारे लड़के या लड़की को ऐसी आदत लग गयी? जब उनके पास सब कुछ है तो वे कैसे मादक द्रव्यों की ओर मुड़ गये?' बच्चे भी आप माता-पिता लोगों से वही प्रश्न पूछ सकते हैं। आख़िरकार, अल्कोहल भी एक मादक द्रव्य ही है। कुछ माँ बाप अपने ही द्वारा परिभाषित भलमनसाहत की झुँझलाहट में कहते हैं, 'वे हमारे साथ ऐसा कैसे कर सकते हैं?' मैं एक बात आग्रहपूर्वक बता दूँ। बहुत से माता-पिता दिन की शुरूआत 'जोश की गोली' लेकर करते हैं। बाद में अपनी नसों को शान्त करने के लिए वे 'तनाव दूर करने वाली दवा' लेते हैं। अपनी भूख मिटाने के लिए वे 'आहार गोली' लेते हैं। रात के भोजन से पहले वे 'कॉकटेल' रखते हैं और वे अपने दिन की समाप्ति 'सोने से पहले पी जाने वाली मदिरा' से करते हैं। दिन के दौरान वे एक या दो पैकेट सिगरेट पीते हैं और अच्छी मात्रा में 'ऐस्पिरिन' का सेवन करते हैं। फिर माता-पिता रोषपूर्वक कहते हैं, 'बच्चे मादक द्रव्यों की आदत कहाँ से लगा लेते हैं?'

बहुत वर्षों पहले, दक्षिणी कैरोलिना में कोलम्बिया से चार्ल्स टोन के लिए अपनी माँ के साथ ड्राइव करते हुए मैंने मिसीसिपी में अपने गृह नगर याजू सिटी के अपने एक किसान सहपाठी के बारे में पूछा। मेरी माँ ने अपनी आवाज़ धीमी की और वह फुसफुसाई, 'उसे क्यों पूछ रहे हो, बेटा, वह सबसे बुरे क़िस्म का शराबी हो गया है?' मैंने थोड़े मज़ाक़ के लहज़े में पूछा, 'माँ, सबसे बुरे क़िस्म का शराबी क्या होता है?' उसने मुझे समझाया कि मेरा सहपाठी एक बोतल ख़रीद कर लाता था और घर में शान्ति से शराब पीता था। मेरी माँ ने इस बात पर ज़ोर दिया कि उस व्यक्ति ने अपने परिवार को कभी भी किसी चीज़ के लिए वंचित नहीं किया, कभी भी गालियाँ नहीं दी और कभी नशे में धुत्त नहीं हुआ। उसने बताया कि उस व्यक्ति के शराब पीने से कभी उसके कार्य पर बुरा प्रभाव नहीं पड़ा, वह

समुदाय का 'सम्मानित' सदस्य था और हाल ही में उसे एक राजनीतिक पद के लिए चुना गया था।

कुछ विस्मित होकर, मैंने परिहास से पूछा, 'माँ, क्या वह वाक़ई सबसे बुरे क़िस्म का शराबी' था? उसने दृढ़ लहज़े में हामी भरी और उसका तर्क़ सरल था। उसने शराब पीने की एक 'अच्छी' मिसाल क़ायम की और उसके बच्चों को अपने पिता की इस बात में कुछ बुरा नहीं दिखा कि वह उनका पालन-पोषण करने के लिए इतनी मेहनत करता था और सुस्ताने व तनाव मुक्ति के लिए एक पैग शराब पी लेता था। उन्होंने शराब पीने की पहचान एक दयालु, सुहृदय व समर्पित पति व पिता के रूप मे कर ली। जैसा कि माँ ने बताया, शराबी से कोई होड़ नहीं करना चाहता। अगर इस आदमी की अपने परिवार को गालियाँ देने की प्रवृत्ति होती और वह उनके जीवन की आवश्यकताओं के लिए इन्कार करता तो बच्चों को शराब पीने के प्रति अरुचि पैदा होती। अगर वह घटिया स्थानों पर जाकर शराब पीता या ऐसा पियक्कड़ होता जो गटर में गिरता फिरता तो कोई भी 'उस जैसा' न बनना चाहता। (क्या यही कारण है कि शराब उद्योग पवित्रतापूर्वक आपसे मर्यादित मात्रा में शराब पीने का आग्रह करता है ?)

जो मेरी माँ कह रही है उस बात की पुष्टि स्वरूप मैं उदाहरण दूँ। सारे संसार में किसी भी देश की तुलना में फ्रांस में प्रति व्यक्ति शराब की खपत सबसे अधिक है। उनके यहाँ शराब पीने से होने वाले रोगों की दर भी दुनिया में सबसे अधिक है। आप इसे 'संयोग' भी कह सकते हैं परन्तु मैं आपको बता दूँ कि दूसरे नम्बर पर प्रति व्यक्ति शराब की खपत चिली में है और दुनिया में शराब पीने से सम्बन्धित रोग दर दूसरे नम्बर पर चिली में है।

एक और 'संयोग' के बारे में यहाँ बताने की ज़रूरत है। अभी इसके बारे में निश्चित आँकड़े नहीं हैं परन्तु किशोरों में अल्कोहल से होने वाले रोगों में आश्चर्यजनक रूप से वृद्धि हुई है जो प्रत्यक्ष रूप से उसी समय से हुई है जब से टी. वी. पर मीठी मदिराओं के विज्ञापनों में बढ़ोतरी हुई है। इससे बढ़ कर दुःखद बात यह है कि विज्ञापनों व इनके साथ ही बीयर के विज्ञापनों के लिए बड़ी खेल कूद प्रतियोगिताओं को चुना जाता है जिनके दर्शक अधिकांशतः नवयुवक होते हैं, यह पाखंड अविश्वसनीय है। खेल-कूद जो जीवन व स्वास्थ्य का निर्माण करते हैं, अल्कोहल द्वारा प्रायोजित किये जाते है जो जीवन व स्वास्थ्य को नष्ट करता है।

शराब पीने की आदत मदिरा (वाइन) में अल्कोहल की थोड़ी मात्रा की खपत से शुरू होती है। कुछ समय बाद शरीर और अधिक अल्कोहल के लिए इच्छा व सहनशक्ति बढ़ा देता है तथा परिणाम विनाशकारी हो जाते हैं। जब मैं माँ-बाप को अपने छोटे बच्चे को अपनी बीयर से एक घूँट भरने के लिए देते हुए देखता हूँ तो मुझे बस आश्चर्य होता है कि क्या मैं एक और शराबी बनते हुए देख रहा हूँ। यही क्या बुरा है कि कोई व्यक्ति ख़ुद ठोकर खा कर शराब के जंगल में गिर जाये। माँ-बाप के द्वारा नवयुवाओं को उस जंगल की ओर

ले जाना हमारे समय के सबसे घृणित व मूर्खतापूर्ण कार्यों में से एक है।

ज़ाहिर है कि यह एक अज्ञानतावश बहकावे में किया गया कार्य है परन्तु जब तक हम इस सच्चाई को काफ़ी लोगों तक नहीं पहुँचाते, अल्कोहल सम्बन्धी विकार बढ़ते रहेंगे। यह महत्वपूर्ण है कि हम अल्कोहल सम्बन्धी विकारों के बारे में सीखना जारी रखें और शराब के आदी व्यक्तियों को रचनात्मक जीवन में पुनर्स्थापित करने के लिए हर विश्वसनीय क़दम उठायें। ये क़दम, तथापि, इसकी रोकथाम की शिक्षा के बिना उतनी ही समझदारी भरा है जैसे कि किसी को 103 डिग्री बुखार बताने वाले थर्मामीटर के ऊपर बर्फ़ का टुकड़ा रख कर ग़ल्ती से यह सोच लेना कि आप बुखार का 'इलाज' कर रहे हैं।

एक सभ्य राष्ट्र के रूप में हम निश्चित रूप से फ्रांस और चिली के दुःखद अनुभव से और साथ ही साथ अल्कोहल लेने के आदी अनुमानतः 90 लाख अमेरिकियों से सीख ले सकते हैं। (कुछ विद्वान इस संख्या को 2.5 करोड़ के आसपास बताते हैं)। इस समय, अमेरिका में शराब पहले नम्बर की 'नशीली दवाओं सम्बन्धी समस्या' है और यह दिन दूनी रात चौगुनी बढ़ती जा रही है - ख़ास तौर से नवयुवकों में। न्यूयार्क शहर में, उदाहरण के लिए, हाल ही के सर्वेक्षण से पता चला है कि विद्यार्थियों में 12% को शराब पीने से उत्पन्न हुई समस्या है और अमेरिका में हाईस्कूल के विद्यार्थियों में से 60% हर महीने कम से कम एक बार शराब पीते है। उसी सर्वेक्षण में सिफ़ारिश की गयी है कि इसकी रोकथाम का काम प्राथमिक पाठशाला स्तरों पर शुरू करना चाहिए। वे आंशिक रूप से ठीक कह रहे हैं। यह प्राथमिक स्तरों में पुनर्प्रभावी करना चाहिए। इसे माँ बाप द्वारा उदाहरण प्रस्तुत करके और जब बच्चा माँ की गोद में हो तभी से उसे इस बारे में सिखा कर शुरू करना चाहिए।

इस तथ्य के बावज़ूद, कुछ ऐसे माता-पिता हैं जो गर्व से कहते हैं कि उनके बच्चे ग़ैरकानूनी मादक पदार्थों का सेवन नहीं करते - वे केवल शराब का सेवन करते हैं। यहाँ तक कि वे शेखी भी बघारते हैं कि वे अपने बच्चों को सिखा रहे हैं कि ठीक प्रकार से 'कैसे' शराब का सेवन किया जाये। क्या यह सम्भव है?

विद्वान लोग अब जानते हैं कि लगभग 16 में से 1 व्यक्ति जो बस किसी सामाजिक उत्सव में शराब का सेवन करता है, शराब का आदी हो जायेगा। मैं अपने शब्दों को दोहराऊँ कि कोई भी शराब पीने का आदी व्यक्ति अन्य नशीली दवाओं के आदी व्यक्तियों की तरह ही कभी इसका आदी बनने के लिए शुरूआत नहीं करता परन्तु **सभी बुरी आदतें धीरे-धीरे और धीमी गति से शुरू होती हैं और इससे पहले कि आप यह जान पायें कि आपने यह आदत पकड़ ली है आप आदत की पकड़ में आ जाते हैं।**

अमेरिका के सर्जन जनरल चाहते हैं कि सिगरेट के निर्माता सिगरेट के पैकेट पर एक हल्की चेतावनी दें - और यह ठीक है उन्हें देनी चाहिए। रहस्य यह है कि उन्होंने अल्कोहल रखने वाली हर बोतल पर और कड़ी चेतावनी की माँग क्यों नहीं की। धूम्रपान

के ख़तरों की शराब पीने के ख़तरों से तुलना करना वैसे ही है जैसे एयरगन की मारक शक्ति की 50-कैलीबर की मशीनगन से तुलना करना। अल्कोहल हमारा सबसे बड़ा हत्यारा है इस बारे में अगर आपके दिमाग़ में कोई शंका है तो मैं आपको बता दूँ कि टाइम पत्रिका के अनुसार, वियतनाम में बीस साल तक हमारे शामिल रहने की लागत लगभग 141 बिलियन डॉलर्स आयी थी और 56000 लोग मरे थे। उन्हीं बीस सालों में शराब पीकर गाड़ी चलाने वालों ने लगभग 500000 लोगों को असमय मृत्यु तक पहुँचाया और हमें लगभग आधा ट्रिलियन डॉलर्स का मूल्य चुकाना पड़ा। अगर वे लोग जिन्होंने हमारे वियतनाम में शामिल होने के विरुद्ध इतने हिंसक रूप से प्रदर्शन किये थे उसका आधा भी हमारे शराब उद्योग में शामिल होने के विरुद्ध और इसके कारण बेतहाशा बढ़ती हुई मानव विपदाओं के विरुद्ध प्रदर्शित करें तो वे अमेरिका के लिए वास्तविक सेवा करेंगे।

इस पृथ्वी पर जन सामान्य की राय अभी भी सबसे बड़ा कानून है। एक सवाल : आप इस पुस्तक को नीचे रख कर अपना कलम क्यों नहीं उठाते और अपने सीनेटर और काँग्रेसमैन को एक पत्र यह सुझाव देते हुए कि वह एक राष्ट्रीय नायक बन सकता है - और शायद अगले चुनाव में आपका वोट पा सकता है - यदि वह सही प्रकार से यह पता लगाने के लिए अधिनियम लागू कराये कि अल्कोहल क्या करता है। हमारे कानून के मुताबिक़ यह बताना ज़रूरी है कि बोतल में क्या है, परन्तु जनता को यह बताना अधिक सार्थक है कि बोतल में भरा पदार्थ करता क्या है।

परन्तु वे इतने छोटे थे

पथरीले पहाड़ों के पश्चिमी ढलान पर एक विशालकाय वृक्ष पड़ा सड़ रहा है। जब गैलिली के समुद्र के किनारे पर ईसा मसीह पैदल चले थे तो यह एक बढ़ता हुआ पौधा था। जब कोलम्बस ने अमेरिका की खोज की थी तो यह पूरा बड़ा हो गया था और अमेरिकी गृह युद्ध के दौरान यह अपनी अत्यधिक ऊँचाइयों से झुकने लगा था। यह विनाशकारी अग्नियों, बाढ़ों, तूफ़ानों और सूखों के दौरान भी खडा रहा। ऐसा लगता था कि यह और कई शताब्दियों तक जीवित रहेगा। फिर कुछ वर्ष पहले एक छोटे से कीड़े ने उसकी छाल में बिल बनाना शुरू कर दिया और दूसरे कीड़े पैदा करने के लिए उसमें अन्डे दे दिये। शुरू में थोड़े से कीड़े दिखाई देते थे, परन्तु वे थोड़े से सैकड़ों में तब्दील हो गये, फिर हज़ारों में और फिर लाखों में। पहले उन्होंने छाल पर हमला किया, फिर वे तने पर गहरे और गहरे तक काम करते चले गये और अन्ततः वे उस आकर्षक विशालकाय जंगल के पेड़ का दिल और ताक़त खाने लगे। फिर एक दिन शताब्दियों तक झंझावातों से लोहा लेने के बाद, बारिश आयी, हवायें चलीं, बिजली चमकी और वह अत्यन्त विशाल पेड़ गिर गया। यह उन छोटे से कीड़ों के द्वारा कमज़ोर कर दिये जाने के कारण गिरा। बुरी आदतें लोगों के साथ वैसा ही करती हैं। वे धीरे-धीरे बढ़ती हैं जब तक कि वह दिन नहीं आ जाता कि

आदमी पेड़ की तरह गिर जाता है।

'गोन विद दि विन्ड ' पहली पारिवारिक फिल्म थी जिसमें एक अभद्र शब्द का प्रयोग किया गया था और क्या कभी इस पर कोई प्रतिक्रिया हुई! मुख्य रूप से दक्षिणी बेपटिस्ट परिवेश में सातवें नम्बर पर होने के कारण मैं समुदाय की प्रतिक्रिया कभी नहीं भूल पाऊँगा। वे हक्के-बक्के रह गये थे और भयभीत थे। उदारवादी लोग ललचा कर खा रहे थे और उनका कहना था कि इस पर चिन्ता करना बेतुका है। एक शब्द से क्या नुक़सान हो सकता है? अगले साल पारिवारिक थियेटर की स्वीकार योग्य सूची में एक और शब्द जुड़ गया और इस तरह से हम नीचे की ओर उतरते गये।

दस साल से कुछ अधिक हुए, जब जैकपर्र की निर्दयता पूर्वक निन्दा की गयी थी क्योंकि उसने अपने कार्यक्रम में एक 'पानी के भण्डार' का ज़िक्र किया था। फिर, जैसा कि एक टी.वी. लेखक ने बताया था, 'हमने बड़ा होना शुरू कर दिया।' हार्ड-कोर पोर्नोग्राफी (अश्लील साहित्य) 'वयस्क' पुस्तक स्टोर्स से पारिवारिक औषधि स्टोर्स पत्रिकाओं के स्टैंड की ओर खिसकना शुरू हो गयी। टी.वी. पर दूसरे कार्यक्रमों व परिचर्चाओं में अधिक से अधिक 'नीली' सामग्री का प्रयोग होने लगा जब तक कि इसने देखने वाले के लिए 'कुछ भी चलता है' का रूप नहीं ले लिया।

आज आप 'पारिवारिक' ***थियेटर में 'लास्ट टेंगो इन पेरिस'*** व ***'डीप थ्रोट'*** जैसी फिल्में देख सकते हैं। आप 'टॉक शो' लगा कर मुक्त प्यार, आज़माइशी शादी, समलैंगिकता आदि विषयों पर खुले आम इनके समर्थन के विचार सुन सकते हैं। यह सब बाँध में एक बहुत छोटी सी दरार से शुरू हुआ। व्यक्तियों के नैतिक आचरण में गिरावट थोड़ी सी छूट से शुरू होती है। पहले एक फिर दूसरा। स्वच्छन्द यौन क्रिया तब शुरू होती है जब कोई लड़का या लड़की अपने अमूल्य कौमार्य पर कब्ज़ा छोड़ देते हैं और जैसे ही उस क्षण का उलझाव वाला आवेश वास्तविक प्यार पर अनाधिकृत कब्ज़ा जमा लेता है तो नैतिकता हवा हो जाती है।

दुःखद बात यह है कि एक बार यदि बैरियर को नीचा कर दिया गया तो इसे दुबारा और उसके बाद भी नीचा करना बहुत आसान हो जाता है। हाँ, बुरी आदतें धीरे-धीरे और आसानी से शुरू होती हैं और इससे पहले कि आप यह जान पायें कि आपने आदत पकड़ ली - आप आदत की पकड़ में आ जाते हैं तथा परिणाम विनाशकारी हो जाते हैं। तथापि एक बात हम जानते हैं कि बुरी आदतें बुरी सीख के परिणाम हैं, और अगर कोई चीज़ सीखी जा सकती है तो वह भुलायी भी जा सकती है।

अब, जबकि हमने कुछ बुरी आदतों की पहचान कर ली है तो आइये हम अगले अध्याय की ओर चलें और सीखें कि उन बुरी आदतों को कैसे दूर करें या भुलायें - और अच्छी आदतें कैसे हासिल करें।

टिप्पणियाँ एवं विचार

अध्याय पाँच

बुरी आदतें छोड़ें - अच्छी आदतें शुरू करें

आदत से बचना

स्पष्ट रूप से धूम्रपान करने, शराब पीने, नशीली दवाओं का सेवन करने, कानून तोड़ने, स्वच्छन्द सम्भोग करने, धोखा देने, चुगली करने, उँगली के नाखून कुतरने व ज़्यादा भोजन करने आदि की आदत कभी न लगाना बेहतर है। क्योंकि समूचे अमेरिका में परवाह करने वाले माता-पिता एवं ज़िम्मेदार नागरिक इन मामलों के प्रति चिन्तित है, तो आइये, हम इन विनाशकारी आदतों से बचाव में मददगार कुछ दिशा निर्देशों पर ग़ौर करें।

बे सिटी, टेक्सॉस में बे सिटी स्वतन्त्र स्कूल जनपद के पाठ्यक्रम निदेशक, सेम मेग्लिटो ने यह टिप्पणी की कि यदि ***'शिखर पर मिलेंगे'*** के सिद्धान्त पाँचवी या छठी कक्षा के स्तर पर पढ़ाये जायें तो फिर यौन शिक्षा, नशीली दवाओं सम्बन्धी शिक्षा एवं व्यवसाय सम्बन्धी शिक्षा की ज़रूरत नहीं रहेगी। यह काफ़ी भारी वक्तव्य है परन्तु मैं यह कह सकता हूँ कि मिस्टर मेग्लिटो एक पिता के रूप में अपने व्यक्तिगत अनुभव के आधार पर बोल रहे थे जिनकी बेटी इस दर्शन को पढ़ चुकी थी और वह एक स्कूल व्यवस्थापक के रूप में अपने अनुभव के आधार पर बोल रहे थे जहाँ यह पाठ्यक्रम पढ़ाया जा रहा था। वह महसूस करते है कि पहला क़दम हमारे नवयुवकों को स्पष्ट मस्तिष्क, स्वस्थ शरीर एवं स्वस्थ सदाचार के लाभ को समझाना है और इस तरह से यह समस्याओं का सामना करना तथा विनाशकारी आदतों को उनके शुरू होने से पहले ही ख़त्म कर देना होगा। स्वाभाविक रूप से, मैं इससे सहमत हूँ।

यू.सी.एल.ए. के डॉक्टर फोरेस्ट टीनेन्ट के अनुसार बुरी आदतों से विशेषकर नशीली दवाओं से बचाव का दूसरा क़दम 'बच्चों के नितम्ब पर थप्पड़ मार कर उन्हें चर्च ले जाना' है। मैं निश्चित रूप से जानता हूँ कि बहुत से उदारवादी नागरिक चिल्ला पड़ेंगे कि बच्चे पर अपना हाथ उठाना पुरातनवादी है। तथापि मनोवैज्ञानिक सामान्य रूप से सहमत हैं कि जब बच्चा समझ लेता है कि उस के कार्यों के प्रति उसे ज़िम्मेदार ठहराया जाने वाला है तो उन कार्यों की कहीं ज़्यादा परवाह करने लगता है। डॉ. टीनेन्ट ने जर्मनी में जी आई लोगों में नशीली दवाओं की समस्या पर व्यापक अध्ययन किया जहाँ पर अमेरिका में वियतनाम के बाद सबसे बड़ी ड्रग समस्या थी। उन्होंने पाया कि जहाँ तक नशीली दवाओं के प्रयोग का सम्बन्ध था, केवल दो चीज़ें निश्चित रूप से इस मामले में

निरोधक का काम करती थी। पहली थी, बच्चे को पन्द्रह वर्ष का होने की अवस्था तक कम से कम पचास बार चर्च ले जाना। दूसरी थी कि जब भी अवसर की माँग हो तो बच्चे को नियमित रूप से हल्के चपत लगाना। बाइबल में यह साफ़ तौर पर लिखा है कि यदि आप अपने बच्चे को प्यार करते हैं तो यही प्रक्रिया अपनानी चाहिए।

मनोवैज्ञानिक जेम्स डॉब्सन इस बात को गहराई से महसूस करते हैं कि बच्चे को अनुशासन के माध्यम से प्यार भरा आश्वासन दिये बिना जीवन में उतर जाने की आज्ञा दे देना सबसे अधिक विनाशकारी है। अनुशासन बच्चे को आश्वस्त करता है कि वह सार्थक है और आप उसे प्यार करते हैं इसीलिए उस आचरण के प्रति जो उसके अपने हित में नहीं है, आप उसे अनुशासित करते हैं।

क़दम नम्बर तीन, उदाहरण प्रस्तुत करना है। जब मैं एक युवा पिता था तो मेरी माँ मुझसे बार-बार कहती थी, 'बेटा, तुम्हारे बच्चे तुम्हारे कहने के बजाये तुम्हारे करने पर अधिक ध्यान देते हैं।' उन माता-पिता को जो अपने बच्चों की बहुत परवाह करते हैं उन्हें उचित मिसाल पेश करनी चाहिये कि वे शराब न पियें, धूम्रपान न करें, नशीली दवाओं का प्रयोग न करें या अनैतिक ढ़ंग से न जियें, इस बात के साफ़ सबूत हैं कि यदि माता-पिता धूम्रपान करते हैं व शराब पीते हैं तो बच्चों द्वारा उनका उदाहरण अपनाने की काफ़ी सम्भावनायें हैं। जैसा कि मैंने पहले कहा, कुछ माता-पिता अपने दिन की शुरूआत ऊर्जा देने वाली गोली खाकर करते हैं, इसके बाद अपनी नसों को शान्त करने के लिए ट्रैन्कुलाइज़र लेते हैं। दिन में कुछ एस्पिरीन खाते हैं, रात के खाने से पहले कॉकटेल व सोने से पहले नाइटकैप लेते हैं और जब उनके बच्चे नशीली दवाओं का सेवन करने लगते हैं तो वे आश्चर्य व्यक्त करते हैं कि क्यों और कैसे उनके बच्चे - जिनके पास सब कुछ है - इस तरह की चीज़ करने लगते हैं।

चौथा क़दम मिथ्या प्रचार से लड़ना है। तम्बाकू और शराब उद्योग अपने प्रचार अभियानों में निस्संदेह सर्वाधिक पैसा खर्च करने वाले व सर्वाधिक कल्पनाशील उद्योग हैं। बीयर वाले लोग अपनी बीयर को टेलिविज़न पर अत्यन्त प्रभावपूर्ण व्यापारिक प्रचार करके बेचते हैं। वे ख़ास तौर से किसी खिलाड़ी की शख़्सियत को अपनी बीयर को घर घर बिकवाने के लिए प्रयोग करने में सिद्धहस्त होते हैं क्योंकि वे पूरी तरह से जानते हैं कि युवा वर्ग खिलाड़ियों में समरूपता देखता है। आख़िरकार वे लोग इसका बेहद प्रचार करते हैं और अगर वे सोचते हैं कि ये सब ठीक है और मज़ेदार हैं तो स्पष्ट रूप से यह है! शराब उद्योग शानदार जीने के ढंग और 'विशेष योग्यता वाले व्यक्ति' के माध्यम से उत्पाद बेचते हुए अपने सुझाव को कि आप 'मर्यादित' मात्रा में शराब पियें, पवित्रता से समायोजित कर लेते हैं।

सिगरेट के विज्ञापन इस बात पर ज़ोर देते हुए कि यदि आप धूम्रपान करते हैं तो आप फैशनेबल भीड़ के हिस्से हैं और परिष्कृत हैं, 'पौरुष' एवं 'नारीत्व' के विचार को बेचते हैं। यह मिथ्या प्रचार इतना प्रभावपूर्ण होता है तथा इतनी बार दोहराया जाता है कि बहुत से बच्चे सात वर्ष की आयु प्राप्त करने से पहले ही धूम्रपान करके देखने का निश्चय कर लेते हैं। जैसा कि पहले बताया जा चुका है कि इन्हीं प्रचार तकनीकों की कृपा से नवयुवकों में शराब पीने की लत पिछले पाँच वर्षों में आश्चर्यजनक रूप से बढ़ गयी है।

प्रचार में सच्चाई

मैं मानता हूँ कि हमें नाटकीय ढंग में सच्चाई के साथ इस मिथ्या प्रचार से लड़ना चाहिए। उदाहरण के लिए, क्या कभी आपने किसी बूढ़ी महिला को उसके होठों के बीच झूलती हुई सिगरेट के साथ देखा है जब तक कि वह इसे हटा कर कई बार खाँस न ले? अथवा क्या आपने किसी बूढ़े आदमी को निकोटीन के दाग़ वाली उँगलियों से मुँह में सिगरेट लगाते देखा है, इससे भी आगे क्या कभी उसके कपड़ों पर झड़ती हुई राख को देखा है? इस मुहावरे के बारे में सोचें, 'उस लड़की को चूमना जिसने कि एक सिगरेट पी है ऐसा ही है जैसे कि ऐश-ट्रे को चाटना?' अब जब कि आप इसके बारे में सोच चुके हैं, क्या धूम्रपान आपकी यौन सम्बन्धी इच्छा और परिष्कार को बढ़ाता है अथवा इसे घटाता है? साथ ही लड़कियाँ यह जान लें कि इस बात के अकाट्य प्रमाण हैं कि सिगरेट पीने से आपकी त्वचा रूखी और समय से पहले झुर्रीदार हो जाती है।

अंकल सैम आग में घी डालते हुए [मेरा मानना है कि हम फेफड़ों के कैंसर और हृदय रोग को आग की संज्ञा दे सकते है] तम्बाकू पैदा करने वाले किसानों को लाखों डॉलर का फ़सल अनुदान हेतु अंशदान देते हैं, फिर लाखों डॉलर इस बात को सिद्ध करने पर ख़र्च किये जाते हैं कि धूम्रपान से कैन्सर व हृदय रोग होते हैं, फिर अंकल सैम वह सैकड़ों लाख डॉलर कैंसर के उपचार हेतु सहायता के लिए ख़र्च करते हैं जिसके कारण के लिए उन्होंने सबसे पहले मदद की थी। इसलिए अंकल सैम बहुत दबाव के साथ उस उत्पाद की बिक्री से लड़ने के लिए अतिरिक्त डॉलर ख़र्च करना चाहेंगे जिसे वे अनुदान से बढ़ावा देते हैं। ज़ाहिर है मैं इसे बड़े संयमित शब्दों में कहता हूँ परन्तु किसी को यह व्याख्या करते हुए सुनना कि हमें क्यों तम्बाकू उगाने में सहयोग करना चाहिए, फिर प्रचार को प्रतिबन्धित करना चाहिए क्योंकि यह स्वास्थ्य के लिए हानिकारक है - फिर सिगरेट पीने से हुए कैंसर (जिसे हमारे टैक्स समर्थित डॉलर पहले ही सिद्ध कर चुके हैं कि इससे कैंसर होता है) से लड़ने कि लिए कैंसर के शोध व उपचार के लिए अंशदान करना चाहिए, बड़ा हास्यास्पद लगता है।

बच्चों को अपने लिए खुद देखने दें

बुरी आदतों से बचाव की दिशा में पाँचवाँ क़दम बच्चों को फ़ील्ड दौरे पर ले जाना है और उन्हें धूम्रपान, मदिरापान व नशीली दवाओं के सेवन का परिणाम देखने देना है। मेरा सुझाव है कि आप उस मरीज़ को देखने जायें जिसे ऐमफाइज़्मा या फेफड़ों का कैंसर हो और अपने बच्चे को साथ ले जायें। उसे उस व्यक्ति (बेहतर है यदि उसे आप जानते हों) से बात करने का मौक़ा दें जो ऐमफाइज़्मा अथवा फेफड़े के कैंसर से पीड़ित है तथा बच्चे को उनके द्वारा साँस लेने के लिए किये जा रहे प्रयासों को सुनने दें। स्वीकार करने के लिए यह बहुत कठिन है परन्तु याद रखें कि इस रोग के शिकार व्यक्ति ने एक सिगरेट से शुरुआत की थी। यह आपके बच्चे को तस्वीर का दूसरा रुख़ देखने का अवसर प्रदान करता है जो सिगरेट के विज्ञापन नहीं दिखाते। कैंसर का शिकार कोई भी व्यक्ति जो सिगरेट के विज्ञापन से प्रभावित हुआ था आपको बतायेगा कि कैंसर में कोई 'आकर्षण', 'परिष्कार', 'यौन इच्छा', 'स्वाद' या 'तनाव का कम होना' नहीं है। यह सख़्त बात है! शायद। परन्तु कभी कभी हमें बच्चों को यह बताने की ज़रूरत है कि बुरी आदतों के मामले में आपको क़ीमत अदा करनी ही पड़ती है।

आप इन फ़ील्ड दौरों में बच्चों की उपस्थिति में धूम्रपान करने वालों से बातचीत करके इस बात को और प्रभावी बना सकते हैं। धूम्रपान करने वालों से पूछें कि वे जो कुछ अब जानते हैं उसके बाद क्या वे फिर धूम्रपान करना शुरू कर देंगे। बहुमत में लोग स्पष्ट रूप से यह कहेंगे कि वे अब कभी भी इस ग़ल्ती को नहीं दोहरायेंगे।

कुछ विचार अत्यन्त महत्वपूर्ण हैं। धूम्रपान करना, शराब पीना, नशीली दवाओं का सेवन करना, ज़्यादा भोजन करना, विवाह पूर्व सम्भोग में लिप्त होना आदि ये सब भावात्मक निश्चय हैं, तर्क़ पर आधारित निश्चय नहीं हैं। अधिकतर मामलों में नवयुवाओं को स्वीकृति के लिए एक भावात्मक ज़रूरत थी जिसके बारे में उन्होंने महसूस किया कि ये काम या आदतें उसे प्रदान कर देंगी। यही कारण है कि माता-पिता व बच्चे में प्यार और खुली बातचीत इतनी महत्वपूर्ण है। यह भी कारण है कि मैं आपसे ***'शिखर पर मिलेंगे'*** के सिद्धान्तों को और साथ ही डॉ. जेम्स डॉब्सन की दो पुस्तकों को जिनका उल्लेख मैंने खण्ड दो से पहले किया है, गले लगाने का आग्रह करूँगा। जब आपका बच्चा (आप भी) अपने आपको स्वीकार और अनुमोदित (पसन्द) कर लेता है (अपनी स्वस्थ छवि) तो उसे दूसरों की स्वीकृति और अनुमोदन की ज़रूरत नहीं रहती। इसके अतिरिक्त, जब हमारे ध्येय पूरी तरह से परिभाषित होते हैं तो हम अच्छी तरह समझ जाते हैं कि विनाशकारी आदतें इन ध्येयों तक पहुँचने की हमारी सम्भावनाओं को बहुत ज़्यादा कम कर देती है और हम उस भविष्य के साथ जिसकी हमने ध्यानपूर्वक योजना बनायी थी खिलवाड़ करने से पहले बहुत

बार सोच-विचार करते हैं।

यदि आप या आपके बच्चे जवान हैं और सामाजिक उत्सव में शराब पी लेते हैं तो मेरा आपको सुझाव है कि घटिया क़िस्म की शराब की दुकानों पर जायें, गटर में देखें और जो आप देखते हैं उसे याद रखें। निश्चय करें कि यदि ऐसा आपके साथ न होने की सोलह में एक हिस्सा उम्मीद है तो भी क्या आप यह जोखिम उठाना चाहेंगे? फिर कुछ ए.ए. सभाओं में जायें। आप जीवन के हर क्षेत्र से ऐसे बुद्धिमान व निपुण लोगों को देख कर चकित रह जायेंगे जिन्होंने सोचा था कि उनके साथ ऐसा कभी नहीं हो सकता। जब आप उनकी कहानी सुनेंगे तो आप अल्कोहल को जो कि उतना ही हानिरहित, उतना ही परिष्कृत और उतना ही आनन्ददायक दिखता है जितना कि उसके विज्ञापन दिखाते हैं, दूसरी नज़र से देखने लगेंगे। जब आप अल्कोहल के आदी व्यक्तियों को उनकी कहानियाँ बताते हुए सुनें तो याद रखें कि उनमें से हर एक ने एक ड्रिंक से शुरूआत की थी। याद रखें कि इस वर्ष 25000 से अधिक लोग हमारे हाईवेज़ (राजमार्गों) पर शराब पिये हुए लोगों द्वारा जिन्होंने कि मूल रूप से एक ड्रिंक से शुरूआत की थी, मार डाले जायेंगे। उन आँकड़ों में कोई 'फ़र्क़' नहीं होता और शराब पीने में कोई फ़र्क़ नहीं होता।

अपने बच्चों को शराब की आदत के शिकार लोगों से पूछने दें कि उनमें से कितनों ने शराबी होने की योजना बनायी थी। मेरा मानना है कि इसका मर्यादित प्रभाव होगा। कोई नवयुवक जो नशीली दवाओं के आदी व्यक्ति को नशे की वापसी के लक्षणों से लड़ते हुए चीखते सुनता है और उन चीज़ों के जन्म स्थान के बारे में सरल सा जवाब सुनता है तो उसकी जिज्ञासा बहुत हद तक शान्त हो जाती है। मेरा मानना है कि अपने बच्चों को किसी न्यायाधीश की अदालत में ले जाना, जहाँ पर वह किसी चौदह वर्षीय आकर्षक लड़के या लड़की को उन चोरियों के लिए जो उन्होंने नशीली दवायें ख़रीदने के लिए की थीं या यह सिद्ध करने की कोशिश में कि वे चूज़े नहीं हैं एक रोमांच हासिल करने के लिए की थीं, सुधार गृह भेजने की सज़ा सुनाता है, काफ़ी हद तक उसकी जिज्ञासा को शान्त कर देगा। मैं यह स्वीकार करता हूँ कि इनमें से कुछ क़दमों का उठाना काफ़ी कठोर है पर जिसे आप प्यार करते हैं, हो सकता है कि उसका भविष्य दाँव पर लगा हो। यह गम्भीर है।

विनाशकारी आदतों को तोड़ना

आइये अब देखें कि आप विनाशकारी आदतों, चाहे वह मोटापा हो, आदतन देरी से पहुँचना, अश्लील भाषा का प्रयोग करना, धूम्रपान करना, जल्दी ग़ुस्सा आना, समलैंगिकता, मद्यपान, स्वच्छन्द सम्भोग आदि हो, से छुटकारा पाने के लिए क्या कर सकते हैं। पहली व सबसे महत्वपूर्ण चीज़ जो आपको करनी चाहिए वह यह निश्चय करना है कि यह आप

और केवल आप ही कर सकते हैं। आपके पक्ष से इतनी प्रेरणा के बिना कोई भी व्यक्ति या कोई भी प्रणाली विशेष प्रभावी नहीं होगी। यदि कोई अन्य व्यक्ति आपसे इस बारे में बात करता है तो इस बात की प्रबल सम्भावनायें हैं कि आप शुरू कर देंगे परन्तु वे प्रयास ज़्यादा दिन तक नहीं चलेंगे। (याद रखिये, आप सामान्यतः किसी दूसरे के लक्ष्य तक नहीं पहुँचते) बहुत बार आपने जहाँ से प्रयास शुरू किये थे उससे भी आप और पीछे पहुँच जाते हैं। इससे अच्छा था कि अपने उस आदत को जिसे आप छोड़ने के लिए तैयार ही नहीं थे, छोड़ने की कोशिश न की होती। (वज़न घटाना और फिर बढ़ा लेना इसकी अच्छी मिसाल है)। अतः पहली और सबसे महत्वपूर्ण बात यह निश्चय करना है कि अब आप किसी भी विनाशकारी आदत के और अधिक ग़ुलाम नहीं रहने वाले हैं। निश्चय कीजिए कि आप अपने जीवन पर नियन्त्रण पाना चाहते हैं, आप मुक्त होना चाहते हैं और आप अपने जीवन में चीज़ें करना चाहते हैं बजाये इसके कि चीज़ें आपके जीवन के साथ हो जायें/घट जायें।

छोड़ने वालों की बातें ध्यान से सुनें

बुरी आदत को छोड़ना मुश्किल है - बहुत मुश्किल है, परन्तु दुर्भाग्य से परिणाम मज़ेदार और कहीं अधिक पारितोषिक देने वाले होते हैं। पूर्व धूम्रपान करने वाले, शराब पीने वाले, मोटे लोग आदि एक सुर में और प्रसन्नतापूर्वक अपने उन अतिरिक्त पौंड से छुटकारा पाने, खरपतवार को त्यागने और बोतल से अलग होने के बाबत अपनी ख़ुशी व स्फूर्ति के अनेकानेक विवरण सुनाते हैं। पूर्व धूम्रपान करने वाला खाने के स्फूर्तिदायक ज़ायक़े, हवा, कपड़ों व फ़र्नीचर की स्वच्छ गंध के बारे में बात करता है। वे उस आदत को जो उनके जीवन के दो से लेकर दस वर्ष तक कम कर देती और उनके ज़िन्दा रहने में से बहुत सारा जीवन ले जाती, छोड़ने के बाद पाये नये आत्मसम्मान व सन्तुष्टि के बारे में बात करते हैं। (1 जून, 1977 की एसोसिएट प्रेस स्टोरी के अनुसार, रॉयल कॉलेज ऑफ फिज़ीशियन्स ने ब्रिटेन के सभी मेडिकल कॉलेजों के सहयोग से एक अध्ययन किया जिससे पता चला कि धूम्रपान करने वाले की ज़िंदगी को प्रत्येक सिगरेट 5 1/2 मिनट कम कर देती है, और लगभग तीन धूम्रपान करने वालों में से एक धूम्रपान के कारण मर जाता है तथा ब्रिटेन में प्रतिवर्ष 50 मिलियन कार्य दिवस धूम्रपान के कारण हुई बीमारी की वजह से बर्बाद हो जाते हैं। उन्होंने यह भी पाया कि यदि कोई धूम्रपान करना छोड़ देता है तो उसके लाभ उसे तुरन्त मिल जाते हैं और 10-15 वर्षों में उसकी मृत्यु का अतिरिक्त जोखिम भी ग़ायब हो जाता है। संयोगवश, प्रति सिगरेट 5 1/2 मिनट की जीवन की हानि वर्ष भर में 28 दिन हो जाती है- यदि आप प्रतिदिन एक पैकेट सिगरेट पीते हैं)। जब आप यह निश्चय कर लें कि आप और समृद्ध जीवन जीना चाहते हैं तो पूर्व धूम्रपान करने वालों की बातें ध्यान से सुनें कि वे इस एहसास से कितने जोश में हैं कि उन के पास जीने के लिए

और अतिरिक्त वर्ष हैं तथा वे अपने धन का उपयोग विनाशकारी उद्देश्यों के बजाये सार्थक कार्यों में कर रहे हैं।

यदि आप मोटापे से ग्रस्त हैं तो मेरा आपसे आग्रह है कि आप वज़न कम करने वालों या अधिक भोजन करने वालों की गुमनाम सभाओं में जायें तथा उन लोगों को सुनें जिन्होंने 50 से 350 पौंड वज़न कम किया है। उन्हें इसके लिए किये गये संघर्षों व संघर्षों के बाद प्राप्त पारितोषिकों के बारे में बताते हुए ध्यान से सुनें। उनके द्वारा उचित दाम पर ख़रीदे गये नये सूट से प्राप्त ख़ुशी के बारे में सुनें। उन्हें अपने जीवन में नये पाये रोमान्स और रोमान्च के बारे में बताते हुए सुनें कि किस प्रकार वे बिना घुरघुराहट के अब अपने जूते के फीते बाँध लेते हैं और ऐलीवेटर का इंतज़ार किये बिना सीढ़ियाँ चढ़ जाते हैं। उन्हें यह बताते हुए सुनें कि किस प्रकार अब उनके छरहरे आकार की प्रशंसा की जाती है जब कि पहले उनके साथी लोग उन पर हँसते थे, मज़ाक उड़ाते थे और बहुत से अनकहे शब्दों से जो कि अक्सर उनके दिमाग़ में होते थे उनकी अवहेलना किया करते थे। उन त्यागने वालों की बातें सुनें जिन्होंने अधिक भोजन करना त्याग दिया है और इससे आपको भी अधिक भोजन करने की आदत को त्यागने में मदद मिलेगी।

शराब छोड़ने वाले अपने नये मित्रों के बारे में बात करते हैं और इस बारे में कि किस प्रकार उन्होंने अपने पुराने दोस्तों को वापिस पा लिया। वे, अक्सर अपनी गीली आँखों के साथ आपको अपने पुनः प्राप्त किये परिवारों के बारे में, लम्बे समय तक अवरोधित कैरियर के बारे में, नये आत्म-सम्मान के बारे में, नये सामाजिक जीवन के बारे में और अपनी निजी राह बना कर प्राप्त कार्य सम्पन्नताओं के बारे में बताते हैं।

त्यागने वाला होकर – आप विजय प्राप्त करते हैं

यह काफ़ी रोचक बात है कि इन लोगों में से बहुत से अपनी बुरी आदतों को बिल्कुल उसी ढंग से त्यागते हैं जिस ढंग से उन्होंने वे पायीं थीं - जीवन में सकारात्मक ध्येयों वाले सही लोगों का साथ पाकर। यह जानकारी काफ़ी दिनों से शराबियों के मामले में गुमनाम शराबियों के ज़रिये और अभी हाल ही में आदत से विवश जुआरियों के मामले में गुमनाम जुआरियों के ज़रिये और मोटे व्यक्ति के लिए वज़न संतुलित करने वालों, T.O.P.S. (टेक ऑफ पौण्डस सेन्सिबल) के ज़रिये प्राप्त की गयी है। इस बात के कारण बहुत से हैं कि सब चीज़ें नाक़ामयाब हो जाने के बाद भी ये संस्थायें कारगर हो जाती हैं। शराबी, आदत से जुआरी या मोटा व्यक्ति अचानक ऐसे लोगों के ग्रुप में पहुँच जाते हैं जो उस समस्या को कोड़े मारने में सफल हो रहे हैं जो कभी उन्हें कोड़े मार रही थी। वे ऐसे परवाह करने वाले लोगों के साथ और पास हैं जिन्हें हार की कड़ुवाहट और जीत की

मिठास मालूम है। 'मैंने यह कर दिया और इसलिए तुम भी इसे कर सकते हो' की बेशुमार कहानियाँ इन आदतों के शिकार लोगों को विश्वास और सहयोग देती हैं जिसकी उन्हें ज़रूरत है। सही सोच के परिवेश की आशावादिता, उत्साह और प्रोत्साहन से घिरे होने पर परिणाम आश्चर्यजनक होते हैं। मैं बार-बार और हर बार यही कहूँगा कि आपका साथ आपकी आदतों को अवश्य प्रभावित करता है और आप सफलता, स्वास्थ्य व प्रसन्नता आदि की क़ीमत अदा नहीं करते बल्कि आप क़ीमत का आनन्द लेते हैं।

अल्कोहलिक एनोनिम्स (ए.ए.) के मामले में दो और प्रभावकारी बातें शामिल हैं। सबसे पहले शराब के आदी व्यक्ति को इस बात का पूरा एहसास करा दिया जाता है कि वह अपनी शराब की लत के बारे में ख़ुद कुछ भी नहीं कर सकता। वे मजबूर हैं और यह इस वजह से नहीं हैं कि वे शराब पीना छोड़ना नहीं चाहते। कोई भी समझदार व्यक्ति शराब का आदी होना तथा ख़ुद के लिए व अपने परिवार के लिए पीड़ायें लाना नहीं चाहेगा। जब शराबी व्यक्ति यह मान लेता है कि उसे और अधिक शक्ति की मदद लेनी चाहिए तो वह समस्या को सुलझाने की राह पर चल पड़ता है। वे ईश्वर के बारे में यह कहते हैं, 'ईश्वर वही है जैसा आप उसे समझते हैं।' क्योंकि मैं किसी उस प्रतिबन्ध से बन्धा हुआ नहीं हूँ जिससे वे बंधे हुए हैं, मैं ईश्वर को केवल काल (अवधि) कहता हूँ। मैं आपका ध्यान वापिस इसाइया 40:31 की ओर ले जाता हूँ और आपको याद दिलाता हूँ कि उस पद में 'नवीनीकरण' का अर्थ है 'बदलना' या 'अदला-बदली करना'। यह सच है कि आप ऐसा नहीं कर सकते परन्तु ईश्वर कर सकता है। इस बात पर ज़ोर दिया गया है कि शराब के आदी व्यक्तियों की एक मात्र उम्मीद उनकी अपनी शक्ति से बड़ा कोई शक्ति का स्त्रोत है। (जॉन 15:5-7 इस विषय में बिल्कुल स्पष्ट है)।

जब तक शराब का आदी व्यक्ति इस नतीजे पर नहीं पहुँच जाता, उसकी बीमारी ठीक होने की संभावनाएँ बहुत कम हैं। यही बात सख़्त रूप से नशीली दवाओं के आदी व्यक्ति पर लागू होती हैं। न ही ए. ए. और इसके सदस्य शराब के आदी व्यक्तियों को इस तरह की दुनिया भर की बेतुकी बातों पर अटके रहने की अनुमति देते हैं। (मेरे पैदा होने से पहले मेरी माँ एक दौड़ते हुए घोड़े से घबराती थी, मेरे सहपाठियों ने मेरा तिरस्कार किया था, मेरी माँ मुझे पॉटी से बहुत जल्दी उठा लेती थी, आदि)। शराब के लती व्यक्ति यह स्वीकार करने के लिए बाध्य किए जाते हैं कि उन्हें शराब पीने की लत इसलिए है क्योंकि वे एक अवधि से बहुत अधिक शराब पीते रहे हैं। मनोवैज्ञानिक रूप से, जब एक व्यक्ति से इस तथ्य का आमना-सामना करा दिया जाता है कि चाहे किसी बहाने को भी लेकर उसने इस विनाशकारी आदत की शुरूआत की हो, वह अकेला ही है जिसे इसके नतीजे भुगतने हैं। जब वह समझ जाता है और अपने व्यवहार की पूरी ज़िम्मेदारी स्वीकार कर

लेता है तो उसके द्वारा इस आदत को तोड़ने की दिशा में एक बहुत बड़ा क़दम उठा लिया जाता है।

कई बार उस व्यक्ति का वास्तविकता से आमना-सामना कराया जा सकता है कि उसका इस आदत को शुरू करने का कारण अब विद्यमान नहीं है। उदाहरण के लिए हो सकता है उसने असुरक्षा के कारण और उसके साथियों द्वारा उसे स्वीकार किए जाने की ज़रूरत के कारण धूम्रपान करना, कोसना, जुआ खेलना, शराब पीना व नशीली दवाओं का सेवन करना आदि शुरू किया हो। इस एहसास के साथ और अपनी स्वस्थ छवि के निर्माण से वह व्यक्ति इन विनाशकारी आदतों के कारण से मुक्त हो जाता है तथा उसके द्वारा इन्हें छोड़ देने की संभावनाएँ बढ़ जाती हैं।

एक फुर्तीला नौजवान - शायद एक खिलाड़ी - ऊर्जा की बहुत बड़ी मात्रा ख़र्च करता है और उसे भोजन की अधिक मात्रा की आवश्यकता होती है। तथापि, जब शारीरिक गतिविधि कम हो जाती है तो अधिक भोजन की आवश्यकता तब नहीं रहती, परन्तु अधिक मात्रा में खाने की आदत बन चुकी होती है। उसकी वर्तमान ज़रूरतों और सर्वोत्तम हितों के प्रति पूर्ण जागरूकता उसकी पूर्ववर्ती जरूरतों की पूर्ति करने की उसकी आदत को उसकी वर्तमान समस्याओं से निबटने हेतु बदलने में बहुत सहायक होती है।

तीसरा क़दम प्रतिस्थापन (एक वस्तु के बदले दूसरी वस्तु प्रयोग में लाना) है। वास्तव में किसी आदत को ख़त्म कर देने जैसी कोई चीज़ नहीं होती। आप सिर्फ़ एक बुरी आदत के स्थान पर एक अच्छी आदत प्रतिस्थापित कर देते हैं। शराब का आदी व्यक्ति आशावादी, समर्पित, परवाह करने वाले दोस्तों को, आशा व प्रोत्साहन के सकारात्मक परिवेश में, नशा, बार-ऊब, आवारागर्द लोग एवं पेट में दर्द जो कि शराबी के लगातार मानसिक व शारीरिक साथी होते हैं, के स्थान पर प्रतिस्थापित कर देता है। मनोवैज्ञानिक रूप से जब आप किसी बुरी आदत अथवा आदतों को ख़त्म करना शुरू करते हैं तो उस खालीपन को भरने के लिए किसी नयी गतिविधि अथवा आदत को पाना महत्वपूर्ण है। जब शराब का आदी व्यक्ति शराब पीने की बुरी आदत छोड़ने का परिणाम देखता है और दूसरे शराबियों के जीवन में साथ ही साथ उसके अपने जीवन में आ रहे बदलावों को देखता है तो वह अपने लिए नये लक्ष्य निर्धारित करता है एवं पहली बार वह उन लक्ष्यों तक ख़ुद को पहुँचता हुआ देखता है।

चूँकि बुरी आदतें आपके दिमाग़ में होती है, (तम्बाकू, अल्कोहल और नशीली दवाओं की शारीरिक ज़रूरत या इच्छा अपेक्षतया छोटी होती है) मैं आपको वापिस इस खण्ड के अध्याय तीन पर ले जाता हूँ। अपने दिमाग़ को छपे हुए पृष्ठ से व बोले हुए शब्दों से अच्छे, स्वच्छ, प्रेरक, विश्वास पैदा करने वाले 'आप इसे कर सकते हैं' सन्देशों से भरने

में व्यस्त रखें। आप एक ही समय में दो चीज़ों पर ध्यान केन्द्रित नहीं कर सकते। अपने दिमाग़ को सकारात्मक काम में लगाकर आप बुरी आदत के लिए तीव्र इच्छा के स्थान पर लम्बे समय तक रहने वाली सफलता व ख़ुशी की इच्छा के साथ अपने चरित्र के निर्माण को प्रतिस्थापित कर रहे होते हैं। दूसरे शब्दों में, अपनी आदतों के मामले में ग़ैर बुद्धिमत्ता का परिचय न दें बल्कि परिपक्वता व बुद्धिमानी की आकांक्षा करें तथा अपने दिमाग़ को स्वस्थ व भावनाओं को सकारात्मक विचारों पर केन्द्रित रखें।

मेरे एक अच्छे दोस्त बिल स्मीज़र, एम. डी. के धूम्रपान की आदत छोड़ने के लिए दिये गये सुझाव से धूम्रपान करने की आदत को छोड़ना सरल हो सकता है - मैंने इसे आसान नहीं कहा। जिस स्थान पर आप अब सिगरेट रखते हैं उस जगह जेब के आकार का बाइबल का नया मुख्य भाग रख दें। जब आपको धूम्रपान की इच्छा - या इससे भी ज़्यादा जिसकी सम्भावना है आदतन सिगरेट तक पहुँचने की आपकी प्रवृत्ति - आपको सतायेगी तो आप अपनी सिगरेट तक पहुँचना चाहेंगे परन्तु आपको अपने जीवन की आयु कम करने के बजाये ईश्वर के जीवन को बचाने के शब्द हाथ लगेंगे। जैसे ही आप बाइबल के अंश तक पहुँचें तो बस प्रार्थना करें, 'परमात्मा मेरी मदद करो'। फिर उस धर्म ग्रन्थ के दो अनुच्छेद पढ़ें ; 15:5-7 तथा फिलीपीनी 4:13 । इन क़दमों को उठा कर आप जहाँ अपनी माँसपेशियों की आदत को पूरा कर रहे होंगे वहीं धूम्रपान करने की शारीरिक आदत के बदले ईश्वर के जीवन रक्षक शब्दों का पान कर रहे होंगे। कुछ दिनों के बाद यह स्वतः होने लगेगा तथा एक और बुरी आदत धूल चाटने लगेगी। यह आपके जीवन के वर्ष बढ़ाएगी। अब एफेसियन 2:8-9 पलटें और सीखें कि हमेशा के लिए अपने जीवन की अवधि को वास्तव में किस तरह बढ़ाएँ। यह न सिर्फ़ आपकी आँखों से धुंए की परत हटायेगी बल्कि इससे भी जो अधिक महत्वपूर्ण है यह बाद में आपसे गर्मी को दूर रखने में मदद करेगी।

मुझे यह पहले से ही पता था

बुरी आदत को छोड़ने के लिए मेरा आपसे यह भी आग्रह है कि आप नियमित रूप से आत्म-छवि वाले खंड की समीक्षा करें। इससे आपको लगातार यह याद रहेगा कि आप एक योग्य व्यक्ति हैं। आप बुरी आदत के छोड़ने से जुड़े पुरस्कारों के भी योग्य हैं। वापिस ध्येयों पर आधारित खण्ड पर जायें। 'पहुँचता हुआ देखना' सीखें। अपने आप को उस विनाशकारी आदत से 'मुक्त' रूप में देखें। अपने आप को विजयी होते देखें - और आप विजयी होने की दिशा में एक लम्बी छलाँग लगा लेंगे।

जैसा कि मैं पहले कह चुका हूँ कि किसी बुरी आदत को रोकने का सर्वोत्तम तरीक़ा उसे कभी शुरू न करना है। अगर आप वह पहली सिगरेट न पियें, वह पहला ड्रिंक

न लें, वह पहला छोटा सफ़ेद झूठ न बोलें, ऑफिस के उस 'अच्छे' पुरुष या महिला के साथ लंच में या काम के बाद वह 'हानिरहित' कॉफ़ी का प्याला न पियें, वह अश्लील या समलैंगिक साहित्य पहली बार न पढ़ें, वह एक लॉटरी का टिकट न ख़रीदें या पहली बार वह स्कूल में धोखा न दें तो फिर हमें अपनी अन्तिम आदतों की जो उन शरूआती कार्यों का नतीजा होती हैं, कोई समस्या नहीं होगी।

अगर आपकी कोई विनाशकारी आदत है तो आपको मुझे या किसी और को यह बताने की ज़रूरत नहीं है कि आपको उन आदतों की शुरूआत नहीं करनी चाहिये थी। आप जो वाक़ई जानना चाहते हैं वह यह है कि उन्हें रोका कैसे जाये। पुनः सबसे अच्छा, सबसे सरल, और सबसे निश्चित तरीक़ा ईश्वर से मदद माँगना है।

'दि क्रॉस एण्ड दि स्विचब्लेड' के लेखक ईसाई धर्मोपदेशक डेविड विल्करसन का कहना है कि उनकी संस्था नशीली दवाओं के सख़्त आदी व्यक्तियों से निपटने में किसी भी प्रकार के सहारे या चिकित्सीय पद्धति का प्रयोग नहीं करती। वे केवल जीसस क्राइस्ट की पीड़ाहारी अनुकम्पा का प्रयोग करते हैं और वे 80% से अधिक मामलों में क़ामयाब हैं। मैं न्यू मैक्सिको के अलबकर्क में डेयर (ड्रग एडिक्ट्स रिहैब्लिटेशन एन्टरप्राइज़िस) के बहुत से निवासियों से मिला हूँ। उनमें छोटे चोरों व वेश्याओं से लेकर जाली नोट छापने वाले तथा क़ातिल शामिल थे। उन सब लोगों में बस एक चीज़ सामान्य थी कि वे सब नशीली दवाओं के आदी थे और इस आदत से मुक्त होने की उनमें इच्छा थी। डेयर में एकमात्र इलाज जो वे प्रयोग में लाते हैं वे बाइबल के मूल सिद्धान्त हैं। अगर नशीली दवाओं का आदी व्यक्ति वहाँ पर 48 घंटे तक रुक जाता है तो उसके ठीक होने की सम्भावना 85% है। अधिकांश मामलों में नशे के आदी व्यक्ति में सामान्य रूप से परिचित किसी भी प्रकार की नशे से वापसी की पीड़ा या उसके लक्षण नहीं उभरते और वे किसी प्रकार की किसी औषधि या दवाई का प्रयोग नहीं करते। इसके विपरीत, संघीय सरकार ने नवीनतम तकनीक वाली विधियों और दवाइयों के साथ देश में लेक्ज़िंग्टन, केन्टकी में अति आधुनिक सुविधा की शुरूआत की। इस सुविधा के निर्माण पर लाखों डॉलर ख़र्च हुए और प्रति रोगी लागत हज़ारों डॉलर आयी। तथापि 2% से भी कम नशे के आदी व्यक्तियों में उनकी नशे की आदत छूट पायी। इसके परिणाम इतने निराशाजनक थे कि यह सुविधा अन्ततः बन्द कर दी गयी।

एक व्यावहारिक मामले के तौर पर मैं आपसे एक सवाल पूछता हूँ। अगर आपको कोई गम्भीर शल्य क्रिया करानी है और केवल दो शल्यचिकित्सक उपलब्ध हैं तो उनमें से आप किसको चुनेंगे? उसे, जो आपको आश्वस्त करता है कि उसके रोगियों में से 2% रोगी ठीक होते हैं अथवा उसे जिसके रोगियों में से 80% से अधिक रोगी ठीक होते

हैं। हम जानते हैं कि आप किस को चुनेंगे, है ना ? नशीली दवाओं और अल्कोहल की लत किसी व्यक्ति से बड़ी है, इसलिए इन ख़ुद प्रोत्साहित की गयी बीमारियों को हटाने के लिए व्यक्ति की अपेक्षा किसी बड़ी चीज़ की ज़रूरत होती है।

अच्छी आदतों को झपट लें

इस खण्ड के दूसरे अध्याय में मैंने काफ़ी विस्तार के साथ सुबह उठने की विधि के बारे में बताया है। मेरे निर्णय के मुताबिक़ यह एक अच्छी आदत है। मैं इस बात पर ज़ोर देता हूँ कि जब आप किसी प्रक्रिया की शुरूआत करते हैं जैसे कि सुबह उठने वाला कार्यक्रम तो कुछ मायनों में यह मुश्किल होगा। यह एक ऐसी आदत है जिसे 'झपटने' के लिए आपको स्वयं को बाध्य करना होगा। फिर आपको इसे संभाले रखना होगा। कुछ दिनों के बाद, एक दिलचस्प चीज़ होने लगेगी। यह अपेक्षाकृत आसान लगने लगेगा, यहाँ तक कि इसमें आनन्द आने लगेगा। इसे 21 दिनों तक करें और आपको एक 'अच्छी ' आदत पड़ जायेगी। इसके नतीजे इतने अच्छे होंगे कि आप एक अलग दुनिया में रहना शुरू कर देंगे। आप एक प्रसन्न, अधिक प्रेरित, स्फूर्त और उत्साही व्यक्ति हो जायेंगे। किसी भी अच्छी आदत को सावधानी पूर्वक ग़ौर से देखें और उसे हासिल करने की कोशिश करें। अगर आप ऐसा करेंगे तो ज़िंदगी से बहुत कुछ हासिल करेंगे।

'शिखर पर मिलेंगे' के खण्ड चार में मैंने ध्येयों के निर्धारण का बड़ी बारीक़ी से विवरण किया है। मैंने बताया है कि जब मैंने अपने दौड़ने के कार्यक्रम की शुरूआत की तो इस आदत को हासिल करना बहुत अधिक मुश्किल था। मुझे वस्तुतः दौड़ने के लिए उस पहले दिन –व दूसरे दिन – तथा तीसरे दिन - अपने आप को बाध्य करना पड़ा था। तथापि, जैसे-जैसे दिन हफ़्तों में और हफ़्ते महीनों में बदलने लगे तो सुबह उठकर दौड़ना आसान होता गया। यह आसान हो गया क्योंकि मैंने इसे सम्पन्न करने की ख़ुशी महसूस करना शुरू कर दी। अब, जब कभी किन्हीं अपरिहार्य स्थितियों के कारण मेरे लिए दौड़ना मुश्किल या कभी कभी असम्भव हो जाता है तो मुझे दुख होता है। अन्य अच्छी आदतों की ही तरह दौड़ने और व्यायाम करने की आदत डालना मुश्किल थी। तथापि, जब हम 'मुश्किल' आदतें हासिल करते हैं तो वे 'मज़ेदार' आदतें हो जाती हैं, ख़ास तौर से जब हम यह याद रखते हैं कि आज मुश्किल चीज़ों का करना हमें कल बड़ी चीज़ों को करने के लिए तैयार करेगा।

आप इसके लिए स्वयं के ऋणी हैं

धन की बचत करना दूसरी अच्छी आदत है। शुरू में, आपको अपने अन्य बिलों का भुगतान शुरू करने से पहले ख़ुद को भुगतान करने के लिए बाध्य करना पड़ेगा।

परन्तु, मैं आपको बता दूँ कि आप की कितनी भी आमदनी हो, आपकी पहली ज़िम्मेदारी अपने कमाये गये हर डॉलर/रुपये के एक हिस्से को अपने लिए और अपने भविष्य के लिए बचाना है। बचत की उत्तेजना आपके खाते में जुड़ते हुए हर डॉलर/रुपये के साथ बढ़ती है। जल्दी ही यह 'अच्छी' आदत आपमें समाहित हो जाती है और आपका हिस्सा बन जाती है। यह आपमें स्थायी रूप से समाहित हो जाती है जब, जैसा कि चीनी लोग कहते हैं, आपके बच्चों (डॉलर्स/रुपयों) के बच्चे हो जाते हैं और फिर उन बच्चों के बच्चे हो जाते हैं।

हाँ, धन की बचत करना एक अच्छी आदत है, परन्तु शुरू में आपको महँगी ज़िंदगी के लिए इसे 'झपटना' और थामे रखना चाहिए। शुरुआत में बहुत बार ऐसा होगा (क्या आप विश्वास करेंगे कि वेतन के हर चैक के साथ) जब आप इस बार ख़ुद को भुगतान न करने के लिए ललचायेंगे क्योंकि -। मैं किसी बात के समर्थन में कहने की अपनी पूरी निपुणता के साथ आपसे यह कहूँ : 'बचत न करने का कारण कितना भी अच्छा हो, यह बचत करने की आदत को मज़बूती के साथ स्थापित करने के कारण से अच्छा नहीं हो सकता।' बहुत वर्ष पहले याजू सिटी, मिसीसिपी में मेरे प्रथम नियोक्ता ने कहा था कि यदि मैं हर हफ़्ते कुछ डॉलर्स पर गुज़ारा कर सकता हूँ तो उससे 10% कम डॉलर्स पर मैं भूखा नहीं मरूँगा। स्पष्ट रूप से, उसका कथन ठीक था। उसका यह कहना भी सच था कि धन बचाने की योग्यता चरित्र का एक मज़बूत लक्षण है और **यदि आप अपनी वर्तमान आय में से कुछ नहीं बचाते - तो आप अपनी भावी आय में से भी कुछ नहीं बचा पायेंगे।**

समस्त 'सफलता के दार्शनिक' इस बात पर एकमत हैं कि यदि आप अपने ऊपर सौभाग्य को मुस्कुराता हुआ देखना चाहते हैं तो आपको नियमित रूप से धन बचाने की पूरी ज़रूरत है। जब आपके जीवन में व्यापार के अवसरों या इसके विपरीत परिस्थितियों का प्रवेश होता है तो केवल धन ही उस समय महत्वपूर्ण हो सकता है। अपने उद्देश्यों की पूर्ति के लिए इस समय के सुखों को त्यागने हेतु स्वयं को अनुशासित करने के लाभ उससे भी कहीं अधिक महत्वपूर्ण हैं।

शालीनता, प्रसन्नता एवं उत्साह सब अच्छी आदतें हैं। आप मिलने वाले हर व्यक्ति के प्रति शालीन, प्रसन्न व उत्साही होने के लिए वस्तुतः स्वयं को बाध्य कर सकते हैं। जब आपने स्वयं को ऐसा करने के लिए कुछ समय के लिए बाध्य कर दिया तो फिर यह आदत बन जाती है। मुस्कुराना एक आदत है। कभी कभी कोई कह सकता है कि उसे अविश्वसनीय मुस्कुराहट नापसन्द है। व्यक्तिगत रूप से, मैं विश्वसनीय खीझ (बड़बड़ाहट) की तुलना में अविश्वसनीय मुस्कुराहट अधिक पसन्द करूँगा -क्या आप नहीं करेंगे? सौभाग्य से, एक

बार जब आप किसी भी प्रकार की कुछ मुस्कान मुस्कुरा लेते हैं और आपको यह आदत पड़ जाती है तो मुस्कुराहट अविश्वसनीय होना बन्द हो जाती है। याद रखें विलियम जेम्स ने गाने के बारे में क्या कहा था? वही बात मुस्कुराने के मामले में भी सच है। हम इसलिए नहीं मुस्कुराते कि हम ख़ुश हैं बल्कि हम ख़ुश हैं क्योंकि हम मुस्कुराते हैं। आपको मुस्कुराना चाहिए, इसका दूसरा महत्वपूर्ण कारण यह है कि लोग आपके प्रति वैसी ही प्रतिक्रिया करेंगे जैसी क्रिया आप उनके प्रति करेंगे। आप उनकी ओर देख कर मुस्कुरायें और वे वापिस आपकी ओर देख कर मुस्कुरायेंगे। उनकी ओर क्रोध भरी नज़रों से देखें और वे वापिस आपकी ओर क्रोध भरी नज़रों से देखेंगे। जैसे-जैसे आप मुस्कुराने के लाभ ढूँढने लगेंगे आपको एक अच्छी आदत पड़ जायेगी। इस प्रक्रिया में आपकी मुस्कुराहट बिल्कुल स्वाभाविक हो जायेगी क्योंकि यह आपकी आन्तरिक अनुभूति की एक बाह्य अभिव्यक्ति होगी। अतिरिक्त लाभ के रूप में आप यह भी पायेंगे कि मुस्कुराहट वह छोटा सा मोड़ है जो बहुत सी चीज़ों को सीधा कर देता है।

आशावादी होना, अपनी पत्नी या अपने पति के प्रति ध्यान देना या चर्च जाना भी अच्छी आदतें हैं। अच्छी आदत के बारे में एक उत्साहवर्धक बात यह है कि हर अच्छी आदत का कोई दोस्त या साथी होता है। एक अच्छी आदत अपनाइये और आपको स्वतः बोनस के रूप में एक अतिरिक्त 'अच्छी' आदत मिल जायेगी। उदाहरण के लिए : धन की बचत करने से आपकी सुरक्षा बढ़ती है जो आपको अतिरिक्त विश्वास देती है जिससे तनावमुक्त व मित्रवत होना आसान हो जाता है।

शुरुआत में आपको इन सब अच्छी आदतों पर मेहनत करनी पड़ सकती है परन्तु इनका प्रभाव आप पर व आपके आसपास रहने वाले व्यक्तियों पर इतना आश्चर्यजनक होगा कि जल्दी ही आपको इन पर मेहनत नहीं करनी पड़ेगी। वे 'अच्छी आदतें' आपके लिए काम करने लगेंगी और यही वह चीज़ है जिससे क़ामयाबी और ख़ुशी बनी होती हैं।

हाँ, आदतें या तो आपको बना देंगी या तोड़ देंगी। अच्छी आदतें हासिल करना मुश्किल होता है परन्तु उनके साथ रहना आसान होता है। बुरी आदतें हासिल करना आसान होता है परन्तु उनके साथ रहना मुश्किल होता है। वास्तविकता में, जैसा कि जीवन में सब अच्छी चीज़ों के साथ होता है, यह हमारे द्वारा किये गये चुनाव पर निर्भर करता है। हम प्रसन्न, स्वस्थ, ख़ुशमिज़ाज, शालीन व सफल होना चुन सकते हैं। जब हम अपनी आदतें चुनते हैं तभी यह चुनाव कर लेते हैं। जब हम आदतें बना लेते हैं तब वे हमें बनाती हैं। सच कहा गया है कि **हम अपने चरित्र का निर्माण हर रोज़ इकट्ठा की गयी आदत की ईंटों से करते हैं।** हर ईंट एक छोटी सी चीज़ लग सकती है परन्तु इससे पहले कि हमें इसकी जानकारी हो पाये हम उस घर को शक्ल दे चुके होते हैं जिसमें हम रहते हैं।

किसी ने कहा है कि क़ामयाबी और ख़ुशी मंज़िलें नहीं हैं - वे पूरी यात्रा हैं। जीवन स्फूर्तिदायक है और शिखर के लिए यात्रा हर पायदान पर आपके लिए और अधिक स्फूर्तिदायक होगी। यह शाश्वत रूप से सत्य है कि हम अपने लक्ष्य के जितने क़रीब पहुँचते जाते हैं, उतनी ही हमारे द्वारा 'समाप्ति की रेखा को सूँघने' की सम्भावना होती जाती है और हमारा उत्साह बढ़ता जाता है। मुझे आशा और विश्वास है कि आप काफ़ी हद तक इस स्फूर्ति को अनुभव कर रहे हैं जब आप शिखर पर जाने वाली सीढ़ियों की ओर देखते हैं और ख़ुद को चौथे नम्बर की पायदान पर खड़ा पाते हैं ।

तो यहाँ पर हम चौथे नम्बर की पायदान पर हैं और कल के वे एक्ज़ीक्यूटिव - स्वीट्स हमारे लिए अपने तमाम पुरस्कारों को थामे हुए और अधिक नज़दीक होते जा रहे हैं। मुझे आप पर गर्व है कि आप इतनी दूर तक आ चुके हैं। मुझे इस बात पर और अधिक गर्व है कि आप शिखर पर पहुँचने की अपनी चढ़ाई को जारी रखे हुए हैं। मैं आपको याद दिला दूँ, तथापि, जैसा कि मैं आपसे ख़ुद को और अधिक श्रेष्ठता के लिए प्रतिबद्ध करने का आग्रह करता हूँ, आप ट्रिगर पेजों का प्रयोग करना जारी रखें।

अब, मैं सोचता हूँ यह थोड़ा सा जोश दिखाने का वक्त है। तो शिखर की सीढ़ियों वाले पृष्ठ पर जिसमें वह छोटा सा आदमी आपका प्रतिनिधित्व करता है आप बड़े-बड़े अक्षरों में आहा ! क्यों नहीं लिखते। चलिये लिखिये, यह आपकी अपनी पुस्तक है।

टिप्पणियाँ एवं विचार

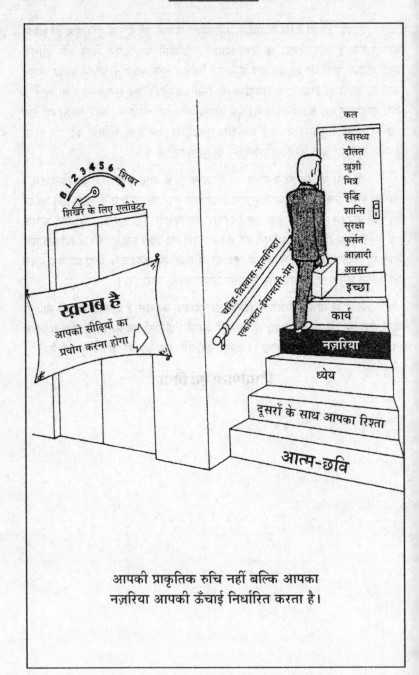

आपकी प्राकृतिक रुचि नहीं बल्कि आपका
नज़रिया आपकी ऊँचाई निर्धारित करता है।

बोनस अध्याय
अवचेतन मस्तिष्क

'कल्पनीय' कर्मचारी

कल्पना कीजिये – सिर्फ़ कल्पना कीजिये - आप एक नियोक्ता हैं जिसके पास एक कर्मचारी है। आप किस प्रकार का कर्मचारी चाहेंगे? यदि आपको एक केटेलॉग में से चुनकर इस कर्मचारी के लिए ऑर्डर देना हो तो आप उसमें कौन से विशेष गुणों का होना पसन्द करेंगे? क्या आप पसन्द करेंगे कि वह पूरी तरह से भरोसेमन्द हो, पूरी तरह से ईमानदार हो, हमेशा काम करने वाला हो, आदेशों का पूरी तरह से पालन करने का इच्छुक हो, अत्यन्त निपुण व समर्थ हो, बहुत ख़ुशमिज़ाज व सहमत होने वाला हो तथा रहने - खाने की सुविधा पर एक आजीवन अनुबंध पर कार्य करने के लिए बेहद उत्सुक हो? लगता है जैसे कि वह एक आदर्श कर्मचारी हो, है ना? अगर आपके पास ऐसा कर्मचारी हो तो आप उससे किस तरह का व्यवहार करेंगे? इस सवाल का जवाब बहुत महत्वपूर्ण है क्योंकि इस 'आदर्श' कर्मचारी का कार्य सम्पादन पूरी तरह से उस व्यवहार पर निर्भर है। अगर आप शालीन और विचारशील हैं तो वह देर तक और मेहनत से काम करेगा। अगर आप अभद्र और निष्ठुर हैं तो वह जिद्दी और विद्रोही हो जायेगा। उसकी तारीफ़ कीजिये कि वह कितना चतुर है और वह अत्यन्त चतुराई के साथ कार्य करेगा। उसे सुस्त, मूर्ख या ग़ैर ज़िम्मेदार कह कर पुकारिये तो वह विद्रोही हो जायेगा और इतना परेशान हो जायेगा कि सब कुछ ग़लत कर देगा। उससे कहिये कि आप उसे प्यार करते हैं और उसका आदर करते हैं तो वह पूरी रात आपकी समस्याएँ सुलझाता रहेगा। उसे बेवजह परेशान करें और कहें कि आप उसे प्यार नहीं करते हैं तो वह इतना कुंठित हो जायेगा कि वह आपको एक दिन का भी समय नहीं देगा।

इन सब बातों को ध्यान में रख कर अगर ऐसा कोई भावी कर्मचारी आपके दरवाज़े पर किसी काम की तलाश में आ जाये तो क्या आप उसे काम पर रख लेंगे? बेवकूफी भरा सवाल है, है ना? उसे काम पर रख लेने के बाद आप उससे कैसा व्यवहार करेंगे? हम दोनों इस सवाल का जवाब जानते हैं, है ना?

ओह, मैं लगभग भूल ही गया था – यह 'कल्पनीय' कर्मचारी अपने चारों ओर के व्यक्तियों से आसानी से प्रभावित हो जाता है। अगर इसके चारों ओर नकारात्मक 'सड़ी-

गली' सोच वाले लोग हैं तो यह भी नकारात्मक 'सड़ी-गली' सोच वाला हो जायेगा और न तो वह मज़ेदार व्यक्ति रहेगा और ना ही बहुत उत्पादक रहेगा। उसके चारों ओर सकारात्मक सोच वालों, सकारात्मक बात करने वालों और सकारात्मक काम करने वालों को इकट्ठा कर दें और यह निश्चित रूप से आश्चर्यजनक होगा कि वह कितना अधिक काम कर सकता है - और कितना प्रसन्नचित रहता है।

मैं शर्त लगाता हूँ कि आपने अभी निश्चय किया है कि आप अपने इस कल्पनीय कर्मचारी के चारों ओर सकारात्मक लोग व सकारात्मक परिवेश रखेंगे। मैं शर्तिया तौर पर कह सकता हूँ कि आपकी योजना बहुत अच्छे व ख़ुशमिज़ाज होने की है और उसके द्वारा की गयी अच्छी चीज़ों पर ग़ौर करने की है ताकि आप उसकी शेखी बघार सकें जिससे वह और ज़्यादा काम कर सके। इसमें कोई सन्देह नहीं है कि आप अधिकतम उत्पादन प्राप्त करने के लिए सोचें, काम करें, योजना बनायें और हो सकता है थोड़ी बहुत रूपरेखा बनायें। इस श्रेष्ठ कर्मचारी के साथ श्रेष्ठ होने में आपको सिर्फ़ फ़ायदा ही फ़ायदा है और कुछ खोना नहीं है। आप इसमें चतुराई से काम लेंगे, है ना ?

इस आख़िरी सवाल का जवाब सम्भवतः हाँ है – और मैं पूरी तरह निश्चित हूँ कि आप बिल्कुल वही करने की 'योजना' बनायेंगे। तथापि, इस बात की सम्भावनायें बहुत अधिक हैं कि आप इस कल्पनीय कर्मचारी का दुरुपयोग करेंगे और उसके साथ दुर्व्यवहार करेंगे। मैं ऐसा लाखों ज़िंदगियों में विद्यमान पीड़ा और ग़रीबी के आधार पर कह रहा हूँ, अधिकतर लोग इस अनोखे कर्मचारी या नौकर के साथ दुर्व्यवहार करते हैं और उसका दुरुपयोग करते हैं जो कि आपका अवचेतन मस्तिष्क है। यह अविश्वसनीय कर्मचारी या 'नौकर' बिल्कुल मेरे द्वारा वर्णित 'कल्पनीय' कर्मचारी की तरह कार्य करेगा। ईमानदारी से, आप अपने इस बहुमूल्य कर्मचारी से अब तक कैसा व्यवहार करते आये हैं, आपका अवचेतन मस्तिष्क इस बात से बेख़बर कि वे निर्देश सकारात्मक हैं या नकारात्मक, बिल्कुल वैसा ही करेगा। आप इसको जैसा आदेश देते हैं उसी के अनुसार आप जो चाहते हैं या जो नहीं चाहते हैं, यह आपको ला कर देगा।

अब हम अपने अवचेतन मस्तिष्क में झाँकें - देखें कि जब हम इसका प्रयोग करते हैं तो क्या होता है - और सीखें कि इसे नियमित रूप से और जानबूझ कर एक बेहतर व अधिक उत्पादक कर्मचारी या नौकर कैसे बनाया जाये। मैं तीन अलग क्षेत्रों से बिना किसी क्रम के चुने हुए उदाहरण व समरूपताएँ प्रयोग करके आपको इस अनोखे नौकर की ताक़त व बहुमुखी प्रतिभा की झाँकी दिखाने के लिए मंच तैयार करूँगा।

अवचेतन मस्तिष्क

चार्ल्स डेनिस जोन्स, एक लम्बा तगड़ा काला आदमी असल में लगभग छह फुट लम्बा था परन्तु जिन्होंने उस घटना को जो मैं बताने जा रहा हूँ देखा था वे बताते हैं कि वह विशालकाय था। एक ट्रक सड़क से दूर दौड़ता हुआ एक पेड़ से बुरी तरह टकरा गया। इंजन गाड़ी में धँस गया था और चालक का शरीर उसकी छत के नीचे मुड़ (ऐंठ) गया था। उस के पैर क्लच व ब्रेक के पैडिलों के बीच फँस गये थे। दरवाज़े पिचक गये थे और उनकी शक्ल ख़राब हो गयी थी। ध्वस्त हुए जहाज़ से माल बचाने वाले व्यक्तियों को बुलाया गया और उसकी केबिन खोलने व चालक को मुक्त करने का भरपूर प्रयास किया गया। तथापि, वह ट्रक कुछ इस तरह से टूटा था कि इन निपुण आदमियों के भरसक प्रयासों से भी उसके दरवाज़े नहीं खुल पाए। और बदतर बात यह हुई कि केबिन में आग लगनी शुरू हो गयी। चिन्ता दहशत में बदल गयी क्योंकि यह ज़ाहिर था कि इससे पहले कि दमकल आ पाये ड्राइवर जल कर मर जायेगा।

इस बात के बावज़ूद कि जहाज़ से माल बचाने वाले आदमियों की शक्ति दरवाज़े खोलने में असमर्थ रही थी, चार्ल्स डेनिस जॉन्स ने जाकर यह देखने का तय किया कि क्या वह कुछ कर सकता था। अपने आपको दरवाज़े के ख़िलाफ़ दृढ़ करके उसने खींचना शुरू किया। धीरे धीरे, आनाकानी करते हुए दरवाज़े ने रास्ता देना शुरू कर दिया। जॉन्स की कोशिश व ताक़त इतनी अधिक थी कि उसकी बाज़ू में माँसपेशियों के फूलने से उसकी कमीज़ की आस्तीन फट गयी। आख़िरकार, दरवाज़ा खुल गया, जॉन्स अन्दर पहुँचा और उसने नंगे हाथों से ब्रेक व क्लच के पैडिलों को दूसरी ओर मोड़ दिया। उसने आदमी की टाँगों को उनके बीच से निकाला, अपने हाथों से आग को अलग किया और कैबिन के अन्दर बुरी तरह घायल हुए ड्राइवर के साथ रेंगता हुआ चलता रहा। अपने आप को पेट के बल झुकी हुई स्थिति में दृढ़ करके, पैरों को फ़र्श पर रख कर और पीठ को केबिन की छत से सटा कर उसने बेइन्तहा ताक़त के साथ छत को उठा दिया। इससे वह चालक मुक्त हो गया और दर्शक उसे सुरक्षा के लिए खींच पाये। फिर चार्ल्स डेनिस जॉन्स चुपचाप और जल्दी से ग़ायब हो गया।

बाद में जब उसे ढूँढ लिया गया तो किसी ने उससे पूछा कि वह क्यों और कैसे इस अति दुष्कर कौशल को अंजाम दे पाया। उसका जवाब बहुत सरल था। उसने बस इतना कहा, 'मुझे आग से नफ़रत है।' उसके पास वजह थी। कुछ महीनों पहले जब उसकी बेटी जल कर मरी थी तो उसे एक निस्सहाय की तरह वहीं खड़ा रह कर उसे देखने को मजबूर किया गया था।

एक दूसरे मौक़े पर, एक 37 वर्ष की महिला ने 3600 पौंड से भी अधिक भार की एक कार को उठा दिया और उसके नीचे से अपने बेटे को हिफ़ाज़त से खींच लिया। उसने यह बिना किसी विचार या हिचकिचाहट के कर दिया। उसके पास वजह थी।

अवश्य ही आपके साथ कभी ऐसा हुआ होगा कि आप बिना कोई विशेष बात सोचे गाड़ी चलाते जा रहे हैं। फिर अचानक आपको एक विचार आता है और आप विस्मय से कह उठते हैं, 'यही तो है! यही वह जवाब है। अरे! रे! यह मुझे पहले क्यों नहीं सूझा?' आपको अभी-अभी उस समस्या का जवाब मिल गया जिसके साथ आप कई दिनों से जूझ रहे थे और आप इतने उत्तेजित हो जाते हैं कि आप मुश्किल से अपने आप को संभाल पाते हैं।

रोचक बात यह है कि चार्ल्स डैनिस जॉन्स, वह 37 वर्षीय महिला और आप, सभी वही चीज़ कर रहे हैं। आप अपने अवचेतन मस्तिष्क के ज्ञान, मज़बूती और शक्ति का प्रयोग कर रहे थे। वर्षों तक आदमी अपने अवचेतन की असीम क्षमताओं के ताले खोलने के सपने देखता रहा ताकि इसे नियमित रूप से काम में लाया जा सके। शताब्दियों तक मनुष्य इस अदम्य शक्ति का कभी-कभार व संयोगवश उपयोग कर पाया। अभी हाल ही तक, इस रहस्यपूर्ण ताक़त या मानसिक योग्यता जिसे हम अवचेतन मस्तिष्क कहते हैं, के बारे में बहुत कम मालूम था।

आइये, हम इसकी एक आम आदमी की नज़र से खोज बीन करें और देखें कि यह कैसे काम करता है तथा चेतन मस्तिष्क से किस प्रकार सम्बन्ध रखता है। फिर, मैं आपको कुछ तरीक़े बताऊँगा जिनसे आप अपने अन्दर की इस अद्भुत क्षमता के बहुत हद तक ताले खोल पायेंगे।

चेतन मस्तिष्क आपके मस्तिष्क का गणना करने वाला, सोचने वाला व तर्क करने वाला हिस्सा है। इसके पास प्रस्तुत चीज़ को स्वीकार या अस्वीकार करने की क्षमता है। सामान्य रूप से कहा जाये तो आप जो कुछ भी सीखते हैं वह चेतन मस्तिष्क से सीखते हैं। तथापि, यदि आप किसी चीज़ को अच्छा करना चाहते हैं तो आपको इसे चेतन मस्तिष्क से अवचेतन मस्तिष्क की ओर बढ़ा देना चाहिए।

अवचेतन मस्तिष्क के पास सम्पूर्ण स्मृति है। हर चीज़ जो आपने कभी देखी, सुनी, सूँघी, चखी, छुई और यहाँ तक कि सोची होगी आपके अवचेतन मस्तिष्क का स्थायी हिस्सा बन चुकी है। यह अवचेतन मन दिन में चौबीसों घंटे, हफ़्ते में सातों दिन और साल में पूरे 365 दिन जाग्रत व क्रियाशील रहता है। इसे जो कुछ भी बताया जाता है उसे यह बिना कोई सवाल किये स्वीकार कर लेता है और किसी भी सूचना को यह विश्लेषित

या अस्वीकृत नहीं करता। यह किसी भी आदेश या निर्देश को स्वीकार कर लेता है और निश्चित रूप से उस हुक़्म को तामील करता है, बिल्कुल वैसे ही जैसे कि कोई टाइपराइटर किसी कुँजी को दबाने से उस अक्षर को टाइप कर देता है। अवचेतन मस्तिष्क के पास असीमित शक्ति की सम्भावना एवं हमारे द्वारा इसमें भरी जाने वाली सूचना के लिए भण्डारन क्षमता दोनों होती हैं।

कृत्रिम–निद्रा (सम्मोहन) तथा अवचेतन अवस्था क्या हैं ?

कृत्रिम-निद्रा या सम्मोहन जो मूल रूप से अवचेतन मस्तिष्क से सम्बन्ध रखता है अधिकांश लोगों के लिए एक रहस्य है। लोगों के पास इस बारे में जितनी सूचना है या ग़लत सूचना है उसी के आधार पर वे या तो इसे स्वीकार करते हैं या अस्वीकार करते हैं परन्तु अधिकतर लोग वास्तव में इसे समझते नहीं हैं।

वस्तुतः हम अपने आपको पूरी ज़िंदगी एक हित से दूसरे हित के लिए सम्मोहित करते रहते हैं। यह वास्तव में दुर्भाग्यपूर्ण है कि अधिकतर लोग अपने आप को उन चीज़ों को पाने के लिए जिन्हें वे चाहते हैं सम्मोहित करने के बजाये उन चीज़ों को पाने के लिए सम्मोहित कर लेते हैं जिन्हें वे नहीं चाहते। सम्मोहन कला का अभ्यास करने वाले व्यक्ति का उद्देश्य आपको तनावमुक्त करने, ध्यान केन्द्रित करने एवं आपके अवचेतन मस्तिष्क का उपयोग करने में मदद करना है।

सम्मोहन कोई खेल नहीं है जिसे आप अपने किसी दोस्त अथवा उस व्यक्ति के साथ खेलें जिसने डाक से मँगा कर सम्मोहन कला का कोई कोर्स सीखा है। यह आवश्यक रूप से सच नहीं है कि आप सम्मोहन के अधीन कुछ ग़लत या अनैतिक नहीं करेंगे। यही कारण है कि आपको बहुत सावधान रहना चाहिए और केवल किसी कुशल व सुप्रशिक्षित व्यक्ति को ही अपने आप को सम्मोहित करने की अनुमति देनी चाहिए। किसी को सम्मोहित करना काफ़ी हद तक एक सरल प्रक्रिया है, परन्तु उस व्यक्ति को सम्मोहन की मूर्छा से वापिस बाहर लाना उतना सरल नहीं है। अगर कोई अप्रशिक्षित या शौकिया अव्यवसायी सम्मोहनकर्ता उस समय जब कि आप सम्मोहित अवस्था में हैं घबरा जाये तो परिणाम काफ़ी गम्भीर हो सकते हैं।

एक शौक़िया सम्मोहन कर्ता जो आपकी धूम्रपान, मद्यपान, यौन, वज़न आदि से सम्बन्धित समस्याओं का निदान करने अथवा उन्हें सुलझाने का वायदा करता है बिल्कुल वैसा ही कर सकता है - परन्तु आपको कुछ अन्य समस्याओं के साथ छोड़ सकता है जो उनसे भी कहीं अधिक गम्भीर हो सकती हैं। सीधी सी बात है सम्मोहन, जब किसी विशेषज्ञ द्वारा ठीक प्रकार से प्रयोग किया जाता है तो अच्छा है। नौसिखिये के हाथ में यह

ख़तरनाक हो सकता है। उदाहरण के लिए, कुछ दन्त चिकित्सक सम्मोहन को बड़ी सफलता के साथ प्रयोग करते हैं। डॉक्टर इसे छोटी-मोटी शल्य क्रिया के लिए भी प्रयोग करते हैं। सम्मोहन की अपनी जगह ज़रूर है परन्तु खेल के कमरे में नहीं है और ना ही **नौसिखिये** व्यक्ति द्वारा प्रयोग करने के लिए है।

मज़बूती और विश्वास हेतु सम्मोहन

एक कॉलेज के विद्यार्थी को तीन पैराग्राफ़ पर गोला बनाकर एक समाचार पत्र दिया गया जिन्हें उसे याद करने को कहा गया। उसने इस कार्य पर तब तक ध्यान केन्द्रित किया जब तक कि उसे ऐसा महसूस नहीं होने लगा कि वह इसे जान गया है। उसने तीनों पैराग्राफ लगभग अक्षरशः उद्धृत कर दिये केवल एक या दो शब्द ही छूट पाये। मनोवैज्ञानिकों ने फिर उससे पूछा कि बाक़ी समाचारपत्र में से उसे कितना याद है। विद्यार्थी मुस्कराया और उसने कहा, 'मैंने इसके अलावा कुछ याद नहीं किया, क्योंकि मैं उन तीन पैराग्राफ़ पर ही ध्यान केन्द्रित कर रहा था।'

मनोवैज्ञानिकों ने उस नौजवान को सम्मोहित किया और एक आश्चर्यजनक बात घटी। उसने सिर्फ़ उन तीन पैराग्राफ को ही उद्धृत नहीं किया बल्कि समाचार पत्र के बाक़ी पृष्ठ को भी काफ़ी हद तक दोहरा दिया। अख़बार से उठायी गयी सूचना सीधे उसके अवचेतन मस्तिष्क में चली गयी जिसके पास एक आदर्श स्मृति है। इसमें कोई अधिक आश्चर्य की बात नहीं होनी चाहिए कि यदि आपकी दृष्टि सामान्य है तो आप अपने दाँये, बाँये और सामने की चीज़ों को भी देख सकते हैं। अगर यह सच न होता तो आप वाहन चलाते हुए, टहलते हुए या साइकल की सवारी करते हुए समाज के लिए और ख़ुद अपने लिए ख़तरा हो सकते थे।

जैसा कि हमने पहले कहा, अधिकतर लोग 'अपने आप को नकारात्मक छवियों के अन्तर्गत एवं उन चीज़ों को पाने के लिए सम्मोहित करते हैं जिन्हें वे नहीं चाहते'। सौभाग्य से आप 'अधिकतर लोग' नहीं हैं, तथा इस सूचना की सहायता से एवं आज बाज़ार में उपलब्ध पुस्तकों व कैसेट रिकॉर्डिंग्स की सहायता से आप अपने आप को उन चीज़ों के लिए जो अच्छी, स्वच्छ, सकारात्मक व शक्तिशाली हैं, सम्मोहित करने के योग्य होंगे। संक्षेप में, आप स्वयं को उस ताक़त, प्रतिभा और सूचना को प्रयोग करने के लिए सम्मोहित करेंगे जो आपके पास पहले से ही है। इससे आप जो चाहते हैं उसे पाने में समर्थ हो सकेंगे।

दूसरी हर चीज़ की तरह, इसके लिए भी आपको काफ़ी कोशिश करनी होगी परन्तु जो मैंने पहले कहा था उसे फिर दोहराता हूँ : कार्य सम्पन्न करने के ईनाम इतने महान

हैं कि आप मेरी धारणा को सच में स्वीकार करेंगे कि आप 'क़ीमत अदा नहीं करते' बल्कि आप 'क़ीमत का आनन्द लेते हैं'।

साफ़ मेज़ (डेस्क)

इन पृष्ठों को पढ़ने वाला सम्भवतः कोई भी व्यक्ति ऐसा नहीं होगा जिसने किसी व्यापारिक दफ़्तर में जाकर काम के बोझ से दबी हुई कोई मेज़ न देखी हो। इस पर हर चीज़ लदी होती है, कल के अख़बार से लेकर आज के आपातकालीन कार्यों तक और पिछले साल के टैक्स की विवरणी से लेकर अगले माह के बजट अनुमानों तक। आप और उस डेस्क का मालिक एक ही बात कहते हैं, 'आप किसी व्यस्त आदमी को हमेशा . . .'

आप उस डेस्क के पीछे के व्यक्ति की कमाई गयी आमदनी के बारे में भी कुछ बता सकते हैं। लगभग, बिना अपवाद के, अगर किसी डेस्क पर काग़ज़ों का ऊँचा ढेर लगा हुआ है तो उस व्यक्ति की कमाई गयी आमदनी प्रतिवर्ष 20000 डॉलर से कम होगी। कुछ विशेष अपवाद हो सकते हैं जैसे कि लेखक, सेल्समैन, सेल्स प्रबन्धक तथा उद्यमी जो अपने सोचने और योजना बनाने के काम को डेस्क से दूर रह कर करते हैं। अब एक साफ़ मेज़ का मतलब ज़रूरी तौर पर बड़ी आमदनी नहीं होता, परन्तु उन लोगों का बहुत बड़ा बहुमत जो प्रतिवर्ष 50000 डॉलर से अधिक कमाते हैं साफ़ मेज़ रखता है।

ऐसा इसलिए है कि आप बहुत बार जब अपनी बहुत से कामों से लदी हुई मेज़ पर होते हैं तो आप एक कार्य में व्यस्त होते हैं और बिना किसी स्पष्ट कारण के दूसरा काम उठा लेते हैं और उस पर सोचना शुरू कर देते हैं। आपकी नज़र कोई अन्य काग़ज़ उठा लेती है और आप न चाहते हुए उस पर पहुँच जाते हैं। हाथ में ली हुई समस्या पर ध्यान केन्द्रित करने के बजाये आप अपने ध्यान को बहुत से क्षेत्र में बाँट देते हैं। आप दर्जन भर भिन्न समस्याओं से निपट रहे हैं और वस्तुतः किसी पर भी ध्यान केन्द्रित नहीं कर रहे हैं।

सम्मोहन वास्तव में किसी विशेष विषय पर एकाग्र होने की आपकी क्षमता है। इसलिए आप हर चीज़ को डेस्क से दूर और अपनी नज़र से अलग कर देंगे। क्योंकि एक समय में एक से अधिक काम करना असम्भव है, इसलिए अपने कामों को एक वक्त में एक-एक करके अपनी मेज़ पर रखें। तीन चीज़ें तुरन्त होंगी। पहली, मेज़ एकदम साफ़ है तो आप मनोवैज्ञानिक रूप से बेहतर महसूस करते हैं। दूसरी, आप न सिर्फ़ बेहतर कार्य कर पायेंगे बल्कि आप काफ़ी तेज़ी से काम कर पायेंगे। तीसरी, आपको जिस चीज़ की जब ज़रूरत होगी आप उसे ढूँढ पायेंगे, जिसका अर्थ है आपके लिए समय की बहुत बचत।

जब आप शाम को अपनी मेज़ को साफ़ छोड़ते हैं, तो आप अपने दिन के काम

को पूरा कर लेते हैं। मनोवैज्ञानिक रूप से आपको ऐसा लगेगा जैसे आपने एक उपलब्धि हासिल की है – आपने कोई प्रोजेक्ट अधूरा छोड़ने के बजाय उसे पूरा कर लिया है। और इससे बहुत फ़र्क़ पड़ता है। जब आप अगली सुबह काम शुरू करते हैं तो आप नयी ऊर्जा के साथ दिन की शुरूआत करते हैं क्योंकि आपको उसी पुराने काम में नहीं जुटना पड़ता। जब आप अपने काम को उठाकर पूरा कर डालते हैं और उसे फाइल कर देते हैं तो आपको बहुत संतोष होता है कि आपने ज़्यादा और बेहतर काम कर दिया है। यह उस स्थिति में संभव नहीं था यदि आपने उस काम को उठाता होता और फिर रखा होता और ऐसा बार-बार किया होता। किसी भी चीज़ को लगातार करना एक सुखद अनुभव होता हैं। आप ज़्यादा काम कर रहे हैं और सफल हो रहे हैं, यह जानना भी सुखद होता है। इस काम का अपना अंदरूनी सकारात्मक पुरस्कार होता है।

चेतावनी

क्योंकि अवचेतन मस्तिष्क बिना कोई सवाल किये जो कुछ भी हम इसमें डालते हैं स्वीकार कर लेता है और इसके पास एक सम्पूर्ण स्मृति है, अगर हम इसे हर चीज़ के लिए खुला छोड़ दें तो बहुत सी चीज़ें हमारे लिए हानिकारक हो सकती हैं। उदाहरण के लिए, आज रेडियो स्टेशन पर बजाये जा रहे गीतों में से कुछ नशीली दवाओं के प्रयोग, मुक्त प्रेम सम्बन्ध, आज़माइशी विवाह और दूसरों पर इसके प्रभाव से बेख़बर 'अपना काम करते जाना' आदि की वकालत करते हैं। जब इस प्रकार का कूड़ा-करकट किसी लय बद्ध धुन के साथ एक खुले मस्तिष्क में डाल दिया जाता है तो परिणाम विनाशकारी हो सकते हैं। मेन्सन का मामला इसकी दुःखद मिसाल है। शेरोन टाटे व दूसरे निर्दोष लोगों की परपीड़नप्रेम (सेडिस्टिक) हत्याओं की प्रेरणा चार्ल्स मेन्सन के मस्तिष्क में एक बीटल रिकॉर्डिंग द्वारा रोपी गयी थी। यह एक प्रमुख कारण है कि किसी को भी रेडियो चलता हुआ छोड़ कर सोने के लिए नहीं जाना चाहिए। इससे ना तो आप ठीक से सो पाते हैं और साथ ही आप अपने दिमाग़ को प्रसारित होने वाले किसी भी जंगली विचार को पकड़ने के लिए खुला छोड़ देते हैं। कुछ लोगों के अनिश्चित व्यवहार का यह भी एक कारण हो सकता है। इसीलिए कहा जाता है कि कुछ 'खुले' दिमाग़ों को 'मरम्मत के लिए बन्द' कर देना चाहिए। मैं जो सम्मोहन व चलता हुआ रेडियो छोड़ कर सो जाने के बारे में कह रहा हूँ उसमें अधिकतर सिर्फ़ सहज बुद्धि से कह रहा हूँ। सहज बुद्धि हमें बताती है कि मनोवैज्ञानिक परामर्श या व्यक्तिगत वृद्धि के लिए किसी प्रशिक्षित व भरोसेमन्द व्यावसायिक के अलावा किसी और के पास जाने में बुद्धिमानी नहीं है।

अवचेतन मस्तिष्क का प्रयोग करें

क्योंकि अवचेतन मस्तिष्क कभी सोता नहीं है इसलिए हमारे पास जब हमारा चेतन मस्तिष्क सो रहा होता है तो सीखने और प्रेरणा लेने के लिए अतिरिक्त समय है। मैं आपको एक सरल सा व्यक्तिगत अनुभव बताऊँ जो अवचेतन मस्तिष्क के प्रयोग को दर्शाता है। हमारी बेटियों में से एक को बिस्तर गीला करने की समस्या थी जिसके बारे में हम चिन्तित थे। इसलिए हम 'नींद में पढ़ाने' व अवचेतन मस्तिष्क के बारे में जान कर रोमांचित थे। हमने प्रयोग के तौर पर कोशिश करने की सोची। जब वह सो जाती थी तो या तो उसकी माँ अथवा मैं उसकी तरफ़ घुटनों के बल झुक कर कहते, 'तुम एक प्यारी छोटी बच्ची हो और हम तुम्हें बहुत प्यार करते हैं। हर कोई तुमसे प्यार करता है क्योंकि तुम इतनी ख़ुशमिज़ाज, प्रसन्न व प्रफुल्लित हो। हम तुम्हें प्यार करते हैं क्योंकि तुम केवल गर्म व सूखे बिस्तर में सोती हो। तुम हमेशा गर्म व सूखे बिस्तर में सोती हो। अगर तुम्हें बाथरूम का प्रयोग करने की ज़रूरत होगी तो तुम उससे काफ़ी पहले ही जाग जाओगी।' हम सावधानी पूर्वक यह कभी नहीं कहते थे, 'बिस्तर गीला मत करो।' ऐसी स्थिति में आपको नकारात्मक आदेश नहीं देने चाहिए। हमेशा सकारात्मक पक्ष की बातें करें। हम इसे दिन में भी और प्रभावशाली बनाते थे। जब हमारी बेटी सुन रही होती थी तो हम यूँ ही आकस्मिक रूप से कहते कि हम कितने ख़ुश और प्रसन्न हैं कि वह एक बड़ी लड़की होती जा रही है। हमें उस पर कितना गर्व है, आदि। यह उसके द्वारा अवचेतन मस्तिष्क को सकारात्मक रूप से और प्रभावी बनाना था। परिणाम आश्चर्यजनक हुए। सिर्फ़ दस दिनों में उसने बिस्तर गीला करना बन्द कर दिया और अपने शेष बाल्यकाल में उसके साथ केवल एक या दो बार ही फिर ऐसी 'दुर्घटना' घटी।

क़दम आसान हैं

अवचेतन मस्तिष्क का जानबूझ कर प्रयोग करना आपके लिए एक रोमांचकारी सम्भावना है और इसके लाभ लगभग असीमित हैं। रोज़ाना के तौर पर जानबूझ कर अवचेतन मस्तिष्क को प्रयोग करने के छह क़दम हैं। पहला, आपको पता होना चाहिए कि कोई भी चीज़ जो आपने कभी देखी है, सुनी है, सूँघी है, छुई है, चखी है या सोची है आपका स्थायी हिस्सा बन चुकी है। यह कम्प्यूटर में स्टोर्ड है और आपके द्वारा प्रयोग किये जाने की प्रतीक्षा में है। आपका यह कम्प्यूटर बहुत से वर्षों में इकट्ठे किये गये अलग-अलग तथ्यों को ले सकता है और उन्हें एक साथ सुन्दर ढंग से बाँध सकता है। आप समस्याओं का समाधान और सवालों का जवाब पा सकते है जो आपको भौंचक्का कर देंगे, विशेष रूप से शुरू में कुछ बार ऐसा होता है।

दूसरा, आपको मालूम होना चाहिए कि अवचेतन मस्तिष्क दबाव की नहीं बल्कि स्फूर्तिदायी चीज़ पर अनुक्रिया करता है। आप किसी विशेष समय तक उससे जवाब नहीं 'माँग' सकते। वह काम नहीं करेगा। आप अवचेतन मस्तिष्क को और आगे की गतिविधि में शैक्षणिक या प्रेरणादायी रिकॉर्डिड सामग्री सुन कर स्फूर्ति दे सकते हैं। नयी सामग्री जितनी ताक़त के साथ और उत्साह के साथ मस्तिष्क में इन्जेक्ट की जाती है उतनी ही अधिक यह प्रयोग योग्य होती है। सबसे अच्छी बात यह है कि आप जितनी अधिक नयी सामग्री इसमें जोड़ेंगे, उतनी ही अधिक आपके पास पहले से उपलब्ध सूचना प्रयोग के योग्य हो जायेगी।

तीसरा, आपको याद रखना चाहिए कि आप अवचेतन मस्तिष्क को बेवकूफ बना सकते हैं या गुमराह कर सकते हैं। अगर आप ग़लत विचार या सूचना अन्दर डालेंगे तो अवचेतन मस्तिष्क अपनी अनुक्रिया देगा। इसीलिए यह बहुत महत्वपूर्ण है कि पुस्तकों को चुनने और पढ़ने, अपना संग-साथ चुनने, यहाँ तक कि टी.वी. कार्यक्रमों व फ़िल्मों की देखने के प्रति आपको बहुत सावधान रहना चाहिए। अगर आप नकारात्मक सामग्री अन्दर डालेंगे तो आपको नकारात्मक सूचना प्राप्त होगी। कम्प्यूटर के लोग इसे 'गी-गो' कहते हैं: कूड़ा-करकट (गार्बेज) अन्दर - कूड़ा-करकट बाहर। यह भी उन कारणों में से एक है कि मैं टी.वी. कार्यक्रमों में से अधिकतर को देखने का विरोध करता हूँ। जब हम किसी नायक या नायिका को किसी परेशानी में देखते हैं तो हम उनके साथ ख़ुद को जोड़ने लगते हैं। हम अक्सर वही परेशानियाँ हासिल कर लेते हैं जैसा कि हम दूसरों को हर रोज़ करते हुए देखते हैं। उदाहरण के लिए, क्या आपको जानकारी थी कि चिकित्सा विज्ञान के लगभग दो तिहाई विद्यार्थी उस रोग के लक्षण हासिल कर लेते हैं जिसका वे अध्ययन कर रहे होते हैं। मनोविज्ञान में इसे 'आइडेन्टीफिकेशन' कहते हैं।

चौथा, 'अपनी समस्याओं को लेकर बिस्तर पर न जायें' यह एक त्रुटिपूर्ण सलाह है क्योंकि आपकी बहुत सी समस्याओं को सुलझाने के लिए वही जगह है। जब आप रात को लेटते हैं तो तनाव मुक्त और पूरी तरह मौन व स्थिर हो जाइये। फिर दिन के प्रसन्न अनुभवों को फिर से जियें तथा सभी असहमति योग्य अनुभवों को एक तरफ़ रख दें। जब आप लेटे हों तो शान्त व स्थिर होकर जानिये कि यह शान्ति ही शक्ति पैदा करती है। हम में से उन लोगों के लिए जिनके पास ईश्वर में विश्वास रखने का अतिरिक्त लाभ है, हम इस क़दम को उसकी ओर निर्देशित करके सरलतापूर्वक कह सकते हैं, 'ईश्वर, मैं जानता हूँ, आपके पास जवाब है, इसलिए मैं इस सवाल को आपकी ओर मोड़ता हूँ। अब क्योंकि यह आपके हाथों में है, मैं धैर्यपूर्वक आपके समाधान की प्रतीक्षा करूँगा।' यही आस्था कहलाती है और ईश्वर की योग्यता के प्रति यह आपकी अनुक्रिया है। वैली फोर्ज में ऐसे

ही शान्त क्षण में, जॉर्ज वाशिंगटन ने देश को स्वतन्त्रता की ओर ले जाने की शक्ति पायी थी। ईसा मसीह ने अपनी भयानक कठिन परीक्षा के लिए ताक़त पायी थी। जब आप लेटे हों तो सुनिये, और उन सब आशीर्वादों पर जो आपके हैं, चिन्तन करिये। जैसे ही आप शब्दों को सुनेंगे और ताक़त तलाशेंगे, आपमें एक शान्त विश्वास आ जायेगा जो आपको जीवन के खेल में सफल व प्रसन्न बनायेगा। इस पद्धति से आप अपनी नींद के गहनतम स्तर पर चले जायेंगे। आपकी कर्तव्यनिष्ठा लगभग पूर्ण है। नकारात्मकता विद्यमान नहीं है इसलिए आपका रचनात्मक या अवचेतन मस्तिष्क 'अपनी चीज़ें' करने के लिए स्वतन्त्र है। और जैसा कि डॉ. शुलर कहते हैं, यह शान्ति सृजनात्मकता उत्पन्न करती है।

पाँचवाँ, आपके कोई भी सवाल हों उनके सकारात्मक जवाबों की अपेक्षा रखिये। याद रखिये अच्छी चीज़ें उन्हीं लोगों के साथ होती हैं जो अच्छी चीज़ों की आशा रखते हैं। अपने अवचेतन मस्तिष्क में अच्छे शक्तिशाली विचारों को इन्जेक्ट करने के बाद उसे ये निर्देश दें; 'मैं जानता हूँ कि तुम्हारे पास इस सवाल का जवाब है और मैं जानता हूँ कि तुम जब इसे मुझे देना चाहोगे दोगे, इसलिए मैं धैर्यपूर्वक पूरे विश्वास के साथ प्रतीक्षा करूँगा।'

छठा, आपको अपने बिस्तर के पास एक पेन और पैड रखना चाहिए, इससे भी बेहतर हो अगर एक कैसेट रिकार्ड रखें। कई बार आपका अवचेतन मन इतनी तीव्रता से और प्रभावपूर्ण तरीक़े से काम करेगा कि आप रात में ही किसी आकर्षक विचार अथवा समस्या के समाधान के साथ जाग उठेंगे। चाहे आपके मस्तिष्क में विचार या समाधान आने के समय आप कितने भी जागे हुए हों, परेशानी यह है कि अगले दिन आपको यह याद नहीं रहेगा। विचार को रिकॉर्ड करके आप अपने आप को गहरी व आरामदायक नींद में वापिस लौट जाने के लिए आश्वस्त करते हैं क्योंकि आप जानते हैं कि जब आप जागेंगे वह विचार या समाधान आपको एकदम उपलब्ध होगा। इस कारण से यह महत्वपूर्ण है कि आप तुरन्त प्रयोग के लिए अपने बिस्तर के पास एक पेन व पैड या कैसेट रिकॉर्डर रखें। आख़िरकार आप किसी कारण से जागे हैं : इस कारण को सोने के लिए पांच मिनट और लगा कर न उड़ने दें। संयोगवश, अगर आपको वापिस सोने में कोई परेशानी अनुभव हो तो आपको चुपचाप और विश्वास के साथ अपनी आँखें बन्द कर लेनी चाहिए और कहना चाहिए, 'धन्यवाद, धन्यवाद, धन्यवाद, स्वास्थ्य, धन, ख़ुशी और शान्ति के लिए।' फिर बार-बार दोहरायें, स्वास्थ्य, धन-ख़ुशी और शान्ति।

जैसे ही आप इन क़दमों का अनुसरण करेंगे, तो आपको आश्चर्य होगा कि कितनी जल्दी आप अपने सवालों के जवाब पा लेते हैं। जैसे ही आप ये परिणाम पायेंगे, आपका विश्वास बढ़ेगा। इससे आपको और परिणाम मिलेंगे जो आपके विश्वास को और बढ़ायेंगे।

खण्ड छह

कार्य

उद्देश्य :   I.   'कोई सुविधा मुफ़्त में नहीं मिलती' का महत्व समझाना।

II.   'मूल्य का भुगतान करना' और 'मूल्य का आनन्द लेना' के अन्तर को स्पष्ट करना।

III.   आपके कार्य अथवा व्यवसाय से सम्बन्धित एक नये नज़रिये से आपका परिचय कराना।

IV.   यह व्याख्या करना कि आपको जीवन से कुछ भी पाने से पहले उसमें कुछ डालना क्यों चाहिए।

अतिरिक्त पाठ्य सामग्री

बॉब रिचर्ड्स   —   दि हार्ट ऑफ ए चैम्पियन

ग्लास, किन्डर एण्ड वार्ड   —   पॉज़िटिव पॉवर फॉर सक्सेसफुल सेल्समैन

एलेक्स ऑस्बोर्न   —   एप्लाइड इमेजिनेशन

अध्याय एक
काम करने वाले विजयी होते हैं

मुफ़्त लंच

बहुत वर्षों पहले एक बुद्धिमान राजा ने अपने बुद्धिमान लोगों को एक साथ बुलाया और उनको एक आदेश दिया, 'मैं चाहता हूँ कि आप मेरे लिए 'युगों युगों का ज्ञान' संकलित करें। इसे एक पुस्तक का रूप दें ताकि हम इसे अपनी भावी सन्तति के लिए छोड़ सकें।' बुद्धिमान लोगों ने लम्बे समय तक इस पर कार्य किया। अन्ततः वे बारह खंडों के साथ लौटे और उन्होंने गर्व के साथ घोषणा की कि यह सच में 'युगों-युगों का ज्ञान' है। राजा ने उन बारह खंडों की ओर देखा और कहा, 'सज्जनों, मुझे विश्वास है कि यह युगों युगों का संचित ज्ञान है और इसमें वह ज्ञान निहित है जो हमें मानव जाति के लिए छोड़कर जाना चाहिए। तथापि, यह बहुत लम्बा है, मुझे डर है कि लोग इसे नहीं पढ़ेंगे। इसको संक्षिप्त करो।' पुनः बुद्धिमान लोगों ने लम्बे समय तक कठिन मेहनत की और वे केवल एक खंड लेकर लौटे। राजा तथापि जानता था कि यह अभी भी बहुत लम्बा है इसलिए उसने उन्हें अपने काम को और संक्षिप्त करने के लिए आदेश दिया। बुद्धिमान लोगों ने उस खण्ड को कम करके एक अध्याय, फिर एक पृष्ठ, फिर एक पैराग्राफ और अन्त में एक वाक्य बना दिया। जब उस बुद्धिमान वृद्ध राजा ने वह वाक्य देखा तो वह पूरी तरह उल्लासित हो गया और उसने कहा, 'सज्जनों, यह सच में युगों-युगों के ज्ञान का सार है और जितनी जल्दी हर जगह सब लोग इस सच को सीख जायेंगे उतनी ही जल्दी हमारी अधिकतर समस्याएँ हल हो जायेंगी।' वह वाक्य था, 'कोई सुविधा मुफ़्त में नहीं मिलती' - और वाक़ई नहीं मिलती।

यह विडम्बना है (या यह पाखंड है), कि ज़िम्मेदार लोग 'कोई मुफ़्त लंच नहीं' और आप बिना कुछ किये कुछ नहीं पा सकते' के सिद्धान्त से सहमत होते हैं परन्तु अक्सर कानूनी रूप से वैध ठहराये गये जुए, घुड़दौड़, कुत्ता दौड़ और राजकीय लॉटरियों के पक्ष में वोट देते हैं। इसमें कोई आश्चर्य नहीं है कि युवा लोग इस बात को लेकर भ्रम की स्थिति में हैं कि उनके माता-पिता किस चीज़ में विश्वास रखते हैं। एक बुद्धिमान आदमी ने अवलोकन किया कि सफल परिवार में कार्य पिता के रूप में और सत्यनिष्ठा माता के रूप में देखे जाते हैं। अगर आप अपने इन माता-पिता के साथ निभा सकते हैं तो

आपको बाक़ी परिवार के साथ कोई अड़चन नहीं आयेगी।

- कार्य सभी काम-धन्धों की बुनियाद है, सारी सम्पन्नता का स्त्रोत है और बुद्धिमत्ता का जनक है।
- कार्य किसी युवा की प्रगति में उसके माता-पिता की अपेक्षा चाहे वे कितने भी धनवान क्यों न हों कहीं अधिक सहायक हो सकता है।
- यह साधारण सी बचत के रूप में दिखता है और हर सौभाग्य की नींव रख देता है।
- यह वह लवण है जो जीवन को उसका स्वाद और गंध देता है परन्तु इससे पहले कि इसके महानतम आशीष व परिणाम प्राप्त हों इसे प्यार किया जाना चाहिए।
- जब इसे प्यार किया गया हो तो कार्य जीवन को मधुर, उद्देश्यपूर्ण एवं सार्थक बना देता है।

(अज्ञात)

कंकरीट मस्तिष्क

मेरा आपसे आग्रह है कि जब हम कार्य के महत्व की बात करें तो आप खुला दिमाग़ रखें। जैसा कि सम्भवतः आप जानते हैं कि कुछ लोगों के दिमाग़ कंकरीट की तरह होते हैं - सब कुछ मिला हुआ और स्थायी रूप से सुसज्जित। फिर भी हम जानते हैं कि दिमाग़ एक पैराशूट की तरह होता है, तभी कार्य करता है जब यह खुला होता है। हम यह भी जानते हैं कि आप एक सैकेंड से भी कम समय में किसी संदेश को दुनिया में कहीं भी 24000 मील की दूरी तक भेज सकते हैं, परन्तु दिमाग़ के चारों तरफ़ की उस 1/4 इंच की खोपड़ी में घुसने में अक्सर वर्षों लग जाते हैं।

बहुत बार मैंने लोगों को किसी उस सिद्धान्त के प्रति जो जीवन में उन्हें बहुत कुछ प्राप्त कराने का वादा करता है, पूरी तरह से प्रेरित व उत्साहित देखा है। वे सही मानसिक दृष्टिकोण, अपनी स्वस्थ-छवि, लक्ष्य निर्धारण और इस सिद्धान्त के सभी सकारात्मक पहलुओं के द्वारा हासिल होने वाले सुन्दरता, प्रसन्नता, ख़ुशियाँ और लाभों के बारे में ध्यान से सुनते हैं। दुर्भाग्य से कई बार सिद्धान्त को व्यावहारिक रूप में लागू करने की बात एक कान में जाकर दूसरे से बाहर निकल जाती है। मैं इस बात पर ज़ोर देना चाहूँगा कि **दुनिया का सबसे अधिक व्यावहारिक, सुन्दर, व कारगर सिद्धान्त भी काम नहीं करेगा — अगर आप काम नहीं करेंगे।** किसी बुद्धिमान आदमी ने इसे बहुत अच्छे ढंग से कहा है 'शिक्षा बहुत सी ज़मीन घेर लेती है परन्तु यह उनमें से किसी पर खेती-बाड़ी नहीं करती।'

दुर्भाग्य से, बहुत ज़्यादा लोग नौकरी मिलते ही काम तलाशना बन्द कर देते हैं। वे अक्सर उस लड़के की तरह होते हैं जिससे पूछा गया था कि वह इस कम्पनी के लिए कब से काम कर रहा है और उसका जवाब अनूठा था, 'जब से उन्होंने मुझे नौकरी से निकाल देने की धमकी दी है।' किसी ने एक नियोक्ता से पूछा कि उसके यहाँ कितने लोग काम करते हैं और उसने कहा, 'उनमें से लगभग आधे।' क्या ऐसे लोगों की संख्या आश्चर्यजनक नहीं है जो काम पर तो आते हैं परन्तु काम से ऐसे बचते हैं जैसे वह प्लेग हो?

कार्य – लगभग सब चीज़ों का निदान

उस बूढ़े बुद्धिमान राजा ने पते की बात कही थी। जब आदमी यह सीख जायेंगे कि यदि उन्हें धूप में अपने लिए जगह बनानी है तो उन्हें कुछ फफोलों के लिए तैयार रहना होगा, तो काफ़ी हद तक काम पूरा हो जायेगा। काम वह क़ीमत है जिसे सफलता के राजमार्ग पर यात्रा करने के लिए अदा करने में हमें आनन्द आता है। काम करने के लिए अपनी कमीज़ की आस्तीन चढ़ा कर ही हम उसके गुम हो जाने के ख़िलाफ़ सबसे अच्छी हिफ़ाज़त कर सकते हैं। बहुत से लोग मानते हैं कि सफलता ग्रन्थियों पर निर्भर है और वे ठीक कहते हैं अगर ग्रन्थियों से उनका तात्पर्य 'पसीना लाने वाली ग्रन्थियों' से है। अमेरिका का निर्माण उन लोगों के द्वारा किया गया जिन्होंने काम किया और कुशलता से पतवार चलायी ना कि उनके द्वारा जो पतवारों पर आराम करते रहे और आगे कोशिश छोड़ दी।

इससे कोई फ़र्क़ नहीं पड़ता, आगे बढ़ना कितना भी आसान और सुविधाजनक क्यों न हो, कुछ लोग पिछड़ जायेंगे। इसी पैमाने के अनुसार आगे बढ़ना कितना भी मुश्किल क्यों न हों, कुछ ऐसे लोग होंगे जो आगे निकल जायेंगे। पुरानी कहावत है,' **जब आगे बढ़ना मुश्किल हो तो परिस्थितियों का डट कर मुक़ाबला करने से काम बनता है।**' अमेरिका की प्रमुख रबड़ कम्पनियों में से एक ने कहा था कि काम में आनन्द आना चाहिए। विल रॉजर्स ने टिप्पणी की थी, 'सफल होने के लिए आप जो कर रहे हैं उसकी आपको जानकारी होनी चाहिए, वह करना आपको पसन्द होना चाहिए, उसे करने में आपका विश्वास होना चाहिए।' एच. एम. ग्रीनबर्ग के 1,80,000 लोगों पर किये मनोवैज्ञानिक मूल्यांकन के अनुसार लगभग 80% लोग हर रोज़ अनिच्छापूर्वक काम पर जाते हैं। वे जो काम करते हैं वह उन्हें बिल्कुल पसन्द नहीं है। यह दुःखद स्थिति है। यह थोड़े ताज्जुब की बात है कि हमारा कार्य निष्पादन दूसरे दर्जे का और व्यापार तीसरे दर्जे का है।

मुझे अक्सर उन लोगों की संख्या पर आश्चर्य होता है जो अपने कार्य के बारे में पूछे गये सवाल पर नकारात्मक लहज़े में प्रतिक्रिया करते हैं। किसी से पूछिये कि कैसा

चल रहा है तो वह सम्भवतः कहेगा, 'आज सोमवार को देखते हुए, मुझे नहीं लगता कि यह बहुत ख़राब था।' अथवा 'बढ़िया क्योंकि आज शुक्रवार है।' यह दुर्भाग्यपूर्ण तथ्य है कि 80% घड़ियाँ लोगों को यह बताने के लिए प्रयोग में लाई जाती हैं कि काम कब छोड़ना है। यह भी एक छोटा सा आश्चर्य है कि कर्मचारियों में से ज़्यादातर 'कठिन परिश्रम के इच्छुक' होने की अपेक्षा 'काम छोड़ कर चलने के इच्छुक' होते हैं।

अभी हाल ही में लॉस वेगास में बोलते हुए मुझे किसी अधिकारी ने बताया कि वहाँ पर एक जुआघर इतना बड़ा है कि उसमें दो पूरे आकार के फुटबॉल के फील्ड समा जायें। इस विशाल कमरे में इसके स्थायी ग्राहकों से उनके धन को अलग करने की सैकड़ों विधियाँ विद्यमान हैं। लॉस वेगास के अन्य जुआघरों की तरह आपको इस कैसिनो में भी एक भी दीवार घड़ी नहीं दिखेगी। कारण स्पष्ट है। लोग विभिन्न कारणों से जुआ खेलते हैं, परन्तु यह कहना सुरक्षित है कि उन्हें जुआ खेलने में आनन्द आता है वे जुआ खेलने में इतने तल्लीन हो जाते हैं कि उन्हें समय का ध्यान ही नहीं रहता। ज़ाहिर है कि कैसिनो के मालिक दीवार घड़ी लगाकर जुआरियों को समय याद दिलाना नहीं चाहते। परिणामस्वरूप बहुत से लोग घंटों जुआ खेलते रहते हैं। कुछ मामलों में, वे तब तक जुआ खेलते रहते हैं जब तक कि वे अपने पास की सारी चीज़ों को हार न जायें या जब तक कि वे एक तरह से मेज़ पर सो न जायें। मैं इस बात से पूरी तरह सहमत हूँ कि अगर जुआरी अपने कैरियर में इतने तल्लीन हो जायें तो वे भौतिक वस्तुओं को भी हासिल करेंगे और अपनी मनोवैज्ञानिक ज़रूरतों को भी पूरा कर लेंगे जिन्हें वे जुए की मेज़ पर कभी पूरा नहीं कर सकते।

काम एक नज़रिया है

जब मैंने व्यापार की दुनिया में प्रवेश किया तो मैं अक्सर वक्ताओं को यह कहते हुए सुनता था कि शिखर की चढ़ाई में बहुत बलिदान देने होते हैं। बाद में, जब मैं एक वक्ता हो गया, तो मैं भी अक्सर वे ही भाव दोहराता था। तथापि, जैसे-जैसे वर्ष गुज़रते गये, मैंने अनुभव किया कि अधिकतर वे पुरुष या महिलाएँ जो शिखर की ओर बढ़ रहे थे 'कोई क़ीमत अदा' नहीं कर रहे थे। वे परिश्रम करते थे क्योंकि उन्हें सच में अपने कैरियर में व काम में आनन्द आता था। किसी भी क्षेत्र के शीर्ष लोग, जो वे कर रहे हैं उसमें पूरी तरह शामिल हो जाते हैं, तल्लीन हो जाते हैं, डूब जाते हैं और उन्हें सफलता मिलती है क्योंकि जो वे कर रहे हैं उसे वे प्यार करते हैं। वे उन घंटों को अपने काम पर बिताने के लिए चुनते हैं। उनके पास काम है परन्तु उससे भी महत्वपूर्ण रूप से काम के पास वे हैं। संक्षेप में,

उनके पास एक ज़बरदस्त नज़रिया है जिससे अक्सर कोई भी काम नीरसता के बजाये विशुद्ध हर्ष में परिवर्तित हो जाता है। यही कारण है कि मैंने सोचने के सही ढंग के महत्व पर इतना ज़ोर दिया है।

कई वर्षों पहले, जब मैं आस्ट्रेलिया के दौरे पर था तो मैं जॉन नेविन नाम के एक नौजवान से मिला जिसका अपने काम के बारे में सोचने का सही ढंग था। वह अपने जीवन, अपने परिवार और अपने काम से प्यार करता था। उसके पास सिर्फ़ विश्व ज्ञानकोष की पुस्तक बेचने का काम नहीं था, बल्कि उस काम के पास वह था जिसका मतलब था कि उसकी प्रगति तीव्र व अवश्यम्भावी थी। वह सिर्फ़ चौदह वर्षों में एक 'अंशकालिक' (उसका नियमित काम दूध बाँटना था) कर्मचारी से ऑस्ट्रेलिया में फील्ड एन्टरप्राइज़ेज़ का प्रबन्ध निदेशक बन गया। हाल ही में जॉन फील्ड एन्टरप्राइज़ेज़ यू. एस.ए. के निदेशक मंडल के लिए चुना जाने वाला दूसरा ग़ैर-अमेरिकी आदमी बना। वह आर्थिक रूप से सुरक्षित है और इस बात के लिए आभारी है कि वह एक ऐसे देश में रह रहा है और काम कर रहा है जो मुक्त व्यापार व्यवस्था में विश्वास रखता है।

चार्ल्स गेट्स द्वारा '**गाइडपोस्ट्स**' में बतायी गयी एक छोटी सी कहानी क़ीमत का 'आनन्द' लेने के नज़रिये पर ज़ोर देती है।

पुराने समय में, महान फ्रांसीसी पेन्टर, पियरे ऑगस्त रेनुआ, गठिया रोग से पीड़ित था, जिसकी वजह से उसके हाथ मुड़ गये थे और उनमें ऐंठन आ गयी थी। उसके कलाकार मित्र, हेनरी मेटिस ने रेनुआ को केवल अपनी उँगलियों के सिरों से ब्रुश पकड़ कर पेन्टिंग जारी रखते हुए देखा, हालांकि ब्रुश की हर-एक हरकत से उसे असहनीय पीड़ा हो रही थी। एक दिन, मेटिस ने रेनुआ से पूछा कि वह इतने दर्द के बावज़ूद पेन्टिंग बनाने में क्यों लगा हुआ है।

रेनुआ का जवाब था, 'दर्द गुज़र जाता है, परन्तु ख़ूबसूरती रह जाती है।'

वेतन वृद्धि पाने का रास्ता

अपनी वर्तमान स्थिति या कार्य में, जब आप समय से काम पर आते हैं, ईमानदारी से पूरे दिन का काम करते हैं, अपने नियोक्ता के प्रति एकनिष्ठ हैं और अपने काम के लिए तय-शुदा राशि स्वीकार करते हैं - तो आप व आपके नियोक्ता में एकरूपता होती है। आप अपनी नौकरी को सुरक्षित रखने के लिहाज़ से पर्याप्त काम कर रहे हैं (जब तक कि मंदी

का दौर न हो), परन्तु इतना नहीं कि आपका नियोक्ता आपका वेतन बढ़ाना चाहे। मेरा आकलन है कि आपका नियोक्ता आपको हमेशा और धन देने का इच्छुक होता है, परन्तु वह एक व्यापार चलाता है -कोई धर्मार्थ संस्था नहीं। उसके द्वारा आपको और अधिक वेतन दिये जाने के लिए, आपको ख़ुद को उसके लिए और अधिक मूल्यवान बनाना चाहिए। आप ऐसा अतिरिक्त प्रयास - अतिरिक्त एकनिष्ठा - अतिरिक्त उत्साह, अतिरिक्त कार्य समय एवं अतिरिक्त ज़िम्मेदारियों को वहन करके कर सकते हैं। संक्षेप में, आप एक मील की दूरी चलते हैं जो कि राजमार्ग का एक हिस्सा है जहाँ पर कभी ट्रैफ़िक जैम नहीं होते। ये कदम बुरे दिनों में आपकी नौकरी बचाने की और अच्छे दिनों में वेतन वृद्धि व पदोन्नतियों की गारन्टी देते हैं।

आपका वर्तमान नियोक्ता सम्भवतः आपको वेतन वृद्धि देने वाला होगा, परन्तु कानून स्पष्ट है, 'आप जैसा बोओगे, वैसा ही काटोगे।' अतः अगर आपको अपनी वर्तमान नौकरी में वेतनवृद्धि नहीं मिलती तो आपको यह कहीं और से मिलेगी। एक किराना स्टोर में नौजवान के रूप में कार्य करते हुए मैं तीसरे स्टोर्स से माल उधार लाने और फिर लौटाने के लिए काफ़ी भागदौड़ किया करता था। गली के दूसरी ओर के स्टोर पर मेरी तरह का लड़का था जिसका नाम चार्ल्स स्कॉट था। चार्ल्स जैसी जल्दी करने वाला मैंने आज तक नहीं देखा। जब कभी वह अपने बॉस का सन्देश लेकर जाता था तो कभी भी टहलता हुआ नहीं जाता था। एक दिन मैंने अपने बॉस एन्डर्सन से पूछा कि चार्ल्स स्कॉट हमेशा इतनी जल्दी में क्यों रहता था। मिस्टर एन्डर्सन ने बताया कि चार्ल्स अपना वेतन बढ़वाने के लिए काम कर रहा था जिसे पाने के बारे में उसे विश्वास था क्योंकि यदि उसको वर्तमान नियोक्ता ने वेतन वृद्धि नहीं दी तो मैं (मिस्टर एन्डर्सन) दे दूँगा। जैसा कि एक आदमी ने अपने कर्मचारी से जो वेतन वृद्धि चाह रहा था कहा था, 'आप जो वेतन वृद्धि चाह रहे हैं मैं उसे देता हूँ परन्तु यह उस समय से प्रभावी होगी जब से आप उसके लिए काम करेंगे।'

मैनेजमेन्ट रिक्रूयूटर्स इन्टरनेशनल जिसके कि देश भर में 300 से अधिक दफ़्तर हैं और देश की सबसे बड़ी कार्यपालकों को नौकरी दिलाने वाली संस्था है, जैसे ही लाउ स्कॉट से एक ज़ोरदार 'आमीन' सुनाई दिया, लाउ स्कॉट के उपाध्यक्ष ने बताया कि अपने पहले काम पर जाने वाले प्रशिक्षणार्थियों के अलावा उनके दफ़्तर द्वारा भेजे गये 95% लोग नौकरी पर नियुक्त होकर उनके पास आते हैं। उन्होंने यह भी पाया कि 'औसत से ऊपर' का काम करने वाला यदि कुछ अतिरिक्त प्रयास करता है और अपने वेतन से अधिक काम करता है, तो उसकी नौकरी बहुत सुरक्षित रहती है। लाउ के अनुसार, 'अच्छे

कर्मचारी कभी काम से नहीं निकाले जाते।'

हाँ, ये अतिरिक्त ही हैं जो आश्चर्यजनक परिणाम पैदा करते हैं। हमने शायद ही कभी सुना हो कि किसी व्यक्ति ने उतना ही काम करके जितने के लिए उसे वेतन मिलता है कभी बहुत तरक्की की हो। कारण प्रतियोगिता है। एक प्रकार से हर कोई सप्ताह में चालीस घंटे काम करने के लिए तैयार है। उससे आगे करने में, अधिकतर लोग रुचि नहीं रखते, अतः प्रतियोगिता काफ़ी कम हो जाती है। व्यावहारिक रूप से, किसी दौड़ को जीतना या पदोन्नति पाना काफ़ी आसान हो जाता है यदि प्रतियोगी साथी प्रतियोगिता छोड़ दे या कोशिश करना छोड़ दे।

मैं मानता हूँ कि शायद काम के बारे में मैं ऐसा इसलिए सोचता हूँ क्योंकि मैं अभावों में बड़ा हुआ हूँ। एक छोटे लड़के के रूप में, मैं बड़े लोगों को रोज़ दर रोज़ अपना घर छोड़ कर काम की तलाश में जाते देखता था, कुछ भी करने वाला किसी भी प्रकार का काम, जिसमें केवल ईमानदारी की ज़रूरत थी। उन्हें काम मिल जाने पर उनकी ख़ुशी इतनी पूर्ण होती थी कि मुझ पर उसका प्रभाव पड़ा। मैं कार्य को एक विशेष सुविधा की प्राप्ति मानता हूँ क्योंकि यह हमें जीवन-यापन के साधन से अधिक देता है, यह जीवन के लिए तैयारी है जैसा कि यह कहानी इशारा करती है।

एक किसान के कई लड़के थे और वह उनसे फार्म पर बहुत मेहनत कराता था। एक दिन, किसी पड़ोसी ने कहा कि फसल उगाने के लिए लड़कों से इतनी मेहनत कराना ज़रूरी नहीं है। किसान ने शान्त रूप से लेकिन दृढ़ता से जवाब दिया, 'मैं सिर्फ़ फसल बड़ी नहीं कर रहा हूँ, मैं अपने लड़कों को बड़ा कर रहा हूँ।'

'थोड़ा' सा आत्मसमर्पण – बहुत ज़्यादा गंवाना

मुझे धुंधले पहाड़ों के उस बूढ़े आदमी की कहानी बहुत अच्छी लगती है। कई वर्षों पहले कुछ सुअर पहाड़ों के सुदूर क्षेत्र में भाग गये। कई पीढ़ियों तक ये सुअर जंगली होते रहे जब तक कि उनके रास्तों से गुज़रने वालों के लिए वे ख़तरा नहीं बन गये। बहुत से निपुण शिकारियों ने उन्हें ढूँढ कर मारने की कोशिश की, परन्तु सुअर उस इलाक़े के निपुण शिकारियों की कोशिशों से चालाकी से बच जाने में क़ामयाब हो जाते थे।

एक दिन एक बूढ़ा आदमी घोड़ागाड़ी के साथ उन जंगली सुअरों के रहने की जगह के सबसे नज़दीकी गाँव में आया। गाड़ी में लकड़ी के तख़्ते और अनाज भरा हुआ था। स्थानीय निवासी यह जानने के लिए आतुर थे कि वह आदमी कहाँ जा रहा था और

क्या करने वाला था। उसने उन्हें बताया कि वह जंगली सुअरों को पकड़ने के लिए आया था। गाँव वालों ने उसका मज़ाक उड़ाया, क्योंकि किसी को इस बात पर विश्वास नहीं हुआ कि जिस काम को स्थानीय शिकारी नहीं कर पाये उसे यह बूढ़ा आदमी कर सकेगा। परन्तु, दो महीने बाद, वह बूढ़ा आदमी गाँव में वापिस आया और उसने ग्रामवासियों को बताया कि वे सुअर पहाड़ की चोटी के पास एक बाड़े में फंसा लिये गये हैं।

फिर उसने बताया कि उसने उन्हें कैसे पकड़ा, 'सबसे पहले मैंने उस जगह को ढूँढा जहाँ पर वे सुअर खाने के लिए आते थे। फिर मैंने पेड़ों के बीच की उस खुली जगह के बीच थोड़ा अनाज डाल कर उन्हें अपने जाल में फँसाने के लिए चारा डाला। पहले वे सुअर थोड़ा डरे परन्तु उनकी जिज्ञासा आख़िरकार उन्हें वहाँ तक ले आयी और उस जंगली नर सुअर ने जो कि उनका नेतृत्व कर रहा था चारों ओर सूँघना शुरू किया। जब उसने पहला ग्रास खाया तो दूसरे भी उसके साथ शामिल हो गये और मैं तभी जान गया कि ये मेरी पकड़ में आ गये। दूसरे दिन मैंने कुछ ज़्यादा अनाज वहाँ पर डाला और कुछ फीट की दूरी पर एक लट्ठा रख दिया। उस लट्ठे को देख कर वे थोड़ी देर के लिए तो चकराये, परन्तु 'मुफ़्त लंच' का आकर्षण शक्तिशाली था, इसलिए उन्हें वापिस खाना शुरू करने में ज़्यादा देर नहीं लगी। उन सुअरों को यह पता नहीं था परन्तु वे पहले ही मेरे हो चुके थे। बस मुझे हर रोज़ अनाज के साथ कुछ तख़्ते डालने पड़े जब तक कि जो कुछ मुझे उन्हें अपने जाल में फँसाने के लिए चाहिए था वह पूरा नहीं हो गया। फिर मैंने एक गड्ढा खोदा और अपना पहला कोने वाला खम्भा खड़ा किया। हर बार जब में कुछ जोड़ता था तो वे कुछ दूरी पर रुक जाते थे परन्तु अन्ततः वे 'बिना कुछ किये कुछ पाने के लिए' आ ही जाते। जब बाड़ा बन गया और उस बाड़े का दरवाज़ा तैयार हो गया, तो उनकी बिना कुछ काम किये पाने की आदत उन्हें बाड़े के अन्दर तक ले आयी और मैंने उन्हें बंद कर लिया। उन्हें 'मुफ़्त के खाने' के लिए बुला पाने के बाद यह वास्तव में आसान हो गया था।

कहानी सच्ची है और संकेत सरल है। जब आप किसी पशु को उसके भोजन के लिए किसी मनुष्य पर आश्रित कर देते हैं तो आप उसकी उपाय कुशलता को हर लेते हैं और वह मुसीबत में फँस जाता है। यही आदमी के मामले में भी सच है। अगर आप किसी को पंगु बनाना चाहते हैं तो उस आदमी को कुछ महीनों के लिए एक जोड़ा बैसाखी का दे दीजिये - या उसको 'मुफ़्त लंच' तब तक देते रहिये जब तक कि उसे बिना कुछ किये पाने की आदत न पड़ जाये।

मुझे शुरू कर दीजिये और मैं चल पड़ूँगा

तीन चीज़ों को करना मुश्किल होता है। पहला, उस बाड़ पर चढ़ना जो आपकी ओर झुकी हुई हो। दूसरा, उस लड़की का चुम्बन लेना जो आप से विपरीत दिशा में झुकी हुई हो। तीसरा, उस व्यक्ति की मदद करना जो वास्तव में मदद करवाना नहीं चाहता। अब, मैं आपसे ईमानदारी से कहूँ कि मैंने कभी किसी बाड़ पर चढ़ने की कोशिश नहीं की (आप क्षण भर के लिए वैसा करने की सोच सकते हैं)। मैंने कई बार लोगों को कहता सुना है, 'अगर कोई मुझे इतनी पूँजी दे दे कि मैं एक बार चल पड़ूँ, अपने सारे बिलों का भुगतान कर दूँ और बैंक में 1000 डॉलर डाल दूँ तो बाक़ी रास्ता मैं अपने आप चल लूँगा।' दुर्भाग्य की बात यह है कि बहुत से लोग इस बात में यक़ीन रखते हैं और वे किसी का 'इन्तज़ार' करते हैं जो आकर उनकी शुरूआत करा सके। मैं लोगों की मदद करने की वक़ालत करता हूँ, परन्तु जैसा मैंने पहले एक अध्याय में कहा है, मेरा विश्वास है कि **अगर आप किसी आदमी को एक मछली देते हैं तो आप उसके एक दिन के भोजन की व्यवस्था करते हैं, परन्तु अगर आप उसे मछली पकड़ना सिखाते हैं तो आप उसके जीवन भर के लिए भोजन की व्यवस्था कर देते हैं।** मैं मछली पकड़ने के सबक़ देने में यक़ीन रखता हूँ। किसी को सिर्फ़ चालू करने के लिए और उसके भविष्य के लिए कुछ धन राशि देकर मदद करना, सामान्यतः मदद करने का ग़लत ढंग है। निश्चित रूप से वह व्यक्ति इस अचानक मिले हुए धन को या तो 'कस कर अपनी गिरफ़्त में लेने' या किसी उस चीज़ को जिसे वह चाह रहा था परन्तु प्राप्त नहीं कर पा रहा था, ख़रीदने में ख़र्च कर देता है। यह सरलता से यूँ ही चलता रहता है तथा उसमें ख़र्च करने की आदत को और शक्तिशाली बना देता है जो उसे वित्तीय संकट में डाल देती है। एक बार जब आप किसी आदत को पकड़ लेते हैं (चाहे वह अच्छी हो या बुरी) फिर आदत आपको पकड़ लेती है।

उदाहरण के लिए, कई वर्षों पहले 60 के दशक में सामान्य ज्ञान प्रतियोगिताओं के बहुत से विशाल शो होते थे। आप में से बहुतों को याद होगा कि इन शो में जीत की राशि 75000 डॉलर, 100000 डॉलर और इससे भी अधिक थी। सात वर्ष बाद 'बड़ी राशि जीतने वालों' का सर्वेक्षण किया गया। बड़ी रुचिकर बात थी कि 75000 डॉलर या उससे अधिक की धनराशि जीतने वालों में एक भी व्यक्ति ऐसा नहीं था जिसके पास उस धनराशि को जीतने से पहले की राशि से कुछ ज़्यादा रहा हो। ज़ाहिर है हर जीतने वाले ने उस अचानक मिली राशि को ख़र्च कर दिया बजाये इसके कि उस धन को वह ब्लू चिप प्रतिभूतियों में लगाता या उसे सूद पर लगाता जिससे उनका जीवन स्तर स्थायी रूप से

कुछ ऊपर उठता। अभी हाल ही में राज्य लॉटरियों के विशाल विजेताओं पर यहाँ तक कि 10,00,000 डॉलर तक के विजेता पर प्रबल नकारात्मक प्रभाव पड़े। जीवन तितर-बितर हो गये, परिवार उलट-पुलट हो गये, कैरियर तबाह हो गये, पुराने दोस्त खो गये तथा दृष्टिकोण व छवियों को गम्भीर रूप से क्षति पहुँची। 'मुफ़्त लंच' आपको आसान रास्तों पर नहीं ले जाते। अधिकांशतः, आप जीतने से अधिक खो देते हैं।

कार्य सप्ताह या कमज़ोर कार्य

अमेरिकी भारतीय की दुःखद कहानी आपको बतायेगी कि जब कोई और आपकी परवाह करने लगता है तो क्या होता है। शताब्दी बदलने के आसपास अमेरिकी सरकार ने भारतीय जनजातियों के साथ बहुत से राजनीतिक समझौते किये, ख़ास तौर से देश के पश्चिमी हिस्से में। इन समझौतों में बहुत सी चीज़ें शामिल थीं, परन्तु भारतीयों के लिए प्राथमिक शर्त उनके हथियारों को छोड़ने, आरक्षित स्थानों पर चले जाने और सरकार को उनका 'ख्याल रखने' देने की थी। आज आप किसी आरक्षित स्थल पर जाकर व भारतीयों की दुर्दशा देख कर यह जान सकते हैं कि जब कोई आदमी अपने आत्मसम्मान को किसी और को सौंप देने के लिए बाध्य कर दिया जाता है तो क्या होता है। **जब आप किसी व्यक्ति को कोई ख़ैरात देते हैं, तो आप उसे उसकी गरिमा के लिए इन्कार करते हैं और जब आप उसे उसकी गरिमा के लिए इन्कार कर देते हैं तो आप उससे उसकी नियति लूट लेते हैं।** मैं मानता हूँ कि वाशिंगटन आज बहुत से 'मुफ़्त लंच' दे रहा है, परन्तु वे लंच बिकने के बाद भुगतान किये जाने वाले माल की तरह हैं। देर सबेर आपको और मुझे और उन लोगों को भी जो उन्हें पा रहे हैं, सूद सहित उनकी पूरी क़ीमत अदा करनी पड़ेगी।

आजकल हम कार्य सप्ताह बदलने के बारे में काफ़ी चर्चायें सुनते हैं। बहुत से लोग महसूस करते हैं कि हमें हफ़्ते में 40 घंटे के बजाये केवल 30 घंटे काम करना चाहिए। वे पाँच दिन के हफ़्ते की तुलना में 4 दिन का कार्य सप्ताह पसन्द करते हैं। मेरा विश्वास है कि काफ़ी कुछ सम्पन्न हो जाये अगर हम दुर्बल (बेमन से) काम करने की भावना को बदलने पर ध्यान दें और कार्य सप्ताह को ऐसे ही रहने दें।

काम से बचने की आदत से जितने लोग कुबड़े (कमर से झुके) हुए हैं उनकी तुलना में बहुत कम लोग काम के बोझ से झुके हुए हैं। दरअसल, ज़िंदगी धार लगाने वाले पत्थर की तरह है। आप जिस 'चीज़' के बने हुए हैं वही निर्धारित करेगी कि यह आपको छोटे-छोटे कणों में 'तोड़ देती है' या 'चमका' देती है।

अपनी ज़िंदगी के लिए काम कीजिए

मैं देश भर में अपनी वार्ताओं के दौरान कम्पनियों से और व्यक्तियों से अक्सर पूछता हूँ कि वे अपनी ज़िन्दगियों के आने वाले कल के लिए अपनी इच्छाओं की सूची में सबसे ऊपर किसे रखते हैं। एक चीज़ जो अक्सर कही जाती है वह है सुरक्षा। जब मैं कार्य की गरिमा और उससे मिलने वाली सुरक्षा पर चर्चा करता हूँ तो एक उदाहरण मुझमें कौतूहल पैदा करता है परन्तु विस्मित नहीं करता। यह पिछले कुछ सालों में जो स्वीडन में हुआ उससे ताल्लुक़ रखता है। स्वीडन की सरकार हर व्यक्ति को आश्वस्त करती है कि जन्म से लेकर मृत्यु तक उसका ख्याल रखा जायेगा। इस तथ्य के बावज़ूद कि बाइबल स्पष्ट रूप से सिखाती है कि जो लोग काम नहीं करते, उन्हें खाना नहीं चाहिए, बहुत से स्वीडनवासी मानते हैं कि सरकार उनके लिए जीवन-यापन की व्यवस्था करने हेतु ऋणी है व उसे उनका 'ख़्याल रखना चाहिए'। बहुत हद तक सरकार वैसा करती भी है। जब कोई नागरिक किसी डॉक्टर, दंत चिकित्सक या अस्पताल में जाता है तो उसे वहाँ पर किसी बिल का भुगतान नहीं करना होता - उनका भुगतान सरकार करती है। जब कोई बच्चा पैदा होता है, सरकार बिलों का भुगतान करती है और माँ तथा बच्चे के जीवन-यापन हेतु अंशदान देती है। अगर समुचित जीवन स्तर बनाये रखने के लिए आय पर्याप्त नहीं है तो सरकार उस अन्तर की भरपाई करती है।

सरसरी तौर पर देखने वाले के लिए, यह ऐसा लगेगा कि इस आकर्षक व्यवस्था के कारण स्वीडन वासी सबसे अधिक प्रसन्न होने चाहिए। यह व्यवस्था उन्होंने बनवायी है - या बनायी है? किसी भी पश्चिमी देश की तुलना में सबसे अधिक टैक्स दरों के ढाँचे के साथ-साथ स्वीडन में बाल अपराधों की वृद्धि दर सबसे अधिक है। यहाँ पर नशीली दवाओं के सेवन की समस्या सबसे अधिक तेज़ी से बढ़ रही है, तलाक़ की दर सबसे अधिक है और चर्च की उपस्थिति में सबसे अधिक गिरावट आयी है। इन सब बातों से आज समस्याएं बढ़ गयी हैं और भविष्य में और समस्यायें बढ़ेंगी। यह आँकड़े काफ़ी हद तक हमें स्वीडन के नौजवानों और मध्यम आयु के लोगों के बारे में बताते हैं परन्तु स्वीडन में बुज़ुर्गों का क्या हाल है? इस 'सुरक्षा की धरती' पर किसी भी पश्चिमी राष्ट्र की तुलना में अवकाश प्राप्त लोगों में आत्महत्या की दर सर्वाधिक है। ज़ाहिर है कि अपनी सुरक्षा व सेवानिवृत्ति का निर्माण करने में और किसी दूसरे के द्वारा आपकी परवाह करने में बहुत बड़ा फ़र्क़ होता है। हाँ, वास्तविक सुरक्षा एक आन्तरिक कार्य है। यह किसी को प्रदान नहीं की जा सकती - यह कमायी जानी चाहिए।

सुरक्षा (security) के बारे में इसकी वर्तनी (स्पेलिंग) के हर अक्षर से नया शब्द बनाकर ठीक से समझाया गया है (S)ecurity (E)arned (C)arefully (U)sually (R)esults (I)n (T)reasures filled (Y)ears। सावधानीपूर्वक कमायी गयी सुरक्षा से अक्सर ख़जानों से भरे हुए वर्ष हासिल होते हैं।

व्यस्त हो जाइये – और अपनी ओर से भरसक प्रयत्न कीजिये

दूसरे विश्व युद्ध के बाद से तीन दशकों में अमेरिका में आराम का समय बहुत बढ़ गया है। इसी अवधि में, सामाजिक समस्यायें व बुराइयाँ भी बढ़ी हैं। कुंठाओं, तनावों, खंडित शादियों, शराब पीने से सम्बन्धित विकारों, नशीली दवाओं के सेवन सम्बन्धी समस्याओं एवं अपराध की दरों का सीधा ताल्लुक़ बहुत अधिक वक्त के होने व करने के लिए कुछ न होने से है। इसके साथ यदि हम उस अनुमति को जोड़ दें जो हमारी संस्कृति व नज़रिये को भेद चुकी है कि बस काम चलाने के लिए काम किया जाये तो समस्याएँ कई गुना बढ़ जाती हैं।

कर्मचारी अक्सर अपनी कार्यकुशलता के गौरव को खो देते हैं और उनका कार्य निष्पादन गिरना शुरू हो जाता है। जब कार्य निष्पादन गिरता है तो घटिया माल का उत्पादन होता है और घटिया माल को तैयार बाज़ार नहीं मिलता क्योंकि अमेरिकी उपभोक्ता गुणवत्ता वाले उत्पाद माँगते हैं। वे विदेशी आयात की ओर मुड़ जाते हैं और अमेरिकी उत्पादक बिक्री में गिरावट के दबाव में फँस जाता है।

एक राष्ट्र के रूप में, हमें अपने कार्य निष्पादन व एक दिन के ईमानदार वेतन के बदले ईमानदार प्रयास के विचार पर फिर से ज़ोर देना चाहिए। हमें कम काम करने और अधिक इकट्ठा करने के सिद्धान्त को उलटना चाहिए अन्यथा हम अपने आपको गुणवत्ता वाले उत्पादों व सेवाओं से बाहर कर लेंगे। हमें लोगों की माँग के अनुरूप गुणवत्ता वाले माल का उत्पादन ठीक मूल्य पर करना चाहिए अन्यथा अमेरिकी उपभोक्ता अधिक से अधिक आयातित उत्पादों की ओर मुड़ जायेंगे।

सौभाग्य से, हम ऐसा कर सकते हैं। हम यह बिना किसी संकोच के कह सकते हैं क्योंकि अमेरिकी कर्मचारी ने नियन्त्रित परीक्षणों में लगातार अपने प्रतियोगी जापानी या यूरोपीय साथी से हर प्रोजेक्ट में बेहतर उत्पादन किया है, बेहतर गुणवत्ता - बेहतर दाम। जब हम अपनी पूरी सामर्थ्य से करते हैं तो किसी कार्य को करने की अमेरिकी पद्धति और उत्पादकता अभी भी विश्व में सर्वोत्तम है। दुर्भाग्य से, हमारे हाल के प्रयास सर्वोत्तम नहीं

रहे। 1974 के विश्व के 12 सर्वाधिक औद्योगिकृत राष्ट्रों के सर्वेक्षण के अनुसार अमेरिकी कर्मचारी उत्पादन में 11वें स्थान पर है। जिसका नतीजा है नीची गुणवत्ता व ऊँची क़ीमत - परिणामस्वरूप अधिक विदेशी आयात। ईमानदार प्रयास - ना कि ऊँचे कर इस समस्या का समाधान हैं। सर्वोत्तम प्रयास के लिए हम कोई क़ीमत 'अदा' नहीं करते बल्कि हम उसका 'आनन्द' लेते हैं।

वार्नर और स्वेसी का यह विज्ञापन इसे काफ़ी अच्छे ढंग से कहता है।

सफ़ेद जैकेट का चलन। वर्जिनिया में विलियम एण्ड मैरी कॉलेज के वार्षिक घर वापसी के अवसर पर, आप किसी प्रसिद्ध गवर्नर को, या कॉलेज प्रेज़िडेन्ट को, या कितने ही प्रमुख व्यापारी व व्यवसायी लोगों को गर्व से सफ़ेद जैकेट पहने देख सकते हैं। जैकेट बतलाती हैं कि इन लोगों ने अपना पूरा या अधिकांश जीने का ढंग कॉलेज के माध्यम से, मेज़ों पर खाना परोसकर कमाया है।

वे नौकरों वाले काम से शर्मिन्दा नहीं हुए, वे अपनी पसन्द के काम के लिए टिके नहीं रहे, उन्होंने सरकारी मदद के लिए नहीं कहा - उन्होंने लोगों को मेज़ों पर खाना परोसा व बर्तन आदि साफ़ किये और उससे उन्हें अपनी शिक्षा के लिए कमाने में मदद मिली जिसका उन्होंने इतने शानदार ढंग से प्रयोग किया।

ऑर्डर ऑफ व्हाइट जैकेट की एक नामावली है जिसके बारे में हर कोई गर्व कर सकता है। शायद इसके बारे में अमेरिका के हर कॉलेज क्षेत्र में एक अध्याय होना चाहिए।

शब्दकोष बताता है कि सुरक्षा का अर्थ जोखिम या ख़तरे से आज़ादी है, संदेह या डर से मुक्त होना है, चिन्तित या असुरक्षित न होना है, आदि। व्यक्तिगत रूप से मैं सोचता हूँ कि जनरल डगलस मैकआर्थर की परिभाषा ज़्यादा बेहतर है। उसनें कहा, 'सुरक्षा उत्पादन करने की योग्यता है।' मैं इससे सहमत हूँ। वह व्यक्ति जो अपनी ज़रूरतों के लिए ख़ुद पैदा करके अपना आत्मसम्मान व आत्मविश्वास हासिल करता है कहीं अधिक सुरक्षित है बजाये उसके जो अपनी समस्याओं या ज़रूरतों के समाधान को किसी दूसरे के हाथों में छोड़ देता है। जैसे कि मैं पहले कह चुका हूँ, **'काम हमें जीवन-यापन से कहीं अधिक देता है, यह हमें हमारा जीवन देता है।'** कोई भी पुरुष या महिला शायद ही कभी वास्तविक तौर पर ख़ुश रह सकते हैं जब तक कि वे अपने जीवन की आवश्यकताओं की स्वयं पूर्ति नहीं करते तथा दूसरों के लिए कोई अंशदान नहीं करते।

पहले – शुरू हो जाइये

नियोक्ता इस बात पर एकमत हैं कि किसी नौकरी शुदा व्यक्ति के लिए बेहतर काम पाने की सम्भावनायें बेरोज़गार व्यक्ति की तुलना में अधिक होती हैं। यह ख़ास तौर पर सच है अगर बेरोज़गार व्यक्ति काफ़ी लम्बे समय तक काम से अलग रहा हो। रोज़गार पाना सीढ़ी का पहला डंडा है और इस पर पहुँचना सबसे कठिन है। अगर आपके पास नौकरी पाने के लिए ज़रूरी चीज़ है तो फिर उसे पा लेने के बाद ऊपर चढ़ना आसान है।

अधिकतर लोगों के साथ एक प्रमुख समस्या यह है कि वे किसी नौकरी पर बहुत सारी योग्यतायें लाद देते हैं। वे एक आदर्श नौकरी या नियोक्ता की तलाश में रहते हैं बिना यह पहचाने कि हो सकता है वे आदर्श कर्मचारी न हों। बहुत से आदमी इस बात को ज़रूरत से ज़्यादा महत्व देते हैं कि नौकरी उन्हें आवश्यकताओं की पूर्ति, छुट्टियाँ, बीमारी की छुट्टी व सेवानिवृत्ति की सुविधायें प्रदान करे। किसी क़ामयाब पहले से ही नौकरीशुदा व्यक्ति के लिए जो नौकरी बदल रहा है, ये सब बातें नौकरी में रह कर प्राप्त की जा सकती हैं। किसी नाक़ामयाब और बेरोज़गार व्यक्ति के लिए ये सब बातें नौकरी की शुरुआत के वक्त ही बहुत अधिक महत्वाकांक्षी चीज़ें हो सकती है। याद रखिये, क़ब्र खोदने वाले लोग ऊपर से शुरू होते हैं - और अन्त में वे हमेशा गड्ढे में पहुँच जाते हैं।

आप किसी भी काम के शिखर पर शुरू होने पर ही पहुँच सकते हैं और शुरू होने के प्रति शीघ्रता की भावना बहुत आवश्यक है। एक बार शुरू होने के बाद चलते रहना इतना मुश्किल नहीं होता। अगर कोई काम मुश्किल या अरुचिकर है तो इसे तुरन्त करें। आप जितनी देर तक इन्तज़ार करेंगे उतना ही यह और मुश्किल व डरावना होता जायेगा। यह बिल्कुल वैसे ही है जैसे कि पहली बार स्वीमिंग पूल के ऊँचे तख़्ते पर खड़ा होना। जैसे ही आप यह निश्चय करने की कोशिश करते हैं कि आप डुबकी लगायें या नहीं तो जितनी देर तक आप इंतज़ार करेंगे उतनी ही डुबकी लगाने की आपकी कम सम्भावनायें होंगी।

टिप्पणियाँ एवं विचार

अध्याय दो
तैयार रहिये

धैर्य, लगे रहना और पसीना बहाना

बिना नज़रिये को इस विषय में बुने, काम के बारे में चर्चा करना असम्भव है। नज़रिया काम से कितना ताल्लुक़ रखता है इस बारे में थॉमस एडिसन एक श्रेष्ठ उदाहरण है। किसी नौजवान संवाददाता द्वारा एक आविष्कार के बारे में जिस पर वह बहुत लम्बे समय से काम कर रहा था, पूछने पर उसने अपनी महानता का एक रहस्य बताया। युवा संवाददाता ने पूछा, 'मिस्टर एडिसन, अपने वर्तमान कार्य में 10000 बार असफल होने पर आपको कैसा लगता है?' एडिसन ने जवाब दिया, 'नौजवान, क्योंकि आप जीवन में अभी शुरू हुए हैं इसलिए मैं आपको एक विचार देता हूँ जो भविष्य में आपके काम आयेगा। मैं किसी चीज़ में 10000 बार असफल नहीं हुआ हूँ। मैंने ऐसे 10000 तरीक़े ढूँढने में सफलता हासिल की है जो काम नहीं करेंगे।'

एडिसन का अनुमान था कि उसने गरम होकर जगमगाने वाले प्रकाश का आविष्कार करने व उसे सम्पूर्ण करने में 14000 से भी अधिक प्रयोग किये। उसने सफलतापूर्वक बहुत से ऐसे तरीक़े ढूँढे जो काम नहीं करेंगे, परन्तु वह इस पर तब तक लगा रहा जब तक कि उसे एक ऐसा तरीक़ा नहीं मिल गया जो कारगर होगा। उसने साबित कर दिया **कि किसी बड़े निशाने और मामूली निशाने में अन्तर यही है कि बड़ा निशाना बस वह मामूली निशाना है जो लगातार लगाया जाता रहा।**

आप केवल प्रयास छोड़ने पर ही असफल होते हैं

आप तब तक नहीं हारते जब तक आप कोशिश करना नहीं छोड़ देते। इसे दूसरे ढंग से कहें जब आप 'U' में थोड़ा कूबड़ निकाल देते हैं तो आप 'CHUMP (मूर्ख)' को 'CHAMP (विजेता)' में बदल देते हैं। आइये, कुछ और मिसालों पर ग़ौर करें। जैरी वेस्ट, जो कि बास्केट बॉल के सर्वकालीन महान खिलाड़ियों में से है अपनी किशोरावस्था में इतना ख़राब खिलाड़ी था कि आस-पड़ोस के बच्चे इसे अपने साथ मनोरंजन के तौर पर खेले जाने वाले बास्केटबॉल में भी नहीं खिलाते थे। काम और अभ्यास ने उसके कैरियर में फ़र्क़ पैदा कर दिया।

निरन्तर लगे रहना, समर्पण, अतिरिक्त प्रयास, और ख़ून, पसीना और आँसू जैसे

शब्द जिन्हें चर्चिल ने इंग्लैण्ड को उसकी अभूतपूर्व ताक़त जगाने के लिए इतने अर्थपूर्ण रूप में वर्णित किया था, हो सकता है सुनने में आकर्षक न लगते हों परन्तु वे काम करते हैं - और महानता के नुस्ख़े के प्रमुख अंग हैं। वास्तविक तौर पर - ये ही शब्द केवल उन लक्षणों का वर्णन करते हैं जो किसी रुकावट को पार करते हैं।

प्रसिद्ध ग्रीक वक्ता डेमोस्थीन्स को बोलने में इतनी रुकावट थी कि वह शर्मीला होकर अलग हटने लगा था। उसके पिता ने उसके लिए ज़मीन, जायदाद छोड़ी थी जिसने उसे एक धनवान आदमी बना दिया, परन्तु ग्रीक कानून के अनुसार उसे उस जायदाद पर अपना अधिकार जताने से पहले एक सार्वजनिक बहस में अपने स्वामित्व के अधिकार को स्थापित करना था। उसकी रूकावट और शर्मीलेपन ने उसे असहाय बना दिया और उसने अपनी जायदाद गंवा दी। फिर, उसने इस दिशा में काम किया और केवल अथक प्रयासों से उसने व्याख्यान सम्बन्धी उन ऊँचाइयों को पा लिया जिन्हें उससे पहले किसी जीवित आदमी ने नहीं पाया था। इतिहास उस आदमी का नाम दर्ज करना भूल गया जिसने अपनी पैतृक सम्पत्ति वापिस ली परन्तु विश्व भर में स्कूल के बच्चों ने शताब्दियों तक डेमोस्थीन्स की कहानी को सीखा है। यह सच है : चाहे आप कितनी ही बार नीचे गिरे हों, आप पिटे नहीं हैं अगर आप मार कर गिराये जाने से पहले एक बार और उठ कर खड़े हो जाते हैं।

असफलता के हाथों अपने आप को कायर न बनने दें

जब आप अपने दिमाग़ में जानते हैं कि आपने किसी चीज़ के लिए भरसक प्रयास किया और आप सफल नहीं हुए तो प्रयास छोड़िए नहीं। बस एक और प्रोजेक्ट शुरू करें। मेरे एक नज़दीकी मित्र ने मुझे एक गैज़ेट से सम्बन्धित व्यापारिक लेन-देन में शामिल किया जो नहीं बिका। सौभाग्य से, इससे पहले कि छत गिरती मैं उससे बाहर निकल आया। तथापि, मेरे मित्र ने कई हज़ार डॉलर गंवा दिये। जब सब ख़त्म हो गया, तो उसने दार्शनिक लहज़े में कहा, 'तुम जानते हो ज़िग, मुझे पैसा गंवाने से नफ़रत है, परन्तु जिस चीज़ के लिए मैं ज़्यादा चिन्तित हूँ वह यह डर है कि यह मुझे व्यापार के दूसरे अवसरों के प्रति ज़रूरत से ज़्यादा सतर्क और आर्थिक रूप से कायर बना देगा। अगर ऐसा होता है तो मेरा नुक़सान कई गुना बढ़ जायेगा।' कितनी सच बात है।

एक नौजवान ने अपने साथ ऐसा नहीं होने दिया। वह एक तेल के धन्धे में शामिल था और उसका पैसा ख़त्म हो गया। अतः उसने अपना हिस्सा अपने साझीदार को बेच दिया जो उस धन्धे में लगा रहा। काफ़ी समय और कोशिश के बाद उन्हें सफलता मिली और बड़ी सफलता मिली। वह कम्पनी बाद में सिटीज़ सर्विस बनी और हम आज उसे सिटगो (CITGO) के नाम से जानते हैं। वह नौजवान जिसने अपने आप को इस व्यापार

से हटा लिया था, बाद में कपड़े के व्यापार में लग गया और उसमें उसका तेल के व्यापार से भी बद्तर अनुभव रहा। सच तो यह है कि वह दिवालिया हो गया। फिर भी वह निरुत्साहित नहीं हुआ। बाद में वह राजनीति में आ गया। इतिहासकारों ने हैरी एस. ट्रूमैन के बारे में पहले से ही बहुत अच्छी बातें लिखी हैं जो दो बार असफल हुआ परन्तु तब तक लगा रहा जब तक कि वह संयुक्त राज्य का राष्ट्रपति नहीं बन गया।

असफलता की ठीक तरह से पहचान सबसे कम स्थिरता वाली रेखा के रूप में की गयी है, जब कि सफलता अक्सर किसी काम पर लगे रहना और लगे रहने के दौरान काम करते रहना और विश्वास बनाये रखने का नाम है। अगर आपका काम जैसा आप चाहते थे उससे अधिक मुश्किल है तो बस याद रखें कि आप उस्तरे की धार को मखमल के टुकड़े पर तेज़ नहीं कर सकते और आप आदमी को अत्यधिक लाड़-प्यार से कुशल नहीं बना सकते।

सफलता तब मिलती है जब अवसर और तैयारी का मिलन होता है। कई बार यह बस पहाड़ी के ऊपर या आस-पास ही होती है। कई बार इसे बस एक अतिरिक्त धक्के की ज़रूरत होती है उस पहाड़ी पर चढ़ने के लिए या उस घुमाव पर घूमने के लिए। हाज़िर जवाबी में कही गयी यह बात एक दम ठीक है, 'अगर आपके पास पर्याप्त पुश (परिश्रम) है तो आपको किसी पुल (समर्थन) के बारे में चिन्ता नहीं करनी पड़ेगी।'

प्रेसीडेन्ट कैल्विन कूलिज ने लिखा था, 'संसार में लगातार लगे रहने की जगह कोई नहीं ले सकता। प्रतिभा भी नहीं। प्रतिभा वाले असफल लोगों से ज़्यादा आम चीज़ कोई नहीं है। विद्वत्ता भी नहीं। अपुरस्कृत विद्वत्ता लगभग एक कहावत है। शिक्षा भी नहीं। दुनिया शिक्षित लापरवाह लोगों से भरी पड़ी है। लगातार लगे रहना, संकल्प और कठिन परिश्रम ही फ़र्क़ पैदा करते हैं।'

लगातार लगे रहना प्रतिरोध को जीत लेता है

जैसे-जैसे आप शिखर के लिए अपनी यात्रा जारी रखते हैं, आपको याद रखना चाहिए कि सीढ़ी पर हर एक डन्डा इस उद्देश्य के लिए लगाया गया है ताकि वह आपके पैर को और ऊँचाई की ओर बढ़ने तक थामे रखे। ये आपके आराम करने के लिए नहीं लगाये गये। हम सभी थक जाते हैं और निरुत्साहित हो जाते हैं परन्तु जैसा कि हैवीवेट चैम्पियन जेम्स जे. कोर्बेट अक्सर कहता था, 'आप एक और राउन्ड का मुक़ाबला करके चैम्पियन बनते हैं। जब चीज़ें मुश्किल हों तो आप एक और राउन्ड मुक़ाबला करें।' विलियम जेम्स ने कहा था कि थक जाने के बाद न सिर्फ़ हम दूसरी बार ताक़त प्राप्त कर लेते हैं बल्कि तीसरी, चौथी, पाँचवीं, छठी और यहाँ तक कि सातवीं बार भी। हर व्यक्ति के अन्दर बहुत

अधिक मात्रा में आरक्षित क्षमता होती है परन्तु यह तब तक व्यर्थ है जब तक कि आपको इसका ज्ञान न हो और इसका प्रयोग करने के लिए आप लगे न रहें। विश्व प्रसिद्ध सैलोवादक पैब्लो केसल्स काफ़ी पहले अन्तर्राष्ट्रीय स्तर पर एक कलाकार के रूप में ख्याति प्राप्त कर लेने पर अभी भी रोज़ाना छह घंटे अभ्यास करता है। किसी ने उससे पूछा कि अब वह यह कोशिश क्यों जारी रखे हुए है। उसने सरलता से जवाब दिया, 'मैं सोचता हूँ कि मैं तरक्की कर रहा हूँ।'

महानता का अवसर दस्तक नहीं देता, यह हम में से हर एक के अन्दर होता है। हमें इसे बाहर लाने के लिए मेहनत करनी चाहिए। हमें अक्सर बताया जाता है कि लोहा जब गर्म हो तब उस पर चोट मारनी चाहिए, जो कि एक ठीक सलाह है। तथापि, बेहतर सलाह यह है कि चोट मार-मार लोहे को गर्म करना चाहिए। हाँ लगातार लगे रहना और कोशिश करना अत्यन्त महत्वपूर्ण है। कोई भी सेल्स मैनेजर आपको बता सकता है कि हर एक 'नहीं' आपको 'हाँ' के और नज़दीक ले जाती है। यह कोई घिसा पिटा मुहावरा ही नहीं है कि अक्सर पौ फटने से ठीक पहले अँधेरा सबसे घना होता है। जब आप मेहनत करते हैं और अपनी निपुणताओं व प्रतिभाओं को विकसित करते हैं तो आपका दिन ज़रूर आयेगा। मैं साथ ही यह भी कहूँगा कि मान लो आपका दिन कभी नहीं आया तो भी आप एक बड़े विजेता हैं। आपके अन्दर यह ज्ञान होगा कि आपके पास जो कुछ भी है उसे लेकर आप भरसक प्रयास कर रहे हैं। जीवन के प्रति इस दृष्टिकोण के साथ एवं इससे लगे रहने की इच्छा और संकल्प से इस बात की सम्भावनायें कहीं अधिक प्रबल हैं कि आप इसमें क़ामयाब होंगे और पूरी तरह कामयाब होंगे।

सुप्रसिद्ध विद्वान कोच विन्स लम्बार्डी, वह एकमात्र कोच जिसे लगातार तीन वर्ल्ड चैम्पियनशिप फुटबॉल टीमों को प्रशिक्षण देने का गौरव प्राप्त है, ने एक बार कहा था, 'मैं आज तक ऐसे किसी योग्य आदमी को नहीं जानता जिसने आगे चल कर अपनी दिल की गहराई से परिश्रम और अनुशासन के महत्व को न जाना हो। अच्छे आदमियों में कोई चीज़ होती हे जो प्रबल इच्छा पैदा कर देती है और अनुशासन चाहती है।'

कोई व्यक्ति आलसी नहीं

इस पूरे खण्ड में मैं आपको काम करने के बारे में बताता रहा हूँ और इसका महत्व समझाता रहा हूँ। इसलिए अब मेरा यह कहना आपको कुछ आश्चर्यजनक लगेगा कि **आलसी व्यक्ति जैसी कोई चीज़ नहीं होती ; वह या तो बीमार होता है या अप्रेरित होता है।** अगर कोई व्यक्ति बीमार है तो उसे आपने डॉक्टर के पास जाना चाहिए। अगर वह अप्रेरित है तो बहुत सी चीज़ें हैं जो उसे करनी चाहिये। उसे यह पुस्तक बार-बार पढ़नी

चाहिये, प्रेरक वक्ताओं को सुनना चाहिए और प्रेरक लोगों का संग करना चाहिए। पूर्व ओलम्पिक चैम्पियन और अमेरिका के महान वक्ताओं में गिने जाने वाले बॉब रिचर्ड्स संगति से प्रेरणा पाने का एक सशक्त उदाहरण है। उसका कहना है कि ओलम्पिक में खिलाड़ी बार-बार रिकॉर्ड तोड़ने के प्रदर्शन देते हैं क्योंकि वे सब स्वयं को एक महानता के वातावरण में पाते हैं।

जब कोई नौजवान पुरुष या महिला विश्व भर के दूसरे खिलाड़ियों को उनके पहले सर्वश्रेष्ठ प्रदर्शनों से बार-बार बेहतर करते हुए देखता है तो हर कोई 'अपने सर्वश्रेष्ठ से आगे बढ़कर' प्रदर्शन करने के लिए प्रेरित हो जाता है। मानव जाति अपने सर्वश्रेष्ठ प्रयासों से कुछ परिणाम प्राप्त करने में सक्षम हैं और रिचर्ड्स बताते हैं कि चैम्पियन्स का साथ चैम्पियन वाला प्रदर्शन करने के लिए प्रेरित करता है।

बहुत अधिक सरलीकरण का जोखिम उठाते हुए, मेरा मानना है कि बहुत से 'आलसी' लोगों को छवि व दृष्टिकोण की समस्या होती है। वे अपने काम या व्यवसाय में अपना पूर्ण प्रयास करने में हिचकिचाते हैं। यह सोचकर कि अगर उन्होंने पूरा प्रयास किया और काम नहीं बन पाया तो वे असफल कहे जायेंगे। वे इसे तर्कसंगत बना लेते हैं कि अगर वे आधे मन से प्रयास करें और काम नहीं बना तो उनके पास एक बना-बनाया बहाना होगा। वे अपने दिमाग़ में ख़ुद को असफल महसूस नहीं करते क्योंकि उन्होंने वास्तव में कोशिश नहीं की। वे अक्सर कंधे झटका कर कहते हैं, 'इससे मुझ पर कोई फ़र्क़ नहीं पड़ता।' बहुत से कर्मचारियों के साथ यही बात लागू होती है। बहुत बार काम के प्रति अनिच्छा दूसरी और गहरी समस्याओं से जुड़ी होती है।

इस बात को ध्यान में रख कर मेरा आपसे आग्रह है कि आप ख़ुद पर एक और नज़र डालें। अगर इस वक्त, आपके पास हीन छवि का नज़रिया है तो दूसरे खंड पर वापिस जायें और उसे तब तक पढ़ें जब तक कि आपको अपनी ठीक छवि नहीं मिल जाती।

टिप्पणियाँ एवं विचार

1. पूर्ण प्रयास के साथ शुरू करें

2. पम्प को प्राइम करें (आप जो भी करते हैं उसमें ख़ुद को पूरे मन से लगायें)

3. उत्पादन से पहले मेहनत से लगे रहें

4. अपनी भूमिका निभा देने के उपरान्त जीवन आपको ढेर सारे पुरस्कार देता है।

अध्याय तीन

नल में पानी डालना, नल चलाना और पानी निकालना

नल के अन्दर पानी डालना

देश भर में अपनी वार्ताओं के दौरान मैं जिन सहारों का इस्तेमाल करता हूँ उनमें एक पुराने फैशन का क्रोम पॉलिश वाला पानी का नल है। मैं व्यक्तिगत रूप से इस नल की कहानी को पसन्द करता हूँ क्योंकि मेरे लिए यह अमेरिका की कहानी, मुक्त उद्यम व्यवस्था की कहानी एवं जीवन की कहानी का प्रतिनिधित्व करती है। मुझे आशा है आपको कभी न कभी कम से कम एक बार इस पुराने फैशन के पानी के नल का प्रयोग करने का अवसर मिला होगा। वह अनुभव आपको इस विचारों की श्रृंखला को समझने में सहायता देगा।

कई वर्ष पहले, मेरे दो मित्र, बैनार्ड हेगुड व जिमि ग्लैन अगस्त महीने में एक गर्मी वाले दिन दक्षिणी अलाबामा की पहाड़ियों की तलहटी में कार से जा रहे थे । वे प्यासे थे, इसलिए बैनार्ड ने एक पुराने बेसहारा पड़े फार्म हाउस के पीछे जिस के आँगन में पानी का एक नल लगा हुआ था, कार रोक दी। वह कार से बाहर कूदा, नल की ओर भागा, उसने हैन्डिल पकड़ा और नल चलाना शुरू किया। एक दो बार चलाने के बाद बैनार्ड ने एक पुरानी बाल्टी की ओर इशारा किया और जिमी को सुझाव दिया कि वह पास के झरने से नल को 'प्राइम' करने (नल में पानी डालने) के लिए बाल्टी में थोड़ा पानी ले आये। जैसा कि सभी नल चलाने वाले जानते हैं, आपको नल के ऊपरी सिरे में थोड़ा पानी डालना चाहिए ताकि नल को 'प्राइम' किया जा सके और पानी का बहाव शुरू हो सके।

जीवन के खेल में, किसी चीज़ को बाहर निकालने से पहले आपको कोई चीज़ अन्दर डालनी चाहिए। दुर्भाग्य से ऐसे बहुत से लोग हैं जो ज़िंदगी के चूल्हे के सामने खड़े हो जाते हैं और कहते हैं, 'चूल्हे, मुझे कुछ गर्मी दो और फिर मैं तुममें कुछ लकड़ियाँ डालूँगा।'

कई बार सचिव अपने बॉस के पास आकर कहता है, 'मेरा वेतन बढ़ा दीजिये और फिर मैं बेहतर काम करना शुरू कर दूँगा और अधिक विवेकपूर्ण तरीक़े से काम करूँगा।' अक्सर सेल्समैन बॉस के पास जाता है और कहता है, 'मुझे सेल्स मैनेजर बना दीजिये

और फिर मैं वास्तव में आपको दिखा दूँगा कि मैं क्या कर सकता हूँ । यह सच है कि मैंने अब तक कुछ ख़ास नहीं किया, परन्तु मुझे अपना सर्वश्रेष्ठ काम करने के लिए प्रभारी बनना ज़रूरी है। इसलिए मुझे बस बॉस बना दीजिये और फिर देखिए मैं कैसे काम करता हूँ।' कई बार विद्यार्थी अध्यापक से कहता है, 'अगर मैं इस सत्र के लिए ख़राब अंक लेकर घर गया तो मेरे माता-पिता मेरी बुरी तरह पिटाई करेंगे। इसलिए अगर आप मुझे बस इस तिमाही में अच्छे अंक दे दें तो मैं वादा करता हूँ कि अगली तिमाही में वाक़ई कड़ी मेहनत के साथ पढ़ाई करूँगा।' मेरा अनुभव रहा है कि इस तरह काम नहीं होता। अगर ऐसा होता तो मैं आसानी से कल्पना कर सकता हूँ कि एक किसान ईश्वर से प्रार्थना कर रहा है, 'हे भगवान, अगर आप बस इस वर्ष मुझे एक फसल दे दें तो मैं अगले साल बीज बोने और कड़ी मेहनत करने का वादा करता हूँ।' वे लोग जो वास्तव में कह रहे हैं वह है : 'मुझे पुरस्कृत करो और तब मैं उत्पादन करूँगा।' परन्तु जीवन में इस तरह नहीं होता। **आपको जीवन से किसी चीज़ की अपेक्षा करने से पहले उसमें कुछ डालना चाहिए।** अब अगर आप इस ज्ञान का अपने बाक़ी जीवन में प्रयोग करते हैं तो आप अपनी बहुत सी समस्याओं को सुलझा लेंगे।

किसान को फसल काटने से पहले समय पर बीज बोना चाहिए। फसल कटाई की अवस्था तक पहुँचने से पहले उसे बहुत सी कड़ी मेहनत भी करनी होती है। विद्यार्थी को ज्ञान और स्नातक का प्रमाणपत्र हासिल करने से पहले सैकड़ों घंटे काम करना होता है। आज की सेक्रेटरी जो आने वाले कल की ऑफिस मैनेजर है अपने काम में काफ़ी अतिरिक्त प्रयास करती है। आज का खिलाड़ी जो कल का चैम्पियन बनता है चैम्पियन का पुरस्कार पाने से पहले श्रम और प्रयास के रूप में अपना बहुत कुछ दाँव पर लगाता है। आज का कनिष्ठ एक्ज़ीक्यूटिव जो कल का कॉरपोरेट प्रेज़ीडेन्ट होता है वह व्यक्ति होता है जो अपने आप को काम में समर्पित कर देता है। आज का सेल्समैन जो कल का सेल्स मैनेजर बनता है वह व्यक्ति होता है जो नल को प्राइम करने (पानी डालने) के सिद्धान्त को समझता है। जब आप कुछ चीज़ अन्दर डालते हैं तो मुआवज़े का कानून कहता है कि उससे आपको कुछ मिलेगा।

अब रुकें नहीं

आइये, दक्षिणी अलबामा में मेरे उन दोस्तों की कहानी पर वापिस चलें। दक्षिण अलबामा अगस्त में गर्म रहता है और कुछ मिनटों तक नल चलाने के बाद बेनार्ड को काफ़ी पसीना आ गया। उस वक्त उसने अपने आप से पूछा कि उस पानी के लिए वह कितना काम करना चाहता है। उसे उस बढ़े हुए प्रयास की मात्रा के बदले मिलने वाले पुरस्कार की चिन्ता हुई। कुछ समय के बाद उसने कहा, 'जिमी, मुझे नहीं लगता कि इस

कुँए में कोई पानी है।' जिमी ने कहा, 'हाँ है बेनार्ड : दक्षिणी अलबामा में कुँए गहरे हैं और वह अच्छा है क्योंकि गहरे कुँए से प्राप्त पानी अच्छा, स्वच्छ, मीठा, शुद्ध और सबसे स्वादिष्ट होता है।' जिमी जीवन के बारे में भी बात कर रहा है, है ना? जिन चीज़ों के लिए हमें मेहनत करनी पड़ती है उन्हीं चीज़ों को हम सबसे अधिक महत्व देते हैं।

अब तक बेनार्ड को गर्मी लगने लगी थी और वह थकने लगा था, इसलिए उसने अपने हाथ हटा लिए और कहा, 'जिमी, इस कुँए में बिल्कुल पानी नहीं है।' जिमी ने फुर्ती से नल के हत्थे को पकड़ लिया और उसे चलाता रहा जैसा कि उसने कहा था, 'बेनार्ड अब रुकना मत, अगर आप रुके, तो पानी फिर वापिस नीचे चला जायेगा और आपको फिर से शुरूआत करनी पड़ेगी।' वह भी जीवन की ही कहानी है। किसी भी आयु, लिंग और पेशे से ताल्लुक़ रखने वाला ऐसा कोई व्यक्ति विद्यमान नहीं है जो कभी न कभी ऐसा न सोचता हो और हो सकता है यह सोच कर कि नीचे कोई पानी नहीं है वह 'नल चलाना बन्द कर दे'। इसलिए अगर आप कभी-कभी ऐसा सोचते हैं तो आपको यह जानकर राहत मिलेगी कि आप जैसे सोचने वाले बहुत लोग हैं।

बस एक बार और

अब एक दिलचस्प और स्पष्ट बात पर ग़ौर करें। ऐसा कोई तरीक़ा नहीं है कि आप नल को बाहर से देख कर पता लगा लें कि पानी निकालने के लिए इसे दो और या दो सौ और हत्थियां मारने की ज़रूरत होगी। प्रायः ऐसा कोई तरीक़ा नहीं होता कि आप ज़िंदगी के खेल में देख कर पता लगा लें कि क्या आपको कोई बड़ी सफलता कल मिलेगी या नहीं अथवा इसके लिए एक और हफ़्ता, महीना, साल या उससे भी अधिक लगेगा।

यह मैं बिना किसी शंका के जानता हूँ। आप कुछ भी कर कर रहे हों, **अगर आप काफ़ी देर तक, काफ़ी ज़ोर से, और काफ़ी उत्साह से पम्प चलाते हैं तो देर सवेर आपके प्रयासों का इनाम मिलेगा ही।** मैं यह भी जानता हूँ कि अगर आपने आगे कुछ नहीं किया और तीसरे स्तर पर ही रुक गये तो आप उस पानी से जो नल से क़रीब-क़रीब बाहर आ गया है अपनी प्यास नहीं बुझा पायेंगे। सौभाग्य से एक बार पानी निकल आने के बाद, आपको केवल नल पर कुछ स्थायी दबाव बनाये रखना है और आपको अपनी ज़रूरत से कहीं अधिक पानी प्राप्त होगा। जीवन में सफलता और ख़ुशी की यही कहानी है।

सन्देश स्पष्ट है। आप कुछ भी कर रहे हों, इस पर सही नज़रिये और सही आदतों के साथ मेहनत करें, परन्तु सबसे अधिक ज़रूरी है, इस पर बुलडॉग की हठधर्मिता और स्थिरता से लगे रहना। जैसे पानी का निकालना अक्सर एक या दो हत्थी और मारने की

दूरी पर होता है, उसी प्रकार सफलता और जीत का मधुर स्वाद अक्सर बस सामने वाली पहाड़ी के पार या आसपास होता है। आप चाहे डॉक्टर, वकील, विद्यार्थी, गृहणी, मज़दूर अथवा सेल्समैन हों, एक बार जब आप पानी निकाल लेते है तो थोड़े से लगातार प्रयास से उसके निकलते रहने को बरक़रार रखना आसान होता है।

मेरा मानना है कि नल की कहानी ज़िंदगी की और मुक्त उद्यम व्यवस्था की कहानी है। ऐसा मैं इसलिए कहता हूँ क्योंकि इसका आपकी आयु से या शिक्षा से, चाहे आप श्वेत हों या अश्वेत, पुरुष हों या नारी, अधिक वज़नी हों या कम वज़नी, बर्हिमुखी हों या अन्तर्मुखी अथवा आप चाहे कैथोलिक, ज्यू या प्रोटेस्टेन्ट हों, कोई लेना-देना नहीं है। इसका ताल्लुक़ सिर्फ़ एक स्वतन्त्र व्यक्ति के रूप में ईश्वर द्वारा दिये आपके काम करने के अधिकारों से है - ज़िन्दगी में आप जो भी चाहते हैं उसे पाने के लिए जब तक आप करना चाहे, जितनी मेहनत से आप करना चाहें एवं जितने उत्साह से आप करना चाहें।

जैसे-जैसे आप शिखर की ओर बढ़ें, नल की कहानी को याद रखें। यदि आप लापरवाही से, या आधे-अधूरे मन से नल चलाना शुरू करते हैं तो आप इसे हमेशा चलाते रहेंगे और कुछ नहीं होगा। शुरूआत में मेहनत से चलायें और इस स्थिति को बनाये रखें जब तक कि पानी बहना शुरू न हो जाये। फिर एक बड़ी बात होगी। एक बार पानी का बहाव शुरू हो गया तो बस एक स्थिर दबाव बनाये रखें और एक समय आयेगा जब इसके पुरस्कार इतने अधिक होंगे कि आप जो भी चाहते हैं आपको मिल जायेगा बजाये इसके कि जो कुछ आपके पास है उसके लिए चाहना पड़े।

मेरे द्वारा पहले प्रयोग की गयी ट्रेन चलाने सम्बन्धी समरूपता निश्चित रूप से यहाँ पर समुचित है। ट्रेन को चलाना प्रायः मुश्किल होता है, परन्तु एक बार जब यह चलने लगती है तो इसे चलाये रखने में अपेक्षतया कम ईंधन की ज़रूरत होती है।

अब अपने प्रतीक को शिखर पर ले जाने वाली सीढ़ियों पर देखकर आप स्वयं को 'कार्य' वाली पायदान पर पाते हैं। अब आप अन्तिम अथवा 'इच्छा' वाली पायदान के लिए क़दम उठाने के लिए तैयार हैं जो आपको आपके हाथों खोले जाने के लिए तैयार कल के शीशे के दरवाज़ों के ठीक सामने पहुँचा देगी। इस समय यह स्पष्ट है कि थोड़े से अतिरिक्त श्रम से आपको किसी के द्वारा 'खींचे जाने' की ज़रूरत नहीं होगी इसलिए 'आगे बढ़ो' मित्र; आप जीवन के सुसज्जित हॉल से सिर्फ़ एक स्फूर्ति भरे क़दम की दूरी पर हैं।

सफलता कोई मंज़िल नहीं है – यह एक यात्रा है
आपके मामले में आप अपने ठीक रास्ते पर हैं
और आप इसके प्रत्येक क़दम का
आनन्द ले रहे हैं ।

खण्ड सात

इच्छा

उद्देश्य :   I.   आपकी प्रेरक लौ को इतनी प्रबलता से हवा देना कि साधारणता का गरम पानी अदम्य इच्छा की भाप में परिवर्तित हो जाये।

II.   आपका बुद्धिमान अज्ञानता से परिचय कराना एवं आपको सिखाना कि जीवन के नींबुओं को किस प्रकार लेकर उन्हें नींबू के शर्बत में परिवर्तित किया जाये।

III.   यह सीखना कि किस प्रकार बाधाओं को समृद्ध जीवन के लिए लक्ष्य प्राप्ति का साधन बनायें।

IV.   आपको मुक्त उद्यम का महत्व समझाना एवं अमेरिका के सकारात्मक पहलुओं की ओर इशारा करना और अमेरिका द्वारा आपके लिए प्रस्तुत अनूठे अवसरों पर विशेष ध्यान देते हुए इसकी ताक़त, करुणा और अच्छाइयों पर ज़ोर देना जो मुझे अच्छा लगता है।

V.   उन क़दमों की स्पष्ट रूप से पहचान करना जो आप सुरक्षा के लिए – एवं अमेरिका को और मज़बूत करने के लिए उठा सकते हैं।

विशेष सिफ़ारिश

मेरा मानना है कि प्रत्येक स्वतन्त्रता को प्यार करने वाले अमेरिकी को रूस वाल्टन, पी. ओ. बॉक्स 2467, केपिटॉल स्टेशन, वाशिंगटन, डी. सी. 20013 की 'वन नेशन अन्डर गॉड' पढ़नी चाहिए।

अध्याय एक
सामान्यता से महानगरीयता की ओर

'बराबर करने वाला'

पुराने दिनों में पश्चिम में एक बराबर करने वाला होता था, वे इसे 'सिक्स शूटर' कहते थे। इससे छोटा आदमी बड़े आदमी को काट कर बराबर आकार में ले आता था। आज के जमाने में सिक्स शूटर नहीं है परन्तु बराबर करने वाला है - इसे 'इच्छा' कहते हैं। **इच्छा वह अवयव है जो साधारणता के गरम पानी को उत्कृष्ट सफलता की भाप में बदल देता है।** यह वह अवयव है जो औसत योग्यता वाले व्यक्ति को अधिक योग्यता वाले व्यक्ति से सफलतापूर्वक प्रतियोगिता करने योग्य बना देता है। इच्छा वह 'अतिरिक्त' चीज़ है जो थोड़ा सा अन्तर पैदा करती है और यही थोड़ा सा अन्तर है जो जीवन में बड़े अन्तर पैदा कर देता है।

इच्छा अतिरिक्त है। यह आपको गरम रखने वाले कम्बल का वह भाग है जो बिस्तर से नीचे लटका रहता है; यह थोड़ा सा अतिरिक्त ही है जो पानी को भाप में बदल देता है। 211 डिग्री फेरनहाइट पर पानी इतना गरम हो जाता है कि आप इससे शेव कर सकें या एक कप कॉफी बना सके। एक डिग्री और जोड़ें और वह गरम पानी भाप में बदल जाता है जो ट्रेन को देश में और स्टीम शिप (भाप वाला जहाज़) को सारे दुनिया में संचालित करता है। यही अतिरिक्त है जो आपको सीढ़ी के शिखर पर भेजेगा। यह दूसरों के लिए ऐसा कर चुका है। उदाहरण के लिए, टाई कोब में इच्छा की विपुल मात्रा थी। ग्रांटलेंड राइस इस इच्छा को हमसे सम्बन्धित करता हुआ कहता है, 'मुझे वह दिन याद आता है जब कोब माँस का लोथड़ा बनी हुई अपनी टाँगों से खेला था। उसे 103 डिग्री बुखार था और डॉक्टरों ने उसे कई दिनों तक बिस्तर से न उठने के लिए कहा था। उस दिन उसकी टीम खेल रही थी, और जहाँ तक टाई कोब का सम्बन्ध था, उसके लिए टीम खेलने का मतलब था कि वह खेलेगा। वह ज़रूर खेला और उसे तीन हिट्स मिले, उसने तीन बेस चुराये, गेम जीता - और फिर बेंच पर लुढ़क गया।'

जब मैं इच्छा के बारे में सोचता हूँ तो मुझे बेसबॉल का एक और खिलाड़ी याद आता है। मेरे लिए, पेटे ग्रे अमर है जो बेसबॉल में कूपर टाउन, न्यूयार्क का सर्वकालीन

ख्याति प्राप्त खिलाड़ी है। एक नौजवान के रूप में उसकी ज़बरदस्त इच्छा मेजर लीग बेसबॉल खेलने की थी। वह बार-बार कहता था, 'मैं शीर्ष तक जा कर रहूँगा।' उसकी महत्वाकांक्षा यैन्की स्टेडियम में एक गेम खेलने की थी । 1945 में ग्रे, सेंट लुइस ब्राउन्स के साथ मेजर लीग में चुन लिया गया। वह मेजर टीम में केवल एक वर्ष खेला, वह लीग का नियमित खिलाड़ी नहीं था और उसने कभी एक भी रन हिट नहीं किया। फिर भी मैं इस बात पर ज़ोर देता हूँ कि पेटे ग्रे सर्वकालीन ख्याति प्राप्त खिलाड़ियों में अमर है। मैं ऐसा इसलिए कहता हूँ कि उसने स्वयं को शीर्ष पर पहुँचाया बावज़ूद इस बात के कि उसकी दाँयी बाज़ू नहीं थी। जो अभाव उसके पास था उस पर उसने हेय दृष्टि नहीं डाली। इसके बजाये उसने जो कुछ उसके पास था उसे आशा भरी नज़रों से देखा। जीवन में सफलता अच्छा हाथ मिले होने से नहीं मिलती। **सफलता आपको मिले हुए हाथ को लेकर उसका अपनी सर्वोत्तम योग्यता के अनुसार उपयोग करने से निर्धारित होती है।** जैसा कि प्रमुख वक्ता व चार्लोट एन.सी. का प्रसिद्ध टी.वी. व्यक्तित्व टाई बॉयड कहता है, 'जो हाथ आपको मिला है उससे खेलो और उसके पूरे मूल्य के लिए खेलो।'

कोई व्यक्ति जो कुछ भी करता है और उसे करने में उसकी जो कुछ भी योग्यता है, इच्छा शक्ति व्यक्ति को अपनी उस योग्यता को अधिकतम उपयोग करने योग्य बनाती है। इच्छा व्यक्ति को सभी विरामों को ख़त्म करके अपना सर्वस्व देने के लिए बाध्य करती है। यह उसे बिना रुके पूरी गति से आगे ले जाती है। रोज़मर्रा में वही व्यक्ति या टीम वायुयान को ज़मीन पर सफलतापूर्वक उतार पाता है जो सभी विरामों को ख़त्म कर देता है। मेरे निर्णय के अनुसार हम जो कुछ भी करें उसे अपनी पूरी सामर्थ्य के साथ करें चाहे हम कोई परीक्षा दे रहे हों, किसी काम पर जा रहे हों अथवा खेल प्रतियोगिता में शामिल हो रहे हों। हमें इसमें अपना सर्वश्रेष्ठ प्रदर्शन करना चाहिए, क्योंकि **हमारी तीव्र इच्छा की शक्ति हमारे धन कमाने की शक्ति से कहीं अधिक महत्वपूर्ण है ।**

जब हम इसे अपना सब कुछ दे देते हैं तो हम अपने स्वयं के साथ रह सकते हैं -- परिणामों से बेपरवाह। अपने सर्वोत्तम प्रयासों से कम पर हम 'बस अगर' कहते हुए मिलते हैं, जो कि दुख भरी बात है।

नुटे रोक्ने ने कहा था कि बहुत से लोग सोचते थे कि उन्हें या तो अच्छा हारने वाला होना पड़ेगा या बुरा जीतने वाला। उसने महसूस किया कि यह तो एक ख़राब पसन्द हुई। उसने यह भी कहा कि उसकी कोई इच्छा नहीं है कि वह हारने का काफ़ी अनुभव हासिल करे ताकि अच्छा हारने वाला बन सके। उसने कहा, 'मुझे एक अच्छा हारने वाला

दिखाओ और मैं आपको एक पराजित आदमी दिखाऊँगा। मुझे ग्यारह ख़राब हारने वाले खिलाड़ी दे दीजिये और मैं आपको राष्ट्रीय चैम्पियनशिप फुटबॉल टीम दे दूँगा।' मैं इस बात से सहमत हूँ। जिस ढंग से कोई आदमी जीतता है वह उसके चरित्र का बहुत कुछ हिस्सा दिखा देता है और जिस ढंग से वह हारता है वह उसके चरित्र को पूरी तरह से दिखाता है। तथापि, मैं इच्छा, संकल्प और जीतने की इच्छा के बारे में बात कर रहा हूँ। हमें बस अच्छे हारने वाले और बुरे जीतने वाले में चुनाव नहीं करना है। हम अच्छे जीतने वाले हो सकते हैं, और हमें जीतने का जितना अधिक अनुभव होता जाता है, हम अच्छे जीतने वाले के लक्षण हासिल करने में उतने ही बेहतर होते जाते हैं। यह बात टीमों के लिए कारगर है, व्यक्तियों के लिए कारगर है और मैं इसकी गारन्टी देता हूँ कि यह आपके लिए भी कारगर होगी।

अपनी आरक्षित शक्तियों को पुकारिये

जीतने की इच्छा बहुत से ऐसे लोगों को जीतने के क़ाबिल बना देती है, जो कम से कम सैद्धान्तिक रूप से प्रबल रुकावटों के विरुद्ध नहीं जीत सकते थे। बिली मिस्की ऐसा ही आदमी था। वह पुराने स्कूल समय से मुक्केबाज़ था, और मुक्केबाज़ी में अच्छा था। वह टोमी गिब्बन्स, हैरी ग्रैब और बैटिलिंग लैविंसकी जैसे लोगों से लड़ चुका था। वह विश्व की हैवीवेट चैम्पियनशिप के लिए जैक डैम्पसी से भी लड़ा था। 25 वर्ष की आयु में, जब उसे चोटी पर होना चाहिए था तथा और अधिक ऊँचाईयाँ छूने की दिशा में अग्रसर होना चाहिए था, वह एक गम्भीर बीमारी से ग्रस्त होकर अस्पताल में भर्ती हुआ। डॉक्टरों ने उसे रिंग को त्याग देने के लिए कहा। उसे वह त्याग भी देना चाहिये था, परन्तु मुक्के बाज़ी ही एकमात्र चीज़ थी जिसे वह कर सकता था। जब तक वह 29 वर्ष का हुआ, उसके गुर्दे ख़त्म हो चुके थे। वह जानता था कि वह ब्राइट रोग से मर रहा है और उस वर्ष उसने मुक्केबाज़ी की बस एक प्रतियोगिता की थी। प्रशिक्षण के लिए ज़िम जाने के लिए अत्यन्त कमज़ोर तथा किसी दूसरे काम की तलाश के लिए अत्यन्त बीमार होने के कारण वह परिवार के साथ घर पर ही रुका रहा और अपने परिवार की आर्थिक स्थिति का तंगहाली में पहुँचता देखता रहा।

क्रिसमस नज़दीक आ चुका था और उसका परिवार के प्रति स्नेह चिल्ला-चिल्ला कर उससे अपने परिवार के लिए 'मैरी क्रिसमस' प्रदान करने के लिए कह रहा था। नवम्बर में, मिस्की मिनीपोलिस में अपने मित्र व प्रबन्धक जैक रैड्डी से मिलने और उसे

एक प्रतियोगिता आयोजित कराने के लिए समझाने गया। पहले तो रैड्डी अपने इन्कार पर डटा रहा। वह मिस्की की हालत जानता था इसलिए ऐसी प्रतियोगिता में कोई हिस्सा नहीं लेना चाहता था। मिस्की ने अपना पक्ष सही से रखा, बताया कि वह दिवालिया हो चुका है और यह कि वह जानता है कि वह अधिक समय तक जीवित नहीं रह पायेगा। उसे बस एक और प्रतियोगिता में लड़ना था क्योंकि क्रिसमस आ रहा था और उसका परिवार ज़रूरतमन्द था। अन्ततः रैड्डी इस शर्त पर तैयार हो गया कि मिस्की प्रशिक्षण लेगा और ख़ुद को उसके लिए तैयार करेगा। मिस्की जानता था कि तैयार होने के लिए वह बहुत कमज़ोर था, परन्तु उसने वादा किया कि वह अच्छी भिड़न्त करेगा।

अपने बेहतर निर्णय के विरुद्ध, रैड्डी अन्ततः राज़ी हो गया और उसने अपने पुराने मित्र का मुक़ाबला बिल ब्रैनन से रख दिया। यह भिड़न्त ओमाहा, नेब्रास्का में होनी निश्चित हुई। ब्रैनन एक मज़बूत व मुश्किल मुक्केबाज़ था जो डेम्पसी से बारह राउन्ड तक भिड़ा था। वह अपने यौवन के उतार पर था, परन्तु वह अभी भी एक मरते हुए आदमी के लिए मज़बूत विरोधी था।

क्योंकि मिस्की में प्रशिक्षण के लिए जाने का बल नहीं था, इसलिए वह घर पर ही अपनी शक्ति को सँभाल कर रखने के लिए रुका रहा। वह भिड़न्त के लिए ओमाहा में समय पर ही पहुँचा। उन दिनों बॉक्सिंग आयोग आज की अपेक्षा अधिक उदार थे, इसलिए उन्होंने मिस्की को उत्तीर्ण कर दिया। भिड़न्त बहुत अच्छी रही और जब यह ख़त्म हुई तो बिली मिस्की ने अपना 2400 डॉलर का पर्स लिया और वह अपने परिवार व क्रिसमस के लिए घर की ओर चल पड़ा। उसमें यह सारा धन उन चीज़ों पर ख़र्च कर दिया जिन्हें उसका परिवार चाहता था और जिनके अभाव में गुज़ारा कर रहा था। यह सच में एक ख़ुशी का अवसर था, मिस्की के परिवार के लिए अब तक का सबसे बड़ा क्रिसमस था। 26 दिसम्बर को, मिस्की ने जैक रैड्डी को ख़ुद को सैंट पॉल हॉस्पिटल ले चलने के लिए बुलाया जहाँ पर नये वर्ष के दिन उसकी मृत्यु हो गयी। उसके रिकॉर्ड्स में आख़िरी भिड़न्त उसकी मृत्यु से मात्र छह हफ़्ते पहले हुई और उसके मित्रों को इस बात पर विश्वास नहीं हुआ। बिली कमज़ोर था और मृत्यु के क़रीब था तथा उसके लिए चुपचाप मर जाना आसान था। तथापि, उसके गर्व व उसकी इच्छा ने उसे परिवार के लिए जिसे वह प्यार करता था अविश्वसनीय प्रयास करने की ताक़त दी। बिल ब्रैनन चार राउन्ड में धराशायी हो गया। मिस्की ने अपनी जीतने की इच्छा के कारण अपने आरक्षित संसाधनों को खटखटाया। आपके भी आरक्षित संसाधन उपलब्ध हैं - जब आपमें उन्हें प्रयोग करने की

इच्छा हो।

जब हम किसी चीज़ के लिए अपने सम्पूर्ण प्रयास करते हैं तो नतीजा कुछ भी हो हम जीतते हैं क्योंकि अपने सम्पूर्ण प्रयास की व्यक्तिगत संतुष्टि हमें विजयी बना देती है। रेन्डी मार्टिन ने, जिसका मैं पहले भी उल्लेख कर चुका हूँ, बोस्टन मैराथन में पहली बार 1972 में प्रवेश किया। यह दौड़ 26 मील से अधिक लम्बी है और इसका रास्ता बहुत ही मुश्किल ऊँची नीची पहाड़ियों वाला है। डॉ. मार्टिन मुझे बताते हैं कि इसे पूरा करने वाले हर धावक को पुरस्कार दिया जाता है। बहुत से धावक ऐसा मानकर दौड़ में भाग नहीं लेते कि वे जीत सकते हैं बल्कि हर कोई जो यह दौड़ पूरी कर लेता है विजयी है क्योंकि किसी चीज़ को अच्छी तरह से करने का सच्चा पुरस्कार उसको अच्छी तरह से कर दिया जाना है। यह सर्वाधिक महत्वपूर्ण विचार है क्योंकि वास्तविकता में आप स्वयं से प्रतियोगिता करते हैं। इससे अधिक सन्तुष्टि और किसी चीज़ से नहीं मिलती कि आपने अपनी ओर से भरसक प्रयास किये, कि आप अपने आपको अपनी योग्यता के सर्वोत्तम स्तर तक प्रयोग करने योग्य बना पाये। सम्पूर्ण प्रयास आपको एक विशेष प्रकार की विजय देता है - अपने आप पर विजय क्योंकि जैसा एक जिमनास्टिक चैम्पियन कहता है, 'अपनी ओर से सर्वोत्तम प्रयास करना सर्वोत्तम होने से बेहतर है।'

विजयी – और अभी भी चैम्पियन

जब मैं इच्छा के बारे में सोचता हूँ तो मुझे लगता है कि ब्रेन होगन उस सूची में सर्वोच्च स्थान के काफ़ी नज़दीक है। हर तरह से विचार करने पर होगन अब तक का महानतम गोल्फ खिलाड़ी कहा जा सकता है। उसमें शारीरिक योग्यता इतनी नहीं थी जितनी कि उसके अन्य बहुत से साथी गोल्फ खिलाड़ियों में थी, लेकिन उसने अपनी योग्यता के अभाव को निरन्तरता, संकल्प और इच्छा से कहीं अधिक पूरा कर लिया था।

बैन होगन के वास्तव में दो कैरियर रहे, क्योंकि जब वह अपने खेल की चोटी पर था तो वह एक घातक दुर्घटना का शिकार हो गया था। एक कोहरे भरी सुबह वह अपनी पत्नी वैलेरी के साथ हाई वे पर ड्राइव कर रहा था, वे एक मोड़ पर घूमे और उन्होंने अपने ठीक सामने ग्रेहाउन्ड बस की लाइटें देखी। बैन के दिमाग़ में फ़ौरन बस इतना सूझा कि उसने अपने शरीर को अपनी पत्नी को बचाने के उद्देश्य से उसके आगे कर दिया। उसकी इस हरकत ने निस्सन्देह उसका भी जीवन बचा दिया क्योंकि स्टीयरिंग व्हील गहराई तक ड्राइवर की सीट़ में घुस गया था जहाँ पर बैन बैठा होता। बहुत दिनों तक इससे पहले कि

उसे ख़तरे से बाहर घोषित किया गया, उसकी ज़िन्दगी जीवन-मृत्यु की तराज़ू में झूलती रही। तथापि, डॉक्टर इस बात पर एकमत थे कि एक व्यावसायिक गोल्फ खिलाड़ी के रूप में उसका कैरियर ख़त्म हो चुका था और अगर वह कभी अपने पैरों से चल पाये तो भाग्यशाली होगा।

परन्तु उन्होंने बैन होगन की इच्छा शक्ति का हिसाब नहीं लगाया था। जैसे ही उसने पहली बार वे दर्द से भरे हुए क़दम उठाये, उसका गोल्फ खिलाड़ी के रूप में महानता का सपना फिर से ज़िन्दा हो गया। उसने लगातार व्यायाम किया और अपने हाथों को मज़बूत किया। वह जहाँ भी होता अपने साथ गोल्फ क्लब रखता था और घर पर अपनी उन हिलती हुई टाँगों पर जिन पर वह मुश्किल से खड़ा हो पाता था स्ट्रोक लेने का अभ्यास करता रहा। जैसे ही पहला अवसर मिला वह फिर से गोल्फ के हरे मैदान पर वापिस था। फिर बाद में जैसे-जैसे उसने व्यायाम किया, चलना शुरू किया और अपनी हिलती हुई टाँगों को मज़बूत किया, वह टी प्रैक्टिस करने गया। शुरू-शुरू में उसने कुछ ही गेंदें हिट की, परन्तु हर सत्र में वह और अधिक हिट करता गया। अन्ततः, वह दिन आ गया जब वह गोल्फ के मैदान पर पुनः वापिस था। जब उसने प्रतियोगिता में दोबारा प्रवेश किया तो उसका शिखर की ओर बढ़ना पहले से तेज़ था। कारण सरल था। बैन होगन ने स्वयं को विजयी के रूप में देखा था। उसके अन्दर जीतने की इतनी प्रबल इच्छा थी कि वह जानता था कि वह फिर से शिखर पर पहुँचेगा। हाँ, **इच्छा ही वह अवयव है जो एक औसत प्रदर्शन करने वाले और एक चैम्पियन में अन्तर पैदा करती है।**

अध्याय दो

बुद्धिमान अज्ञानता

भँवरा उड़ नहीं सकता

इच्छा बुद्धिमान अज्ञानता पैदा करती है। बुद्धिमान अज्ञानता उसे न जानने की विशेषता या सामर्थ्य है जो आप नहीं कर सकते और उसे किसी भी तरह करते रहना है। कई बार यह व्यक्ति से लगभग असम्भव काम करा देती है। उदाहरण के लिए, कोई नया सेल्समैन किसी संस्था में भर्ती होता है। बिना किसी सेल्स के अनुभव के साथ, उसे वास्तव में सेल्स के बारे में कुछ मालूम नहीं है और कोई व्यक्ति उसे प्रेरित कर देता है। परिणाम यह होता है कि वह इतना उत्साही हो जाता है कि वह सेल्स में पूरी संस्था का नेतृत्व करने लगता है। बिना यह जाने कि वह नहीं कर सकता, वह कर देता है। हो सकता है इसी कारण एक 'ग्रीन' सेल्स मैन किसी 'ब्लू' या 'यैलो' सेल्समैन से बेहतर होता है।

यह जानी-पहचानी बात है कि भँवरा उड़ नहीं सकता। इसके बारे में वैज्ञानिक प्रमाण बहुत प्रबल हैं - भँवरा उड़ नहीं सकता। उसका शरीर बहुत भारी होता है और उसके पंख बहुत हल्के होते हैं। वायुगति विज्ञान के अनुसार, भँवरे के लिए उड़ना असम्भव है। परन्तु भँवरा पढ़ता नहीं है - वह उड़ता है।

मेरे लिए एक वी - 8 बनाओ

हैनरी फोर्ड बहुत असामान्य आदमी था। वह पैंतालीस वर्ष की आयु तक आर्थिक रूप से सफल नहीं था। उसकी शैक्षणिक शिक्षा भी बहुत कम थी। जब उसने अपना साम्राज्य स्थापित कर लिया तो उसके मन में वी-8 इंजन का विचार आया। अपने इंजीनियरों को एक साथ बुला कर उसने कहा, 'साथियों, मैं चाहता हूँ कि आप एक वी-8 इंजिन बनायें।' ये निपुणता से शिक्षित लोग गणित, भौतिकी और यान्त्रिकी के सिद्धान्तों को जानते थे। वे जानते थे कि क्या किया जा सकता है और क्या नहीं। उन्होंने फोर्ड की ओर शिष्टाचार वश ऐसे देखा मानो 'आइये इस बूढ़े आदमी से परिहास करें क्योंकि आख़िरकार वह बॉस है।' उन्होंने उसे बहुत धैर्य से समझाया कि वी-8 इंजिन आर्थिक रूप से उपयुक्त नहीं है और उन्होंने यह भी समझाया कि 'क्यों' इसे आर्थिक रूप से नहीं बनाया

जा सकता। फोर्ड सुन नहीं रहा था, उसने फिर सरलता से कहा, 'साथियों, मेरे पास एक वी-8 इंजन होना चाहिए - मेरे लिए एक वी-8 बनाओ।'

उन्होंने कुछ समय तक आधे-अधूरे मन से उस पर काम किया और उससे वापस आकर कहा, 'हम अब पहले से अधिक निश्चित हैं कि वी-8 इंजिन इंजीनियरिंग के हिसाब से असम्भव है।' मिस्टर फोर्ड फिर भी आसानी से नहीं माने और उन्होंने कहा, 'साथियों, मेरे पास V-8 इंजन होना ही चाहिए - अतः हमें इस दिशा में पूरी गति से आगे बढ़ना चाहिए।' वे फिर वापस गये, और इस बार उन्होंने कुछ अधिक मेहनत की, कुछ और समय तथा बहुत सा धन ख़र्च किया। वे उसी रिपोर्ट के साथ वापिस आये, 'मिस्टर फोर्ड, V-8 इंजिन पूरी तरह से असम्भव है।'

'असम्भव' शब्द उस आदमी के शब्दकोष में नहीं था जिसने उद्योग जगत को असैम्बली लाइन उत्पादन से आन्दोलित कर दिया था, 5 डॉलर रोज़ की मज़दूरी से मॉडल टी और मॉडल ए तक। अपनी आँखों में अंगारे लिए हैनरी फोर्ड ने कहा, 'साथियों, आप समझते नहीं हैं। मेरे पास V-8 इंजिन होना ही चाहिए और आप लोग इसे मेरे लिए बनायेंगे। अब जाइये और इस पर काम कीजिये।' अनुमान लगाइये क्या हुआ होगा? उन्होंने वी-8 इंजिन बना दिया। उन्होंने ऐसा कर दिया क्योंकि एक आदमी इतना बुद्धिमत्तापूर्वक अज्ञानी था कि उसे ज्ञान ही नहीं था कि अमुक चीज़ नहीं हो सकती - इसलिए उसने वह कर दी। हम इसे रोज़ाना की ज़िन्दगी में देखते हैं। एक आदमी कहता है कि वह नहीं कर सकता - और वह नहीं कर पाता। एक आदमी कहता है कि वह कर सकता है - और वह कर देता है।

यह 'आई कैन' की धारणा इतनी महत्वपूर्ण है कि मैमी मैककुलध ने जो थोमसिविलि में सेन्ट्रल हाईस्कूल में पढ़ाती है, 'आँख वाले कैन' को अपनी कक्षा में प्रयोग करने की परिकल्पना की (वह अन्य चीज़ों के साथ-साथ, इस पुस्तक के मूल पाठ के साथ 'आई कैन' पाठ्यक्रम पढ़ाती है)। मिसेज़ मैककुलध विद्यार्थियों से कक्षा में एक टिन का कैन लाने के लिए कहती है और वह एक 'आँख' की तस्वीर उस कैन पर लगा देती है जिससे कैन एक तरह से 'आई कैन' हो जाता है। अगर कोई विद्यार्थी मूर्ख बनाता है और कहता है, 'मैं नहीं कर सकता' तो हर कोई उसे याद दिलाता है कि यह 'आई कैन' कक्षा है। ***सकारात्मक*** परिणाम ***अद्भुत*** रहे हैं।

इतने अधिक नकारात्मक विचार पढ़ाये जाने के साथ क्या यह देखना स्फूर्तिदायक

नहीं है कि एक छोटी सी रचनात्मक कल्पना और सकारात्मक सोच क्या कर सकती है? क्या आप सिर्फ़ कल्पना नहीं कर सकते कि पूरे अमेरिका की स्कूल कक्षाओं में 10000 मैमी मैककुलध इस सिद्धान्त को पढ़ा कर क्या कर सकती हैं?

बुद्धिमान अज्ञानता और नींबू के बराबर नींबू का शर्बत

द्वितीय विश्वयुद्ध के दौरान, एक मौक़े पर, जनरल क्राइटन एब्रेम्स और उनकी टुकड़ी पूरी तरह से घिर गये थे। दुश्मन चारों तरफ़ था, पूरब, पश्चिम, उत्तर व दक्षिण भी। इस समाचार (नींबू) पर उसकी प्रतिक्रिया थी : 'दोस्तो, इस अभियान के इतिहास में पहली बार, अब हम ऐसी स्थिति में है कि दुश्मन पर किसी भी दिशा में आक्रमण कर सकते हैं।' जनरल एब्रेम्स के पास न सिर्फ़ जीने की इच्छा थी बल्कि उसके पार जीतने की भी इच्छा थी। **स्थिति (नींबू) नहीं, बल्कि हम उस पर किस प्रकार प्रतिक्रिया करते हैं (उसका किस प्रकार उपयोग करते हैं) वह महत्वपूर्ण है।**

बुद्धिमान अज्ञानता क्या है? बुद्धिमान अज्ञानता ज़रूरी रूप से वह ढंग है जिस में हम जीवन में निराशापूर्ण या नकारात्मक स्थितियों में प्रतिक्रिया करते हैं । यह वह गुण है जिससे आप नींबू को लेकर नींबू का शर्बत बना लेते हैं। यह दो आदमियों के दृष्टिकोणों में दिखाया गया है जिन्हें पोलियो था। एक वाशिंगटन की सड़कों पर भिखारी बन गया। दूसरा फ्रैंक्लिन डिलेनो रूज़वेल्ट था। बुद्धिमान अज्ञानता उम्मीद का बीज है, हमारे साथ होने वाली हर चीज़ में अच्छाई का वायदा है। चाहे कुछ भी घटित हो, उससे भी कुछ सकारात्मक हो सकता है, और हम उससे कुछ अच्छा कर सकते हैं। संक्षेप में जीवन हमारे हाथ में कैसा भी नींबू दे, हम उसे लेकर नींबू के शर्बत में बदल सकते हैं।

चार्ल्स कैटरिंग के पास कुछ असामान्य नींबू था। यह उसकी एक टूटी हुई बाज़ू थी। बहुत सालों पहले वह अपने घर के सामने वाले आँगन में अपनी कार क्रैंक कर रहा था और उससे चोट खा गया। युवा पीढ़ी के लिए इसका मतलब है कि क्रैंक अलग नहीं हुई, सिलेन्डर के चलने पर तेज़ी से झटका लगा और क्रैंक घूम गयी बजाये इसके कि क्रैंक इंजन को घुमाती। इस अचानक लड़खड़ाने से कैटरिंग की बाज़ू टूट गयी। उसने क्या किया? पहले, उसने अपनी दर्द करती हुई बाज़ू को पकड़ा और लगभग फ़ौरन ही उसने सोचा, 'कार क्रैंक करते समय होने वाली यह चीज़ भयानक है। कार क्रैंक करने का कोई आसान, बेहतर और सुरक्षित तरीक़ा विकसित किया जाना चाहिए अन्यथा लोगों में वाहन रखने की इच्छा नहीं रहेगी।' इसका परिणाम यह हुआ कि उसने 'सेल्फ स्टार्टर' का

आविष्कार किया। उसका नींबू, एक टूटी हुई बाज़ू, हमारा नींबू का शर्बत है ।

जैकब शिक का नींबू तापमान था जो शून्य से चालीस डिग्री नीचे चला गया जब वह खान में सोने की खोज कर रहा था। वह ब्लेड से दाढ़ी नहीं बना पाया – इसलिए उसने पहले इलैक्ट्रिक रेज़र का आविष्कार किया जो बहुत सारा नींबू का शर्बत ख़रीदने के लिए एक बहुत बड़ी सोने की खान साबित हुआ।

नील जैफ़री, बेलोर विश्वविद्यालय के तीसरी पंक्ति के क्वार्टर बैक का नींबू बहुत बड़े आकार का था। वह हकलाता था। उसने अपने कोच टीफ़ को बताया कि उसका लक्ष्य विश्वविद्यालय के लिए पहली पंक्ति के क्वार्टर बैक के रूप में खेलना था। नील की तीव्र इच्छा ने उसके सपने को साकार कर दिया और 1974 में उसने 50 वर्षों में पहली बार बेलोर का दक्षिण-पश्चिमी चैम्पियनशिप प्रतियोगिता में नेतृत्व किया। नील ने पूरी प्रतियोगिता जीती और उसे प्रतियोगिता में सर्वाधिक मूल्यवान खिलाड़ी घोषित किया गया।

यूजीन ओ'नील आवारा था जब तक कि बीमारी के रूप में उसके नींबू ने उसे अस्पताल में नहीं डाल दिया। उसने उस नींबू को नींबू के शर्बत में बदल दिया क्योंकि जब वह वहाँ पर अपनी पीठ सीधी किये लेटा हुआ था तो उसने अपने नाटक लिखने शुरू कर दिये। इसी तरह की सैकड़ों कहानियाँ बताती हैं कि क्यों और कैसे आप एक तरह से कोई भी नींबू ले सकते हैं, उस पर पर्याप्त इच्छा शक्ति लागू कर सकते हैं जो बुद्धिमान अज्ञानता की रचना करती है और नींबू का शर्बत बन जाता है।

माइक वैल्डन के पास नींबुओं की 'लूट' है

एक वर्ष की आयु में माइक बीमार पड़ा और अस्पताल में भर्ती कर दिया गया जहाँ पर उसे पोलियो हो गया। दो वर्ष की आयु में वह बैसाखियों से चलने में निपुण हो गया। सोलह वर्ष की आयु तक, बीमारी के बिगड़ते हुए प्रभावों से उसे अधरंग हो गया और वह व्हील चेयर पर आ गया।

अगस्त 1971 में, 21 वर्ष की आयु में उसकी 2.99 डॉलर प्रति घंटे के एक इंजीनियरिंग क्लर्क के रूप में काम से छँटनी कर दी गयी। जैसा आप सम्भवतः सोच सकते हैं, 21 वर्ष के अधरंग से पीड़ित व्यक्तियों की श्रम के बाज़ार में ज़्यादा माँग नहीं है। तथापि, समर्पित और उत्साही काम करने वालों की हमेशा माँग रहती है। अतः सिर्फ़ एक महीने में माइक को रॉकफोर्ड, इलिनॉयस में एक सेवायोजन एजेन्सी में जो कि मैनेजमेन्ट

रिक्रूटर्स इन्टरनेशनल, इंक का हिस्सा थी जो 1300 से अधिक लोगों को काम पर रखती है, भर्ती परामर्शदाता के रूप में नौकरी पर रख लिया गया।

मार्च 1975 में सोनेस्टा बीच होटल में, माइक वैल्डन का 'कम्पनी का वर्ष का सर्वश्रेष्ठ परामर्शदाता' के रूप में अभिनन्दन किया गया। **आप जीवन में जो कुछ भी चाहते हैं उसे पा सकते हैं यदि आप दूसरों की जो कुछ वे चाहते हैं उसे पाने में पर्याप्त मदद करते हैं,** इस सिद्धान्त में विश्वास रखते हुए माइक दूसरों की सहायता करने में अपने जीवन को समर्पित कर रहा है, और इसी के फलस्वरूप उसने 1974 में जो कि मंदी का वर्ष था 60000 डॉलर से अधिक कमाये। वह नहीं मानता कि वह किसी अपंगता से पीड़ित है और हर कोई इस बात से सहमत है कि उसके पास पराजितों वाली शिथिलता नहीं है। माइक सोचता है कि क्योंकि जीवन ने उसे नींबुओं की एक तरह से पूरी लूट दे दी है, तो वह उनसे शर्बत भरा पूरा टब बना सकता है।

त्रुटि पूर्ण कल्पना

एक क्षण के लिए वापिस द्वितीय विश्व युद्ध की ओर चलें। हममें से अधिकतर लोग जानते हैं कि यह युद्ध तब शुरू हुआ जब जापानियों ने पर्ल हार्बर पर बमों से हमला किया। बहुत से लोग जो भूल गये हैं वह यह कि बहुत से निष्ठावान जापानी-अमेरिकी नागरिक पर्ल हार्बर को लेकर उतने ही परेशान थे जितना कि कोई पाँचवीं पीढ़ी का अमेरिकी नागरिक हो सकता था। इन जापानी-अमेरिकियों में से बहुतों के साथ शर्मनाक व्यवहार किया गया, और उन्हें नज़रबन्द कर दिया गया। जैसा कि इतिहास साबित कर चुका है, संयुक्त राज्य अमेरिका की सरकार ने त्रुटिपूर्ण कल्पना की, कि ये जापानी-अमेरिकी ग़द्दार थे या हो सकते थे। अन्ततः, बहुत समझाने और आत्मचिन्तन के बाद इस जापानियों में से बहुतों को युद्ध में उतरने, और अमेरिका के लिए लड़कर अपनी निष्ठा साबित करने का एक अवसर दिया गया।

442वीं आक्रमणकारी रेजिमेंट टीम गठित की गयी। इसमें जापानी-अमेरिकियों को ही शामिल किया गया। दिलचस्प बात यह है कि इस रेजिमेंट ने अमेरिका के इतिहास में किसी अन्य रेजिमेंट की अपेक्षा कहीं अधिक मेडल और गौरव प्राप्त किये हैं। युद्ध के बाद से, इन जापानी-अमेरिकियों के समूह से अमेरिकी लोगों की पहली पीढ़ी में सबसे अधिक कॉलेज स्नातकों की प्रतिशतता रही है। उन्होंने उस स्थिति में जो कि नकारात्मक और बहुत अधिक भावपूर्ण थी सकारात्मक प्रतिक्रिया की। उन्होंने नींबू लिया और नींबू

का शर्बत बनाया ।

चार्ल्स गुडईयर का नींबू, न्यायालय के आदेश की अवहेलना करने के कारण मिली जेल थी। जेल में रहते हुए, गुडईयर ने कोई आह नहीं भरी, कोई शिक़ायत नहीं की। इसके बजाये वह रसोई में एक सहायक हो गया। वहाँ रहते हुए, वह एक विचार पर काम करता रहा। इस प्रक्रिया में उसने रबड़ के वल्कीकरण की विधि खोज ली। उसका नींबू, क़ैदख़ाने का दंड, हमारा नींबू का शर्बत बन गया। हमें बेहतर टायर मिल गये, जिसका मतलब है बेहतर यात्रा और बेहतर जीने का ढंग।

मार्टिन लूथर का नींबू उसका वाटरबर्ग क़िले में ठहरना था। उसका नींबू का शर्बत बाइबल का जर्मनी में अनुवाद था। जॉन बनयोन का नींबू का शर्बत **पिल्ग्रिम्स प्रोग्रेस** था। इसकी परिकल्पना क़ैद का दंड भोगते हुए की गयी।

विजयी और नया चैम्पियन

बहुत से लोग जो अख़बार में खेलों वाला पृष्ठ पढ़ते हैं जानते हैं कि जिनी टनी विश्व का हैवी वेट चैम्पियन बना था क्योंकि उसने जैक डेम्पसी को हरा दिया था । वे नहीं जानते थे कि टनी नींबू को लेकर इसे नींबू के शर्बत में बदलने की योग्यता रखता है। जब उसने शुरू में अपने मुक्केबाज़ी के कैरियर की शुरूआत की थी तो वह बहुत प्रबल मुक्केबाज़ था और किसी भी हाथ के प्रहार से प्रतिद्वन्द्वी मुक्केबाज़ को पछाड़ सकता था। फ्रांस में प्रथम विश्वयुद्ध के दौरान अमेरिकी अभियान दल के सदस्य के रूप में एक नुमाइशी मुक़ाबले में उसने अपने दोनों हाथ तोड़ लिये। डॉक्टर और उसके प्रबन्धक ने उसे बताया कि अपने भंगुर हाथों के कारण वह कभी भी विश्व के हैवीवेट चैम्पियन होने के अपने सपने को पूरा नहीं कर करेगा। टनी परेशान नहीं हुआ और उसने कहा, 'यदि मैं एक मुक्केबाज़ के रूप में चैम्पियन नहीं बन सकता तो मैं बॉक्सर के रूप में बन जाऊँगा।' इतिहास बतायेगा कि टनी आत्मरक्षा की कला का विद्यार्थी था। वह सर्किल में क़दम रखने वाला सबसे सही तरीक़े वाला व निपुण बॉक्सर था। बॉक्सर के रूप में उसकी निपुणता ने टनी को जैक डेम्पसी को हरा कर विश्व का हैवीवेट चैम्पियन बना दिया।

मुक्केबाज़ी के विशेषज्ञों की आम सहमति है कि अगर टनी अपने हाथ न तोड़ता तो कभी भी हैवीवेट चैम्पियन नहीं बन सकता था। वे कहते हैं कि टनी कभी भी जैक डेम्पसी के सामने मुक़ाबले में नहीं ठहर सकता था। क्योंकि टनी उसके सामने ठहर नहीं

पाता इसलिए उसने बॉक्सर के रूप में अपनी निपुणताओं और तकनीक का प्रयोग किया और हैवीवेट चैम्पियन हो गया। उसके दोनों टूटे हाथों का नींबू उसका विश्व की हैवीवेट चैम्पियनशिप का नींबू का शर्बत बन गया।

मुझे आशा है कि अब तक पाठ स्पष्ट हो गया होगा। यदि जीवन आपको एक नींबू देता है तो आपके पास अपने नींबू के शर्बत का मुख्य अवयव है। हमारे साथ क्या होता है यह सर्वाधिक महत्वपूर्ण चीज़ नहीं है। अनुशासन, समर्पण, संकल्प व इच्छा के साथ हम सकारात्मक रूप से प्रतिक्रिया कर सकते हैं जो हमारी जीतने की सम्भावनाओं को बहुत अधिक बढ़ा देती है। **बुद्धिमान अज्ञानता, एक नींबू और बहुत सारी इच्छा आपको जीवन से जो कुछ भी आप चाहते हैं उसे पाने में मदद करती है।**

विफलता का मार्ग

विफलता का मार्ग असंख्य लोगों की रेंगने वाली आकृतियों से भरा पड़ा है जो किसी भी सुनने वाले को समझा रहे हैं कि फलाँ चीज़ 'क्यों नहीं हो सकती'। इसी बीच उनसे आगे वे हज़ारों लोग निकल जाते हैं जिन्होंने यह नहीं सीखा कि क्या 'नहीं हो सकता', इसलिए वे अपनी बुद्धिमान अज्ञानता में, जीवन के नींबू ले रहे हैं और उस चीज़ को कर रहे हैं। विफलता के मार्ग के इन निवासियों के पास अक्सर अधिक योग्यता और कम समस्याएँ हैं परन्तु वे हारने से निराश अपनी शिथिलताओं के साथ लँगड़ा कर चलते रहते हैं।

व्यापार समुदाय में सर्वाधिक लोकप्रिय बहानों या बेचारगियों में से एक है, 'ये लोग भिन्न हैं' अथवा 'यह एक पिछड़ा हुआ क्षेत्र है'। ये वे बहाने हैं जिन्हें एलरोय कॉस्टन, जो कि निर्माण के व्यापार में है, नैभतापूर्वक बना सकता था - यदि उसे इनके बारे में मालूम होता। सौभाग्यवश, एलरोय, जो कि सिम्पसन स्ट्रक्चर्स का डीलर है 'बुद्धिमानी पूर्वक अज्ञानी' है और वह अपनी 'सीमाओं' के बारे में नहीं 'जानता'।

क्रॉस्टन के क्षेत्र में दो भारतीय सुरक्षित क्षेत्र हैं और इसकी सीमा से तीन अन्य सुरक्षित क्षेत्र लगे हुए हैं । 1970 से जब से क्रॉस्टन और सिम्पसन मिले हैं तभी से सरकार ने इस क्षेत्र को पिछड़ा हुआ घोषित किया हुआ है। इस अवधि के दौरान हर वर्ष उसे 'उत्कृष्ट डीलर पुरस्कार' मिला है - और पिछले तीन वर्षों से वह या तो व्यापार राशि में या इकाइयों में प्रथम स्थान पर रहा है।

हालांकि एलरोय क्रॉस्टन के पास सामान्य रूप से व्यापार से जुड़ी शैक्षणिक योग्यता की कमी है परन्तु 'जो कुछ उसके पास नहीं है' उसे क्रॉस्टन ने 'जो कुछ उसके पास है' उसका लाभ उठाने से नहीं रोकने दिया। उस के सफलता के शस्त्रागार में धैर्य, विनम्रता, विश्वसनीयता, भरोसा और समझ जैसे सकारात्मक गुण हैं। पुराने फैशन के गुणों की एक और विजय लिखिये और बुद्धिमान अज्ञानता वाले एक अच्छे आदमी के सम्मान में अपना हैट उतारिये।

टिप्पणियाँ और विचार

अध्याय तीन

डेविड और गोलिआथ

मैं इसका भुगतान करूँगा

डेविड लोफचिक की कहानी कई तरह से वस्तुतः वह हर बात कह देती है जो मैं इस पुस्तक में कहना चाहता हूँ। 1965 में केन्सास नगर में अमेरिका के चोटी के छह वक्ताओं के साथ मैं एक सेमीनार में बोल रहा था। जब शनिवार की शाम को सेमीनार समाप्त हुआ तो मैं सोलिटैर डिनर के लिए तैयार हुआ। तथापि, जैसे ही मैंने ऐलीवेटर से मुलबैक होटल की लॉबी में क़दम रखा, तो मुझे विनीपैग मेनीटोब के बर्नी लोफचिक की गरजती हुई आवाज़ सुनाई दी, 'कहाँ जा रहे हो, ज़िग?' बहुत ही अच्छे व साफ़ सुथरे कपड़े पहने हुए उसने लॉबी के दूसरे किनारे से आवाज़ लगायी और हमेशा की तरह अपनी धीमी मुस्कान बिखेरी। 'मैं डिनर के लिए जा रहा हूँ, बर्नी,' मेरा जवाब था। फिर अपनी आँखों में चमक के साथ उसने कहा, 'ज़िग, मैं तुम्हें बताऊँ कि यदि तुम मेरे साथ डिनर पर चलो तो उसका भुगतान मैं करूँगा।'

मेरा एक नियम है कि जब कोई मेरे डिनर का भुगतान करने का प्रस्ताव रखता है तो मैं उसे भुगतान करने देता हूँ। जैसे ही हम डिनर के लिए बैठे, बर्नी और मुझमें एक ऐसा तालमेल स्थापित हो गया कि वह बढ़ कर आज हम दोनों में भाईयों और दोस्तों जैसा रिश्ता बन गया। असल में, मैं उसे ब्रदर बर्न ही कहता हूँ। उस रात हमने सामान्य प्रश्न पूछे। आप यहाँ क्या कर रहे हैं? आप क्या काम कर रहे हैं? आपके परिवार में कौन-कौन हैं? इसी तरह की बातें। कुछ मिनटों बाद मैंने बर्नी से कहा कि वह सेल्स रैली में शामिल होने के लिए वाक़ई बहुत दूर से आया। उसने जवाब दिया, 'हाँ, परन्तु यह उसके योग्य थी क्योंकि मुझे बहुत से अच्छे विचार जानने को मिले जो हमारे व्यापार को बढ़ाने में मदद करेंगे।' मैंने फिर अपनी बात दोहरायी कि विनीपैग से केन्सास सिटी बहुत दूर था और इतनी दूर यात्रा करने में ख़र्च भी काफ़ी आया होगा। बर्नी मुस्कुराया और उसने कहा, 'हाँ, परन्तु मैं आभारी हूँ अपने बेटे डेविड का कि मुझे धन की चिन्ता नहीं करनी पड़ती। 'मैंने कहा, 'यह तो एक कहानी सी लगती है, क्या आप मुझे इसके बारे में बतायेंगे?' इस निमन्त्रण पर बर्नी ने अपना दिल खोल दिया और मुझे जो कुछ बताया वह मेरे द्वारा अब तक की सुनी गयी सबसे रोमांचकारी कहानियों में से एक है।

'जब हमारा बेटा पैदा हुआ तो एक तरह से हमारी ख़ुशियों का ठिकाना नहीं था। हमारे पहले से दो बेटियाँ थीं और जब डेविड पैदा हुआ तो हमारा परिवार पूर्ण हो गया।

तथापि, इसे ज़्यादा समय नहीं बीता था कि हमें लगा कि कुछ गड़बड़ है। उसका सिर उसके शरीर के दाँयी ओर को अधिक झूलता सा रहता था और एक सामान्य स्वस्थ बच्चे की अपेक्षा उसके मुँह से लार अधिक निकलती थी। हमारे पारिवारिक डॉक्टर ने हमें आश्वस्त किया कि कोई गड़बड़ नहीं है और डेविड इस समस्या से उबर जायेगा। तथापि, अपने दिलों की कहीं गहराई में हम बेहतर जानते थे। हम उसे एक विशेषज्ञ के पास ले गये जिसने उसकी समस्या को पाँव फिरे रोग के विपरीत बताया। उन्होंने कई हफ़्तों तक उसका इलाज करवाया।

आपका बेटा स्पैस्टिक है

हम जानते थे कि समस्या अभी भी कहीं अधिक गम्भीर हैं, इसलिए हम डेविड को कनाडा के एक चोटी के विशेषज्ञ के पास ले गये। पूरे परीक्षण के बाद उसने हमसे कहा, 'यह छोटा बच्चा स्पैस्टिक है। इसे दिमाग़ी फ़ालिज है और यह कभी भी चल नहीं पायेगा, बात नहीं कर पायेगा और दस तक गिन भी नहीं पायेगा।' उसने फिर हमें सुझाव दिया कि हमें बच्चे के भले के लिए और परिवार के अन्य सामान्य सदस्यों के भले के लिए उसे किसी स्पैस्टिक बच्चों की संस्था में भर्ती कर देना चाहिए। अपनी आँखों से आग उगलते हुए बर्नी ने कहा, 'आपको मालूम है ज़िग, मैं ख़रीदार नहीं हूँ, मैं एक विक्रेता हूँ और मैं अपने बच्चे को सब्ज़ी की तरह नहीं देख सकता था। मैंने उसे एक मज़बूत, प्रसन्न और स्वस्थ बच्चे के रूप में देखा था जो बड़ा होकर एक पुरुष बनेगा और एक भरा-पूरा रचनात्मक जीवन जियेगा। यह सोचकर मैंने डॉक्टर से पूछा कि क्या उसके संज्ञान में कोई ऐसी जगह है जहाँ पर हम मदद के लिए जा सकते हैं। डॉक्टर ने एक तरह से हठीले लहज़े में कहा कि उसने हमें सर्वोत्तम सलाह दी है और यह कह कर वह खड़ा हो गया मानो मुलाक़ात का समय समाप्त हो गया हो।

जब ब्रदर बर्न ने मुझे यह कहानी सुनायी तो उसने एक महत्वपूर्ण बात कही, 'विशेषज्ञ से मिल कर केवल एक बात हुई कि हमने किसी ऐसे डॉक्टर को ढूँढने का निश्चय कर लिया जिसकी रुचि समाधानों में हो और जो समस्याओं से पराभूत न हो'।

समाधान के प्रति सचेत – न कि समस्या के प्रति सचेत

लोफचिक की तलाश ख़त्म होने से पहले, वे डेविड को लेकर बीस से भी अधिक विशेषज्ञों के पास गये। हर एक ने उनसे वही कहानी कही और वही सलाह दी। अन्ततः उन्होंने शिकागो में डॉ. पर्लस्टेन के बारे में सुना। वह दिमाग़ी फ़ालिज के क्षेत्र में विश्व में सर्वाधिक विद्वान माना जाता था। उसके पास पूरी दुनिया से रोगी आते थे और वह एक वर्ष से भी अधिक समय के लिए बुक था। क्योंकि डॉ. पर्लस्टेन केवल दूसरे डॉक्टरों के माध्यम से काम करता था, इसलिए बर्नी ने अपने पारिवारिक चिकित्सक की सहायता ली। डेविड पर किये गये सभी परीक्षण डॉ. पर्लस्टेन को भेजे गये और मुलाक़ात के समय के

लिए सम्पर्क किया गया। दुर्भाग्य से डॉ. पर्लस्टेन इतने अधिक व्यस्त थे कि उन्होंने डॉक्टर को कुछ दिन बाद फिर से सम्पर्क करने के लिए कहा। जब डॉक्टर ने बर्नी को यह सूचना दी और कहा कि और कुछ इससे अधिक नहीं किया जा सकता तो बर्नी ने मामला अपने हाथों में ले लिया। उसने तय किया कि देखते हैं अगर डॉ. पर्लस्टेन से डेविड के लिए मुलाक़ात का समय मिल जाये। बहुत प्रयास के बाद, एक दिन शाम को बर्नी का टेलिफोन से उनका सम्पर्क हो गया। उसने डॉ. पर्लस्टेन को अगले किसी निरस्त हुए मुलाक़ात के समय के लिए डेविड को प्रतीक्षित सूची में रखने के लिए मना लिया। सिर्फ़ ग्यारह दिनों बाद एक अवसर आया और डेविड को डॉ. पर्लस्टेन और अपनी नियति से मुलाक़ात का समय मिल गया। उम्मीद ने बहुत देर में अपना ख़ूबसूरत परन्तु समझ में न आने वाला सिर हिलाया। यह एक स्वागत योग्य नज़ारा था और लोफचिक ने इसे गले लगा लिया।

गोलिआथ, बीमारी को यह मालूम नहीं था परन्तु उसके सामने एक बिल्कुल नया प्रतिद्वन्द्वी था। घंटों के परीक्षणों के बाद, रोग वही निकला : डेविड स्पैस्टिक था। लोफचिक परिवार ने महसूस किया कि उनके बेटे को जीवन में एक अवसर प्रदान कराने के लिए कोई भी क़ीमत बड़ी नहीं थी। अतः उन्होंने जिज्ञासा पूर्वक पूछा कि क्या किया जाना चाहिए।

डॉ. पर्लस्टेन और उसके चिकित्सा विशेषज्ञ ने अपने निर्देशों को बारीक़ी से समझाया। उन्हें बताया गया कि उन्हें डेविड से तब तक मेहनत करानी है जब तक वह गिर न जाये और फिर उन्हें उससे और मेहनत करानी है। उन्हें उसे बर्दाश्त की हद से आगे तक धकेल कर ले जाना है और फिर और आगे धकेलना है। उसने बर्नी और एलेन को पूरी तरह बता दिया कि यह एक लम्बा, मुश्किल और कभी-कभी स्पष्ट रूप से निराशाजनक संघर्ष होगा। उसने ज़ोर दिया कि एक बार इस कार्य को शुरू करने के बाद उन्हें इसे अनिश्चित काल तक करते रहना होगा। उसने स्पष्ट व ज़ोर देकर कहा कि अगर उन्होंने उस काम को छोड़ दिया या उसमें कमी कर दी तो डेविड वापिस अपनी स्थिति में आ जायेगा और उनके द्वारा किया गया श्रम व्यर्थ हो जायेगा। हाँ, डेविड के लिए गोलिआथ के विरुद्ध लड़ाई वाक़ई शुरू हो गयी थी। लोफचिक परिवार को अब उम्मीद थी और उम्मीद में विश्वसनीयता थी। वे हल्के क़दमों से और हल्के दिल के साथ घर की ओर चल दिये और आगे वाले युद्ध के लिए उन्होंने ख़ुद को तैयार कर लिया।

एक शारीरिक चिकित्सा विशेषज्ञ और एक बॉडी बिल्डर की सेवाएं ली गयीं और घर के बेसमेन्ट में एक छोटा सा जिम बना दिया गया। शारीरिक श्रम और मानसिक कठोरता उनका दैनिक नियम बन गया।

महीनों के पीड़ादायक और समर्पित प्रयासों के बाद उम्मीद की हल्की किरणें दिखाई देनी शुरू हुईं। डेविड चलने लायक हो गया। हालाँकि उसे इस काम में बहुत समय लगा परन्तु वह अपने शरीर की लम्बाई के बराबर चल पड़ा। एक बहुत बड़ी क़ामयाबी हासिल हो गयी।

वह तैयार है

फिर एक और क़ामयाबी हासिल हुई जब उस चिकित्सा विशेषज्ञ ने फोन करके बर्नी को ऑफिस छोड़ कर घर आने के लिए कहा। जब बर्नी घर पहुँचा तो स्टेज तैयार था डेविड एक बहुत बड़े प्रयास के लिए तैयार था। वह एक पुश-अप की कोशिश करने वाला था। एक वयस्क आदमी द्वारा भी जिसकी कभी बराबरी न की जा सके उस कोशिश के साथ छह साल से भी कम उम्र के बच्चे ने अपनी सारी आरक्षित ताक़तों को पुकारा। जैसे ही उसका शरीर चटाई से उठना शुरू हुआ, उसकी भावात्मक और शारीरिक थकान इतनी अधिक थी कि उसके छोटे से शरीर पर एक इंच भी सूखी त्वचा नहीं थी। चटाई ऐसी दिख रही थी मानो इस पर पानी बिखेर दिया गया हो। जब वह पुश-अप पूरा हो गया, डेविड, चिकित्सा विशेषज्ञ, माँ और डैडी सभी की आँखों में ख़ुशी के आँसू छलक आये जो साफ़ तौर पर साबित करते हैं कि **ख़ुशी आनंद नहीं है, यह जीत है।**

यह कहानी तब और महत्वपूर्ण लगती है जब आप समझ जाते हैं कि अमेरिका के एक अग्रणी विश्वविद्यालय ने डेविड की परीक्षा लेकर पाया कि उसके शरीर के दाँयें हिस्से में कोई 'मोटर कनैक्शन्स' नहीं हैं। और उसके संतुलन की बुद्धि ऐसी थी कि उसे चलना सीखने में गम्भीर परेशानियाँ आयेंगी और वह कभी तैर नहीं पायेगा, स्केटिंग नहीं कर पायेगा, या साइकल पर नहीं चढ़ पायेगा। हाँ, गोलिआथ की बीमारी चाट रही थी। महत्वपूर्ण बात यह है कि गोलिआथ से छुटकारा पाने के दौरान, डेविड अनुभव से सच में जीवन के कुछ महान पाठ सीख रहा था। उसकी प्रगति स्थिर थी और चिकित्सा विशेषज्ञों की नज़र में दर्शनीय थी। डेविड सच में एक प्रशंसनीय लड़का है जिसने बेहिसाब प्रगति की है, परन्तु जिसे देखकर आश्चर्य नहीं होता क्योंकि उसके माता-पिता ने डेविड को एक जीवन्त बढ़ते हुए लड़के की तरह देखा था जो हर तरह से अच्छे स्वास्थ्य की ओर बढ़ रहा था।

आज, इस 'छोटे लड़के' ने अपनी चौथी साइकल त्यागी है सिवाय उन अवसरों के जब या तो इतना गर्म मौसम हो कि वह बर्फ़ पर स्केटिंग न कर पाये या जब वह अपनी कार ड्राइव नहीं कर रहा हो। बर्फ़ पर स्केटिंग करना सीखना पीड़ादायक था। भले ही उन स्केट्स पर हॉकी स्टिक का सहारा लेकर खड़ा होना सीखने में ही उसे लगभग एक वर्ष लग गया परन्तु वह हर रोज़ उस काम के पीछे लगा रहा। उसने अपनी बाधाओं को पार करने कि लिए जो भी ज़रूरी था किया और उसमें इतना अच्छा सफल हुआ कि उसने स्थानीय हॉकी टीम में बाँयी विंग के लिए खेला। इन सफलताओं के बाद भी, डॉक्टर अभी भी कहते थे कि उसे तैरने में लगभग दो वर्ष लगेंगे परन्तु वह दो हफ़्तों में ही तैरने लगा था और पहली ग्रीष्म ऋृतु ख़त्म होने से पहले तैराकी करने लगा था। डेविड ने एक दिन में 1000 पुश-अप तक किये हैं और एक बार बिना रुके छह मील तक दौड़ लगायी। ग्यारह वर्ष की आयु में उसने गोल्फ पकड़ा और उसमें भी उतना ही उत्साह व संकल्प लगाया

जितना उसने ज़िन्दगी के हर काम में लगाया था। परिणाम - वह पहले ही 90% सफल हिट का रिकॉर्ड तोड़ चुका है।

डेविड को बड़ा होते देखना और यह जानना बहुत रोमांचकारी है कि वे समस्त गुण जो वह विकसित कर रहा है और शारीरिक रूप से और शैक्षणिक रूप से सफल होने के लिए जो सिद्धान्त लागू कर रहा है, वे उसे अपने प्रयासों के चुने हुए क्षेत्र में बहुत आगे ले जायेंगे। यह जानना भी बहुत रोमांच देने वाला है कि आप भी उन गुणों को विकसित कर सकते हैं, उन्हीं सिद्धान्तों को लागू कर सकते हैं और जीवन में उसी तरह सफल हो सकते हैं जिस तरह डेविड हो रहा है।

मानसिक रूप से डेविड उतने ही अच्छे आकार में है जितना शारीरिक रूप से 1 सितम्बर, 1969 में, उसे लडकों के सेन्ट जॉन रेवन कोर्ट स्कूल में स्वीकार किया गया। यह कनाडा के सबसे अधिक माँग में होने वाले स्कूलों में से है। 7 वीं कक्षा में होते हुए, डेविड ने 9 वीं कक्षा के गणित में बहुत अच्छा प्रदर्शन किया। उस छोटे बच्चे के लिए जिसे डॉक्टरों ने कहा था कि वह कभी दस तक नहीं गिन पायेगा वह बुरा प्रदर्शन नहीं था। 23 अक्तूबर 1971 को, मुझे और मेरी पत्नी को डेविड लोफचिक के बार मिज्वाह में शामिल होने का सौभाग्य मिला। मेरी कामना है आप वहाँ पर डेविड को पुरुषत्व की ओर विशाल कदम उठाते हुए देखते। स्पष्ट आँखों, स्थिर आवाज़ और अविचलित क़दमों के साथ डेविड अमेरिका और कनाडा के अपने मित्रों व सम्बन्धियों के एक बड़े समूह के बीच एक पुरुष हो गया। उसका प्रदर्शन निश्चित रूप से उत्कृष्ट था क्योंकि वह अपनी पूरी ज़िन्दगी इस अवसर के लिए तैयारी करता रहा था।

हाँ, गोलिआथ स्पष्ट रूप से धराशायी हो चुका है, परन्तु उससे साफ़ तौर से छुटकारा नहीं मिला है और सम्भवतः कभी नहीं मिलेगा। डेविड को अपनी पूरी ज़िंदगी बहुत अधिक रूप से और नियमित रूप से व्यायाम करना चाहिए। यहाँ तक कि थोड़े से दिनों के लिए व्यायाम बन्द करना बहुत महँगा पड़ सकता है। अन्य 19 वर्ष के चुस्त लड़कों की तरह उसे भी अपने मित्रों के साथ घूमना पसन्द है। तथापि, जब व्यायाम का समय आता है तो डेविड समझता है कि उसे क्या करना चाहिए और वह ज़िम की ओर चल देता है। वास्तव में, उसके पास यही सब कुछ नहीं है क्योंकि उसके माता-पिता के अतिरिक्त उसके दो बड़ी बहनें हैं, वह मित्रों का अतिथि सेवक है, और एक बहुत बड़ी संख्या रिश्तेदारों की है जो एक हिस्से का प्रतिनिधित्व करते हैं।

डेविड के लिए फ़रवरी 1974 में एक बहुत बड़ी बात हुई, जब डेविड के जीवन पर 100000 डॉलर की पूर्ण जीवन बीमा पॉलिसी जारी की गयी। पॉलिसी मानक (स्टेन्डर्ड) आधार पर जारी की गयी, जिसे मेरे संज्ञान में एक दिमाग़ी फ़ालिज के शिकार व्यक्ति द्वारा इस समझौते के लिए पहली बार सफल होना कहा जायेगा।

उपलब्धि संक्रामक है

जो लोग लोफचिक परिवार को जानते हैं वे आपसे फ़ौरन कहेंगे कि हर एक सदस्य ने डेविड के जीवन में महत्वपूर्ण भूमिका निभायी और उसके साथ बढ़ने की सुविधा प्राप्त की। प्रत्येक सदस्य उत्कृष्ट है और प्रत्येक ने परिवार व समुदाय के लिए योगदान दिया। उदाहरण के लिए बर्नी के व्यवसाय की वृद्धि भी उसी तरह आश्चर्यजनक रही। बर्नी मेरे परिचितों में आज तक सबसे अधिक पूर्णतः शिक्षित, अशिक्षित व्यक्ति है। उसने आधिकारिक तौर पर 7 वीं कक्षा पास की है, परन्तु वह जीवन का हर दिन 'स्कूल' में बिताता है। वह हर किसी से कुछ न कुछ सीखता है और उसके श्रेष्ठता प्राप्त करने के प्रयास उसे मेरे परिचित व्यापारी मित्रों में व्यापार की सबसे अधिक समझ रखने वाले व्यक्ति के स्थान पर ले जाते हैं।

ज़रूरत के कारण, बर्नी ने अपने व्यापारिक जीवन और व्यक्तिगत जीवन में परिश्रम व समझदारी के साथ काम किया । सात वर्ष की अवधि तक उसने हर हफ़्ते सातों दिन और सातों रात काम किया और इस पूरी अवधि में केवल एक रात की छुट्टी ली । यह कौशल अकेला ही साफ़ तौर पर उसकी लगन, संकल्प, इच्छा और समर्पण को दर्शाने के लिए काफ़ी है। अपनी तलाश में, बर्नी ने खोजा कि एक सफल व ख़ुश जीवन में **आप जीवन में जो कुछ भी चाहते हैं उसे पा सकते हैं अगर आप दूसरे जो चाहते हैं उसे प्राप्त कराने में उनकी पर्याप्त मदद करते हैं।** इस सिद्धान्त को अपने व्यापार में लागू करके उसने कनाडा की सबसे बड़ी कुकवेयर कम्पनी बना ली और इस प्रक्रिया में आर्थिक स्वतन्त्रता हासिल की।

किसी भी पैमाने से डेविड और वे सभी जिन्होंने उसकी मदद की, काफ़ी क़ामयाब हैं। यह एक टीम की लड़ाई थी और टीम की जीत और हर किसी ने गोलिआथ को धराशायी करने में महत्वपूर्ण भूमिका निभायी। हर कोई उसे वहीं पर बनाये रखने में महत्वपूर्ण भूमिका निभा रहा है।

सभी अवयव

डेविड लोफचिक की कहानी को ध्यान में रखते हुए, आइये 'शिखर के लिए सोपान' चार्ट पर वापिस चलें। बच्चे के रूप में, डेविड के पास अपनी स्वस्थ छवि नहीं थी जो कि चार्ट की पहली पायदान है। तो भी, उसके माता-पिता की नज़रों में वह एक विशिष्ट छोटा बच्चा था जो जीवन में अपना हिस्सा प्राप्त करने का पात्र था। उन्होंने डेविड को वैसा ही देखा जैसा वह आज है और अपने आप को उसे वह अवसर प्रदान करने हेतु सक्षम देखा था। आज, डेविड के पास अपनी स्वस्थ छवि है, जिसके परिणाम साफ़ तौर से ज़ाहिर हैं।

आपके शिखर के लिए सोपान की दूसरी पायदान आपका दूसरों के साथ रिश्ता

है। स्पष्ट रूप से, बहुत से लोग थे जिन्होंने डेविड लोफचिक की वृद्धि और विकास में महत्वपूर्ण भूमिका अदा की। डॉक्टर्स, नर्सें, चिकित्सा विशेषज्ञ, अध्यापक आदि सभी की भूमिका रही। माता-पिता, डेविड और इस काम में शामिल व्यवसायी लोगों के बीच रिश्ते से उपजे धैर्य व प्यार के कारण 'ख़ून, पसीना और आँसू' सब के सब अधिक सहनीय बन गये थे। सौभाग्य से, उसे वह सहायता मिली जिसकी उसे ज़रूरत थी और वह विजयी हो गया। वे लोग भी जिन्होंने डेविड की मदद की विजयी थे क्योंकि **'वही सबसे ऊँचा चढ़ता है जो दूसरों की ऊपर चढ़ने में मदद करता है।'**

तीसरा क़दम जिसको हमने शामिल किया था वह था लक्ष्य (ध्येय) का महत्व, उन ध्येयों को कैसे निर्धारित करें और उन ध्येयों तक कैसे पहुँचे। ध्येय निर्धारण का हर पहलू डेविड की कहानी में स्पष्ट था। परिवार द्वारा डेविड के लिए ध्येय निर्धारण के साथ ही बर्नी ने अपने व्यक्तिगत, कार्य सम्बन्धी और आर्थिक ध्येयों का भी निर्धारण किया। शुरू में, बर्नी डेविड के इलाज का भारी बोझ आसानी से नहीं उठा पाया, परन्तु उसने वही किया जो चैम्पियन हमेशा किया करते हैं। उसने समय के अनुसार अपनी क़ाबिलियत दिखायी। अब वह जीवन में जो कुछ भी चाहता था सब पा रहा है क्योंकि उसने डेविड व अन्य लोगों की जो कुछ वे चाहते थे उसे प्राप्त कराने में मदद की।

चौथा क़दम सोचने का सही तरीक़ा था जो काफ़ी बड़ा क्षेत्र घेरता है और डेविड लोफचिक की कहानी इसे पूर्णता से बयान करती है। एक वक्त में एक दिन काम करने का, एक वक्त में एक क़दम उठाने का, रुकावटों को सफलता का साधन बना लेने का और नकारात्मक स्थितियों में सकारात्मक रूप से प्रतिक्रिया करने का परिवार का नज़रिया डेविड को बता दिया गया था। उन्होंने उसे एक निरन्तर ख़ुराक दी कि 'डेविड तुम यह कर सकते हो।' डेविड कपड़े पहनते वक्त, व्यायाम करते वक्त और अपने माता-पिता के साथ स्कूल जाते वक्त उत्साहपूर्ण, सकारात्मक कैसेट रिकॉर्डिंग्स सुनता था। रोज़ाना उसका प्रशिक्षक, पूर्व मिस्टर मेनीटोबा, सिड पुकेलो और उसके माता-पिता व नज़दीकी पारिवारिक मित्र उसके जीवन में सकारात्मक पहलूओं को और अधिक प्रभावशाली बनाते थे। आख़िरकार, समुचित मानसिक ख़ुराक, डेविड के जीवन का एक हिस्सा बन गयी और जो आदतें उसने हासिल कीं वे इतनी अच्छी थीं कि उनसे उसकी वृद्धि और प्रगति निश्चित हो गयी।

पाँचवाँ क़दम कार्य के बारे में है और डेविड की कहानी इस पर खरी उतरती है। आपको समझाने के लिए, अगली बार जब कभी आप यह शिकायत करें कि दिन में सिर्फ़ 24 घंटे होते हैं, तो मेरा आपसे आग्रह है कि डेविड लोफचिक को याद रखें। वर्षों तक उसके लिए दिन में सिर्फ़ 21 घंटे होते थे क्योंकि वह दिन में तीन घंटे दिमाग़ी फालिज से लड़ने के लिए शारीरिक युद्ध (कसरत) में लगाता था। आज भी उसकी समय की माँग बहुत अधिक है। अगर वह हर रोज़ इस तरह काम नहीं करेगा तो उसका गोलिआथ (रोग)

वापिस आ जायेगा। हाँ, उसे इतना काम करना पड़ता है, परन्तु डेविड और लोफचिक परिवार जानता है कि अच्छे स्वास्थ्य के लिए आप मूल्य अदा नहीं करते - आप उस मूल्य का आनन्द लेते हैं।

डेविड की कहानी छठे क़दम में ख़ूबसूरती से सही बैठती है जो कि इच्छा की चर्चा है। मैं ईमानदारी से कह सकता हूँ कि सैकड़ों लोगों के साथ काम करके भी मैं किसी ऐसे परिवार से नहीं मिला हूँ जहाँ पर इच्छा इतनी स्पष्ट रही हो जितनी लोफचिक परिवार में। उनकी डेविड के लिए उसको जीवन में अवसर प्रदान करने की प्रबल इच्छा उनके कार्यों में रूपान्तरित हो गयी, इसलिए उसे वह अवसर मिल सका। उन कार्यों में कुछ मुश्किल थे, वाक़ई मुश्किल क्योंकि उनमें एक विशेष प्रकार का प्यार शामिल था और वह इतना गहरा था कि उसकी माँग थी कि वे अपनी स्वाभाविक हमदर्दी व करुणा को भूल जायें। कई बार जब बर्नी और ईलेन डॉक्टर के निर्देशों के अनुसार उन फ़ीतों को कसते थे तो डेविड चिल्लाता था और उनसे उन्हें ढीला करने या 'बस एक रात' के लिए खोल देने के लिए अनुनय करता था। बर्नी और ईलेन अपने बच्चे के लिए लगभग सब कुछ देने को तैयार थे परन्तु उनका प्यार इतना गहरा था कि वे डेविड के उस वक्त के आँसुओं को ना कह देते थे जिसका अर्थ था कि वे उसकी जीवन भर की तन्दुरुस्ती और ख़ुशी को हाँ कह रहे थे।

जब आप डेविड की कहानी पर ग़ौर करेंगे तो आप अनुभव करेंगे कि इस कहानी में शुरू से अन्त तक चरित्र, ईमानदारी, प्यार, सत्यनिष्ठा, विश्वास और कर्तव्यनिष्ठा स्पष्ट झलकते हैं। इस पुस्तक के प्रथम खंड में, मैंने कहा था कि इन गुणों में से जिसकी भी आपमें कमी हो, उसे आप हासिल कर सकते हैं। मेरा मानना है कि डेविड की कहानी उसको सत्यापित करती है। उसे देखकर आपको यह मानना मुश्किल लगेगा कि उसके साथ कभी कोई ख़राबी थी। कई बार मैं सोचता था कि डेविड कितना अनोखा होता, अगर वह एक सामान्य व स्वस्थ बच्चा होता। मेरे लिए उसके अधिक मज़बूत, अधिक बड़े, अधिक चुस्त और फुर्तीले व्यक्ति के रूप में कल्पना करना कोई मुश्किल नहीं था। फिर एक दिन सच ने मुझ पर बुरी तरह प्रहार किया। यदि डेविड की शुरूआत और अधिक से रही होती तो वह और कम उपलब्धि हासिल कर पाता। मैं इस बात से सहमत हूँ कि वह अधिक सक्षम है - हो सकता है और अधिक सक्षम हो - दिमाग़ी फ़ालिज के शिकार होने के बावजूद नहीं बल्कि दिमाग़ी फ़ालिज का शिकार होने के कारण। यही कारण है कि ईश्वर हमें इतने स्पष्ट रूप से कहता है कि हर चीज़ के लिए हम उसके आभारी हों (बाइबल 5:18)। हाँ, यह एक विशेष और आश्चर्यजनक चमत्कार है कि लोफचिक परिवार ने अपने बेटे को जीवन की रिले रेस में अपना अवसर पाने वाले लड़के के रूप में देखा। उन्होंने उसकी शुरुआत करायी, उसे बैटन थमायी और फिर तब से वह पुराना डेविड दौड़े चला जा रहा है ।

डेविड की कहानी का सर्वोत्तम हिस्सा नहीं लिखा गया है क्योंकि डेविड अभी भी उसे जी रहा है। मेरा विश्वास है कि डेविड जो कुछ भविष्य में करेगा, वह जो कुछ उसने अतीत में किया है उससे कहीं आगे होगा। यह रोमांचक है, परन्तु इससे भी अधिक रोमांचक यह विचार है कि इस कहानी का मतलब उन लाखों बच्चों के लिए क्या हो सकता है जिनका स्वास्थ्य सामान्य है। यदि डेविड जहाँ था वहाँ से शुरूआत करके, जो कुछ उसके पास था उससे जो कुछ उसने किया वह कर सकता है, सोचिये ये सिद्धान्त और कार्यविधियाँ यदि अच्छे स्वास्थ्य वाले बच्चों पर लागू की जायें तो कितना मायने रखती हैं। यह विचार अद्‌भुत और रोमांचकारी है।

डेविड की कहानी की अब एक उत्तर कथा है। अमेरिलो टेक्सॉस में, एक रात, उसकी कहानी सुनाते हुए मैंने देखा कि अगली पंक्ति में बैठे एक युवा दम्पति भाव विह्वल हो गये। बाद में हम लोग अलग से मिले और उन्होंने उस शिकागो के डॉक्टर का नाम जानना चाहा जो डॉ. पर्लस्टेन की मृत्यु के बाद वहाँ पर उसी क्षेत्र में काम कर रहा है। उनकी पन्द्रह माह की पुत्री को दिमाग़ी फ़ालिज है, और उन्हें आशा है कि उसके लिए कुछ किया जा सकता है। वे अपनी बेटी को शिकागो लेकर गये और परीक्षणों के बाद डॉक्टर ने उन्हें बताया कि उनकी बेटी को बीमारी के सारे लक्षण थे परन्तु उसे निश्चित रूप से दिमाग़ी फालिज नहीं था। वह बस समय से पूर्व पैदा हो गयी थी और डॉक्टर ने उसकी स्थिति का ग़लत आकलन किया था। समय पूर्व पैदा होने के कारण वह सामान्य बच्चे की अपेक्षा कुछ धीमी थी तो भी, क्योंकि वे उसे दिमाग़ी फ़ालिज का उपचार दे रहे थे उसने उस बीमारी के सारे लक्षण हासिल कर लिए। उन्होंने तुरन्त ही उससे एक सामान्य व स्वस्थ बच्चे की तरह व्यवहार करना शुरू कर दिया और कुछ ही हफ़्तों में दिमाग़ी फ़ालिज के लक्षण ग़ायब हो गये। हाँ, हम लोगों से उसी तरह व्यवहार करते हैं जिस तरह हम उन्हें देखते हैं और वे उस व्यवहार पर प्रतिक्रिया करते हैं, चाहे वह अच्छा हो या बुरा, सकारात्मक हो या नकारात्मक। पुनः यही कारण है कि हमारे लिए 'अच्छाई ढूँढने वाला' होना क्यों महत्वपूर्ण है।

तो अब आप सोपान के शिखर पर हैं। आप सारी पायदान चढ़ आये हैं इसलिए अब आप जीवन की ख़ुशियों के दरबार हाल की ओर ले जाने वाले दरवाज़े के ठीक सामने खड़े हैं। इस मौक़े पर मैं आपका ध्यान अवसर शब्द की ओर आकृष्ट करना चाहता हूँ जो कि स्पष्ट रूप से दरवाज़े पर लिखा हुआ है। असल में, अवसर शब्द को अमेरिका का पर्यायवाची माना जा सकता है - सच तो यह है, अगर आप दोबारा देखेंगे तो यह स्पष्ट है कि अवसर ही अमेरिका है। केवल अमेरिका जैसे मुक्त उद्यम देश में इन सिद्धान्तों से ऐसे परिणाम मिल पाये। अतः आइये, स्वतन्त्र व बहादुर लोगों की भूमि - सुन्दर अमेरिका पर एक नज़र डालें।

आप भविष्य के एक्ज़ीक्यूटिव स्वीट (Executive Suite) के शीशे के दरवाज़े के सामने खड़े हैं। इस दरवाज़े को खोलने के लिए आपको बस अब इसे हल्का सा धकेलना है।

अध्याय चार
ख़ूबसूरत अमेरिका

मुक्त उद्यम बनाम साम्यवाद

सारी पुस्तक में मैं आपको अपने और आप जैसे लोगों के बारे में बहुत सी कहानियाँ सुनाता रहा हूँ। जैसा मैंने पहले भी कहा था, मेरा मानना है कि जीवन एक कहानी है, इसलिए मैंने इन कहानियों को ज़िंदगी से बाँधने की कोशिश की है ताकि आप जो हैं उससे अधिक होने में, जो करते हैं उससे अधिक करने में और जो आपके पास है उससे अधिक हासिल करने में आपकी मदद की जा सके। इन कहानियों में हर जाति, नस्ल और रंग के लोग शामिल हैं और वे ज़िंदगी के हर क्षेत्र से सम्बन्ध रखते हैं। वे कई मायने में भिन्न हैं, परन्तु हर कोई मुक्त उद्यम व्यवस्था में जीने के एक सामान्य बन्धन से जुड़ा हुआ है जो उन्हें उनकी योग्यता को पूरी तरह प्रयोग करने के क़ाबिल बनाती है।

पर्थ, आस्ट्रेलिया से लेकर पेरिस, फ्रांस तक की मेरी व्यक्तिगत यात्राओं और बोले गये तथा छपे हुए शब्दों ने मुझे मुक्त उद्यम व अमेरिका की बाक़ी विश्व से तुलना करने के अवसर दिये हैं - और अमेरिका भारी बहुमत से जीता है। साधारण सी मिसाल : एक अख़बार बेचने वाला औसत अमेरिकी लड़का मुक्त उद्यम व्यवस्था में जो अंशकालिक कार्य करता है विश्व के 50% मज़दूरों से कहीं अधिक धन कमाता है।

मैं इस समय मुक्त उद्यम पर इस लिये ज़ोर दे रहा हूँ क्योंकि कुछ सिद्धान्त जिनकी इस पुस्तक में वकालत की गयी है लोहे और बांस के पर्दों के पीछे फलीभूत नहीं हो सकते। इस अन्तिम अध्याय में मैं उन ख़तरों के बारे में जो हमारे सामने हैं, चेतावनी दे रहा हूँ, और बता रहा हूँ कि आप अमेरिका को और अपने आप को मुक्त व महान बनाये रखने के लिए क्या कर सकते हैं।

मुक्त उद्यम और साम्यवाद के बीच एक उत्तम तुलना क्यूबा में विद्यमान है। 1958 में कैस्ट्रो और साम्यवाद के आने से पहले क्यूबा के मज़दूर की औसत सालाना आमदनी लगभग 475 डॉलर थी, हर चीज़ भरपूर थी, किसी चीज़ की राशनिंग नहीं थी और आप अपनी मर्ज़ी के मुताबिक़ यात्रा कर सकते थे। आज व्यक्तिगत स्वतन्त्रता अतीत की चीज़ है और व्यक्तिगत उम्मीद एक याद बन कर रह गयी है। साम्यवाद के अन्तर्गत, क्यूबाई मज़दूर की 1974 में औसत आमदनी लगभग 325 डॉलर थी जिससे 1958 में जो 475 डॉलर ख़रीद सकते थे उसके एक तिहाई से भी कम ख़रीदा जा सकता है। एक

तरह से क्यूबा में आज हर चीज़ की राशनिंग है और बहुत सी चीज़ें उपलब्ध नहीं हैं । सारी यात्राएँ प्रतिबन्धित हैं और कोई भी देश से बाहर नहीं जा सकता। हज़ारों की संख्या में आज़ादी को प्यार करने वाले क्यूबाईयों ने जब अमेरिका में आज़ादी के बदले अपनी हर चीज़ त्याग दी उसके बाद कैस्ट्रो ने विदेशगमन पर रोक लगा दी। रूस में, जो कि साम्यवाद की जननी है, व्यक्तिगत स्वतन्त्रता इतनी सीमित है कि यहाँ तक कि उनके पुरस्कारों के प्रमाणों पर (खिलाड़ी व कलाकार) कड़ी चौकसी है जब वे देश छोड़ते हैं और उनके नोबल पुरस्कार विजेता अक्सर पुरस्कार प्राप्त करने के लिए जा नहीं सकते हैं। पूजा करने की आज़ादी भी एक धुंधली स्मृति बन कर रह गयी है, राजनीतिक मतभेद विनाश को निमन्त्रण देना है, और दूसरे देश के लिए विदेशगमन लाखों में किसी एक के बूते की बात है।

भौतिक वस्तुओं में, रूसी व्यक्ति एक मध्यम दर्जे की कार ख़रीदने के लिए 1000 दिन काम करता है और उसकी सुपुर्दगी पाने के लिए छह सालों तक इन्तज़ार करता है। इस पर भी यात्रा करना प्रतिबंधित है, गैसोलीन मंहगी है और पत्थर-ईंटों से बने हाई-वे कम हैं। तुलनात्मक दृष्टि से एक अमेरिकी मध्यम दर्जे की कार को 100 दिन काम करके ख़रीद सकता है, 200 विभिन्न मॉडलों की तुरन्त सुपुर्दगी ले सकता है और विश्व की सर्वाधिक विकसित हाई-वे व्यवस्था पर अमेरिका में कहीं भी जा सकता है।

एक रूसी आदमी रेफ़्रीजरेटर ख़रीदने के लिए 300 घंटे काम करता है और उसकी सुपुर्दगी पाने के लिए महीनों इन्तज़ार करता है। अमेरिका में उससे बेहतर रेफ़्रीजरेटर तुरन्त सुपुर्दगी के साथ 30 घंटे काम करके ख़रीदा जा सकता है। रूस में किसी ग़ैर ज़रूरी चीज़ के लिए भी लम्बी लाइन लगानी पड़ती है और अन्त में अक्सर निराशा ही हाथ लगती है। यह उलझन वाली बात है कि मुक्त उद्यम व्यवस्था रूस में भी बहुत अच्छी तरह से काम करती है।

स्टालिन के अत्यन्त दमनकारी शासन के दौरान, जो स्टालिन किसानों को उनके घरों के पास के छोटे से ज़मीन के टुकड़ों पर उन्हें अपने निजी उपयोग में लाने के लिए खेती करने देने के लिए सहमत हो गये। यह ज़मीन खेती की कुल ज़मीन का 4% से भी कम हिस्सा है, परन्तु सोवियत रूस के कृषि उत्पादन का लगभग एक तिहाई इसी 4% ज़मीन से आता है। विशेषतया, यह 'मुक्त उद्यम' भूमि रूस के आलुओं का 60% से अधिक उत्पादन करती है, 50% रूसी दूध की आपूर्ति करती है, 75% अंडे और रूस के मीट उत्पादन का 50% इस ज़मीन से आता है। **प्रोत्साहन सफलता की आत्मा है- आपकी राष्ट्रीयता कोई भी हों।**

अपने दावों के बावजूद, विश्व में ऐसा कोई भी साम्यवादी राष्ट्र नहीं है जो स्वयं का

भरण पोषण कर सके। साम्यवाद इतना अक्षम है कि कुछ विशेषज्ञों का मानना है कि यदि हम अपनी कृषि व तकनीक सम्बन्धी दक्षता जो उन्हें सहारा दिये हुए है, वापिस ले लें तो रूस 15 सालों में या उससे भी कम समय में नष्ट हो जायेगा। कोई भी व्यक्ति जो समाजवाद को गले लगाने के बारे में सोचता है उसे सिद्धान्तवाद के बजाये दीवार के उस पार साम्यवादी पूर्वी बर्लिन, या क्यूबा, चीन अथवा रूस में जाकर साम्यवाद की ***वास्तविकता*** को देखना चाहिए। वे दो अलग प्रकार के पशु हैं। साम्यवादी कहते हैं कि वे सब 'बराबर' हैं जो कि सच है। वे सब बराबर रूप से गरीब हैं। विन्स्टन चर्चिल के शब्दों में पूँजीवाद की समस्या सम्पत्ति का असमान बँटवारा है जब कि समाजवाद का 'गुण' पीड़ाओं का समान बँटवारा है।

बुलफ्रॉग सिद्धान्त

जैसे ही हम अमेरिका की समस्याओं की ओर बढ़ते हैं तो मुझे अमेरिकियों के दो समूहों के बारे में फ़िक्र होती है। एक समूह उस व्यक्ति की तरह है जो अपना परीक्षण कराने से इन्कार कर देता है क्योंकि उसे शक है कि उसे कैंसर है। वह बिल्कुल अंधा बन कर कहता है, 'अमेरिका की कोई समस्या नहीं है।' अथवा 'चिन्ता मत करो अमेरिका हमेशा समस्याओं में से सफलता पूर्वक निकल आया है - मुझे इसके बारे में मत बताओ।' दूसरा समूह कहता है, 'ठीक है, पर मैं क्या कर सकता हूँ, मैं बस अकेला हूँ और अब इस बात के लिए देर भी बहुत हो गयी है।'

अगर आपका घर जल रहा हो तो आप उसके बारे में जानना चाहेंगे ताकि आप एक बाल्टी पानी लेकर उसे बुझाने की कोशिश कर सकें। इस अध्याय का उद्देश्य आपको यही बताना है कि आपका घर (अमेरिका) जल रहा है और आपको कई बाल्टी पानी देना है जिससे आप लपटों को शान्त कर सकें। वह आग जो अमेरिका को जला रही है, कुछ ऐसे शुरू हुई जैसे आप किसी बुलफ्रॉग को उबाल रहे हों।

आप किसी बुलफ्रॉग को खौलते पानी में फेंक कर नहीं उबालते, क्योंकि जितनी शीघ्रता से आपने उसे वहाँ फेंका है उससे कहीं तेज़ी से वह कूद कर बाहर आ जायेगा। आप उसे ठंडे पानी में डालते हैं और फिर उसे गर्म करना शुरू करते हैं। जैसे ही पानी गुनगुना होता है, बुलफ्रॉग सुस्ताने लगता है और एक झपकी ले लेता है। बाक़ी कहानी आप जानते हैं। जब वह जागता है तो मरा हुआ होता है। उसे उबालकर मार दिया गया।

कोई भी शत्रु आज अमेरिका पर प्रत्यक्ष हमला नहीं करेगा। प्रथम विश्वयुद्ध में जर्मनी और द्वितीय विश्वयुद्ध में जापान इस प्रत्यक्ष हमले के विध्वंसक परिणाम भुगत चुके हैं। आज हमारे सामने जो दुश्मन हैं वह कहीं अधिक चुपके से नुक़सान पहुँचाने वाला है

और जापान या जर्मनी की तुलना में असंख्य गुना शक्तिशाली और ख़तरनाक है। वह शत्रु साम्यवाद है और यह तीस के दशक में दूसरे बैनर के तले शुरू हुआ था। उस समय अमेरिकियों को 'फ्री लंच' की धारणा का महत्व बताया गया था कि इससे वाशिंगटन में एक केन्द्रीकृत सरकार के माध्यम से उनकी सम्पत्ति बढ़ जायेगी। इसलिए, हमने बहुत होनहार राजनीतिज्ञों को राजनीतिक पदों के लिए चुनना शुरू कर दिया। 'मेंढ़क' पानी में था और 'गर्मी' देना शुरू कर दिया गया था। कुछ सालों के दौरान वोट चाहने वाले राजनीतिज्ञों ने उदार कानून बना डाले (काम करने वाले लोगों के धन के साथ उदार)। सच बात तो यह है, मैं आपको बताऊँ कि सभी राजनीतिक लोग सत्तारूढ़ नहीं है। बहुत से राजनेता नागरिक हैं जो निरन्तर चुने गये पदाधिकारियों से दो 'माँगों' के लिए झगड़ते रहते हैं। पहली, आपको संघीय सरकार के बेतहाशा ज़्यादा ख़र्चे को घटाने के लिए कुछ करना चाहिए और दूसरी, आपको कोई न कोई रास्ता ढूँढ़ना चाहिए ताकि हमारे लोगों को और अधिक संघीय धन प्राप्त हो सके।

संघीय सहायता इतनी अधिक और इतनी विस्तृत रही है कि आज कुछ अर्थशास्त्री भविष्यवाणी कर रहे हैं कि 1990 तक, अमेरिकी लोगों में 50% दूसरे 50% लोगों को सहायता दे रहे होंगे। यह सब इतना धीरे-धीरे आया है कि बहुत लोग यह जानते ही नहीं हैं कि यह बहुत सालों से हो रहा है। मुझे चिन्ता है कि 'मेंढ़क' (अमेरिका) गर्म पानी में है - वह और गर्म हो रहा है - परन्तु मैं इस बारे में भी सहमत हूँ कि जागरूक नागरिक इस समस्या को हल कर सकते हैं।

बहुत से लोग लापरवाही के साथ कहते हैं कि अमेरिकी हर बार मंदी के दौर से सफलतापूर्वक निकल आये हैं - अतीत में यह सच भी रहा है, परन्तु मुझे चिन्ता है। हमारे पास 100 मिलियन अमेरिकी हैं जिन्होंने कभी ऐसा मंदी का दौर नहीं देखा। हम जानते हैं कि वे सफलता और सम्पन्नता पर कैसी प्रतिक्रिया करते हैं, परन्तु वास्तविकता में हमें नहीं मालूम कि वे संकट के समय किस तरह से प्रतिक्रिया करेंगे। इन्हीं अमेरिकियों ने हमें कभी कोई युद्ध जीतते हुए नहीं देखा। कोरियाई युद्ध में बराबरी की स्थिति थी और वियतनाम एक विनाश था। वे जीत के मधुर स्वाद या मुक्त लोगों द्वारा अपने आज़ादी दिलाने वाले नायकों को गले लगाते हुए देखने के रोमांच को नहीं जानते।

मुझे चिन्ता है क्योंकि 130 मिलियन अमेरिकी 25 वर्ष से कम आयु के हैं और एक औसत 25 वर्षीय व्यक्ति औसतन 18000 घंटे टेलिविज़न देख चुका है। इस समय के दौरान उसने 40000 कत्ल, हज़ारों बलात्कार व बहला-फुसलाकर कुमार्ग पर ले जाने के ढंग तथा करोड़ों अश्लील दृश्य देखे होंगे और अपवित्र शब्द सुने होंगे। यह वह ख़ुराक नहीं है जिससे चरित्र या संकल्प बनता है।

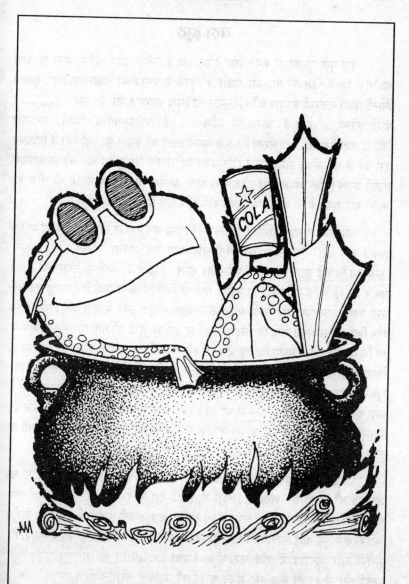

जब तक वह जागेगा, उबलकर मर चुका होगा।
आत्म-संतोष बर्बाद कर देगा।

बड़ा झूठ

इस पूरी पुस्तक में हमने ज़ोर देकर रहा है, 'जैसा आप बोयेंगे, वैसा ही आप काटेंगे।' किसी चीज़ को बार-बार देखने या सुनने के प्रभाव को दिखाने के लिए, कृपया निम्नलिखित वक्तव्यों को पूरा करें। विन्स्टन का स्वाद अच्छा है जैसे कि एक.............। पेप्सी कोला.......देता है। बारह पूरे औंस ....हैं। कोका-कोला पीजिये, अन्तराल जो. ....देता है। डज़.......करता है। अब अपने उत्तरों को पृष्ठ - पर जाँचिये। वे विज्ञापन दस वर्ष से भी अधिक समय पहले टेलिविज़न पर आते थे परन्तु इस बात की सम्भावनायें काफ़ी प्रबल हैं कि आपने उन्हें ठीक भरा होगा, क्योंकि अगर आप किसी भी चीज़ को काफ़ी बार सुनते हैं तो आप उसे याद रखेंगे और उस पर विश्वास करेंगे ।

चालीस वर्ष पहले एडॉल्फ हिटलर ने निर्णयात्मक रूप से साबित कर दिया था कि जनता 'बड़े झूठ' पर यक़ीन कर लेगी यदि आप उसे अक्सर बोलते रहेंगे। आइये, अमेरिका के **बड़े झूठ नम्बर एक पर नज़र डालें :** पिछले 25 वर्षों से, उदारवादी मुझसे कहते आ रहे हैं कि मेरी पीढ़ी को पढ़ाया गया था कि यौन क्रिया गन्दी है - परन्तु क्या हमें ऐसा पढ़ाया गया था? मेरे साथी समूह के सर्वेक्षण ने एक स्वर में नहीं कहा। जब कभी यौन क्रियाओं सम्बन्धी कोई बात पढ़ायी गयी या उस पर चर्चा की गयी तो हमें बताया गया था कि यह एक निजी क्रिया है। यह पवित्र है और यह पति व पत्नी के बीच की जाने वाली क्रिया है। बाइबल में आदमी और उसकी पत्नी के बीच यौन सम्बन्धों की पवित्रता और ख़ूबसूरती पर ज़ोर दिया गया है। इसे प्यार की चरम अभिव्यक्ति के रूप में माना गया है और इसे मानव जाति के प्रजनन से भी आगे जाने वाला बताया गया है। परन्तु उदारवादी, दोषारोपण करते हुए कह रहा था कि क्योंकि सम्भोग 'गन्दा' नहीं है इसलिए यह किसी के साथ भी किया जा सकता है जब तक कि कोई रिश्ता 'अर्थपूर्ण' है।

बड़ा झूठ नम्बर दो : पिछले 25 वर्षों में हमें बार-बार बताया गया है कि 'ग़रीबी अपराध की जननी है।' तथापि, 1940 में, हमारे देश के इतिहास में पूरे दस वर्षों तक घनघोर मन्दी के दौर के बाद, अपराध की दर इसके शुरू की तुलना में कम थी। विशेष रूप से कभी भी कोई निश्चयात्मक अध्ययन नहीं किया गया जो यह स्थापित कर सके कि ग़रीबी और अपराध में कोई पारस्परिक रिश्ता है। अपराध का सम्बन्ध चरित्र और सत्यनिष्ठा से है। जो कुछ हम अपने बच्चों को पढ़ाते हैं वही निर्धारित करता है कि वे कानून को मानने वाले बनेंगे या कानून को तोड़ने वाले।

बच्चों को पढ़ाया क्या जा रहा है? लाखों की संख्या में वे जीवित रंगों में टी.वी. देखते हैं जहाँ तुरन्त कॉफी, तुरन्त चाय और तुरन्त आलुओं के साथ तुरन्त प्रसन्नता, तुरन्त

सफलता और तुरन्त सन्तुष्टि बेची जाती है। यह अवश्यम्भावी है कि बच्चे सच्ची सफलता व ख़ुशी के बारे में साथ ही साथ इस बारे में कि एक बड़ी कार, बड़ा मकान या स्वीमिंग पूल आदि हासिल करने के लिए क्या चाहिए, ग़लत धारणा बना लें।

अल्पसुविधा प्राप्त नौजवान निश्चित रूप से जो कुछ उनके पास नहीं है उसकी तुलना जो कुछ टी.वी. स्क्रीन पर है, उससे करते हैं, और वे ख़ुद को अल्पसुविधा प्राप्त महसूस करते हैं। इसके साथ इस तथ्य को अगर जोड़ दें कि समाज उनसे कहता है कि ग़रीबी अपराध की जननी है तो आप एक आपराधिक कार्य का बीज बो चुके होते हैं।

बड़ा झूठ नम्बर तीन : ग़रीबी जनसंख्या के अनुपात में होती है तथा भारत इसे सिद्ध करता है। क्या वास्तव में ऐसा है? भारत एक ग़रीब देश है। इंग्लैण्ड का प्रतिवर्ग मील जनसंख्या का घनत्व अधिक है और हॉलैण्ड में जनसंख्या का घनत्व भारत से 50% अधिक है, परन्तु उनका जीवन स्तर ऊँचा है। अफ्रीका का जनसंख्या घनत्व कम है, परन्तु बहुत अधिक ग़रीबी है। अमेरिका का जनसंख्या घनत्व कम है और जीवन स्तर बहुत ऊँचा है। जनसंख्या एक कारण हो सकता है, परन्तु वही मुख्य कारण नहीं है। तथापि, इस बड़े झूठ का प्रयोग उदार गर्भपात सम्बन्धी कानूनों के समर्थन के लिए एवं अमेरिका में कम बच्चे होने के लिए किया गया है जिसका परिणाम यह हुआ कि 1975 में जन्म दर प्रति 100 व्यक्तियों पर 1.9 थी और हमें अपनी जनसंख्या संभाले रखने के लिए प्रति 100 व्यक्तियों पर 2.1 जन्म दर की ज़रूरत है ।

चालीस वर्षों में, हमारे यहाँ बड़ी आयु के लोगों का प्रतिशत इतिहास में अधिकतम होगा। वे उच्च जीवन स्तर के योग्य होंगे, उसकी माँग करेंगे और उसे प्राप्त करेंगे। यह उचित है, परन्तु इन अतिरिक्त लाभों की आपूर्ति हमारे इतिहास में काम करने वालों की सबसे कम प्रतिशतता द्वारा की जायेगी। हमें और अधिक समर्पित अमेरिकियों की ज़रूरत है जो ईश्वर से डरने वाले और कानून मानने वाले बच्चों को बड़ा करें। ये ठीक प्रकार से प्यार किये गये, पढ़ाये गये और प्रेरित किये गये बच्चे इस समस्या का समाधान हैं ना कि कारण। असल में कल की समस्याओं को हल करने के लिए वे ही हमारी एकमात्र उम्मीद हैं।

हाँ - हमारे पास समस्याएं हैं

मुझे सरकारी ख़र्च में धन की बेइन्तहा बर्बादी पर चिन्ता है विशेष रूप से ऐसे कार्यक्रमों में जैसे कि नर विद्यार्थियों पर अश्लील फिल्में देखते हुए चरस पीने के प्रभाव का अध्ययन (1,21,000 डॉलर), 5000 डॉलर एरिका जंग को ***फीयर ऑफ़ फ्लाइंग*** लिखने के लिए दे दिया गया, 20,00,000 डॉलर युगोस्लाविया के मार्शल टीटो के लिए

नौका (यॉट) ख़रीदने के लिए ख़र्च कर दिया गया। ये राशियाँ नगण्य हैं अगर इनकी तुलना सात बिलियन डॉलर्स से की जाये जो हमने छह देशों को विदेशी सहायता के रूप में दिये हैं जिससे 22 बिलियन मूल्य की एक हज़ार टन अफीम उन देशों द्वारा पैदा की गयी। मूर्खतापूर्ण ही वह शब्द है जिसे मैं सावधानीपूर्वक और जानबूझ कर उस नीति का वर्णन करने के लिए प्रयोग करता हूँ जिसके अन्तर्गत अमेरिका हमारे करोड़ों डॉलर उन देशों को उनके निर्माण के लिए भेजता है। वे इसके एवज में अक्सर आभार प्रदर्शन का एक शब्द बोले बिना - हमारा धन लेते हैं - और हमें नष्ट करने के लिए जहाज़ से अमेरिका में हेरोइन भेज देते हैं।

आपके विधान मण्डल कै सदस्य को इस बारे में एक पत्र लिखना प्रभावकारी होगा। हम जानते हैं कि जनता की राय में काफ़ी बल होता है। जब अमेरिकियों और अमेरिकी व्यापारियों ने फ्रांसीसी वस्तुओं का मार्सिलीस से हेरोइन के निर्माण और निर्यात के विरोध में बहिष्कार करना शुरू किया, तो एक रोचक बात हुई। फ्रांसीसियों ने छह महीनों के अन्दर हेरोइन बनाने वाली इतनी प्रयोगशालाओं को ढूँढ कर नष्ट किया जितनी उन्होंने उससे पहले दस सालों में नहीं की थीं।

मुझे उन कानूनों को लेकर परेशानी होती है जिनके अनुसार किसी अमेरिकी को नौकरी पाने के लिए किसी संस्था में शामिल होना ज़रूरी है। सैद्धान्तिक रूप से ये कानून काम करने वाले आदमियों के लाभ के लिए बनाये गये थे। इन्होंने उस तरह काम नहीं किया, तथापि, क्योंकि वे राज्य जो काम करने का अधिकार सम्बन्धी कानून रखते हैं उनमें बेरोज़गारी की दर उन राज्यों की अपेक्षा जहाँ पर 'बन्द दुकान' कानून लागू हैं, कम है।

मैं अपराध के बारे में, बाल अपराध में बढ़ोतरी के बारे में, महिलाओं में अपराध की बढ़ती हुई दर के बारे में, नशीली दवाओं, अल्कोहल और पोनोग्राफी के बेहद बढ़ते प्रयोग के बारे में एवं एक सौ एक अन्य समस्याओं के बारे में चिन्तित हूँ, परन्तु मैं सहमत हूँ कि इन समस्याओं का समाधान है ।

मैं विशेष रूप से चिन्तित हूँ कि अमेरिकी नौजवान को अमेरिकी मुक्त उद्यम व्यवस्था के महत्व को नहीं बताया जा रहा है। संयुक्त राज्य चेंम्बर ऑफ कामर्स तथा प्रिंस्टन रिसर्च इन्स्टीट्यूट के अनुसार हमारे हाईस्कूल विद्यार्थियों में से 67% यह नहीं मानते कि किसी व्यापार को लाभ की ज़रूरत है और उनमें से लगभग 50% आपको साम्यवाद की तुलना में पूँजीवाद का एक भी लाभ नहीं बता सकते। अमेरिकी हाईस्कूल विद्यार्थियों में से 63% महसूस करते हैं कि बैंक, रेलरोड्स और स्टील कम्पनियों संघीय सरकार के स्वामित्व में होने चाहिये। 62% ऐसा नहीं मानते कि मज़दूर को अपनी भरसक योग्यता के साथ उत्पादन करना चाहिये, जो कि बेईमानी की एक और क़िस्म है। ये चीज़ें

भयभीत करने वाली हैं परन्तु इनके लिए बच्चों को दोष मत दीजिए। यह हमारा दोष है। हम पुस्तकें लिखते हैं, स्कूल बनाते हैं और शिक्षा देने वालों को वेतन देते हैं। यह हमारे ऊपर है कि हम अपने बेटों और बेटियों को मुक्त उद्यम व्यवस्था के लाभ पढ़ाएँ।

साम्यवाद से निपटना

मैं साम्यवाद के बारे में चिन्तित हूँ, विशेष रूप से जब इसका सम्बन्ध हमारी विदेश नीति से हो, क्योंकि रूस किसी संधि को केवल तभी मानता है जब यह उसके हित में हो। 1000 से भी अधिक संधियों के हाल ही के एक अध्ययन ने यह निश्चित कर दिया है कि रूस हमेशा से संधि तोड़ने के मामले में चैम्पियन रहा है। एवमस्तु का यह समूह गान जो आपने सुना वह फिनलैंड वासियों, एस्टोनिया वासियों, लैटवियन्स, लिथुआनिया वासियों, चैकोस्लोवाकिया, हंगरी, पोल व जर्मन वासियों की ओर से आया जो रूस के साथ संधि करने के बाद ग़ुलाम बना लिये गये थे।

जिस समय राष्ट्रपति कैनेडी ने निकिता ख्रुश्चैव से क्यूबा में रूसी प्रक्षेपास्त्रों के बारे में विरोध प्रकट किया तो वह पूरी ताक़त से इससे निपटे थे और उनसे साफ़-साफ़ कह दिया था कि उन प्रक्षेपास्त्रों को क्यूबा से बाहर खींच लें ...अन्यथा। रूस ने भाषा को समझ लिया और वापिस हो गया।

तथापि, जब राज्य सचिव किसिंजर और लेनाइड ब्रेज़नेव ने योम किप्पुर युद्ध रोकने के लिए वार्ता की तो हमारी स्थिति भिन्न थी। तनाव में कमी प्रभावी कर दी गयी और समझौते के अनुसार रूसियों के द्वारा हमें किसी ज्ञात ख़तरे की सूचना देनी थी। इस बात के निर्णायक सबूत हैं कि उन्हें पहले से ही मालूम था कि अरब देशों द्वारा इज़राइल पर आक्रमण अवश्यम्भावी है, परन्तु उन्होंने कुछ नहीं बताया। शुरू के उन सन्तापी दिनों में जब मिस्र की फ़ौजें इज़राइलियों को पीछे धकेल रही थी, किसिंजर ने ब्रेज़नेव से इसे रुकवाने हेतु आग्रह करने के लिए सम्पर्क करने का भरसक प्रयास किया परन्तु ब्रेज़नेव उपलब्ध नहीं थे।

जैसे ही युद्ध की स्थिति बदली और इज़राइलियों ने पूरी तरह से मिस्र की फ़ौजों को घेर लिया, ब्रेज़नेव किसिन्ज़र से इस युद्ध को रुकवाने के लिए चिल्लाने लगे। अमेरिका ने इज़राइल पर अपनी फौजें हटाने के लिए बेहद दबाव बनाया। मैं इस बात से सहमत हूँ कि हम रूस की इच्छाओं के आगे झुक गये क्योंकि उनकी फौज की ताक़त हमारी तुलना में अधिक थी।

जब आप रूस से कोई समझौता करते हैं तो आप एक ऐसी विचार-धारा और व्यवस्था से व्यवहार करते हैं जो ईश्वर में विश्वास नहीं रखते, जिनकी नज़रों में मानव

जीवन के प्रति कोई सम्मान नहीं है और जो संधि को एक काग़ज़ के टुकड़े की तरह देखते हैं जब तक कि दूसरा पक्ष इसे भंग न कर दे। साम्यवादी व्यक्ति महसूस करता है कि जो कुछ उसका है वह तो उसका है ही और जो आपका है वह आपस में समझौते के लिए खुला है। ब्रेज़नेव मानव जीवन के प्रति किसी सम्मान के बिना और अब सम्भवतः फ़ौजी श्रेष्ठता के साथ निर्लज्जता पूर्वक बड़े दाँव का खेल रूखेपन से खेल गये। मुझे अपनी फ़ौजी ताक़त की अपेक्षतया कमी पर चिन्ता है, परन्तु समस्या का हल है।

मुझे कुछ रुक कर अपने उन ईसाई भाइयों को कुछ समझाना है जो धर्मोपदेश उद्धरित कर सकते हैं कि 'अति विनम्र व्यक्ति (मीक) को ही पृथ्वी का उत्तराधिकार मिलेगा।' मूल ग्रीक भाषा में 'मीक' शब्द का अर्थ है 'संयमित-शक्ति'। जब तक हमारे पास शक्ति है, हमें इसका प्रयोग करने की ज़रूरत नहीं होगी और इसलिए हम इसका प्रयोग नहीं करेंगे। यदि हमारे पास शक्ति नहीं है तो इतिहास के सबक़ निर्णयात्मक रूप से यह सिद्ध करते हैं कि हमें इसकी ज़रूरत पड़ेगी। जैसा मेरे बीमे वाले मित्र मुझसे कहते हैं कि बीमा कराना और इसकी ज़रूरत न पड़ना उस स्थिति से लाख दर्जे बेहतर है कि इसकी ज़रूरत पड़े और यह न हो।

मैं इस बात से सहमत हूँ कि अन्ततः, अमेरिकी जानते हैं कि पानी (बुलफ्रॉग को याद करें) अब बर्दाश्त की हद से ज़्यादा गर्म हो गया है और वे पहचान रहे हैं कि उनका घर (अमेरिका) जल रहा है। ज़्यादातर अमेरिकी अब किसी न किसी से उन्हें एक बाल्टी पानी देने के लिए कह रहे हैं (मुझे बताओ क्या करना है) ताकि वे ख़ुद आग को बुझा पायें। मुझे आशा है कि इस अध्याय का शेष भाग आपको 'कई बाल्टी पानी' प्रदान करेगा।

आप क्या कर सकते हैं ?

सौभाग्य से, इससे बेहतर समय नहीं हो सकता था क्योंकि हमने अभी अपना 200 वाँ जन्म दिन मनाया है और अमेरिकी सकारात्मक पहलुओं पर बल देना शुरू कर रहे हैं। एक सिरे से दूसरे सिरे तक इस बात के प्रबल प्रमाण हैं कि इन बातों के बारे में चिन्तित अमेरिकी अब इनका सामना करने के लिए खड़े हो रहे है, सुने जाने के लिए बोल रहे हैं, जानकारी हासिल करने के लिए पढ़ रहे हैं और चिरप्रतीक्षित परिवर्तनों को लाने के लिए काम कर रहे हैं। पिछले दो सालों में मैंने जितने समर्पित पुरुष और महिलायें भ्रष्टाचार और कुटिलता के विरुद्ध लड़ाई के क्षेत्र में प्रवेश करते देखे हैं उतने उससे पहले दस सालों में नहीं थे। यह उत्साहवर्धक बात है।

मैंने यह भी देखा है कि बहुत से नौजवान अचानक बदले हैं। मंदी के दौर ने और नौकरियों की कमी ने बहुतों को यह महसूस करा दिया है कि उस भावी नियोक्ता से जो

व्यापार में बने रहने के लिए संघर्ष कर रहा है असम्भव वेतन व परिस्थितियों की माँग करने से उनके लिए उस नौकरी की उम्मीद को बहुत कम कर देगा जब कि उनकी प्रतियोगिता में दर्जनों की संख्या में दूसरे नौजवान हैं जो इस नौकरी के लिए उनसे कहीं अधिक योग्य हैं। इससे भी महत्वपूर्ण यह है कि उनमें से बहुत से अब समझ गये हैं कि अन्तत: वे लोग जो वही करते हैं जिसे करने से उन्हें ख़ुशी होती है अक्सर जो भी वे करते हैं उससे ख़ुश नहीं होते। यह भी उत्साहजनक स्थिति है।

यह भी उत्साहवर्धक है कि अधिक उदार व सरकार की बहुत वकालत करने वाले अब सार्वजनिक रूप से यह स्वीकार कर रहे हैं कि सरकार का अधिक ख़र्च करना और अधिक दख़ल समस्या का जबाब नहीं है तथा आत्मनिर्भरता आज की ज़रूरत है और व्यक्ति स्वयं अपने आचरण और व्यक्तिगत कुशलता के लिए ज़िम्मेदार है। तथापि समस्या का समाधान राष्ट्रपति कैनेडी के उस भाषण के आख़िरी चार वाक्यों में निहित है जो वे डल्लास, टेक्सॉस में उस दिन देने वाले थे जिस दिन उनकी हत्या कर दी गयी थी ;

'हम इस देश में, इस पीढ़ी में अपने चुनने के कारण नहीं बल्कि नियति के कारण विश्व की स्वतन्त्रता की चारदीवारी के चौकीदार हैं। इसलिए आवश्यकता है कि हम शक्ति और ज़िम्मेदारी के क़ाबिल हों, कि हम अपनी शक्ति का बुद्धिमत्ता और संयम के साथ उपयोग कर सकें, कि हम अपने समय में और जब तक पृथ्वी पर शान्ति की यह प्राचीन दृष्टि रहती है तब तक के लिए मनुष्य के प्रति सद्भावना हासिल कर सकें। यही सदैव हमारा ध्येय होना चाहिए और हमारी पुकार की नेकनामी में सदैव हमारी शक्ति अन्तर्निहित होनी चाहिए क्योंकि जैसा कि बहुत पहले लिखा गया था, 'अगर ईश्वर साथ नहीं है तो नगर की सुरक्षा के लिए चौकीदारों को जगाये रखना व्यर्थ है।'

यही वह नींव है जिस पर इस देश का निर्माण हुआ था। उसी जगह हमें वापिस जाना चाहिए, क्योंकि जैसा कि विलियम पिट ने कहा था, **'यदि आदमी के कार्यों पर ईश्वर शासन नहीं करता तो तानाशाह करेंगे।'** सौभाग्य से ईश्वर में आस्था रखने वाले पुरुष और महिलायें फिर से राजनीतिक क्षेत्र में आ रहे हैं और राष्ट्रपति कार्टर खुले तौर पर ईश्वर में अपनी आस्था और उस पर निर्भरता को स्वीकार करते हैं। यह बात भी इतनी ही स्फूर्तिदायक है कि बॉय स्काउट्स अब अपनी मूल विचार-धारा की ओर लौट रहे हैं और फिर से अपने बच्चों को ईश्वर पर भरोसा करना सिखा रहे हैं।

हमें कानून लागू करने के मामले में निष्पक्ष और मज़बूती के साथ खड़ा होने की ज़रूरत है। हमने निष्पक्षता के जोश की आड़ में दोषियों का बचाव करना सीख लिया है।

अब अपराधी एवं अपराध के शिकार दोनों के साथ न्याय के लिए, हमें दोनों के अधिकारों के बारे में सोचना चाहिए और अपराध का दंड अपराध के शिकार व्यक्ति के बजाये अपराधी को दिया जाना चाहिए।

अमेरिका की समस्याओं को सुलझाने का एक दूसरा तरीक़ा राजनीतिक रूप से सक्रिय होना है। हममें से हर एक को यह कहना बंद करना चाहिए, 'वे राजनेता'। हमें उनकी सही पहचान करनी चाहिए कि 'मेरा काँग्रेसमैन', 'मेरा सेनेटर', 'मेरा मेयर' क्योंकि हमने (आपने और मैंने) उन्हें चुना है - अपने समर्थन से या समर्थन के अभाव से। अमेरिका की मदद करने में क्या आपकी रुचि है? क्या आपने पिछले चुनाव में योग्य व ईश्वर में विश्वास रखने वाले उम्मीदवारों को अपना वोट और/या समर्थन दिया था? एक काँग्रेसमैन को चुनने के लिए केवल 150 समर्पित लोग चाहिये। हालांकि कानून जनप्रतिनिधि बनाते हैं परन्तु आपके और मेरे जैसे नागरिक - उन लोगों को चुनते हैं जो कानून बनाते हैं।

एक चीज़ जो हम सब कर सकते हैं और हमें करनी चाहिए, वह एक इकाई के रूप में घर की पवित्रता व इसकी सुन्दरता के महत्व को समझना है। इतिहास के अनुसार विश्व के इतिहास में अट्ठासी सभ्यतायें प्रमुख स्थिति तक ऊपर उठी हैं। कुछ जल्दी से ऊपर उठीं और कुछ धीरे-धीरे, परन्तु बिना किसी अपवाद के उन सब का एक पीढ़ी में पतन हो गया और उनमें से प्रत्येक का पतन तब हुआ जब परिवार की इकाई नष्ट हुई। हर मामले में शैली वही थी, नैतिक मापदंडों में ढील जो पोर्नोग्राफी, यौन संबंधों में स्वच्छन्दता, व्यभिचार, पत्नियों की अदला-बदली और अन्ततः समलैंगिकता की ओर ले जाती थी। अवश्य ही, अमेरिका को यदि इस बारे में ठीक से चेता दिया गया तो वह हमसे पहली उन अट्ठासी मिसालों से सबक ले सकता है।

हमारे समझने के लिए परिवार की एक अच्छी इकाई कोलम्बस, ओहिओ का जेम्स व मार्ग्रेट ग्रिफिन का परिवार हो सकता है। पिछले 23 सालों से, जेम्स ग्रिफिन दिन में सफाई विभाग के लिए ट्रक चलाता है और रात में एक स्टील मिल में काम करता है। इसके साथ ही वह दो जगह चपरासी का काम करता है। साप्ताहिक अवकाश में वह दो स्कूलों में चपरासी का काम करता है। पिछले 23 वर्षों से अपने सात बेटों और एक बेटी का पालन-पोषण करने के लिए उसने प्रतिदिन औसतन 20 घंटे काम किया है। यह बताने की ज़रूरत नहीं है कि इस प्रक्रिया में मार्गरेट ने उसका पूरा साथ दिया है। ग्रिफिन दम्पति ने ऐसा इसलिए किया क्योंकि वे चाहते थे कि उनके बच्चों को जीवन में अवसर प्राप्त हों। ग्रिफिन परिवार आपस में इतना गहराई से जुड़ा है कि उन का बड़ा बेटा जो अपने पिता के बाहर काम करने के दौरान घर के सबसे ज़िम्मेदार सदस्य के रूप में अपनी भूमिका

निभाता है। ग्रिफिन दम्पति इस बात के लिए स्वयं को आभारी अनुभव करते हैं कि अमेरिका में उन्हें अपनी योग्यता का उपयोग करने का अवसर मिला। वे शुक्रवार की शाम के अपने अवकाश के समय का उपयोग भी अपने बेटों को फुटबॉल खेलते देखकर करते हैं। वे उत्तम खिलाड़ी हैं। उनका एक बेटा आर्ची ग्रिफिन है जो 1975 में दूसरी बार हेजमैन ट्राफी जीतने वाला इतिहास में पहला खिलाड़ी बना।

अंकल सैम – अलग रहो

वोटर के रूप में, हमें व्यक्तिगत रूप से शामिल होने की और ऐसे लोगों को चुनने की ज़रूरत है जो अपने आप को सरकारी की निर्धारित सीमा से बाहर जाकर काम करने के लिए समर्पित करें तथा और अधिक व्यापारी लोगों को सरकार में आने के लिए प्रोत्साहित करें। पोस्ट ऑफिस, मेडीकेयर, मेडीकेड, सामाजिक सुरक्षा तथा खाद्य कार्यक्रम पर नज़र डालने से कोई भी सहमत हो जायेगा कि दसियों हज़ार समर्पित सरकारी कर्मचारियों के बावज़ूद जिन्होंने अपना पूरा जीवन अमेरिका और जन सामान्य की सेवा करने में लगा दिया, सरकार नहीं जानती कि किसी व्यापार को कैसे किया जाता है।

व्यापार सिद्धान्तों में अधिक दिशा और प्रोत्साहन की ज़रूरत की बात साफ़ तौर पर ज़ाहिर हो जाती है जब हम सरकार की बढ़ती हुई लागत और इसकी तुलनात्मक अकुशलताओं का अवलोकन करते हैं। उदाहरण के लिए, एक्सोन कॉर्पोरेशन एक गैलन गैसोलीन को हौस्टन टेक्सॉस से न्यूयार्क शहर के लिए, पोस्ट ऑफ़िस द्वारा एक पत्र को डल्लास से फोर्ट वर्थ भेजने से अधिक जल्दी और कम दामों में ले जा सकती है और वह कम्पनी अपने लाभ पर काफ़ी कर भी देती है। संयोगवश, सरकार केवल उतनी ही सेवायें (डाक सेवा व अन्य की तरह) प्रदान कर सकती है जितने कि उत्पादक लोग और लाभदायी व्यापार सहयोग दे सकते हैं।

दिसम्बर 1975 का **रीडर्स डाइजेस्ट** अंक इसी तरह की कहानी बताता है। सन् 1915 में आप न्यूयार्क से सैनफ्रांसिस्को के लिए 20 डॉलर में एक टेलिफोन कॉल कर सकते थे अथवा आप न्यूयार्क से सेनफ्रांसिस्को 1000 अव्वल दर्जे के पत्र भेज सकते थे। आज आप रात्रि 9 बजे के बाद न्यूयार्क से सेनफ्रांसिस्को 65 पेन्स में फोन कर सकते हैं अथवा आप 65 पेन्स में न्यूयार्क से सेनफ्रांसिस्को 5 पत्र भेज सकते हैं। इसलिए सरकार टेलिफोन कम्पनी की जाँच पड़ताल कर रही है। इससे भी अधिक चिन्ताजनक हाल ही में किया गया एक सर्वेक्षण है जो दर्शाता है कि सरकार में एक घंटे में काम करने का औसत उत्पादकता स्तर प्राइवेट सेक्टर के उत्पादक स्तर से 39% नीचे है। इसमें कोई आश्चर्य नहीं है कि हमारा राष्ट्रीय बजट हर साल बिलियनों डॉलर का घाटा दिखाता है।

प्रगति रिपोर्ट

परवाह करने वाले नागरिकों की भाँति हमें समस्याओं के बजाये प्रगति को सजा कर रखने की ज़रूरत है। मैं समस्याओं को छिपाने में यक़ीन नहीं रखता परन्तु मेरा मानना है कि किसी समस्या के समाधान का सर्वोत्तम ढंग उसे पहचानना है। फिर हमें यह याद रखने की ज़रूरत है कि किसी समस्या के सुलझाने की दिशा में उम्मीद और उत्साहवर्धन मुख्य अवयव है। उदाहरण : नस्ल सम्बन्धी समस्या। हर कोई इस समस्या के बारे में जानता है परन्तु अधिकांश लोग हमारे द्वारा इस समस्या को हल करने की दिशा में की जा रही प्रगति के बारे में नहीं जानते। इसका परिणाम हताशा है कि कोई समाधान विद्यमान नहीं है जिसके कारण बहुत से लोग इस समस्या के समाधान की दिशा में प्रयास करना छोड़ देते हैं।

1975 में, औले मिस रिबेल्स के लिए समस्त दक्षिण पूर्वी कान्फ्रेंस मिडिल गार्ड, जैन्टल बेन विलियम्स को विद्यार्थी संगठन द्वारा कर्नल रिबेल चुना गया। जेन्टल बेन एक अश्वेत आदमी है। सिर्फ़ 13 वर्ष पहले जेम्स मेरेडिथ नामक एक अन्य अश्वेत आदमी को मिसीसिपी विश्वविद्यालय में शामिल होने के लिए संघीय सुरक्षा मार्शलों की ज़रूरत पड़ी थी। सिर्फ़ 13 वर्षों में 'अश्वेत पुरुष को मार डालो' से लेकर 'कर्नल रिबेल के लिए जेन्टल बेन को वोट दो' तक की गयी यह अद्‌भुत प्रगति है। हमने एक बहुत बड़ी बाधा पार कर ली है और हर रोज़ अधिक से अधिक अमेरिकी इस बात को मान्यता प्रदान कर रहे हैं कि आदमी के अन्दर की योग्यता और उसके दिल से उसकी त्वचा के रंग का कोई लेना-देना नहीं है।

अश्वेत अमेरिकियों ने गत 15 वर्षों में इतिहास में अन्य लोगों की तुलना में कहीं अधिक प्रगति की है। हमें अपने विदेशी और घरेलू आलोचकों को बताने की ज़रूरत है कि ***अमेरिका में बाक़ी सारे विश्व की अपेक्षा कहीं अधिक अश्वेत करोड़पति हैं और अमेरिकी कॉलेजों में कहीं अधिक अश्वेत लोग हैं।*** हमारे यहाँ सभी सेवाओं में अश्वेत वरिष्ठ अधिकारी हैं और साथ ही साथ अश्वेत केबिनेट सदस्य, सेनेटर, काँग्रेसमैन व बड़े नगरों के मेयर हैं और यह संख्या हर रोज़ बढ़ रही है। गत दस वर्षों में अश्वेत वकीलों, अकाउन्टेन्ट्स, कॉलेज अध्यापकों व अन्य व्यावसायिक लोगों की संख्या लगभग दो गुनी हो गयी है। अश्वेत स्नातकों की संख्या में 100% से भी अधिक वृद्धि हुई है। 1968 से 1973 के बीच 15000 डॉलर प्रतिवर्ष कमाने वाले अश्वेतों की संख्या लगभग तीन गुनी हो गयी है। ***यू एस न्यूज़ एंड वर्ल्ड रिपोर्ट*** के अनुसार सुदूर दक्षिण से बाहर एक नौजवान अश्वेत दम्पत्ति की औसत आय उसके श्वेत साथी की तुलना में 99% अधिक है। ज़ाहिर है कि अश्वेत मनुष्य के लिए अभी भी हर चीज़ बराबर नहीं है परन्तु इसे बराबर करने का

सबसे तेज़ रास्ता इस प्रगति पर ज़ोर देना है ।

सकारात्मक बनें – विशेष रूप से समस्याओं के बारे में

1974 व 1975 में दुर्भाग्य के फरिश्ते कह रहे थे कि मंहगाई, मंदी और बेरोज़गारी के कारण अमेरिका का अन्त निश्चित है। दो वर्ष पहले वे ही फरिश्ते गैसोलीन की कमी के कारण मृत्यु की घंटी बजा रहे थे। पाँच साल पहले कैम्पस में झगड़े हमें नष्ट करने वाले थे परन्तु उनके लिए मनोरंजन का असली दिन 4 अक्तूबर 1957 था जब रूसियों ने स्पूतनिक को अन्तरिक्ष में स्थापित किया। उन सब ने कहा, 'रूसी हमारे सब रहस्य प्राप्त कर लेंगे, हमें दूसरे दर्जे की शक्ति बना देंगे और हमें चन्द्रमा तक हरा देंगे।' इतिहास, तथापि, यह साबित कर चुका है कि स्पूतनिक ने अमेरिका को ख़त्म नहीं किया। असल में, रूसियों ने हमें गहरी नींद से जगा दिया बिल्कुल वैसे ही जैसा कि जापानियों ने 1941 में पर्ल हार्बर में किया था। उनकी अपेक्षाकृत लाभप्रद स्थिति के बावज़ूद, हमने आसानी से दौड़ जीत ली। आज हम जानते हैं कि उन रूसियों का कभी चाँद पर जाना तभी सम्भव है जब अमेरिकी उन्हें अपनी पीठ पर सवारी कराकर वहाँ ले जायें।

मुझे रूस की आर्थिक और तकनीक सम्बन्धी ताक़त से कोई डर नहीं है। हाँ मुझे उनकी लगन, विचारधारा एवं दुनिया को जीतने के उनके ध्येय से ज़रूर डर लगता है। अगले ओलम्पिक को ग़ौर से देखना और आप पायेंगे कि जब कोई रूसी स्वर्ण पदक प्राप्त करता है तो वह अत्यन्त भावपूर्ण ढंग कहता है, 'मैंने यह अपनी मातृभूमि रूस की ख्याति के लिए किया।'

इसी तरह की सोच प्रदर्शन में जो अन्तर पैदा कर देती है उसका एक सरल सा उदाहरण ऊँची कूद में पूर्व विश्व रिकॉर्ड धारी पैट मेट्सडोर्फ की कहानी है। उसने यह रिकार्ड रूसियों के साथ दोहरी प्रतियोगिता में बनाया। रोचक बात यह है कि सिर्फ़ छह हफ़्ते पहले वह कॉलेज प्रतियोगिता में बुरी तरह पराजित हो चुका था। तथापि, रूसियों के विरुद्ध वह अपनी कॉलेज प्रतियोगिता की अपेक्षा पूरे 5 1/2' अधिक ऊँचा कूद गया। एक जिज्ञासु संवाददाता ने पैट से उसके प्रदर्शन में इस चमत्कारी सुधार के बारे में बताने के लिए कहा। पैट ने नीचे की ओर देखते हुए अपनी जर्सी पर लिखे हुए अक्षरों यू.एस.ए. की ओर इशारा किया और कहा, 'मैंने कभी पहले इतनी बड़ी चीज़ का प्रतिनिधित्व नहीं किया।' इस तरह का गर्व लाखों अमेरिकी नौजवानों और वयस्क लोगों में विकसित किया जा सकता है और किया जाना चाहिए।

अपनी समस्याओं और विजय हर्ष के दौरान हमें अपनी विनोदशीलता बनाये रखनी चाहिए, क्योंकि यदि आप सोचते हैं कि फिलहाल की परेशानियाँ गम्भीर हैं, तो मेरा

आपसे आग्रह है कि अपनी इतिहास की पुस्तक में एक वास्तविक समस्या पर नज़र डालने के लिए 1858 का पृष्ठ खोलें। उस साल सिर्फ़ व्हेल मछली के तेल का ही अभाव नहीं था परन्तु विश्व भर में व्हेल मछली के बारे में अग्रणी जानकारों का कहना था कि 'उन गन्दी व्हेल मछलियों' से उस तरह की गुणवत्ता का तेल नहीं मिल पा रहा था जैसा कि उनसे पहले मिलता था। मौत के फरिश्तों ने सबको आश्वासन दे दिया कि लैम्प का प्रकाश कम हो जायेगा, हमारे बच्चे अंधेरे के युग में बड़े होंगे और शिक्षा नष्ट हो जायेगी। फिर किसी ने पैट्रोलियम की खोज कर दी।

इस समय से लेकर जब आप यह शब्द पढ़ रहे होंगे उसके दौरान दर्जन भर राष्ट्रीय आपातकालीन स्थितियाँ और आपके व्यक्तिगत जीवन में कितनी ही विषम स्थितियाँ आयीं होंगी। तथापि, जैसा कि डॉ. नॉरमन विंसेंट पील अक्सर कहते हैं, 'वे लोग जिनके साथ समस्याएं नहीं हैं सिर्फ़ क़ब्रिस्तान में पाये जाते हैं।' (फिर आँखों में एक चमक लाकर वे कहते हैं, 'और उनमें से कुछ के साथ वाक़ई समस्याएँ हैं')। यदि आपके साथ कोई समस्या है तो इसका सीधा सा अर्थ है कि आप ज़िन्दा हैं और जितनी अधिक समस्याएँ हैं उतने ही अधिक आप ज़िन्दा हैं। वह बल्कि मज़ाक में सुझाव भी देते हैं कि यदि आपके पास कोई आदमी के माप या आकार की समस्या नहीं है तो आपको अपने घुटनों पर झुक कर ईश्वर से कहना चाहिए कि वह आपकी क्षमता पर भरोसा करे और कुछ समस्याएँ दे।

हमें यह भी याद रखने की ज़रूरत है कि हर समस्या से कुछ भला ही होता है। 1974 में ईंधन की कमी से ग्यारह हज़ार ज़िन्दगियाँ बचायी गयीं और अमेरिका ऊर्जा में आत्मनिर्भरता प्राप्त करने के लिए जुट गया। संयोग से, जापानी में विषम स्थिति का चरित्र 'विनाश और अवसर' के चरित्रों का मिश्रण है। अमेरिका की विषम स्थिति में अवसर उनके द्वारा किये गये 'विनाश' से बहुत अधिक है और इतिहास गवाह है कि अमेरिका अपने 'नींबू' लेकर 'नींबू का शर्बत बनाने' में सक्षम है।

संसाधन बनाम साधन सम्पन्नता

राष्ट्रीय लगन से हम अपने सबसे बड़े प्राकृतिक संसाधन - अपने लोगों का उपयोग कर सकेंगे - जो फिर अन्य संसाधनों का विकास करेंगे जो अमेरिका के पास बहुतायत में हैं। इसमें खोजे जा चुके और न खोजे गये तथा ज्ञात व अज्ञात संसाधन शामिल हैं। मैं हार्डिंग कॉलेज के डॉ. बिली रे कॉक्स से सहमत हूँ, जो कहते हैं कि हमारी प्रमुख समस्या संसाधनों की कमी नहीं बल्कि साधन सम्पन्नता की कमी है।

हमारे तेल और गैस के सुरक्षित भंडार भले ही कम होते जा रहे हों परन्तु हमारे छिपे हुए संसाधन उस कमी को पूरा करने के लिए पर्याप्त होने से कहीं अधिक हैं। डॉ.

कॉक्स बताते हैं कि सिर्फ़ 300 वर्ष पूर्व, लोग तेल को काले अभिशाप के रूप में देखते थे और चालीस वर्ष पूर्व यूरेनियम का कोई ज्ञात उपयोग नहीं था।

दुर्भाग्य से, हम अपने बहुत से ज्ञात प्राकृतिक संसाधनों का उपयोग नहीं कर रहे हैं। हमारे देश में व्योमिंग में कोयले के काफ़ी सुरक्षित भंडार हैं जो कि पूरे देश में ज्ञात तेल और गैस के सुरक्षित भंडारों से कहीं अधिक ऊर्जा की आपूर्ति कर सकते हैं। हाँ, इनमें गन्धक की मात्रा अधिक है परन्तु अमेरिकी तकनीक उस गन्धक को हटाने और उसका उपयोग करने की दहलीज़ पर है। संक्षेप में, यहाँ पर एक 'नींबू' उपलब्ध है और मुझे पूर्ण विश्वास है कि हम नींबू के शर्बत के मुख्य अवयव के रूप में इसका उपयोग कर पायेंगे।

सौर ऊष्मा और ऊर्जा प्रतिदिन विकसित की जा रही है और कुछ विशेषज्ञ मानते हैं कि इस दिशा में सुनियोजित प्रयास से भविष्य में शीघ्र ही हमारे घरों और दफ़्तरों को गर्म रखने के लिए आवश्यक ऊर्जा व ऊष्मा का बहुत बड़ा हिस्सा इससे प्राप्त हो सकेगा। पिछले बीस वर्षों की तुलना में गत दो वर्षों में ऊर्जा के इस असीमित स्रोत का उपयोग करने की दिशा में बहुत प्रगति हुई है। समुद्र तट से थोड़ी दूर पर खुदाई में भी अपार सम्भावना विद्यमान है। अभी तक इस भूमि का केवल 4% तेल की खोज और खुदाई के लिए लीज़ पर दिया गया है। अल्प विकसित संसाधनों की सूची अनन्त है। मुझे पूरा विश्वास है कि अमेरिकी प्रवीणता ऊर्जा की समस्या के साथ-साथ अन्य समस्याओं को भी जिनके समाधान के बारे में हम सकारात्मक हैं, हल कर लेगी।

जैसे-जैसे हमारे संसाधन धीरे-धीरे कम होते जाते हैं - हमारी साधन सम्पन्नता प्रकट हो जाती है। उदाहरण के लिए, कुछ नगरों में कूड़े-करकट को ऊर्जा में परिवर्तित किया जा रहा है तथा मुर्ग़ियों की बीट से ऑटोमोबाइल के लिए ईंधन बनाने की प्रक्रिया विकसित की गयी है। हमारे वैज्ञानिक समुद्र के ज्वार की शक्ति से ऊर्जा बनाने की दिशा में एवं गल्फ जल धारा की ऊर्जा का प्रयोग करने की दिशा में प्रगति कर रहे हैं। यह कहानी इस हद तक जारी है कि मुझे पूरा विश्वास है कि तेल की कमी वह 'नींबू' हो जायेगी जिससे हम अपने देश के लिए अब तक का सर्वाधिक स्वादिष्ट 'नींबू शर्बत' बना लेंगे।

गर्व से झंडा फहरायें - बिना किसी क्षमा याचना के

अमेरिकियों के रूप में हमारी माँग होनी चाहिए कि हमारे वीरों /नायकों का तथा नैतिक उपदेशों का इतिहास की पुस्तकों में समावेश हो। थॉमस जैफरसन शोध केन्द्र के अनुसार, जब अमेरिका ने स्वतन्त्रता प्राप्त की तो धर्म और नैतिक सिद्धान्त विद्यार्थियों के स्कूल विषयों का 90% हिस्सा होते थे। 1926 तक यह संख्या घट कर सिर्फ़ 6% रह गयी और आज यह लगभग नगण्य है। इतिहास साक्षी है कि यदि हम अपने बच्चों को अनुसरण

करने के लिए नायकों और नैतिक सिद्धान्तों के बारे में बतायेंगे तो वे उनका अनुसरण करेंगे। हमें अपने बच्चों को उनके बचपन की शुरुआत से ही अतीत के नायकों के बारे में सिखाने की ज़रूरत है। हमें उन्हें अमेरिका की महानता और अच्छाई की कहानियाँ सुनाने की ज़रूरत है क्योंकि अमेरिका के बारे में वैसी ही भावना पनपेगी - जैसी पढ़ायी या सिखायी जायेगी।

हमें पैट्रिक हैनरी के अमर शब्द सुनने की ज़रूरत है और अपने नौजवान युवकों को इन्हें सुनाने की ज़रूरत है। वे इतिहास के पृष्ठों से उभर कर सामने आते हैं जब उसने किंग जॉर्ज तृतीय के सामने मुक्का तानते हुए ये अमर शब्द कहे थे, 'यदि जीवन इतना प्रिय अथवा शान्ति इतनी मधुर है कि उसे ग़ुलामी की ज़ंजीरों का मूल्य देकर भी ख़रीदा जा सकता है तो इसकी अनुमति नहीं होनी चाहिए। हे सर्वशक्तिमान ईश्वर ! मैं नहीं जानता कि दूसरे लोग क्या रास्ता अपनायेंगे, परन्तु जहाँ तक मेरा सम्बन्ध है, **मुझे स्वतन्त्रता दीजिये या मृत्यु।'** इसका परिणाम होता है गर्व व देशभक्ति की भावना और भावावेश में गला रुँध जाना। अवश्य ही, परन्तु यह प्यार भी है, और अमेरिका के प्रति प्यार और बेहतर अमेरिका के निर्माण की इच्छा को जन्म देता है।

हमें जॉन पॉल जोन्स को सुनने की ज़रूरत है जिसने अपने एक तरफ़ को झुके हुए जहाज़ और कुछ बन्दूकों के ख़राब हो जाने के बावज़ूद अँग्रेज़ी नौसेना के आत्मसमर्पण के आदेश का गर्व के साथ जवाब दिया था। कम साथियों के बावज़ूद, कम बन्दूकों के बावज़ूद और सभी चालें ख़त्म हो जाने के बावज़ूद उसकी परास्त न होने वाली भावना ने समय पर अपना गुण दिखाया और उसने जवाब दिया, **'मैंने अभी लड़ना शुरू नहीं किया है।'** ज़ाहिर है कि उसने लड़ना शुरू नहीं किया था क्योंकि युद्ध का रुख़ फ़ौरन बदल गया और एक महत्वपूर्ण विजय हासिल हुई एवं अमेरिका को एक नया व अति आवश्यक नायक मिल गया।

हमें इतिहास की पुस्तकों में फिर से 21 वर्षीय अमेरिका के देशभक्त नाथन हेल के शब्दों को रखने की ज़रूरत है जिसे एक जासूस के रूप में बन्दी बना लिया गया था। उसे शत्रु की अधीनता स्वीकार करने पर शक्तिशाली पद व सम्मान के साथ वैभवशाली जीवन का प्रलोभन दिया गया परन्तु नाथन हेल बिना हिचकिचाहट के अविचलित रहा और अपनी शान्त प्रतिक्रिया, **'मुझे अफ़सोस है कि मेरे पास अपने देश के लिए एक ही ज़िंदगी है'** द्वारा हम सब का मस्तक गर्व से ऊँचा कर दिया तथा अमेरिकी इतिहास में एक महत्वपूर्ण पृष्ठ लिखा दिया।

हमें अपने राष्ट्रीय प्रतीक चिह्न, गंजे बाज़ को और नज़दीक से पहचानने की ज़रूरत है। बाज़ सच में अमेरिका का प्रतीक है। ऊँची पर्वत चोटियों पर हवा व अन्य

प्राकृतिक शक्तियों के बीच पैदा होने के बाद नौजवान बाज़ को कम उम्र से ही अपनी रक्षा स्वयं करना सिखाया जाता है। जब उसके लिए अपने पंखों को आज़माने का समय आता है तो बाज़ की माँ वस्तुतः उसे चट्टानों की कन्दराओं से बाहर धकेल देती है और वह उड़ने के लिए विवश हो जाता है।

पूर्ण विकसित गंजा बाज़ देखने में बहुत शानदार लगता है जब यह अपने भोजन की तलाश में बहुत दूर तक उड़ान भरता है। उसकी दृष्टि ऐसी है कि 5000 फ़िट पर वह सूरज की ओर सीधे देख सकता है और अगले ही क्षण लगभग एक मील नीचे जंगली चूहे का पता लगा सकता है। मेरे लिए, यह अमेरिका के गुण का निरूपक है, हममें हमेशा से सर्वाधिक शक्तिशाली देशों की आँखों में देखने की ताक़त रही है और हमें इसे बनाये रखना चाहिए तथा साथ ही साथ उन छोटे ज़रूरतमंद देशों के प्रति सहानुभूति भी रखनी चाहिए व उनके लिए या तो अपनी सहायता का हाथ बढ़ाना चाहिए या स्थिति की ज़रूरत के अनुसार उनको सुरक्षा प्रदान करनी चाहिए। उस प्रकार का अमेरिका रहने के लिए हमें अपने नौजवानों को उनके पूरे जीवन काल के दौरान अपनी ताक़त व विरासत के बारे में सिखाते रहना चाहिए।

हमारे स्कूलों में क्या पढ़ाया जा रहा है? कैलिफ़ोर्निया में पढ़ाए गये हाल ही के इतिहास के पाठ्यक्रम से विद्यार्थियों ने ये अविश्वसनीय निष्कर्ष निकाले। अब्राहम लिंकन 'नस्लवाद भड़काने वाला' था तथा जापानियों द्वारा पर्ल हार्बर पर किया गया हमला पूर्णतः न्यायसंगत था। यह बताने की ज़रूरत नहीं है कि जब हमारी इतिहास की पुस्तकें इन युवा लोगों को अपने देश पर शर्मिंदा होना सिखायेंगी तो वे (युवा लोग) उस व्यवस्था के प्रति सम्मान या सहयोग की भावना नहीं रखेंगे जिसे वे 'नस्लवाद को भड़काने वाली' (इसने लिंकन को पैदा किया था) अथवा युद्ध का व्यापारी (इसने पर्ल हार्बर पर हमला करवाया) मानते हैं।

हमें अपने बच्चों को हर रोज़ अमेरिकी झंडे और अमेरिकी नस्ल को अभिवादन करना सिखाने की ज़रूरत है। याद करें जब हम विंस्टन, डज़, पेप्सी कोला आदि के उदाहरण से यह दिखा रहे थे कि हमारे दिमाग़ों में जो भी रोप दिया जाता है वह हमारा हिस्सा बन जाता है। मेरा सुझाव है कि हम निष्ठा व अमेरिकी नस्ल के प्रति रोज़ाना शपथ लेने के माध्यम से अपने देश के प्रति प्यार व एकनिष्ठा रोपें। ये क़दम उठाने से हमारे नौजवान अपने दिमाग़ों में अमेरिकीपन को धारण करेंगे और वे गर्व से अपना मस्तक ऊँचा कर सकेंगे कि वे अमेरिकी हैं।

अमेरिका बोलता है

आपको उस अमेरिका को दिखाने के लिए जिसे मैं प्यार करता हूँ, मैं चाहूँगा कि

आप अपनी कल्पना में मेरे साथ यात्रा पर चलें जैसे हम एक बड़े जेट विमान से यात्रा करते हैं जो बहुत से मायनों में अमेरिका का प्रतीक है। मैं आपकी इस महान व ख़ूबसूरत देश से और इसके कुछ महत्वपूर्ण लोगों से जान-पहचान कराना चाहूँगा।

डल्लास से हम मवेशियों व तेल से सम्पन्न मैदानी भागों जो कि अमेरिका की सम्पन्नता के लिए बहुत बड़ा अंशदान देते हैं को पार करते हुए पश्चिम दिशा की ओर बढ़ते हैं। हम एलपासो के ऊपर से उड़ते हैं जो कि ली ट्रेविनो, 'मेरी मेक्स' व पूर्व गोल्फ अकुलीन व्यक्ति का गृह नगर है जिसे अमेरिका के प्रमुख गोल्फर व महत्वपूर्ण व्यक्ति बनने से पहले कुछ सम्मानित गोल्फ मैदानों से बाहर निकाल दिया गया था। हम उत्तर की ओर मुड़ते हैं और ग्राण्ड केन्यन की दूर तक फैली प्राकृतिक सुन्दरता पर एक नज़र डालते हैं, कर्लस्बेड केवर्नस पर थोड़ी देर रुकते हैं और इससे पहले कि हम कैलिफ़ोर्निया के सिंचित फलों व सब्ज़ियों के हरे भरे फार्म्स पर आयें, नीचे की ओर मोजेव रेगिस्तान के अनूठेपन पर एक दृष्टि डालते हैं। यहाँ पर हम रिचर्ड सेसना जूनियर, कार्ल कार्चर और रोबर्ट पेचन से मिलेंगे।

रिचर्ड सेसना जूनियर किडको, इन्क के अध्यक्ष हैं इस कम्पनी को व्यापार में आये एक वर्ष से कुछ अधिक समय हुआ है परन्तु उनका लाभ 3000 डॉलर प्रतिमाह तक पहले ही पहुँच चुका है। उन्होंने सेन डिअगो कन्ट्री एस्टेट की छह मुख्य सड़कों (गलियों) की 150 डॉलर प्रतिमाह पर सफ़ाई करने के समझौते से अपना काम शुरू किया था। उन्होंने फिर अपने पिता जो कि एस्टेट के 110 घुड़सालों के सुपरवाइज़र थे के साथ उन घुड़सालों से घोड़ों की लीद व भूसा हटाने का सौदा कर लिया। वे इससे कम्पोस्ट खाद बनाते थे। वे इस कम्पोस्ट खाद को लैंडस्केप बनाने वालों को और स्थानीय गोल्फ के मैदानों को व्यापारिक आपूर्तिकर्ताओं से कम मूल्य पर बेचते हैं। संयोग से रिचर्ड सेसना, जूनियर की आयु 12 वर्ष है। उसकी उपाध्यक्ष उसकी 9 वर्षीय बहन है। कम्पनी की सचिव एक दूसरी बहन है जिसकी आयु 11 वर्ष है और कम्पनी की कोषाध्यक्ष उसकी 14 वर्षीय सौतेली बहन है। यह है अमेरिका और यह है मुक्त उद्यम।

कार्क कार्चर, मध्य पश्चिमी स्टॉक का शक्ति सम्पन्न व्यक्ति, जिसकी ईश्वर में अडिग आस्था है, रेस्टोरेंट व्यापार में है। उसकी आर्थिक सफलता तब शुरू हुई जब उसने एक उद्यमी बनने के लिए आवश्यक पूँजी लगाने हेतु अपनी सारी आर्थिक हैसियत को गिरवी रखकर अपने आप पर और मुक्त उद्यम पर शर्त लगा ली थी (उससे मेरे मित्र का अभिप्राय है कि उसने हॉट डॉग स्टेंड ख़रीदने के लिए 326 डॉलर के लिए अपने 41 प्लाईमाउथ को गिरवी रख दिया था)। उस साधारण सी शुरुआत से इस 8वीं कक्षा फेल व्यक्ति ने आज तक 3800 से ऊपर कर्मचारियों के साथ 127 'कार्ल जूनियर रेस्टोरेन्टस'

खोल लिये हैं। यह जानकर अच्छा लगता है परन्तु आश्चर्य नहीं होता कि कार्ल एक पुराने विचारों का व्यक्ति है जिसने एक कामयाब जिन्दगी का निर्माण किया (12 ख़ूबसूरत बच्चे और मार्गरेट हेन्ज़ से कहानी की किताब जैसी 40 वर्ष की शादी) और विश्वास, प्यार, चरित्र, ईमानदारी, एकनिष्ठा व सत्यनिष्ठा पर आधारित सफल व्यापार खड़ा किया।

मुक्त उद्यम व अमेरिकी ध्वज में विश्वास करने वाला अगला व्यक्ति रॉबर्ट पेचन है जो सेन मेरिओ, कैलिफोर्निया में ज़मीन-जायदाद बेचता है। बॉब अपने व्यवसाय से लगभग 1000 डॉलर प्रतिमाह कमाता है और वह इस कार्य में लगभग 20 वर्षों से है। यह दुनिया भर की दौलत नहीं है परन्तु बॉब ने आज तक अपना बेचा एक भी घर नहीं देखा इसलिए यह वाक़ई एक महत्वपूर्ण सफलता है। क्योंकि वह अमेरिका की मुक्त उद्यम व्यवस्था में रहता और कार्य करता है, बॉब पेचन न मात्र अपने लिए रास्ता बनाने में सफल रहा है बल्कि अपना अंशदान देने में भी सक्षम है। प्रश्न यह उठता है : यदि एक 12 वर्षीय, 8वीं कक्षा फेल और एक अंधा आदमी अमेरिका में यह कर सकता है तो क्या आप यक़ीन नहीं करते कि आप इससे भी कहीं बड़ा काम कर सकते हैं। क्या हमें यह सुनिश्चित नहीं करना चाहिए कि इस प्रकार की कहानियाँ अमेरिका में हर व्यक्ति तक पहुँचे?

किसी व्यापारी की बात सुनिये

वापस जेट पर चलें, आइये जब हम समुद्र तट पर उड़ रहे हैं तो कुछ सैर सपाटा करें। इससे पहले कि हम दाँयें घूमें और भयभीत करने वाली चट्टानों को पार करें, नीचे की ओर विशाल सीक्वॉयस व रेड वुड के जंगलों पर नज़र डालें। अब हम केन्सास, नेबरास्का और इलिनॉयस के अनाज व गेहूँ के खेतों पर एक उड़ती नज़र डालें जिन्होंने अमेरिका को दुनिया की रोटी की टोकरी बनने में मदद की है। अब हम शिकागो के ऊपर उड़ते हैं जो गृह नगर है एक मुक्त उद्यमी व पूर्व में अख़बार बेचने वाले लड़के क्लीमेन्ट स्टोन का जिसे बीमा बेचने का एक बेहतर विचार आया और जिसने बहुत अधिक व्यक्तिगत सम्पत्ति कमाई तथा इस बात के बावज़ूद कि वह भलाई के कार्यों के लिए सौ मिलियन डॉलर की हैसियत का आदमी आँका जाता है। आज मिस्टर स्टोन अपनी सफलता के रहस्य पुस्तकों, भाषणों, रिकॉर्डिंग्स तथा 'सक्सेस अनलिमिटेड' जैसे मासिक प्रकाशनों के माध्यम से सबके साथ बाँटते हैं।

अपनी यात्रा को जारी रखते हुए, हम लेक मिशीगन को पार करते हुए उत्तर-पूर्व की ओर मुड़ते हैं और कुछ ही मिनटों में रिच डे वॉस तथा जे वॉन एन्डल नामक दो सर्वाधिक सफल व मुक्त कंठ से अमेरिका में मुक्त उद्यम व्यवस्था के प्रतिपादकों के गृह नगर एडा, मिशीगन पर आते हैं। इस व्यवस्था में उनका विश्वास व्यक्तिगत अनुभव से स्थापित हुआ 1957 में, उन्होंने एक परिवर्तित सर्विस स्टेशन हासिल किया और एमवे की

शुरूआत की जो अमेरिकी वे का संक्षिप्त रूप है। उनकी पूँजी सीमित थी और उनकी समस्याएं बहुत थीं, परन्तु ईश्वर व अपने देश के प्रति अपार आस्था और काम करने की अपार क्षमता ने विजय पायी। आज एमवे कॉर्पोरेशन अपने उत्पादों का सारे संसार में लगभग 3 लाख स्वतन्त्र वितरकों के माध्यम से वितरण करता है जिन्होंने 1976 में कनाडा, जर्मनी, इंग्लैंड, फ्राँस, हाँगकाँग, आस्ट्रेलिया व संयुक्त राज्य अमेरिका में 300 लाख डॉलर की बिक्री की। सच तो यह है कि उस परिवर्तित सर्विस स्टेशन में शुरू हुई इस कम्पनी में सिर्फ़ 20 वर्ष बाद यदि कविता की भाषा में कहा जाये तो एमवे डिस्ट्रीब्यूटर्स में सूरज कभी नहीं छिपता।

अप्रवासियों की बातें सुनिये

अगला पड़ाव, डेट्रॉइट मिशिगन है जो एक हंगेरियन शरणार्थी इलोना ज़िमर्समेन का गृहनगर है। वह पौधों की जड़ें और रसभरी खाकर गुज़ारा करती हुई अपने साम्यवादी बन्धककर्ताओं के चंगुल से अपनी मातृभूमि पार करके रात में भाग आयी थी। मैं मिसेज़ ज़िमर्समेन से लगभग 5 वर्ष पहले एक पुरस्कार समारोह में मिला था जहाँ पर उसका डेट्रॉइट के ज़मीन-जायदाद बेचने वाले एक उत्कृष्ट व्यक्ति के रूप में सम्मान किया गया था। जब मैंने उससे बातचीत की तो मुझे बड़ी सावधानी से सुनना पड़ा क्योंकि वह कंठ से उच्चारण करती है जिसे समझना मुश्किल होता है। तथापि जैसा उसने बताया उसकी सफलता का कारण स्पष्ट था। वह बहुत अधिक धन में मकान नहीं बेचती - ***वह पृथ्वी पर सबसे महान स्थान अमेरिका के छोटे से टुकड़े पर बना घर बेचती है।*** मेरी कामना है कि आप नेशविलि, टेनेसी के सेम मूर सहित इलोना ज़िमर्समेन व कुछ अन्य शरणार्थियों से मिलें। वे आपको वास्तव में अन्य स्थानों की तुलना में अमेरिका में बिक्री के ढंग के बारे में बता सकते हैं। 25 वर्षों पहले सेम लेबनान से अमेरिका आया। अपनी आँखों में आँसू और दिल में आभार लिए वह हर किसी से उस भूमि की सहायता करने का अनुग्रह करता है जिसने उसे एक परचून स्टोर में फ़र्श साफ़ करने वाले से शुरू होकर थॉमस नेल्सन पब्लिशिंग कम्पनी के बोर्ड अध्यक्ष तक पहुँचने की अनुमति दी। यह कम्पनी इस वर्ष लगभग 15 लाख डॉलर का व्यवसाय करेगी।

'किसी ने' क्या किया – उसे सुनिये

डेट्रॉइट से, हम केन्टकी के ख़ूबसूरत घास के मैदानों और टेनेसी की पहाड़ियों को पार करते हुए दक्षिण की ओर चलते हैं। हम बर्मिंघम के स्टील मिलों के ऊपर से उड़ते हुए मोन्टगोमरी के अपने रास्ते पर हैं जहाँ पर हम पैर में तकलीफ़ वाली एक महिला से मिलने के लिए रुकेंगे। इस बात को बहुत अधिक वर्ष नहीं हुए कि रोज़ा पार्क्स बस के ग़लत

हिस्से में बैठ गयी थी। बस ड्राइवर ने उसे बस में पीछे की ओर जाकर बैठने के लिए कहा जिसके लिए उसने मना कर दिया। क्योंकि उस दिन एक कपड़े सिलने वाली स्त्री ने जिसके पैर में पीड़ा थी, खड़े होने और बस में पीछे की ओर जाने से मना कर दिया था -- सारे लोग खड़े होकर आगे आ गये। यहीं पर मार्टिन लूथर किंग की अमिट वाक्पटुता में जिसने रोज़ा पार्क के बैनर को उठा लिया था, अमेरिकी लोगों की कल्पना को कब्जे में ले लिया और लाखों पैर अश्वेत लोगों के लिए नागरिक अधिकारों के समर्थन में उठ चले थे।

हम मोन्टगोमरी, अलाबामा को छोड़ते हुए पेन्साकोला, फ्लोरिडा में अल्कानिज़ स्ट्रीट की ओर चलते हैं जो डेनियल जेम्स के लड़कपन का घर है । डेनियल की माँ जो कि हाईस्कूल पास थी और जिसमें अपने परिवार के लिए बहुत साहस और महत्वाकांक्षा थी, पेन्साकोला के अश्वेत स्कूलों से सन्तुष्ट नहीं थी । उसने अपना स्कूल खोला जिसमें एक पैनी रोज़ पर साठ विद्यार्थी आये– जब विद्यार्थी एक पैनी ला सकते थे । इससे जेम्स कन्ट्रीक्लब की सदस्यता के योग्य नहीं हुआ परन्तु जैसा डेनियल जेम्स ने कहा था, 'हमें कभी दान लेने की ज़रूरत नहीं पड़ी, हम अपना ख़र्चा ख़ुद उठा सकते थे और हमने अपने सिर गर्व से ऊँचे रखे।'

मिसेज़ जेम्स बार-बार अपने परिवार से कहती थी कि अगर कभी अवसर के दरवाज़े उनके लिए खुलें तो उन्हें यह न कहना पड़े, 'एक मिनट रुको, मुझे इसके लिए तैयारी करने दो।' मिसेज़ जेम्स ने कहा, 'तुमको अपनी तैयारी पूरी रखनी है, तुम्हारे पास तुम्हारी लगन है, तुम्हारा संकल्प है और तुम्हारा उद्देश्य है। तुम जाने के लिए तैयार रहो।' उसने डेनियल को सिखाया कि ग्यारहवाँ कमान्डेन्ट है, 'आप कभी हिम्मत न हारें और सुनिश्चित करें कि आपके बच्चे आपसे बेहतर शिक्षा पायें।'

आप हो सकता है कि डेनियल जेम्स के नाम को न पहचानें परन्तु आप निस्सन्देह उत्तरी अमेरिका की वायु सेना कमाण्ड के प्रमुख, यू.एस. एयरफ़ोर्स के चार स्टारधारी जनरल 'चेप्पी' जेम्स के नाम को पहचान जायेंगे।

आप हर चीज़ को फ़ौरन नहीं कर सकते, परन्तु आप कुछ चीज़ फ़ौरन कर सकते हैं। अप्रैल 1974 का **गाइडपोस्ट्स** पत्रिका का अंक, एक इटालवी अप्रवासी महिला रीता वेरन जो कि पाँचवी कक्षा पास थी की कहानी बताता है। जब रीता की बेटी धार्मिक संस्था द्वारा चलाये जाने वाले स्कूल से सार्वजनिक स्कूल में स्थानान्तरित हुई जहाँ पर प्रार्थना वर्जित थी तो उसने रीता से एक सवाल पूछा, 'माँ, अगर एक महिला जो प्रार्थना में विश्वास नहीं रखती (मेडलाइन मुरे ओ' हेयर) प्रार्थना को स्कूल से निकाल सकती है तो एक महिला जो प्रार्थना में विश्वास रखती है (आप, माँ) उसे वापिस स्कूल में क्यों नहीं ला सकती?' इस बात पर रीता मैसेशेट्स के विरुद्ध भिड़ गयी और उनके हाथ नीचे कराकर

उनको चाबुक लगाये। यह एक लम्बी और ख़ूबसूरत कहानी है जो सिटी लाइब्रेरी में शुरू हुई और इसके बाद इसमें कानूनी प्रक्रिया शामिल हुई। इसमें बहुत सी यातनायें और दिल दुखाने वाली बातें हुई जिसमें राज्यपाल द्वारा वीटो का प्रयोग भी शामिल है, परन्तु यह रीता वेरन को धन्यवाद है कि आज मैसेशेट्स में एक मिनट की प्रार्थना होती है।

जो आपने अभी पढ़ा उसके बारे में सोचिये। एक महिला ने इतिहास बदल दिया और मानव जाति की मदद की। आप एक व्यक्ति हैं। एक व्यक्ति (वोट) ने आरन बर को यू.एस. का प्रेज़ीडेन्ट बनने से रोक दिया था। एक व्यक्ति (वोट) ने एन्ड्रयू जॉनसन को महाभियोग से बचा लिया था। जनरल मोटर्स, फोर्ड, ड्यू पोन्ट, ए.टी. एण्ड टी., सब की शुरूआत एक व्यक्ति के मस्तिष्क में हुई। मैं फिर दोहराता हूँ, आप एक व्यक्ति हैं। इसमें कोई आश्चर्य नहीं है कि बैच को लिखना पड़ा था, 'विश्व में तीन महान चीज़ें हैं - समुद्र, पर्वत और एक समर्पित आदमी या औरत।' हर राज्य में सिर्फ़ एक रीता वेरन पहाड़ों को खिसका सकती है और हमारी बहुत सी समस्याओं को हल कर सकती है। रीता की बेटी के शब्दों की व्याख्या करते हुए कहा जा सकता है, 'अगर एक महिला जो प्रार्थना में विश्वास करती है मैसेशेट्स के स्कूलों में इसे वापिस ला सकती है तो निश्चय ही 100 मिलियन लोग जो प्रार्थना में विश्वास करते हैं इसे बाक़ी राज्यों में भी वापिस ला सकते हैं।'

अगर आप अभी भी हिचकिचाहट में हैं या यह सोच रहे हैं कि क्या किया जाये अथवा कहाँ से शुरू किया जाये तो इसे पढ़िये :

ईश्वर ने एक बेहतर दुनिया बनाने के लिए कहा और मैंने कहा कैसे? दुनिया अब इतनी ठंडी, अंधेरी और जटिल हो गयी है। और मैं इतना छोटा और व्यर्थ हूँ कि मैं कुछ नहीं कर सकता। परन्तु ईश्वर ने बुद्धिमत्तापूर्वक कहा, 'सिर्फ़ अपने आप को बेहतर बनाओ।'

अपने आप को बेहतर बनाना अमेरिका को बेहतर बनाने की दिशा में पहला क़दम है। समाधान आपसे शुरू होता है और, 'यदि हर कोई समाधान का हिस्सा बन जाता है तो अमेरिका के पास बहुत कम समस्याएँ रह जायेंगी।' सेन्ट पीटर्सबर्ग, फ्लोरिडा में, मैथोडिस्ट लोगों की बाइबल कक्षा ने निश्चय किया कि वे चाहते हैं कि बाइबल पब्लिक स्कूलों में पढ़ाई जाये। ये लोग नहीं जानते थे कि यह नहीं किया जा सकता - इसलिए उन्होंने यह कर दिया। कानूनी और न्यायिक प्रक्रियाओं में लगभग दो साल लगे परन्तु आज, सेंट पीटर्सबर्ग, फ्लोरिडा में विद्यार्थी पढ़ रहे हैं कि ईश्वर अपनी बाइबल में क्या कहता है।

हमारे वीरों और विकलांगों को सुनिये

पेन्साकोला से, हम सुदूर दक्षिण के वनस्पति क्षेत्र को पार करके पश्चिम की ओर चलते हैं जो कि बाइबल बेल्ट के नाम से जाना जाता है। हम नीचे की ओर न्यू ओरलियन्स

को देखते हैं जहाँ पर एन्ड्रयू जैक्सन और टेनेसी के उसके हब्शी-त्वचा वाले वीरों ने अमेरिका के इतिहास में हिला देने वाला अध्याय लिखा था। वे कुछ कपास की गाँठों के पीछे खड़े हो गये थे और निश्चयपूर्वक ब्रिटिश लोगों को हमारे देश को यूरोपियन शक्ति के बीच इसकी प्रथम प्रतिष्ठा को स्वीकार करने के लिए बाध्य कर दिया था। न्यू ओरलियन्स से, हम सेन्ट एन्टोनियो चलते हैं और अलेमो की ऐतिहासिक भूमि पर चहलकदमी करते हैं। इससे हम सबको उस स्थान पर खड़े होने में मदद मिलेगी जहाँ पर ट्रैफिक, फ्यूएंटिस, क्रोकेट, बोवी, ग्वेरिरो और कुछ समर्पित लोगों ने अपनी ऐतिहासिक राय प्रकट की थी। उन्होंने तानाशाही के ख़िलाफ़ अपनी लड़ाई में एक मिसाल पैदा कर दी थी जो उन लोगों के दिमाग़ में हमेशा ज़िन्दा रहेगी जो स्वतन्त्र रहना चाहते हैं।

अन्ततः, आइये हम वेको, टेक्सॉस में जेम्स ब्राज़ेल्टॉन वाकर के बारे में जानने के लिए रुकें। 'ब्राज़' वाकर, विनिपेग, कनाडा के डेविड लोफचिक की तरह उन सिद्धान्तों का जिनकी हम चर्चा करते आ रहे हैं इतनी पूर्णता से निरूपण करता है कि मैंने उसकी कहानी को ***शिखर पर मिलेंगे*** की अन्तिम कहानी के रूप में रखना चाहा। 'ब्राज़' छोटे आकार की रंग-बिरंगी मछलियों के बारे में लिखने के लिए अन्तर्राष्ट्रीय ख़्याति प्राप्त कर चुका है। उसकी फोटोग्राफी बहुत से राष्ट्रीय प्रकाशकों के मुखपृष्ठ की शोभा बन चुकी है। 1968 में, उसे वेको जेसीज का उत्कृष्ट सेवा पुरस्कार प्राप्त हुआ और उसे अमेरिका के एक विशिष्ट नौजवान के रूप में सम्मान दिया गया। वह एक लेखक, वक्ता तथा फोटोग्राफर के रूप में अपने कैरियर का आनन्द ले रहा है - जिससे उसे आकर्षक आय होती है।

क्या यह सुनने में किसी विशेष अमेरिकी सफलता की कहानी जैसी लगती है? नहीं लगती। 19 वर्ष की आयु में 'ब्राज़' को पोलियो हो गया था जिससे उसके फेफड़े, माँसपेशियाँ और नसें इस हद तक प्रभावित हो गये कि वह गर्दन से नीचे लकवाग्रस्त है और पूरी तरह से साँस लेने के लिए मशीनी साधन पर निर्भर है। वह अपनी पांडुलिपि, जनरल इलैक्ट्रिक द्वारा उसके लिए विशेष रूप से बनाये गये एक उपकरण की मदद से जिसे वह अपने मुँह में थामता है, ख़ुद टाइप करता है।

स्वाभाविक रूप से 'ब्राज़' को अपने प्यारे और समर्पित माता-पिता सहित बहुत से लोगों से काफ़ी मदद व प्रोत्साहन मिला। उसका मानना है कि जीवन एक उपहार है जिसकी कोई गारन्टी नहीं है और विकलांगता असमर्थता नहीं बल्कि ईश्वर द्वारा दी गयी प्रतिभाओं और कल्पना का पूरी तरह से उपयोग करने का अवसर है। ब्राज़ सच में आभारी है कि वह विश्व के एकमात्र ऐसे देश में और इतिहास के एकमात्र ऐसे काल में रहता है जिसमें वह जीवित रह सका। उसके पास उपयोग करने के लिए अधिक कुछ नहीं है (या है?) परन्तु वह **जो कुछ उसके पास नहीं है उसे जो कुछ उसके पास है उसका**

उपयोग करने से रोकने नहीं देता। उसके पास 'हारे हुए व्यक्ति वाली शिथिलता' नहीं है।

हमें हर व्यक्ति को इसका महत्व बताना चाहिए

मैं आपको दूसरी हज़ार कहानियाँ उन लोगों के बारे में बता सकता हूँ जो यह साबित करते हैं कि मुक्त उद्यम व्यवस्था आज तक आदमी द्वारा सोची गयी सबसे अधिक कारगर आर्थिक व्यवस्था है। यह एक ऐसी व्यवस्था है जो इतने प्रभावी ढंग से काम करती है कि हमारे राहत पाने वाले लोग भी विश्व में आय की ऊपर वाली 4% श्रेणी के अन्तर्गत आते हैं। इसका अर्थ यह है कि पृथ्वी पर 3 बिलियन से भी अधिक लोग उतनी अच्छी तरह से नहीं रह रहे हैं जितने कि अमेरिका में हमारे राहत प्राप्त करने वाले लोग रहते हैं।

मुक्त उद्यम व्यवस्था के समस्त लाभों के बावज़ूद जो सबसे गम्भीर ग़लती हम कर सकते हैं वह ज़रूरत से ज़्यादा की कल्पना कर लेना है। हम ग़लती से यह मान लेते हैं कि हमें अपने नौजवानों और साथी नागरिकों को अमेरिका और मुक्त उद्यम व्यवस्था से जुड़े स्पष्ट लाभों और हितों के बारे में बताने की ज़रूरत नहीं है। कम शब्दों में अगर कहा जाये तो इसके परिणाम परेशान करने वाले और निराश करने वाले रहे हैं। इस नज़रिये ने विद्रोह, बग़ावत, मतभेद और ऐसे कार्यों व टिप्पणियों को जन्म दिया है जिससे हमारे पूर्वज अपनी क़ब्रों में भी मुँह छिपा लेते।

सबसे बड़ी विडम्बना यह है कि हमें अमेरिकी मुक्त उद्यम व्यवस्था के महत्व को उन लोगों को नहीं समझाना पड़ता जो दूसरे देशों से आते हैं। उदाहरण के लिए क्यूबाई शरणार्थी को लीजिए उनमें से बहुतों ने हवाना से मियामी तक का एक टिकट पाने के लिए और मुक्त उद्यम व्यवस्था के लिए अपना सब कुछ बेच देने के लिए वर्षों तक इन्तज़ार किया है। हंगरी के शरणार्थियों को देखिये जिन्होंने अपने देशवासियों को एक तरह से रूसी टैंकों के सामने ख़ुद को फेंकते हुए देखा था क्योंकि उन्हें मौत ग़ुलामी से ज़्यादा पसन्द थी। उन्हें अमेरिका की अच्छाइयाँ बताने की ज़रूरत नहीं पड़ती। ना ही हमें अमेरिका का महत्व पूर्वी बर्लिन में रहने वालों को समझाने की ज़रूरत पड़ती है जो दीवार के ऊपर से पश्चिमी जर्मनी में झाँक सकते हैं और फ़र्क़ देख सकते हैं।

यह बिल्कुल साफ़ हो गया है, तथापि हमें अमेरिका और मुक्त व्यापार व्यवस्था के महत्व को अपने बच्चों को समझाने की ज़रूरत अवश्य है, क्योंकि हमारे और दुनिया के सारे 'वाद/वादों (Ism's)' के बीच में केवल एक पीढ़ी खड़ी है। यह भी उतना ही स्पष्ट है कि हमें मुक्त उद्यम व्यवस्था के महत्व को उन अध्यापकों और प्रोफेसरों को समझाने की ज़रूरत है जो अक्सर उसी व्यवस्था की निन्दा करते हैं जो उनको ज़िन्दा रखे हुए है। हमें मज़दूर नेताओं एवं यूनियन के सदस्यों को इस विचार-धारा के महत्व को समझाने की

ज़रूरत है कि हर मज़दूर सब की भलाई के लिए जितना वह चाहे उतनी मेहनत और उत्साह से कार्य करने के लिए स्वतन्त्र होना चाहिए। यही मुक्त उद्यम है। यही अमेरिकी ढंग है।

हमें अपने नागरिकों को और अधिक बताने की ज़रूरत है - जिनमें से कुछ सैद्धान्तिक रूप से उत्तरदायी हैं - कि हमारी 'समस्याओं' के बारे में उनकी चिल्लाहट हमारी उस निरन्तर गुंजन की आवाज़ को दबा रही है जिसने हमें संसार की सबसे अधिक उत्पादक और सम्पन्न भूमि बना दिया है।

हमें सरकारी कर्मचारियों और अधिकारियों को भी इस बात के महत्व को समझाने की ज़रूरत है कि सरकार आय या सम्पन्नता पैदा नहीं करती। बल्कि, इसका वजूद और इसकी ज़िन्दगी इस लिए है क्योंकि स्वतन्त्र देश में काम करने वाले स्वतन्त्र लोग सरकार को समर्थन देते हैं। हमें चुने गये प्रतिनिधियों और पदाधिकारियों को इस सरल सी बात का महत्व समझाने की ज़रूरत है कि अनावश्यक सरकारी प्रतिबन्ध के बिना काम करने और उत्पादन करने का अधिकार केवल हमारा अधिकार नहीं है बल्कि हमारी ताक़त का स्रोत है। किसी भी समाजवादी देश पर ढंग से एक नज़र डालने से कोई स्पष्ट सोचने वाला सहमत हो जायेगा कि **अपनाने के लिए मुक्त उद्यम ही सही रास्ता है।**

अमेरिका से प्यार

यदि मेरी बातें किसी उस भावुक व्यक्ति की तरह लगती हैं जिसे अमेरिका से प्यार है तो मैं दोषी कहा जा सकता हूँ - परन्तु उसका कारण है। मैं बहुत से देशों में गया हूँ परन्तु मैंने आज तक एक भी देश ऐसा नहीं देखा जो तुलना में अमेरिका के नज़दीक भी आ सके। हमारा ऐसा अकेला देश है जिसमें आने के लिए अप्रवासियों की लम्बी कतार इन्तज़ार में है और जो देश को छोड़ना चाहता है उसके लिए भी कोई प्रतिबन्ध नहीं है। जिस अमेरिका और जिन अमेरिकियों को मैं प्यार करता हूँ उन्होंने अकेले 1976 में 27 हज़ार लाख डॉलर ज़रूरतमंदों को दान दिये हैं। जिस अमेरिका को मैं प्यार करता हूँ उसमें इतनी करुणा है कि जब अफ्रीका में अकाल पड़ता है, या चिली में भूकम्प आता है, अथवा कोरिया में तूफ़ान आता है तो यह सुहृदयता से सहायता करता है। जिस अमेरिका को मैं प्यार करता हूँ वह इतना समझदार है कि हमारे द्वारा जीते गये शत्रुओं में से जापान, जर्मनी और इटली ने भी अपने देशों के पुनर्निमाण के लिए करोड़ों अमेरिकी डॉलर प्राप्त किये हैं।

जिस अमेरिका को मैं प्यार करता हूँ वह अनकहे करोड़ों डॉलर दवाइयों और उपचार के विकास पर ख़र्च करता है जिससे पूरे विश्व की मानवजाति को लाभ होगा। जिस अमेरिका को मैं प्यार करता हूँ उसने पोलियो का इलाज ढूँढ़ा, आदमी को चाँद पर

भेजने का तरीक़ा ढूँढ़ा और रात दिन कैन्सर व अन्य प्राणघातक बीमारियों का निदान खोजने में लगा हुआ है। जिस अमेरिका को मैं प्यार करता हूँ वह एक समझदार और सुहृदय राष्ट्र है। यह इतना व्यवस्थित है कि जब हमारे यहाँ वाटरगेट कांड हुआ तब भी हर निष्पक्ष सोच वाला नागरिक जानता था कि इसके लिए व्यक्ति ज़िम्मेदार थे ना कि सरकार या मुक्त उद्यम व्यवस्था।

सच तो यह है कि किसी अकेली घटना के मुक़ाबले वाटरगेट, हमारी सरकार और मुक्त उद्यम व्यवस्था को कहीं अधिक न्यायसंगत ठहराता है। हमारे इतिहास में पहली बार हमारे देश के राष्ट्रपति और उपराष्ट्रपति (जो बहुत अधिक बहुमत से चुने गये थे) ने असम्बन्धित लोकनिंदा के कारण अपने पदों से त्यागपत्र दे दिया था। इसके बावज़ूद, हमारा नया नेतृत्व एक क़दम भी नहीं चूका। कोई झगड़े, हड़ताल या प्रदर्शन नहीं हुए।

मेरे दिमाग़ में इस बारे में कोई शंका नहीं है कि अमेरिका अभी भी मुक्त लोगों की भूमि है। अभी भी बहादुरों का घर है। अभी भी ऐसी ज़मीन है जहाँ पर कोई भी कुछ भी प्राप्त कर सकता है - बशर्ते कि वह आवश्यक क़दम उठाने के लिए तैयार है। हाँ - मैं पूरी तरह सहमत हूँ कि हालांकि हमारी भूमि पूरी से आदर्श नहीं है परन्तु यह पृथ्वी पर किसी अन्य भूमि की तुलना में बहुत आगे है। यह सच में ख़ूबसूरत अमेरिका है और यही समय है कि हर निष्ठावान अमेरिकी ने उस भूमि के लिए जो दुनिया में स्वतन्त्रता की आख़िरी उम्मीद है खड़ा होकर बोलना शुरू कर दिया है।

अमेरिका आपके हाथों में है

जैसे ही हम अपनी यात्रा पूरी करते हैं हम इस नतीजे पर पहुँचने के लिए बाध्य हो जाते है कि अमेरिकियों के रूप में हमारे पास पूरी तरह से असीमित अवसरों और उसी की तरह बहुत बड़ी ज़िम्मेदारियों वाला महान देश है। धीरे-धीरे विलीन होते मुक्त विश्व के लिए हम आख़िरी और एकमात्र उम्मीद हैं। **स्वतन्त्रता का तन्दरुस्ती की तरह महत्व अक्सर तभी समझा जाता है जब वह नहीं रहती।** इतिहास साक्षी है कि स्वतन्त्रता एक बार खो देने के बाद दोबारा पानी मुश्किल होती है। फ्रीडम हाउस जो कि एक गैर पक्षपाती संस्था है और मुक्त समाज को मज़बूत करने में लगी हुई है, के अनुसार जनवरी 1976 को, विश्व की केवल 19.8% जनसंख्या स्वतन्त्र थी। यह संख्या जनवरी 1975 के 35% से नीचे है। अमेरिका इस 19.8% और ग़ुलामी के बीच में खड़ा है।

युनाइटेड नेशन्स विश्व के स्वतन्त्र लोगों को बचाने के लिए कुछ नहीं कर सकता या कुछ नहीं करेगा। इसकी शुरूआत से अब तक डेढ़ बिलियन लोग अपनी स्वतन्त्रता

खो चुके हैं। संक्षेप में, यू. एन. शान्ति के लिए एक सकारात्मक कारक के रूप में असफल रहा है और यह साम्यवादियों तथा थर्ड वर्ल्ड नेशन्स के प्यादे से थोड़ा सा अधिक भर है। 1975 में यहूदी आन्दोलन पर इस का प्रस्ताव, वियतनाम में शान्ति लागू करने के प्रति इसकी अनिच्छा, उत्तरी कोरियाई लोगों द्वारा 5000 से अधिक अमेरिकी बन्दियों को जानबूझ कर गोलियों से भून कर उन्हें इकट्ठा क़ब्र में दफ़न करने के इन्कार न किये जा सकने वाले सबूतों के बावज़ूद इसके द्वारा इन्कार कर देने की हरकत सहित हज़ारों अन्य घटनायें साफ़ तौर पर सिद्ध करती हैं कि यू.एन. या तो काम नहीं आता या नहीं आयेगा।

यू. एन. का वोटिंग ढाँचा और साथ ही यह तथ्य कि 1945 से एक साम्यवादी राजनीतिक व सुरक्षा समिति मामलों के अन्डर सेक्रेटरी जनरल के पद पर बना हुआ है, यू.एन. को विश्व की शान्ति के लिए एक निष्पक्ष संस्था के रूप में कार्य करने को निष्प्रभावी बना देता है ।

पद पर साम्यवादियों का कब्ज़ा होने से, जैसा कि रस वाल्टन ने **'वन नेशन अन्डर गॉड'** पुस्तक में कहा है, 'यह बिल्कुल वैसा ही है जैसे किसी लोमड़ी को मुर्ग़ियों के बाड़े की हिफ़ाज़त करने के लिए कहना - और हम चूज़े हैं।'

इस पुस्तक को लिखने तथा स्कूलों के लिए मेरे द्वारा 'आई कैन' पाठ्यक्रम की रचना करने का एक कारण अमेरिका को हमारे 200 वर्षों के इतिहास में सबसे बड़ी विषम स्थिति के प्रति सावधान करने में मदद करना है, और अपने लोगों के निर्माण के माध्यम से अपनी शक्ति के निर्माण में मदद करना है। मैं इस योग्य बनना चाहता था कि किसी भी समय अपने बच्चों और आपके बच्चों की आँखों में देख कर यह कह सकूँ कि मैंने अपनी भूमिका निभायी - और फिर आपको अच्छे जीवन के लिए वही अवसर सुनिश्चित हो सकें जो अमेरिका ने सुहृदयता से मुझे उपलब्ध कराये। यह सच है - सिर्फ़ एक पीढ़ी हमें दुनिया भर के 'वाद/वादों (Isms)' से अलग करती है। डोरोथी थोम्पसन ने कहा है, 'कोई भी व्यक्ति ज़िंदगी, आज़ादी अथवा ख़ुशी की उम्मीद नहीं कर सकता जब तक कि उसका देश ज़िन्दा, आज़ाद, और ख़ुश न हो।'

आपका अपने बारे में क्या ख़्याल है? क्या आप अपनी ज़िम्मेदारी स्वीकार कर रहे हैं? यदि अमेरिका में हर कोई वही कर रहा हो जो आप कर रहे हैं तो क्या हमारा देश बेहतर होगा या बदतर? यही प्रश्न है आपके लिए और आपके अन्तःकरण के लिये। यदि आप वास्तव में अमेरिका को प्यार करते हैं तो आप उत्साहपूर्वक उस बढ़ती हुई लोगों की भीड़ में शामिल होंगे जो महान अमेरिका को और अधिक महान बनाने में जुटे हुए हैं।

यह मुझे स्फूर्ति देता है

मेरा मानना है कि अगर विजयी टीम में होना, अगर सही व शालीनता के पक्ष में होना आपके लिए एक व्यक्ति के रूप में कुछ मायने रखता है तो आप दुनिया की सबसे तेज़ी से बढ़ती हुई टीम में शामिल होंगे। 'अमेरिका के लिए कुछ कीजिए' टीम, 'अमेरिका का महत्व बताइये' टीम जो असल में लगभग 25 वर्ष पहले शुरू हुई थी। उस वक्त अमेरिका का पक्ष लेने वाली आवाज़ें कम थीं और दुर्लभ थीं। व्यंग कसने वालों को बल मिल रहा था और वे हर रोज़ मज़बूत होते जा रहे थे जब तक कि 1973 में वे चोटी पर नहीं पहुँच गये। उस समय परवाह करने वाले, समर्पित और विचारशील अमेरिकी जागने शुरू हुए और उन्होंने महसूस करना शुरू किया कि हम अपने देश को खोते जा रहे थे। हमारे पूरे देश में अफरा-तफरी मच गयी कि 'कुछ करें', परन्तु नीचे की ओर खिसकते जाने की प्रक्रिया इतनी लम्बी थी कि इस प्रवृत्ति को रोकने में हमें दो वर्ष लग गये। मेरे विचार से हम धरातल से उठकर सतह तक मध्य 1975 में आये।

जब मैं ये शब्द विनिपेग, कनाडा जाने वाले जहाज़ में बैठ कर लिख रहा हूँ तो मैं एक अमेरिकी के रूप में लिख रहा हूँ जो सहमत है कि हम अपनी नैतिक शक्ति व सत्यनिष्ठा को पुनः प्राप्त करने के लिए कुछ कर रहे हैं जो कि सभी महान देशों के लिए नींव का पत्थर है। इस सिरे से उस सिरे तक, इस किनारे से उस किनारे तक, छोटे-छोटे क़स्बों से लेकर बड़े नगरों तक सभी समाचार पत्रों व पत्रिकाओं के सम्पादकीय पृष्ठ सहज बुद्धि, नैतिक उत्तरदायित्व और एक दिन के वेतन के बदले ईमानदारी से एक दिन के काम का समर्थन कर रहे हैं। क्योंकि मैं अपने महान देश के सभी भागों में जाता रहता हूँ, मैंने उत्साह और काफ़ी आशावादिता के साथ यह पाया है कि अत्यन्त उदार समाचार पत्र और राजनीतिज्ञ भी सरकार के कम से कम हस्तक्षेप और व्यक्ति की अधिक पहल व ज़िम्मेदारी की बात कर रहे हैं। कल के आनन्द तलाशने वाले नागरिक अधिक संयमित सोच वाले परिपक्व व्यक्ति होते जा रहे हैं जो इस बात का महत्व जानते हैं कि हम सब अपना सब कुछ खोने वाले हैं जब तक कि हम व्यक्तिगत रूप से अमेरिका को वापिस कानूनों और सिद्धान्तों को मानने वाली भूमि की दिशा में नहीं ले जाते।

सौभाग्यवश, ज़िम्मेदार लोग जाग उठे हैं और नागरिकों को मुद्दों व उम्मीदवारों के बारे में सूचना देने के लिए वोटर शिक्षा समूह आयोजित कर रहे हैं। हज़ारों की संख्या में माता-पिता इस बात की जानकारी रखने के महत्व को समझ रहे हैं कि उनके बच्चों को स्कूल में क्या पढ़ाया जा रहा है ताकि यह सुनिश्चित करने की दिशा में, कि बच्चों को सही सामग्री पढ़ायी जाये, पहला क़दम उठाया जा सके। मुझे विगत दस सालों की तुलना में पिछले दो सालों में काफ़ी अधिक लोग मिले हैं जो ईश्वर में आस्था रखते हैं और जो ईश्वर

व देश के समर्थन में बोल रहे हैं। मैं इस बात के लिए पूरी तरह दावा तो नहीं कर सकता परन्तु जो मैं देख रहा हूँ और जो परवाह करने वाले नागरिक कर रहे हैं उसके आधार पर मेरा दृढ़ विश्वास है कि अमेरिका के आने वाले कल उसके बीते कलों से बेहतर होने वाले हैं। मैं जानता हूँ वे ज़रूर होंगे अगर आप अपना दायित्व निभायें - और किसी और को भी वही काम करने के लिए प्रेरित करें।

आप क्या कहेंगे

सम्भव है कि आप और मैं किसी दिन रास्ते में मिल जायें क्योंकि जब मैं हर साल कई बार अपने देश में यहाँ-वहाँ जाता हूँ तो मैं बहुत लोगों से बात करता हूँ। अगर हम मिल जायें तो मैं आशा करता हूँ कि आप 'हैलो' कहेंगे और मुझे बतायेंगे कि आपने यह पुस्तक पढ़ी है। इसके बाद आप जो कहेंगे उससे मुझे इसके प्रभावीपन के बारे में बहुत कुछ पता लगेगा। अगर आप कहेंगे कि आपको इस पुस्तक को पढ़ने में आनन्द आया तो मैं मुस्कुराऊँगा। परन्तु सच तो यह है कि मैं उम्मीद करूँगा कि आप और अधिक कहें। अगर आप बतायेंगे कि आपको इस पुस्तक से बहुत कुछ हासिल हुआ तो मैं और अधिक मुस्कुराऊँगा परन्तु मैं अभी भी उम्मीद करूँगा कि आप और अधिक कहें। अगर आप मुझसे कहें कि जब से आपने यह पुस्तक पढ़नी शुरू की है तो आपने क्या किया है और एक समृद्ध तथा अधिक परितोषपूर्ण जीवन बनाने के लिए आप क्या कर रहे हैं तो मैं सच में रोमांचित होऊँगा।

मैं ऐसा इसलिए कह रहा हूँ क्योंकि यह पुस्तक आपका मनोरंजन करने के लिए नहीं लिखी गयी थी, हालाँकि मैंने इसे आनन्ददायक बनाने की कोशिश की है ताकि आप इसे पढ़ें और बार-बार पढ़ें। यह आपको सूचना देने के लिए नहीं लिखी गयी है हालाँकि मेरा मानना है कि सन्देश में काफ़ी सूचना शामिल है। यह आपको कार्य करने के लिए प्रेरित करने हेतु लिखी गयी थी। इससे कमतर कोई भी चीज़ मुझे स्वीकार्य नहीं है - और ना ही आपको होनी चाहिए क्योंकि **आप ही एकमात्र वह व्यक्ति हैं जो अपनी क्षमता का प्रयोग कर सकते हैं।** यह बहुत बड़ी ज़िम्मेदारी है।

क्योंकि वैब्स्टर के अनुसार 'अवसर' का अर्थ है 'सही समय', आप भाग्यशाली हैं क्योंकि अब आप के लिए सच में 'सही समय' है। इस पुस्तक में दी गयी सूचना को सही तरह से प्रयोग करने से आपको अपनी क्षमता का प्रयोग करके जहाँ आप पहुँचना चाहते हैं वहाँ पहुँचने में, जो करना चाहते हैं उसे करने में, जो पाना चाहते हैं उसे पाने में और जो बनना चाहते हैं वह बनने में मदद मिलेगी।

मैं बिना कोई शेखी बघारे यह बात कह सकता हूँ क्योंकि मैंने इस देश में पैदा हुए

कुछ महान लोगों की बुद्धिमत्ता और साथ ही साथ ईश्वर की अनन्त बुद्धिमत्ता के कुछ हिस्से को आप तक पहुँचाने के लिए एक संवाददाता के रूप में काम किया है। मैंने अपने व्यक्तित्व निर्माण के पेशे से 30 साल में अर्जित व्यावहारिक अनुभवों को भी आप तक पहुँचाने की कोशिश की है। इन विचारों के साथ मैं विनम्रतापूर्वक लेकिन विश्वासपूर्वक यह कह सकता हूँ कि *अब आप के हाथों में वह सूचना और प्रेरणा है जो उन ख़ज़ानों का ताला खोल देगी जो आप अपने जीवन के आने वाले कल में पाना चाहते हैं।*

मैं आपको यह भी आश्वासन देना चाहता हूँ कि यदि मुझ पर आपको एक समृद्ध, अधिक पूर्ण और अधिक परितोष देने वाले जीवन को जीने का तरीक़ा बताने के लिए मुकदमा चलाया जाता और आप मेरे न्यायाधीश व जूरी होते तो मैं बिल्कुल ऐसी ही पुस्तक लिखता जैसी मैंने लिखी है। यदि मैं आपके चेहरे की ओर देखूँ तो इन अन्तिम शब्दों को पढ़ते हुए आपके चेहरे पर एक बड़ी सी मुस्कान और आँखों में एक चमक दिखती है। यही मुझे दिखना चाहिए क्योंकि अगले पृष्ठ पर प्रतीकात्मक रूप में आप, अपने सामने विश्व की सभी अच्छी चीज़ों के साथ, जीवन के दरबार हॉल में खड़े हैं। यदि आप वास्तव में उन्हें चाहते हैं और यदि आप अपने जीवन का निर्माण ईमानदारी, चरित्र, विश्वास, प्यार, कर्त्तव्यनिष्ठा व एकनिष्ठा के नींव के पत्थरों पर करना चाहते हैं - तो ये उपलब्ध हैं और आपके हैं।

अब जीवन से अधिक परितोष कैसे प्राप्त किया जाये इस बारे में अपने विचार जब मैं आपके साथ बाँट चुका हूँ तो मैं आपसे आग्रह करता हूँ कि मैथ्यू 6:33 में वर्णित चेतावनी का पालन करें, '*परन्तु पहले आप ईश्वर की सत्ता में और उसकी नेकनामी में आस्था रखें और ये सब चीज़ें आपको मिल जायेंगी।*' दस अध्याय बाद सेन्ट मैथ्यू, मैथ्यू 16:26 में हमें बताते हैं कि यह एक अच्छी सलाह क्यों है, '*यदि आदमी ने सारा विश्व पा लिया और अपनी आत्मा खो दी तो उसने क्या पाया?*'

पृष्ठ 366 की वाक्य पूर्ति

विन्स्टन का स्वाद अच्छा है जैसे कि एक (सिगरेट का होना चाहिए)।
पेप्सी कोला संतुष्टि देता है।
बारह पूरे औंस (बहुत अधिक) हैं।
कोका कोला पीजिये, अन्तराल जो (ताज़गी) देता है।
डज़ (हर चीज़) करता है।

स्वास्थ्य
दौलत
शान्ति
समय
सुरक्षा
मित्र
वृद्धि
खुशी
शिखर पर मिलेंगे
ईमानदारी
चरित्र
विश्वास
एकनिष्ठा
वफ़ादारी
प्रेम

आरम्भ

दुविधा में हैं? यह नहीं होना चाहिए। ओह, मैं जानता हूँ कि आपने *शिखर पर मिलेंगे* से होकर अपनी पहली यात्रा की है, और मुझे मालूम है कि अधिकांश लोग 'समाप्त' के बारे में सोच रहे होंगे। परन्तु आप अधिकांश लोग नहीं हैं। आप आप हैं और आप जानते हैं कभी भी आप जैसा दूसरा न हुआ है न होगा। आप जानते हैं कि आप ईश्वर की अपनी छवि में केवल 'फ़रिश्तों से थोड़ा सा कम' रचे गये हैं। अपने बारे में और दूसरों के बारे में भी, यह जानकर आप किसी व्यक्ति की ओर कभी नीची या ऊँची नज़र से नहीं देखते। **आप समझते हैं कि आपकी अनुमति के बिना कोई आपको निम्न महसूस नहीं करा सकता** और वह अनुमति अब आप किसी को भी देने से इन्कार करते हैं। आप स्पष्ट रूप से जानते हैं कि **आप जीवन में जो चाहते हैं वह पा सकते हैं यदि आप दूसरे लोगों की जो कुछ वे चाहते हैं उसे प्राप्त कराने में पर्याप्त सहायता करते हैं।** आप यह भी समझते हैं कि **योग्यता आपको शिखर पर ले जा सकती है परन्तु वहाँ पर बने रहने के लिए आप में चरित्र चाहिए।** शिखर पर हालांकि बहुत जगह है, परन्तु वहाँ बैठ जाने के लिए पर्याप्त जगह नहीं है।

अतः आप देखते हैं कि यह जीवन के उस नये तरीक़े की शुरूआत है जो साफ़ तौर पर दर्शाता है कि ख़ुशी आनन्द नहीं है - यह एक विजय है। शायद सबसे महत्वपूर्ण चीज़ यह है कि आप इस तथ्य को जानते और स्वीकार करते हैं कि आरम्भ हमेशा आरम्भ रहना चाहिए क्योंकि **सफलता और ख़ुशी मंज़िलें नहीं हैं, वे रोमांचक और कभी न ख़त्म होने वाली यात्राएँ हैं।** आपकी शुरूआत आपको 'प्रयास करके लेने वाला' जो कि आप हैं, तथा 'प्रयास करके देने वाला' जो कि आप होने की शुरूआत कर रहे हैं, दोनों हो जाने की ईर्ष्या योग्य स्थिति में ले जाती है।

इसलिए, जैसा मैं कहता हूँ आरम्भ हेतु 'स्वागत' एवं पुराने आप और जीवन के पुराने ढंग को 'विदाई अभिवादन', मैं इस पुस्तक को कुछ 'अलग तरह से' बन्द करूँगा, जिससे आपको आश्चर्य नहीं होना चाहिए क्योंकि मैंने यह किताब खोली भी 'अलग तरह से' थी। आज की दुनिया में ऐसे बहुत से लोग हैं जो अपना दौरा या फोन कॉल यह कह कर ख़त्म करते हैं, 'आप का दिन अच्छा बीते। यह अच्छा और ख़ुशगवार है परन्तु मेरा मानना है कि जीवन के पास आपको भेंट करने के लिए बस एक 'अच्छे दिन' की अपेक्षा बहुत कुछ है। मेरा विश्वास है कि अगर आप अपने में, अपने साथियों में, अपने देश में, जो कुछ आप कर रहे हैं उसमें, एवं सर्वशक्तिमान ईश्वर में विश्वास रखते हैं तो आपके 'अच्छे दिन' विस्तार पाकर हमेशा के लिए अच्छे हो जायेंगे और आप सच में *शिखर पर मिलेंगे।*

आप मदद कर सकते हैं

हार्वर्ड मनोवैज्ञानिक, डेविड मैक क्लीलेण्ड के गहन शोध से, जिसमें चालीस समकालीन राष्ट्रों तथा ग्रीस व भारत के बच्चों के साहित्य का अध्ययन शामिल था, बच्चों की पुस्तकों की परिस्थितियों के अनुसार ढालने की योग्यता तथा उनके देश की अगले बीस वर्षों में आर्थिक वृद्धि दर के बीच महत्वपूर्ण पारस्परिक सम्बन्ध का पता चला। उनका शोध इस बात के निश्चित प्रमाण देता है कि महत्वाकांक्षा और उसके परिणाम स्वरूप उपलब्धि जीन सम्बन्धी विरासत की अपेक्षा बहुत हद तक शिक्षा और संस्कृति का परिणाम है।

यदि आप **शिखर पर मिलेंगे** के मूल सिद्धान्त से सहमत हैं और महसूस करते हैं कि इससे आपके देश के नौजवानों को लाभ होगा तो क्या आप हमें अपने स्थानीय स्कूलों में 'आई कैन' कार्यक्रम को शामिल कराने में मदद कर सकते हैं? राज्य एवं संघीय अधिनियमों का अनुपालन करने के लिए समस्त धर्म ग्रन्थ व धार्मिक सन्दर्भ रहित शिखर पर मिलेंगे का एक संस्करण पब्लिक स्कूलों में प्रयोग करने हेतु उपलब्ध है। यदि आप मदद करना चाहते हैं तो कृपया मुझे एक पत्र डाक से भेजें तथा स्कूल प्रशासक का नाम व पता उसमें शामिल करें। मैं आपको इस पाठ्यक्रम के बारे में विशिष्ट सूचना भेजूँगा और आपसे व्यक्तिगत रूप से इसे प्रशासक के हाथों में सौंपने का अनुरोध करूँगा। वहाँ से हम शुरूआत करेंगे।

यह पाठ्यक्रम काफ़ी व्यापक है और इसमें अध्यापक के लिए मार्गदर्शिका, रचनात्मक विचारों की निर्देशिका एवं रिकॉर्डिंग्स की दो श्रेणियाँ शामिल हैं। एक श्रेणी पुस्तक के रूप में हैं तथा सीखने की प्रक्रिया को और अधिक शक्तिशाली बनाने व उसमें एक और आयाम जोड़ने के लिए क्लास रूम में प्रयोग की जाती है। दूसरी श्रेणी में प्रत्येक दिन के शुरू में पब्लिक एड्रेस सिस्टम पर सुनाने के लिए 80 छोटे प्रेरक सन्देश हैं (तीन मिनट)। इस श्रेणी का शीर्षक **'ज़िग ज़िग्लर्स लिफ़्ट फॉर दि डे'** है तथा क्योंकि प्रत्येक विद्यार्थी व अध्यापक इन सन्देशों को सुनता है इसलिए पूरे स्कूल को लाभ होता है।

पूरे देश में बहुत से स्कूल, चर्च, व्यापारिक और यहाँ तक कि सुधार संस्थायें इस कार्यक्रम को लागू कर रहे हैं। परिणाम उत्साहजनक रहे हैं, परन्तु असली महत्व समय का है। स्वाभाविक है कि मुझमें पूर्वाग्रह है, परन्तु मुझे दृढ विश्वास है कि यदि आपके स्कूलों में यह पाठ्यक्रम पढ़ाया जाता है तो यह आपके नौजवानों के जीवन में एक अन्तर पैदा कर देगा – और इसके लिए आपकी भूमिका महत्वपूर्ण रहेगी।

धन्यवाद, ईश्वर के आशीष आपको प्राप्त हों, और ***शिखर पर मिलेंगे***।

ज़िग ज़िग्लर, दि ज़िग ज़िग्लर कॉर्पोरेशन
3330 ईयर हार्ट, स्वीट 204, केरोलटन, टेक्सॉस - 75006

Zig Ziglar